OpenCV-Python으로 배우는 영상 처리 및 응용

정성환 · 배종욱 지음

생능출판

OpenCV-Python으로 배우는 영상처리 및 응용

초판발행 2020년 11월 24일
제1판5쇄 2025년 1월 20일

지은이 정성환, 배종욱
펴낸이 김승기, 김민수
펴낸곳 (주)생능출판사 / **주소** 경기도 파주시 광인사길 143
출판사 등록일 2005년 1월 21일 / **신고번호** 제406-2005-000002호
대표전화 (031)955-0761 / **팩스** (031)955-0768
홈페이지 www.booksr.co.kr

책임편집 신성민 / **편집** 이종무, 최동진 / **디자인** 유준범, 노유안
마케팅 최복락, 심수경, 차종필, 백수정, 송성환, 최태웅, 명하나, 김민정
인쇄 · 제본 (주)상지사P&B

ISBN 978-89-7050-441-4 93000
정가 35,000원

- 이 도서의 국립중앙도서관 출판예정도서목록(CIP)은 서지정보유통지원시스템 홈페이지(http://seoji.nl.go.kr)와 국가자료공동목록시스템(http://www.nl.go.kr/kolisnet)에서 이용하실 수 있습니다.
(CIP제어번호: CIP2020026867)

- 잘못된 책은 구입한 서점에서 교환해 드립니다.

머리말

마셜 맥루한이 1962년 처음으로 사용한 '글로벌 빌리지(global village)'는 세상이 인터넷과 같은 정보통신 기술에 의해 전 세계가 하나의 마을처럼 된다고 했습니다. 2020년은 그런 의미를 넘어서, 코로나-19로 인해 전 세계는 글로벌 빌리지임을 다시 한번 실감하게 하였습니다. 동네에서 한 집에 아픈 사람이 생기면, 동네의 다른 사람들도 어렵습니다. 바이러스는 국경이 없습니다. 전 세계는 한 동네입니다. 크게 보면 한 나라만 잘 살 수 있는 시대는 지나갔습니다. 모든 나라들이 서로 연결되어 세계는 인류 공동체임을 실감하는 시대가 되었습니다.

테니스, 수영, 골프 등 거의 모든 운동에서 기초가 잘 다듬어져야, 더 높은 기술 수준으로 발전해 갈 수 있습니다. 영상처리 분야에서도 카메라에 입력된 영상을 근본적으로 어떻게 처리하는지에 대한 기초적인 이론을 알아보는 것이 매우 중요합니다. 그러나 영상처리의 기본 지식의 이해가 중요함을 알지만, 그냥 이론적으로만 배운다면 실제적 영상처리 문제 해결과는 거리가 있습니다. 그러나 초보자가 배운 영상처리 이론을 당장 실제로 구현하는 것은 또한 어려운 일입니다. 따라서 만일 영상처리의 기본 이론을 쉽게 구현해 볼 수 있는 여건이 만들어진다면, 간단한 문제뿐만 아니라 실제적인 영상처리 관련 문제도 해결 가능성을 높일 수 있습니다.

2019년 8월, 삼성전자는 1억만 화소의 벽을 깨고, 1억 8백만 화소의 모바일 이미지 세서를 개발하였습니다. 이로서 초고해상도 촬영이 가능한 시대가 되었습니다. 영상처리와 관련하여 영상획득을 위한 이미지센서 개발로 인해 영상처리를 위한 최상의 하드웨어 환경은 이제 우리 생활 속에 최상의 성능으로 제공되고 있습니다. 이제는 현실 세계에 존재하는 객체 정보들을 카메라를 통해 디지털 형태로 입력해 어떻게 잘 처리해 사용자들에게 서비스하느냐 하는 문제가 남아 있습니다. 이러한 응용들을 개발하기 위해서는 효과적인 프로그래밍 언어와 툴들이 필요합니다.

최근 개발자 커뮤니티인 Stack Overflow 설문조사에서 파이썬은 최근 3년간 연속적으로 가장 배우기 원하는 언어로 나타났습니다, 또한 파이썬은 프로그램 언어의 인기도를 나타내는 TIOBE Index에서 2000년에는 23위이었으나, 2020년에는 Java, C와 함께 TOP 3 언어로 자리매김을 하였습니다. 이것은 개발자들이 선호하는 프로그램 언어의 최근의 트랜드를 나타내는 것으로, 새롭게 파이썬을 배우기 원한다는 뜻입니다.

OpenCV는 오픈소스 라이브러리로서 공개되어 누구나 사용할 수 있습니다. 영상처리와 관련된 많은 함수들이 이미 구현되어 있습니다. 또한, 파이썬 버전의 OpenCV-python이 제공되어 파이썬 환경에서 다양한 영상처리의 함수들을 누구나 접근하여 사용할 수 있습니다.

이제 영상처리 이론을 쉽게 구현해 볼 수 있는 멋진 환경이 준비되었습니다. 파이썬 환경에서 OpenCV에서 제공하는 영상처리 관련된 많은 함수를 사용해 독자들은 이 책에서 배울 영상처리 이론을 쉽게 구현해 볼 수 있습니다.

이 책은 영상처리의 기본적 이론의 소개와 OpenCV 환경에서 파이썬을 사용해 그 이론을 구현하는 것으로 구성되어 있습니다. 비유를 든다면 한 손에는 설계도면 정보를, 다른 한 손에는 연장이 주어진 건축자의 멋진 건축 환경과 같다고 볼 수 있습니다. 독자들은 이제 이 책을 따라 영상처리 이론을 알아가면서, 연장인 OpenCV-python 라이브러리를 가지고 직접 그 이론을 쉽게 구현하여, 실제적 영상처리의 집을 스스로 지어 볼 수 있는 기회가 주어졌습니다.

이 책은 독자들에게 영상처리의 기본 이론과 응용 분야에서 실제적 도움이 되기를 바라는 마음에서 다음과 같이 3개의 부, 12개의 장으로 구성하였습니다.

- 제1부: 영상처리 개요 및 OpenCV 소개
- 제2부: 영상처리와 OpenCV 함수 활용
- 제3부: 영상처리 응용 사례

각 부로 나눈 이유는 영상처리 이론을 단계적으로 이해하면서, 동시에 OpenCV를 사용해 영상처리 이론을 구현하는 기회를 독자들에게 제공하고자 함입니다. 가능하다면 독자들도 실제로 주어진 프로그램 코드를 가지고 구현해 보기를 바랍니다. 각 부와 장들에 대한 연계 로드맵은 다음과 같습니다.

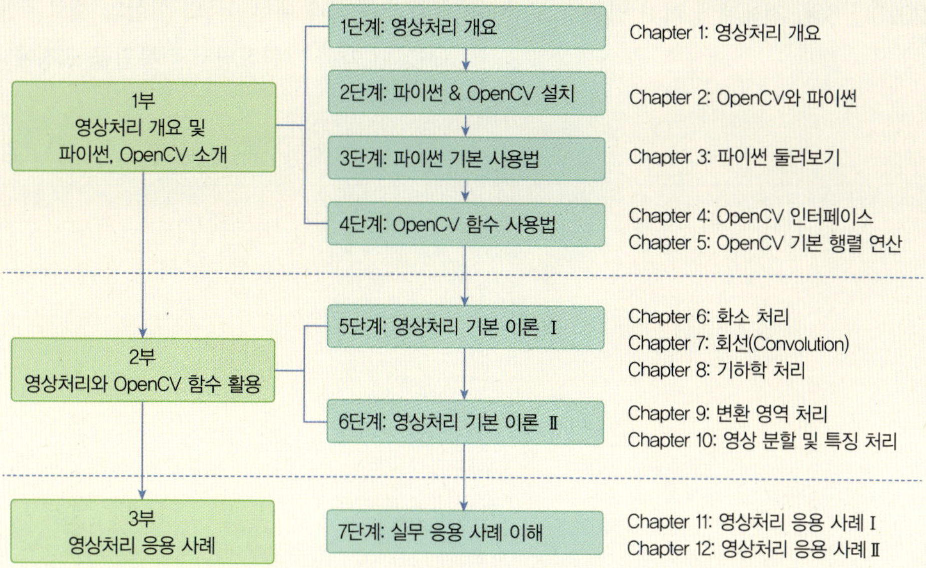

이 책을 대학 교재로 사용할 경우, 강사는 제1부와 제2부는 차례로 진행하고, 제3부는 학생들에게 팀 프로젝트의 Topic으로 제공할 수 있습니다. 즉, 주어진 기본 프로그램 코드의 이해를 바탕으로 팀별로 추가적인 기능의 향상을 팀 프로젝트 과제로 제시할 수 있습니다. 만일 이 책을 사용하여 독자들이 차례대로 따라간다면, 영상처리 이론뿐만 아니라 OpenCV의 영상처리 관련 함수의 사용법까지 알 수 있어서, 다음과 같은 효과를 기대할 수 있습니다.

- 첫째, 영상처리의 기본 이론을 학습할 수 있고, OpenCV의 설치, OpenCV의 구조 등을 파악할 수 있습니다.
- 둘째, 영상처리 관련 OpenCV의 함수를 이해할 수 있고, 이를 활용하여 영상처리의 기본 이론을 구현해 볼 수 있습니다.
- 셋째, 영상처리 및 컴퓨터 비전 응용문제들에 대한 팀 프로젝트를 제공해줌으로써 기초적인 실무 경험의 기회를 가질 수 있습니다.

마지막으로, 이 책이 독자들에게 영상처리의 이론과 함께 OpenCV-파이썬을 사용한 영상처리 구현을 통해 영상처리의 실제적 이해에 조금이나마 도움이 되기를 기원합니다. 이 책이 나오기까지 도움을 주신 생능출판사의 김승기 사장님과 임직원 여러분께 감사드립니다.

2020년 6월, 전세계에 퍼져 있는 코로나-19의 완전 종식과 대한민국의 화합과 새로운 도약을 기원하면서... 봉림골 교정에서

정성환, 배종욱 드림— D.S.G.

이 책의 특징

● 그림을 통한 중요 개념 설명

OpenCV의 자료구조와 함수들을 포함한 중요한 개념들을 다양한 그림을 통해서 쉽게 설명하였다.

● OpenCV 함수에 대한 자세한 설명

OpenCV에서 제공하는 함수의 인수 구조와 인수의 사용법을 표를 통해서 자세히 설명하였다.

● 다양한 OpenCV 예제 제공

OpenCV 함수와 클래스를 활용할 수 있도록 다양한 기본 예제와 심화 예제를 제공하였다.

● 기본 영상처리 알고리즘의 구현

OpenCV에서 제공하는 기본 영상처리 알고리즘을 직접 구현해서 제공하였으며, 이를 이용해서 영상처리 이론의 습득은 물론 OpenCV의 함수 사용법도 익힐 수 있다.

● 응용편을 통한 팀 프로젝트 주제 및 소스 제공

영상처리를 실제 응용할 수 있는 응용 예제들을 제공하였다. 이를 통해서 학기말 텀 프로젝트를 수행할 수 있으며, 실제적인 영상처리 및 컴퓨터 비전 실무 프로그램을 만들 수 있다.

● 다양한 수준의 연습문제의 제공

연습문제는 주로 OpenCV 함수 및 영상처리 알고리즘의 개념을 이해하고 풀 수 있는 기본 문제들을 제공하였다. 그리고 교재 내의 예제들을 확장한 심화 문제들도 추가되어 있다.

강의 계획표 예시

이 책은 1학기 분량의 강의의 경우, 15주로 가정하여 다음과 같이 진행할 수 있다. 1장과 2장은 합쳐서 한 주로 구성할 수 있으며, 6장, 7장은 2주에 걸쳐서 강의하는 것이 바람직하다.

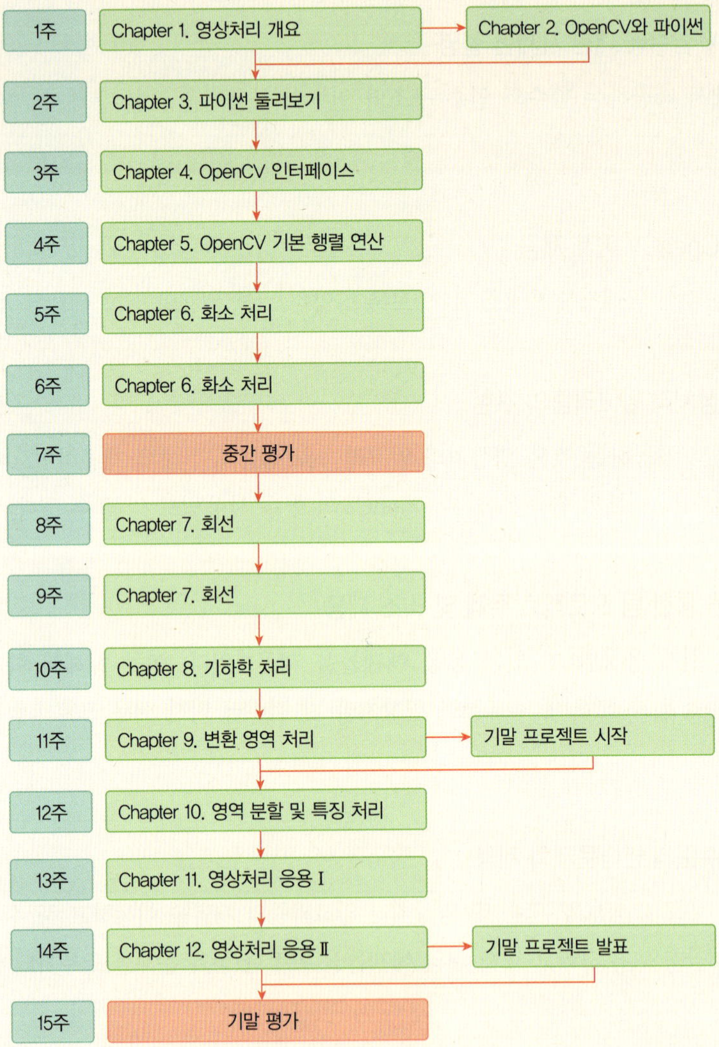

차례

PART 01 영상처리 개요 및 파이썬, OpenCV 소개

CHAPTER 01 영상처리 개요

CHAPTER 02 OpenCV와 파이썬

CHAPTER 12 영상처리 응용 사례 II

PART 01

영상처리 개요 및 파이썬, OpenCV 소개

CHAPTER 01

영상처리 개요

contents

눈과 속담 - 눈은 영상의 소비자이다

사람의 눈에 대해 많은 속담들이 있다. 그중에서 "몸이 1,000냥이면 눈은 900냥이다."란 속담이 있다. 눈의 중요성을 강조하는 이야기이다. 아무리 아름다운 경치(영상)가 있다고 해도, 눈이 없으면 경치를 즐길 수가 없다. 눈은 영상(이미지)의 최종 소비자이다.

지금부터 우리가 영상처리를 공부하는 것도 아름다운 영상, 정확한 영상, 효과적인 영상을 얻기 위함이다. 따라서 인간의 눈(Human Visual System) 기능들을 잘 알아보는 것이 영상처리에서 중요하다. 이는 눈을 잘 알아야 효과적인 영상처리 방법들을 만들어 낼 수 있기 때문이다.

자신의 눈을 소중히 생각하고, 3분간 시간을 내어 다음 3가지 운동으로 눈 건강에 관심을 가지자.

① 깜빡임 운동
눈을 의식적으로 4초당 1회, 1분에 15회 이상 깜빡거린다. 이 운동을 하면 눈물양이 정상으로 돌아와, 눈에 수분과 영양이 잘 공급된다. 이렇게 하면 안구 건조증 및 그에 따른 각종 각막 질환을 효과적으로 예방할 수 있다.

② 원근 운동
30cm 근거리를 10초, 5m 이상의 원거리를 10초 바라본다. 이를 1분간 반복한다. 이 운동은 오랜 근거리 작업으로 긴장된 눈의 모양체 근육을 풀어주고, 초점을 맞추는 능력을 회복시켜 주는 노안 예방 운동이다.

③ 명암 운동
밝은 곳에서 눈을 뜬 채로 양손으로 눈을 가려 시야를 완전히 어둡게 만든다. 10초간 유지한 뒤 손을 떼고 10초를 본다. 이를 1분간 반복한다. 이는 홍채 근육을 단련함으로써 홍채의 조절기능을 원활하게 돕는 운동이다.

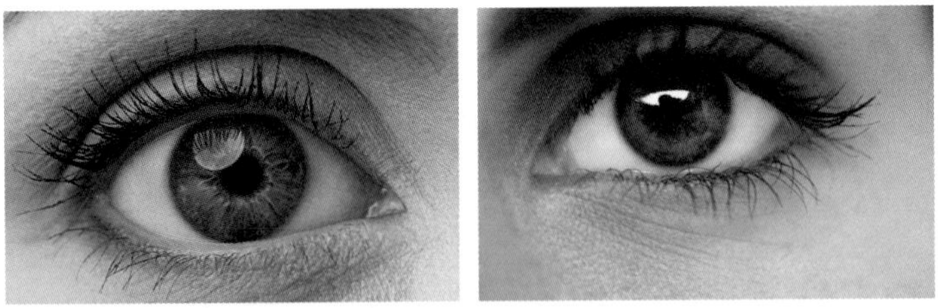

출처: http://health.chosun.com/healthyLife/column_view.jsp?idx=8749

01 영상처리 개요

1.1 영상처리란 무엇인가?

가을철에 나뭇잎이나 풀잎은 울긋불긋 다양한 컬러를 가진다. 한 나뭇잎이나 풀잎은 컬러를 가진 한 점에 지나지 않는다. 하지만 멀리서 산과 들 전체를 보면, 다양한 컬러의 점(화소)들이 모여 아름다운 한 폭의 그림을 우리에게 선물한다. 작은 컬러의 점들이 모여 아름다운 이미지(영상)를 만든 것이다. 화소는 영상의 구성요소이며, 화소 처리는 영상처리의 출발점이다.

영상처리(image processing)는 입력된 영상을 어떤 목적을 위해 처리하는 기술이다. 이전에는 광학장치를 사용한 아날로그 영상처리를 하였다. 하지만, 오늘날 컴퓨터와 디지털 기술의 발전으로 인해, 대부분의 영상처리는 디지털 영상처리(digital image processing)를 가리킨다. 디지털 영상은 밝기값과 위치값을 가진 일정 수의 화소(pixel)들로 구성되어 있다. 결국, 영상처리는 어떤 목적을 위해 수학적 연산을 이용해 화소들에 대해 변화를 주는 것이다.

예로서, 〈그림 1.1.1〉의 왼쪽 상단에 있는 어두운 영상에 각 화소에 밝기값 100을 더하는 연산을 통해, 오른쪽 상단과 같은 영상을 만들 수 있다. 또한, 왼쪽 아래 밝은 영상의 화소에 밝기값 100을 빼는 연산을 이용해 화소에 변화를 주어, 오른쪽 아래 영상과 같은 결과 영상을 얻을 수도 있다. 이와 같이 입력 영상인 어두운 사진을 밝게 하기 위해 화소들의 값을 증가시키거나, 반대로 너무 밝은 사진에 대해 화소들의 값을 줄여서 상대적으로 어두운 영상을 만드는 것이 영상처리이다.

〈그림 1.1.1〉 영상처리의 예

1.2 영상처리의 수준

영상처리는 한 마디로, 영상을 입력받아서 어떤 목적을 위해 처리해 새로운 영상을 얻는 기술이다. 이 과정에서 처리 결과인 출력이 영상 자체인 경우와 영상의 특성(attributes)인 경우로 크게 나눌 수 있다. 즉, 처리하고 난 결과가 영상 자체이면 기본적인 영상처리 기술인 '저 수준의 처리(low-level image processing)'이고, 영상의 특성들이면 '고 수준의 영상처리(high-level image processing)'이다.

저 수준의 영상처리의 예로서, 잡음을 제거하거나 영상을 사람들의 눈에 보기 좋게 향상시키는 영상 향상(image enhancement) 처리 등을 들 수 있다. 여기에는 기본적인 화소에 대한 처리를 포함한 화소들이 모인 영역(윈도우)처리, 화소들의 위치에 변화를 주는 기하학처리, 화소의 공간영역에서 다른 변환영역으로 처리하는 변환영역 처리 등의 기본적인 영상처리들이 있다. 이 책에서는 저 수준 영상처리를 기본적으로 다루고, 3부 기타 응용편에서는 고 수준 영상처리도 함께 다룬다.

영상처리 과정에서 출력이 영상 자체가 아니라, 영상의 특성을 나타내는 영상처리를 고 수준 영상처리라 하였다. 예로서, 영상분할, 특징추출, 영상표현, 물체인식 등이 여기에 속한다. 이 경우는 영상처리가 컴퓨터 비전(computer vision) 분야와 겹치게 된다. 컴퓨터 비전은 영상을 분석해서 유용한 정보를 추출한다. 좁은 의미의 영상처리는 기본적인 저 수준 영상처리를 가리킨다. 그러나 넓은 의미의 영상처리는 저 수준 영상처리부터 고 수준 영상처리까지 모두 포함한다.

영상획득	저 수준 영상처리 (좁은 의미의 영상처리)
영상향상	
영상복원	
변환처리	
영상압축	
영상분할	고 수준 영상처리 (컴퓨터 비전)
영상표현	
영상인식	

〈그림 1.2.1〉 영상처리 분야

1.3 영상처리의 역사

1920년대 초반에 런던과 뉴욕 간에 해저 케이블을 통하여 신문사들이 사진을 전송한 사례를 영상처리의 시작으로 본다. 사진 전송에 일주일 이상 걸렸던 시간을 두세 시간으로 시간을 단축할 수 있었다. 그러나 본격적인 영상처리의 시작은 디지털 컴퓨터 및 관련된 기술들의 발전과 관련이 있다.

1940년대 폰 노이만(J. Von Neumann)의 디지털 컴퓨터의 개념을 시작으로, 1948년 트랜지스터, 1958년 IC (Integrated Circuit), 1970년대 마이크로프로세서의 발명, 1980년대 VLSI(Very Large Scale Integration)과 같은 하드웨어의 발달과 1950~1960년대 프로그램의 언어의 발달과 운영체제 등의 소프트웨어 기술에 힘입어 오늘날의 디지털 영상처리가 실제로 가능하게 되었다.

또한, 영상처리는 미국의 유인 우주 탐사 계획인 아폴로 계획(1961~1972)과도 관련이 있다. 이 과정에서 1964년 미국 LA 부근에 있는 JPL(Jet Propulsion Laboratory) 연구소에서 우주선에서 보내온 훼손된 영상의 복원 연구 과정에서 대학과 공동연구를 통해 본격적인 디지털 영상처리가 시작되었다.

우주 탐사계획과 더불어, 1970년대는 CT(Computerized Tomography), MRI (Magnetic Resonance Imaging) 등의 의료 분야와 원격 자원탐사 그리고 우주 항공과 관련하여 영상처리 분야가 더욱 발전하였다. 그리고 1990년대 초반 브라우저 출시로부터 시작된 본격적인 인터넷 시대에 영상검색, 영상전송, 영상광고, 또한 디지털 방송과 관련하여 컴퓨터 그래픽스, 디지털 카메라의 보급과 연관하여 컴퓨터 비전 등, 영상처리는 그 응용 분야가 급속히 확장되어 갔다.

그 결과, 영상처리는 우주 분야, 지질, 기상, 제품검사, 항공 분야, 원격탐사, 물리 및 전자 현미경, 방사선, 초음파 의료 분야, 영상통신, 방송 분야 등, 오늘날 산업의 전 분야에 사용되지 않는 분야가 거의 없을 정도로 발전하였다. 또한, 최근 스마트폰의 보급으로 스마트폰에 내장된 카메라로 누구나 영상을 쉽게 얻을 수 있는 새로운 환경이 되었다. 따라서 영상을 처리하는 영상처리 기술은 모든 곳에서 쉽게 만날 수 있게 되었다.

1.4 영상처리 관련 분야

영상처리는 컴퓨터 비전, 컴퓨터 그래픽스 분야와 서로 관련이 있다. 이들 세 가지 분야의 영역들은 일부 내용이 겹쳐 있어서 구분하기가 때로는 명확하지 않을 수도 있다. 하지만, 입출력의 형태가 영상인지 아니면 영상과 관련된 서술(description)인지에 따라 크게 세 가지 분야로 분류할 수 있다.

영상처리는 입력 영상을 처리하여 출력으로 처리된 영상을 얻는다. 그러나 컴퓨터 비전에서는 입력은 영상, 출력은 어떤 정보이다. 즉, 컴퓨터 비전은 기본적인 영상처리를 바탕으로 영상에서 특정한 정보를 추출하여 처리하는 기술이다. 예로서, 얼굴인식이 여기에 속한다. 얼굴 영상이 입력되면 그 얼굴이 누구인지를 인식한다. 또한, 컴퓨터 그래픽스는 컴퓨터 비전과 반대로 입력이 어떤 서술이고, 출력이 영상이다. 즉, 데이터를 사용하여 원하는 영상을 만들어 내는 기술이다. 예로서, CAD 프로그램을 사용하여 그리고자 하는 물체의 수치를 입력하면, 해당 물체의 그래픽 영상이 출력으로 생성된다. 이들 세 분야의 관계를 다음 〈그림 1.4.1〉에 개념적으로 간단히 나타내었다.

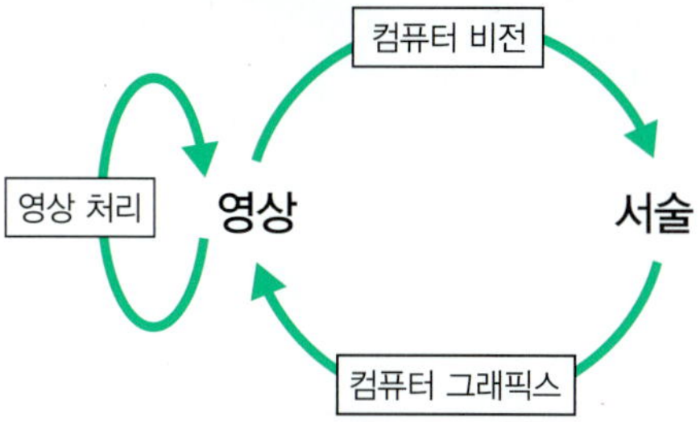

〈그림 1.4.1〉 영상처리 관련 분야

1.5 영상의 형성 과정

영상은 위치값과 밝기값을 가진 일정한 수의 화소들의 모임으로 정의한다. 영상을 $f(x, y)$로 표시하자. 여기서 (x, y)는 위치를 가리키는 좌표값이다. 그리고 $f(\ )$는 해당 위치의 밝기값이다. 예로서, 2차원 평면 $x=100$, $y=50$ 위치에 밝기값이 128인 화소가 있다면, $f(100, 50) = 128$이 된다. 그러면 이와 같은 화소의 집합인 영상은 어떤 원리로 형성되는 것일까?

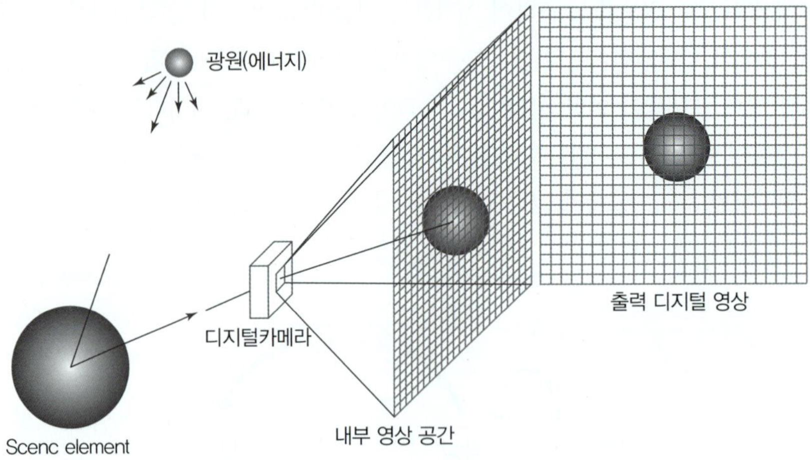

〈그림 1.5.1〉 디지털 영상 형성 과정

그림 〈1.5.1〉은 디지털 영상이 어떻게 형성되는가를 개념적으로 잘 설명해 준다. 그림과 같이 영상이 형성되기 위해서는 빛(에너지)이 물체에 비치고, 물체는 빛을 받는다. 그 물체에 비친 빛(에너지)의 일부가 반사되어 카메라 센서에 들어가 영상을 형성한다. 물체의 표면이 매끄러우면 빛이 많이 반사되어 카메라에 들어가고, 표면이 거치면 빛의 일부가 카메라에 들어가게 될 것이다. 따라서 영상 $f(x, y)$는 다음과 같은 식으로 형성된다.

$$f(x, y) = i(x, y) * r(x, y)$$

여기서 $i(x, y)$는 물체에 비친 조명의 세기이며, $r(x, y)$는 반사 계수로서 0과 1 사이의 값을 가진다. 또한, 참고로 〈그림 1.5.1〉의 디지털 영상 형성 과정에서 광원(에너지)은 주로 태양이나 조명과 같은 가시광선이 되겠지만, 그 종류에 따라 다양한 영상이 형성된다. 예로서, 광원이 적외선이면 적외선 영상을 얻는다. 광원의 주파수에 따라 다양한 영상들이 형성되며, 이것은 영상처리 응용 분야와 관련된다.

〈그림 1.5.1〉의 카메라 센서에 들어온 빛이 최종적인 디지털 영상을 형성하기 위해서 표본화(sampling)와 양자화(quantization)란 두 단계가 필요하다. 카메라 센서에 감지된 값들은 아날로그값이기에 무한개의 연속된 값을 가지고 있다. 따라서 먼저, 디지털 카메라에 표시하기 위해 카메라 해상도에 해당되는 유한개의 화소의 수만큼 입력 값을 취한다. 이것을 표본화 혹은 샘플링(sampling) 단계라고 한다.

그리고 디지털 카메라에서 제한된 비트 크기로 화소값을 나타내기 위해 밝기값을 모두 다 나타낼 수는 없다. 예로서, 어떤 위치의 표본화된 화소값이 128.345라고 해도, 8비트 디지털 화소로 나타내는 경우에 128로만 나타난다. 이와 같이 표본화된 화소의 값을 디지털 화소로 표현하는 단계를 양자화(quantization) 단계라고 한다.

이 단계들을 영상의 1차원 단면을 사용하여 간단히 개념을 정리하면, 그림 〈1.5.2〉와 같다.

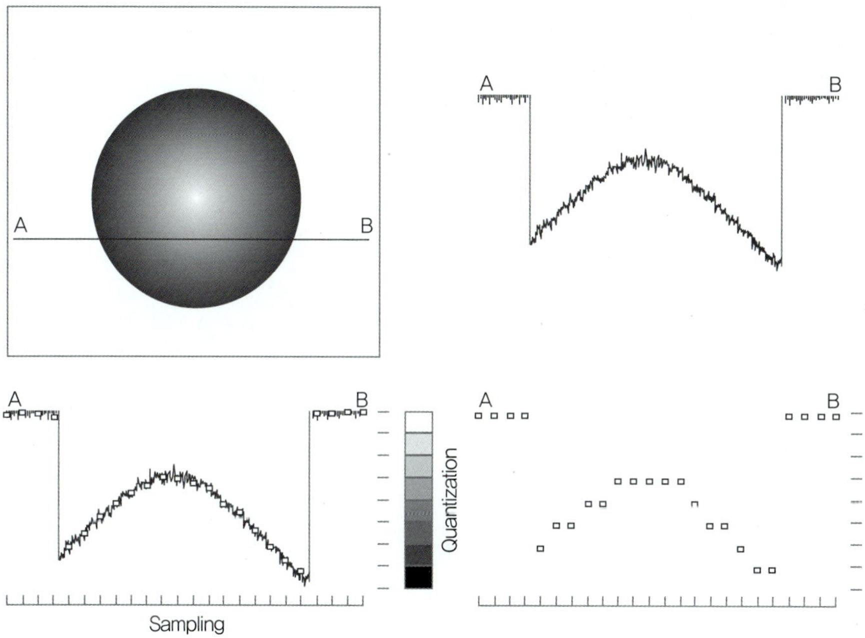

〈그림 1.5.2〉 영상 형성을 위한 표본화와 양자화 단계

카메라 센서에 입력된 값들은 〈그림 1.5.2〉의 오른쪽 위의 그림과 같이 아날로그 값으로 연속된 무한한 종류의 값을 가진다. 따라서 〈그림 1.5.2〉의 왼쪽 아래 부분의 그림과 같이 일정한 위치에서 카메라가 지원하는 해상도 수에 따라 표본화(sampling)하여 화소수를 정한다. 그리고 오른쪽 아래 그림과 같이 표본화된 화소를 제한된 비트의 디지털 값으로 나타낸다.

1.6 디지털 영상의 표현과 영상처리

표본화와 양자화 단계를 거친 영상은 〈그림 1.6.1〉과 같이 일정수의 화소(pixel)들의 집합인 $M \times N$ 크기의 영상으로 표현된다. 그리고 원점의 위치는 $(x, y) = (0, 0)$인 왼쪽 위 코너에 있다.

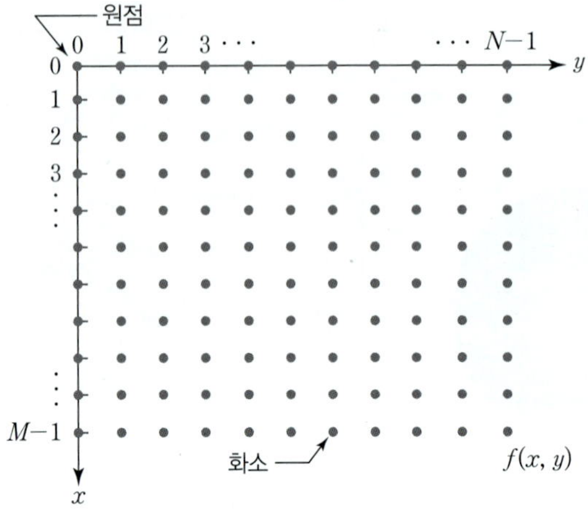

〈그림 1.6.1〉 디지털 영상의 공간 표현

표본화 수에 따라 세로, 가로의 크기인 M과 N이 결정된다. 그리고 각 화소의 양자화 수준에 따라 밝기값의 수준(gray-level)이 정해진다. 만일 k 비트로 양자화 되었다면, 밝기값의 수준 $L=2^k$을 가진다. 즉, 밝기값은 0에서 $L-1$ 수준(단계)의 밝기값들로 표현된다. 그러면 이 영상을 저장하기 위해 필요한 저장 공간의 크기는 얼마일까?

먼저 화소수가 $M \times N$ 개이고, 한 개의 화소가 k 비트로 표현되므로, 필요한 저장 공간 $S = M \times N \times k$ 비트가 필요하다. 또한, 화소들은 일반적으로 정수값을 갖는 수들이므로, 〈그림 1.6.1〉은 수들의 집합인 매트릭스 A로 표현할 수 있다. 따라서 모든 영상처리는 이 매트릭스의 처리로도 생각할 수 있다.

2부에서 본격적으로 다루는 영상처리는 그림 〈1.6.2〉와 같이 대부분 화소 공간에서 처리가 일어난다.

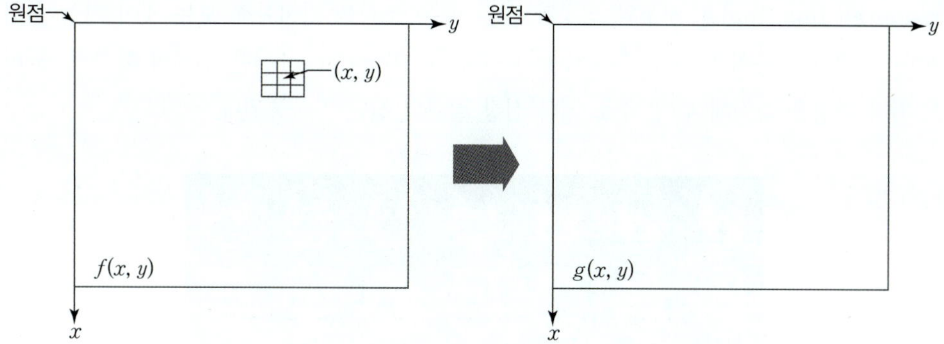

〈그림 1.6.2〉 디지털 영상처리의 개념

입력 영상 $f(x, y)$에 대하여 각종 영상처리를 $T[\ ]$로 표현하자. 그러면, 일반적인 영상처리는 다음과 같이 표현할 수 있다.

$$g(x, y) = T[f(x, y)]$$

여기서 $g(x, y)$는 처리된 출력 영상이며, $f(x, y)$는 입력 영상이다. 그리고 $T[\ ]$는 화소처리, 영역처리, 기하학 처리 등을 나타낸다. 자세한 내용은 2부 영상처리와 OpenCV 함수 활용에서 다룰 것이다.

1.7 영상처리 응용 분야

영상처리의 응용 분야는 초기에 사진 전송이나 잡음 제거와 같은 기본적인 영상처리 분야에서 출발하였다. 그러나 오늘날 컴퓨터 비전 분야 또는 컴퓨터 그래픽 분야와 겹치는 다양한 분야들로 그 응용 분야가 확대되고 있다. 다음은 그 응용 분야의 예들이다.

1) 의료 분야 (방사선, 초음파)

의료 산업은 영상처리를 오래전부터 사용해 왔다. 여기서 다루는 영상으로 X-ray와 초음파 영상 등이 포함된다. 컴퓨터 단층촬영(CT: Computerized Tomography)은 척추, 머리, 골반과 같은 뼈의 상태를 진단하기 위해 사용한다. 자기공명 영상(MRI: Magnetic

Resource Imaging)은 척추와 심장과 같은 얇은 조직을 가시화해 보는 것이 가능하다. 또한, 양전자 단층촬영(PET: Positron Emission Tomography)은 신체의 화학적, 물리적 처리 과정을 측정해 주며, 주로 뇌나 심장 질환의 진단에 사용된다.

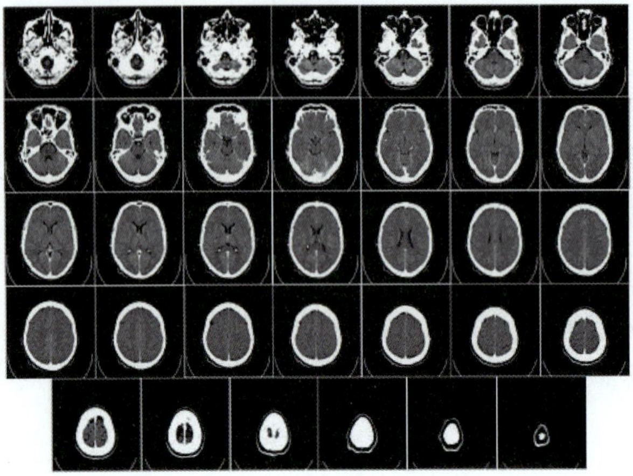

〈그림 1.7.1〉 의료 영상의 예

이러한 영상들은 컴퓨터에 저장되어 중요한 부분들을 집중하여 볼 수 있도록 영상 확장과 조작이 가능하다. 또한, 요즈음 나오는 CT나 MRI들은 촬영된 영상들로 3차원 영상을 만들 수 있다. 따라서 스크린 상에서 영상의 특정 부분을 3차원 공간상에서 회전시키고 변형시킬 수도 있다. 또한, 초음파를 이용하여 태아의 성장과 이상 유무를 진단하고 관찰하는 것은 이미 일반화되었다. 이것들은 영상처리가 우리들에게 가져다준 큰 혜택 중 하나이다.

2) 방송 통신 분야

기존의 아날로그 텔레비전은 영상 데이터를 순차적으로 획득한 후, 이를 변조해 전송하는 방식을 사용하였다. 그 때문에 잡음처리 문제와 해상도 향상에 제한이 있었다. 그러나 현재 서비스 중인 디지털 방송은 고해상도 영상을 취득하여, 이를 디지털 영역에서 압축한 후 전송하는 방식을 사용한다. 따라서 아날로그 방식에 비해 잡음처리 문제가 거의 사라졌고, 다양한 서비스가 가능해졌다. 디지털 방송 서비스는 다양한 영상처리 기술 개발을 활발하게 하였고, 앞으로도 더 많은 기술이 개발될 것이다.

방송 분야의 응용 제품으로 디지털 카메라가 있다. 디지털 카메라의 기능은 광학 분야와 영상처리 분야로 나눌 수 있다. 과거에는 광학 분야의 기술이 카메라의 성능을 결정했다면, 현재는 디지털 영상처리 분야가 훨씬 더 중요한 분야가 되었다. 영상의 화질 향상뿐 아니라, 다양한 특수 효과나 영상에서 사람 얼굴만 인식하는 등의 다양한 지능적 기술이 적용되고 있다.

〈그림 1.7.2〉 스포츠 방송 분야의 예

〈그림 1.7.3〉 가상 광고 예

예를 들어, 스포츠 방송 분야에 영상처리 기술이 적용되어, 기본 동작 정보에 합성된 영상 형태로 제공되고 있다. 야구 중계에서 스트라이크 존과 함께 투수가 던진 공의 위치를 방송화면 상에 표시해 준다. 또한, 축구 중계 중에 중앙선 부근이나 골라인 근처에 3D로 제작된 가상의 광고도 그 한 사례이다.

3) 공장 자동화 분야

산업 기술이 발달하면서 과거 공장에서 사람이 처리하던 많은 일을 산업용 로봇들이 대신하게 되었다. 이 과정에서 자동화된 생산라인에서 제품이 생산되면 산업용 카메라 등으로 제품의 품질을 모니터링 해, 제품의 불량을 즉각적으로 검사한다.

〈그림 1.7.4〉 카메라의 제품 검사 장면

즉, 생산된 제품의 품질 검사에서 제품에 대한 디지털 영상을 만들어 불량 유무를 자동으로 기계가 판별한다. 이 품질 검사 과정에서 디지털 영상처리 기술이 활용된다. 이 분야를 특히 머신 비전(machine vision)이라고 한다. 근래에는 산업용 로봇에 3D 카메라를 직접 설치해서 로봇이 생산 제품에 대해 직접 검사와 작업을 동시에 하는 시스템들도 개발되고 있다.

4) 출판 및 사진 분야

사진사, 광고 제작자, 출판 종사자들도 영상처리를 기본적으로 사용하고 있다. 그들은 영상을 만들어 내고, 영상의 품질을 향상시키고, 색상을 조작하는 등의 작업을 위해 영상처리 기술들을 사용한다.

〈그림 1.7.5〉 전자 출판 분야

〈그림 1.7.6〉 사진 편집의 예

기존 영상에 영상처리 기술을 융합하여 새로운 합성 영상을 만들 수가 있다. 광고 분야에서 사진 수정 기술은 사진작가들에게 다양한 효과와 수정을 가능하게 한다. 심지어 요즈음은 포토샵을 적용하지 않는 광고사진이 존재하지 않을 정도로 많이 사용되고 있다.

5) 애니메이션 및 게임 분야

영상처리 기술은 2차원 또는 3차원 애니메이션이나 게임을 제작에도 사용된다. 경우에 따라서 실제로 촬영된 영상과 그래픽 기술이 조합되어 현실감을 더 높이기도 한다. 일반적으로 영화의 경우에는 사실적인 캐릭터 묘사를 위해 매우 복잡한 모델링이 사용되고, 또 고화질의 렌더링이 요구된다. 따라서 이를 위해서는 고급 영상처리 기술뿐만 아니라 많은 양의 인적, 물적 자원이 소요된다.

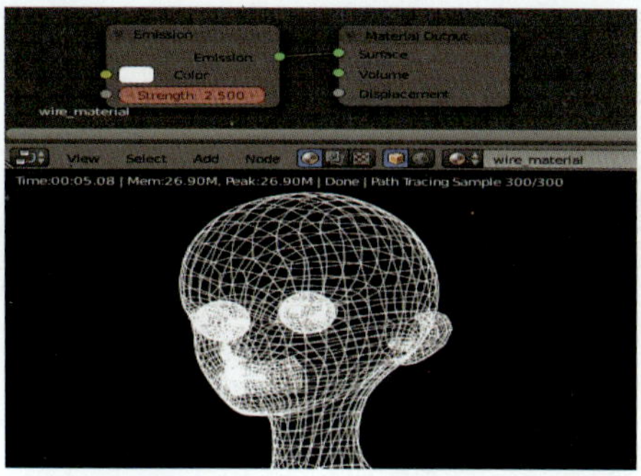

〈그림 1.7.7〉 애니메이션 제작의 예

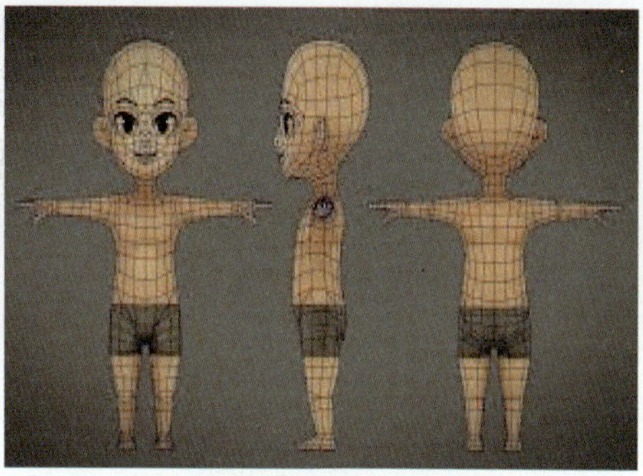

〈그림 1.7.8〉 캐릭터 모델링 예

6) 기상 및 지질 탐사 분야

매일 우리 생활과 관련된 날씨 예측과 태풍과 같은 자연재해를 예방하는 분야에도 영상처리 기술이 중요하게 되었다. 위성에서 보낸 사진을 분석하고, 각 지점에서 측정한 온도와 습도, 풍향 등의 방대한 기상 정보를 이용해 기상 정보를 처리하는 분야에도 영상처리가 중요하게 사용된다.

또한, 광물 탐사와 같은 원격 탐사나 지질 분야에도 다양한 주파수의 파장을 이용하여 멀티스펙트럴 영상(multispectral image)을 획득하고 분석함으로써 훨씬 더 정확한 광물이나 지질의 정보를 얻을 수 있다. 또한, 대도시의 주거 환경이나 국토의 개발 정도를 위해 항공사진을 주기적으로 만들고, 다양한 주파수의 사진들을 이용한 영상처리 기술을 통해 많은 관련 정보를 얻을 수 있다.

〈그림 1.7.9〉 기상 영상의 예

〈그림 1.7.10〉 원격 지형 탐사 사진의 예

그 외에도 영상처리 응용 분야는 다양하기 때문에 본서의 지면 제한 상으로 다 소개할 수는 없으며, 다양한 응용 분야를 위해 〈그림 1.7.11〉을 참고하기 바란다.

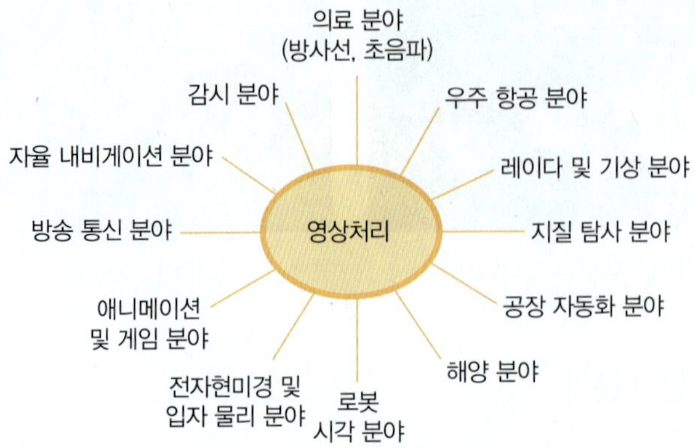

〈그림 1.7.11〉 영상처리 응용 분야

영상처리 기술은 또한 단순한 응용 분야를 넘어서 영상의 내용 자체인 질감, 컬러, 모양 등을 사용하여 영상을 검색하는 내용기반 영상검색(content based image retrieval) 기술과 관련이 있다. 또한, 디지털 영상의 저작권을 보호하기 위한 디지털 워터마킹기술(digital watermarking), 비밀 정보 통신을 위한 스테가노그라피(steganography), 최근에는 3차원 장면 정보를 추출할 수 있는 계산 사진학(computational photography) 등과 같은 다양한 관련 기술 분야들로 확대되고 있다.

단원 핵심 요약

1. 영상처리는 어떤 목적을 위해, 입력된 영상에 수학적 연산을 화소에 가해 변화를 주는 것이다.

2. 영상처리는 잡음 제거와 같은 저수준 영상처리로부터 물체 인식과 같은 고수준 영상처리까지 포함한다. 기본적인 영상처리는 저수준 영상처리를 말한다.

3. 영상처리의 역사는 IT 기술에 힘 입어 1960년대 초부터 본격적으로 가능하게 되었다.

4. 영상처리의 관련 분야인 컴퓨터 비전, 컴퓨터 그래픽스는 서로 관련이 있고 서로의 구분은 입력의 형태로 구분할 수 있다.

5. 영상의 형성은 광원으로부터 물체에 비친 빛이 카메라 센서를 통해 영상을 형성한다. 영상 $f(x, y)$는 조명의 세기 $i(x, y)$와 반사계수 $r(x, y)$의 곱으로 나타난다.

6. 디지털 영상은 표본화(sampling)와 양자화(quantization) 단계를 거쳐서 일정한 수의 화소의 집합 $M \times N$ 크기로 표현된다.

7. 영상처리는 의료 분야, 방송통신 분야를 포함한 최근의 계산 사진학과 같은 다양한 응용분야들을 가지고 있고, 그 응용 분야가 점차 확대되고 있다.

연습문제

1. 디지털 영상의 정의는 무엇인가?

2. 디지털 영상처리란 무엇인가?

3. 저 수준의 영상처리와 고 수준의 영상처리의 차이점은 무엇인가?

4. 영상처리 역사에서 1920년대 영상처리는 왜 엄밀한 의미에서 디지털 영상처리의 시작으로 인정되지 못하는가?

5. 영상처리, 컴퓨터 비전, 컴퓨터 그래픽스의 차이를 설명하라.

6. 디지털 영상 형성 과정을 설명하라.

7. 카메라의 해상도와 표본화와 양자화 단계는 어떤 관련이 있는가?

8. 그레이 레벨이 256인 영상의 크기가 1,024×768이라면, 이 영상을 저장하는데 필요한 저장 공간은 얼마인가?

9. 본인이 관심 있는 영상처리 응용 분야를 나열하고, 실제로 영상처리의 어떤 기술이 사용되는지 조사해 보라.

10. 계산 사진학(computational photography) 이란 근래에 시작된 영상처리 관련 분야에 대하여 조사하고 정리해 보라.

CHAPTER 02

OpenCV와 파이썬

contents

오픈 소스(open source) 란 무엇인가? - 무료인가? 저작권이 있는가?

오픈 소스 소프트웨어는, 소스 코드의 사용 및 수정을 허용하는 소프트웨어이다. 오픈 소스라는 말은 1998년 2월 초에 캘리포니아 팔 알토에서 네스케이프 브라우저 소스 공개를 알린 직후에 열린 전략적 회의에서 만들어졌다.

"오픈 소스는 무료인가?" 라는 질문은 오픈 소스에 관해 많이 하는 질문이다. 실제로 비용이 들지 않는다는 점은 오픈 소스의 매력 중 하나이지만, '무료'가 오픈 소스의 전부는 아니다. 오픈 소스에도 저작권이 있다. 오픈 소스에서는 저작권자가 소스 코드의 사용 범위와 사용자의 의무 사항을 라이선스에 명시해 둔다. 오픈 소스 저작권자가 라이선스에 명시한 무료 사용 조건과 의무 사항을 지키는 경우에만 무료로 사용할 수 있다.

오픈 소스는 또한 넓은 의미에서 소스 코드, 디자인, 내용물까지 사용을 허락하는 생산물을 말한다. 따라서 오픈 소스는 소프트웨어뿐만 아니라 오픈 소스 하드웨어, 오픈 소스 비디오 게임, 오픈 소스 뮤직, 오픈 소스 콜라 음료수까지 있다.

문을 닫아두는 것보다 오픈하여 공개함으로써 우리 모두에게 더 많은 발전과 기여, 혜택들이 돌아오기 때문인 것이다. 옛말에 "開門萬福來 (개문만복래) - 문을 열면 많은 복이 들어온다." 는 말도 있다. OpenCV는 오픈 소스 컴퓨터 비전 라이브러리(Open source Computer Vision library)이다.

02 OpenCV와 파이썬

2.1 OpenCV와 파이썬 개요

2.1.1 OpenCV 소개

OpenCV(Open Source Computer Vision Library)은 영상처리와 컴퓨터 비전 관련 오픈 소스 라이브러리이다. OpenCV의 영상처리 및 컴퓨터 비전의 라이브러리를 사용하여 응용 프로그램을 쉽고 빠르게 만들 수 있다.

OpenCV 라이브러리는 2,500개가 넘는 알고리즘으로 구성되어 있다. 이 라이브러리는 영상처리, 컴퓨터 비전 및 기계 학습과 관련된 전통적인 알고리즘뿐만 아니라 최첨단 알고리즘을 갖추고 있다. 이 알고리즘들은 얼굴 검출과 인식, 객체 인식, 객체의 3D 모델 추출, 스테레오 카메라에서 3D 좌표 생성, 고해상도 영상 생성을 위한 이미지 스티칭(stiching), 영상 검색, 적목 현상 제거, 안구 운동 추적 등 다양한 응용 분야에 사용된다. 또한, 현재 4만 7천 이상의 사용자 그룹과 1,800만 번 이상의 다운로드 횟수를 자랑하며, 기업과 관련 연구소, 그리고 정부 기관에서 광범위하게 사용되고 있다.

또한, 구글, 야후, 마이크로소프트, 인텔, IBM, 소니, 혼다, 도요다와 같은 대기업부터 Applied Minds, VideoSurf 및 Zeitera와 같은 신생 기업들까지 OpenCV 라이브러리를 사용하고 있다. 또한, OpenCV는 스트리트 뷰 영상들을 모아서 스티칭하며, 이스라엘의 감시 비디오에서 침입을 탐지하고, 중국의 광산 장비를 모니터링 하며, 윌오우 개러지(Willow Garage)에서 로봇이 물체를 탐색하고 픽업하는 데 도움을 주며, 유럽의 수영장에서 익사 사고를 감지하고, 스페인과 뉴욕에서 상호작용 예술(interactive art)을 실행하는 등 광범위한 범위에서 사용된다.

OpenCV는 C++, 파이썬(Python), Java, 매트랩(MatLab) 인터페이스를 갖추고 있으며, 윈도우즈, 리눅스, 안드로이드, 맥OS에 이르기까지 다양한 운영체제를 지원한다. 뿐만아니라 OpenCV는 MMX(MultiMedia eXtension)와 SSE(Streaming SIMD Extensions) 명령어를 통해 고속의 알고리즘을 구현해 실시간 비전 응용에 더욱 강점이 있다. 또한 CUDA(Compute Unified Device Architecture)와 OpenCL(Open Computing Language) 인터페이스가 현재 개발되어 사용되고 있다.

OpenCV는 인텔사(Intel)에서 개발된 IPL(Image Processing Library)을 기반으로 1999년부터 컴퓨터 비전 라이브러리로 시작했다. 2006년 1.0버전 발표를 시작으로, 2009년 OpenCV 2.0버전으로 올라가면서, C++ API를 기본으로 제공했다. 2015년 6월에 3.0버전을 발표했으며, 2018년 11월 4.0버전을 발표했고, 2019년 12월에 4.2버전을 발표했다. 이와 같이 OpenCV는 계속 발전하고 새로운 버전이 앞으로도 계속 나올 것이다. 다음은 OpenCV의 버전의 특징을 간단히 요약한 것이다.

〈표 2.1.1〉 OpneCV 버전별 특징

1.0 버전	2.0 버전	2.2 버전
• C 언어 기반 API • 구조체 기반 데이터 구조 사용 • 비주얼 스튜디오에서 라이 브러리 컴파일 후 사용 • highgui 모듈에서 8비트 PNG, JPEG2000 입출력 지원 • 샘플 예제 파일 추가 (calibrate.cpp, inpaint.cpp, leter_recog. cpp 등)	• C++ 언어 기반 API • 클래스 기반 데이터 구조 도입 • CMake를 이용하여 라이브러리 컴파일 후 사용 가능 • highgui 모듈에서 스테레오 카메라 지원 • 소스 디렉터리 구조 구성	• 템플릿 자료구조 추가 • 기존 5개 라이브러리를 12개의 모듈로 재구성(opencv_core, opencv_imgproc, opencv_highgui, opencv_ml 등) • 안드로이드 지원 가능 • highgui 모듈에서 16비트 LZW-압축 TIFF 지원 • GPU 처리 지원
2.4 버전	**3.0 버전**	**3.4 버전**
• cv::Algorithm 클래스 도입 • SIFT와 SURF 모듈 유료화 • SIFT 성능 대폭 개선 • 컬러 영상 캐니 에지 수행	• cv::Algorithm 적극 사용 • 1500개 패치 github 제출 • OpenCL을 사용하는 투명 GPU 가속 레이어 도입 • NEON 내장 함수 사용한 OpenCV 함수 가속화 • Python & Java 바인딩 확장 및 Matlab 바인딩 도입 • Python 3.0 지원 향상 • 안드로이드 지원 향상 • 비디오 캡쳐 및 멀티스레딩 함수 개선	• dnn 모듈 개선 - fast R-CNN 지원 - Javascript 바인딩 - OpenCL 가속화 포함 • OpenCL 커널 바이너리에 디스크 캐시 및 수동 로딩 구현 • GSoC 프로젝트 통합으로 백그라운드 감산 알고리즘 구현

4.0 버전	4.1 버전	4.2 버전
• 1.x 버전 C API 제거 • 효과적인 그래픽 기반 영상처리 엔진으로 G-API 모듈 추가 • OpenVION 딥러닝 툴킷으로 dnn 모듈 업데이트 • 키넥트 퓨전 알고리즘 구현 • QR코드 검출기 추가 • 효과적인 광류 알고리즘 추가	• core와 imgproc 모듈 실행 최적화 • dnn 모듈 개선 - NN Builder API로 교체 - 인텔 Neural ComputerStick2 지원 • 안드로이드 미디어 NDK API 지원 • Hand-Eye 캘리브레이션 추가	• dnn 모듈 개선 - cuda와 통합된 GSoC 프로젝트 • 성능 개선 - SIMD 지원 확대 - pryDown 멀티스레딩 지원 • FSR 알고리즘

2.1.2 파이썬 개요

파이썬(Python)은 네델란드 출신의 컴퓨터 프로그래머인 귀도 반 로섬(Guido van Rossum)이 1991년에 발표한 인터프리터[1] 언어이다. 이 언어는 고급(high level) 프로그래밍 언어로, 플랫폼에 독립적이고 객체지향적이며, 동적 타입(dynamically typed)의 대화형 언어이다.

파이썬이라는 이름은 반 로섬이 좋아했던 영국의 코미디 프로인 "몬티 파이썬의 날아다니는 서커스(Monty Python's Flying Circus)"에서 따왔다고 한다.

고대 그리스 신화에서 파르나소스산에 델포이의 신탁소를 지배했던 큰 뱀이 있었는데, 제우스의 아들 아폴론이 태어난 지 4일 만에 활을 쏘아서 이 뱀을 퇴치했다고 한다. 이 뱀의

출처: www.talesbeyondbelief.com

1) 소스 코드를 1행씩 해석하고 실행해 바로 결과를 확인할 수 있는 언어

이름이 파이썬(Python)이다. 대부분의 파이썬 책 표지와 아이콘이 뱀 모양으로 그려져 있는 이유가 여기에 있다.

파이썬은 주로 컴퓨터 프로그래밍 교육을 위해 많이 사용된다. 그렇다고 실무에서 덜 사용되는 것은 아니다. 파이썬은 구글의 인공지능의 인기와 더불어서 사용이 확장되고 있는 언어이다. 대표적으로 귀도 반 로섬이 근무했던 구글은 소프트웨어의 50% 이상이 파이썬으로 작성되었다. 이외에도 온라인 사진 공유 서비스 인스타그램(Instagram), 파일 동기화 서비스 드롭박스(Dropbox) 등에서도 파이썬으로 많은 소프트웨어 작업을 한다.

2.2 파이썬(Python) 설치 및 사용

2.2.1 다운로드 및 설치

파이썬을 사용하려면 먼저 프로그램을 설치해야 한다. 기본적으로 윈도우에서 설치하는 방법만 설명한다. 다른 운영체제를 사용할 경우 파이썬 홈페이지(http://www.python.org)의 설명을 참고하자.

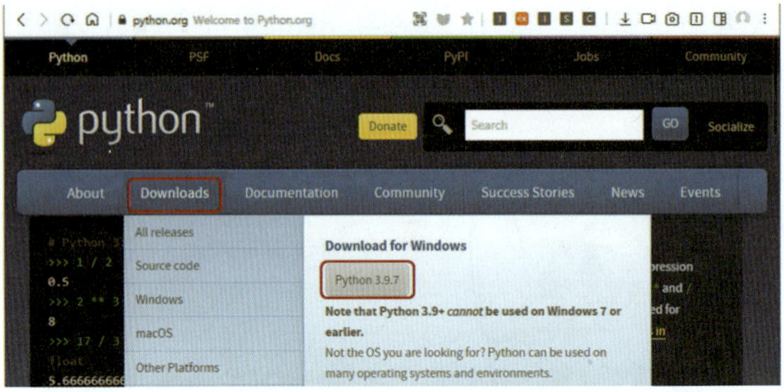

〈그림 2.2.1〉 파이썬 홈페이지

파이썬 공식 홈페이지로 가서 다운로드를 해보자. [Donwloads] 메뉴를 클릭하면 〈그림 2.1.1〉과 같이 다운로드를 할 수 있는 팝업 메뉴가 나타난다. 'Python 3.9.7' 아이콘을 클릭하면 다운로드가 진행된다(버전은 계속 업데이트되므로 여기서는 현재 최신 버전으로 예를 보인다). 만약 다른 버전을 내려받고 싶다면, [All releases] 메뉴를 클릭해서 원하는 버전을 내려받을 수 있다.

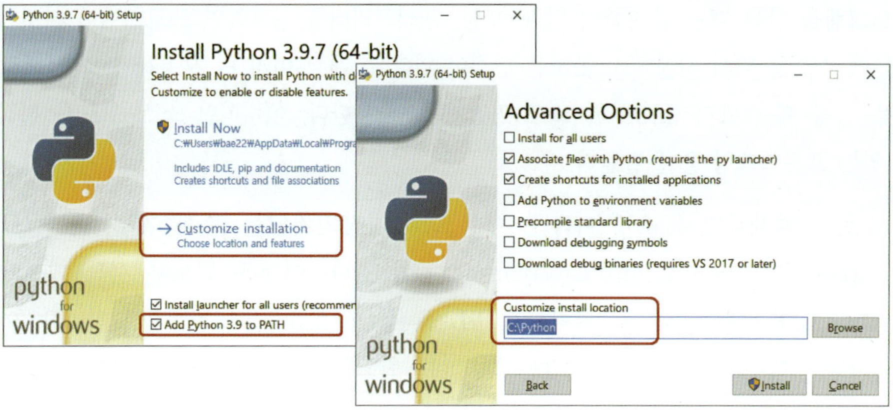

〈그림 2.2.2〉 파이썬 설치 과정

다운로드가 완료되면, 다운받은 설치파일(python-3.9.7-amd64.exe)을 실행한다. 설치 과정에서 〈그림 2.2.2〉의 왼쪽 아래와 같이 'Add Python 3.9 to PATH'의 체크박스를 선택해 콘솔창에서 파이썬 명령을 어느 디렉터리에서나 할 수 있도록 한다. 또한, 그림의 오른쪽 아래와 같이 파이썬 설치 폴더를 찾기 쉽도록 'C:\Python' 폴더로 지정한다.

설치를 완료했으면, 윈도우 시작 메뉴에서 [Python 3.9] 폴더를 찾아서 클릭하면, 〈그림 2.2.3〉과 같이 파이썬 프로그램이 설치된 것을 볼 수 있다.

〈그림 2.2.3〉 윈도우 시작 메뉴

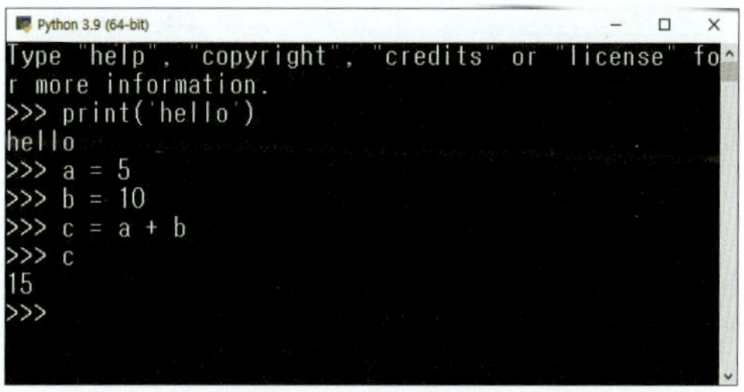

〈그림 2.2.4〉 Python 3.9 (64-bit) 실행 화면

먼저, 이 중에서 [Python 3.9 (64-bit)]을 실행하면 〈그림 2.2.4〉와 같은 콘솔 윈도우가 열린다. 여기에서 파이썬 명령어를 입력하여 엔터키를 누르면 바로 해석해서 결과를 보여준다. 이러한 프로그램을 셸(Shell) 프로그램이라 하며, 인터프리터 방식의 프로그램이다.

2.2.2 IDLE로 파이썬 프로그램 작성하기

인터프리터 방식은 간단한 예제를 작성할 때는 편리하지만, 여러 줄의 소스 코드를 가진 프로그램을 만들 때는 불편함이 있다. 또한, 인터프리터를 종료하면 프로그램이 사라지기 때문에 소스를 다시 사용하지 못하는 단점이 있다. 그래서 여러 번 사용하기 위한 프로그램을 만들 때는 에디터(Editor, 코드 편집기)를 사용한다. 에디터란 소스 코드를 편집할 수 있는 프로그래밍 툴을 말한다.

파이썬을 설치하면 IDLE[2]이라는 이름으로 내장되어있는 통합 개발 환경(IDE, Integrated Development Environment)이 있다. 이것은 윈도우 시작 메뉴에서 [Python 3.9] 폴더를 찾아서 클릭하면, [IDLE (Python 3.9 64-bit)]가 나타나고, 이를 클릭하면 〈그림 2.2.5〉의 왼쪽과 같은 셀(Shell) 윈도우가 열린다. 이 프로그램 툴은 앞서 보았던 것과 비슷한 셀 프로그램으로서 아직 에디터가 아니다.

소스 파일을 작성하려면 에디터를 열어야 한다. 이 셀 프로그램의 메뉴에서 [File] → [New FIle]을 클릭하면, 〈그림 2.2.5〉의 오른쪽 같이 에디터 윈도우가 열린다. 이 에디터에서 파이썬 소스 코드를 그림과 같이 작성해 본다. 아주 간단히 "hello"라는 글자를 셀(Shell)에 표시해 주는 소스 코드이다.

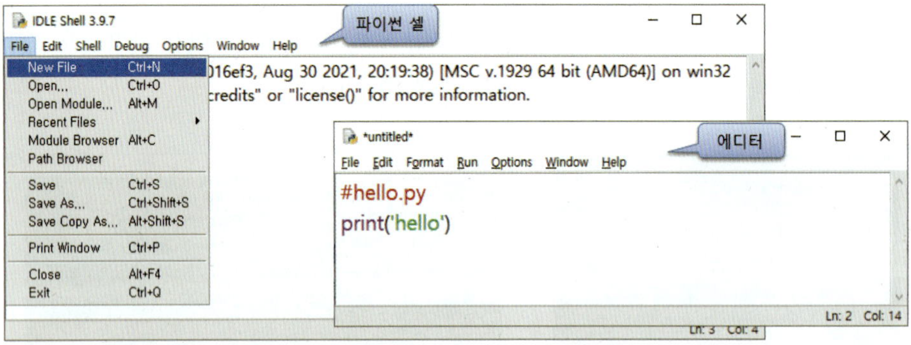

〈그림 2.2.5〉 에디터 실행 화면

에디터 윈도우의 제목 표시줄에 '*untitled*'라는 글자가 보이는 것은 아직 파일이 저장되지 않았기 때문이다. 앞의 셀에서는 한 행의 명령어를 작성하여 엔터키를 치면, 바로 해석하고 실행결과를 보여주지만, 에디터는 소스 코드가 저장되어야 실행할 수 있다.

이제 소스 파일을 저장해 보자. 메뉴에서 [File] → [Save]를 클릭하면 [다른 이름으로 저장하기] 창이 뜨며, 적당한 폴더를 선택하고 "hello.py"로 파일 이름을 지정해서 [저장]을 클릭한다. 소스 파일이 저장되면, 제목 표시줄에 파일이 저장된 경로와 파일이름이 표시되

2) IDLE: Integrated Development and Learning Environment

는 것을 볼 수 있다.

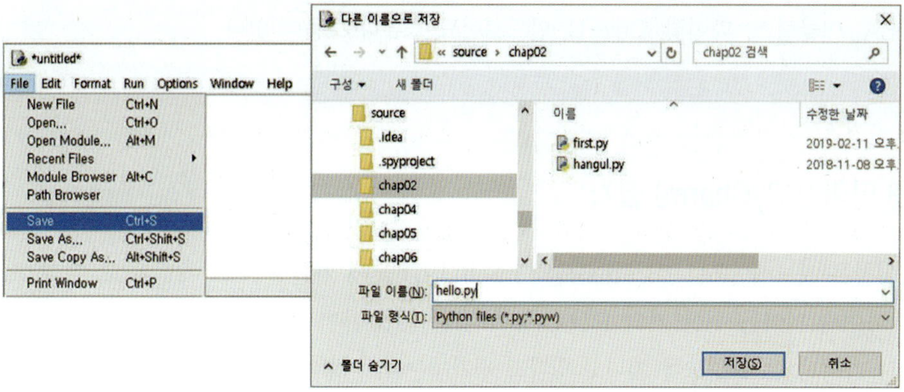

〈그림 2.2.6〉 소스 파일 저장

이제 만든 파일을 실행해 보자. 〈그림 2.2.7〉의 왼쪽과 같이 메뉴에서 [Run] → [Run Module]을 클릭하면 해당 소스가 파이썬 셀에서 실행되어 〈그림 2.2.7〉의 오른쪽과 같이 표시된다. 파이썬 셀은 에디터에서 작성한 소스가 실행되어 결과를 표시해 주는 프로그램이다. 또한, 여기에서 직접 명령어를 작성해서 엔터키를 누르면 그때마다 소스를 해석하고 바로 실행하여 결과를 보여준다.

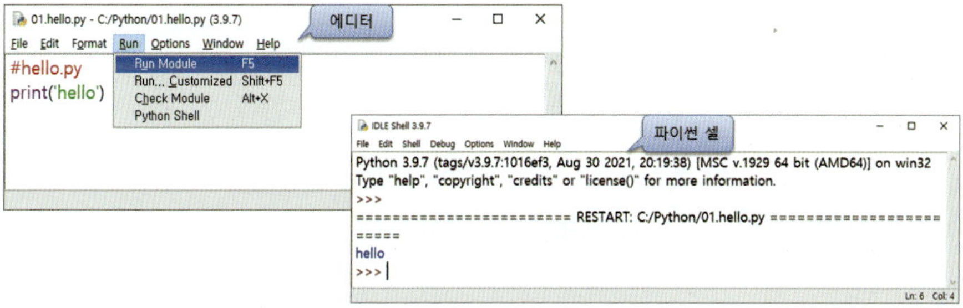

〈그림 2.2.7〉 파이썬 셀 실행 화면

일반적인 파이썬 예제들을 작성하고 실행해 보려면, 파이썬 IDLE로도 충분하다. 그러나 딥러닝이나 영상처리와 같이 임포트 등을 통해서 여러 소스 파일들이 연관되어 있는 복잡한 프로그래밍을 하려면 여러 가지 부족한 점들이 있다. 이에 본 교재에서는 파이참(PyCharm)이라는 통합 개발 환경(IDE)을 사용하려 한다.

통합 개발 환경은 개발자가 소프트웨어를 개발하는 과정에 필요한 모든 작업을 하나의 소프트웨어에서 처리할 수 있도록 환경을 제공한다. 에디터, 디버거, 컴파일러, 인터프리터 등을 개발자에게 제공한다. 자주 사용되는 IDE 종류로는 비주얼 스튜디오, IntelliJ IDEA, 이클립스, 파이참, Dev-C, 안드로이드 스튜디오 등이 있다.

2.3 파이참(PyCharm) 설치

파이참은 젯브레인즈(JetBrains)사의 IntelliJ IDEA에 기반을 두고 개발된 프로그램으로서 파이썬 언어를 위한 거의 모든 기능을 갖춘 통합 개발 환경이다. 파이썬 개발 도구 중에서 가장 높은 완성도를 지니고 있다고 평가받는다. 이렇게 파이참이 널리 사용되는 이유로는 다음과 같은 장점을 들 수 있다.

- 프로젝트별로 다른 Python 버전과 환경을 설정할 수 있다.
- 소스 코드의 실행 결과를 바로 확인할 수 있다.
- 직관적인 사용자 인터페이스를 제공하며, 운영체제와 무관하게 사용할 수 있다.

기본적으로 두 가지의 버전이 있는데, 하나는 아파치 2.0 라이선스를 사용하는 오픈 소스 프로젝트로서 무료로 제공되는 커뮤니티 버전(Community Edition)이고, 다른 버전은 상용 버전으로 뛰어난 도구 및 기능이 포함된 프로패셔널 버전(Professional Edition)이다. 본 교재에서는 무료 버전인 커뮤니티 버전을 중심으로 설명을 한다.

이제, 파이참 설치를 위해 젯브레인즈사 사이트에 접속해서 파이참 다운로드 페이지를 찾아간다. 두 가지 버전의 다운로드 링크가 나타나며, 커뮤니티 버전을 클릭하여 내려받아서 설치를 시작한다.

http://www.jetbrains.com/ko-kr/pycharm/download

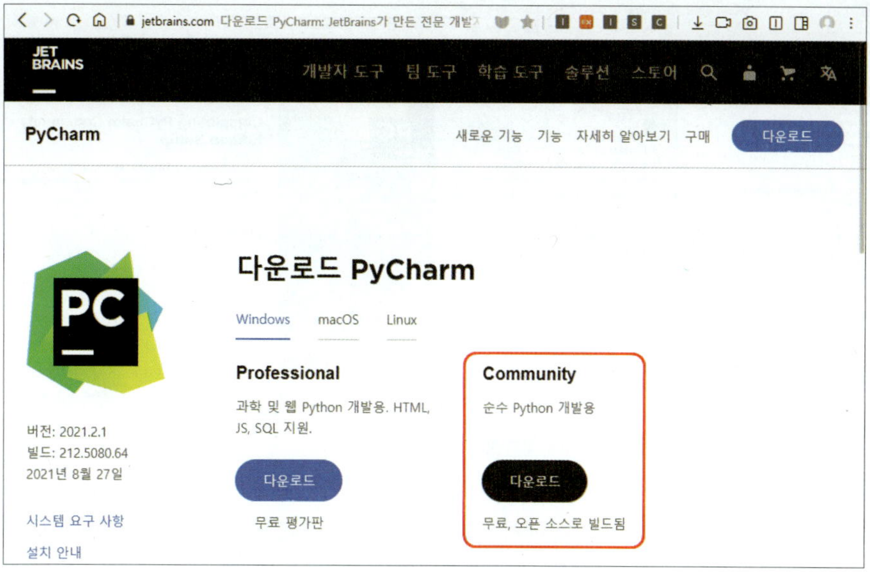

〈그림 2.3.1〉 젯브레인즈 웹사이트

설치 과정에서 〈그림 2.3.2〉와 같이 옵션을 설정해야 하는데, 전부 체크해도 무방하며, 빨간색 사각 박스는 필수로 체크하여 설치한다.

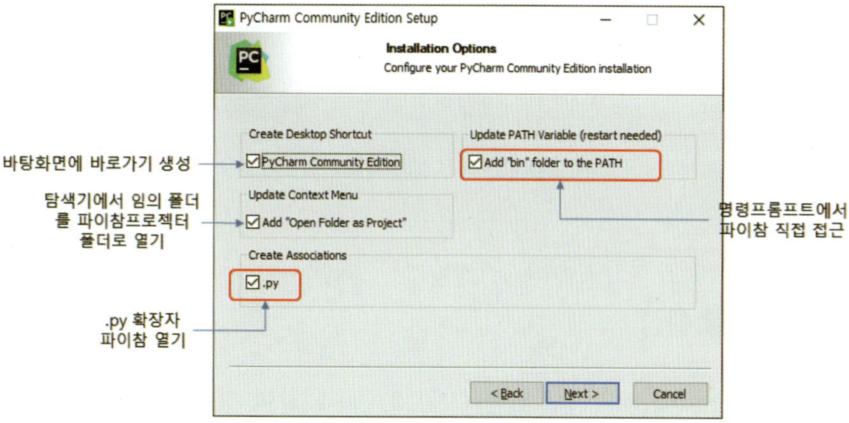

〈그림 2.3.2〉 설치 선택 사항

〈그림 2.3.3〉과 같이 윈도우 시작 메뉴에서 사용할 폴더 이름을 지정하면, 여러 파일들이 복사되어 설치가 진행된다.

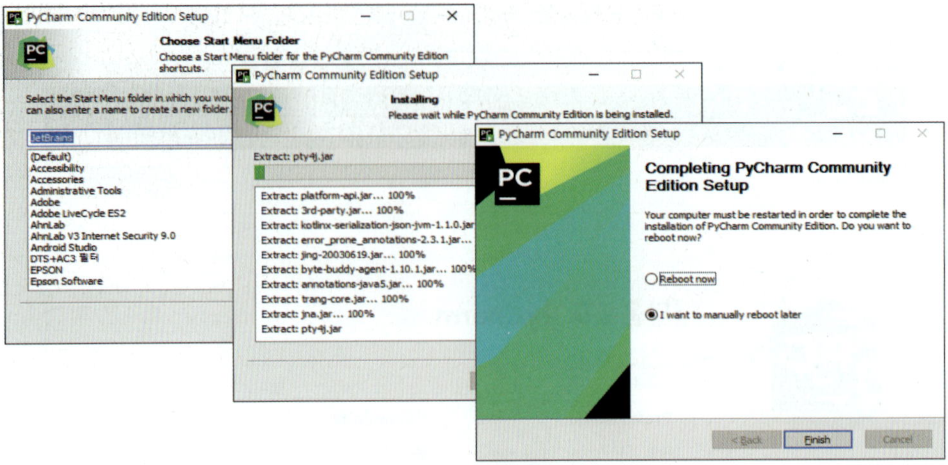

〈그림 2.3.3〉 설치 과정

설치가 완료되면 윈도우 시작 메뉴에서 [JetBrains] → [PyCharm Community Edition] 클릭해서 파이참을 실행한다. 처음 실행하면 다음과 같은 창이 뜨는데, 기존 파이참의 설정을 가져올 수 있다. 파이썬 설치가 처음이라면 "Do not import settings"를 선택하고 [OK] 버튼을 누른다.

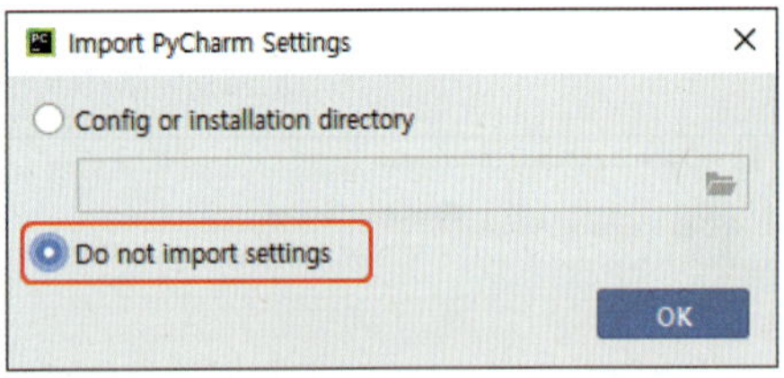

〈그림 2.3.4〉 기존 버전 설치 내용 가져오기 선택

2.4 파이참 환경 설정

설치와 Import Settings가 완료되면 〈그림 2.4.1〉과 같이 창이 열린다. 먼저 [Customize] 항목을 클릭하여 파이참의 스킨 테마와 글자 크기와 같은 기본 설정을 할 수 있다. [Color theme] 탭을 'IntelliJ Light'로 바꾸면 밝은 색상의 스킨이 적용된다. 또한 IDE font를 수정하여 메뉴의 글자 크기를 바꿀 수 있다.

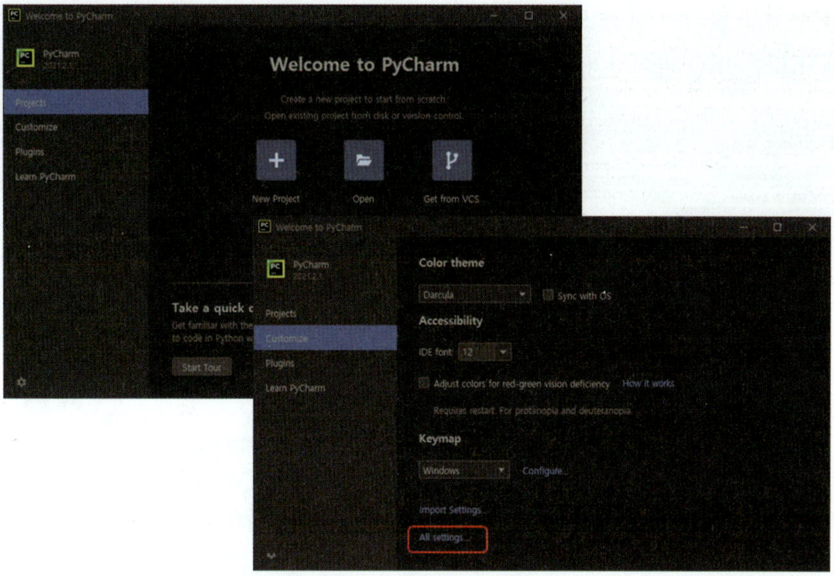

〈그림 2.4.1〉 첫 실행 화면

다음은 파이참에 Python Interpreter를 연결한다. 〈그림 2.4.1〉의 오른쪽 그림 하단의 [All Settings]를 클릭해서 〈그림 2.4.2〉와 같이 [Settings] 윈도우를 연다. 좌측 메뉴에서 [Project interpreter]를 클릭하고 우측 상단에서 추가하기(⚙) 아이콘을 클릭하여 [Add] 탭이 팝업되면, [Add]를 클릭한다.

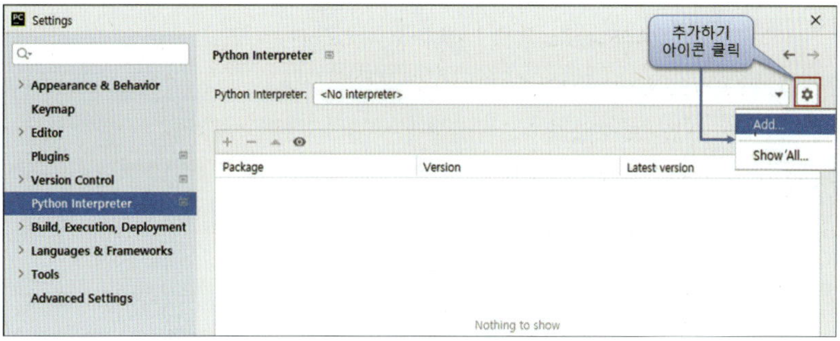

〈그림 2.4.2〉 설정 대화상자

다음으로 "Add Python Interpreter" 윈도우가 뜨면, 시스템 인터프리터를 설정한다. 〈그림 2.4.3〉의 좌측 메뉴에서 [System Interpreter]를 클릭하면, 중앙의 [Interpreter] 항목에서 기존에 설치되어 있는 파이썬 실행 파일이 자동으로 표시된다. 파이썬 실행 파일이 연결되어 있지 않거나 다른 버전의 파이썬을 연결하려면 우측 상단에 [경로변경] 버튼을 클릭해서 다른 버전 파이썬의 경로를 찾아서 변경해 준다.

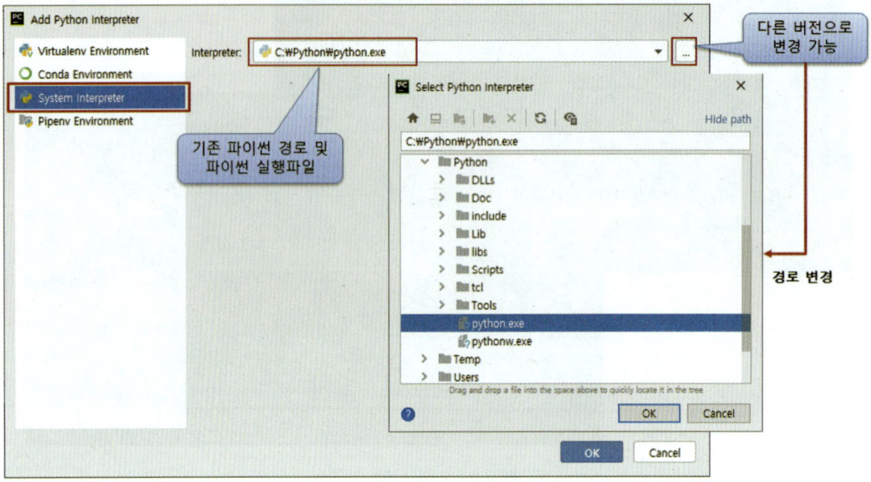

〈그림 2.4.3〉 파이선 인터프리터 설정 대화상자

모든 설정이 끝나면 〈그림 2.4.4〉와 같이 [Project Interpreter] 항목이 Python 3.9로 설정된 것을 확인할 수 있다. 현재 설치되어 있는 라이브러리는 pip 모듈과 setuptools 모듈 단 2개만 있다. 여기서 다양한 라이브러리를 쉽게 추가하여 설치할 수 있다.

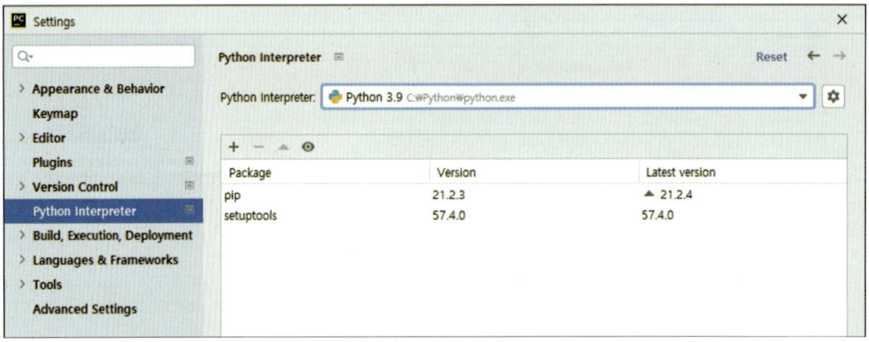

〈그림 2.4.4〉 프로젝트 인터프리터 지정

파이썬 소스들은 프로젝트 단위로 묶어서 관리할 수 있다. 이제 파이썬 프로젝트를 생성해 보자.

〈그림 2.4.5〉의 화면에서 [New Project] 아이콘 을 클릭하면 "New Project" 윈도우가 뜬다. 먼저, [Location] 항목에서 프로젝트 이름과 폴더 경로를 입력한다. 다음으로 [Project Interpreter Python 3.9]를 클릭해서 드롭다운 옵션들을 보이게 한다. 그리고 다음과 같이 [Previously configured interpreter] 항목을 체크하고, [Create a main.py welecom script] 항목은 체크를 해제한 후 [Create] 버튼을 누른다.

만약 가상 환경을 통해 프로젝트를 생성하려는 경우에는 [New environment using]에 체크하면 된다. 가상 환경으로 생성하면 프로젝트 내부에 파이썬 프로그램을 복사해서 독립적으로 사용하기 때문에 파이썬 버전에 맞는 각각의 라이브러리 버전을 설치해야 하는 경우라면, 독립성이라는 편리한 점이 있다. 그렇지 않다면 기본 방법의 사용을 권장한다.

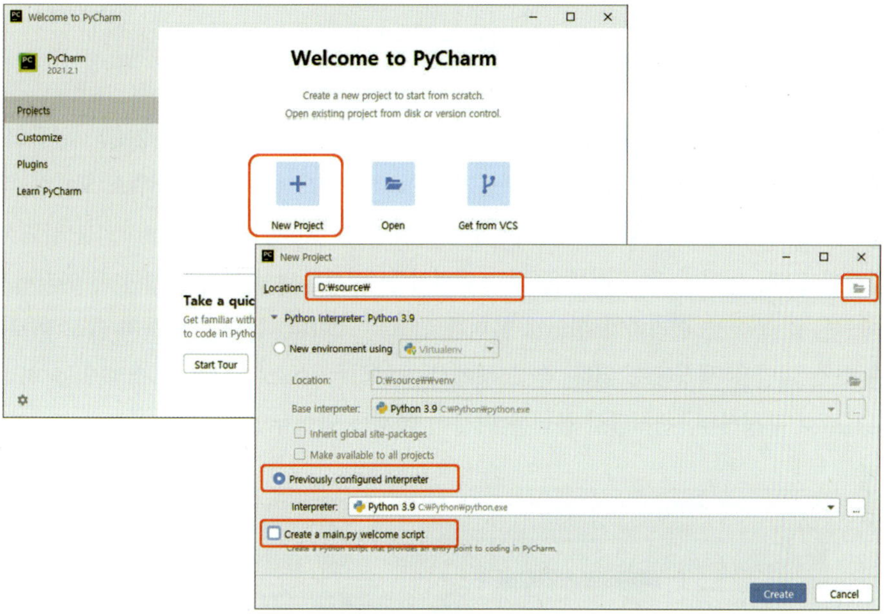

〈그림 2.4.5〉 프로젝트 생성하기

이제 〈그림 2.4.6〉과 같이 프로젝트가 시작되어 파이참 사용에 대한 팁을 알려주는 창이 뜬다. [Don't show tips] 체크를 해제하고 [Close]를 클릭하면, 다음 실행부터는 팝업 메시지가 뜨지 않는다.

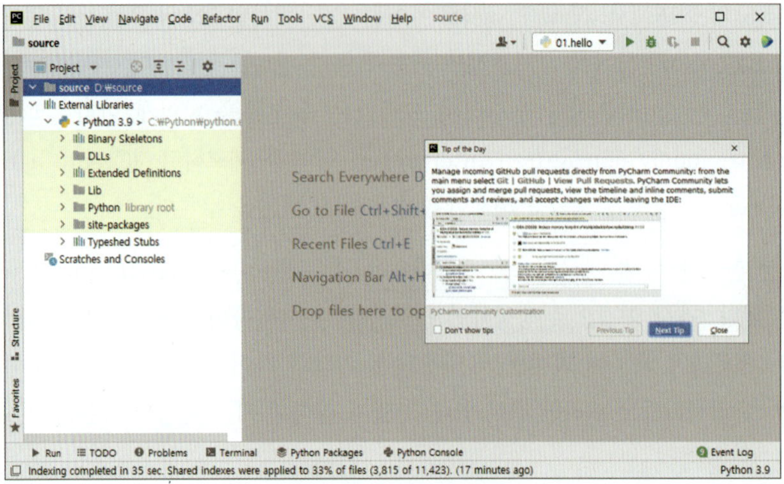

〈그림 2.4.6〉 프로젝트 생성 완료

다음으로 프로젝트 내에 폴더와 파이썬 소스 파일을 만들어 보자. 〈그림 2.4.7〉 왼쪽의 프로젝트 창에서 source 폴더라는 프로젝트가 만들어져 있으며, 여기서 마우스 오른쪽 버튼을 클릭하면 〈그림 2.4.7〉과 같이 팝업메뉴가 나타난다. [New] → [Directory]를 클릭하면 팝업창이 뜨고, 여기에 폴더 이름을 적고 엔터키를 누르면 새 폴더를 생성한다. 여기서 여러 파일들을 묶어서 관리하기 편하게 폴더를 만드는 것이며, 폴더를 만들지 않고 바로 파이썬 소스 파일을 생성해도 된다. 본 교재에서 제공하는 소스는 모든 예제 파일을 하나의 프로젝트로 구성하며, 챕터별로 폴더를 만들어 예제를 담아두었다.

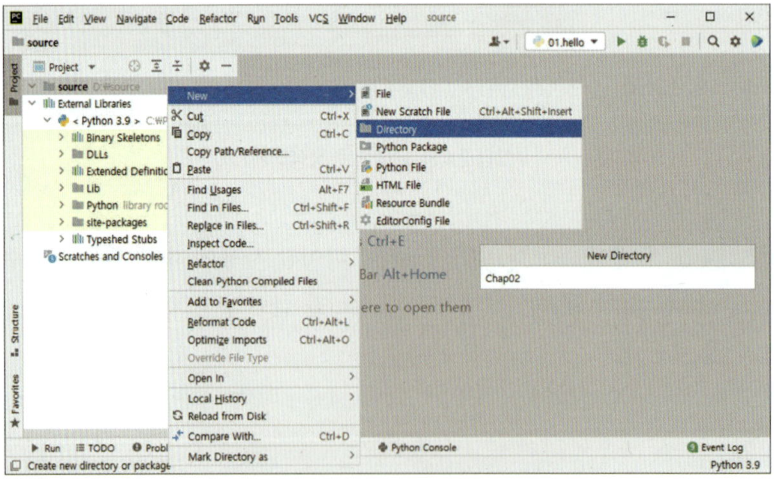

〈그림 2.4.7〉 새 폴더 생성

다음으로 생성된 폴더에서 같은 방법으로 마우스 오른쪽 버튼을 클릭하여 [New] → [Python File]을 클릭하면 〈그림 2.4.8〉과 같이 "New Python file" 팝업이 뜬다. 여기에 파일명을 적으면 파이썬 소스 파일이 생성된다. 파이썬 소스 파일의 확장자명(.py)은 생략해도 된다.

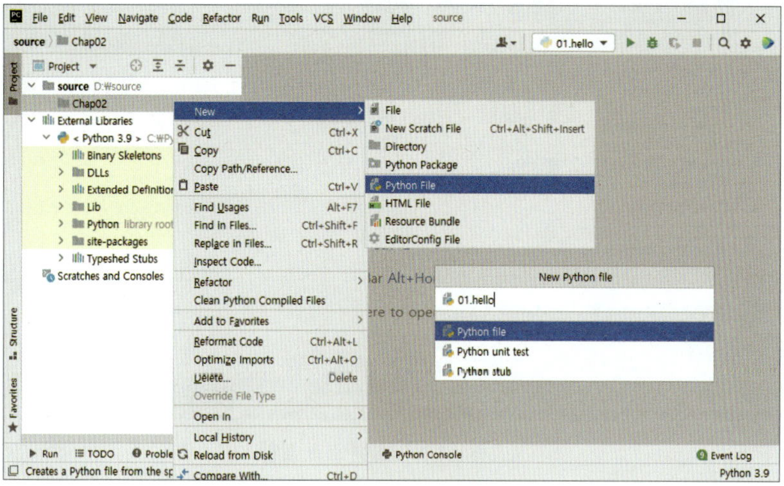

〈그림 2.4.8〉 새 소스 파일 생성

이제 01.hello.py 파일에서 다음과 같이 간단한 소스를 작성해 실행해 보자. 상단 메뉴에서 [Run] → [Run] 항목을 클릭하면 〈그림 2.4.9〉와 같이 'Run' 창이 뜨며, 실행했었던 소스 파일들이 나타난다. 실행했던 파일이 없기 때문에 현재 작업 파일 하나만 나타난다. 이 중에서 하나를 선택해서 엔티키를 누르면 선택된 소스 파일이 실행된다. 여기서 실행의 단축키는 [shift]+[alt]+[F10]이다. 앞으로 실행을 자주 사용할테니 이 단축키를 외워두는 것을 권장한다.

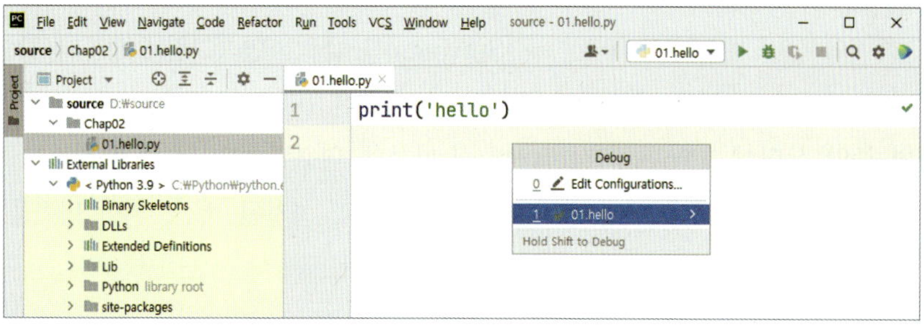

〈그림 2.4.9〉 소스 파일 실행

실행하게 되면 〈그림 2.4.10〉과 같이 하단의 실행(Run)창에 실행결과가 나타난다. 'hello'라는 글자가 출력된 것을 볼 수 있다.

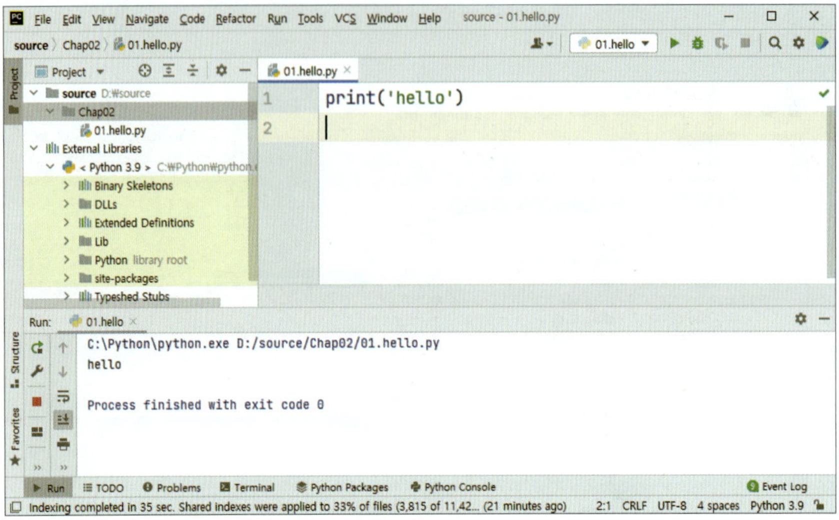

〈그림 2.4.10〉 실행 결과 확인

2.5 OpenCV-Python 및 라이브러리 설치

파이썬에 추가적인 라이브러리들을 설치하려면, 콘솔창에서 직접 pip 명령어를 통해서 라이브러리의 명칭을 입력하면 된다. 다만, 직접 입력하는 것이 번거롭기도 하고 해당 라이브러리의 명칭을 정확히 모르면 설치에 어려움이 있다. 다행히 파이참에서는 대화창을 통해서 라이브러리를 검색하여 클릭만으로 쉽게 설치하는 방법을 제공한다.

이제 라이브러리를 설치해 보자. 우리가 필요한 것은 OpenCV 라이브러리이다.

파이참 화면의 상단 메뉴에서 [File] → [Settings]를 클릭하면 〈그림 2.5.1〉과 같이 설정 대화상자가 나타난다. 왼쪽 메뉴에서 [Project source] → [Project interpreter] 메뉴를 클릭하면 중앙 상단에 [Project interpreter] 항목에 연결된 파이썬 설치 버전이 보인다. 그 아래 [Package] 항목에 현재 설치된 라이브러리명, 설치된 버전, 최신 버전을 볼 수 있다.

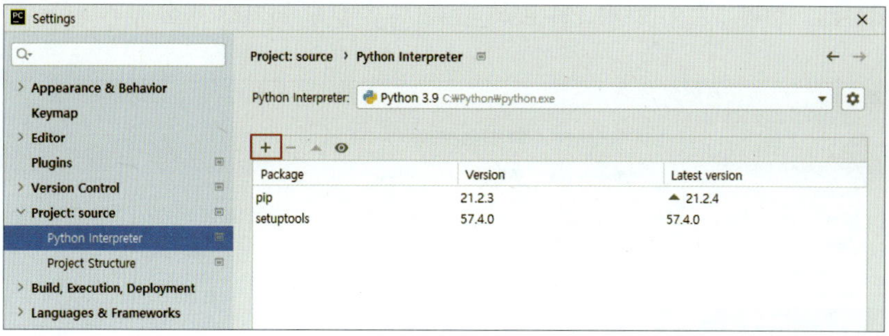

〈그림 2.5.1〉 설정 대화상자- 라이브러리 추가

설정 대화창의 중앙부분에 라이브러리 추가하기 버튼[+]을 클릭하면 파이썬에 설치할 수 있는 다양한 라이브러리들을 검색할 수 있다. 〈그림 2.5.2〉의 왼쪽 상단 라이브러리 검색에서 설치하려는 라이브러리 이름을 몇 글자만 입력하여 엔터키를 누른다.

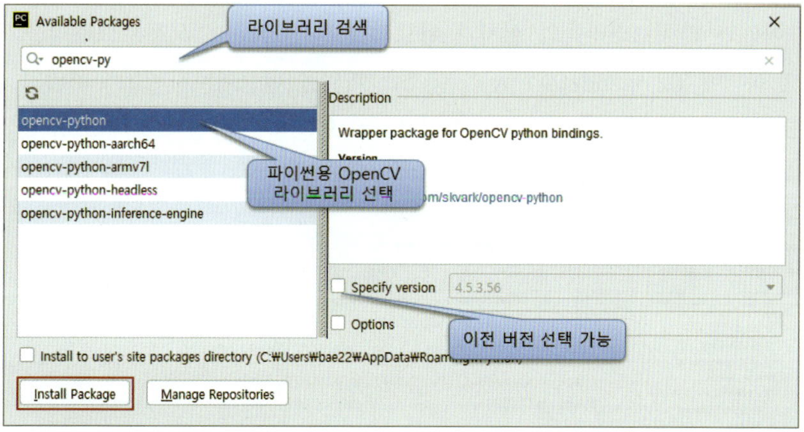

〈그림 2.5.2〉 라이브러리 검색 및 설치

그러면 왼쪽 아래 창에서 검색어와 비슷한 이름의 라이브러리들이 검색되어 나타난다. 우리는 Opencv-Python 라이브러리를 설치하기에 이 라이브러리를 선택하고, 하단의 [Install Package] 버튼을 클릭하면 설치가 진행된다. 설치가 완료되면 그림의 하단과 같이 "Package 'opencv-python' installed successfully'이라는 메시지가 나타난다. 여기서 최신 버전이 아니라 이전 버전의 설치를 원한다면 오른쪽 하단의 [Specifiy version] 항목을 체크하여 원하는 이전 버전을 선택하여 설치할 수 있다.

추가적으로 윈도우에 영상을 표시하거나 그래프를 그릴 수 있는 matplotlib 라이브러리들도 설치한다. 〈그림 2.5.3〉은 필요한 라이브러리들을 모두 설치한 후의 모습이다.

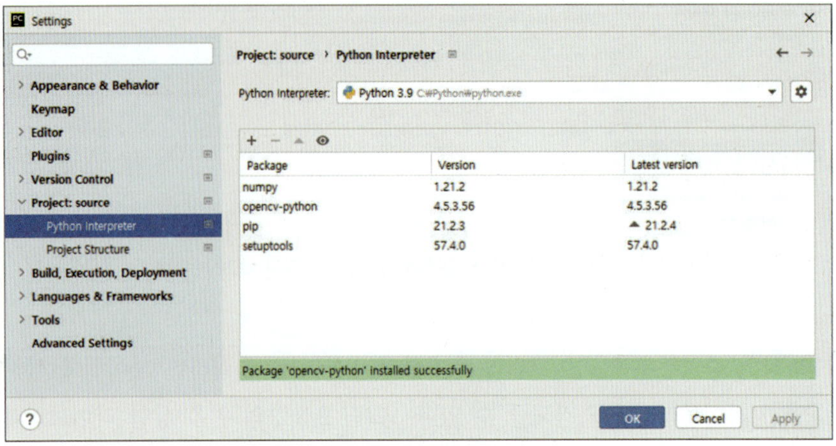

〈그림 2.5.3〉 라이브러리 추가 완료

이제 파이썬과 라이브러리들의 설치가 완료되었으니, OpenCV 프로그래밍을 해보자. 'chap02' 폴더에 '02.opencvtest.py'라는 소스 파일을 만들어보자. 소스 파일의 생성 방법은 〈그림 2.3.8〉에 설명되어 있으니, 기억나지 않으면 다시 한번 확인해 보기 바란다. 그리고 다음과 같이 소스를 작성해 보자.

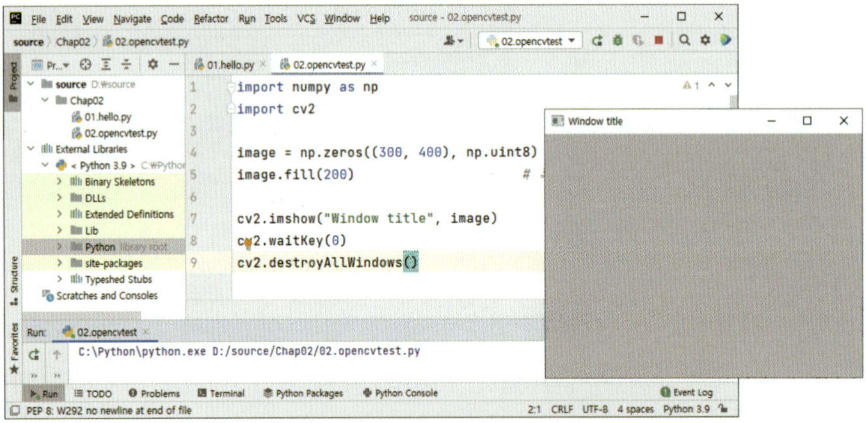

〈그림 2.5.4〉 소스 작성 및 실행 결과

소스의 내용은 300행, 400열 크기의 행렬을 만들어서 행렬의 모든 원소의 값을 회색(200)으로 지정하고, 이 행렬을 "window title" 이름의 윈도우에 영상으로 표시한 것이다. 회색의 바탕색을 갖는 윈도우 창이 열린 것을 볼 수 있다.

단원 핵심 요약

1. 파이썬은 대화형 인터프리터 언어이다. 인터프리터 방식은 1행씩 명령어를 입력하면 바로 해석해서 결과를 보여주는 방식이다.

2. OpenCV는 영상처리, 컴퓨터 비전, 기계학습과 같은 응용에 사용할 수 있는 API를 제공하는 라이브러리이다.

3. 파이참은 파이썬 개발을 위한 통합 개발 환경(IDE)이다. 통합 개발 환경은 에디터, 디버거, 컴파일러, 인터프리터 등을 모두 포함하여 프로그래밍 환경을 제공해주는 소프트웨어이다.

4. 파이참에서 파이썬 프로그램 개발을 위해서는 [파이썬 인터프리터]에 파이썬 실행 파일(python.exe)이 연결되어 있어야 한다.

5. 파이참은 파이썬에서 사용하는 라이브러리들을 쉽게 설치할 수 있는데, [File] 메뉴 아래 [Settings] – [Project Interpreter]에서 라이브러리 추가하기[+] 대화상자를 열어서 검색을 통해서 설치할 수 있다.

6. 파이참은 프로젝트를 기반으로 파이선 소스 코드를 관리하며, 프로젝트에서는 폴더와 파일들을 포함할 수 있다.

연습문제

1. 컴파일러 방식과 인터프리터 방식에 대해서 비교 설명하시오.

2. 컴퓨터 프로그래밍에서 통합 개발 환경이란 무엇인지 설명하시오.

3. 파이참에서 파이썬을 사용하기 위한 설정방법을 기술하시오.

4. 파이참에서 프로젝트 생성 방법을 기술하시오.

5. 파이참에서 프로젝트를 가상 환경으로 만드는 이유가 무엇인가? 직접 만들어보고 설명하시오.

6. 파이참에서 파이썬 OpenCV 라이브러리를 추가하는 방법을 설명하시오.

7. 〈그림 2.5.4〉의 소스를 참고하여 바탕색이 검은색인 영상을 윈도우에 나타내시오.

CHAPTER 03

파이썬 둘러보기

contents

행복을 위한 기본: Well-being의 5가지 요소

갤럽의 과학자들은 20세기 중반부터 사람들의 행복을 위한 웰빙(well-being)적 삶의 조건에 관심을 가져왔다. 최근에는 주요 경제학자, 심리학자 및 기타 저명한 과학자들과 협력해, 국가와 문화를 초월하는 웰빙의 공통 요소를 조사하기 시작했다. 최근 연구가 완료되어, 5가지 뚜렷한 통계적 요인이 나타났다. 이것은 번영하는 삶과 그렇지 못한 삶을 구별하는 웰빙의 보편적 요소이다. 이 5가지 요소들은 모든 상황에서 사람들에게 중요한 삶의 측면을 설명한다.

첫 번째 요소는 Career Well-Being으로서, 당신이 매일하는 일을 얼마나 좋아하는가와 관련된다.

두 번째 요소는 Financial Well-Being으로서, 당신이 경제적 생활을 누리며, 효과적으로 관리하는 것과 관련이 있다.

세 번째 요소는 Social Well-Being으로서, 당신의 삶에서 사람들과의 관계와 사랑에 대한 것이다.

네 번째 요소는 Physical Well-Being으로서, 당신이 매일 좋은 건강과 충분한 에너지를 유지하는 것과 관계된다.

다섯 번째 요소는 Community Well-Being으로서, 당신이 거주하는 지역 사회에 대한 참여 의식에 관한 것이다.

The five essential elements of well-being for most people, as outlined in the book, *Well Being: The Five Essential Elements*, by Tom Rath and Jim Harter.

03 파이썬 둘러보기

3.1 파이썬 자료 구조

3.1.1 상수(constant)와 리터럴(literal)

상수는 항상 똑같은 값이 저장된 곳이다. 값을 변경하지 못하게 만든 변수를 의미한다. 다만, 파이썬에서는 C언어의 const나 #define과 같은 키워드를 제공하지 않아서 원칙적으로 상수를 사용하지 못한다. 다만, 대문자로 만든 변수를 일반적으로 상수로서 사용한다.

리터럴은 5, 1.3, 25와 같은 숫자나 "This is Python" 등과 같은 문자열을 말하는 것으로 값 그 자체를 의미한다. 리터럴의 종류에는 〈표 3.1〉과 같은 것이 있다.

〈표 3.1〉 리터럴의 종류

	종류	예
숫자 리터럴	정수, 실수, 복소수	4, 3.141592, 3+5j
문자 리터럴	따옴표로 묶인 문자	"This is Python", '작은 따옴표도 됨'
논리값 리터럴	True, False	True, False
특수 리터럴	None	None
컬렉션 리터럴	리스트, 튜플, 집합(set), 사전(dictionary)	[1, 2, 3, 4], (3, 5, 7), {'a' , 'b' } {'a': 'apple', 'b': 'ball'}

3.1.2 변수(variable)

변수는 '변하는 수'라고 생각할 수 있다. 수학에서는 이 추상적 개념이 맞겠지만, 컴퓨터에서 변하는 것은 기억 장치의 어떤 공간에 들어 있는 값이다. 우리는 이 저장 공간을 변수라고 부른다. 리터럴과는 달리 변수들은 프로그램 내에서 여러 방법을 통해 변경되고 사용되기 때문에 그 변수가 하는 일을 한눈에 알아보기 쉽도록 이름 짓기를 권장한다.

일반적인 프로그래밍 언어들은 변수를 선언할 때 자료형을 미리 지정해 주어야 한다. 파이썬은 자료형을 지정하지 않으며, 변수에 리터럴이 저장될 때 자료형이 결정되며, 그 자료형의 종류는 〈표 3.1〉의 리터럴의 종류와 일치한다.

예제 3.1.1 변수의 자료형 - 01.variable.py

```
01  variable1 = 100                                    # 정수 변수 선언
02  variable2 = 3.14                                   # 실수 변수 선언
03  variable3 = -200                                   # 정수 변수 선언
04  variable4 = 1.2 + 3.4j                             # 복소수 변수 선언
05  variable5 = ‘This is Python’                       # 문자열 변수 선언
06
07  variable6 = True                                   # bool 변수 선언
08  variable7 = float(variable1)                       # 자료형 변경
09  variable8 = int(variable2)                         # 자료형 변경
10
11  print(‘variable1 =’ , variable1, type(variable1))  # 변수의 값과 자료형 출력
12  print(‘variable2 =’ , variable2, type(variable2))
13  print(‘variable3 =’ , variable3, type(variable3))
14  print(‘variable4 =’ , variable4, type(variable4))
15  print(‘variable5 =’ , variable5, type(variable5))
16  print(‘variable6 =’ , variable6, type(variable6))
17  print(‘variable7 =’ , variable7, type(variable7))  # 실수로 변경되어 소수점 표시됨
18  print(‘variable8 =’ , variable8, type(variable8))  # 정수로 변경되어 소수점이하 소실
```

| 설명 |

① 1~5행은 각 변수의 자료형을 선언하며 값을 저장한다. 파이썬은 값이 할당될 때, 변수의 자료형이 지정된다.

② 8행은 정수형 변수를 실수형 변수로 변경한다.

③ 9행은 실수형 변수를 정수형 변수로 변경한다. 이때, 소수점 이하의 값은 소실된다.

④ 11~18행은 변수의 값과 자료형을 출력한다.

| 실행결과 |

```
Run: 01.variable
C:\Python\python.exe D:/source/chap03/01.variable.py
variable1 = 100 <class 'int'>
variable2 = 3.14 <class 'float'>
variable3 = -200 <class 'int'>
variable4 = (1.2+3.4j) <class 'complex'>
variable5 = This is Python <class 'str'>
variable6 = True <class 'bool'>
variable7 = 100.0 <class 'float'>  → 실수로 변경
variable8 = 3 <class 'int'>        → 정수로 변경, 소수 부분 소실
```

실행결과를 보면, 자료형들은 'int', 'float' 등으로 표시된다. 특히, 복소수는 'complex', 문자열은 'str'로 표시된다. 그리고 변수 variable7은 정수형 변수에서 실수형으로 변경되어 소수점을 출력하며, variable8은 실수형 변수에서 정수형으로 변경되어 수소점 이하부분이 소실되는 것을 볼 수 있다.

3.1.3 자료 구조 - 리스트, 튜플, 사전(dictionary), 집합(set)

파이썬에서는 원소들을 모아 담을 수 있는 다양한 자료 구조를 제공한다. 대표적으로 리스트와 튜플과 같은 열거형(sequence) 객체가 있다. 리스트는 대괄호([,])를 둘러싸서 선언하며, 항목의 추가, 삭제, 값의 변경이 가능하다. 튜플은 소괄호((,))를 이용해서 선언하며 항목에 대한 어떠한 변경도 할 수 없다.

사전(dictionary)은 중괄호({, })를 사용해 원소를 담는 것은 비슷하지만 객체마다 키를 같이 구성해야 한다. 이 키를 이용해서 원소에 쉽게 접근할 수 있다. 집합(set)은 원소를 모아 담는 것은 같지만, 중복되는 원소들을 하나만 저장해서 원소들의 중복을 없앤다.

간단한 예제를 통해서 열거형 객체의 사용법을 확인해 보자.

예제 3.1.2 자료 구조 - 02.list.py

```python
list1 = [1, 2, 3, 4]
list2 = [1, 1.5, 'a', 'a', '문자열']
tuple1 = (1, 2)
tuple2 = (1, 1.5, 'b', 'b', '문자열' )
dict1 = { 'name': '배종욱', 'email': 'daum.net' }
set1, set2 = set(list2), set(tuple2)                # 한 행에 두 개 변수 선언

```

```
08  list1[0] = 5                                    # 0번 원소 값 변경
09  list2.insert(3, 'b')                            # 원소 삽입
10  # tuple1[0] = 5                                 # 에러 발생- 튜플은 원소 변경 불가
11  dict1['email'] = 'naver.com'                    # 킷값으로 접근
12
13  print('list1', list1, type(list1))              # 객체 원소 및 자료형 출력
14  print('list2', list2, type(list2))
15  print('tuple1', tuple1, type(tuple1))
16  print('dict1', dict1, type(dict1))
17  print('set1', set1, type(set1))
18  print('set2', set2, type(set2))
19  print('intersection', set1 & set2 )             # 교집합 구함
```

| 설명 |

① 1행은 정수 원소들로 리스트를 구성한다. 앞으로 정수형 리스트로 부른다.

② 2행은 정수, 실수, 문자열의 다양한 원소들로 리스트를 구성한다.

③ 3행은 정수 원소로 튜플을 구성한다.

④ 4행은 다양한 종류의 원소들로 튜플을 구성한다.

⑤ 5행은 사전 자료형을 선언한다. 각 원소 앞에 킷값을 지정해야 한다.

⑥ 6행은 리스트와 튜플을 이용해서 집합 자료형을 선언할 수 있다. 이때, 중복되는 원소들은 제거된다. 파이썬은 여러 변수를 한 행에서 선언하여 할당할 수 있다.

⑦ 8행은 리스트의 0번(첫 번째) 원소에 접근하여 값을 5로 변경한다.

⑧ 9행은 리스트에 3번(네 번째) 원소에 'b'를 삽입한다. 이후 원소는 뒤로 밀린다.

⑨ 10행은 튜플의 첫 번째 원소의 값을 변경하려 한다. 에러가 발생하기에 주석 처리해 두었다.

⑩ 11행은 사전의 원소는 킷값으로 접근한다.

⑪ 13~18행은 각 자료형을 원소들을 출력한다.

⑫ 19행은 set1 집합과 set2 집합의 교집합을 구한다.

| 실행결과 |

```
Run: 02.list
C:\Python\python.exe D:/source/chap03/02.list.py
list1 [5, 2, 3, 4] <class 'list'>
list2 [1, 1.5, 'a', 'b', 'a', '문자열'] <class 'list'>
tuple1 (1, 2) <class 'tuple'>
dict1 {'name': '배종욱', 'email': 'naver.com'} <class 'dict'>
set1 {1, '문자열', 'a', 1.5} <class 'set'>
set2 {1, '문자열', 'b', 1.5} <class 'set'>
insection {1, '문자열', 1.5}
```

3.2 물리적/논리적 명령행

물리적 명령행이란 소스 코드에서 눈으로 보이는 한 행을 의미한다. 반면, 논리적 명령행은 파이썬 인터프리터 관점에서 한 행의 명령 단위를 의미한다. 즉, 어떤 행은 보기에는 1행인데 파이썬은 2개 이상의 명령행으로 인식할 수 있다. 반대로 여러 행에 걸쳐서 적었지만, 파이썬에서는 한 행으로 해석될 수도 있다.

다음은 년, 월, 일을 지정하면 총일수를 구하는 예제이다. 파이썬 문법과 파이참에서 지원하는 코드 작성 형식을 설명한다.

예제 3.2.1 명령행 – 03.command_line.py

```
01  title = '서기 1년 1월 1일부터' \
02          '오늘까지' \
03          '일수 구하기'                    # 3행에 걸쳐 작성 → 1개 논리적 명령행
04  months = [31, 28, 31, 30, 31, 30,
05            31, 31, 30, 31, 30, 31]
06  year, month = 2020, 1                  # 여러개 변수 한행에 선언
07  day = 7; ratio = 365.2425              # 2개 논리적 명령행
08
09  days = (year -1) * ratio + \
10          sum(months[:month-1]) + day    # 1개 논리적 명령행
11
12  print(title), print(' - 년:', year ), print(' - 월:', month)
13  print(' - 일:', day); print(' * 일수 총합:', int(days))
```

| 설명 |

① 1~3행은 3행에 걸쳐서 문자열을 선언한다. 작성된 문자열의 중간에서 엔터를 누르면 파이참이 자동으로 따옴표를 닫고 역슬래스(\)를 추가하며, 다시 따옴표를 만들어 준다. 이 경우 행의 오른쪽에 주석은 달지 못한다.

② 4~5행은 각 월의 일수를 리스트로 지정한다. 리스트 원소를 구성할 때에는 역슬래스(₩)를 하지 않아도 여려 행에 이어서 작성할 수 있다.

③ 6행은 여러 개의 변수를 한 행에 작성하는 방법이다. 변수들을 콤마로 구분하여 적고, 할당 연산자(=) 뒤에 각 변수의 값을 콤마로 구분하여 작성한다.

④ 7행은 두 개의 논리적 명령행을 세미콜론(;)으로 구분하여 한 행(물리적 명령행)에 표시한 것이다.

⑤ 9행은 역슬래스(\)를 이용해서 긴 수식을 여러 행에 이어서 작성하는 방법이다.

⑥ 12행은 여러 함수를 콤마를 이용해서 실행한다. 관련 있는 명령들은 콤마를 이용해서 한 행에 작성할 수 있다.

⑥ 13행은 세미콜론으로 여러 명령행을 한 행에 표시한다.

| 실행결과 |

```
Run: 03.command_line
C:\Python\python.exe D:/source/chap03/03.command_line.py
서기 1년 1월 1일부터 오늘까지 일수 구하기
 - 년: 2020
 - 월: 1
 - 일: 7
 * 일수 총합: 737431
```

3.3 연산자

3.3.1 기본 연산자 및 우선순위

앞 예제의 9행에서 조금 복잡한 수식이 있다. 이렇듯 파이썬을 비롯한 컴퓨터 언어에서는 명령행에 수식이 포함될 수 있다. 수식은 연산자와 피연산자로 이루어져 있다. 피연산자는 앞 절에서 설명한 변수와 리터럴이 있다. 이번 절에서 연산자에 대해서 이야기한다.

파이썬의 연산자는 다른 프로그래밍 언어에서 제공하는 연산자와는 조금 다른 연산자들도 있다. 〈표 3.2〉에서는 이 연산자들 위주로 설명을 하며, 연산자 우선순위도 표시한다.

〈표 3.2〉 파이썬 연산자의 종류 및 우선순위

연산자	명칭	설명	예시 → 결과	우선순위
[], {}, ()	괄호	리스트, 사전, 튜플 생성	a = [1, 2, 3]	1
[], ()	첨자	리스트, 튜플의 원소 참조	a[1]	2
**	거듭제곱	앞 피연산자를 뒤 피연산자만큼 곱함	3**3 → 27	3
~	단항	보수를 취함		4
-	마이너스	부호 음수로 바꿈		
*	곱셈	두 연산자를 곱함	5*3 → 15	5
/	나눗셈	앞 피연산자를 뒤 피연산자로 나눔	5/2 → 2.5	
//	나눗셈몫	나누어서 몫만 가져옴, 결과 정수형	5//2 → 2	
%	나머지	나누어서 나머지만 가져옴, 결과 정수형	5%2 → 1	
+	덧셈	피연산자 숫자일 경우: 두 수를 더함 피연산자 문자일 경우: 두 문자를 붙임	5+6 → 11 'a' + 'b' → 'ab'	6
-	뺄셈	앞 연산자에서 뒤 연산자 뺌	5 -3 → 2	

〉, 〉=	초과, 이상	앞 연산자가 뒤 연산자 초과(이상)인지 검사	5 〉 3 → True	7
〈, 〈=,	미만, 이하	앞 연산자가 뒤 연산자 미만(이하)인지 검사	5 〈 3 → False	
==	같음	앞과 뒤 연산자의 값이 같은지 검사	5==3 → False	8
〈〉, !=	같지 않음	앞과 뒤 연산자의 값이 다르면 참으로 평가	5= 3 → True	
in, not in	멤버	객체 내에 원소의 존재 여부 검사	[1,4,5] in 4 → True	9
is, is not	식별	같은 객체 인지 검사	5 is 4 → False	
and	논리곱	두 피연산자 결과가 모두 참인지 검사	(5〉3) and (3〈2) → False	10
or	논리합	두 피연산자 결과가 하나라도 참인지 검사	(5〉3) or (3〈2) → True	
not	부정	뒤 피연산자 결과에 반대	not(5〉3) → False	11
=	할당	앞 피연산자에 뒤 피연산자 결과 저장	a = 5	12

3.3.2 슬라이스(:) 연산자

파이썬에서 리스트, 튜플, 문자열 같은 열거형(sequence) 객체는 슬라이스 연산자를 자주 사용한다. 슬라이스의 뜻(자른다)에서 알 수 있듯이, 열거형 객체의 일부를 잘라서 가져온다. 그 사용법은 다음과 같다.

열거형 객체[시작 인덱스:종료 인덱스:인덱스 증가폭]

대괄호([,]) 안에 시작 인덱스와 종료 인덱스, 인덱스 증가폭을 지정하면 범위 안의 리스트를 잘라서 새 객체를 만든다. 여기서 종료 인덱스는 범위에 포함되지 않는다. 인덱스 증가폭은 범위 내에서 잘라서 가져올 때 인덱스를 건너뛰는 폭을 의미한다. 기본값은 1씩 증가하며, 음수는 감소를 의미한다.

예제를 통해서 다양한 슬라이스 방법에 대해서 배워보자. 먼저 리스트의 첨자는 첫 번째 원소가 0번부터 시작해서 '전체길이-1' 번까지의 원소를 갖는다.

예제 3.3.1 슬라이스 연산자 - 04.slice_operate.py

```
a = [0, 1, 2, 3, 4, 5, 6, 7, 8, 9]                # 정수 리스트
print('a = ' , a)
print('a[:2] ->', a[:2])                           # 0~3 범위
```

```
04  print('a[4:-1]  ->', a[4:-1])          # 4~8 범위 (-1은 마지막 인덱스)
05  print('a[2::2]  ->', a[2::2])          # 2~9 범위, 2씩 증가
06  print('a[::-1]  ->', a[::-1])          # 전체범위 역순 - 자주 사용됨
07  print('a[1::-1]  ->', a[1::-1])        # 첫 2개 원소 역순 - 자주 사용됨
08  print('a[7:1:-2]  ->', a[7:1:-2])      # 7~2 범위 2씩 감소 - 역순
09  print('a[:-4:-1]  ->', a[:-4:-1])      # 9~7 범위 1씩 감소 - 역순
```

| 설명 |

① 1행은 10개의 정수 원소를 갖는 리스트를 생성한다.

② 2행은 리스트 a의 모든 원소를 출력한다.

③ 3행은 0~2 인덱스 범위의 원소까지 가져와서 출력한다. 시작 인덱스값이 없으면 0번(첫번째) 원소부터 가져오며, 종료 인덱스는 포함되지 않기에 1번(두 번째) 원소 인덱스까지 가져온다.

④ 4행은 -1은 마지막 원소를 뜻한다. 즉, 9번 원소는 종료 인덱스로 범위에 포함되지 않아 4~8 인덱스 범위의 원소를 가져와서 출력한다.

⑤ 5행은 2~9 인덱스 범위를 2씩 증가하며 가져온다. 종료 인덱스를 적지 않으면 마지막까지이다.

⑥ 6행은 시작과 종료 인덱스를 적지 않아서 전체범위이다. 증가폭을 음수(-)로하면 뒷순번부터 감소하여 가져온다. 즉, 리스트 전체 원소를 역순으로 가져온다.

⑦ 7행은 첫 2개 원소(1번 인덱스에서 0번 인덱스까지)를 역순으로 가져온다.

⑧ 8행은 7~2 인덱스 범위를 2씩 감소하며 역순으로 가져온다. 종료 인덱스 1번은 포함되지 않고, 증가폭이 감소이기에 2번 인덱스까지이다.

⑨ 9행은 9~7 인덱스 범위를 1씩 감소하며 역순으로 가져온다. 종료 인덱스 -4는 뒤에서 네 번째가 된다.

| 실행결과 |

```
Run:  04.slice_operate
C:\Python\python.exe D:/source/chap03/04.slice_operate.py
a =  [0, 1, 2, 3, 4, 5, 6, 7, 8, 9]
a[:2] -> [0, 1]
a[4:-1] -> [4, 5, 6, 7, 8]
a[2::2] -> [2, 4, 6, 8]
a[::-1] -> [9, 8, 7, 6, 5, 4, 3, 2, 1, 0]
a[1::-1] -> [1, 0]
a[7:1:-2] -> [7, 5, 3]
a[:-4:-1] -> [9, 8, 7]
```

슬라이스 연산자는 파이썬 코딩 과정에서 매우 많이 나올 것이기 때문에 예제의 내용을 정확히 이해해고 사용법을 익히기 바란다.

3.4. 기본 명령문

3.4.1 조건문

인간은 언제나 주어진 상황에서 조건에 따라 선택하여 행동한다. 그 모든 선택이 누적된 결과가 현재 본인이 처해 있는 현실이다. 컴퓨터 프로그래밍에서도 조건을 판단해서 조건이 맞으면 상황을 수행하는 일들을 많다. 이 조건들과 수행할 일들이 누적된 것이 바로 프로그램이다.

이렇게 조건을 판단하여 명령들을 수행하고자 할 때 사용하는 명령문이 if 문이다. 다음은 if 문의 기본 형식을 보여준다. 조건은 비교 연산자를 사용하며, 비교 연산자(〉, 〈, == 등)를 여러번 사용하려면 논리 연산자(and, or)로 연결한다. 조건 다음에는 반드시 콜론(:)을 적어야 하며, 조건이 참일 때에 수행할 명령문들을 작성한다.

```
if 조건1:
        명령문들
elif: 조건2:
        명령문들
else:
        명령문들
```

elif 문은 여러 번 반복하여 추가할 수 있다. elif 다음의 조건2와 콜론은 첫 if와 같은 형식으로 구성되며, 첫 조건이 참이 아닐 때 새로운 조건으로 비교할 때 사용한다. else 문은 위 조건들이 참이 되지 않을 때 수행하는 문장들을 작성한다. else 다음에 반드시 콜론이 있어야 한다. elif 문과 else 문은 필요 없는 경우에는 생략할 수 있다. 여기서 수행하려는 명령문들은 위 형식과 같이 반드시 들여쓰기(indentation)를 해주어야 한다.

윤년과 평년을 맞추는 예제를 통해서 if 문을 알아보자. 윤년은 4년마다 돌아오는데, 그중에 100년 마다는 윤년이 아니다, 그러나 400년 마다는 윤년이다.

예제 3.4.1 윤년과 평년 검사 - 05.if.py

```
year = 2020

if (year % 4==0) and (year % 100 != 0):        # 4년마다 윤년, 100년마다 윤년 아님
```

```
04        print(year, "는 윤년입니다.")
05    elif year % 400==0:                              # 400년마다 윤년
06        print(year, "는 윤년입니다.")
07    else:
08        print(year, "는 윤년이 아닙니다.")
```

| 설명 |

① 3행은 2개의 조건을 사용하기 위해서 and 연산자를 연결했다. 두 조건 모두 참이 되어야 한다. 나머지 연산자(%)를 이용해서 4년으로 나누어는 해, 100년으로 나누어지지 않는 해를 판정한다. 참이면 실행(Run)창에 '윤년입니다'를 출력한다.

② 5행은 첫 조건이 참이 아닌 경우에 실행되는 문장이며, elif 키워드로 다시 조건을 판정한다. 조건이 참이 되면 실행창에 '윤년입니다'를 출력한다.

③ 7행은 if 문과 elif 문의 조건이 모두 참이 아닌 경우에 실행된다.

| 실행결과 |

```
Run: 05.if
C:\Python\python.exe D:/source/chap03/05.if.py
2020 는 윤년입니다.
```

3.4.2 반복하기

컴퓨터가 잘하는 것 세 개를 들어보면, 기억하기, 계산하기, 반복하기이다. 우리가 컴퓨터를 사용해 어떤 작업을 하는 것도 모두 이 세 가지 작업을 편하게 하기 위한 것이다. 프로그래밍 언어에서 기억하기는 변수가 담당하며, 계산하기는 다양한 연산자와 함수들이 담당한다. 반복하기를 담당하는 것이 while 문과 for 문이다.

먼저, while 문은 특정 조건이 참일 경우, 계속해서 블록(들여쓰기 되어있는 부분)의 명령문들을 반복 실행한다. 조건 뒤에 콜론(:)이 반드시 있어야 하며, 다음 행에서 명령문들은 반드시 들여쓰기 해서 작성해야 한다. else 문은 조건이 거짓인 경우에 실행하는 문장이며, 필요 없으면 생략할 수 있다.

```
while 조건:
        명령문들
else:
        명령문들
```

4개의 값을 입력받는 예제를 통해서 while 문을 알아보자.

예제 3.4.2 4개 정수 입력받기 - 06.while.py

```
01 n=3
02 while n>=0:
03     m = input("Enter a integer: ")
04     if int(m)==0: break          # while 문 벗어남
05     n = n - 1                    # 1씩 감소
06 else:
07     print('4 inputs.')
```

| 설명 |

① 2~7행까지 while 반복문의 블록이다.

② 2행은 변수 n이 0 이상인 동안 while 블록을 계속 반복한다.

③ 3행은 키보드로부터 값을 입력받는다. 실행창에서 값을 입력하면 그 값이 변수 m에 저장된다.

④ 4행은 입력받은 값이 0이면 break 문을 통해서 반복을 벗어난다. 키보드로부터 받은 값은 문자열이기 때문에 정수형으로 바꾸어서 비교한다.

⑥ 5행은 n의 값을 반복할 때마다 1씩 감소시킨다. n이 3이기 때문에 4번 반복한다.

⑦ 6, 7행은 while 조건이 참이 아닐 때 수행한다. 즉, 4개의 값을 모두 입력하면 4 inputs를 출력한다.

| 실행결과 |

```
Run: 06.while
C:\Python\python.exe D:\source\chap03\06.while.py
Enter a interger: 1
Enter a interger: 2
Enter a interger: 3
Enter a interger: 4
4 inputs.
```

3.4.3 순회하기

for ~ in 문은 열거형(sequence) 객체의 원소를 순회하며 블록의 명령들을 반복하여 실행할 때 사용되는 명령문이다. 열거형 객체에 포함된 각 항목을 하나씩 가져와서 반복한다. 그 형식은 다음과 같다. 리스트의 각 항목을 변수로 가져와서, 명령문들을 수행하며, 리스트의 모든 항목을 가져오면 반복을 종료한다.

```
for 변수 in 리스트:
        명령문 1
        명령문 2
    ....
```

여기서 리스트 대신에 튜플이나 사전 뿐아니라 문자열도 가능하다. 또한 range() 함수로 반복할 범위를 만들거나, enumerate() 함수로 객체의 인덱스와 원소를 튜플로 받아와서 반복할 수도 있다. 또한, zip() 함수로 여러 객체들의 원소를 동시에 가져와서 반복할 수도 있다.

간단한 예제를 통해서 for 문을 알아보자.

예제 3.4.3 리스트 원소합 구하기 - 07.for.py

```
kor = [70, 80 ,90, 40, 50]                   # 리스트 선언
eng = [90, 80 ,70, 70, 60]
sum1, sum2, sum3, sum4 = 0, 0, 0, 0          # 누적 변수 초기화

for i in range(0, 5):                        # range() 함수로 범위지정
    sum1 = sum1 + kor[i] + eng[i]

for k in kor:                                # 리스트 원소 순회
    sum2 = sum2 + k
for e in eng:
    sum2 = sum2 + e

for i, k in enumerate(kor):                  # 리스트의 인덱스와 원소로 순회
    sum3 = sum3 + k + eng[i]

```

```
16  for k, e in zip(kor, eng):                        # 여러 객체 동시 순회
17      sum4 = sum4 + k + e
18
19  print('sum1=', sum1), print('sum2=', sum2)
20  print('sum3=', sum3), print('sum4=', sum4)
```

| 설명 |

① 3행은 누적 변수들을 0으로 초기화한다. 값이 누적되는 변수는 미리 선언하여 초기화해야 한다.

② 5행은 for 반복문이다. range() 함수로 0~4까지 1씩 증가하는 범위를 만들어 순회하며 범위값을 변수 i로 가져오며 반복한다.

③ 6행은 반복하는 동안 객체 원소를 변수 i의 값으로 가져오며, sum1 변수에 누적한다.

④ 8, 10행은 리스트의 원소를 순회하며 반복한다.

⑤ 9행은 kor 리스트의 원소를 변수 k로 하나씩 가져와서 sum2 변수에 누적한다.

⑥ 11행은 eng 리스트의 원소를 변수 e로 하나씩 가져와서 sum2 변수에 누적한다.

⑦ 13행은 enumerate() 함수로 리스트의 인덱스와 원소값을 튜플로 가져와 i, k에 각각 저장하여 반복한다.

⑧ 14행은 kor 리스트의 원소를 가져온 k와 eng 리스트의 i 번째 원소를 더해서 sum3에 누적한다.

⑨ 16행은 zip() 함수로 두 개 리스트의 원소를 동시에 k, e로 각각 가져와서 순회한다.

⑩ 17행은 가져온 원소 k, e를 더해서 sum4에 누적한다.

⑪ 19~20행은 반복을 종료하면 sum1~sum4의 누적값을 출력한다.

| 실행결과 |

```
Run: 07.for
C:\Python\python.exe D:/source/chap03/07.for.py
sum1= 700
sum2= 700
sum3= 700
sum4= 700
```

3.5 함수와 라이브러리

3.5.1 함수

수학에서 함수(function)란 첫 번째 집합(정의역)의 임의의 한 원소를 두 번째 집합(공역)의 오직 한 원소에 대응시키는 이항 관계이다. 수학으로 말하니 좀 어려우니 간단하게 그

림으로 보자. 왼쪽 그림은 함수가 아니며, 오른쪽 그림은 함수이다. 간단히 말해, 하나의 원인에 한 가지 종류의 결과가 나오면 함수이지만, 두 가지 종류 이상의 결과가 나오면 함수가 아닌 것이다.

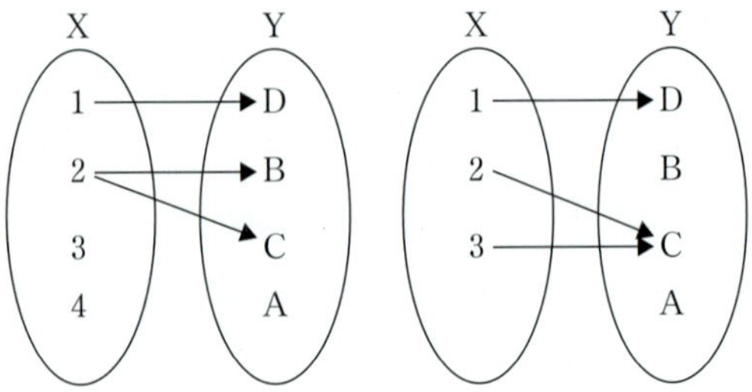

이것이 중요한 이유는 함수라는 것이 어떤 원인에 대해 한 가지 결론만 있어야 그것을 사용할 수 있기 때문이다. 예를 들어, 쇼핑몰에서 '2'라는 이름으로 상품을 구매했는데, 어떤 때에는 'B'라는 상품이 오고, 어떤 때에는 'C'라는 상품이 배송된다면, 여러분은 그 쇼핑몰을 계속 이용하겠는가?

이제 파이썬으로 돌아오자. 초기 프로그래밍 언어의 함수는 수학 함수를 모방하여 만들어졌기 때문이 그 이름을 함수로 사용하지만, 컴퓨팅 아키텍처상의 한계 때문에 수학의 함수와 동일할 수는 없다. 컴퓨터 언어에서 함수는 일정한 작업을 수행하는 코드 블럭으로 보통 반복적으로 계속 사용되는 코드들을 함수로 정의하여 사용한다. 파이썬에서 함수는 def 키워드를 사용하여 정의되며, 다음과 같은 문법을 갖는다. 여기서 입력 인수나 반환값은 구현하는 내용에 따라 있을 수도 있고, 없을 수도 있다.

```
def 함수명 (인수1, 인수2, ... ):
        명령문 1
        명령문 2
        ...
        return 반환값
```

예제를 통해서 함수에 대해서 알아보자.

예제 3.5.1 도형 넓이 구하기 - 08.def.py

```
01 def calc_area(type, a, b, c=None):
02     if type == 1 :                        # 사격형
03         result = a * b
04         msg = '사각형'
05     elif type == 2:                       # 삼각형
06         result = a * b / 2
07         msg = '삼각형'
08     elif type == 3:                       # 평행사변형
09         result = (a + b) * c / 2
10         msg = '평행사변형'
11     return result, msg                    # 반환값 - 2개 반환하면 튜플 반환
12
13 def say():                                # 인수, 반환값 없는 함수 구현
14     print('넓이를 구해요')
15
16 def write(result, msg):                   # 반환값만 없는 함수 구현
17     print( msg,' 넓이는', result , '㎡ 입니다.')
18
19 say()                                     # 함수 호출 - 인수&반환값 없음
20 ret = calc_area(type=1, a=5, b=5)         # 함수 호출 - 튜플 반환
21 area, msg = calc_area(2, 5, 5)            # 함수 호출 - 튜플을 각 원소별로 반환
22 area2, _ = calc_area(3, 10, 7, 5)         # 함수 호출 - 반환받을 원소만 지정
23
24 print(type(ret))
25 print(type(area), type(msg) )
26 write(ret[0], ret[1])
27 write(area, msg)
28 write(area2, '평행사변형' )
```

| 설명 |

① 1~11행은 type 인수에 따라서 도형의 넓이를 계산하여 결과와 도형의 종류를 반환하는 함수이다.

② 1행에서 4개의 인수를 입력받으며, 마지막 c 인수는 호출시에 적지 않으면 기본값으로 None이 지정된다.

③ 2~4행은 사각형일 때에 넓이 계산식과 도형 종류를 저장한다.

④ 5~7행은 삼각형일 때에 넓이 계산식과 도형 종류를 저장한다.

⑤ 8~10행은 평행사변형일 때에 넓이 계산식과 도형 종류를 저장한다.

⑥ 11행은 도형의 계산 결과(result)와 도형의 종류(msg)를 2 원소 튜플로 반환한다.

⑦ 13, 14행은 say() 함수를 정의한다. 입력 인수와 반환값이 모두 없으며, 문자열을 콘솔창에 출력한다.

⑧ 16, 17행은 write() 함수를 정의한다. 2개의 인수를 입력받아 문자열을 조합해서 출력한다. 반환값은 없다.

⑨ 19행은 say() 함수를 호출해서 콘솔창에 '넓이를 구해요'라는 문자열이 출력된다.

⑩ 20행은 3개의 인수를 인수명과 함께 입력해서 calc_area() 함수를 호출한다. 인수값에 따라서 함수 내 명령들을 수행하고 ret 튜플에 계산된 도형의 넓이와 도형의 종류(문자열)가 반환된다.

⑪ 21행은 같은 방법으로 calc_area() 함수를 호출하며 반환 튜플의 각 원소별(area, msg)로 반환받는다.

⑫ 22행은 4개의 인수를 입력해서 c 인수값을 지정하여 calc_area() 함수를 호출한다. 반환 튜플을 받환받고 싶은 값만 받고, 필요없는 원소는 언더바(_)로 지정하여 반환받지 않아도 된다.

⑬ 24행은 calc_area() 함수로 반환받은 ret 튜플의 자료형을 출력한다. 함수에서 2개 이상의 원소를 반환하면 튜플 자료형으로 반환된다.

⑭ 25행은 반환 튜플을 각 원소(area, msg)의 자료형을 출력한다. 삼각형은 나눗셈 계산이 있어, 실수(float)형이며, msg는 문자열(str) 이다.

⑮ 26행은 튜플의 원소를 write() 함수의 인수로 입력해서 호출한다.

| 실행결과 |

```
Run: 08.def
C:\Python\python.exe D:/source/chap03/08.def.py
넓이를 구해요
<class 'tuple'>
<class 'float'> <class 'str'>
사각형  넓이는  25 ㎡ 입니다.
삼각형  넓이는  12.5 ㎡ 입니다.
평행사변형  넓이는  42.5 ㎡ 입니다.
```

3.5.2 모듈(Module), 패키지

다른 컴퓨터 언어에서 모듈은 약간은 추상적인 개념인 것 같다. 함수들의 모음, 클래스들의 모음, 라이브러리, 프로그램 등등 각기 정의에 따라 조금씩 달라질 수 있다.

파이썬에서 모듈은 보다 명확하다. 모듈이란 함수나 변수 또는 클래스를 모아 놓은 파일이다. 혹은 모듈은 다른 파이썬 프로그램에서 불러와 사용할 수 있게 만든 파일이라고도 할 수 있다. 변수, 함수, 클래스들을 미리 만들어 놓고, 다른 파일에서 매번 함수를 구현하지 않고 불러와 사용하면 소스 코드도 간결해지고, 이해도 쉬우며, 매우 편리하다.

예제를 통해서 모듈을 사용하는 방법을 알아보자. 먼저 예제_3.5.1에서 사용한 함수들을 다음과 같이 현재 폴더에서 'header_area.py' 파일에 옮겨 작성한다. 소스의 내용은 지면 관계상 생략한다.

예제 3.5.2 헤더 파일 header_area.py

```
def calc_area(type, a, b, c=None): …

def say(): …                              # 인수, 반환값 없는 함수 구현

def write(result, msg):    …              # 반환값 없는 함수 구현
```

09.module.py 파일에서 'header_area.py' 파일을 사용할 수 있도록 import 시키면 된다. 이때, 현재 프로젝트의 루트 폴더에서 모듈 파일(header_area.py)이 위치한 경로를 점으로 구분하여 모두 적어줘야 한다.

예제 3.5.2 모듈 임포트하기 09.module.py

```
01  import chap03.header_area as mod              # header_area.py 파일을 모듈로 임포트
02  from chap03.header_area import write          # header_area.py 파일내 write 함수만 임포트
03
04  mod.say()                                     # area 모듈내 함수 호출
05  area, msg= mod.calc_area(type=1, a=5, b=5)    # area 모듈내 함수 호출
06  write(area, msg)
```

| 설명 |

① 1행은 import 문으로 chap03/header_area.py 파일을 모듈로 임포트해서 'mod'란 이름으로 사용한다.

② 2행은 from 문을 사용해서 모듈의 위치를 지정하고 import 문으로 함수명을 바로 지정한다. 이렇게 하면 소스 코드에서 모듈 내의 함수를 사용할 때 모듈명을 적지 않아도 된다.

③ 4행은 header_area 모듈을 mod란 이름으로 접근하여 say() 함수를 호출한다.

④ 5행은 header_area 모듈의 calc_area(), write() 함수를 각각 호출한다.

⑤ 6행은 from 문으로 임포트한 write() 함수를 함수명으로 바로 호출한다.

| 실행결과 |

```
Run: 09.module
C:\Python\python.exe D:/source/chap03/09.module.py
넓이를 구해요
사각형 넓이는 25 ㎡ 입니다.
```

3.5.3 파이선 내장함수

지금까지 파이썬으로 프로그래밍하기 위한 기본적인 것을 공부했다. 이제 여러분은 원하는 프로그램을 직접 만들 수 있다. 다만, 파이썬에는 미리 만들어 놓은 기본적인 함수들이 있다. 이것을 내장함수라 한다. 이러한 파이썬 내장함수는 외부 모듈과 달리 import 하지 않아도 바로 사용할 수 있다.

다음의 〈표 3.3〉은 교재에서 사용하는 기본적인 내장함수들에 대한 설명이다. 앞 예제에서 사용한 함수들도 있고 처음 보는 함수들도 있을 것이다.

〈표 3.3〉 파이썬 내장함수 설명

함수	설명	함수	설명
abs(a)	a의 절댓값 반환	max(a)	객체 a에서 최대 원소값 반환
chr(a)	a 값을 문자 반환	min(a)	객체 a에서 최소 원소값 반환
divmod(a,b)	나눈 몫과 나머지 반환	open()	파일 읽기위한 파일 객체 만듦
enumerate(a)	객체 a의 인덱스와 원소 반환	ord(a)	문자 a의 아스키코드 값 반환
eval(a)	문자열 a를 실행	pow(a, b)	a를 b 제곱한 결과 반환
input()	키보드로 값을 입력받는 함수	range(a,b,c)	c 간격 갖는 범위(a~b)의 객체 반환
int(a)	a를 정수형으로 변환	round(a)	a를 반올림하여 반환
isinstance(a)	객체 a가 클래스의 인스턴스 인지 검사	str(a)	a를 문자열로 반환
len(a)	객체 a의 원소 개수 반환	sum(a)	객체 a 원소값들의 합 반환
list(a)	객체 a를 리스트로 변환	tuple(a)	객체 a를 튜플로 변환
map(int, a)	객체 a의 원소들을 함수 int로 수행한 결과 반환	type(a)	a의 자료형 반환
print()	콘솔창에 결과 출력	zip(a,b ,,,)	여러 객체를 묶어 주는 함수

자주 사용하는 함수들에 대한 예제를 다루어 보겠다.

예제 3.5.3 내장함수 예제 10.inner_fuction.py

```
a = [1.5, 2, 3, 4, 5]          # 리스트 생성
b = map(float, a)              # 실수 변환
c = divmod(5, 3)               # 몫&나머지

```

```
05  print(‘최댓값: ’, max(a) ,‘ 최솟값: ’ , min(a) )
06  print(‘몫과 나머지: ‘, c )
07  print(‘c의 자료형: ‘, type(c), type(c[0]), type(c[1]) )
08
09  print(‘2의 4제곱: ‘, pow(2, 4) )
10  print(‘절댓값: ‘, abs(-4) )
```

| 설명 |

① 2행은 리스트 a의 모든 원소에 float() 함수를 수행한다. 즉, 모든 원소를 float형으로 변환한다.

② 3행은 5를 3으로 나눈 몫과 나머지를 튜플로 반환한다.

③ 5행은 리스트 a의 최댓값과 최솟값을 구하는 함수로 호출하여 반환 결과를 출력한다.

④ 6행은 c 튜플 즉, 몫과 나머지를 출력한다.

⑤ 7행은 c의 자료형과 c 원소들의 자료형을 출력한다. c 튜플은 몫과 나머지를 저장하기에 정수형이다.

⑥ 9행은 pow() 함수로 2의 4제곱을 계산한다.

⑦ 10행은 입력 인수의 절댓값을 출력한다.

| 실행결과 |

```
Run: 10.inner_fuction
C:\Python\python.exe D:/source/chap03/10.inner_fuction.py
최댓값: 5 최솟값: 1.5
몫과 나머지: (1, 2)
c의 자료형: <class 'tuple'> <class 'int'> <class 'int'>
2의 4제곱: 16
절댓값: 4
```

3.6 넘파이(numpy) 패키지

우리가 공부하는 것은 파이썬으로 OpenCV 라이브러리를 사용한 영상처리이다. 그런데 영상처리는 2차원 데이터의 처리가 기본이며, 파이썬에는 넘파이(numpy)라는 다차원 데이터를 처리해주는 훌륭한 라이브러리가 지원된다. 이에 파이썬 OpenCV의 많은 함수들이 넘파이(numpy)의 ndarray 객체를 기본 데이터 구조(입력 인수, 반환 객체)로 사용한다. 따라서 영상처리에서 넘파이 라이브러리의 함수들을 자유롭게 사용할 수 있어야 한다.

넘파이(numpy)는 과학 계산을 위한 라이브러리로서 다차원 배열을 처리하는데 유용한 함수를 다양하게 제공한다.

먼저, 넘파이 라이브러리를 사용하려면, 파이참 설정(Settings) 대화상자의 [Project interpreter]에서 라이브러리를 추가해야 한다. 다행히 opencv-python 라이브러리를 설치하면 자동으로 같이 설치되기에 넘파이를 추가로 설치할 필요는 없다. 만약 설치되어 있지 않다면, 〈그림 3.6.1〉의 오른쪽 라이브러리 추가 버튼을 클릭하고 numpy를 검색해서 설치하면 된다.

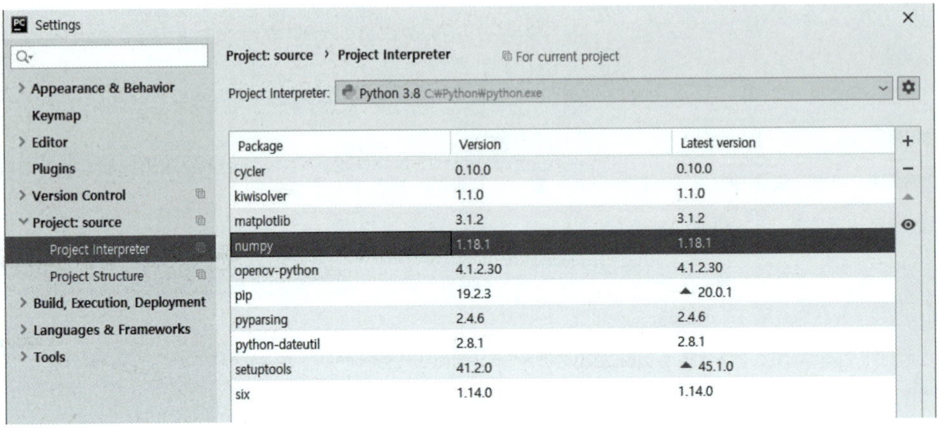

〈그림 3.6.1〉 프로젝트 인터프리터 - 패키지 목록

예제를 통해서 기본적인 넘파이 함수들에 대해서 알아보자. 먼저 ndarray 객체로 사칙연산을 수행하는 예제이다. 행렬의 자료형, 형태(shape), 원소의 자료형을 유심히 보기 바란다.

예제 3.6.1 넘파이 자료형 - 11.numpy.py

```
import numpy as np

list1, list2 = [1, 2, 3] , [4, 5.0, 6]           # 리스트 생성
a, b = np.array(list1), np.array(list2)         # 리스트로 ndarray 객체 생성

c = a + b                                       # ndarray 객체 연산 - np.add(list1, list2)
d = a - b                                       # np.subtract(list1, list2)
e = a * b                                       # np.multiply(list1, list2)
f = a / b                                       # np.divide(list1, list2)
g = a * 2                                       # 스칼라 곱
h = b + 2                                       # 스칼라 합
```

```
12
13 print('a 자료형:', type(a), type(a[0]))          # 결과 출력
14 print('b 자료형:', type(b), type(b[0]))
15 print('c 자료형:', type(c), type(c[0]))
16 print('g 자료형:', type(g), type(g[0]))
17 print(c, d, e)
18 print(f, g, h)
```

| 설명 |

① 1행은 넘파이 함수들을 사용하기 위해 넘파이 모듈을 임포트하며, 'np' 라는 이름으로 모듈을 사용한다.

② 3행은 넘파이 배열을 만들 두 개의 리스트를 생성한다. 리스트의 원소중 하나라도 실수로 구성하면 리스트의 원소 자료형이 실수형이 된다.

③ 4행은 numpy 라이브러리의 array() 함수를 사용해서 리스트(list1, list2)로 ndarray 객체를 생성한다. a의 원소는 1, 2, 3을 가지며, b는 4.0, 5.0, 6.0을 원소로 가진다.

④ 6~9행은 두 개의 넘파이 객체의 사칙 연산을 예시한 것이다. ndarray 객체의 원소간(element-wise) 연산을 수행한다. 옆에 주석 처리해 둔 함수에 리스트를 입력해도 같은 결과를 낸다.

⑤ 10~11행은 ndarray 객체와 스칼라값의 사칙 연산을 수행하면 모든 원소에 스칼라값을 연산한다.

⑥ 13행은 행렬 a의 자료형과 행렬 a의 첫 번째 원소인 a[0]의 자료형을 출력한다. 4행에서 np.array() 함수로 행렬을 만들 때, list1이 정수형 원소를 갖고 있었기 때문에 행렬 a의 원소 자료형도 32비트 정수형(numpy.int32)이 된다.

⑦ 14행은 행렬을 만들 때 리스트의 원소 중에 하나라도 실수이면, 행렬 원소의 자료형이 64비트 실수형(numpy.float64)가 된다.

⑧ 15행은 행렬의 원소간 연산에서 결과 행렬은 자료형의 크기가 큰 자료형의 원소로 결정된다. 즉, 정수형과 실수형의 원소간 덧셈을 하면 결과 행렬은 실수형 원소를 갖는다.

⑧ 16행은 행렬에 스칼라 곱셈에서도 큰 자료형으로 결정된다. 여기서는 행렬 원소와 스칼라 값이 정수형이기 때문에 결과 행렬도 정수형(numpy.int32)이 된다.

⑨ 17, 18행은 c, d, e, f, g h, 행렬의 원소들을 출력한다.

| 실행결과 |

```
Run: 11.numpy
C:\Python\python.exe D:/source/chap03/11.numpy.py
a 자료형: <class 'numpy.ndarray'> <class 'numpy.int32'>
b 자료형: <class 'numpy.ndarray'> <class 'numpy.float64'>
c 자료형: <class 'numpy.ndarray'> <class 'numpy.float64'>
g 자료형: <class 'numpy.ndarray'> <class 'numpy.int32'>
[5. 7. 9.] [-3. -3. -3.] [ 4. 10. 18.]
[0.25 0.4  0.5 ] [2 4 6] [6. 7. 8.]
```

다음 예제는 리스트의 원소를 이용하지 않고, 넘파이 함수로 직접 행렬을 생성하는 예제이다.

예제 3.6.2 행렬 원소로 지정값 생성하기 - 12.numpy2.py

```python
01  import numpy as np                                        # 넘파이 모듈 임포트
02
03  a = np.zeros((2, 5), np.int)                              # 원소값 0 행렬 – 2행, 5열, 32비트 정수형
04  b = np.ones((3, 1), np.uint8)                             # 원소값 1 행렬 – 3행, 1열, 부호없는 8비트 정수형
05  c = np.empty((1, 5), np.float)                            # 값없음 행렬 1행, 5열,
06  d = np.full(5, 15, np.float32)                            # 원소값 15, 1차원 행렬, 32비트 실수형
07
08  print(type(a), type(a[0]), type(a[0][0]))                 # 객체 자료형, 객체 원소의 자료형 출력
09  print(type(b), type(b[0]), type(b[0][0]))
10  print(type(c), type(c[0]), type(c[0][0]))
11  print(type(d), type(d[0]))
12  print(‘c 형태:’, c.shape, ‘ d 형태:’, d.shape)            # 객체 형태 출력
13  print(a), print(b)                                        # 객체 원소 출력
14  print(c), print(d)
```

| 설명 |

① 3~6행은 ndarray 객체를 생성하는 다양한 함수들을 예시한 것이다.

② 3행은 numpy.zeros() 함수로 0을 원소로 갖는 2차원(2행 5열) 행렬을 선언한다. 원소의 자료형은 32비트 정수형이다.

③ 4행은 numpy.ones() 함수로 1을 원소로 갖는 2차원 행렬을 생성한다. 부호없는 8비트 정수형(numpy.uint8)이다. 영상처리에서는 원소값이 주로 0~255의 값을 사용하기에 행렬 원소로 가장 많이 사용된다.

④ 5행은 numpy.empty() 함수로 값을 지정하지 않은 2차원 행렬을 생성한다. 원소에 64비트 실수(numpy.float64)로 임의의 값이 배정된다.

⑤ 6행은 numpy.full() 함수로 특정한 값(15)을 갖는 1차원 행렬을 생성한다. 원소의 자료형은 32비트 실수형(numpy.float32)이다. 5개의 원소를 갖는 것은 c와 같지만 형태가 1차원 벡터로 엄연히 다르다.

| 실행결과 |

```
Run: 12.numpy2
C:\Python\python.exe D:/source/chap03/12.numpy2.py
<class 'numpy.ndarray'> <class 'numpy.ndarray'> <class 'numpy.int32'>
<class 'numpy.ndarray'> <class 'numpy.ndarray'> <class 'numpy.uint8'>
<class 'numpy.ndarray'> <class 'numpy.ndarray'> <class 'numpy.float64'>
<class 'numpy.ndarray'> <class 'numpy.float32'>
c 형태: (1, 5)    d 형태: (5,) ──→ 1차원 배열 형태
[[0 0 0 0 0]                     ──→ 2차원 배열 형태
 [0 0 0 0 0]]
[[1]
 [1]          ──→ 2차원 배열(3행, 1열)
 [1]]
[[0.000e+000 0.000e+000 0.000e+000 3.063e-321 0.000e+000]] ──→ 2차원 배열(1행, 5열)
[15. 15. 15. 15. 15.] ──→ 1차원 배열
```

다음 예제는 넘파이 함수로 행렬 원소에 임의의 값을 생성하는 여러 함수들을 예시한다. 또한, 다차원인 행렬을 1차원 행렬로 변경하는 여러 방법들을 소개한다.

예제 3.6.3 행렬 원소로 임의값 생성하기 - 13.numpy3.py

```
01  import numpy as np
02
03  np.random.seed(10)                          # 랜덤 값의 시드 설정
04  a = np.random.rand(2, 3)                    # 균일분포 난수, 2행 3열 행렬
05  b = np.random.randn(3, 2)                   # 평균 0, 표준편차 1의 정규분포 난수
06  c = np.random.rand(6)                       # 균일분포 난수 – 1차원 행렬
07  d = np.random.randint(1, 100, 6)            # 1~100사이 정수 난수 1차원 행렬
08  c = np.reshape(c, (2, 3))                   # 형태(shape) 변경 방법1
09  d = d.reshape(2, -1)                        # 형태(shape) 변경 방법2
10
11  print(‘a 형태:’, a.shape, ‘\n’, a)          # 각 행렬의 형태와 원소 출력
12  print(‘b 형태:’, b.shape, ‘\n’, b)
13  print(‘c 형태:’, c.shape, ‘\n’, c)
14  print(‘d 형태:’, d.shape, ‘\n’, d)
15
16  print(‘다차원 객체 1차원 변환 방법’ )
17  print(‘a =’, a.flatten())                   # 다차원 ndarray 객체를 1차원 벡터로 변환
18  print(‘b =’, np.ravel(b))                   # 다차원 모든 객체를 1차원 벡터로 변환
19  print(‘c =’, np.reshape(c, (-1, )))         # 넘파이의 reshape() 함수 사용
20  print(‘d =’, d.reshape(-1, ))               # ndarray 객체 내장 reshape() 함수 사용
```

| 설명 |

① 3행은 난수를 생성하기 위한 킷값이다. 이 키에 따라서 난수를 생성한다.

② 4~7행은 넘파이 패키지의 random 모듈의 난수를 생성하는 함수들에 대한 예시이다.

③ 4행은 random 모듈의 rand() 함수로 2행, 3열의 행렬를 생성한다. 원소값이 0~1 사이의 난수를 균일한 분포를 갖도록 생성한다.

④ 5행은 random 모듈의 randn() 함수로 3행, 2열의 행렬을 생성한다. 원소값이 평균이 0이고 표준편차가 1인 정규분포를 갖도록 생성한다.

⑤ 6행은 rand() 함수로 인자를 하나만 지정하면, 균일분포 난수를 1차원 행렬로 생성한다.

⑥ 7행은 randint() 함수로 정수 원소의 난수 6개를 1차원 행렬로 생성한다. 1~100 사이를 균일 분포로 생성한다.

⑦ 8행은 1차원인 c 행렬을 2행, 3열의 2차원 행렬로 형태를 변경한다.

⑧ 9행은 1차원인 d 행렬을 2행을 갖는 2차원 행렬로 변경한다. 두 번째 인수로 -1을 입력하면 열수를 자동으로 설정하도록 한다. 6개 원소를 2행으로 만들려면 3열이 된다. 다만, 행×열과 전체 원소 개수가 일치하지 않으면 에

러가 발생한다.

⑨ 11~14행은 각 행렬의 형태와 원소들을 출력한다.

⑩ 17~20행은 2차원인 행렬을 1차원으로 변경하는 방법을 예시한 것이다.

⑪ 17행은 ndarray 클래스의 내부 메서드 flatten()으로 다차원 배열을 1차원 배열로 변경한다. 클래스 내부 메서드를 이용하기에 ndarray 객체만 변경 가능하다.

⑫ 18행은 넘파이 모듈의 ravel() 함수로 다차원 배열을 1차원 배열로 변경한다. 입력 인수는 ndarray 객체뿐 아니라 리스트도 가능하다.

⑬ 19행은 객체의 형태를 변경하는 넘파이의 reshape() 함수로 1차원으로 변경하는 방법이다. 두 번째 인수로 변경될 행렬의 행태(shape)를 입력할 때, 행의 값을 −1로 지정하면 된다.

⑭ 20행은 ndarray 클래스의 reshape() 함수로 1차원으로 변경하는 방법이다. 입력 인수(shape)의 행의 값에 −1로 지정하면 열은 자동으로 계산된다.

| 실행결과 |

```
Run: 12.numpy3
C:\Python\python.exe D:/source/chap03/12.numpy3.py
a 형태: (2, 3)
 [[0.77132064 0.02075195 0.63364823]
 [0.74880388 0.49850701 0.22479665]]
b 형태: (3, 2)
 [[ 0.62133597 -0.72008556]
 [ 0.26551159  0.10854853]
 [ 0.00429143 -0.17460021]]
c 형태: (2, 3)
 [[0.81262096 0.61252607 0.72175532]
 [0.29187607 0.91777412 0.71457578]]
d 형태: (2, 3)
 [[14 26 14]
 [93 87 31]]
다차원 객체 1차원 변환 방법
a = [0.77132064 0.02075195 0.63364823 0.74880388 0.49850701 0.22479665]
b = [ 0.62133597 -0.72008556  0.26551159  0.10854853  0.00429143 -0.17460021]
c = [0.81262096 0.61252607 0.72175532 0.29187607 0.91777412 0.71457578]
d = [14 26 14 93 87 31]
```

| 단원 핵심 요약 |

1. 파이썬에서 리터럴은 숫자나 문자열과 같은 값 그 자체를 의미한다. 상수는 문자와 숫자가 저장된 변수를 변경하지 못하도록 지정하는 것인데, 파이썬에서는 상수로 지정하는 키워드가 존재하지 않으며 보통 대문자를 변수로 지정해서 사용하는 것이 일반적이다.

2. 변수는 리터럴이 저장된 기억 장치의 특정 주소를 의미하며, 이 주소에 저장된 리터럴은 다양한 방법으로 변경할 수 있기 때문에 변수라 명명한다.

3. 파이썬에서 수식은 연산자와 피연산자로 구성되며, 피연산자에는 리터럴, 변수, 함수 등이 지정되며, 연산자에는 사칙연산자, 논리 연산자, 비교 연산자 등 다양하게 있다.

4. 슬라이스 연산자는 열거형(sequence) 객체의 특정 원소들을 잘라서 가져올 때 사용된다. 시작 인덱스, 종료 인덱스, 간격이 대괄호로 묶어서 구성된다.

5. if 문은 조건을 주어 참이면 조건 이후의 명령들을 수행하며, 그렇지 않으면 else 이후의 명령문들을 수행하여 조건에 따라서 다른 명령을 적용하고자 할 때 사용한다.

6. while 문과 for 문은 블록내의 명령들의 수행을 반복할 때 사용하는 명령문이다. while 문은 조건에 맞을 경우에 반복을 연속하며, for 문은 열거형 객체의 원소들을 순회하는 동안 반복을 수행한다.

7. 함수(function)는 일정한 작업을 수행하는 코드 블럭으로 반복적으로 계속 사용되는 코드들을 함수로 정의하여 사용한다. 파이썬에서 함수는 def 키워드를 사용하여 정의한다.

8. 모듈은 자주 사용하는 함수들을 모아서 하나의 파일로 구성하여 다른 파일에서 참조하여 사용하는 것을 말한다. import 문을 이용해서 필요한 파일명과 함수명으로 함수를 참조할 수 있다.

9. 넘파이 패키지는 과학 계산을 위한 라이브러리로서 다차원 배열을 처리하는데 유용한 함수를 다양하게 제공한다. 파이썬 OpenCV의 많은 함수들이 넘파이(numpy)의 ndarray 객체를 기본 데이터 구조(입력 인수, 반환 객체)로 사용한다.

연습문제

1. 변수, 상수, 리터럴에 대해서 비교 설명하시오.

2. 연산자의 종류를 10개 이상 기술하여 설명하고 각각의 우선순위를 나타내시오.

3. 자주 사용하는 함수들을 모아서 모듈을 만들고자 한다. 그 방법을 자세히 설명하시오.

4. 함수를 선언하는 방법, 인자, 반환 방법에 대해서 자세히 설명하시오.

5. 슬라이스 연산자를 사용하는 방법을 자세히 설명하고, 10개의 원소를 갖는 리스트를 선언하여 8번째 원소에서 2번째 원소까지 역순으로 가져오는 방법을 작성하시오.

6. 넘파이 함수를 이용해서 ndarray 행렬을 선언하는 함수들을 열거하고 각각의 예시를 적고 설명하시오.

7. 다차원 행렬을 1차원으로 변경하는 방법을 3가지 이상 예시하고 실행되는 방법을 설명하시오.

8. 넘파이 행렬 원소의 자료형의 종류를 기술하시오.

9. 실수형 원소 10개를 갖는 ndarray 행렬을 선언해서 전체 원소의 합과 평균을 구하시오. 합과 평균은 소수점 둘째 자리까지 나타내시오.

10 0~50 사이의 임의의 원소(정수형, 중복가능)를 500개 만들어서 가장 중복이 많이 나온 원소 3개를 원소값과 중복 횟수로 출력하시오.

CHAPTER 04

OpenCV 인터페이스 기초 / 사용자 인터페이스 및 I/O 처리

contents

컴퓨터와 인간의 대화: UI + UX = 인간과 컴퓨터 상호작용(HCI)

대화(Dialogue)는 그리스어의 '통하여(Dia)'와 '말(Logos)'에 어원을 두고 있다. 즉, 사람과 사람 사이에 말로써 의사소통하는 것을 말한다. 요즘은 사람뿐만 아니라, 디지털 장치와도 사람이 대화한다.

HCI는 사람(Human), 컴퓨터(Computer), 상호작용(Interaction)의 머리글자처럼 사람과 컴퓨터 사이의 상호작용을 연구하는 분야이다. HCI 2.0은 HCI 1.0의 범위를 더 확장시켜 컴퓨터뿐만 아니라 다양한 디지털 제품과 콘텐츠들과 사람들 간의 상호작용을 말한다. HCI는 컴퓨터 과학, 공학, 디자인, 사회학, 문화기술학, 인지 과학, 심리학, 정보 보안 등 다양한 연구 분야를 포함한다.

HCI에서 연구 내용은 사용자 인터페이스(UI, User Interface), 상호작용, 사용자 경험(UX, User Experience)까지 포함한다. 특히 사용자 경험은 디지털 제품의 사용 가운데 일어나는 신체적, 정신적 반응을 포함하는 매우 넓은 개념을 나타낸다. 마음이 맞는 사람과의 대화가 편안한 것처럼 UX까지 고려된 HCI는 편리한 환경에서 사람이 쉽게 디지털 장치와 대화할 수 있다.

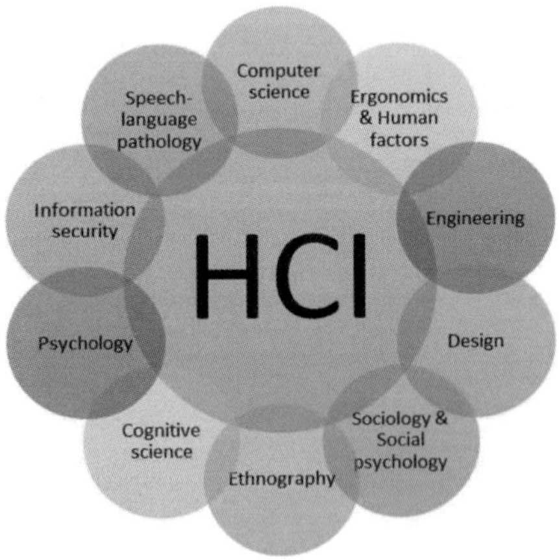

04
OpenCV 인터페이스 기초 / 사용자 인터페이스 및 I/O 처리

영상처리 및 컴퓨터 비전 애플리케이션을 만들 때, 알고리즘의 완성도만큼이나 결과 영상이나 데이터를 효과적으로 보여 주는 것이 중요하다. 또한, 사용자들이 애플리케이션을 편리하게 사용할 수 있도록 하는 것도 중요하다. 이와 같이 사용자의 편의성을 위한 것을 사용자 인터페이스(UI: User Interface)라고 한다.

이 장에서는 사용자 인터페이스를 위한 기본 함수인 윈도우에 그리기 함수와 이벤트 함수를 알아본다. 또한, 처리 결과를 저장하고, 필요한 데이터를 입력받을 수 있는 미디어(media) 및 데이터의 입출력 처리에 대해서도 알아본다.

4.1 윈도우 제어

영상처리는 무엇이라 생각하는가? 영상처리를 간단히 한마디로 말하면, 2차원 행렬에 대한 연산이라 할 수 있다. 여기서 행렬에 대한 다양한 연산 과정에서 행렬 원소의 값이 변한다. 그러나 이 원소 즉, 화소값들이 행렬 연산에 따라서 어떻게 바뀌고 그로 인해서 전체 영상에서 어떤 변화가 있는지 바로 이해하기는 쉽지 않다. 이때 변화된 행렬의 화소들을 윈도우에 영상으로 바로 표시할 수 있다면 적용한 행렬 연산의 의미를 이해하기가 훨씬 더 쉬울 것이다.

OpenCV에서는 윈도우(window, 창)가 활성화된 상태에서만 마우스나 키보드 이벤트를 감지할 수 있다. 따라서 이런 이벤트를 감지해서 처리하려면 윈도우를 생성하고 제어할 수 있어야 한다.

<table>
<tr><th colspan="2">함수 설명</th></tr>
<tr><td colspan="2">cv2.namedWindow(winname[, flags]) → None
■ 설명: 윈도우 이름을 설정한 후, 해당 이름으로 윈도우 생성</td></tr>
<tr><td>인수 설명</td><td>■ winname(str) 윈도우 이름
■ flags(int) 윈도우의 크기 조정
<table>
<tr><th>옵션</th><th>값</th><th>설명</th></tr>
<tr><td>cv2.WINDOW_NORMAL</td><td>0</td><td>윈도우 크기 재조정 가능</td></tr>
<tr><td>cv2.WINDOW_AUTOSIZE</td><td>1</td><td>표시될 행렬의 크기에 맞춰 자동 조정</td></tr>
</table></td></tr>
<tr><td colspan="2">cv2.imshow(winname, mat) → None
■ 설명: winname 이름의 윈도우에 mat 행렬을 영상으로 표시함. 생성된 윈도우가 없으면, winname 이름으로 윈도우를 생성하고, 영상을 표시한다.</td></tr>
<tr><td>인수 설명</td><td>■ mat(numpy.ndarray) 윈도우에 표시되는 영상(행렬이 화소값을 밝기로 표시)</td></tr>
<tr><td colspan="2">cv2.destroyAllWindows() → None
■ 설명: HighGUI로 생성된 모든 윈도우 파괴</td></tr>
<tr><td colspan="2">cv2.destroyWindow(winname) → None
■ 설명: 인수로 지정된 타이틀 윈도우 파괴</td></tr>
<tr><td colspan="2">cv2.moveWindow(winname, x, y) → None
■ 설명: winname 이름의 윈도우를 지정된 위치인 (x, y)로 이동. 이동되는 윈도우의 기준 위치는 좌측 상단임</td></tr>
<tr><td>인수 설명</td><td>■ x, y 모니터 안에서 이동하려는 위치의 x, y 좌표</td></tr>
<tr><td colspan="2">cv2.resizeWindow(winname, width, height) → None
■ 설명: 윈도우의 크기를 재조정한다.</td></tr>
<tr><td>인수 설명</td><td>■ width, height 변경 윈도우의 가로, 세로 크기</td></tr>
</table>

다음은 OpenCV에서 윈도우를 제어하는 함수 및 인수들에 대한 설명이다.

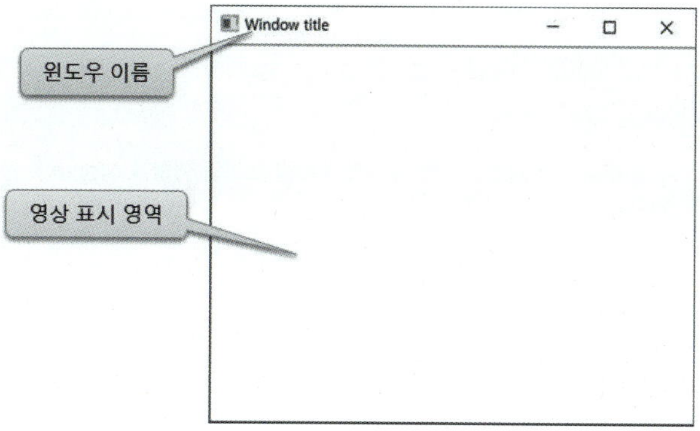

〈그림 4.1.1〉 윈도우의 구성 모습

cv2.namedWindow() 함수에 윈도우 이름을 지정하여 윈도우를 생성한다. 그러면 생성된 이름으로 창 크기 변경, 창 닫기, 창 이동 등을 제어할 수 있다. 또한, 이벤트 발생도 해당 윈도우 이름으로 제어한다.

다음 예제는 두 개의 윈도우를 생성한 후, 윈도우 크기 조정 옵션 두 가지를 보여준다. 여기서 cv2.waitKey() 함수는 키보드 이벤트를 대기하는 함수이며, 윈도우를 계속 보이도록 하는 역할을 한다.

예제 4.1.1 윈도우 이동 - 01.move_window.py

```
import numpy as np                                      # 넘파이 라이브러리 임포트
import cv2                                              # OpenCV 라리브러리 임포트

image = np.zeros((200, 400), np.uint8)                  # 행렬 생성
image[:] = 200                                          # 밝은 회색(200) 바탕 영상 생성

title1, title2 = 'Position1', 'Position2'               # 윈도우 이름
cv2.namedWindow(title1, cv2.WINDOW_AUTOSIZE)            # 윈도우 생성 및 크기 조정 옵션
cv2.namedWindow(title2)
cv2.moveWindow(title1, 150, 150)                        # 윈도우 이동 - 위치 지정
cv2.moveWindow(title2, 400, 50)

cv2.imshow(title1, image)                               # 행렬 원소를 영상으로 표시
cv2.imshow(title2, image)
cv2.waitKey(0)                                          # 키 이벤트(key event) 대기
cv2.destroyAllWindows()                                 # 열린 모든 윈도우 파괴
```

| 설명 |

① 1행은 넘파이(numpy) 라이브러리를 사용할 수 있도록 임포트(import)해서 np란 이름으로 사용한다.

② 2행은 OpenCV 라이브러리 임포트 한다.

③ 4행은 넘파이의 zeros() 함수로 0을 원소로 갖는 200행, 400열 크기의 행렬을 생성한다. 행렬 원소의 자료형은 8비트 부호없는 정수(uint8)이다.

④ 5행은 콜론(:)은 열거형(sequence) 객체들에서 범위를 잘라서(slice) 가져오는 연산자이다. 연산자 앞뒤에 값이 없으면 처음부터 끝까지 모든 원소를 의미한다.

⑤ 7행은 윈도우 이름으로 사용할 변수 title1, title2에 이름을 지정한다. 한 행에 2개 변수를 초기화한다.

⑥ 8행은 title1 이름으로 윈도우를 생성하며, 윈도우 옵션(flag)을 'cv2.WINDOW_AUTOSIZE'로 지정한다.

⑦ 9행은 titel2 이름으로 윈도우를 생성한다. 이때, flag를 지정하지 않으면 기본값인 'cv2.WINDOW_AUTOSIZE'로 지정된다.

⑧ 10, 11행은 cv2.moveWindow() 함수로 모니터에 각 윈도우의 위치를 지정한다.

⑧ 10행은 모니터의 좌상단이 기준점이며, 가로로 150화소, 세로로 150화소 위치에 윈도우를 이동시킨다.

⑨ 11행은 모니터의 가로, 세로가 400, 50 위치에 윈도우를 이동시킨다.

⑩ 13, 14행은 title1과 title2 변수 이름의 윈도우에 하나의 행렬(image)을 영상으로 각각 표시한다.

⑪ 15행은 윈도우에서 키 입력을 기다린다. 열린 윈도우를 닫히지 않도록 하기 위한 방법이다.

⑫ 16행은 키가 입력된 후에는 열린 윈도우를 모두 닫는다.

| 실행결과 |

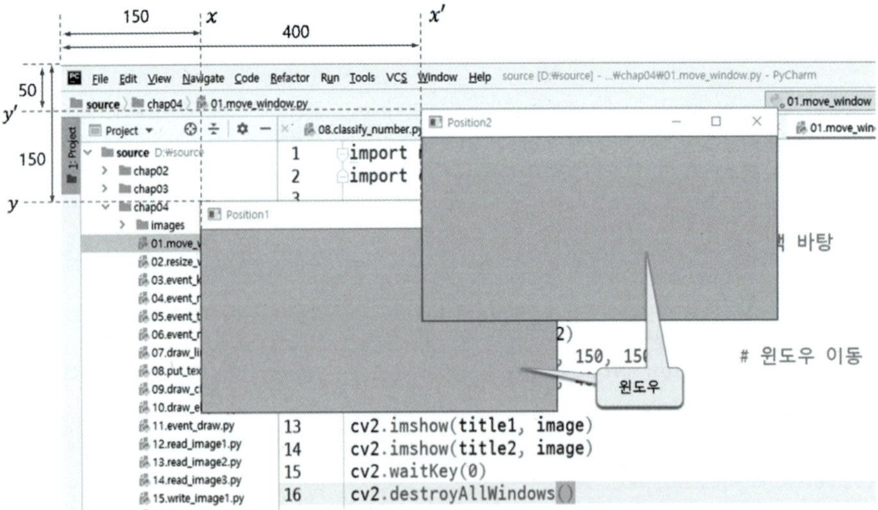

실행 결과에서 보듯이, 모니터에 회색의 색으로 위치가 다른 두 개의 윈도우를 띄운다. 'Position1' 윈도우는 x 좌표 150, y 좌표 150 위치에 나타나며, 'Position2' 윈도우

는 x 좌표 400, y 좌표 50 위치에 나타난다. 이때, 윈도우는 자동 크기(cv2.WINDOW_AUTOSIZE)이기 때문에 image 행렬과 같은 크기의 윈도우를 생성하며, 마우스로 윈도우의 크기를 변경하려 해도 변경이 되지 않는다.

다음 예제로 두 개의 윈도우를 표시해서 소스 코드에서 윈도우의 크기를 변경해보자.

예제 4.1.2 윈도우의 크기 변경 - 02.window_resize.py

```
01  import numpy as np
02  import cv2
03
04  image = np.zeros((200, 300), np.uint8)                # ndarray 행렬 생성
05  image.fill(255)                                        # 모든 원소에 255(흰색) 지정
06
07  title1, title2 = 'AUTOSIZE', 'NORMAL'                 # 윈도우 이름 변수
08  cv2.namedWindow(title1, cv2.WINDOW_AUTOSIZE)          # 윈도우 생성 - 크기변경 불가
09  cv2.namedWindow(title2, cv2.WINDOW_NORMAL)            # 그기 번경 가능
10
11  cv2.imshow(title1, image)                              # 행렬 원소를 영상으로 표시
12  cv2.imshow(title2, image)
13  cv2.resizeWindow(title1, 400, 300)                     # 윈도우 크기 변경
14  cv2.resizeWindow(title2, 400, 300)
15  cv2.waitKey(0)                                         # 키 이벤트(key event) 대기
16  cv2.destroyAllWindows()                                # 열린 모든 윈도우 제거
```

| 설명 |

① 5행은 ndarray 클래스 내부 함수 fill()로 행렬의 원소값을 255로 채운다.

② 9행은 윈도우를 생성하며, cv2.WINDOW_NORMAL 옵션으로 윈도우를 생성한다. 크기 변경을 자유롭게 할 수 있는 윈도우를 생성한다.

③ 13, 14행은 cv2.resizeWindow() 함수로 두 윈도우의 크기를 가로 400, 세로 300으로 똑같이 변경한다. 두 윈도우의 크기 변경을 비교하기 위함이다. 이때, 행렬을 생성할 때에는 행, 열 순서로 지정하지만, 크기를 지정할 때에서는 가로, 세로 순서로 지정한다.

⑥ 13행은 윈도우를 계속 띄우도록 cv2.waitKey() 함수로 키 입력 시까지 무한대기 한다.

| 실행결과 |

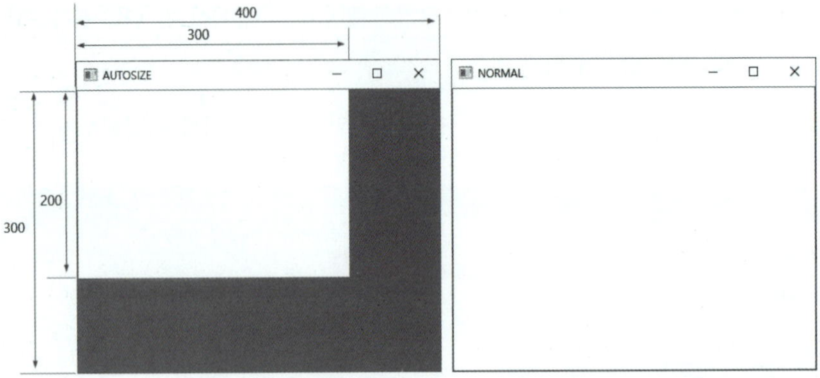

실행 결과에서 보듯이 하나의 행렬(image)을 두 윈도우에 영상으로 표시한 후에 cv2.resizeWindow()로 영상의 크기를 가로 400 화소, 세로 300 화소로 변경한다. 여기서 두 윈도우에 나타나는 영상(image 행렬)의 형태가 다르다. 즉, 'AUTOSIZE' 윈도우는 행렬의 크기 변경없이 윈도우의 크기만 바꾸며, 'NORMAL' 윈도우는 변경된 윈도우와 동일하게 행렬의 크기도 바뀐다. 다만 image 행렬의 실제 크기를 바꾸는 것이 아니라 보여지는 형태만 바꾸는 것이다.

4.2 이벤트 처리 함수

여러분들은 이벤트(event)가 있을 거라는 말을 들으면 어떠한 생각을 하게 되는가? 대부분의 사람들은 무엇인가를 기대하게 될 것이고, 기분 또한 좋아질 것이다. 컴퓨터 프로그램에서는 이 말을 조금은 다르게 사용한다. 이벤트라는 것은 프로그램에 의해 감지되고 처리될 수 있는 동작이나 사건을 말한다.

사용자가 키보드의 키를 누르는 것이나 마우스를 움직인다거나 마우스 버튼을 누르는 것 등이 대표적인 이벤트 발생이다. 깊이 들어가면 타이머(timer)와 같은 하드웨어 장치가 발생시키는 이벤트나 사용자가 자체적으로 정의하는 이벤트도 있다.

윈도우 운영체제에서는 다양한 이벤트가 발생하며, 이러한 이벤트의 처리를 통해 사용하기 편리한 대화형 프로그램을 만들 수 있다. 일반적으로 이벤트를 처리하기 위해 콜백(callback) 함수를 사용한다. 콜백 함수는 개발자가 시스템 함수를 직접 호출하는 방식이 아니라, 어떤 이벤트가 발생하거나 특정 시점에 도달했을 때 시스템이 개발자가 등록한 함수를 호출하는 방식이다.

OpenCV에서도 기본적인 이벤트 처리 함수들을 지원한다. 대표적으로 키보드 이벤트, 마우스 이벤트, 트랙바(trackbar) 이벤트를 처리하는 콜백 함수들이 있다. 이 절에서는 이러한 이벤트를 처리하고 제어하는 방법을 배운다.

4.2.1 키보드 이벤트 제어

보통 이벤트를 처리하는 과정에서 콜백 함수를 이용하는데, OpenCV에서는 키보드 이벤트를 처리하기 위해 일반적인 콜백 함수가 아닌 cv2.waitKey() 함수와 cv2.waitKeyEx() 함수를 제공한다. 두 함수는 다음과 같이 지연 시간(delay)을 지정하여 호출하면 키 이벤트에 해당하는 코드 값을 반환한다.

함수 설명	
cv2.waitKey([, delay]) → retval ■ 설명: delay(ms: milisccond) 시간만큼 키 입력을 대기하고, 키 이벤트가 발생하면 해당 키 값 반환	
인수 설명	■ delay 지연 시간, ms 단위 - delay≤0 키 이벤트 발생까지 무한 대기 - delay>0 지연 시간 동안 키 입력 대기, 지연 시간 안에 키 이벤트 없으면 -1 반환
cv2.waitKeyEx([, delay]) → retval ■ 설명: cv2.waitKey()와 동일하지만, 전체 키 코드(full key code)를 반환한다. 화살표 키 등을 입력 받을 때 사용 가능 (OpenCV 3.4 이상에서 지원)	

이 함수들은 delay 인수에 따라서 두 가지 모드로 동작한다. 첫 번째 모드는 delay≤0 인 경우이다. 이 경우 키 이벤트가 발생할 때까지 무한정 기다린다. 다른 모드는 delay>0 인 경우이다. delay 시간(ms)만큼 키보드의 입력을 기다리고, 키가 입력되면 해당 키의 코드 값을 반환한다. 만약 delay 시간 동안 키 이벤트가 발생하지 않으면 -1의 값을 반환한다.

다음 예제는 키 이벤트를 발생시키고 해당 키의 내용을 출력하는 프로그램이다. 예제를 통해서 cv2.waitKeyEx() 함수의 사용법을 익혀보자.

예제 4.2.1 키 이벤트 사용 - 03.event_key.py

```
import numpy as np
import cv2
```

```
03
04 ## switch case문을 사전(dictionary)으로 구현
05 switch_case = {
06       ord('a'): "a키 입력",                    # ord() 함수: 문자 → 아스키코드 변환
07       ord('b'): "b키 입력",
08       0x41: "A키 입력",
09       int('0x42', 16): "B키 입력",             # 0x42(16진수) → 10진수 변환
10       2424832: "왼쪽 화살표키 입력",           # 0x250000
11       2490368: "윗쪽 화살표키 입력",           # 0x260000
12       2555904: "오른쪽 화살표키 입력",         # 0x270000
13       2621440: "아래쪽 화살표키 입력"          # 0x280000
14 }
15
16 image = np.ones((200, 300), np.float32)          # 원소값 1인 행렬 생성
17 cv2.namedWindow('Keyboard Event')                 # 윈도우 이름
18 cv2.imshow("Keyboard Event", image)
19
20 while True:                                       # 무한 반복
21     key = cv2.waitKeyEx(100)                      # 100ms 동안 키 이벤트 대기
22     if key == 27: break                           # ESC 키 누르면 종료
23
24     try:
25         result = switch_case[key]
26         print(result)
27     except KeyError:
28         result = -1
29
30 cv2.destroyAllWindows()                           # 열린 모든 윈도우 제거
```

| 설명 |

① 5~14행은 키의 코드값을 확인하는 소스 코드로서 사전 자료형을 이용해서 구현한다. 사전의 각 원소는 콜론(:)를 기준으로 왼쪽은 키이며 오른쪽이 해당키의 값이다.

② 6, 7행은 'a', 'b' 문자를 아스키코드로 변경해서 킷값을 지정한다. 이것은 키보드 이벤트로 키가 눌려지면, 해당 문자의 아스키코드값을 반환하기 때문이다.

③ 8, 9은 16진수 숫자나 10진수 숫자를 키로 지정해도 된다.

④ 10~13행은 대표적인 특수 문자인 화살표 키의 코드값을 예시한 것이다.

⑤ 16행에서 넘파이(numpy) 모듈의 ones() 함수로 모든 원소가 1을 갖는 실수형 행렬을 생성한다.

⑥ 17행은 키 이벤트를 인식시킬 윈도우를 "Keyboard Event"라는 이름으로 생성한다. 윈도우를 생성하지 않으면 키

이벤트를 인식할 수 없다.

⑦ 18행은 cv2.imshow() 함수로 "Keyboard Event" 윈도우에 image 행렬을 영상으로 표시한다. 실수 행렬은 0~1의 범위 값으로 검은색에서 흰색까지를 표현한다.

⑧ 21행은 키 이벤트가 발생하면 해당 키의 아스키코드 값이 key 변수에 저장한다.

⑨ 22행은 while 무한 반복문의 종료 조건을 설정한다. 키 이벤트로 발생한 코드값이 ESC 키의 코드값인 27이면 break 문으로 반복문을 벗어난다. 즉, 키를 반복해서 입력받다가 ESC 키를 누르면 프로그램을 종료한다.

⑩ 24, 27행은 try ~ except 문으로 예외처리를 한다. switch_case 사전(Dictionary)에 등록되지 않은 키로 접근하여 발생하는 에러를 방지하기 위함이다.

| 실행결과 |

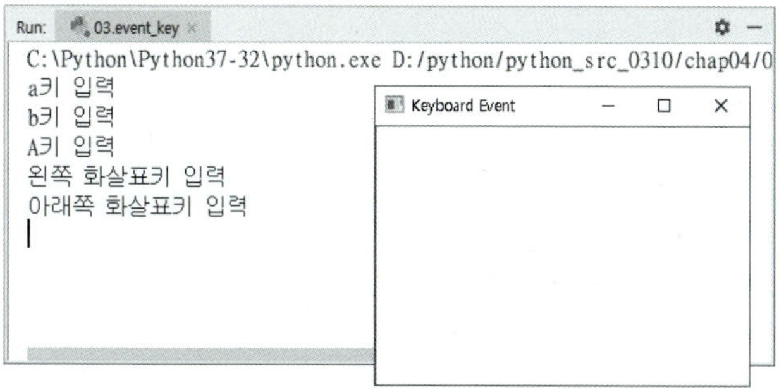

여기서 주의해야 할 점이 있다. 키보드의 키 입력을 받는 윈도우가 활성화되지 않고, 다른 윈도우가 활성화되어 있으면 이벤트가 발생하지 않는다. 예제를 실행해서 키 이벤트를 발생시키려면 "Keyboard Event" 윈도우를 반드시 선택(클릭)하여 활성화시킨 후, 키보드의 키를 눌러야 한다. 그렇게 해야만 해당 키에 대응하는 문자열이 실행창에서 출력되는 것을 확인할 수 있다.

4.2.2 마우스 이벤트 제어

마우스 이벤트는 OpenCV가 제공하는 콜백(Callback) 함수로 제어할 수 있다. 먼저 사용자가 마우스 이벤트를 처리하는 콜백 함수를 만들고, 이 함수를 cv2.setMouseCallback() 함수를 통해서 시스템에 등록한다. 그러면 실행 과정에서 시스템이 마우스 이벤트를 감지했을 때, 사용자가 만든 콜백 함수를 호출한다. 다음은 마우스 콜백 함수에 대한 설명이다.

함수 설명

cv2.setMoustCallback(windowName, onMouse, param=None) → None

■ 설명: 사용자가 정의한 마우스 콜백 함수를 시스템에 등록

인수 설명		
	■ winname	이벤트 발생을 확인할 윈도우 이름, 문자열
	■ onMouse	마우스 이벤트를 처리하는 콜백 함수 이름(콜백함수)
	■ param	이벤트 처리 함수로 전달할 추가적인 사용자 정의 인수

onMouse(event, x, y, flags, param=None)

■ 설명: 발생한 마우스 이벤트에 대한 처리와 제어를 구현하는 콜백 함수. cv2.setMouseCallback() 함수의 두 번째 인수(onMouse)의 구현부, 따라서 이름이 같아야 함. onMouse() 함수의 인수 구조(인수 타입, 인수 순서 등)를 유지해야 함.

인수 설명

- ■ event　발생한 마우스 이벤트의 종류
- ■ x, y　이벤트 발생 시 마우스 포인터의 x, y 좌표
- ■ flags　마우스 버튼과 동시에 특수키([Shift], [Alt], [Ctrl])를 눌렀는지 여부 확인

옵션	값	설명
cv2.EVENT_FLAG_LBUTTON	1	왼쪽 버튼 누르기
cv2.EVENT_FLAG_RBUTTON	2	오른쪽 버튼 누르기
cv2.EVENT_FLAG_MBUTTON	4	중간 버튼 누르기
cv2.EVENT_FLAG_CTRLKEY	8	[Ctrl] 키 누르기
cv2.EVENT_FLAG_SHIFTKEY	16	[Shift] 키 누르기
cv2.EVENT_FLAG_ALTKEY	32	[Alt] 키 누르기

- ■ param　콜백 함수로 전달하는 추가적인 사용자 정의 인수

〈표 4.2.1〉 마우스 이벤트 종류

옵션	값	설명
cv2.EVENT_MOUSEMOVE	0	마우스 움직임
cv2.EVENT_LBUTTONDOWN	1	왼쪽 버튼 누르기
cv2.EVENT_RBUTTONDOWN	2	오른쪽 버튼 누르기
cv2.EVENT_MBUTTONDOWN	3	중간 버튼 누르기
cv2.EVENT_LBUTTONUP	4	왼쪽 버튼 떼기
cv2.EVENT_RBUTTONUP	5	오른쪽 버튼 떼기
cv2.EVENT_MBUTTONUP	6	중간 버튼 떼기
cv2.EVENT_LBUTTONDBLCLK	7	왼쪽 버튼 더블클릭
cv2.EVENT_RBUTTONDBLCLK	8	오른쪽 버튼 더블클릭
cv2.EVENT_MBUTTONDBLCLK	9	중간 버튼 더블클릭
cv2.EVENT_MOUSEWHEEL	10	마우스 휠
cv2.EVENT_MOUSEHWHEEL	11	마우스 가로 휠

다음 예제를 통해서 마우스 이벤트의 사용법을 확인해 보자. 예제는 마우스 버튼의 이벤트를 인지하면, 해당 이벤트의 종류를 실행창에 출력하는 간단한 프로그램이다. 여기서 윈도우를 두 개 만들어서 표시한 것은 마우스 이벤트가 발생하는 윈도우와 그렇지 않은 윈도우를 직접 확인하기 위함이다.

예제 4.2.2 마우스 이벤트 사용 - 04.event_mouse.py

```
01  import numpy as np
02  import cv2
03
04  def onMouse(event, x, y, flags, param):                  # 콜백 함수 - 이벤트 내용 출력
05      if event == cv2.EVENT_LBUTTONDOWN:
06          print("마우스 왼쪽 버튼 누르기")
07      elif event == cv2.EVENT_RBUTTONDOWN:
08          print("마우스 오른쪽 버튼 누르기")
09      elif event == cv2.EVENT_RBUTTONUP:
10          print("마우스 오른쪽 버튼 떼기")
11      elif event == cv2.EVENT_LBUTTONDBLCLK:
12          print("마우스 왼쪽 버튼 더블클릭")
13
14  image = np.full((200, 300), 255, np.uint8)               # 초기 영상 생성
15
16  title1, title2 = "Mouse Event1", "Mouse Event2"          # 윈도우 이름
17  cv2.imshow(title1, image)                                # 영상 보기
18  cv2.imshow(title2, image)
19
20  cv2.setMouseCallback(title1, onMouse)                    # 마우스 콜백 함수
21  cv2.waitKey(0)                                           # 키 이벤트 대기
22  cv2.destroyAllWindows()                                  # 열린 모든 윈도우 제거
```

| 설명 |

① 4~12행은 마우스 이벤트를 제어하는 콜백 함수를 구현한다. 함수 이름은 사용자 임의로 지정할 수 있지만, 5개의 인수는 정확히 지정되어야 한다.

② 5행은 이벤트가 cv2.EVENT_LBUTTONDOWN 이면 마우스 왼쪽 버튼을 누른 것으로 해당 내용을 출력한다.

③ 7행은 이벤트가 cv2.EVENT_RBUTTONDOWN 이면 마우스 오른쪽 버튼을 누른 것이다.

④ 9행은 이벤트가 cv2.EVENT_RBUTTONUP 이면 마우스 오른쪽 버튼을 뗀 것이다.

⑤ 11행은 이벤트가 cv2.EVENT_LBUTTONDBLCLK 이면 마우스 왼쪽 버튼을 더블클릭한 것이다.

⑥ 14행은 200행, 300열의 행렬을 정수형(uint8)으로 생성하고, 흰색(255)으로 지정한다. numpy.full() 함수는 행렬 생성하며, 원하는 값으로 모든 원소의 값을 초기화한다.

⑦ 17, 18행은 cv2.imshow() 함수로 "Mouse Event1", "Mouse Event2" 윈도우에 image 행렬을 영상으로 표시한다. 여기서 cv2.imshow() 함수를 호출하면 내부적으로 cv2.namedWindow()를 호출해서 자동으로 윈도우의 이름을 지정한다.

⑧ 20행은 cv2.setMouseCallbak() 함수를 통해서 "Mouse Event1" 윈도우에 마우스 제어를 위한 콜백 함수를 등록한다. 콜백 함수는 4행에서 구현한 onMouse()를 사용한다.

| 실행결과 |

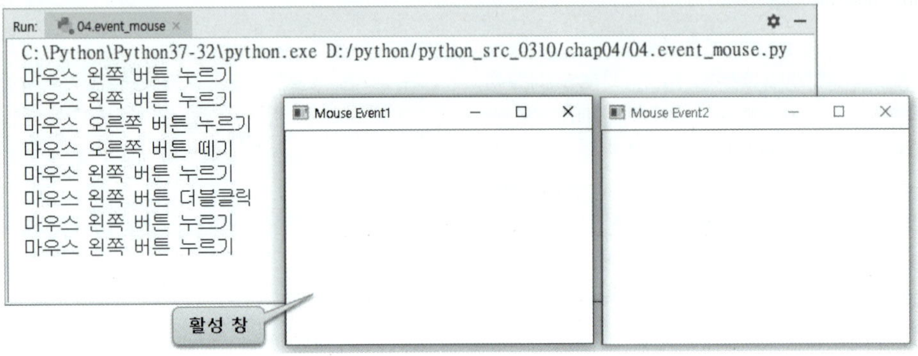

실행 결과를 보면 두 개의 윈도우 중에서 진하게 나타난 'Mouse Event1' 창이 활성화된 상태임을 알 수 있다. 'Mouse Event1' 윈도우를 cv2.setMouseCallbak()에 등록했기 때문에 이 윈도우가 활성화되어야만 마우스 이벤트가 발생한다. 만약 다른 응용 프로그램을 활성화한다거나 'Mouse Event2' 윈도우를 활성화해도 마우스 이벤트가 적용되지 않는다. 그리고 더블클릭은 버튼 누르기가 먼저 수행된 다음에 발생하며, 버튼 떼기인 경우에도 버튼 누르기가 먼저 발생함을 알 수 있다.

4.2.3 트랙바 이벤트 제어

트랙바(trackbar)는 일정한 범위에서 특정한 값을 선택할 때 사용하는 일종의 스크롤바(scroll bar) 혹은 슬라이더바(slider bar)를 말한다. OpenCV의 트랙바는 cv2.createTrackbar() 함수로 생성할 수 있다. 다음은 트랙바를 처리하는 함수에 대한 설명이다.

함수 설명		
cv2.createTrackbar(trackbarname, winname, value count, onChange) → None ■ 설명: 트랙바를 생성한 후, 지정한 윈도우에 추가하는 함수이다.		
인수 설명	■ trackbarname	윈도우에 생성되는 트랙바 이름
	■ winname	트랙바의 부모 윈도우 이름(트랙바 이벤트 발생을 체크하는 윈도우)
	■ value	트랙바 슬라이더의 위치를 반영하는 값(정수)
	■ count	트랙바 슬라이더의 최댓값, 최솟값은 항상 0
	■ onChange	트랙바 슬라이더의 값이 변경될 때 호출되는 콜백 함수
onChange(pos) → None ■ 설명: 트랙바 슬라이더의 위치가 변경될 때마다 호출되는 콜백 함수. cv2.createTrackbar()의 마지막 인수와 이름이 같아야 한다.		
인수 설명	■ pos	트랙바 슬라이더 위치
cv2.getTrackbarPos(trackbarname, winname) → retval ■ 설명: 지정한 트랙바의 슬라이더 위치를 반환한다.		
cv2.setTrackbarPos(trackbarname, winname, pos) → None ■ 설명: 지정한 트랙바의 슬라이더 위치를 설정한다.		

트랙바를 생성하려면 먼저 트랙바 이벤트를 처리하는 콜백 함수를 작성하고, 그 다음 시스템에 콜백 함수를 등록해야 한다. 콜백 함수의 등록은 cv2.createTrackbar() 함수에 트랙바 이름, 윈도우 이름, 트랙바 현재값, 트랙바 최댓값 등을 지정하면 된다. 다음 〈그림 4.2.1〉은 cv2.createTrackbar() 함수의 인수와 트랙바의 구조에 대한 설명이다.

cv2.createTrackbar(trackbarname , winname, value , count , onChange)

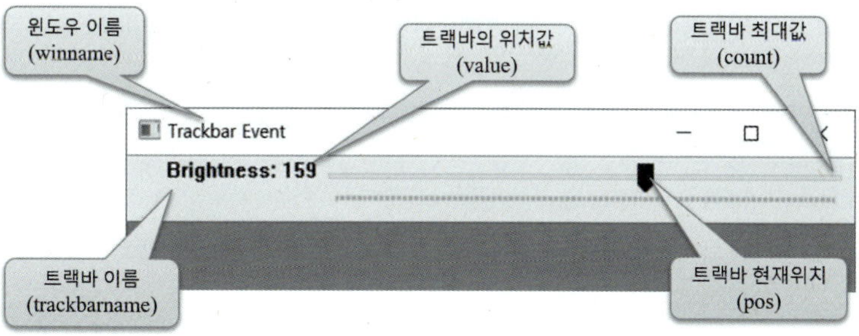

〈그림 4.2.1〉 트랙바의 구조

다음 예제는 트랙바를 이용해서 영상의 밝기를 조절하는 예제이다.

예제 4.2.3 트랙바 이벤트 사용 – 05.event_trackbar.py

```
01  import numpy as np
02  import cv2
03
04  def onChange(value):                                    # 트랙바 콜백 함수
05      global image, title                                 # 전역 변수 참조
06
07      add_value = value - int(image[0][0])                # 트랙바 값과 영상 화소값 차분
08      print("추가 화소값:", add_value)
09      image[:] = image + add_value                        # 행렬과 스칼라 덧셈 수행
10      cv2.imshow(title, image)
11
12  image = np.zeros((300, 500), np.uint8)                  # 영상 생성
13
14  title = 'Trackbar Event'
15  cv2.imshow(title, image)
16
17  cv2.createTrackbar('Brightness', title, image[0][0], 255, onChange)  # 트랙바 콜백 함수 등록
18  cv2.waitKey(0)
19  cv2.destroyAllWindows()                                 # 열린 모든 윈도우 제거
```

| 설명 |

① 4~10행은 트랙바를 제어할 사용자 정의 콜백 함수 onChange()를 구현한다.

② 5행은 전역 변수를 onChange() 함수에서 사용하기 위한 선언이다.

③ 7행은 value 값과 image 행렬의 한 원소값의 차분을 계산하여 add_value에 저장한다.

④ 9행은 image 행렬에 add_value 값을 더한다. numpy.ndarray 행렬에 스칼라 값을 더하면 행렬의 모든 원소에 스칼라 값이 더해진다. 즉, 트랙바로 변경된 값이 행렬에 더해진다. 따라서 트랙바의 값이 변경될 때마다 영상의 색이 검은색과 흰색 사이에서 변화된다.

⑤ 10행은 콜백 함수에서 cv2.imshow() 함수를 통해서 행렬을 title 창에 영상으로 표시한다. 즉, 트랙바 이벤트가 발생할 때마다 윈도우에 행렬을 영상으로 표시한다.

⑥ 14행은 "Trackbar Event"를 title 변수로 윈도우 이름을 지정한다.

⑦ 15행은 프로그램 시작과 함께 image 행렬을 영상으로 윈도우에 띄운다. cv2.namedWindow() 함수를 생략해도 자동으로 윈도우 이름을 지정한다.

⑧ 17행은 cv2.createTrackbar()를 통해서 이름이 "Brightness"인 트랙바를 title 윈도우에 추가한다. 또한, 트랙바 이벤트가 발생할 때마다 onChange() 콜백 함수를 호출한다.

| 실행결과 |

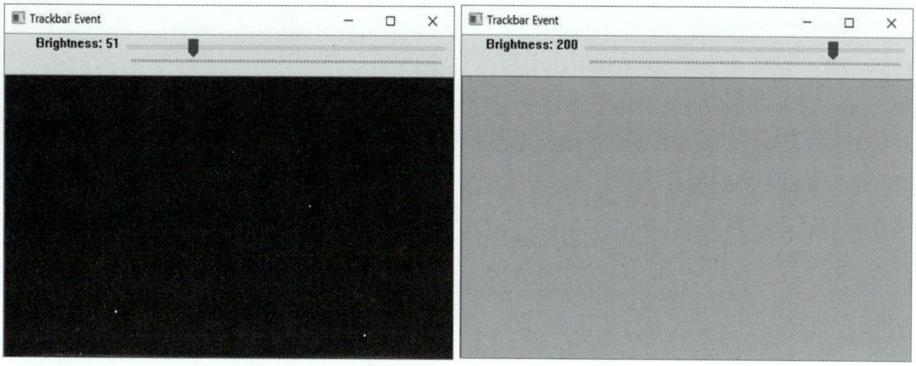

프로그램을 실행하면 "Trackbar Event"라는 윈도우가 나타난다. 실행 결과에는 두 개의 윈도우를 표시하였다. 이것은 트랙바의 위치를 다르게(51 or 200) 변경했을 때, 행렬 영상의 밝기가 어떻게 변화되는지를 보이기 위함이다.

이번에는 조금 더 복잡한 예제를 구현해 보자. 마우스 왼쪽 버튼을 클릭하면 영상의 밝기가 밝아지고, 오른쪽 버튼을 클릭하면 영상이 어두워지는 예제이다. 또한, 이때 트랙바의 위치도 같이 변화하도록 한다.

심화예제 4.2.4 마우스 및 트랙바 이벤트 사용 - 06.event_mouse_trackbar.py

```
import numpy as np
import cv2

def onChange(value): ···                                      # 트랙바 콜백 함수 - 소스 표시 생략

def onMouse(event, x, y, flags, param):                      # 마우스 콜백 함수
    global image, bar_name                                   # 전역 변수 참조

    if event == cv2.EVENT_RBUTTONDOWN:                        # 마우스 우버튼
        if (image[0][0] < 246): image[:] = image + 10
        cv2.setTrackbarPos(bar_name, title, image[0][0])      # 트랙바 위치 변경
        cv2.imshow(title, image)

    elif event == cv2.EVENT_LBUTTONDOWN:                      # 마우스 좌버튼
        if (image[0][0] >= 10):
            image[:] = image - 10
```

```
22            cv2.setTrackbarPos(bar_name, title, image[0][0])          # 트랙바 위치 변경
23            cv2.imshow(title, image)
24
25    image = np.zeros((300, 500), np.uint8)
26    title = "Trackbar & Mouse Event"                                  # 윈도우 이름
27    bar_name = 'Brightness'                                           # 트랙바 이름
28    cv2.imshow(title, image)
29
30    cv2.createTrackbar(bar_name, title, image[0][0], 255, onChange)   # 트랙바 콜백 함수
31    cv2.setMouseCallback(title, onMouse)                              # 마우스 콜백 함수 등록
32    cv2.waitKey(0)                                                    # 키 입력 대기
33    cv2.destroyAllWindows()                                           # 모든 윈도우 닫기
```

| 설명 |

① 4행은 예제_4.2.3의 트랙바 콜백 함수와 동일하여 소스를 생략한다.

② 11~23행은 마우스 이벤트를 처리하는 콜백 함수 onMouse()의 구현부이다.

③ 14, 19행은 마우스 좌/우 버튼 다운 이벤트가 발생을 체크 한다.

④ 15~17행은 마우스 오른쪽 버튼 클릭 시에 image의 모든 원소에 10씩을 더한다. 화소값이 246 미만일 때에만 더한다.

⑤ 16, 22행은 cv2.setTrackbarPos() 함수로 image 원소값으로 트랙바의 위치를 변경한다.

⑥ 20~23행은 마우스 왼쪽 버튼 클릭 시에 image의 모든 원소에 10씩을 뺀다. 화소값이 10 이상일 때에만 뺀다.

⑦ 30, 31행은 트랙바 콜백 함수와 마우스 콜백 함수를 시스템에 등록한다.

⑧ 33행은 열려있는 모든 윈도우를 닫는다. 생략해도 프로그램이 종료되면 자동으로 윈도우는 닫힌다.

| 실행결과 |

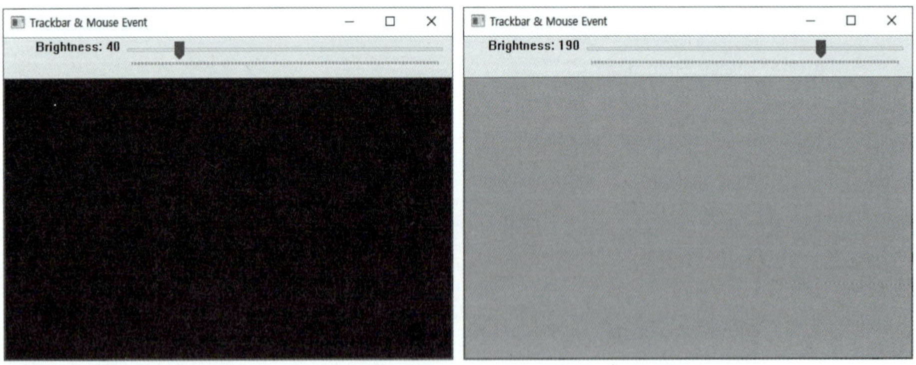

실행 결과를 살펴보면 앞 예제_4.2.3과 동일하지만, 마우스 오른쪽 버튼과 왼쪽 버튼을 클릭하면 윈도우의 밝기가 변경되는 동시에 트랙바의 위치도 변경된다는 점만 차이가 있다.

4.3 그리기 함수

영상처리 프로그래밍 과정에서 해당 알고리즘을 적용했을 때, 처리가 정확히 적용되었는지를 출력 영상 위에 사각형이나 원을 그려서 확인하는 경우가 많이 있다. 예를 들어, 다음 〈그림 4.3.1〉과 같이 얼굴 검출 알고리즘을 적용했을 때, 전체 영상 위에 검출한 얼굴 영역을 사각형이나 원으로 표시할 수 있다. 또는 차선을 확인하고자 직선 검출 알고리즘을 적용했을 때, 차선을 정확하게 검출했는지 확인하기 위해 도로 영상 위에 선으로 나타낼 수 있다.

참조: https://nakedsecurity.sophos.com

참조: http://egloos.zum.com/eyes33/v/6170996

〈그림 4.3.1〉 영상처리 응용 프로그램의 예시

이와 같이 직선, 사각형, 원 등의 도형을 그리는 것은 어떻게 보면 단순한 작업이겠지만, 영상처리에 꼭 필요한 작업일 수 있다. 이렇듯 OpenCV에서도 선, 사각형, 원, 타원 등과 같은 다양한 도형을 그릴 수 있는 함수를 제공한다.

4.3.1 직선 및 사각형 그리기

다음은 직선과 사각형을 그리는 함수인 cv2.line()과 cv2.rectangle()에 대한 설명이다. 직선과 사각형은 시작 좌표(pt1)와 종료 좌표(pt2)가 있으면 그릴 수 있다. 여기서 좌표와 색상으로 사용되는 인수는 정수형 튜플이어야 한다.

함수설명	
cv2.line(img, pt1, pt2, color[, thickness[, lineType[, shift]]]) → img ■ 설명: pt1에서 pt2를 잇는 직선 그린다.	
인수 설명	■ img — 그릴 대상 행렬(영상) ■ pt1, pt2 — 시작 좌표와 종료 좌표(정수형 튜플) ■ color — 선의 색상(정수형 튜플) ■ thickness — 선의 두께, cv2.FILLED일 경우 지정된 색으로 내부를 채움 ■ lineType — 선의 형태

옵션	값	설명
cv2.LINE_4	4	4-방향 연결선(4-connected line)
cv2.LINE_8	8	8-방향 연결선(8-connected line)
cv2.LINE_AA	16	계단 현상을 감소시킨 선(antialiased line)

인수 설명	■ shift — 입력 좌표(pt1, pt2)에 대해서 오른쪽으로 비트 시프트(>>, bit shift) 연산한 결과를 좌표로 지정해서 직선을 그림
cv2.rectangle(img, pt1, pt2, color[, thickness[, lineType[, shift]]]) → img cv2.rectangle(img, rec, color[, thickness[, lineType[, shift]]]) → img ■ 설명: 2가지 방식(두 좌표, 사각형 영역)으로 사각형을 그린다.	
인수 설명	■ pt1, pt2 — 시작 좌표와 종료 좌표 (정수형) ■ rec — 사각형 영역(x, y, w, h)을 나타내는 4 원소 튜플(정수형)

예제를 통해 직선과 사각형을 그려보자.

예제 4.3.1 직선 & 사각형 그리기 - 07.draw_line_rect.py

```
import numpy as np
import cv2

blue, green, red = (255, 0, 0), (0, 255, 0), (0, 0, 255)      # 색상 선언
image = np.zeros((400, 600, 3), np.uint8)                        # 3채널 컬러 영상 생성
image[:] = (255, 255, 255)                                       # 3채널 흰색

pt1, pt2 = (50, 50),  (250, 150)                                 # 좌표 선언 - 정수형 튜플
pt3, pt4 = (400, 150), (500, 50)
roi = (50, 200, 200, 100)                                        # 사각형 영역 - 4원소 튜플

## 직선 그리기
cv2.line(image, pt1, pt2, red)
```

```
14  cv2.line(image, pt3, pt4, green, 3, cv2.LINE_AA)                  # 계단 현상 감소선
15
16  ## 사각형 그리기
17  cv2.rectangle(image, pt1, pt2, blue, 3, cv2.LINE_4)               # 4방향 연결선
18  cv2.rectangle(image, roi, red, 3, cv2.LINE_8 )                    # 8방향 연결선
19  cv2.rectangle(image, (400, 200, 100, 100), green, cv2.FILLED)     # 내부 채움
20
21  cv2.imshow("Line & Rectangle", image)                             # 윈도우에 영상 표시
22  cv2.waitKey(0)
23  cv2.destroyAllWindows()                                           # 모든 열린 윈도우 닫기
```

| 설명 |

① 4행은 직선과 사각형 그리는데 사용할 색상을 튜플로 선언한다. 색상 변수는 3개의 원소를 갖는 튜플로 선언하며, 각 원소는 순서대로 파란색, 녹색, 빨간색을 의미한다. 따라서 파란색은 (255, 0, 0)이고, 녹색은 (0, 255, 0)이며, 빨간색은 (0, 0, 255)이 된다.

② 5행은 400행, 600열 크기의 3채널 np.uint8형으로 행렬을 생성한다.

③ 6행은 행렬의 모든 화소를 흰색으로 지정한다. 3개 원소 튜플에 모두 255를 지정하면 흰색이 된다.

④ 8, 9행은 직선 및 사각형을 그리는데 사용되는 좌표를 튜플로 선언한다. 그리기에 사용되는 좌표와 크기는 정수형만 가능하다.

⑤ 10행에서 사각형은 시작 좌표, 종료 좌표, 너비, 높이를 4 원소 튜플로 선언한다.

⑥ 13행은 시작 좌표인 pt1(50, 50)에서 종료 좌표인 pt2(250, 150)까지 빨간색 직선을 그린다. 다섯 번째 인수인 두께(thickness)를 지정하지 않으면 1화소로 그린다.

⑦ 14행은 시작 좌표 pt3(400, 150)에서 종료 좌표 pt4(500, 50)까지 녹색 선을 두께 3로 그린다. 계단 현상을 감소한 선으로 선이 부드러운 것을 볼 수 있다.

⑧ 17행은 직선을 그렸던 좌표(pt1, pt2) 그대로 두께 3의 파란색 사각형을 그린다. 이때 선은 4방향 연결선으로 그린다.

⑨ 18행은 roi 사각형 튜플로 빨간색 사각형을 그린다. 시작좌표(50, 200)에서 200×100 크기이다. 8방향 연결선으로 그린다.

⑩ 19행은 시작 좌표, 종료 좌표, 너비, 높이의 4 원소 튜플로 녹색 사각형을 그린다. 선의 두께를 cv2.FILLED로 지정하면 사각형 내부를 채운다.

| 실행결과 |

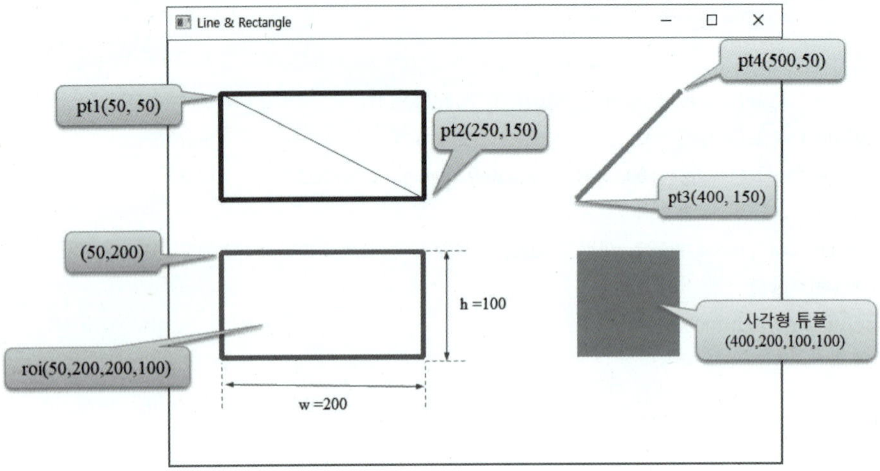

4.3.2 글자 쓰기

영상처리의 결과를 보여주기 위해서 행렬의 특정 위치에 원하는 글자를 써서 영상으로 표시하고 싶을 때가 있다. 이런 경우에서 사용할 수 있는 함수는 cv2.putText() 함수이다. 이 함수를 이용하면 다음 〈그림 4.3.2〉와 같이 영상의 지정된 위치에 원하는 문자열을 표시할 수 있다.

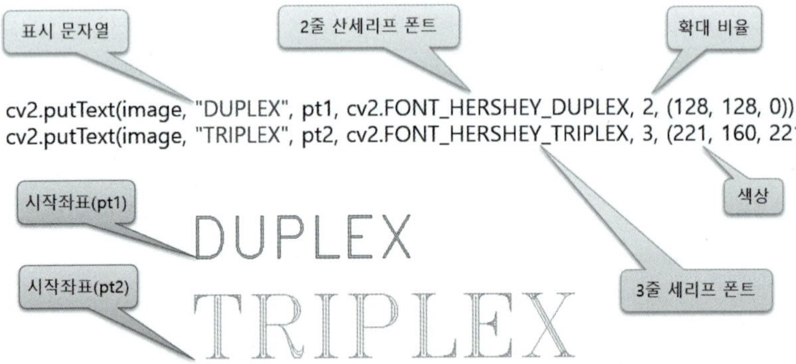

〈그림 4.2.2〉 cv2.putText() 함수의 사용 예시

여기서 표시 문자열의 시작 좌표는 문자열의 좌하단임을 유의해야 한다. 먼저 cv2.putText() 함수의 인수 구조와 인수에 대해 설명하고, 그다음에는 사용할 수 있는 폰트

(글꼴)를 제시한다.

함수 설명		
cv2.putText(img, text, org, fontFace, fontScale, color[, thickness[, lineType[, bottomLeftOrigin]]]) → img ■ 설명: text 문자열을 org 좌표에 color 색상으로 그린다.		
인수 설명	■ img	문자열을 작성할 대상 행렬(영상)
	■ text	작성할 문자열
	■ org	문자열의 시작 좌표, 문자열에서 가장 왼쪽 하단을 의미
	■ fontFace	문자열의 폰트
	■ fontScale	글자 크기 확대 비율
	■ color	글자의 색상
	■ thichness	글자의 굵기
	■ lineTpye	글자 선의 형태
	■ bottomLeftOrigin	영상의 원점 좌표 설정(True- 좌하단 왼쪽, False- 좌상단)

다음 〈표 4.3.1〉은 문자열의 폰트를 지정하는 상수(fontFace)에 대한 자세한 설명이다. 세리프(Serif)는 글자의 획 끝에 낚시 바늘처럼 날카롭게 튀어나온 부분을 의미한다. 세리프 폰트는 글자 끝부분에 날카로운 장식이 있는 글자체로서 명조체에 해당한다. 산세리프(Sans-serif) 폰트는 날카로운 장식선이 없는 글자체로서 고딕체에 해당한다.

〈표 4.3.1〉 문자열의 폰트(fontFace)에 대한 옵션과 의미

옵션	값	설명
cv2.FONT_HERSHEY_SIMPLEX	0	중간 크기 산세리프 폰트
cv2.FONT_HERSHEY_PLAIN	1	작은 크기 산세리프 폰트
cv2.FONT_HERSHEY_DUPLEX	2	2줄 산세리프 폰트
cv2.FONT_HERSHEY_COMPLEX	3	중간 크기 세리프 폰트
cv2.FONT_HERSHEY_TRIPLEX	4	3줄 세리프 폰트
cv2.FONT_HERSHEY_COMPLEX_SMALL	5	COMPLEX 보다 작은 크기
cv2.FONT_HERSHEY_SCRIPT_SIMPLEX	6	필기체 스타일 폰트
cv2.FONT_HERSHEY_SCRIPT_COMPLEX	7	복잡한 필기체 스타일
cv2.FONT_ITALIC	16	이탤릭체를 위한 플래그

이제 영상에 문자열을 표시하는 예제를 구현해 보자. 실행 결과에서 보듯이 문자열의 시작 위치가 글자의 하단 왼쪽임을 확인할 수 있다.

예제 4.3.2 글자 쓰기 - 08.put_text.py

```
01  import numpy as np
02  import cv2
03
04  olive, violet, brown = (128, 128, 0), (221, 160, 221), (42, 42, 165)    # 색상 지정
05  pt1, pt2 =  (50, 230), (50, 310)                                        # 문자열 위치 좌표
06
07  image = np.zeros((350, 500, 3), np.uint8)
08  image.fill(255)
09
10  cv2.putText(image, ‘SIMPLEX’, (50, 50), cv2.FONT_HERSHEY_SIMPLEX, 2, brown)
11  cv2.putText(image, ‘DUPLEX’, (50, 130), cv2.FONT_HERSHEY_DUPLEX, 3, olive)
12  cv2.putText(image, ‘TRIPLEX’, pt1, cv2.FONT_HERSHEY_TRIPLEX, 2, violet)
13  fontFace = cv2.FONT_HERSHEY_PLAIN | cv2.FONT_ITALIC     # 글차체 상수
14  cv2.putText(image, ‘ITALIC’, pt2, fontFace, 4, violet)
15
16  cv2.imshow(‘Put Text’, image)                             # 윈도우 이름 지정 및 영상 표시
17  cv2.waitKey(0)                                            # 키이벤트 대기
```

| 설명 |

① 4행은 직선과 사각형 그리는데 사용할 색상을 3 원소 튜플로 선언한다.

② 7, 8행은 3채널 정수형(uint8) 행렬을 생성하고, fill() 함수로 흰색(255)으로 지정한다.

③ 10행은 가로 50, 세로 50의 좌표에서 "SIMPLEX"라는 문자열을 표시한다. 폰트는 중간 크기인 산세리프이며, 글자 크기는 기본값에 2배 확대한다.

④ 11행은 pt1(50, 130) 위치에서 "DUPLEX" 글자를 2줄 산세리프체로 표시하며, 2배로 확대한다.

⑤ 12행은 pt2(50, 230) 위치에서 "TRIPLEX" 글자를 3줄 세리프체로 3배 확대 표시한다.

⑥ 13행은 작은 크기인 산세리프체와 이탤릭체을 적용한 폰트 상수값을 fontFace에 저장한다.

⑦ 14행은 pt3(50, 310) 위치에서 "ITALIC" 문자열을 fontFace로 적용하며, 4배 확대해서 표시한다.

| 실행결과 |

4.3.3 원 그리기

행렬에 원을 그려주는 cv2.circle() 함수는 다음과 같은 인수로 구성된다. 원의 중심 좌표(center), 반지름(radius), 선의 색상(color)은 반드시 지정해야 하며, 나머지 인수는 지정하지 않으면 기본 값(default value)이 설정된다.

함수 설명		
cv2.circle(img, center, radius, color[, thickness[, lineType[, shift]]]) → img ■ 설명: center를 중심으로 radius 반지름의 원을 그린다.		
인수 설명	■ img	원을 그릴 대상 행렬(영상)
	■ center	원의 중심 좌표
	■ radius	원의 반지름
	■ color	선의 색상
	■ thickness	선의 두께
	■ lineType	선의 형태 , cv2.line() 함수의 인수와 동일
	■ shift	좌표에 대한 비트 시프트 연산

간단히 다음 예제를 통해 확인해 보자.

예제 4.3.3 원 그리기 - 09.draw_circle.py

```
import numpy as np
import cv2

orange, blue, cyan = (0, 165, 255), (255, 0, 0), (255, 255, 0)
white, black = (255, 255, 255), (0, 0, 0)
```

```
06 image = np.full((300, 500, 3), white, np.uint8)          # 컬러 영상 생성 및 초기화
07
08 center = (image.shape[1]//2, image.shape[0]//2)          # 영상 중심 좌표 - 역순 구성
09 pt1, pt2 = (300, 50), (100, 220)
10 shade = (pt2[0] + 2, pt2[1] + 2)                         # 그림자 좌표
11
12 cv2.circle(image, center, 100, blue)                     # 원 그리기
13 cv2.circle(image, pt1, 50, orange, 2)
14 cv2.circle(image, pt2, 70, cyan, -1)                     # 원 내부 채움
15
16 font = cv2.FONT_HERSHEY_COMPLEX;
17 cv2.putText(image, ‘center_blue’, center, font, 1.0, blue)
18 cv2.putText(image, ‘pt1_orange’, pt1, font, 0.8, orange)
19 cv2.putText(image, ‘pt2_cyan’, shade, font, 1.2, black, 2)       # 그림자 효과
20 cv2.putText(image, ‘pt2_cyan’, pt2, font, 1.2, cyan,    1)
21
22 cv2.imshow(“Draw circles”, image)
23 cv2.waitKey(0)
```

| 설명 |

① 6행은 numpy.full() 함수로 300행, 500열 크기의 ndarray 행렬을 3채널 정수형(uint8)으로 선언하고, white 튜플로 초기화한다. 즉, 컬러 영상을 생성하고, 배경색을 흰색으로 설정한다.

② 8행은 image 행렬의 중심점을 계산하여 center 튜플로 저장한다. 여기서 나눗셈 몫('//') 연산자로 소수점 이하값을 제거하여 정수형 튜플로 쉽게 구성할 수 있다.

③ 10행은 pt2 좌표보다 2화소씩 오른쪽, 아래에 그림자를 나타내기 위한 좌표이다.

④ 12행은 image 행렬의 중심에 반지름 100인 파란색의 원을 그린다. 선두께는 기본값인 1이다.

⑤ 13행은 pt1(300, 50)을 중심으로 반지름이 50 화소인 원을 그린다. 여기서 orange 튜플의 색상에 2 화소 두께로 그린다.

⑤ 14행은 pt2(350, 220)를 중심으로 반지름이 70 화소인 원을 그린다. 여기서 두께를 -1(cv2.FILLED)로 지정하면 원의 내부를 cyan(청록색)으로 채운다.

⑤ 17~20행은 각 원의 중심 좌표에서 해당 원을 나타내는 글자를 표시한다.

⑥ 19행은 글자에 그림자를 두어서 입체감이 나도록 표시하는 방법이다. shade 튜플은 pt2 좌표에 오른쪽, 아래로 2 화소 위치이며, 여기에 검은색으로 같은 글자를 먼저 출력하여 그림자 느낌이 나게 만든다.

| 실행결과 |

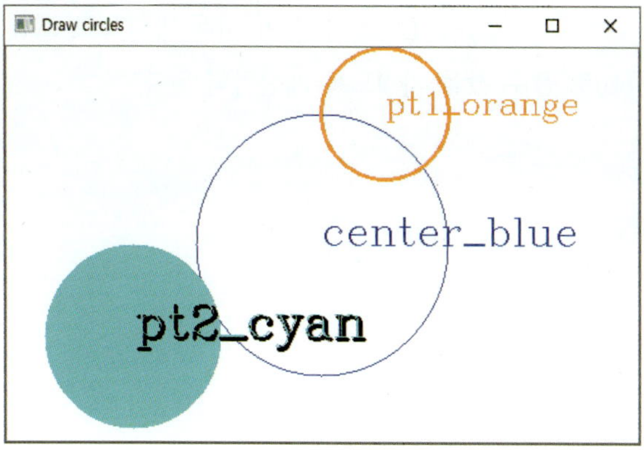

행 결과에서 보듯이 글자에 그림자 효과도 줄 수 있으며, 나중에 그리는 원이 이전에 그려진 원 위에 얹어졌음을 알 수 있다.

4.3.4 타원 그리기

타원을 그리는 함수는 지정해야 하는 인수는 조금 복잡하다. 다음 〈그림 4.3.3〉에 표시된 내용을 보면서 차근차근 따라하면 어렵지 않게 할 수 있을 것이다. 먼저, 타원의 중심 좌표(center)와 타원의 크기(axes)가 필요하다. 타원의 크기는 타원의 x축 반지름(x_radius)과 y축 반지름(y_radius)이다. 즉, 타원의 크기는 지름이 아닌 반지름을 의미하는 것임에 유의하자.

다음으로 타원의 각도에 대한 내용은 조금 복잡하기에 주의 깊게 보기 바란다. 각도(angle)의 기준이 되는 0도는 좌표의 x축인 3시 방향이다. 각도는 시계 방향으로 회전하면서 증가하므로, 6시 방향은 90도, 9시 방향이면 180도가 된다. 따라서 가도는 중심점을 기순으로 좌표의 x축과 타원의 x축 사이에 기울어진 정도를 나타낸다.

호(arc)의 시작 각도(startAngle)와 종료 각도(endAngle)는 타원의 x축에서부터 호가 시작하는 위치와 끝나는 위치를 각도로 나타낸 것이다. 일반적으로 호는 4사분면에서 시작해서 3사분면을 거쳐 종료 각도까지 시계 방향으로 그려진다.

다음 〈그림 4.3.3〉에 30도 정도 기울어진 타원이 있다. 이 기울어진 타원을 기준으로 보기 위해서 타원 x축과 타원 y축을 점선으로 그려두었다. 그래프에서 4사분면에 있는 타원 x축을 보자. 호의 시작 각도와 종료 각도는 이 축을 기준을 그려진다. 따라서 호의 시작 각도는 약 330도 정도가 될 것이며, 종료 각도는 약 150도 정도가 될 것이다. 이런 경우에 호는 330~150도로 반시계 방향으로 그려진다. 〈그림 4.3.3〉과 같이 시계 방향으로 호를 그리기 위해서는 시작 각도를 (각도-360)로 음수 값을 가지도록 계산하면 된다.

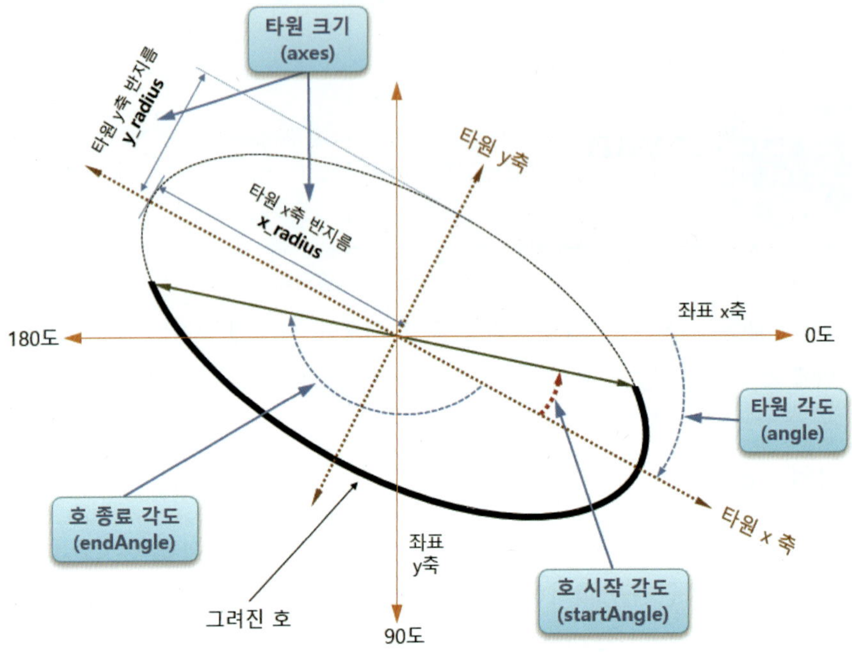

〈그림 4.3.3〉 타원 그리기 함수의 인수 설명

다음은 타원 및 호를 그려주는 cv2.ellipse() 함수의 인수 구조와 인수에 대한 설명이다.

함수명과 반환형 및 인수 구조		
cv2.ellipse(img, center, axes, angle, startAngle, endAngle, color[, thickness[, lineType[, shift]]]) →img ■ 설명: center를 중심으로 axes 크기의 타원을 그린다.		
인수 설명	■ img	그릴 대상 행렬(영상)
	■ center	원의 중심 좌표
	■ axes	타원의 절반 크기(x축 반지름, y축 반지름)
	■ angle	타원의 각도 (3시 방향이 0도, 시계방향 회전)
	■ startAngle	호의 시작 각도
	■ endAngle	호의 종료 각도
	■ color	선의 색상
	■ thickness	선의 두께
	■ lineType	선의 형태
	■ shift	좌표에 대한 비트 시프트

다음 예제를 통해서 타원과 호를 그려보자. 호 그리기에 대한 이해를 돕기 위해서 타원을 그리고, 그 위에 호를 겹쳐 그리는 방법을 보여준다.

예제 4.3.4 타원 및 호 그리기 - 10.draw_ellipse.py

```
01 import numpy as np
02 import cv2
03
04 orange, blue, white = (0, 165, 255), (255, 0, 0), (255,255,255) # 색상 지정
05 image = np.full((300, 700, 3), white, np.uint8)          # 3채널 행렬 생성 및 초기화
06
07 pt1, pt2 = (180, 150), (550, 150)                        # 타원 중심점
08 size = (120, 60)                                         # 타원 크기 - 반지름 값임
09
10 cv2.circle(image, pt1, 1, 0, 2)                          # 타원의 중심점(2화소 원) 표시
11 cv2.circle(image, pt2, 1, 0, 2)
12
13 cv2.ellipse(image, pt1, size,  0, 0, 360, blue, 1)       # 타원 그리기
14 cv2.ellipse(image, pt2, size, 90, 0, 360, blue, 1)
15 cv2.ellipse(image, pt1, size,  0, 30, 270, orange, 4)    # 호 그리기
16 cv2.ellipse(image, pt2, size, 90, -45, 90, orange, 4)
17
18 cv2.imshow("문자열", image)
19 cv2.waitKey()                                            # 키입력 대기
```

| 설명 |

① 10, 11행은 타원의 중심에서 반지름 1화소, 굵기 2화소인 원을 표시한다. 이것은 타원의 각도를 확인하기 위해 중심점을 표시한 것이다.

② 13행은 pt1(180, 150) 위치에서 크기가 (120, 60)인 타원을 그린다. 크기가 반지름을 나타내기 때문에 가로가 240, 세로가 120인 타원이 된다. 타원 각도가 0도라서 타원의 기본 골격은 0도다.

③ 14행은 pt2(550,150) 위치에서 크기가 (120, 60)인 타원을 그린다. 타원 각도는 90도라서 타원의 기본 골격이 90도로 기울어져 있다.

④ 15행은 pt1에서 파란색으로 30도부터 270도까지 호를 그린다.

⑤ 16행은 pt2에서 파란색으로 -45도부터 90도까지 호를 그린다.

| 실행결과 |

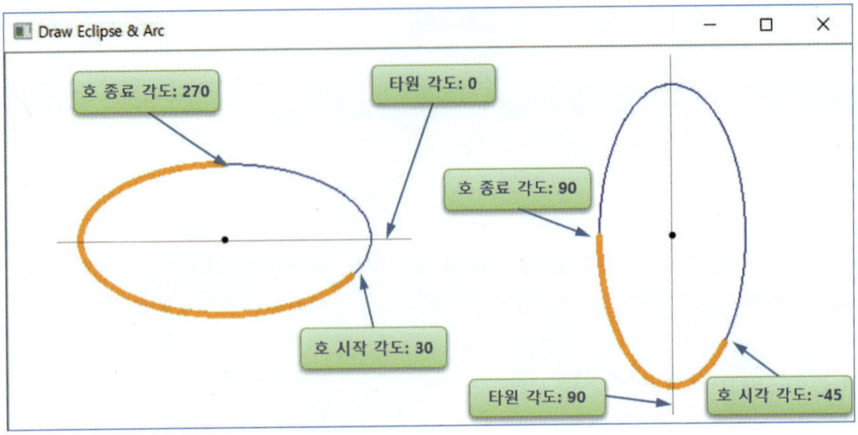

실행 결과를 보면 타원의 중심점을 지나가는 직선이 그려져 있다. 이것은 타원의 기울기를 확인하기 위해서 x 축을 임의로 그린 것이다.

이번에는 마우스 왼쪽 버튼을 클릭하면 사각형을, 오른쪽 버튼을 클릭하면 원을 그리는 심화예제를 구현해 보자. 이 예제는 처음 클릭하면 시작 좌표를 지정하고, 두 번째 클릭하면 종료 좌표를 지정하여 그리기를 수행한다.

심화예제 4.3.5 마우스 이벤트 및 그리기 종합 - 11.event_draw.py

```
import numpy as np
import cv2

def onMouse(event, x, y, flags, param):
    global title, pt                                          # 전역 변수 참조

    if event == cv2.EVENT_LBUTTONDOWN:
        if pt[0] < 0: pt = (x, y)                             # 시작 좌표 지정
        else:
            cv2.rectangle(image, pt, (x, y), (255, 0, 0), 2)  # 파란색 사각형
            cv2.imshow(title, image)
            pt = (-1, -1)                                     # 시작 좌표 초기화

    elif event == cv2.EVENT_RBUTTONDOWN:
        if pt[0] < 0: pt = (x, y)
```

```
16          else:
17              dx, dy = pt[0] - x, pt[1] - y                      # 두 좌표 간 간격
18              radius = int(np.sqrt(dx*dx + dy*dy))
19              cv2.circle(image, pt, radius, (0, 0, 255), 2)      # 빨간색 원
20              cv2.imshow(title, image)
21              pt = (-1, -1)                                      # 시작 좌표 초기화
22
23  image = np.full((300, 500, 3), (255, 255, 255), np.uint8)      # 흰색 배경 영상
24
25  pt = (-1, -1)                                                  # 시작 좌표 초기화
26  title = "Draw Event"
27  cv2.imshow(title, image)
28  cv2.setMouseCallback(title, onMouse)                           # 마우스 콜백 함수 등록
29  cv2.waitKey(0)
```

| 설명 |

① 4~21행은 마우스 이벤트를 제어하는 콜백 함수인 onMouse()의 구현부이다.

② 5행은 콜백 함수 호출 시 변수값을 유지하도록 전역 변수로 선언한다.

③ 8행은 좌표 pt[0] 값이 음수 값이면 첫 번째 마우스 클릭을 의미하므로 pt에 현재 좌표값을 저장한다.

④ 10행은 첫 번째 클릭 좌표(pt)에서 현재 클릭된 좌표까지 사각형을 그린다.

⑤ 12, 21행은 사각형과 원을 그린 후, pt를 초기화해서 다시 그릴 수 있도록 한다.

⑥ 17, 18행은 첫 번째 클릭 좌표와 두 번째 클릭 좌표 간의 간격을 이용해서 반지름을 구한다.

⑦ 20행은 첫 클릭 좌표에서 반지름만큼 원을 그린다.

⑧ 23행은 (255, 255, 255) 튜플이 흰색을 의미하기에 흰색의 3차원 행렬(컬러)을 생성한다.

| 실행결과 |

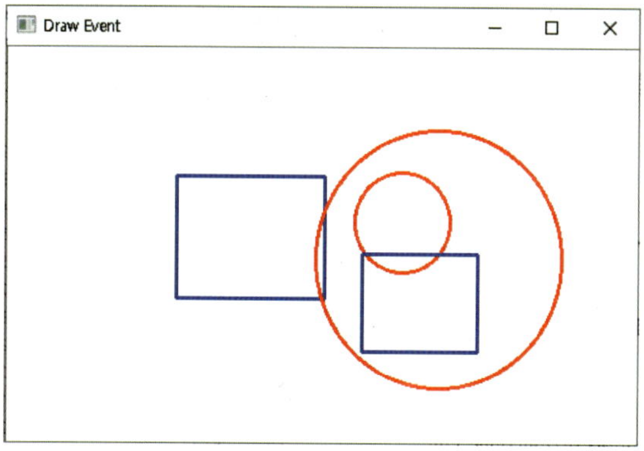

4.4 영상파일 처리

여태까지 OpenCV가 제공하는 그리기 함수와 파이썬의 넘파이(numpy)를 이용한 행렬 처리 방법들을 배웠다. 영상처리란 화소값으로 구성된 2차원 배열에 대한 조작이다. 따라서 행렬 처리는 매우 중요한 요소이다.

그러나 여기서 우리가 공부해야 하는 본론은 영상처리임을 잊지 말자. 영상파일을 읽어 들여 행렬에 저장하고, 행렬 연산 과정에서 행렬의 원소, 즉 화소값들이 표시된 영상을 필요할 때마다 눈으로 직접 확인할 수 있어야 한다. 또한, 처리된 결과 행렬을 영상파일로 저장할 수 있어야 한다.

본 절에서는 영상파일을 처리해 주는 함수와 활용 방법을 배운다. 먼저, 영상파일을 처리하는 함수와 그 인수에 대한 설명을 살펴보자.

함수 설명		
cv2.imread(filename[, flags]) → retval ■ 설명: 지정한 영상파일로부터 영상을 적재한 후, 행렬로 반환한다.		
인수 설명	■ filename ■ flags	적재할 영상파일 이름(디렉터리 구조 포함) 적재한 영상을 행렬로 반환될 때 컬러 타입을 결정하는 상수
cv2.imwrite(filename, img[, params]) → retval ■ 설명: img 행렬을 지정한 영상파일로 저장한다.		
인수 설명	■ filename ■ img ■ params	저장할 영상파일 이름(디렉터리 구조 포함), 확장자명에 따라 영상파일 형식 결정 저장하고자 하는 행렬(영상) 압축 방식에 사용되는 인수 쌍(paramId, paramValue)

〈표 4.4.1〉 행렬의 컬러 타입 결정 상수

옵션	값	설명
cv2.IMREAD_UNCHANGED	-1	입력 파일에 정의된 타입의 영상을 그대로 반환(알파(alpha) 채널 포함)
cv2.IMREAD_GRAYSCALE	0	명암도(grayscale) 영상으로 변환하여 반환
cv2.IMREAD_COLOR	1	컬러 영상으로 변환하여 반환
cv2.IMREAD_ANYDEPTH	2	입력 파일에 정의된 깊이(depth)에 따라 16비트/32비트 영상으로 변환, 설정되지 않으면 8비트 영상으로 변환
cv2.IMREAD_ANYCOLOR	4	입력 파일에 정의된 타입의 영상을 반환

4.4.1 영상파일 읽기

영상처리를 위한 가장 기본적인 작업은 영상파일을 처리하기 위해 데이터로 읽어 들이는 것이다. 영상처리를 위한 대중적인 API가 나오기 전에는 영상파일을 컴퓨터 메모리에 적재하여 데이터로 변환하는 것이 결코 쉽지 않았다. 심지어 화소값을 숫자 그대로 저장하는 RAW 파일을 사용하는 경우도 많았다.

다행히도 요즈음의 영상처리 API는 대부분의 영상파일을 데이터로 변환해주는 함수를 기본적으로 제공한다. OpenCV에서도 아주 쉽게 영상파일을 데이터로 변환할 수 있다. 다음 예제는 명암도 영상과 컬러 영상파일을 읽어서 행렬에 저장하는 다양한 방법을 다룬다.

예제 4.4.1 영상파일 읽기1 - 12.read_image1.py

```
import cv2

def print_matInfo(name, image):                                # 행렬 정보 출력 함수
    if image.dtype == ‘uint8’:      mat_type = ‘CV_8U’
    elif image.dtype == ‘int8’:     mat_type = ‘CV_8S’
    elif image.dtype == ‘uint16’:   mat_type = ‘CV_16U’
    elif image.dtype == ‘int16’:    mat_type = ‘CV_16S’
    elif image.dtype == ‘float32’:  mat_type = ‘CV_32F’
    elif image.dtype == ‘float64’:  mat_type = ‘CV_64F’
    nchannel = 3 if image.ndim == 3 else 1

    ## depth, channel 출력
    print(“%12s: depth(%s), channels(%s) -> mat_type(%sC%d)”
        % (name, image.dtype, nchannel, mat_type,  nchannel))

title1, title2 = ‘gray2gray’, ‘gray2color’                                # 윈도우 이름
gray2gray = cv2.imread(“images/read_gray.jpg”, cv2.IMREAD_GRAYSCALE)      # 명암도
gray2color = cv2.imread(“images/read_gray.jpg”, cv2.IMREAD_COLOR)         # 컬러 영상

## 예외처리 –영상파일 읽기 여부 조사
if gray2gray is None or gray2color is None :
    raise Exception(“영상파일 읽기 에러”)

print(“행렬 좌표 (100, 100) 화소값”)
print(“%s %s” % (title1, gray2gray[100, 100]))                 # 행렬 내 한 화소값 표시
```

```
26 print("%s %s\n" % (title2, gray2color[100, 100]))
27
28 print_matInfo(title1, gray2gray)                    # 행렬 정보 출력 함수 호출
29 print_matInfo(title2, gray2color)
30
31 cv2.imshow(title1, gray2gray)                       # 행렬 정보를 영상으로 띄우기
32 cv2.imshow(title2, gray2color)
33 cv2.waitKey(0)
```

| 설명 |

① 3~14행은 사용자 정의 함수 print_matInfo()의 구현부이다. 인수로 전달된 행렬의 깊이(depth)와 채널 개수를 출력하고, 행렬의 자료형을 표시한다.

② 17행은 현재 폴더 아래 'images' 폴더에 있는 명암도 영상파일(read_gray.jpg)을 cv2.IMREAD_GRAYSCALE 옵션으로 로드해서 gray2gray 행렬에 저장한다. 즉, 1채널 uint8형(CV_8UC1) 행렬이 생성된다.

③ 18행은 명암도 영상파일을 cv2.IMREAD_COLOR 옵션으로 로드해서 gray2color 행렬에 저장한다. 따라서 3채널 uint8형(CV_8UC3) 행렬이 생성된다.

④ 21, 22행에서 영상파일이 정상적으로 로드되지 않으면, 다음과 같은 에러를 출력하고 종료한다. 영상파일이 준비되지 않거나 파일명을 잘못 적은 경우에 예외처리를 하지 않으면 어디에서 에러가 발생했는지 찾기가 쉽지 않다. 반드시 예외처리 코드를 적어주는 것을 권장한다.

```
Run: 12.read_image1
C:\Python\python.exe D:/source/chap04/12.read_image1.py
Traceback (most recent call last):
  File "D:/source/chap04/12.read_image1.py", line 23, in <module>
    raise Exception("영상파일 읽기 에러")
Exception: 영상파일 읽기 에러
```

⑤ 25, 26행은 각 행렬에서 (100, 100) 좌표에 있는 원소값(화소값)을 윈도우 이름과 함께 출력한다.

⑥ 28, 29행은 저자 구현 함수 print_matInfo()를 호출해서 행렬과 관련된 정보를 출력한다.

| 실행결과 |

```
Run: 12.read_image1
C:\Python\python.exe D:/source/chap04/12.read_image1.py
행렬 좌표 (100, 100) 화소값
gray2gray 106
gray2color [106 106 106]

   gray2gray: depth(uint8), channels(1) -> mat_type(CV_8UC1)
  gray2color: depth(uint8), channels(3) -> mat_type(CV_8UC3)
```

명암도 영상 (1채널 화소)

3채널 화소: 명암도 영상에서 변환해서 동일한 값임

행렬 자료형

실행 결과에서 보듯이 gray2color 행렬은 명암도 영상파일을 3채널 영상으로 만들었기 때문에 BGR의 모든 채널 값이 동일하다. 따라서 명암도 영상과 같은 색으로 보인다.

이번에는 컬러 영상을 읽어 보자. 여기서 앞 예제에서 저자가 구현한 print_matInfo() 함수를 모듈로 만들어서 재사용해 보자.

먼저, 프로젝트 루트 폴더(source)에서 오른쪽 마우스 버튼을 눌러서 'Common'이라는 이름으로 폴더를 하나 생성한다. 'Common' 폴더의 위치를 프로젝트 루트 폴더에 두는 것은 다른 챕터의 소스 파일들에서도 이 모듈에 쉽게 접근하기 위함이다. 다음으로 'Common' 폴더에서 파이썬 소스 파일을 추가해서 utils.py로 지정한다. 이 파일에 앞서 구현한 print_matInfo() 함수를 다음과 같이 옮겨 작성한다.

```
import numpy as np
import cv2, time

def print_matInfo(name, image):                          # 행렬 정보 출력 함수

    if image.dtype == 'uint8':      mat_type = "CV_8U"
    elif image.dtype == 'int8':     mat_type = "CV_8S"
    elif image.dtype == 'uint16':   mat_type = "CV_16U"
    elif image.dtype == 'int16':    mat_type = "CV_16S"
    elif image.dtype == 'float32':  mat_type = "CV_32F"
    elif image.dtype == 'float64':  mat_type = "CV_64F"
    nchannel = 3 if image.ndim == 3 else 1

    # depth, channel 출력
    print("%12s: depth(%s), channels(%s) -> mat_type(%sC%d)"
          % (name, image.dtype, nchannel, mat_type,  nchannel))
```

이제 utils 모듈을 완성했으니 사용해 보자.

본 예제에서 from 문을 사용하여 폴더명과 파일명을 점(.)로 구분하여 모듈의 위치를 지정

하며, import 문으로 임포트하려는 함수를 지정하면 된다.

예제 4.4.2 영상파일 읽기(컬러) - 13.read_image2.py

```
01  import cv2
02  from Common.utils import print_matInfo       # 행렬 정보 출력 함수 임포트
03
04  title1, title2 = ‘color2gray’, ‘color2color’
05  color2gray = cv2.imread(“images/read_color.jpg”, cv2.IMREAD_GRAYSCALE)
06  color2color = cv2.imread(“images/read_color.jpg”, cv2.IMREAD_COLOR)
07  if color2gray is None or color2color is None:           # 예외처리
08      raise Exception(“영상파일 읽기 에러”)
09
10  print(“행렬 좌표(100, 100) 화소값”)
11  print(“%s %s” % (title1, color2gray[100, 100]))          # 한 화소값 표시
12  print(“%s %s\n” % (title2, color2color[100, 100]))
13
14  print_matInfo(title1, color2gray)                        # 행렬 정보 출력
15  print_matInfo(title2, color2color)
16  cv2.imshow(title1, color2gray)                           # 행렬 정보 영상으로 띄우기
17  cv2.imshow(title2, color2color)
18  cv2.waitKey(0)
```

| 설명 |

① 2행은 소스 재사용을 위해 저자가 미리 만들었던 Common.utils 모듈의 print_matInfo() 함수를 임포트한다.

② 5, 6행은 컬러 영상파일(read_color.jpg)을 cv2.IMAGE_GRAYSCALE, cv2.IMREAD_COLOR 옵션으로 각각 적재한다. color2gray 행렬은 1채널 uint8형(CV_8UC1), color2color 행렬은 3채널 uint8형(CV_8UC3)로 저장된다.

③ 11, 12행은 각 행렬에서 (100, 100) 좌표에 있는 화소값을 윈도우 이름과 함께 출력한다.

④ 14, 15행은 Common.utils 모듈의 print_matInfo()를 호출해서 행렬의 깊이(depth)와 채널 개수를 출력하고, 또한 행렬의 자료형을 표시한다.

| 실행결과 |

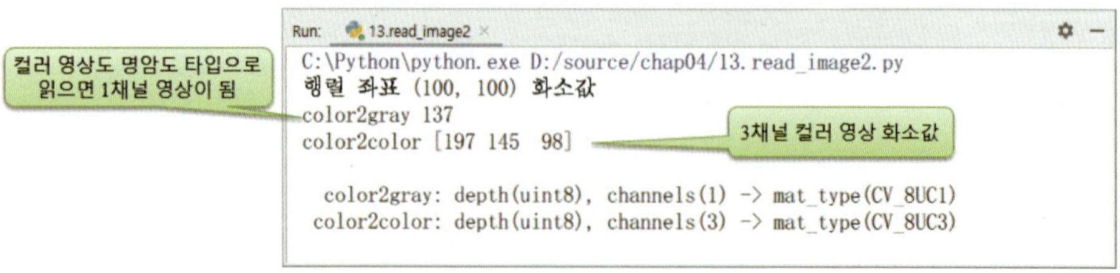

다음은 16비트나 32비트 깊이를 갖는 영상파일을 읽어 들이는 방법을 알아보자. 여기서 JPG 포맷은 16비트 이상의 영상 포맷을 지원하지 않기 때문에 TIF 포맷 파일을 사용한다. 미리 TIF 포맷으로 16비트와 32비트 영상파일을 만들어 두었다.

예제 4.4.3 영상파일 읽기 - 14.read_image3.py

```python
import cv2
from Common.utils import print_matInfo                    # 행렬 정보 출력 함수 임포트

title1, title2 = '16bit unchanged', '32bit unchanged'           # 윈도우 이름
color2unchanged1 = cv2.imread("images/read_16.tif", cv2.IMREAD_UNCHANGED)
color2unchanged2 = cv2.imread("images/read_32.tif", cv2.IMREAD_UNCHANGED)
if color2unchanged1 is None or color2unchanged2 is None:       # 영상파일 예외처리
    raise Exception("영상파일 읽기 에러")

print("16/32비트 영상 행렬 좌표(10, 10) 화소값")
print(title1, '원소 자료형 ', type(color2unchanged1[10][10][0]))    # 원소 자료형
print(title1, '화소값(3원소) ', color2unchanged1[10, 10] )        # 한 화소 값 표시
print(title2, '원소 자료형 ', type(color2unchanged2[10][10][0]))
print(title2, '화소값(3원소) ', color2unchanged2[10, 10] )
print()

print_matInfo(title1, color2unchanged1)                   # 행렬 정보 출력
print_matInfo(title2, color2unchanged2)
cv2.imshow(title1, color2unchanged1)                      # 16비트 정수형 행렬 영상 표시
cv2.imshow(title2, color2unchanged2)                      # 정수형 변환 후 표시
cv2.waitKey(0)
```

| 설명 |

① 5행은 16비트 깊이(depth) 영상(read_16.tif)을 cv2.IMAGE_UNCHANGED 옵션으로 적재한다. 저장될 때 영상의 형식 그대로 읽어오기에 3채널 numpy.uint16형(CV_16UC3)의 행렬을 생성한다.

② 6행은 32비트 깊이 영상(read_32.tif)을 cv2.IMAGE_UNCHANGED 옵션으로 적재한다. 영상의 형식 그대로 읽어오기에 3채널의 numpy.float32형(CV_32FC3)의 행렬을 생성한다.

③ 11행은 행렬은 ndarray 객체이며, 행렬 원소의 자료형은 numpy.float32형이다.

④ 12행은 컬러 영상은 화소 하나가 3 원소이기에 3개 값이 출력된다. 부호없는 16비트(uint16) 영상으로 화소값은 0~65,535의 범위를 가진다.

⑤ 13행도 컬러 영상으로 3개의 값이 출력된다. 32비트 float형 영상이기 때문에 0~1 사이의 범위인 값을 갖는다. 즉, 검은색은 0이고, 흰색은 1이다.

⑥ 19행은 16비트 정수 행렬을 영상으로 표시하면 0~65535 범위의 화소값을 0~255 범위로 자동으로 스케일을 맞추어 표시한다.

⑦ 20행은 32비트 실수 행렬이 0~1 범위의 원소값을 검은색~흰색으로 표현해 준다.

| 실행결과 |

```
Run: 14.read_image3
C:\Python\python.exe D:/source/chap04/14.read_image3.py
16/32비트 영상 행렬 좌표 (10, 10) 화소값
16bit unchanged 원소 자료형  <class 'numpy.uint16'>
16bit unchanged 화소값(3원소)  [48573 34438 23387]
32bit unchanged 원소 자료형  <class 'numpy.float32'>
32bit unchanged 화소값(3원소)  [0.7456989  0.52237624 0.36376417]

16bit unchanged: depth(uint16), channels(3) -> mat_type(CV_16UC3)
32bit unchanged: depth(float32), channels(3) -> mat_type(CV_32FC3)
```

4.4.2 행렬을 영상파일로 저장

행렬을 영상파일로 저장하기 위해서는 cv2.imwrite() 함수를 사용한다. 저장할 파일명과 행렬을 인수로 전달하면 행렬을 영상파일로 쉽게 저장할 수 있다. 저장할 때 파일명의 확장자에 따라서 JPG, BMP, PNG, TIF, PPM 등의 영상파일 포맷으로 저장할 수 있다. 또한, 다음 〈표 4.4.3〉와 같이 params 인수로 JPG 파일의 화질이나 PNG 파일의 압축율도 설정할 수 있다. 여기서 기본값은 params를 설정하지 않은 경우 자동으로 지정되는 값을 의미한다.

〈표 4.4.3〉 압축 방식에 사용되는 params 인수 튜플(paramId, paramValue)의 예시

paramId	paramValue (기본값)	설명
cv2.IMWRITE_JPEG_QUALITY	0~100 (95)	JPG 파일 화질, 높은 값일수록 화질 좋음
cv2.IMWRITE_PNG_COMPRESSION	0~9 (3)	PNG 파일 압축 레벨, 높은 값일수록 용량은 적어지고, 압축 시간이 길어짐
cv2.IMWRITE_PXM_BINARY	0 or 1 (1)	PPM, PGM 파일의 이진 포맷 설정

다음 예제로 행렬 데이터를 영상으로 저장하는 다양한 방법을 알아보자.

예제 4.4.3 행렬 영상 저장1 - 15.write_image1.py

```
01 import cv2
02 
03 image = cv2.imread("images/read_color.jpg", cv2.IMREAD_COLOR)
04 if image is None: raise Exception("영상파일 읽기 에러")          # 예외처리
05 
06 params_jpg = (cv2.IMWRITE_JPEG_QUALITY, 10)                    # JPEG 화질 설정
07 params_png = [cv2.IMWRITE_PNG_COMPRESSION, 9]                  # PNG 압축 레벨 설정
08 
09 ## 행렬을 영상파일로 저장
10 cv2.imwrite("images/write_test1.jpg", image)                   # 디폴트는 95
11 cv2.imwrite("images/write_test2.jpg", image, params_jpg)       # 지정한 화질로 저장
12 cv2.imwrite("images/write_test3.png", image, params_png)
13 cv2.imwrite("iamges/write_test4.bmp", image)                   # BMP 파일로 저장
14 print("저장 완료")
```

| 설명 |

① 3~4행은 영상파일을 컬러로 읽어 image 행렬에 저장하고, 예외처리를 한다. 영상파일을 정상적으로 적재하지 않으면 "Assert failed: image"라는 에러가 발생한다.

② 6, 7행은 영상파일 저장을 위한 옵션을 지정한다. 튜플 혹은 리스트로 구성한다.

③ 6행은 params_jpg에 옵션 쌍을 지정한다. cv2.IMWRITE_JPEG_QUALITY 항목을 먼저 지정하고, 이에 해당하는 값을 지정한다. 추가된 10은 JPEG 압축에 따른 화질의 정도를 나타낸다. 0~100 사이의 값으로 높을수록 화질이 좋은 반면 파일 용량이 커진다.

④ 7행은 params_png에 옵션 쌍을 지정한다. cv2.IMWRITE_PNG_COMPRESSION 항목의 값인 9는 압축 레벨로서 0~9까지 지정할 수 있다. 압축 레벨이 높을수록 용량이 작아지는 반면에 압축하는 시간이 길어지며, 무손실 압축이라 화질에 손상은 없다.

⑤ 10행은 image 행렬을 "write_test1.jpg" 라는 파일명으로 저장한다. 파일명의 확장자로 지정한 포맷인 JPG 파일로 저장한다. 압축 방법을 지정하지 않았기 때문에 기본값인 95로 설정된 화질을 갖는 영상파일로 저장한다.

⑥ 11행은 params_jpg에 설정한 압축 방식 즉, JPEG 화질이 10인 JPG 파일로 저장한다. 따라서 "write_test1.jpg" 보다 "write_test2.jpg" 파일이 압축이 많이 되어서 용량이 훨씬 작다.

⑦ 12행은 params_png에 설정한 압축 방식 즉, 압축 품질이 9인 PNG 영상파일로 저장한다.

⑧ 13행은 "write_test.bmp"의 확장자에 따라서 비트맵(BMP) 영상파일로 저장한다.

| 실행결과 |

params_jpg, params_png 튜플의 압축 레벨을 변경하며 실행해 보면서 저장된 파일의 용량과 화질을 확인해 보기 바란다.

다음은 심화예제로 16비트 영상이나 32비트 영상을 저장하는 방법에 대해 알아보자. 이 심화예제는 8비트 영상을 읽어서 16비트와 32비트 영상 포맷으로 저장한다.

심화예제 4.4.4 행렬 영상 저장2 – 16.write_image2.py

```python
import numpy as np
import cv2

image8 = cv2.imread("images/read_color.jpg", cv2.IMREAD_COLOR)
if image8 is None: raise Exception("영상파일 읽기 에러")          # 영상파일 예외처리
```

```
06
07  image16 = np.uint16(image8 * (65535/255))        # 형변환 및 화소 스케일 조정
08  image32 = np.float32(image8 * (1/255))
09
10  ## 화소값 확인 – 관심 영역((10, 10) 위치에서 2행, 3열) 출력
11  print(“image8 행렬의 일부\n %s\n”  % image8[10:12, 10:13])
12  print(“image16 행렬의 일부\n %s\n” % image16[10:12, 10:13])
13  print(“image32 행렬의 일부\n %s\n” % image32[10:12, 10:13])
14
15  cv2.imwrite(‘images/write_test_16.tif’, image16)          # 16비트 행렬 저장
16  cv2.imwrite(‘images/write_test_32.tif’, image32)          # 32비트 행렬 저장
17
18  cv2.imshow(‘image16’, image16)          # 영상 표시
19  cv2.imshow(‘image32’, (image32*255).astype(‘uint8’))
20  cv2.waitKey(0)
```

| 설명 |

① 7행은 uint8형 행렬을 uint16(CV_16U)형으로 변환한다. (65535/255)은 8비트 화소값의 범위를 16비트에 맞게 0~65535 범위로 스케일 변경한 것이다.

② 8행은 uint8형 행렬을 float32(CV_32F)형으로 변환한다. (1/255)은 8비트 화소값의 범위를 32비트 실수에 맞게 0~1 범위로 스케일 변경한 것이다.

③ 11~13행은 3개 행렬(img8, img16, img32)의 일부분 화소값을 관심 영역으로 출력한다.

④ 15, 16행은 image16, image32 행렬을 각각 16비트, 32비트 영상 포맷으로 저장한다.

⑤ 18행은 image16 행렬을 윈도우에 영상으로 표시한다. image16 행렬은 화소값이 0~65,535의 범위를 가지며, 윈도우에 표시하면 자동으로 스케일을 변경해 준다.

⑥ 19행은 image32 행렬은 0~1 범위의 실수를 갖는다. 실수 행렬은 정수(uint8)형으로 변환해야 밝기가 맞게 표시된다.

| 실행결과 |

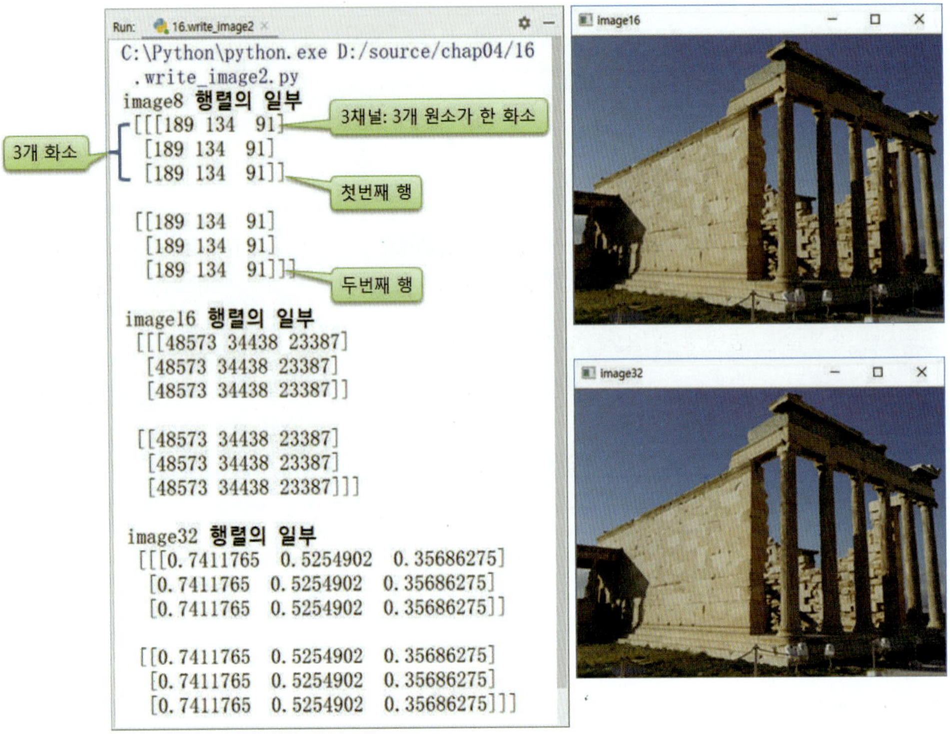

4.5 비디오 처리

여러분은 어디선가(?) 내려받은 영화 파일의 용량을 확인해 보았는가? 지금 컴퓨터에 저장된 영화 파일이 있다면 그 용량을 한번 살펴보기 바란다. 생각보다는 용량이 다양한 것을 알게 될 것이다. 약 2시간 정도의 영화 파일이 작게는 700MB에서 많게는 30GB를 넘는 것도 있다.

이렇게 같은 해상도와 시간의 비디오 파일의 용량이 다양한 이유는 바로 압축 코덱(codec) 때문이다. 비디오 파일은 초당 약 30 프레임의 영상을 연속적으로 저장하기 때문에 본질적으로 용량이 커지게 된다.

이러한 문제는 영상 신호의 압축 기술을 통해 해결하고 있다. 비디오 파일은 코덱에 의해 해당 포맷에 맞게 압축하여 저장되고, 또 저장된 비디오 파일은 압축을 해제하여 재생된다. 여기서 코덱은 비디오 신호를 압축하는 코더(coder)와 압축을 해제하는 디코더

(decoder)의 합성어이다.

따라서 비디오 파일에서 영상 프레임을 받아서 영상처리를 하기 위해서는 먼저 파일 포맷에 따른 코덱을 통해서 압축을 해제해야 한다. 다양한 형식에 따라 압축된 비디오 파일들을 직접 디코딩하기는 쉬운 일이 아니다. 다행히 OpenCV는 비디오 파일과 더불어 PC 카메라로부터 입력된 영상을 쉽게 처리할 수 있는 API를 지원한다.

OpenCV는 동영상을 처리할 수 있는 클래스를 제공한다. cv2.VideoCapture 클래스로 카메라나 동영상 파일에서 프레임을 읽어올 수 있다. 또한, cv2.VideoWriter 클래스로 행렬로 된 영상들을 동영상 파일로 저장할 수 있다.

다음은 비디오 처리 관련 함수들을 정리한 것이다.

<table>
<tr><th colspan="3">VideoCapture 클래스 함수 설명</th></tr>
<tr><td colspan="3">cv2.VideoCapture() → 〈VideoCapture object〉
cv2.VideoCapture(filename) → 〈VideoCapture object〉
cv2.VideoCapture(device) → 〈VideoCapture object〉
■ 설명: 생성자, 3가지 VideoCapture 객체 선언 방법을 지원한다.</td></tr>
<tr><td rowspan="2">인수 설명</td><td>■ filename</td><td>개방할 동영상 파일의 이름 혹은 영상 시퀀스</td></tr>
<tr><td>■ device</td><td>개방할 동영상 캡처 장치의 ID(카메라 한대만 연결되면 0을 지정)</td></tr>
<tr><td colspan="3">cv2.VideoCapture.open(filename) → retval
cv2.VideoCapture.open(device) → retval
■ 설명: 동영상 캡처를 위한 동영상 파일 혹은 캡처 장치를 개방한다.</td></tr>
<tr><td colspan="3">cv2.VideoCapture.isOpened() → retval
■ 설명: 캡처 장치의 연결 여부를 반환한다.</td></tr>
<tr><td colspan="3">cv2.VideoCapture.release() → None
■ 설명: 동영상 파일이나 캡처 장치를 해제한다. (클래스 소멸자에 의해서 자동으로 호출되므로 명시적으로 수행하지 않아도 됨)</td></tr>
<tr><td colspan="3">cv2.VideoCapture.get(propId) → retval
■ 설명: 비디오 캡처의 속성 식별자로 지정된 속성의 값을 반환한다. 캡처 장치가 제공하지 않는 속성은 0을 반환한다.</td></tr>
<tr><td>인수 설명</td><td>■ propId</td><td>속성 식별자 - 〈표 4.5.1〉에서 정리</td></tr>
<tr><td colspan="3">cv2.VideoCapture.set(propId, value) → retval
■ 설명: 지정된 속성 식별자로 비디오 캡처의 속성을 설정한다.</td></tr>
<tr><td rowspan="2">인수 설명</td><td>■ propId</td><td>속성 식별자</td></tr>
<tr><td>■ value</td><td>속성 값</td></tr>
<tr><td colspan="3">cv2.VideoCapture.grab() → retval
■ 설명: 캡처 장치나 동영상 파일에서 다음 프레임을 잡는다.</td></tr>
</table>

retrieve([, image[, flag]]) → retval, image ■ 설명: grab()으로 잡은 프레임을 디코드해서 image 행렬로 전달한다.		
인수 설명	■ image ■ flag	잡은 프레임이 저장되는 행렬 프레임 인덱스
cv2.VideoCapture.read([image]) → retval, image ■ 설명: 캡처 장치나 동영상 파일에서 다음 프레임을 잡아 디코드해서 image 행렬로 전달한다.		

VideoWriter 클래스 설명		
cv2.VideoWriter([filename, fourcc, fps, frameSize[, isColor]]) → 〈VideoWriter object〉 cv2.VideoWriter.open(filename, fourcc, fps, frameSize[, isColor]) → retval		
인수 설명	■ filename ■ fourcc ■ fps ■ frameSize ■ isColor	출력 동영상 파일의 이름 프레임 압축에 사용되는 코덱의 4-문자 생성된 동영상 프레임들의 프레임률(초당 프레임수) 동영상 프레임의 크기(가로×세로) True면 컬러 프레임으로 인코딩, False면 명암도 프레임으로 인코딩
cv2.VideoWriter.isOpened() → retval ■ 설명: 캡처 장치나 동영상 파일이 열려있는지 확인한다.		
cv2.VideoWriter.write(image) → None ■ 설명: image 프레임을 파일로 저장한다.		
cv2.VideoWriter.open() ■ 설명: 영상을 동영상 파일의 프레임으로 저장하기 위해 동영상 파일을 개방한다. 인수는 생성자의 인수와 동일하다.		
cv2.VideoWriter.isOpened() ■ 설명: 동영상 파일 저장을 위해 VideoWriter 객체의 개방 여부를 확인한다.		

다음 〈표 4.5.1〉은 PC 카메라의 세부 정보를 가져오거나 지정할 수 있도록 하는 주요 속성 식별자(propId)에 대한 상세한 설명이다.

〈표 4.5.1〉 카메라의 주요 속성 식별자

속성 상수	설명
cv2.CAP_PROP_POS_MSEC	동영상 파일의 현재 위치인 밀리초(millisecond)
cv2.CAP_PROP_POS_FRAMES	캡처되는 프레임의 번호
cv2.CAP_PROP_POS_AVI_RATIO	동영상 파일의 상대적 위치 (0 - 시작, 1 - 끝)
cv2.CAP_PROP_FRAME_WIDTH	프레임의 너비
cv2.CAP_PROP_FRAME_HEIGHT	프레임의 높이

cv2.CAP_PROP_FPS	초당 프레임 수
cv2.CAP_PROP_FOURCC	코덱의 4문자
cv2.CAP_PROP_FRAME_COUNT	동영상 파일의 총 프레임 수
cv2.CAP_PROP_FORMAT	cv2.VideoCatpure.retrieve()이 반환하는 행렬 포맷
cv2.CAP_PROP_BRIGHTNESS	카메라에서 영상의 밝기
cv2.CAP_PROP_CONTRAST	카메라에서 영상의 대비
cv2.CAP_PROP_SATURATION	카메라에서 영상의 포화도
cv2.CAP_PROP_HUE	카메라에서 영상의 색상
cv2.CAP_PROP_GAIN	카메라에서 영상의 Gain
cv2.CAP_PROP_EXPOSURE	카메라에서 노출
cv2.CAP_PROP_AUTOFOCUS	자동 초점 조절

다음 〈표 4.5.2〉는 동영상으로 저장하기 위한 압축 코덱을 나타내는 주요 코덱 문자에 대한 설명이다. 여기서 주의해야 할 점은 사용하고자 하는 코덱이 자신의 컴퓨터에 설치되어 있어야만 동영상을 저장하거나 재생할 수 있다는 것이다. 코덱 문자를 더 자세하게 알고 싶다면 다음의 사이트를 확인하기 바란다.

http//www.fourcc.org/codecs.php

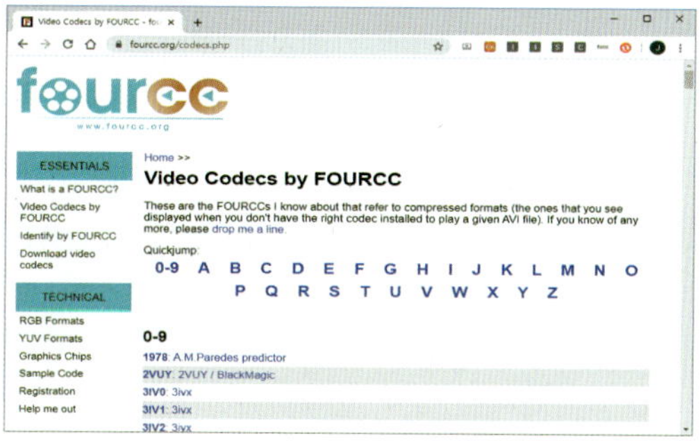

〈표 4.5.2〉 주요 코덱 문자

속성 상수	설명
cv2.VideoWriter_fourcc('D', 'I', 'V', '4') cv2.VideoWrite_fourcc(*'DIV4')	DivX MPEG-4
cv2.VideoWriter_fourcc('D', 'I', 'V', '5') cv2.VideoWrite_fourcc(*'DIV5')	Div5

cv2.VideoWriter_fourcc(‘D’, ‘I’, ‘V’, ‘X’) cv2.VideoWrite_fourcc(*‘DIVX’)	DivX
cv2.VideoWriter_fourcc(‘D’, ‘X’, ‘5’, ‘0’) cv2.VideoWrite_fourcc(*‘DX50’)	DivX MPEG-4
cv2.VideoWriter_fourcc(‘F’, ‘M’, ‘P’, ‘4’) cv2.VideoWrite_fourcc(*‘FMP4’)	FFMpeg
cv2.VideoWriter_fourcc(‘I’, ‘Y’, ‘U’, ‘V’) cv2.VideoWrite_fourcc(*‘IYUV’)	IYUV
cv2.VideoWriter_fourcc(‘M’, ‘J’, ‘P’, ‘G’) cv2.VideoWrite_fourcc(*‘MJPG’)	Motion JPEG codec
cv2.VideoWriter_fourcc‘M’, ‘P’, ‘4’, ‘2’) cv2.VideoWrite_fourcc(*‘MP42’)	MPEG4 v2
cv2.VideoWriter_fourcc(‘M’, ‘P’, ‘E’, ‘G’) cv2.VideoWrite_fourcc(*‘MPEG’)	MPEG codecs
cv2.VideoWriter_fourcc(‘X’, ‘V’, ‘I’, ‘D’) cv2.VideoWrite_fourcc(*‘XVID’)	XVID codecs
cv2.VideoWriter_fourcc(‘X’, ‘2’, ‘6’, ‘4’) cv2.VideoWrite_fourcc(*‘X264’)	H.264/AVC codecs
-1	코덱 선택 대화상자 띄움

4.5.1 카메라에서 프레임 읽기

cv2.VideoCapture 클래스를 이용하면 PC 카메라나 비디오 파일에서 쉽게 프레임을 가져온 후, 행렬에 저장할 수 있다. 다음 예제는 카메라에서 프레임을 가져와서 윈도우에 표시하는 프로그램이다. 또한, cv2.VideoCapture.get() 메서드를 이용해서 카메라의 정보들을 확인할 수 있다.

예제 4.5.1 카메라 프레임 읽기 - 17.read_pccamera.py

```python
import cv2

def put_string(frame, text, pt, value, color=(120, 200, 90) ):  # 문자열 출력 함수
    text += str(value)
    shade = (pt[0] + 2, pt[1] + 2)
    font = cv2.FONT_HERSHEY_SIMPLEX
    cv2.putText(frame, text, shade, font, 0.7, (0, 0, 0), 2)     # 그림자 효과
    cv2.putText(frame, text, pt    , font, 0.7, color, 2)        # 글자 적기
```

```
09
10 capture = cv2.VideoCapture(0)                          # 0번 카메라 연결
11 if capture.isOpened() == False:                        # 카메라 연결 예외처리
12     raise Exception("카메라 연결 안됨")
13
14 ## 카메라 속성 획득 및 출력
15 print("너비 %d" % capture.get(cv2.CAP_PROP_FRAME_WIDTH))
16 print("높이 %d" % capture.get(cv2.CAP_PROP_FRAME_HEIGHT))
17 print("노출 %d" % capture.get(cv2.CAP_PROP_EXPOSURE))
18 print("밝기 %d" % capture.get(cv2.CAP_PROP_BRIGHTNESS))
19
20 while True                                             # 무한 반복
21     ret, frame = capture.read()                        # 카메라 영상 받기
22     if not ret: break
23     if cv2.waitKey(30) >= 0: break                     # 종료 조건 - 스페이스바 키
24
25     exposure = capture.get(cv2.CAP_PROP_EXPOSURE)      # 노출 속성 획득
26     put_string(frame, 'EXPOS: ', (10, 40), exposure)
27     title = "View Frame from Camera"
28     cv2.imshow(title, frame)                           # 윈도우에 영상 띄우기
29 capture.release()
```

| 설명 |

① 3~8행은 put_string() 함수는 text 문자와 value 숫자를 pt 좌표에 글자로 적는다. 7, 8행은 같은 문자열을 본래 위치와 2화소 이동된 위치에서 각각 그리게 해서 그림자 효과를 준다.

② 10행은 cv2.VideoCapture 클래스의 생성자를 이용해서 객체를 생서하며 바로 0번 카메라를 연결한다. 카메라가 한 대만 연결되면 카메라 번호는 0번이다.

③ 11, 12행은 cv2.VideoCapture.isOpened() 함수로 카메라가 정상적으로 연결되었는지 확인한다. 카메라가 연결되지 않았다면 다음의 메시지를 출력하고 종료한다.

```
Run: 17.read_pccamera
C:\Python\python.exe D:/source/chap04/17.read_pccamera.py
Traceback (most recent call last):
  File "D:/source/chap04/17.read_pccamera.py", line 11, in <module>
    if capture.isOpened() == False: raise Exception("카메라 연결 안됨")
Exception: 카메라 연결 안됨
```

④ 15~18행은 cv2.VideoCapture.get() 메서드로 가져온 카메라 속성 정보를 실행창에 출력한다.

⑤ 20~28행은 카메라에서 받아온 프레임을 무한반복해서 처리한다.

⑥ 21행은 cv2.VideoCapture.read() 메서드로 카메라에서 프레임을 받아온다. 2 원소 튜플로 반환되는데, ret와 frame로 나누어 반환받는다. ret이 True이면 frame에 정상적으로 영상 프레임을 가져온 것이다.

⑦ 22행에서 카메라에서 프레임을 받아오지 못하면 종료한다.

⑧ 23행은 cv2.waitKey() 함수로 30ms 동안 대기하면서 키 이벤트를 기다린다. PC 카메라에서 프레임을 연속적으로 받기 위한 지연 시간을 설정한 것이다. 키 이벤트가 없으면 프레임을 계속 받아서 윈도우에 표시하며, 키 이벤트가 발생하면 프로그램을 종료한다.

⑨ 25행은 카메라의 속성 중에 노출 값(exposure value)을 가져와서 exposure 변수에 저장한다.

⑩ 26행은 (10, 40)에서 카메라 노출 값을 영상에 문자열로 출력한다.

| 실행결과 |

```
Run: 17.read_pccamera
C:\Python\python.exe D:/source/chap04/17.read_pccamera.py
너비 640
높이 480
노출 -6
밝기 143
```

실행 결과에서 보듯이 PC 카메라의 기본 정보(너비, 높이, 노출, 밝기)를 실행창에 출력하며, 카메라의 노출 값을 윈도우 왼쪽 상단에 표시한다.

4.5.2 카메라 속성 설정하기

OpenCV의 카메라 API를 이용하면 카메라의 속성을 읽어서 카메라의 다양한 정보를 알 수 있다. 물론 카메라의 속성을 변경해서 카메라의 기능에 대한 조작도 할 수 있다.

예를 들어, 카메라의 프레임 속성을 변경해서 카메라로부터 획득되는 영상 크기를 조절할 수 있다. 또는 카메라의 줌 값을 조절해서 영상의 확대/축소도 할 수 있다. 그리고 카메라의 밝기나 대비(contrast)를 변경해서 입력되는 영상의 화소값을 조절할 수 있고, 채도나

화이트 밸런스(white balance) 등도 조절할 수 있다.

다음 예제는 카메라 속성 중에서 줌(zoom)과 초점(focus)를 조절하는 방법을 예시한다. 여기서 카메라의 줌 속성을 조절하면 광학 방식이 아닌 디지털 방식을 적용한다. 따라서 카메라 속성 중에 프레임의 가로와 세로 크기를 카메라 장치가 지원하는 최대 크기보다 작은 크기로 지정해야만 카메라의 줌 속성을 활용할 수 있다. 여기서 앞 절에 사용한 put_string() 함수는 재사용을 위해 Common.utils 모듈에 옮겨 작성한다.

심화예제 4.5.2 카메라 속성 설정 - 18.set_camera_attr.py

```python
import cv2
from Common.utils import put_string                      # 함수 재사용 위한 임포트

def zoom_bar(value):                                      # 줌 조절 콜백 함수
    global capture
    capture.set(cv2.CAP_PROP_ZOOM, value)                 # 줌 설정

def focus_bar(value):                                     # 초점조절 콜백 함수
    global capture
    capture.set(cv2.CAP_PROP_FOCUS, value)

capture = cv2.VideoCapture(0)                             # 0번 카메라 연결
if capture.isOpened() == False: raise Exception("카메라 연결 안됨")       # 예외처리

capture.set(cv2.CAP_PROP_FRAME_WIDTH, 400)                # 카메라 프레임 너비
capture.set(cv2.CAP_PROP_FRAME_HEIGHT, 300)               # 카메라 프레임 높이
capture.set(cv2.CAP_PROP_AUTOFOCUS, 0)                    # 자동초점 중지
capture.set(cv2.CAP_PROP_BRIGHTNESS, 100)                 # 프레임 밝기 초기화

title = "Change Camera Properties"                        # 윈도우 이름 지정
cv2.namedWindow(title)                                    # 윈도우 생성
cv2.createTrackbar('zoom', title, 0, 10, zoom_bar)        # 줌 트랙바
cv2.createTrackbar('focus', title, 0, 40, focus_bar)      # 포커스 트랙바

while True:
    ret, frame = capture.read()                           # 카메라 영상 받기
    if not ret: break
    if cv2.waitKey(30) >= 0: break
```

```
29
30        zoom = int(capture.get(cv2.CAP_PROP_ZOOM))           # 카메라 속성 가져오기
31        focus = int(capture.get(cv2.CAP_PROP_FOCUS))
32        put_string(frame, 'zoom : ', (10, 240), zoom)        # 줌 값 표시
33        put_string(frame, 'focus : ', (10, 270), focus)      # 초점 값 표시
34        cv2.imshow(title, frame)
35
36    capture.release()                                        # 비디오 캡처 메모리 해제
```

| 설명 |

① 2행은 재사용을 위해 저자가 미리 만들었던 Common.utils 모듈의 put_string() 함수를 임포트한다. 이 함수는 앞 예제의 사용자 정의 함수인 put_string() 함수와 동일하다.

② 4~10행은 트랙바 콜백 함수인 zoom_bar()와 focus_bar()를 구현한다. 각 함수에서는 트랙바 이벤트 발생으로 변경되는 변수의 값을 이용해서 카메라의 속성을 변경한다.

③ 12, 13행은 cv2.VideoCapture.isOpened() 메서드로 카메라가 정상적으로 연결되었는지 확인한다. 카메라가 연결되지 않았다면 실행창에 "카메라 연결 안됨" 메시지를 출력하고 종료한다.

④ 15, 16행은 카메라에서 받아오는 영상의 프레임 크기를 설정한다. 저자의 카메라는 최대 1280×720의 해상도를 지원한다. 줌 기능을 사용하기 위해 최대 크기보다 작은 크기(400×300)로 지정한다.

⑤ 17행은 카메라 렌즈의 초점을 직접 조절하기 위해 자동 초점(autofocusing)을 중지한다.

⑥ 18행은 카메라 프레임의 기본 밝기값을 설정한다.

⑦ 22, 23행은 title 창에 "zoom", "focus" 트랙바 2개를 만들고, 시스템에 두 콜백 함수를 등록한다.

⑧ 25~34행은 반복문을 통해서 카메라의 프레임을 연속적으로 입력받는다.

⑨ 30, 31행은 cv2.VideoCapture.get() 메서드로 카메라의 줌 속성과 초점 속성을 가져온다.

⑩ 32행은 put_string() 함수로 행렬인 frame의 좌표 (10, 240)에 zoom을 출력한다.

⑪ 33행은 put_string() 함수로 행렬인 frame의 좌표 (10, 270)에 focus를 출력한다.

| 실행결과 |

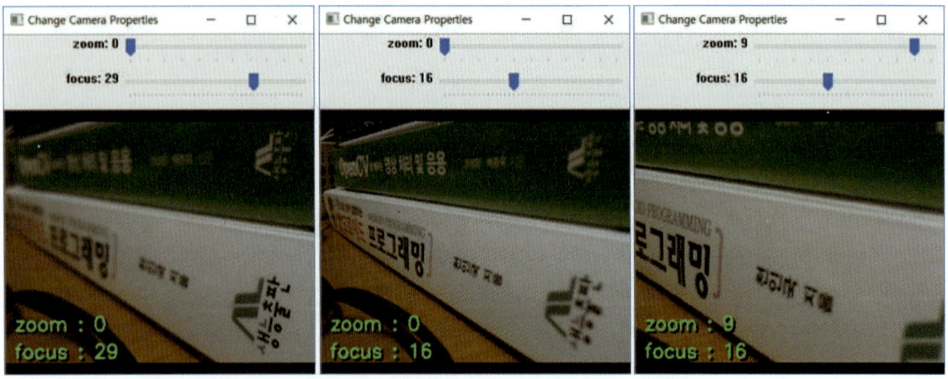

실행 결과에서 보듯이 초점 값이 크면 가까운 곳에 초점을 맞추고, 초점 값이 작으면 먼 거리에 초점을 맞추고 있음을 알 수 있다. 초점 값이 29인 왼쪽 그림에서는 "생능출판"이라는 글자가 또렷하게 나타난다. 반면, 초점 값이 16인 가운데 그림에서는 "생능출판"이라는 글자가 흐려지는 대신에 "프로그래밍"이라는 글자가 상대적으로 선명해진다. 그리고 줌 값을 키운 오른쪽 그림에서는 영상이 확대되었음을 볼 수 있다.

4.5.3 카메라 프레임을 동영상 파일로 저장

영상처리 및 컴퓨터 비전 프로그램은 일반적으로 카메라에서 받아온 영상을 실시간으로 처리해서 결과를 보여 준다. 그러나 영상처리 프로그래밍 과정에서 매번 카메라에서 획득된 실시간 영상(비디오)만으로 실험하지 않는다. 경우에 따라서 저장된 기존 입력 영상을 대상으로 처리해야 한다. 이럴 때 보통 동영상 파일을 이용해서 실험한다.

실험에 사용할 동영상 파일이 필요하다면, 별도의 동영상 캡처 애플리케이션을 실행하는 대신에 직접 OpenCV API를 이용해서 동영상 파일을 만들 수 있다. 다음은 카메라에서 받아오는 프레임들을 하나의 동영상 파일로 저장하는 예제이다.

예제 4.5.3 카메라 프레임을 동영상 파일로 저장 – 19.write_camera_frame.py

```
import cv2

capture = cv2.VideoCapture(0)                                # 0번 카메라 연결
if capture.isOpened() == False: raise Exception("카메라 연결 안됨")

fps = 29.97                                                  # 초당 프레임 수
delay = round(1000/fps)                                      # 프레임 간 지연 시간
size = (640, 360)                                            # 동영상 파일 해상도
fourcc = cv2.VideoWriter_fourcc(*'DX50')                     # 압축 코덱 설정

## 카메라 속성 실행창에 출력
print("width x height: ", size )
print("VideoWriterfourcc: %s" % fourcc)
print("delay: %2d ms" % delay)
print("fps: %.2f" % fps)

capture.set(cv2.CAP_PROP_ZOOM, 1)                            # 카메라 속성 지정
```

```
18 capture.set(cv2.CAP_PROP_FOCUS, 0)
19 capture.set(cv2.CAP_PROP_FRAME_WIDTH, size[0]) # 해상도 설정
20 capture.set(cv2.CAP_PROP_FRAME_HEIGHT, size[1])
21
22 ## 동영상 파일 개방 및 코덱, 해상도 설정
23 writer = cv2.VideoWriter("images/video_file.avi", fourcc, fps, size)
24 if writer.isOpened() == False: raise Exception("동영상 파일 개방 안됨")
25
26 while True:
27     ret, frame = capture.read()                 # 카메라 영상 받기
28     if not ret: break
29     if cv2.waitKey(delay) >= 0: break
30
31     writer.write(frame)                         # 프레임을 동영상으로 저장
32     cv2.imshow("View Frame from Camera", frame)
33
34 writer.release()
35 capture.release()
```

| 설명 |

① 4, 5행은 cv2.VideoCapture::isOpened() 함수로 카메라가 정상적으로 연결되었는지 확인하는 예외처리를 수행한다.

② 7~9행은 동영상 파일의 속성을 지정하기 위한 변수를 선언한다.

③ 10행은 동영상 파일을 압축하기 위한 코덱을 DX50(DivX MPEG-4)으로 설정한다.

④ 19, 20행은 PC 카메라의 프레임 해상도 크기를 640×360으로 설정한다.

⑤ 23행 cv2.VideoWriter.open() 메서드를 사용해서 "video_file.avi" 이름으로 동영상 파일을 생성한다. 추가로 코덱과 초당 프레임수, 프레임 크기를 지정한다.

⑥ 24행은 동영상 파일 생성 즉, 존재 여부를 확인하는 예외처리를 수행한다. 파일명이나 디렉터리에 문제가 있을 경우에 실행창에 "동영상 파일이 개방 안됨"라는 에러 메시지를 출력하고, 프로그램을 종료한다.

⑦ 26~32행은 카메라에서 프레임을 계속 받아와서 frame 행렬에 저장하고, 그다음에는 cv2.VideoWriter.write() 함수를 사용해서 frame을 동영상 파일로 저장한다.

| 실행결과 |

```
Run: 19.write_camera_frame
C:\Python\python.exe D:/source/chap04/19.write_camera_frame.py
프레임 해상도: (640, 360)
압축코덱 숫자: 808802372
delay: 33 ms
fps: 29.97
```

실행 결과에서 보듯이 실행창에는 저장되는 동영상 파일과 관련된 정보를 출력하고, 카메라에서 받아온 프레임은 "Video Frame from Camera" 윈도우에 계속 표시된다. 또한, 이 순간 "video_file.avi" 이름의 동영상 파일에 계속 저장되고 있다.

다음의 〈그림 4.5.〉은 프로그램을 종료한 후, 윈도우 탐색기를 이용해서 저장된 "video_file.avi" 동영상 파일을 찾은 후, 동영상 플레이어로 재생한 모습이다. 동영상이 잘 재생되는 것을 볼 수 있다. 그리고 오른쪽 마우스 버튼을 클릭해서 나타난 팝업 메뉴의 [재생 정보]를 클릭하면 [재생 정보] 창이 뜬다.

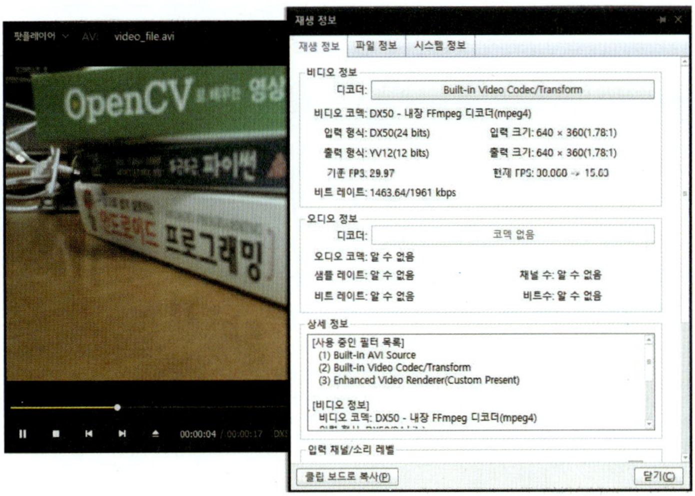

〈그림 4.5.1〉 동영상 플레이어에서 실행한 모습

[재생 정보] 창에서 영상 프레임의 크기, 코덱, 지연 시간(delay), 초당 프레임수(fps) 등의

다양한 정보를 확인할 수 있다.

4.5.4 동영상 파일 읽기

cv2.VideoCapture 클래스를 이용하면 동영상 파일에서 프레임을 쉽게 가져온 후, 행렬에 저장할 수 있다. 프레임을 행렬로 저장할 경우, OpenCV의 다양한 함수를 통해서 손쉽게 영상처리를 수행할 수 있다.

이제 앞의 4.5.3 절에서 PC 카메라로부터 받아온 프레임을 계속 저장했던 동영상 파일인 "video_file.avi"을 갖고 영상처리를 해보자. 다음 예제는 "video_file.avi" 파일에서 차례대로 읽은 프레임을 행렬로 저장한 후, 다음 〈표 4.5.3〉과 같이 100개 프레임 단위로 영상처리를 간단하게 적용하는 예시이다.

〈표 4.5.3〉 프레임 번호에 따른 영상처리 예시

프레임 번호	영상처리
1 ~ 99	아무런 영상처리를 적용하지 않음
100 ~ 199	프레임별 화소의 파란색 성분에 100을 더해서 영상을 더 푸르게 만듦
200 ~ 299	프레임별 화소의 녹색 성분에 100을 더해서 영상을 더 녹색으로 만듦
300 ~ 399	프레임별 화소의 빨간색 성분에 100을 더해서 영상을 더 빨갛게 만듦

예제 4.5.4 동영상 파일 읽기 - 20.read_video_file.py

```
import cv2
from Common.utils import put_string                    # 글쓰기 함수 임포트

capture = cv2.VideoCapture("images/video_file.avi")    # 동영상 파일 개방
if not capture.isOpened(): raise Exception("동영상 파일 개방 안됨")    # 예외 처리

frame_rate = capture.get(cv2.CAP_PROP_FPS)             # 초당 프레임 수
delay = int(1000 / frame_rate)                         # 지연 시간
frame_cnt = 0                                          # 현재 프레임 번호

while True:
    ret, frame = capture.read()
    if not ret or cv2.waitKey(delay) >= 0: break       # 프레임 간 지연 시간 지정
```

```
14         blue, green, red = cv2.split(frame)                  # 컬러 영상 채널 분리
15         frame_cnt += 1
16
17         if 100 <= frame_cnt < 200: cv2.add(blue, 100, blue)         # blue 채널 밝기 증가
18         elif 200 <= frame_cnt < 300: cv2.add(green, 100, green)     # green 채널 밝기 증가
19         elif 300 <= frame_cnt < 400: cv2.add(red   , 100, red)      # red 채널 밝기 증가
20
21         frame = cv2.merge( [blue, green, red] )                     # 단일채널 영상 합성
22         put_string(frame, 'frame_cnt: ', (20, 30), frame_cnt)
23         cv2.imshow("Read Video File", frame)
24  capture.release()
```

| 설명 |

① 2행은 윈도우에 프레임 번호와 글자를 표시하기 위해 Common.utils 모듈의 put_string() 함수를 임포트한다.

② 4행은 cv2.VideoCapture.open() 메서드로 "video_file.avi" 파일을 개방한다.

③ 7행은 동영상 파일에서 지정된 초당 프레임수를 받은 후, frame_rate에 저장한다.

④ 11~23행은 동영상 파일의 프레임을 계속 재생한다.

⑤ 12행은 cv2.VideoCapture.read() 메서드로 프레임을 받는다. 이때 ret이 True이면 frame에 프레임이 저장되어 있다. ret이 False이면 동영상 파일에서 더이상 받을 프레임이 없다는 의미이고, 프로그램 종료 조건으로 사용된다.

⑥ 14행은 컬러 영상을 3개의 채널 즉, 파란색(Blue) 채널, 녹색(Green) 채널, 빨간색(Green) 채널로 분리한다. 각 채널은 단일채널 행렬로 명암도 영상이다.

⑦ 17행은 프레임 번호 100~199번까지 적용된다. 파란색 채널인 blue 행렬의 원소에 100을 더한다. 즉, 영상의 모든 화소에 파란색 성분을 100만큼 증가시킨다.

⑧ 18행은 프레임 번호 200~299번까지 적용된다. 녹색 채널인 green 행렬의 원소에 100을 더한다. 즉, 영상의 모든 화소에 녹색 성분을 100만큼 증가시킨다.

⑨ 19행은 프레임 번호 300~399번까지 적용된다. 빨간색 채널인 red 행렬의 원소에 100을 더한다. 즉, 영상의 모든 화소에 빨간색 성분을 100만큼 증가시킨다.

⑩ 21행은 각 채널(blue, green, red)을 묶어서 하나의 컬러 영상으로 합친다.

| 실행결과 |

실행 결과를 보면 4개의 윈도우가 동시에 표시되는 것이 아니라 하나의 윈도우에서 발생하는 시간에 따른 변화를 보인 것이다.

4.6 Matplotlib 패키지 활용

Matplotlib는 파이썬에서 데이타를 차트나 그래프로 그려주는 라이브러리이다. 이 라이브러리에 있는 pyplot 모듈은 매트랩의 수치해석 소프트웨어의 시각화 명령을 거의 그대로 사용할 수 있도록 명령어 집합을 제공한다. 특히, 넘파이에서 사용되는 자료구조를 쉽게 시각화할 수 있기 때문에, 주피터 노트북이나 구글의 Colab 사이트에서 간단하게 결과를 확인할 때에는 OpenCV의 cv2.imshow() 함수를 사용하지 않고 Matplotlib 패키지를 사용하는 것이 편리하다.

다음에서 Matplotlib.pyplot 모듈의 함수들을 살펴보자. 영상 표시와 관련된 함수들과 자주 사용하는 인수에 대해서 설명한다.

함수 설명

pyplot.figure(num=None, figsize=None, dip=None) → matplotlib.figure.Figure

■ 설명: 그림(Figure) 객체를 생성해서 플롯(plot)을 그릴 수 있게 한다.

인수 설명		
	■ num	그림 이름, 정수 or 문자열(지정 안하면 자동 증가 숫자)
	■ figsize	그림 크기(가로, 세로), 인치 단위(실수형)
	■ dpi	그림 해상도(정수형)

pyplot.imshow(X, cmap=None, norm=None, aspect=None, interpolation=None, alpha=None) → (matplotlib.image.AxesImage)

■ 설명: 데이터 X를 그래프에 영상으로 그려준다.

인수 설명		
	■ X	그리려는 데이터(ndarray 객체), 2차원 혹은 3차원
	■ cmap	컬러 맵, 정해진 컬러 조합에 따라서 색상 매칭
	■ aspect	그리지는 영상의 종횡비
	■ interpolation	그리지는 영상의 보간 방법(예: 'nearest', 'bilinear', 'bicubic')
	■ alpha	투명도(0: 완전 투명, 1: 완전 불투명)

pyplot.plot(*arg, scalex=None, scaley=None, **kwargs) → [matplotlib.lines.Line2D]

■ 설명: x에 대해서 y값으로 그래프(선, 마크)를 그려준다.

인수 설명

- ■ *arg — [x], y, [fmt] 순으로 인수 작성, []는 생략 가능 표시
- ■ fmt — 선을 나타내는 문자열('[color][marker][line]')

color(색)		marker		line		line	
'b'	파란색	'.'	점	's'	사각형	'-'	실선
'g'	초록색	','	픽셀	'p'	오각형	'--'	파선
'r'	빨간색	'o'	원	'h'	육각형	'-.'	파선 점선
'c'	청록색	'v'	삼각형1	'*'	별모양	':'	점선
'm'	자주색	'^'	삼각형2	'+'	더하기		
'y'	노란색	'>'	삼각형3	'x'	x모양		
'k'	검정색	'1'	삼각뿔1	'd'	다이아몬드		
'w'	흰색	'2'	삼각뿔2	'-'	수평라인		

- ■ scalex, scaley — x축, y축 스케일을 자동으로 조절하는 독립변수
- ■ **kwargs — 라인 속성을 각 인수 별로 지정

속성	자료형	설명
label	객체	라벨로 입력받는 변수를 문자열형으로 치환하여 라벨을 세팅
linestyle	str	선스타일 ('solid', 'dashed', 'dotted')
linewidth	float	선 두께
color	str	선 색
dashes	리스트, 튜플	선 형태
marker	str	선 스타일
markersize	float	마커 크기
visible	bool	표시 여부 설정
fillstyle	str	마커 내부 채움 설정

pyplot.subplot(*args, **kwargs) → matplotlib.axes._subplots.AxesSubplot
■ 설명: 현재 그림에 서브 플롯을 추가한다.

인수 설명		
	■ *args	행, 열, 순번 지정
	- nrows, ncols, index	콤마 분리숫자, 예시〉 3, 3, 3
	- pos	세 자리 숫자, 예시〉 333
	- axes	AxesSubplot 객체

pyplot.title(label, fontdict=None, loc='center') → matplotlib.text.Text
■ 설명: 서브 플롯의 제목을 지정한다.

인수 설명		
	■ label	그림 제목
	■ fontdict	라벨의 모양 편집, 사전 자료형
	■ loc	제목의 위치 ('center', 'left', 'right')
	■ pad	그림과의 간격

pyplot.suptitle(t, **kwargs) → matplotlib.text.Text
■ 설명: 메임 그림(Figure)의 제목을 지정한다.

인수 설명		
	■ t	그림 제목 텍스트
	■ **kwargs	추가 인수: x, y, ha, va, size 등 개별 지정
	- x, y	제목의 위치
	- ha	세로 방향 위치 ('center', 'left', 'right')
	- va	세로 방향 위치 ('top', center', 'bottom', 'baseline')
	- size	제목 텍스트 크기

pyplot.tight_layout(pad=1.08, h_pad=None, w_pad=None) → None
■ 설명: 자동으로 명시된 여백(1.08)으로 하위 그래프 파라미터를 조정한다.

인수 설명		
	■ pad	그림 여백 설정, float
	■ h_pad	서브 그림의 상하 여백, float
	■ w_pad	서브 그림의 좌우 여백, float

pyplot.axis(*args, **kwargs) → tuple([축범위], matplotlib.text.Text)

■ 설명: 플롯의 축 정보 조정한다.

인수 설명

■ *args

[xmin, xmax, ymin, ymax]를 리스트로 작성하여 지정

■ xmin, xmax, ymin, ymax　　x, y축 범위

■ **kwargs　option 지정

option	설명	option	설명
'on'	축과 레벨을 켠다	'tight'	모든 값 표시되도록 축 범위 크게
'off'	축과 레벨을 끈다	'auto'	축 스케일 자동
'equal'	축의 범위와 축 스케일 동일	'image'	데이터 범위만 scaled
'scaled'	그림 크기와 축 스케일 동일	'square'	xmin-xmax ymin-ymax 되도록

pyplot.show() → None

■ 설명: 그림 객체를 윈도우에 띄운다

pyplot.subplots(nrows=1, ncols=1, **fig_kw) → tuple(Figure, ndarray[AxesSubplot , ..])

■ 설명: 그림 객체와 서브 플롯들(ndarray)을 생성한다.

인수 설명

■ nrows　　서브 플롯 격자의 행수

■ ncols=1,　　서브 플롯 격자의 열수

■ **fig_kw　　추가 키워드 인수 - figsize 등 지정

pyplot.savefig(*args, **kwargs)

■ 설명: 그림 객체를 영상파일로 저장한다.

■ *args　　파일명(fname) 지정

■ **kwargs　　추가 키워드 인수

다음 예제로 간단히 영상을 표시해 보자. 예제는 두 개의 그림(Figure)을 생성한다. 첫 그림(Figure)은 서브 플롯 없이 1개의 영상을 표시하며, 두 번째 그림(Figure)은 2개의 서프 플롯을 생성하여 각 영상을 표시한다.

예제 4.6.1　Matplotlib 라이브러리로 영상 표시 - 21.matplotlib.py

```
import cv2
import matplotlib.pyplot as plt                                  # pyplot 모듈 임포트

image  = cv2.imread("images/matplot.jpg", cv2.IMREAD_COLOR)      # 영상 읽기
if image is None: raise Exception("영상파일 읽기 에러")          # 예외처리

rows, cols = image.shape[:2]                                     # 영상 크기 정보
```

```
08 rgb_img = cv2.cvtColor(image, cv2.COLOR_BGR2RGB)            # 컬러 공간변환
09 gray_img = cv2.cvtColor(image, cv2.COLOR_BGR2GRAY)          # 명암도 영상 변환
10
11 fig = plt.figure(num=1, figsize=(3,4))                      # 그림 생성
12 plt.imshow(image), plt.title(‘figure1- original(bgr)’)      # 그림표시 및 제목
13 plt.axis(‘off’), plt.tight_layout()                         # 축 없음, 여백 없음
14
15 fig = plt.figure(figsize=(6,4))                             # 그림 생성
16 plt.suptitle(‘figure2- pyplot image display’)               # 전체 제목 지정
17 plt.subplot(1,2,1), plt.imshow(rgb_img)                     # 서브 플롯 그림
18 plt.axis([0,cols, rows,0]), plt.title(‘rgb color’)          # 축 범위, 서브 플롯 제목
19 plt.subplot(1,2,2), plt.imshow(gray_img, cmap=‘gray’)       # 서브 플롯 그림, 명암도로 표시
20 plt.title(‘gray_img2’)
21 plt.show()                                                  # 전체 그림 띄우기
```

| 설명 |

① 2행은 영상을 그리기 위해서 matplotlib.pyplot 모듈을 임포트 한다.

② 8행은 컬러 공간변환을 통해 RGB 컬러 공간으로 변환한다. cv2.imread() 함수로 컬러 영상을 읽어오면 BGR 컬러 공간으로 설정된다. 컬러 공간은 다음 장에서 자세히 다룬다.

③ 9행은 컬러 영상을 명암도 영상으로 변환한다.

④ 11행은 Figure 객체를 생성한다. 그림 번호(num)는 1, 크기는 가로 3인치, 세로 4인치이다.

⑤ 12행은 전체 Figure 객체에 image 행렬을 영상으로 표시하고, 제목을 지정한다. image 행렬이 BGR 컬러로 저장되어 있으며, Figure 객체는 RGB컬러로 표시한다. 따라서 원래 색의 보색으로 모니터에 표시된다.

⑥ 13행은 축을 표시하지 않으며, 여백도 최대한 없앤다. 한 행에 여러 함수를 콤마로 구분하여 지정할 수 있다.

⑦ 15행은 두 번째 Figure 객체를 생성한다. 그림 번호를 지정하지 않으면 자동으로 이전 그림 번호에서 증가하여 2가 된다.

⑧ 16행은 전체 Figure 객체의 제목을 지정한다.

⑨ 17행은 1행, 2열의 서브 플롯 중에서 첫 번째 플롯에 rgb_img 행렬을 영상으로 표시한다.

⑩ 18행은 축의 범위를 0~영상 너비, y축 범위를 영상 높이~0까지로 지정한다.

⑪ 19행은 1행 2열의 서브 플롯 중에서 두 번째 플롯에 gray_img 행렬을 영상으로 표시한다. 이때 컬러맵(cmap)을 ‘gray’로 지정해서 명암도 영상으로 표시되도록 한다.

| 실행결과 |

실행 결과를 보면, Figure 1은 image 행렬이 BGR 컬러이기 때문에 영상의 원래 색의 보색으로 나타나 있다. plt.tight_layout()를 지정해서 여백없이 영상을 채워서 표시한다. Figure 2는 rgb_img 행렬이 RGB 컬러이기 때문에 영상의 원래 색상으로 표시가 되며, x축과 y축의 범위가 표시된다. 왼쪽 그림은 축의 범위를 지정해서 0~300까지가 표시되며, 오른쪽 그림은 자동으로 범위를 스케일해서 표시한다.

두 번째 예제는 하나의 그림에 여러 서브플롯을 나타내는 다른 방법을 예시한다. 또한, 보간방법에 따라서 값이 어떻게 그려지는 나타낸다. 보간 방법은 5장을 참고하기 바란다.

예제 4.6.2　서브플롯 그리기 및 보간 적용 - 22.interpolation.py

```
import matplotlib.pyplot as plt
import numpy as np

methods = ['none', 'nearest', 'bilinear', 'bicubic', 'spline16', 'spline36' ] # 보간 방법
grid = np.random.rand(5, 5)                                          # 0~1사이 임의 난수 생성

fig, axs = plt.subplots(nrows=2, ncols=3, figsize=(8, 6))            # 서브 플롯들 생성

for ax, method in zip(axs.flat, methods):                            # 서브 플롯 순회
    ax.imshow(grid, interpolation=method, cmap='gray')               # 명암도 영상 표시
    ax.set_title(method)                                             # 서브 플롯 제목
plt.tight_layout(), plt.show()                                       # 여백 없음, 윈도우 띄움
```

| 설명 |

① 4행은 다양한 보간 방법 중에서 6가지를 예시한다.

② 5행은 0~1사이의 균일 분포 난수를 생성하여 5행, 5열을 채운다.

③ 7행은 2행, 3열의 서브 플롯들을 생성한다. 전체 그림 크기는 가로 8인치, 세로 6인치이다.

④ 9~11행은 서브 플롯들을 순회하며 영상을 표시한다.

⑤ 9행에서 axs.flat을 이용해서 2행 3열의 행렬을 1차원 행렬로 변환해서 하나씩 가져온다.

⑥ 10행은 각 서브플롯에 임의 난수값 행렬을 그림으로 그린다. 이때 4행의 보간 방법들을 각각 사용한다.

⑦ 11행은 서브플롯 객체(ax)로 서브 제목을 표시할 때에는 set_title() 함수를 사용한다.

| 실행결과 |

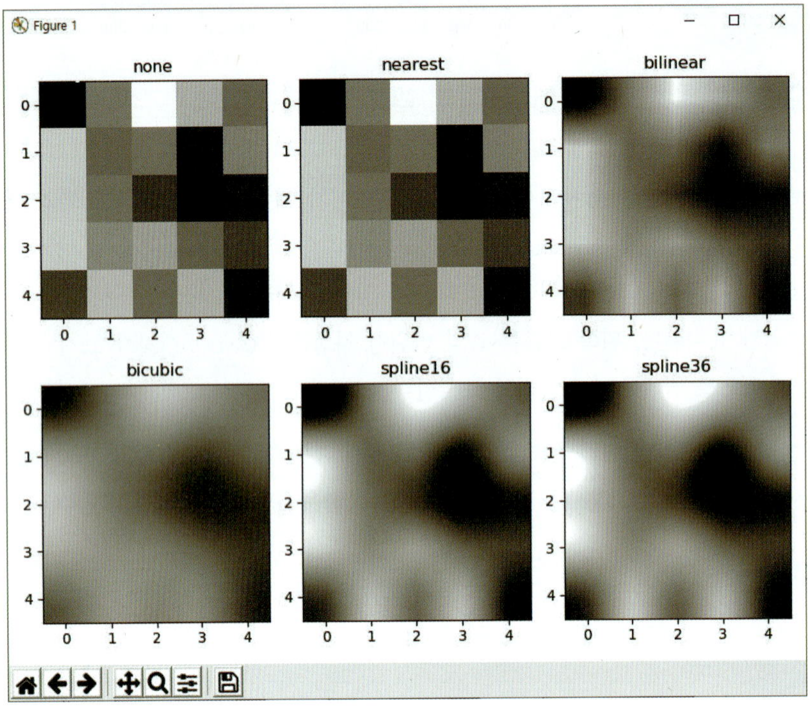

0~1 범위의 원소값이 검은색~흰색으로 표현되며, 각 서브 플롯들은 각각의 보간 방법이 적용되어 흐리게 나타난다.

마지막 예제로 다양한 선 그래프를 그려보자.

예제 4.6.3 그래프 그리기 - 23.plot.py

```
01 import matplotlib.pyplot as plt
02 import numpy as np
03
04 x = np.arange(10)                                  # x축 데이터
05 y1 = np.arange(10)                                 # y축 데이터
06 y2 = np.arange(10)**2
07 y3 = np.random.choice(50, size=10)
08
09 plt.figure(figsize=(5,3))                          # 그림 객체 생성 - 그래프 크기(단위inch)
10 plt.plot(x, y1, 'b--', linewidth=2)                # 선 스타일 지정 - 파란색, 파선
11 plt.plot(x, y2, 'go-', linewidth=3)                # 녹색, 원 마크, 실선
12 plt.plot(x, y3, 'c+:', linewidth=5)                # 청록색, +마크, 점선
13
14 plt.title('Line examples')                         # 그래프 제목
15 plt.axis([0,10, 0,80])                             # 축 범위
16 plt.tight_layout()
17 plt.savefig(fname='sample.png', dpi=300)           # 그림 저장
18 plt.show()                                         # 윈도우 표시
```

| 설명 |

① 4~7행은 그래프의 x축과 y 데이터 값을 생성한다.

② 10~13행은 plot() 함수로 데이터를 그래프로 그린다. 각 선의 스타일을 지정한다.

③ 15행은 x축과 y축의 범위를 지정한다.

④ 18행은 'sample.png' 파일 이름으로 그림 객체를 저장하며, 확장자명에 따라 영상파일의 저장 형식이 결정된다. 저장 파일의 해상도는 300 dpi이다.

| 실행결과 |

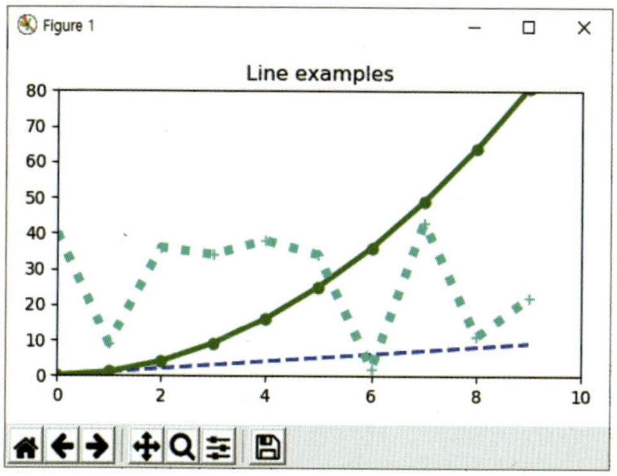

| 단원 핵심 요약 |

1. 콜백 함수는 개발자가 함수를 직접 호출하는 것이 아니라, 어떤 이벤트가 발생하거나 특정 시점에 도달했을 때, 시스템에서 개발자가 등록한 함수를 호출하는 방식이다. OpenCV의 cv2.setMouseCallback() 함수와 cv2.createTrackbar() 함수를 사용해서 마우스와 트랙바 이벤트를 처리하는 콜백 함수를 등록할 수 있다.

2. OpenCV에서 윈도우의 이름을 지정하는 함수는 cv2.namedWindow()이고, cv2.imshow() 함수로 지정된 윈도우에 행렬을 영상으로 표시할 수 있다.

3. cv2.waitKey() 함수와 cv2.waitKeyEx() 함수는 지정된 대기 시간동안 키보드 키를 입력 받을 수 있는 함수로서, 키 이벤트를 처리하거나 윈도우 창을 바로 닫지 않고 대기시킬 때 사용된다.

4. OpenCV는 선과 사각형을 그려주는 cv2.line() 함수와 cv2.rectangle() 함수를 제공하며, 원과 타원을 그려주는 cv2.circle() 함수와 cv2.ellipse() 함수도 제공한다.

5. 타원 및 호를 그려주는 cv2.ellipse() 함수의 인수는 대상 행렬, 중심점, 타원 크기, 타원 각도, 호 시작 각도, 호 종료 각도, 색상, 크기 등이 있다.

6. 영상파일을 읽어서 영상 데이터인 행렬로 반환해주는 함수는 cv2.imread() 함수이다. 이때 반환 시의 컬러 타입을 결정하는 flag 인수를 활용해서 명암도 영상, 컬러 영상, 16비트/32비트 영상으로 읽을 수 있다.

7. 행렬을 영상파일로 저장하기 위해서는 cv2.imwrite() 함수를 이용한다. 확장자로 저장할 파일의 포맷을 결정하며, 추가 인수인 params로 압축을 통한 화질을 지정할 수 있다.

8. OpenCV는 동영상 파일이나 PC 카메라의 프레임 영상을 처리할 수 있는 cv2.VideoCapture 클래스를 제공한다. cv2.VideoCapture.open() 메서드로 동영상 파일을

개방한 후, cv2.VideoCapture.read() 메서드로 동영상 시퀀스에서 하나의 프레임을 행렬로 가져온다. 또한 cv2.VideoCapture.get() 메서드와 cv2.VideoCapture.set() 메서드로 카메라의 속성 정보를 확인하고, 변경할 수 있다.

9. 연속적인 행렬 데이터를 동영상 파일로 저장할 수 있는 cv2.VideoWriter 클래스를 제공한다. cv2.VideoWriter.open() 메서드로 저장할 동영상 파일을 개방한 후, cv2.VideoWriter().write() 메서드로 연속적인 행렬을 저장한다. 또한 cv2.VideoWriter_fourcc() 함수로 동영상 압축 코덱을 지정할 수 있다.

10. Matplotlib 라이브러리의 pyplot 모듈은 ndarray 객체의 데이터를 쉽게 시각화할 수 있다. 모듈 내에 imshow() 함수는 2차원 데이터를 영상으로 표시하며, plot() 함수는 1차원 데이터를 그래프로 표시해 준다. 또한 subplot() 함수와 subplots() 함수를 사용해서 여러 개의 서브 플롯을 하나의 그림 객체에 나타낼 수 있다.

연습문제

1. 콜백 함수란 무엇인가?

2. 윈도우를 지정하는 cv2.namedWindow() 함수의 두 번째 인수(flags)에 대한 옵션은 여러 가지가 있다. 그 중에서 cv2.WINDOW_NORMAL와 cv2.WINDOW_AUTOSIZE 간의 차이를 설명하시오.

3. 타원을 그리는 cv2.ellipse() 함수의 인수를 자세히 설명하시오.

4. OpenCV이 제공하는, 마우스 이벤트와 트랙바 이벤트를 제어할 콜백 함수를 시스템에 등록하는 함수는 각각 무엇이며, 인수가 어떻게 구성되었는지 자세히 설명하시오.

5. 다음 예시 코드의 실행 결과를 설명하시오.

```
import numpy as np, cv2

image = np.zeros((300, 400), np.uint8)
image[:] = 100

title = 'Window'
cv2.namedWindow(title, cv2.WINDOW_NORMAL)
cv2.moveWindow(title, 100, 200)
cv2.imshow(title, image)
cv2.waitKey(0)
cv2.destroyAllWindows()
```

```python
import numpy as np, cv2

image = np.zeros((400, 600, 3), np.uint8)
image[:] = (255, 255, 255)
pt1, pt2 = (50, 100), (200, 300)

cv2.line(image, pt1, pt2, (0,255,0), 5)
cv2.rectangle(image, pt2, (300,400), (0,0,255), -1, cv2.LINE_4, 1)

cv2.imshow("Line & Rectangle", image)
cv2.waitKey(0)
cv2.destroyAllWindows()
```

6. 300행, 400열의 행렬을 회색 바탕색(100)으로 생성해서 500행, 600열의 윈도우에 표시하시오.

7. 다음 예시 코드는 컴파일 혹은 런타임 에러가 발생한다. 에러가 발생하는 부분을 수정하고 실행 결과를 적으시오.

```python
import numpy as np, cv2

image = np.zeros((300, 400, 3), np.uint8)
image[:] = (255, 255, 255)

pt1, pt2 = (50, 130), (200, 300)

cv2.line(image, pt1, (100, 200))
cv2.line(image, pt2, (100, 100, 100))
cv2.rectangle(image, pt1, pt2, (255, 0, 255))
cv2.rectangle(image, pt1, pt2, (0, 0, 255))

title = "Line & Rectangle"
cv2.namedWindow(title)
cv2.imshow(title, image)
cv2.waitKey(0)
cv2.destroyAllWindows()
```

```
import numpy as np, cv2

def onMouse(event, x, y, flags, param):
    global title
    if event == cv2.EVENT_LBUTTONDOWN:
        cv2.circle(image, pt, 5, 100, 1)
    elif event== cv2.EVENT_RBUTTONDOWN:
        cv2.rectangle(image, pt, pt+(30, 30), 100, 2)
        cv2.imshow(title, image)

image = np.ones((300, 300), np.uint8) * 255

title = "Draw Event"
cv2.namedWindow(title)
cv2.imshow(title, image)
cv2.setMouseCallback(title, onMouse)
cv2.waitKey(0)
cv2.destroyAllWindows()
```

8. 200행, 300열의 행렬 2개를 만들어서 다음과 같이 배치하시오

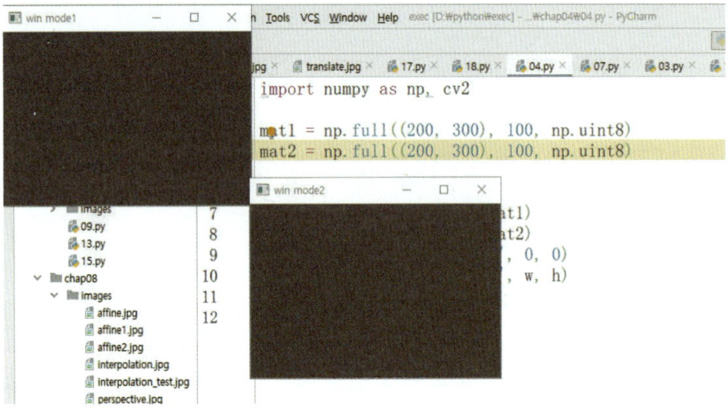

9. 600행, 400열의 윈도우를 만들고, 영상 안의 (100, 100) 좌표에 200×300 크기의 빨간 색 사각형을 그리시오.

10. 다음의 마우스 이벤트 제어 프로그램을 작성하시오.

> 1) 마우스 오른쪽 버튼 클릭 시 원(클릭 좌표에서 반지름 20화소)을 그린다.
> 2) 마우스 왼쪽 버튼 클릭 시 사각형(크기 30×30)을 그린다.

11. 10번 연습문제에서 다음을 추가하여 프로그램을 작성하시오.

> 1) 트랙바를 추가해서 선의 굵기를 1~10픽셀로 조절한다.
> 2) 트랙바를 추가해서 원의 반지름을 1~50픽셀로 조절한다.

12. 예제_4.2.3인 05.event_trackbar.py에서 화살표 키로 트랙바를 이동하는 코드를 추가하시오.

13. 컬러 영상파일을 적재하여 "test.jpg"와 "tes.png" 파일로 각각 저장하시오. 이때 영상파일을 가장 좋은 화실로 압축하시오.

14. 심화예제_4.3.5인 11.event_draw.py를 수정해서 마우스 중간버튼을 클릭하여 타원을 그리세요.

15. 심화예제_4.5.2인 18.set_camera_attr.py를 수정해서 트랙바로 카메라 영상의 밝기와 대비 변경할 수 있도록 수정하시오.

16. PC 카메라를 통해서 받아온 프레임에 다음의 영상처리를 수행하고, 결과 영상을 윈도우에 표시하는 프로그램을 작성하시오.

> 1) (200, 100) 좌표에서 100×200 크기의 관심 영역 지정
> 2) 관심 영역에서 녹색 성분을 50만큼 증가
> 3) 관심 영역의 테두리를 두께 3의 빨간색으로 표시

17. PC 카메라를 통해서 받아온 프레임을 좌우로 뒤집어서 "flip_test.avi" 이름의 동영상 파일로 저장하는 프로그램을 작성하시오.

> 1) 동영상 파일의 크기 640×480
> 2) 초당 프레임 수: 15 fps
> 3) 동영상 코덱: DIVX

18. 다음과 같이 태극 문양을 그리는 프로그램을 작성하시오.

> 힌트:
> 1) 태극은 반원이 4개 필요하다.
> 2) 반원은 타원 그리기 함수로 그릴 수 있다.
> 3) 영상의 너비와 높이는 3대 2 비율이며, 태극의 반지름은 높이의 1/4이다.

CHAPTER 05

기본 배열 연산(Operations on Arrays) 함수

contents

벌집 – 규칙적인 배열(array)의 아름다움

질서 속에는 아름다움이 존재한다. 생활 속에 질서, 공동체 속에 질서, 자연 속에도 자세히 보면 쉽게 질서를 만날 수 있다. 예로서, 벌들이 만드는 벌집 구조는 사용된 재료의 양을 최소화하여 최소한의 무게로 지을 수 있는 구조이다. 벌집 구조의 공통적인 특징은 얇은 수직 벽 사이에 형성된 빈 셀들의 규칙적인 배열이다. 셀은 육각형 또는 원주형이다. 벌집 모양의 구조는 최소 밀도로 상대적으로 외압에 강하고 찌그러짐에 강한 특성을 가진다.

건축물이나 음악에서도 마찬가지이다. 건축 구조나 음의 배치가 아름다움을 만들어 낸다. 유명한 건축물이나 바흐(Bach)의 음악이 아름다운 이유는 질서 속에 숨어 있는 아름다움이 있기 때문이다. 규칙적인 생활이 우리들의 건강에 좋고, 규칙적인 배열 속에는 아름다움이 있다. 이번 장에서 다룰 배열(array)인 벡터(vector)나 행렬(行列, matrix)은 수나 기호 등을 질서 정연하게 규칙적으로 배열한 것이다.

05 기본 배열 연산(Operations on Arrays) 함수

OpenCV는 수학과 과학 연산을 위한 파이썬 패키지인 넘파이(numpy)와 연동해 배열을 생성할 수 있으며, 이런 배열을 처리할 수 있는 다양한 연산 함수를 지원한다. 이 장에서는 OpenCV에서 지원하는 여러 배열 처리 함수들을 살펴본다.

파이썬에서는 배열을 처리하기 위한 자료형으로 리스트, 튜플, 사전(dictionary) 등의 열거형(sequence) 객체가 있다. 리스트는 다차원의 배열을 만들고 원소를 수정할 수 있으며, 튜플은 다차원의 배열을 만들 수 있지만, 수정이 불가능한 자료형이다. OpenCV 모듈의 함수들은 넘파이 모듈의 배열(ndarray) 객체을 기반으로 입력 배열과 출력 배열을 사용한다.

본 교재에서는 1차원 데이터들은 벡터로 표현하며, 2차원 데이터를 행렬로 표현한다. 또한, 1차원과 2차원 데이터를 통칭해서 배열로 표현한다. 그리고 2차원 데이터 중에서 1행 행렬을 행벡터(1행, N열)로, 1열 행렬을 열벡터(N행, 1열)로 표현한다.

5.1 기본 배열(Array) 처리 함수

얼굴 검출이나 얼굴 인식과 같은 영상처리 프로그래밍을 하다 보면, 카메라에서 사용자의 얼굴을 검출해서 윈도우에 표시해야 한다. 이때, 보통 카메라가 사용자를 향하므로 윈도우에 표시되는 얼굴 영상은 사용자의 실제 모습과 달리 좌우가 뒤바뀐 영상이 나타난다. 이런 경우 입력 영상의 행렬 원소를 좌우로 뒤집도록 해서 문제를 간단히 해결할 수 있다. 이렇게 OpenCV에서는 배열을 옵션에 따라 여러 방향으로 뒤집거나 여러 번 반복하는 등 배열 자체를 처리하는 함수를 제공하고 있다. 행렬과 배열 간의 차이점에 대해 차차 알게 되겠지만, 일단 행렬을 2차원 배열이라고 생각하자.

함수 설명	
cv2.flip(src, flipCode[, dst]) → dst ■ 설명: 입력된 2차원 배열을 수직, 수평, 양축으로 뒤집는다.	
인수 설명	■ src , dst 입력 배열, 출력 배열 ■ flipCode 배열을 뒤집는 축 - 0 : x축을 기준으로 위아래로 뒤집는다. - 1 : y축을 기준으로 좌우로 뒤집는다. - -1 : 양축(x축, y축 모두)을 기준으로 뒤집는다.
cv2.repeat(src, ny, nx[, dst]) → dst ■ 설명: 입력 배열의 반복된 복사본으로 출력 배열을 채운다.	
인수 설명	■ src, dst 입력 배열, 출력 배열 ■ ny, nx 수직 방향 , 수평방향 반복 횟수
cv2.transpose(src[, dst]) → dst ■ 설명: 입력 행렬의 전치 행렬을 출력으로 반환한다.	
인수 설명	■ src, dst 입력 배열, 출력 배열

다음 예제는 영상파일을 읽은 후, cv2.flip(), cv2.repeat(), cv2.transpose() 함수를 활용해서 상하좌우로 뒤집는 예시이다.

예제 5.1.1 행렬 처리 함수 - 01.mat_array.py

```
import cv2

image = cv2.imread("images/flip_test.jpg", cv2.IMREAD_COLOR)
if image is None: raise Exception("영상파일 읽기 오류 발생")       # 예외 처리

x_axis = cv2.flip(image, 0)                                      # x축 기준 상하 뒤집기
y_axis = cv2.flip(image, 1)                                      # y축 기준 좌우 뒤집기
xy_axis = cv2.flip(image, -1)
rep_image = cv2.repeat(image, 1, 2)                              # 반복 복사
trans_image = cv2.transpose(image)                               # 행렬 전치

## 각 행렬을 영상으로 표시
titles = ['image', 'x_axis', 'y_axis', 'xy_axis', 'rep_image', 'trans_image']
for title in titles:
    cv2.imshow(title, eval(title))
cv2.waitKey(0)
```

| 설명 |

① 3, 4행은 영상파일인 filp_test.jpg를 로드한다. 이때 cv2.IMREAD_COLOR 옵션은 3채널 uint8형으로 image 행렬에 저장된다. 영상파일이 존재하지 않으면 예외 처리를 수행한다.

② 6~8행은 cv2.filp() 함수로 image 행렬에 뒤집기를 수행한다.

③ 6행은 x축을 기준으로 뒤집기를 수행해서 x_axis 행렬에 저장한다.

④ 7행은 y축을 기준으로 뒤집기를 수행해서 y_axis 행렬에 저장한다.

⑤ 8행은 x축과 y축 모두로 뒤집기를 수행해서 xy_axis 행렬에 저장한다.

⑥ 9행은 cv2.repeat() 함수를 사용해서 원본 영상의 세로 방향으로 1번, 가로 방향으로 2번 복사하여 rep_img에 저장한다.

⑦ 10행은 cv2.transpose() 함수로 image 행렬에 전치하여 가로와 세로 방향을 바꾼다.

⑧ 13~15행은 결과 행렬들을 반복문으로 윈도우에 영상으로 표시하는 방법이다.

⑨ 13행은 각 영상이 표시될 윈도우의 이름을 지정한다. 앞서 생성한 행렬 이름과 같은 이름으로 지정한다.

⑧ 14행은 titles 리스트를 순회하며 문자열을 하나씩 title로 가져와 반복한다.

⑨ 15행에서 eval() 함수는 문자열을 명령어로 실행하기에 행렬 이름의 문자열을 변수로 사용한다.

| 실행결과 |

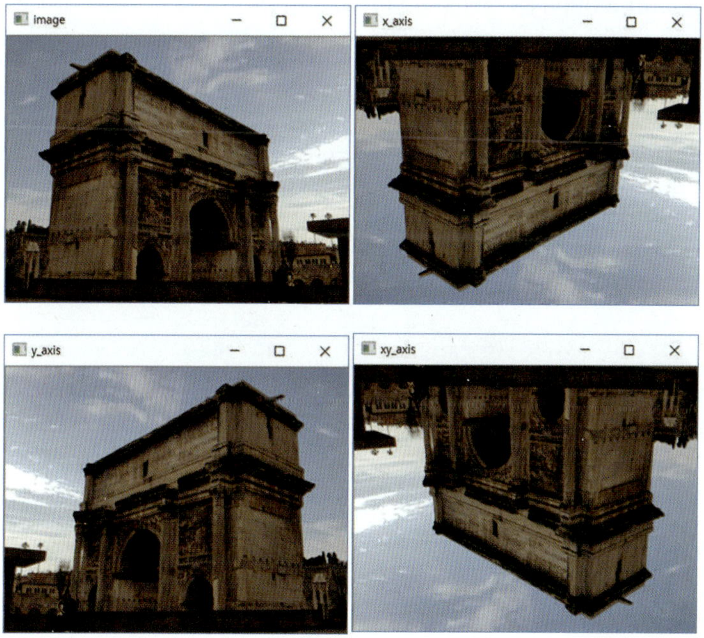

5.2 채널 처리 함수

컬러 영상은 파란색(B), 녹색(G), 빨간색(R)의 각기 독립적인 2차원 정보를 합쳐 놓은 배열이라고 정의할 수 있다. C/C++ 언어로 직접 영상처리 프로그램을 작성할 때에는 컬러 영상을 표현하기 위해 주로 3차원 배열을 사용하였다. 요즈음 영상처리 API에서는 컬러 영상을 표현하기 위해 채널(channel)이라는 개념을 도입한다. 즉, 빨간색, 녹색, 파란색의 독립적인 2차원 정보는 각각 Blue 채널 Green 채널, Red 채널이라는 이름으로 표현된다.

파이썬에서는 넘파이(numpy) 배열에 영상 정보를 담을 수 있다. 다음의 〈그림 5.2.1〉은 넘파이 배열에서 컬러 영상 정보의 구성 방식을 도식적으로 나타낸 것이다. 일련의 3개 원소로 하나의 컬러 화소가 구성되며, 화소 단위(pixel-wise)로 순회한다. 또한, 컬러 배열을 분리하면 각 채널을 단일채널 행렬로 구성할 수 있으며, 세부적인 영상처리에 이용될 수 있다.

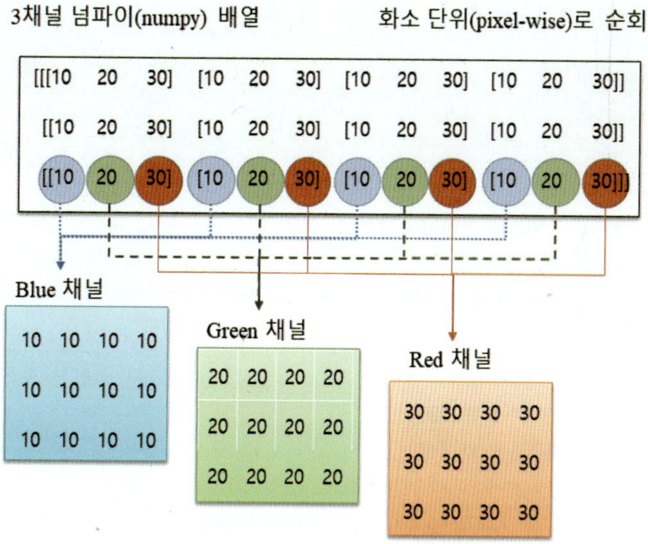

〈그림 5.2.1〉 3채널 넘파이 배열 및 컬러 영상의 각 채널

<table>
<tr><th colspan="3">함수 설명</th></tr>
<tr><td colspan="3">cv2.merge(mv[, dst]) → dst
■ 설명: 여러 개의 단일채널 배열을 다채널 배열로 합성한다.</td></tr>
<tr><td rowspan="2">인수 설명</td><td>■ mv</td><td>합성될 입력 배열 혹은 벡터, 합성될 단일채널 배열들의 크기와 깊이(depth)가 동일해야 함</td></tr>
<tr><td>■ dst</td><td>입력 배열과 같은 크기와 같은 깊이의 출력 배열</td></tr>
<tr><td colspan="3">cv2.split(m[, mv]) → mv
■ 설명: 다채널 배열을 여러 개의 단일채널 배열로 분리한다.</td></tr>
<tr><td rowspan="2">인수 설명</td><td>■ m</td><td>입력되는 다채널 배열</td></tr>
<tr><td>■ mv</td><td>분리되어 반환되는 단일채널 배열들의 벡터</td></tr>
</table>

다음은 단일채널 행렬을 여러 개 합치거나, 다채널을 분리하는 등 채널을 처리하는 함수에 대한 설명이다.

간단한 예제로 채널에 대한 개념을 알아보자. 다음 예제는 단일채널 행렬 3개를 만들고, 3개의 채널을 합쳐 하나의 다채널 행렬로 생성한다. 그런 후에 합쳐진 다채널 행렬을 다시 단일채널 행렬로 분리하는 방법을 보여준다.

예제 5.2.1 채널 분리 및 합성 - 02.mat_channel.py

```
01  import numpy as np
02  import cv2
03
04  ## numpy.ndarray를 이용해 행렬 생성 및 초기화 방법
05  ch0 = np.zeros((2, 4), np.uint8) + 10                # 0 원소 행렬 선언 후 10 더하기
06  ch1 = np.ones((2, 4), np.uint8) * 20                 # 1 원소 행렬 선언 후 20 곱하기
07  ch2 = np.full((2, 4), 30, np.uint8)                  # 행렬을 생성하며 30으로 초기화
08
09  list_bgr = [ch0, ch1, ch2]                           # 단일채널 행렬들을 모아 리스트 구성
10  merge_bgr = cv2.merge(list_bgr)                      # 채널 합성
11  split_bgr = cv2.split(merge_bgr)                     # 채널 분리: 컬러 영상 → 3채널 분리
13
14  print(“split_bgr 행렬 형태”, np.array(split_bgr).shape)
15  print(“merge_bgr 행렬 형태”, merge_bgr.shape)
16  print(“[ch0] = \n%s” % ch0)                           # 단일채널 원소 출력
17  print(“[ch1] = \n%s” % ch1)
18  print(“[ch2] = \n%s\n” % ch2)
19  print(“[merge_bgr] = \n %s\n” % merge_bgr)            # 다채널 원소 출력
20
21  print(“[split_bgr[0]] =\n%s “ % split_bgr[0])         # 분리 채널 결과 출력
22  print(“[split_bgr[1]] =\n%s “ % split_bgr[1])
23  print(“[split_bgr[2]] =\n%s “ % split_bgr[2])
```

| 설명 |

① 5~7행은 단일채널 np.uint8형의 행렬 ch0, ch1, ch2을 선언하고, 행렬 원소를 초기화하는 방법들을 예시한 것이다. 즉, 5행은 10을 더하고, 6행은 20을 곱하고, 7행은 30을 할당하여 초기화한다.

② 9행은 단일채널 행렬 3개를 원소로 갖는 리스트 rgb_arr을 선언한다. 이것은 2차원 ndarray 객체로 리스트의 원소를 초기화하는 방식이다. 따라서 rgb_arr은 3차원 리스트가 된다.

③ 10행은 단일채널 행렬들을 묶어서 하나의 다채널 행렬로 합치는 방법이다. cv2.merge() 함수에 행렬을 원소로 갖는 리스트(list_arr)를 입력하면 3채널을 갖는 행렬이 반환된다.

④ 11행은 합성된 행렬(merge_bgr)을 cv2.split() 함수로 분리한 결과 행렬은 split_bgr이다. 따라서 분리된 split_bgr는 단일채널 행렬을 원소로 갖는 리스트이다.

⑤ 14행은 numpy 모듈의 shape() 함수를 적용하기 위해 ndarray 객체로 변경하여 행렬의 형태를 출력한다.

⑥ 15행은 cv2.merge() 함수의 반환자료형이 ndarray 객체이기 때문에 바로 shape() 함수를 적용하여 행렬의 행태를 구한다.

⑦ 16~18행은 각 단일채널(ch0, ch1, ch2)의 원소값을 콘솔창에 출력한다.

⑧ 19행은 합성된 행렬(merge_bgr)의 원소를 콘솔 창에 출력한다. 여기서 다채널 행렬의 원소 출력 순서는 화소 단

위(pixel-wise)로 순회하는 순서다.

⑨ 21~23행은 분리된 단일채널 행렬을 각각 출력한다.

| 실행결과 |

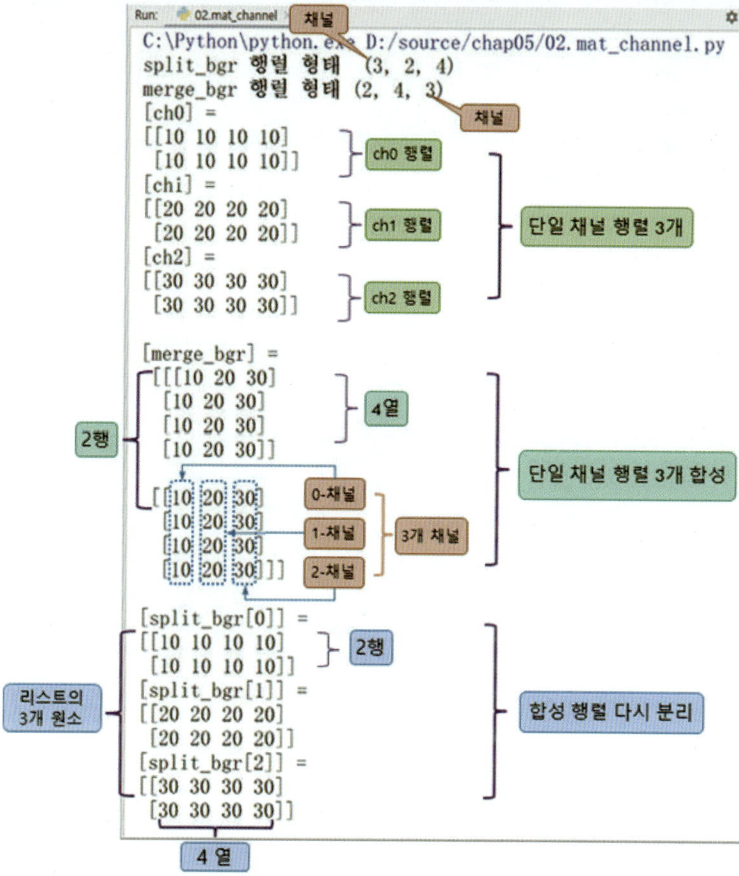

실행 결과에서 0-채널, 1-채널, 2-채널이라고 표시된 부분은 첨자가 0인 Blue 채널, 첨자가 1인 Green 채널, 첨자가 2인 Red 채널을 의미한다.

다음 예제는 실제로 컬러 영상을 읽어서 윈도우에 띄우고, 컬러 영상에서 채널들을 분리하여 각각 윈도우에 표시한다.

예제 5.2.2 컬러 채널 분리 - 03.image_channels.py

```
01  import cv2
02
03  image = cv2.imread(“images/color.jpg”, cv2.IMREAD_COLOR)          # 영상 읽기
04  if image is None: raise Exception(“영상파일 읽기 오류”)             # 예외 처리
05  if image.ndim != 3: raise Exception(“컬러 영상 아님”)     # 예외 처리-컬러 영상 확인
06
07  bgr = cv2.split(image)                                  # 채널 분리: 컬러 영상 → 3채널 분리
08  # blue, green, red = cv2.split(image)                   # 3개 변수로 반환받기 가능
09  print(“bgr 자료형:”, type(bgr), type(bgr[0]), type(bgr[0][0][0]) )
10  print(“bgr 원소개수:” len(bgr))
11
12  ## 각 채널을 윈도우에 띄우기
13  cv2.imshow(“image”, image)
14  cv2.imshow(“Blue channel” , bgr[0])                     # Blue 채널
15  cv2.imshow(“Green channel”, bgr[1])                     # Green 채널
16  cv2.imshow(“Red channel” , bgr[2])                      # Red 채널
17  # cv2.imshow(“Blue channel” , image[:,:,0])             # 넘파이 객체 인덱싱 방식
18  # cv2.imshow(“Green channel”, image[:,:,1])
19  # cv2.imshow(“Red channel” , image[:,:,2])
20  cv2.waitKey(0)
```

| 설명 |

① 3행은 영상파일인 color.jpg를 읽은 후, image 행렬을 컬러 타입으로 저장한다.

② 4행은 영상파일이 존재하지 않으면 예외 처리를 수행한다.

③ 5행은 컬러 영상 예외 처리는 image 행렬이 3차원 행렬인지를 검사한다.

④ 7행은 cv2.split() 함수를 사용해서 3채널 행렬을 단일채널 행렬 3개로 분리하여 bgr 리스트에 저장한다.

⑤ 8행은 cv2.split() 함수의 반환 자료형은 리스트이기 때문에 분리해서 각각 행렬에 저장할 수도 있다.

⑥ 9행은 분리한 bgr 리스트의 자료형, 첫 번째 원소(단일채널)의 자료형을 출력한다. 또한, 단일채널의 한 화소의 자료형을 출력한다.

⑦ 10행은 bgr 리스트의 원소 개수를 출력한다.

⑧ 13~16행은 cv2.imshow() 함수를 이용해서 각 채널을 윈도우에 표시한다.

⑨ 13행에서는 image 행렬이 3채널이므로 cv2.imshow() 함수는 컬러 영상으로 표시한다.

⑩ 14~16행은 분리된 단일채널 행렬을 영상으로 표시한다. 채널 순서가 Blue, Green, Red 이므로, bgr[0]은 Blue 채널, bgr[1]은 Green 채널, bgr[2]은 Red 채널이다. cv2.imshow() 함수는 3채널 행렬은 컬러 영상으로 표시하며, 단일채널 행렬을 명암도 영상으로 표시한다.

⑪ 17~19행은 각 채널 분리를 하지 않고 넘파이 객체 인덱싱으로 채널 정보를 가져올 수도 있다.

| 실행결과 |

Run: 03.image_channels

```
C:\Python\python.exe D:/source/chap05/03.image_channels.py
bgr 자료형: <class 'list'> <class 'numpy.ndarray'> <class 'numpy.uint8'>
bgr 원소개수: 3
```

bgr 자료형 / bgr 원소(단일채널) 자료형 / 단일채널의 원소 자료형

실행 결과에서 보듯이 우상단의 'Blue channel'을 살펴보면, 아래쪽이 파란색 마크 부분이 밝다. 좌하단의 'Green channel'에서는 아래쪽의 녹색을 띄는 진열대 부분이 밝으며, 우하단의 'Red channel'에서는 원본 영상에서 왼쪽의 냉장 전시물의 붉은색 문 부분에서 밝게 나타난다. 이와 같이 Blue 채널이면 파란색, Green 채널이면 녹색, Red 채널이면 빨간색 부분이 밝게 나타남을 알 수 있다.

5.3 산술 연산 함수

행렬 연산은 주로 다음 〈그림 5.3.1〉과 같이 첫 번째 배열의 i번째 원소와 두 번째 배열의 i번째 원소 간에 연산을 수행해서 결과 배열의 i번째 원소에 저장하는 방식을 취한다. 이러한 방식을 원소간(per-element, element-wise) 연산이라 한다.

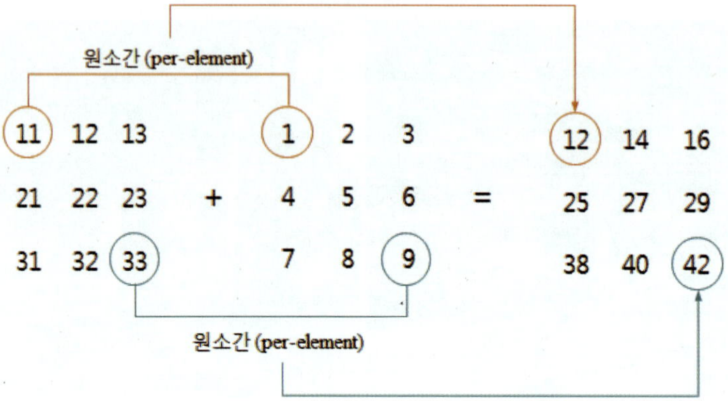

〈그림 5.3.1〉 두 행렬의 원소 간 연산 과정

5.3.1 사칙 연산

OpenCV에서 배열에 대한 사칙 연산은 두 배열의 원소간(per-element) 연산을 수행한다. 다음 도표는 사칙 연산을 위한 OpenCV 함수이다. 여기서 saturate()는 0이하는 0으로 255이상은 255로 범위를 한정시키는 연산이다.

함수 설명		
cv2.add(src1, src2[, dst[, mask[, dtype]]]) → dst		
■ 설명: 두 개의 배열 혹은 배열과 스칼라의 각 원소 간 합을 계산한다. 입력 인수 src1, src2 중 하나는 스칼라값일 수 있다.		
■ 수식 : $dst(i) = saturate(src1(i) + src2(i)) \quad \text{if } mask(i) \neq 0$ $dst(i) = saturate(src1 \quad + src2(i)) \quad \text{if } mask(i) \neq 0$ $dst(i) = saturate(src1(i) + src2 \quad) \quad \text{if } mask(i) \neq 0$		
인수 설명	■ src1	첫 번째 입력 배열 혹은 스칼라
	■ src2	두 번째 입력 배열 혹은 스칼라
	■ dst	계산된 결과의 출력 배열
	■ mask	연산 마스크: 0이 아닌 마스크 원소의 위치만 연산 수행(8비트 단일채널)
	■ dtype	출력 배열의 깊이

cv2.subtract(src1, src2[, dst[, mask[, dtype]]]) → dst

■ 설명: 두 개의 배열 혹은 배열과 스칼라의 각 원소 간 차분을 계산한다. add() 함수의 인수와 동일하다.

■ 수식 : $dst(i) = saturate(src1(i) - src2(i)) \quad \text{if } mask(i) \neq 0$

$dst(i) = saturate(src1 \quad - src2(i)) \quad \text{if } mask(i) \neq 0$

$dst(i) = saturate(src1(i) - src2 \quad) \quad \text{if } mask(i) \neq 0$

---

cv2.multiply(src1, src2[, dst[, scale[, dtype]]]) → dst

■ 설명: 두 배열의 각 원소 간 곱을 계산한다.

■ 수식: $dst(i) = saturate(scale \cdot src1(i)) \cdot src2(i)$

인수 설명		
	■ scale	두 배열의 원소 간 곱할 때 추가로 곱해주는 배율

---

cv2.divide(src1, src2[, dst[, scale[, dtype]]]) → dst

■ 설명: 두 배열의 각 원소 간 나눗셈을 수행한다.

■ 수식: $dst(i) = saturate(scale \cdot src1(i)/src2(i))$

---

cv2.divide(scale, src2[, dst[, dtype]]) → dst

■ 설명: 스칼라값과 행렬원소간 나눗셈을 수행한다.

■ 수식: $dst(i) = scale/src2(i)$

---

cv2.addWeighted(src1, alpha, src2, beta, gamma[, dst[, dtype]]) → dst

■ 설명: 두 배열의 각 원소에 가중치를 곱한 후에 각 원소 간 합 즉, 가중된(weighted) 합을 계산한다.

■ 수식: $dst(i) = saturate(src1(i) \cdot alpha + src2(i) \cdot beta + gamma$

인수 설명		
	■ alpha	첫 번째 배열의 모든 원소에 대한 가중치
	■ beta	두 번째 배열의 모든 원소에 대한 가중치
	■ gamma	두 배열의 원소 간 합에 추가로 더해주는 스칼라

위 도표를 살펴보면, $src1(i)$과 $src2(i)$는 $src1$ 배열과 $src2$ 배열의 i번째 원소를 의미한다. 이것은 배열의 모든 원소를 이용한 연산을 한다는 의미를 담고 있다. 또한, 입력 인수($src1$, $src2$)은 넘파이의 ndarray 객체만 가능하며, 리스트나 튜플을 인수로 사용할 수 없음에 유의해야 한다.

mask는 연산 마스크라고 하는 8비트의 단일채널 배열로서, 입력 배열의 원소 중에서 mask 배열의 원소가 0이 아닌 위치만 연산 대상으로 한다. 따라서 원하는 위치에 대해서 연산을 수행하고자 할 때, mask 배열의 원하는 위치만 0이 아닌 값으로 지정하면 된다. 또한 스칼라(scalar)는 방향을 가지지 않고 크기만 갖는 물리량으로서, 예로 질량, 온도, 에너지 등을 들 수 있다. 본 교재에서는 간단히 하나의 수치로 대표되는 상수(constant)를 의미한다.

다음 예제는 두 개의 행렬을 만든 후, 사칙 연산을 수행하는 과정을 예시한다. 특히 덧셈 연산과 뺄셈 연산에서는 mask을 사용하는 방법을 확인해 보기 바란다. 또한, 곱셈 연산과 나눗셈 연산을 수행하는 과정에서 행렬의 자료형의 범위를 벗어날 수 있으므로, 형변환(type casting)에 유의해야 한다.

예제 5.3.1 행렬 산술 연산 - 04.arithmethic_op.py

```
01  import numpy as np, cv2
02
03  m1 = np.full((3, 6), 10, np.uint8)                      # 단일채널 생성 및 초기화
04  m2 = np.full((3, 6), 50, np.uint8)
05  m_mask = np.zeros(m1.shape, np.uint8)                  # 마스크 생성
06  m_mask[ :, 3: ] = 1                                    # 관심 영역을 지정한 후, 1을 할당
07
08  m_add1 = cv2.add(m1, m2)                               # 행렬 덧셈
09  m_add2 = cv2.add(m1, m2, mask=m_mask)                  # 관심 영역만 덧셈 수행
10
11  ## 행렬 나눗셈 수행
12  m_div1 = cv2.divide(m1, m2)
13  m1 = m1.astype(np.float32)                             # 소수 부분 보존위해 형변환
14  m2 = np.float32(m2)                                    # 형변환 방법2
15  m_div2 = cv2.divide(m1, m2)
16
17  titles = [‘m1’, ‘m2’, ‘m_mask’, ‘m_add1’, ‘m_add2’, ‘m_div1’, ‘m_div2’]
18  for title in titles:
19      print(“[%s] = \n%s \n” % (title, eval(title)))
```

| 설명 |

① 1행에서 라이브러리를 임포트 할 때, 콤마를 이용해서 한 행에 여러 개를 임포트할 수 있다.

② 5행은 행렬 내부의 원소 중에 연산 대상을 선택하기 위한 mask 행렬을 생성한다.

③ 6행은 mask 행렬에 관심 영역을 지정하여 지정된 영역의 원소값을 1로 저장한다. 관심 영역의 [:, 3:]은 슬라이스 연산자(:)로 지정한다. 콜론 앞은 영역 시작점이고 뒤는 영역 종료점이다. 만약 콜론 앞에 값이 없으면 첫 행/열을 의미하며, 뒤에 값이 없으면 마지막 행/열을 의미한다. 따라서 첫 행부터 마지막 행까지 모든 행을 포함하며, 3열부터 마지막 열까지를 포함한다.

④ 8, 9행은 두 행렬(m1, m2)의 원소 간 덧셈한다. m_add1은 모든 원소끼리 더하고, m_add2는 m1, m2의 원소끼리 더하는데 m_mask의 원소값이 1인 위치만 더한다.

⑤ 12행은 두 행렬 원소 간 나눗셈 연산을 수행한다. 행렬의 자료형이 np.uint8형이기 때문에 계산 과정에서 소수점 이하의 값이 소실되어 반환된다.

⑥ 13, 14행은 나눗셈으로 인한 소수 부분 소실을 방지하고자 미리 행렬 원소의 자료형을 32비트 실수형(np.float32)형으로 변환한다.

⑦ 13행은 ndarray 클래스 내부 메소드인 astype() 함수를 이용한다.

⑧ 14행은 numpy 라이브러리의 형변환 메소드를 이용한다.

⑨ 15행은 실수형 행렬의 원소간 나눗셈 연산을 수행한다.

⑩ 17~19행은 각 행렬의 원소를 출력한다.

| 실행결과 |

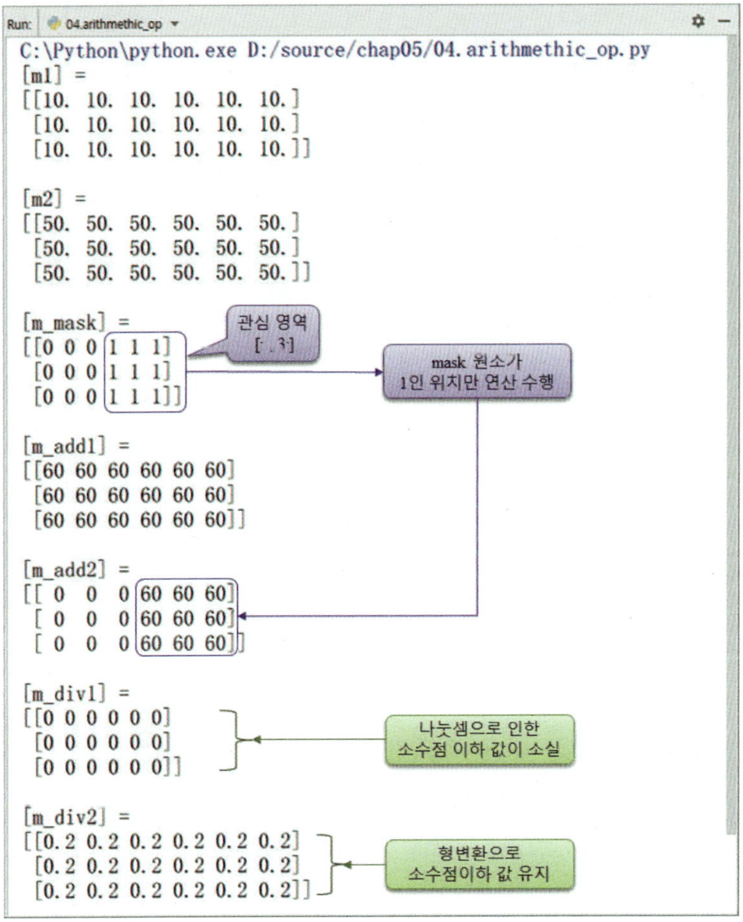

5.3.2 지수, 로그, 제곱근 관련 함수

OpenCV는 배열 원소의 지수와 로그 및 제곱근 관련 함수를 지원한다. 예로 cv2.exp()는 지수를 계산하고, cv2.log()는 절댓값에 대한 자연로그를 계산한다. 물론 제곱근과 거듭제곱을 구해주는 함수인 cv2.sqrt()와 cv2.pow()도 있다. 이런 모든 함수는 두 배열의 원소 간에 대한 연산이다.

함수 설명	
cv2.exp(src[, dst]) → dst ■ 설명: 모든 배열 원소의 지수(exponent)를 계산한다. ■ 수식 : $dst(i)=e^{src(i)}$	
인수 설명	■ src, dst 입력 배열, 입력 배열과 같은 크기와 타입의 출력 배열
cv2.log(src[, dst]) → dst ■ 설명: 모든 배열 원소의 절대값에 대한 자연 로그를 계산한다. ■ 수식 : $dst(i)=\begin{cases}\log\lvert src(i)\rvert & \text{if } src(i)\neq 0\\ c & otherwise\end{cases}$	
cv2.sqrt(src[, dst]) → dst ■ 설명: 모든 배열 원소에 대해 제곱근을 계산한다. ■ 수식 : $dst(i)=\sqrt{src(i)}$	
cv2.pow(src, power[, dst]) → dst ■ 설명: 모든 배열 원소에 대해서 제곱 승수를 계산한다. ■ 수식 : $dst(i)=\begin{cases}src(i)^{power} & \text{if } power\ is\ integer\\ \lvert src(i)\rvert^{power} & otherwise\end{cases}$	
인수 설명	■ power 제곱 승수
cv2.magnitude(x, y[, magnitude]) → magnitude ■ 설명: 2차원 배열들의 크기(magnitude)를 계산한다. ■ 수식 : $magnitude(i)=\sqrt{x(i)^2+y(i)^2}$	
인수 설명	■ x, y x, y 좌표들의 입력 배열 ■ magnitude 입력 배열과 같은 크기의 출력 배열
cv2.phase(x, y[, angle[, angleInDegrees]]) → angle ■ 설명: 2차원 배열의 회전 각도를 계산한다. 수식 : $angle(i)=\mathrm{a}\tan 2(y(i), x(i))\cdot[180/\pi]$	
인수 설명	■ angle 각도들의 출력 배열 ■ angleInDegrees True: 각을 도(degree)로 측정, False: 각을 라디안(radian)으로 측정
cv2.cartToPolar(x, y[, magnitude[, angle[, angleInDegrees]]]) → magnitude, angle ■ 설명: 2차원 배열들의 크기(magnitude)와 각도를 계산한다. ■ 수식 : $magnitude(i)=\sqrt{x(i)^2+y(i)^2}$ $angle(i)=\tan^{-1}(y(i), x(i))\cdot[180/\pi]$	
cv2.polarToCart(magnitude, angle[, x[, y[, angleInDegrees]]]) → x, y ■ 설명: 각도와 크기(magnitude)로부터 2차원 배열들의 좌표를 계산한다. ■ 수식 : $x(i)=magnitude(i)\cdot\cos(angel(i))$ $y(i)=magnitude(i)\cdot\sin(angel(i))$	

다음의 예제를 통해서 그 사용법을 확인해 보자. 여기서 2차원 행렬(열벡터)을 1행에 표시하는 방법도 예시한다.

예제 5.3.2 행렬 지수 및 로그 연산 - 05.exp_log.py

```
import numpy as np, cv2

## ndarray 생성 예시
v1 = np.array([1, 2, 3], np.float32)                # 1차원 리스트로 행렬 생성
v2 = np.array([[1], [2], [3]], np.float32)          # 2차원 리스트(3행, 1열) - 열벡터
v3 = np.array([[1, 2, 3]], np.float32)              # 2차원 리스트(1행, 3열) - 행벡터

## OpenCV 산술 연산 함수 - 입력 인수로 ndarray 객체만 가능함
v_exp = cv2.exp(v1)                                 # 1차원 행렬에 대한 지수
m_exp = cv2.exp(v2)                                 # 행벡터(1×3)에 대한 지수 계산
m_exp = cv2.exp(v3)                                 # 열벡터(3×1)에 대한 지수 계산
v_log = cv2.log(v1)                                 # 로그 계산
m_sqrt= cv2.sqrt(v2)                                # 제곱근 계산
m_pow = cv2.pow(v3, 3)                              # 3의 거듭제곱 계산

## 행렬 정보 결과 출력
print("[v1] 형태: %s 원소: %s" % (v1.shape, v1))
print("[v2] 형태: %s 원소: %s" % (v2.shape, v2))
print("[v3] 형태: %s 원소: %s" % (v3.shape, v3))
print()

## 행렬 정보 출력 - OpenCV 결과는 행렬로 반환됨
print("[v1_exp] 자료형: %s 형태: %s" % (type(v1_exp), v1_exp.shape))
print("[v2_exp] 자료형: %s 형태: %s" % (type(v2_exp), v2_exp.shape))
print("[v3_exp] 자료형: %s 형태: %s" % (type(v3_exp), v3_exp.shape))
print()

## 열벡터를 1행에 출력하는 예시
print("[log] =", log.T)                             # 전치하여 행벡터(1행, n열)로 변경
print("[sqrt] =", np.ravel(sqrt))                   # 전개하여 1차원 행렬로 변경
print("[pow] =", pow.flatten())                     # 전개하여 1차원 행렬로 변경
```

| 설명 |

① 4~6행에서 넘파이 배열을 선언한다.

② 9~11행은 1차원 행렬과 2차원 행렬(행벡터, 열벡터)을 인수로 지수 함수를 계산한다. 입력 행렬이 1차원 행렬이라도 2차원 행렬로 반환한다.

③ 12~14행은 각각 자연로그, 제곱 승수, 3의 거듭제곱을 계산한다.

④ 17~19행은 생성 행렬(ndarray)의 형태(차원 확인용)와 원소값을 출력한다.

⑤ 23~25행은 OpenCV 지수 함수의 반환 자료형과 반환 행렬의 형태를 출력한다.

⑥ 29~31행은 2차원의 열벡터로 반환된 행렬의 원소를 1행으로 출력하는 다양한 방법을 예시한다.

⑦ 29행은 행렬의 전치를 통해 행벡터로 변환해서 한 열에 출력한다.

⑧ 30행은 넘파이 모듈의 ravel() 함수를 이용해서 2차원 행렬을 벡터(1차원)로 변환한다. 이 함수는 리스트나 넘파이 배열뿐만 아니라 모든 다차원 배열을 벡터(1차원)로 변환할 수 있다.

⑨ 31행은 ndarray 클래스의 내부 메소드인 flatten() 함수를 이용해서 벡터로 변환한다.

| 실행결과 |

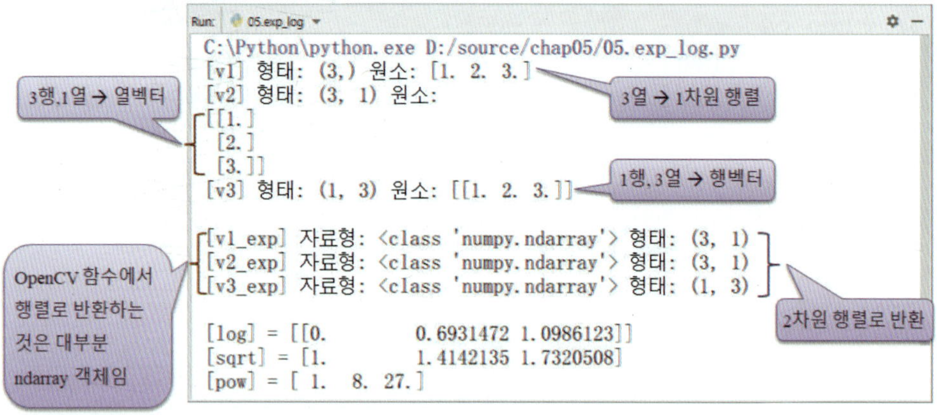

다음은 cv2.magnitude()와 cv2.phase() 함수의 사용법을 예시한다. OpenCV 함수에서 연산의 결과가 실수값을 갖는 경우 대부분 입력 행렬 원소의 자료형도 np.float32형이어야 한다.

예제 5.3.3 행렬 크기 및 위상 연산 – 06.magnitude.py

```
import numpy as np, cv2

x = np.array([1, 2, 3, 5, 10], np.float32)            # 리스트로 ndarray 객체 생성
y = np.array([2, 5, 7, 2, 9]).astype("float32")       # 행렬 생성 후 실수형 변환
```

```
05
06 mag = cv2.magnitude(x, y)                                    # 크기 계산
07 ang = cv2.phase(x, y)                                        # 각도(방향) 계산
08 p_mag, p_ang = cv2.cartToPolar(x, y)                         # 극 좌표로 변환
09 x2, y2 = cv2.polarToCart(p_mag, p_ang)                       # 직교좌표로 변환
10
11 print("[x] 형태: %s 원소: %s" % (x.shape, x) )               # 1차원 행렬
12 print("[mag] 형태: %s 원소: %s" % (mag.shape, mag) )         # 2차원 열벡터
13
14 print(">>>열벡터를 1행에 출력하는 방법")
15 print("[m_mag] = %s" % mag.T)                                # 행렬 전치
16 print("[p_mag] = %s" % np.ravel(p_mag))                      # ravel() 함수로 전개
17 print("[p_ang] = %s" % np.ravel(p_ang))
18 print("[x_mat2] = %s" % x2.flatten())                        # 2차원 행렬 전개
19 print("[y_mat2] = %s" % y2.flatten())
```

| 설명 |

① 3, 4행은 ndarray 객체를 생성하고 1차원 리스트로 초기화한다.

② 6행은 cv2.magnitude() 함수로 두 벡터(x, y)의 원소 간 크기(magnitude)를 계산하고 mag 행렬에 저장한다.

③ 7행은 cv2.phase() 함수로 두 벡터의 원소 간 각도를 계산하고 ang 행렬에 저장한다.

④ 8행은 cv2.cartToPolar() 함수로 두 벡터의 크기와 각도를 한 번에 계산하여 반환한다. 여기서 결과는 튜플로 반환되며, 변수명을 각각 지정해서 따로 반환받을 수 있다.

⑤ 9행은 cv2.polarToCart() 함수를 이용해서 8행에서 계산된 크기와 각도 행렬(m_mag, m_ang)로 각 원소의 x, y 좌표를 계산하여 x2, y2 행렬로 반환한다.

⑥ 11행은 입력 행렬인 x와 출력 행렬인 mag의 형태와 원소값을 출력한다. 1차원 행렬은 (5,) 와 같이 표현되며 열에 대한 정보 없이 행만 표시한다.

⑦ 12행은 OpenCV 함수에서 입력 행렬이 1차원 행렬이라도, 2차원 행렬(행벡터)로 반환되는 경우가 많다.

⑧ 15~19행은 2차원 행렬(열벡터)을 1행에 표시하는 방법의 예시이다.

| 실행결과 |

```
Run: 06.magnitude
C:\Python\python.exe D:/source/chap05/06.magnitude.py
[x] 형태: (5,) 원소: [ 1.   2.   3.   5.  10.]
[mag] 형태: (5, 1) 원소: [[ 2.236068 ]
 [ 5.3851647]
 [ 7.615773 ]
 [ 5.3851647]
 [13.453624 ]]
>>>열벡터를 1행에 출력하는 방법
[m_mag] = [[ 2.236068    5.3851647   7.615773    5.3851647  13.453624 ]]
[p_mag] = [ 2.236068    5.3851647   7.615773    5.3851647  13.453624 ]
[p_ang] = [1.1071129 1.1902124 1.1658309 0.3805839 0.7329612]
[x_mat2] = [1.0000718 2.000388  3.0005162 4.999845  9.998685 ]
[y_mat2] = [1.9999641 4.9998446 6.999779  2.0003877 9.001461 ]
```

실행결과를 보면, OpenCV에서 입력과 출력 인수가 행렬일 때에는 대부분 numpy.ndarray 객체로 반환되며, 2차원 행렬일 경우가 많다.

5.3.3 논리(비트) 연산 함수

다음은 행렬 원소의 논리 연산과 관련된 함수에 대한 설명이다. 이 함수들은 원소의 비트 단위로(bit-wise) 논리 연산을 수행한다.

함수 설명
cv2.bitwise_and(src1, src2[, dst[, mask]]) → dst ■ 설명: 두 배열의 원소 간 혹은 배열 원소와 스칼라 간의 비트별(bit-wise) 논리곱(AND) 연산을 수행한다. 입력 인수 src1, src2 중 하나는 스칼라값일 수 있다. ■ 수식: $dst(i)=src1(i) \wedge src2(i)$ if $mask(i) \neq 0$ $dst(i)=src1(i) \wedge src2$ if $mask(i) \neq 0$ $dst(i)=src1 \wedge src2(i)$ if $mask(i) \neq 0$
cv2.bitwise_or(src1, src2[, dst[, mask]]) → dst ■ 설명: 두 개의 배열 원소 간 혹은 배열 원소와 스칼라 간의 비트별 논리합(OR) 연산을 수행한다. ■ 수식: $dst(i)=src1(i) \vee src2(i)$ if $mask(i) \neq 0$ $dst(i)=src1(i) \vee src2$ if $mask(i) \neq 0$ $dst(i)=src1 \vee src2(i)$ if $mask(i) \neq 0$
cv2.bitwise_xor(src1, src2[, dst[, mask]]) → dst ■ 설명: 두 개의 배열 원소 간 혹은 배열 원소와 스칼라 간의 비트별 배타적 논리합(OR) 연산을 수행한다.
cv2.bitwise_not(src[, dst[, mask]]) → dst ■ 설명: 입력 배열의 모든 원소마다 비트 보수 연산을 한다. 쉽게 말하자면 반전시킨다. ■ 수식: $dst(i)=\sim src(i)$

인수 설명	■ src1	첫 번째 입력 배열 혹은 스칼라값
	■ src2	두 번째 입력 배열 혹은 스칼라값
	■ dst	입력 배열과 같은 크기의 출력 배열
	■ mask	마스크 연산 수행(8비트 단일채널 배열) – 마스크 배열의 원소가 0이 아닌 좌표만 계산을 수행

먼저, 간단한 예제를 통해서 행렬 원소에 대한 비트 연산의 예를 보인다.

예제 5.3.4 행렬 비트 연산 - 07.bitwise_op.py

```
01  import numpy as np, cv2
02
03  image1 = np.zeros((300, 300), np.uint8)                    # 300행, 300열 검은색(0) 영상 생성
04  image2 = image1.copy()                                     # image1 복사
05
06  h, w = image1.shape[:2]
07  cx, cy = w//2, h//2                                        # 중심 좌표
08  cv2.circle(image1, (cx, cy), 100, 255, -1)                 # 중심에 원 그리기
09  cv2.rectangle(image2, (0, 0, cx, h), 255, -1)              # 영상의 가로 절반
10
11  image3 = cv2.bitwise_or(image1, image2)                    # 원소 간 논리합
12  image4 = cv2.bitwise_and(image1, image2)                   # 원소 간 논리곱
13  image5 = cv2.bitwise_xor(image1, image2)                   # 원소 간 배타적 논리합
14  image6 = cv2.bitwise_not(image1)                           # 행렬 반전
15
16  cv2.imshow("image1", image1);          cv2.imshow("image2", image2)
17  cv2.imshow("bitwise_or", image3);      cv2.imshow("bitwise_and", image4)
18  cv2.imshow("bitwise_xor", image5);     cv2.imshow("bitwise_not", image6)
19  cv2.waitKey(0)
```

| 설명 |

① 6행은 image1 행렬의 형태(shape)를 가져와서 영상의 높이와 너비를 저장한다.

② 7행은 나눗셈 몫 연산자(//)로 너비와 높이의 중심점(cx, cy)을 계산한다.

③ 8행은 image1 행렬의 중심에 흰색의 원을 그린다. 두 번째 인수는 원의 중심 좌표(x,y)로 입력해야 한다. 다섯 번째 인수(thickness)로 –1을 적용하면 원의 내부를 해당 색상으로 채운다.

③ 9행은 image2 행렬의 가로 절반을 차지하도록 관심 영역으로 흰색 사각형을 그린다.

④ 11행은 원과 사각형의 원소 간의 논리합을 계산하여 반환한다. 즉, 두 행렬 원소 중에서 한쪽이라도 흰색이면 반환 행렬 원소도 흰색이 된다.

⑤ 12행은 두 행렬의 논리곱을 계산하여 두 행렬 원소가 모두 흰색인 곳만 흰색으로 반환된다.

⑥ 14행은 image1 행렬 원소에 보수를 취하여 반전된 영상을 image6 행렬에 저장한다.

⑦ 16행부터는 행렬을 윈도우에 영상으로 표시한다. 세미콜론(;) 연산자로 한 행에 2개 이상의 명령을 표시할 수도 있다.

| 실행결과 |

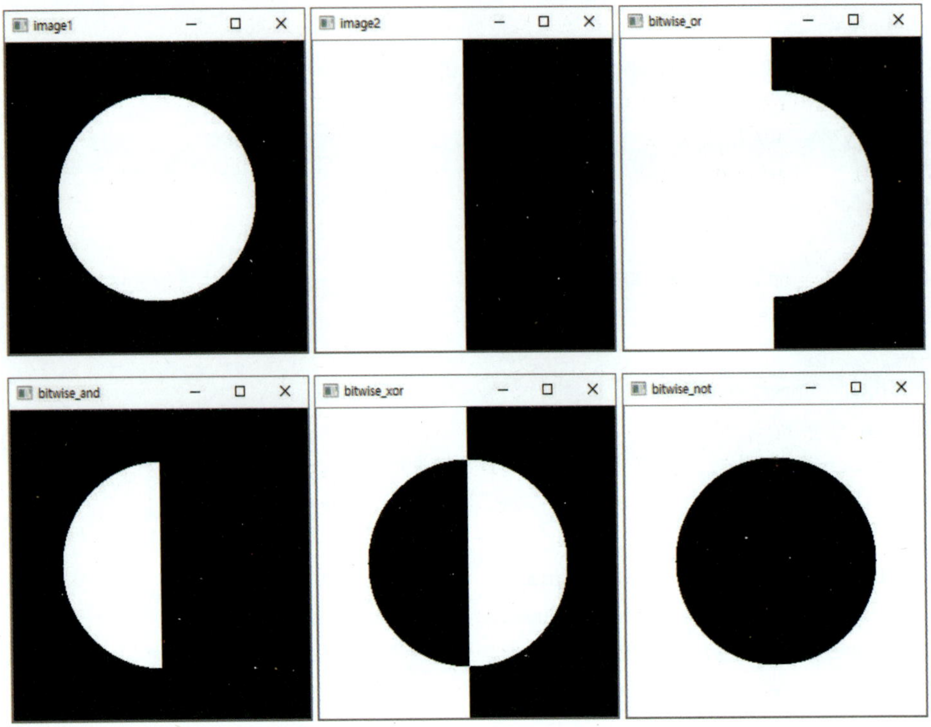

다음은 행렬의 비트 연산을 이용하여 두 컬러 영상을 오버랩하는 심화 예제이다. 컬러 영상을 오버랩하기 위해서 로고 영상을 먼저 각 채널로 분리하여 이진화를 수행한다. 여기서 이진화는 cv2.threshold() 함수를 사용한다.

심화예제 5.3.4 행렬 비트 연산2 – 08.bitwise_overlap.py

```
import numpy as np, cv2

image = cv2.imread("images/bit_test.jpg", cv2.IMREAD_COLOR)      # 원본 영상 읽기
logo  = cv2.imread("images/logo.jpg", cv2.IMREAD_COLOR)          # 로고 영상 읽기
if image is None or logo is None: raise Exception("영상파일 읽기 오류")

masks = cv2.threshold(logo, 220, 255, cv2.THRESH_BINARY)[1]      # 로고 영상 이진화
```

```
08 masks = cv2.split(masks)
09
10 fg_pass_mask = cv2.bitwise_or(masks[0], masks[1])
11 fg_pass_mask = cv2.bitwise_or(masks[2], fg_pass_mask)  # 전경 통과 마스크
12 bg_pass_mask = cv2.bitwise_not(fg_pass_mask)           # 배경 통과 마스크
13
14 (H, W), (h, w) = image.shape[:2], logo.shape[:2]       # 전체 영상, 로고 영상 크기
15 x, y = (W-w)//2, (H-h)//2                              # 시작 좌표 계산
16 roi = image[y:y+h, x:x+w]                              # 관심 영역(roi) 지정
17
18 ## 행렬 논리곱과 마스킹을 이용한 관심 영역 복사
19 foreground = cv2.bitwise_and(logo, logo, mask=fg_pass_mask)    # 로고의 전경만 복사
20 background = cv2.bitwise_and(roi , roi , mask=bg_pass_mask)    # 원본 roi의 배경만 복사
21
22 dst = cv2.add(background, foreground)                  # 로고 전경과 원본 배경 간 합성
23 image[y:y+h, x:x+w] = dst                              # 합성 영상을 원본에 복사
24
25 cv2.imshow('background', background); cv2.imshow('forground', foreground)
26 cv2.imshow('dst', dst);               cv2.imshow('image', image)
27 cv2.waitKey()
```

| 설명 |

① 3~5행은 'bit_test.jpg'와 'logo.jpg' 파일을 읽어서 컬러 타입으로 각 행렬에 저장한다. 두 파일 중에 하나라도 정상적으로 적재하지 않으면 오류 메시지를 출력하고 종료한다.

② 7행은 cv2.threshold() 함수로 이진화를 수행한다. cv2.THRESH_BINARY 옵션은 기준값(220)보다 작은 화소는 0으로, 큰 화소는 255로 만든다. 2 원소 튜플로 반환되기에 [1]번 원소를 가져온다. logo 행렬이 컬러 타입이기 때문에 각 채널별로 이진화를 수행하며, 결과 행렬(masks)도 3채널 행렬이 된다.

③ 8행은 cv2.split() 함수로 3채널인 행렬을 분리하여 단일채널 3개를 갖는 행렬로 만든다.

⑤ 10, 11행은 단일채널 행렬 3개를 cv2.bitwise_or() 함수로 하나로 합쳐서 fg_pass_mask에 저장한다. 즉, 컬러 영상의 각 채널에서 220보다 큰 값을 갖는 부분만 흰색으로 만들어 전경 통과 마스크를 생성한다.

⑥ 12행은 cv2.bitwise_not() 함수로 fg_pass_mask를 반전해서 배경 통과 마스크 bg_pass_mask를 만든다.

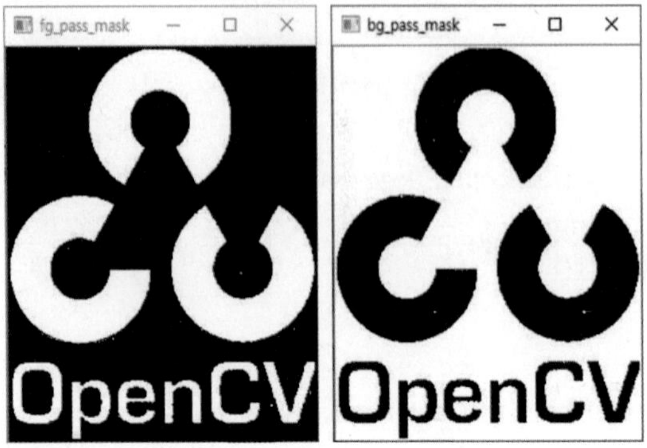

⑦ 14, 15행은 관심 영역을 image의 중앙에 위치하도록 시작 좌표를 계산하는 수식이다. 여기서 두 영상의 형태(shape)의 차분으로 x, y를 구하며, 몫 연산자(//)로 정수값을 취한다.

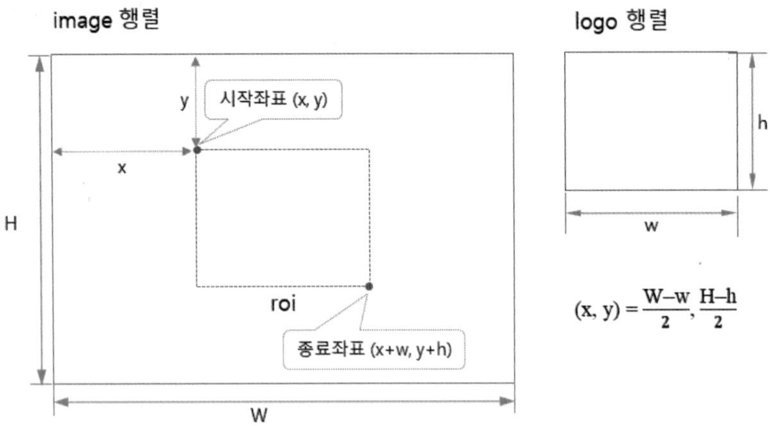

⑧ 19행은 cv2.bitwise_and() 함수로 logo 행렬에 논리곱 연산을 수행한다. 이때, 입력 행렬 두 개에 같은 행렬을 지정하면, 반환 행렬은 입력 행렬을 복사한 결과가 된다. 단, 마스크 행렬의 원소가 0이 아닌 위치만 복사한다. 즉, fg_pass_mask 행렬의 전경이 255이기 때문에 로고의 전경만을 foreground 행렬에 복사한다.

⑧ 20행은 같은 방법으로 image 행렬의 관심 영역을 두 개의 입력하여 논리곱을 수행한다. 이때 bg_pass_mask 행렬(배경 통과 마스크)로 마스킹을 한다. 결과적으로 image의 관심 영역에서 배경을 background 행렬에 복사한다.

⑨ 22행은 복사된 전경 행렬(foreground)과 배경 행렬(background)을 더하여 dst 행렬을 완성한다.

⑩ 23행은 완성된 dst 행렬을 image 행렬의 관심 영역(roi)에 복사한다.

⑪ 25행은 전경 행렬(foreground)과 배경 행렬(background)을 윈도우에 표시한다.

⑫ 26행은 합성 행렬(dst)과 최종 결과 image 행렬을 원도우에 표시한다.

| 실행결과 |

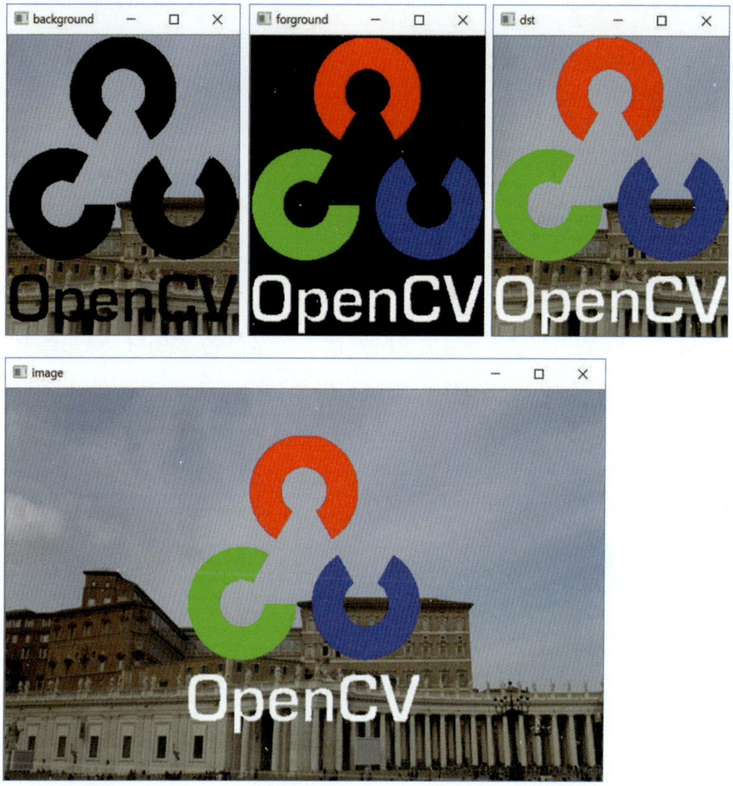

5.4 원소의 절댓값 연산

보통 동영상 프레임을 처리하는 과정에서 행렬의 차분 연산을 종종 하게 된다. 이때 행렬의 원소값이 음수를 허용하지 않을 경우도 있다. 이런 경우 cv2.abs() 함수를 적용한다면 쉽게 다음 영상처리 과정으로 쉽게 넘어갈 수 있다. 다음은 행렬의 원소에 절댓값을 계산하는 함수들이다.

함수 설명
cv2.absdiff(src1, src2[, dst]) → dst ■ 설명: 두 배열간 각 원소간(per-element) 차분 절댓값을 계산한다. src1, src2 중 하나는 스칼라값이 될 수 있다. ■ 수식 : $dst(i) = saturate\,\lvert src1(i) - src2(i) \rvert$ $dst(i) = saturate\,\lvert src1(i) - src2 \rvert$ $dst(i) = saturate\,\lvert src1 - src2(i) \rvert$

인수 설명		
	■ src1, src2	첫 번째 입력 배열, 두 번째 입력 배열
	■ dst	계산된 결과 출력 배열

cv2.convertScaleAbs(src[, dst[, alpha[, beta]]]) → dst

■ 설명: 입력 배열의 각 원소에 alpha만큼 배율을 곱하고 beta 만큼 더한 후에 절댓값을 계산한 결과를 8비트 자료형으로 변환한다.

■ 수식 : $dst(i) = saturate\ cast < uchar > (|src(i) * \alpha + \beta|)$

인수 설명		
	■ alpha	입력 배열의 각 원소에 곱해지는 스케일 팩터(scale factor)
	■ beta	스케일된 값에 더해지는 델타 옵션

다음 예제는 두 개의 영상파일을 읽어서 두 영상의 차분 영상을 구하는 것이다. 차분을 계산하다 보면 특정 원소에서 음수 값이 나올 경우 0으로 만들어버리므로 검은색이 된다. 결국 원하는 처리 결과를 얻지 못할 수도 있다. 이럴 때 사용하는 넘파이 모듈의 함수는 np.absolute() 함수이다.

예제 5.4.1 행렬 절댓값 및 차분 연산 – 10.mat_abs.py

```
import numpy as np, cv2

image1 = cv2.imread("images/abs_test1.jpg", cv2.IMREAD_GRAYSCALE) # 명암도 영상 읽기
image2 = cv2.imread("images/abs_test2.jpg", cv2.IMREAD_GRAYSCALE)
if image1 is None or image2 is None: raise Exception("영상파일 읽기 오류")

dif_img1 = cv2.subtract(image1, image2)                          # 차분 연산
dif_img2 = cv2.subtract(np.int16(image1), np.int16(image2))      # 음수 결과 보존
abs_dif1 = np.absolute(dif_img2).astype('uint8')
abs_dif2 = cv2.absdiff(image1, image2)                           # 차분 절댓값 계산

x, y, w, h = 100, 150, 7, 3                                      # 관심 영역
print("[dif_img1(roi) uint8] = \n%s\n" % dif_img1[y:y+h, x:x+w]) # 관심 영역 원소값 출력
print("[dif_img2(roi) int16]  = \n%s\n"  % dif_img2[y:y+h, x:x+w])
print("[abs_dif1(roi)] = \n%s\n" % abs_dif1[y:y+h, x:x+w])
print("[abs_dif2(roi)] = \n%s\n" % abs_dif2[y:y+h, x:x+w])

titles = ['image1', 'image2', 'dif_img1', 'abs_dif1', 'abs_dif2']  # 윈도우 제목 리스트
for title in titles:
    cv2.imshow(title, eval(title))                               #
cv2.waitKey(0)
```

| 설명 |

① 7행은 cv2.subtract() 함수로 image1과 image2 행렬의 차분을 계산한 후, dif_img1 행렬에 저장한다.

② 8행은 image1과 image2 행렬을 각각 정수형(np.int16)으로 변환하여 차분을 계산한다. 여기서 행렬 원소의 타입이 16비트 부호가 있는 정수형으로 변환했기에 계산 과정에서 부호가 보존되며, 반환 결과 행렬도 np.int16으로 반환된다.

③ 9행은 numpy.absolute() 함수로 두 행렬의 차분에 대한 절댓값을 계산해서 abs_dif1 행렬에 저장한다.

④ 10행은 차분 영상의 음수 값을 양수로 만들기 위해 cv2.absdiff() 함수로 원소들의 절댓값을 계산하고 abs_dif2 행렬에 저장한다.

⑤ 12행은 결과 행렬의 모든 원소값을 출력하기 곤란하여 특정 부분을 관심 영역으로 지정한다. (100, 150) 좌표에서 7×3 크기로 관심 영역이다.

⑥ 13~16행은 각 결과 행렬들의 관심 영역 원소값을 출력한다.

⑦ 18행은 결과 행렬을 반복 순회하며 윈도우에 표시하기 위해서 행렬 이름을 제목으로 리스트를 만든다.

⑧ 20행은 타이틀 이름과 행렬을 같게 하고, eval() 함수로 타이틀 문자열을 행렬 변수로 사용한다.

| 실행결과 |

Run: 09.mat_abs

```
C:\Python\python.exe D:/source/chap05/09.mat_abs.py
[dif_img1(roi) uint8] =
[[ 0  0  0  0  9 12  7]
 [ 0  0  0  0  4  9  3]
 [ 0  0  0 15  0  4  0]]

[dif_img2(roi) int16]  =
[[-100 -106  -80   -6    9   12    7]
 [-105 -109  -72   -4    4    9    3]
 [-106 -109  -58   15   -1    4    0]]

[abs_dif1(roi)] =
[[100 106  80   6   9  12   7]
 [105 109  72   4   4   9   3]
 [106 109  58  15   1   4   0]]

[abs_dif2(roi)] =
[[100 106  80   6   9  12   7]
 [105 109  72   4   4   9   3]
 [106 109  58  15   1   4   0]]
```

차분 영상의 관심영역 일부

int16형으로 변환 후 계산

차분 영상의 절대값 계산 결과

5.4.1 원소의 최솟값과 최댓값

두 행렬의 각 원소를 비교하여 큰 값이나 작은 값을 찾아야 할 때가 종종 있다. 또한, 하나의 행렬에서 가장 큰 값이나 가장 작은 값의 위치를 알면 히스토그램을 그리거나 다른 행렬의 연산 등에서 상당히 유용하다. 이때 사용할 수 있는 함수는 cv2.max(), cv2.min(), cv2.minMaxLoc() 등이 있다.

다음은 최댓값과 최솟값과 관련된 함수에 대한 설명이다.

함수 설명		
cv2.min(src1, src2[, dst]) → dst ■ 설명: 두 입력 배열의 원소 간 비교하여 작은 값을 출력 배열로 반환한다. ■ 수식 : $dst(i) = \min(src1(i), src2(i))$		
인수 설명	■ src1, src2	두 개의 입력 배열
	■ dst	계산 결과 출력 배열
cv2.max(src1, src2[, dst]) → dst ■ 설명: 두 입력 배열의 원소 간 비교하여 큰 값을 배열로 반환한다. ■ 수식: $dst(i) = \max(src1(i), src2(i))$		
cv2.minMaxLoc(src[, mask]) → minVal, maxVal, minLoc, maxLoc ■ 설명: 입력 배열에서 최솟값과 최댓값, 최솟값과 최댓값을 갖는 원소 위치을 반환한다.		
인수 설명	■ src	입력 배열
	■ minVal, maxVal	최솟값, 최댓값
	■ minLoc, maxLoc	최솟값, 최댓값을 갖는 원소 위치(정수형 튜플)

다음은 최솟값/최댓값 관련 함수를 활용법을 확인해 볼 수 있는 예제이다.

예제 5.4.2 행렬 최소값 및 최대값 연산 - 10.mat_min_max.py

```
import numpy as np, cv2

data = [ 10, 200, 5, 7, 9,                    # 1차원 리스트 생성
         15, 35, 60, 80, 170,
         100, 2, 55, 37, 70 ]
m1 = np.reshape(data, (3, 5))                 # 리스트 행태 변환하여 2차원 행렬 생성
m2 = np.full((3, 5), 50)                      # 원소값 50인 2차원 행렬 생성

m_min = cv2.min(m1, 30)                       # 행렬 원소와 스칼라 간 최솟값을 행렬로 저장
m_max = cv2.max(m1, m2)                       # 두 행렬 원소간 최댓값 계산

## 행렬의 최솟값/최댓값과 그 좌표들을 반환
min_val, max_val, min_loc, max_loc = cv2.minMaxLoc(m1)

print("[m1] = \n%s\n" % m1)
print("[m_min] = \n%s\n" % m_min)
print("[m_max] = \n%s\n" % m_max)

```

```
19 ## min_loc와max_loc 좌표는(y, x)이므로 행렬의 좌표 위치와 반대임
20 print("m1 행렬 최솟값 좌표%s, 최솟값: %d" %(min_loc, min_val) )
21 print("m1 행렬 최댓값 좌표%s, 최댓값: %d" %(max_loc, max_val) )
```

| 설명 |

① 3~5행은 1차원 리스트를 생성하여 원소값을 지정한다.

② 6행은 행렬의 형태를 변경하는 numpy.reshape() 함수로 행렬을 생성하여 바로 3행, 5열로 변환한다. 이때 행렬 원소의 자료형은 data 리스트 원소의 자료형을 따른다. 즉, data 원소가 정수형이기 때문에 m1 행렬 원소의 자료형은 정수형(np.int32)이 된다.

③ 7행은 full() 함수로 행렬을 생성해서 50의 값으로 초기화한다. 이때, 행렬 원소의 자료형을 지정하지 않으면 지정된 스칼라값의 자료형을 따른다. 50이 정수형이라서 m2 행렬 원소의 자료형도 정수형(np.int32)이 된다.

④ 9행은 m1 행렬 원소와 스칼라값(30) 중에 작은 값을 m_min 행렬에 저장한다. 이때, m1 행렬 원소의 자료형과 스칼라값(30)의 자료형이 같아야 한다.

④ 10행은 m1 행렬 원소와 m2 행렬 원소 간의 큰 값을 m_max 행렬에 저장한다.

⑤ 13행은 cv2.minMaxLoc() 함수로 입력 행렬 원소의 최솟값, 최댓값 그리고 이들의 좌표 위치를 받아온다. 반환된 좌표 위치의 자료형은 정수형 튜플이다.

⑥ 15~17행은 m1 행렬, m_min 행렬, m_max 행렬을 출력한다.

⑦ 20, 21행은 m1 행렬 원소의 최솟값과 최댓값의 좌표 위치와 그 값을 출력한다.

| 실행결과 |

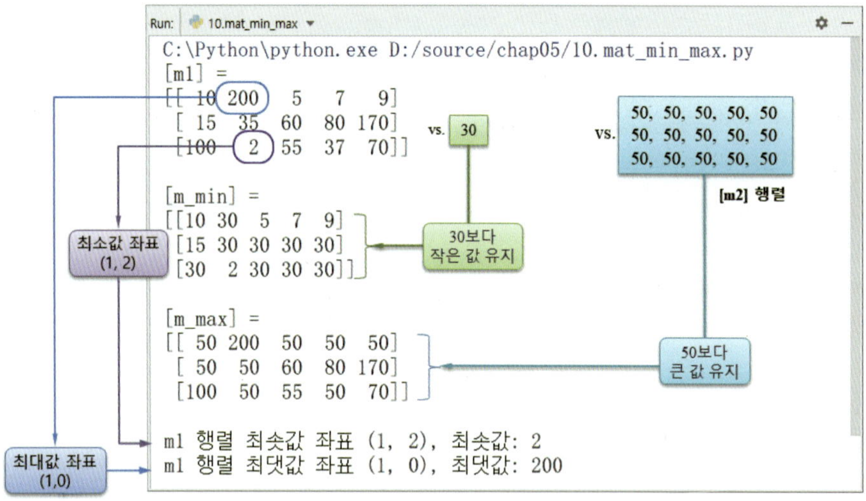

다음 예제는 영상에서 화소의 최솟값과 최댓값을 이용해서 화질을 개선하는 예제이다.

심화예제 5.4.3 영상 최소값 최대값 연산 - 11.image_min_max.py

```
01 import numpy as np, cv2
02
03 image = cv2.imread("images/minMax.jpg", cv2.IMREAD_GRAYSCALE)
04 if image is None: raise Exception("영상파일 읽기 오류 발생")
05
06 min_val, max_val, _, _ = cv2.minMaxLoc(image)   # 최솟값과 최댓값 가져오기
07
08 ratio = 255 / (max_val - min_val)
09 dst = np.round((image - min_val) * ratio).astype('uint8')
10 min_dst, max_dst, _, _ = cv2.minMaxLoc(dst)
11
12 print("원본 영상 최솟값= %d, 최댓값= %d" % (min_val, max_val))
13 print("수정 영상 최솟값= %d, 최댓값= %d" % (min_dst, max_dst))
14 cv2.imshow('image', image)
15 cv2.imshow('dst', dst)
16 cv2.waitKey(0)
```

| 설명 |

① 6행은 cv2.minMaxLoc() 함수로 image 행렬에서 화소 중에서 최솟값과 최댓값을 반환받는다. 반환 결과는 4 원소 튜플로 반환되며, 반환을 받을 필요가 없는 인수 위치에는 언더바(_, under-bar)를 적는다.

② 8행은 255를 구해진 차분으로 나누어서 비율을 계산한다.

③ 9행은 영상 화소값에 화소 최소값을 뺀 후에 비율로 곱하여 영상내 최소값이 0이 되고 최대값이 255가 되도록 한다. 이때, 반올림하여 8비트 정수형(uint8)으로 변환한다.

④ 13행은 image 행렬의 화소에 최솟값을 뺀 후, 구해진 비율을 나누어 주면, 영상 화소의 최솟값이 0이 되고, 최댓값이 255가 된다. 또한, 그 사이의 값들은 비율에 맞게 스케일 된다.

| 실행결과 |

```
Run: 11.image_min_max
C:\Python\python.exe D:/source/chap05/11.image_min_max.py
원본 영상 최솟값= 13 , 최댓값= 107
수정 영상 최솟값= 0 , 최댓값= 255
```

실행 결과에서 보듯이 예시 파일과 같이 화소의 최솟값과 최댓값의 차이가 적은 경우에 영상의 화질을 개선할 수 있다.

5.5 통계 관련 함수

OpenCV는 행렬 원소들의 합, 평균, 표준편차와 같은 통계적인 요소를 계산하는 함수를 제공한다. 또한, 행렬 원소들의 오름차순 혹은 내림차순으로 정렬하는 함수도 있다. 다음은 통계와 관련된 함수들에 대한 설명이다.

함수 설명		
cv2.sumElems(src) → retval ■ 설명: 배열의 각 채널별로 원소들의 합 N을 계산하여 스칼라값으로 반환한다. ■ 수식: $S=\sum_{i} src(i)$		
인수 설명	■ src	1개에서 4개 채널을 갖는 입력 배열
cv2.mean(src[, mask]) → retval ■ 설명: 배열의 각 채널별로 원소들의 평균을 계산하여 스칼라값으로 반환한다. ■ 수식: $N=\sum_{i:mask(i)\neq 0} 1$ $M_c=\left(\sum_{i:mask(i)\neq 0} src(i)\right)/N$		
인수 설명	■ src	1개에서 4개 채널을 갖는 입력 배열
	■ mask	연산 마스크 – 마스크가 0이 아닌 좌표만 연산 수행
cv2.meanStdDev(src[, mean[, stddev[, mask]]]) → mean, stddev ■ 설명: 배열 원소들의 평균과 표준편차를 계산한다.		

인수 설명	■ src　　1개에서 4개 채널을 갖는 입력 배열 ■ mean　　계산된 평균이 반환되는 출력 인수, np.float64형으로 반환 ■ stddev　　계산된 표준편차가 반환되는 출력 인수, np.float64형으로 반환 ■ mask　　연산 마스크 - 마스크가 0이 아닌 좌표만 연산 수행

cv2.countNonZero(src) → retval

■ 설명: 0이 아닌 배열 원소를 개수 N 을 반환한다.

■ 수식: $N = \sum_{i:src(i)\neq 0} 1$

cv2.reduce(src, dim, rtype[, dst[, dtype]]) → dst

■ 설명: 행렬을 열방향/행방향으로 옵션 상수(rtype)에 따라 축소한다.

인수 설명

■ src　　2차원 입력 배열 (np.float32, np.float64형만 수행 가능)

■ dst　　출력 벡터, 감소방향과 타입은 dim, dtype 인수에 따라 정해짐

■ dim　　행렬이 축소될 때 차원 감소 첨자

- 0 : 열 방향으로 연산하여 1행으로 축소
- 1 : 행 방향으로 연산하여 1열로 감소

■ rtype　　축소 연산 종류

옵션 상수	값	설명
cv2.REDUCE_SUM	0	행렬의 모든 행(열)들을 합한다.
cv2.REDUCE_AVG	1	행렬의 모든 행(열)들을 평균한다.
cv2.REDUCE_MAX	3	행렬의 모든 행(열)들의 최댓값을 구한다.
cv2.REDUCE_MIN	4	행렬의 모든 행(열)들의 최솟값을 구한다.

■ dtype　　감소된 벡터의 자료형

cv2.sort(src, flags[, dst]) → dst

■ 설명: 행렬의 각 행 혹은 각 열의 방향으로 정렬한다.

인수 설명

■ src　　단일채널 입력 배열

■ dst　　정렬된 출력 배열

■ flags　　연산 플래그 - 다음의 상수를 조합해서 정렬 방식 구성

옵션 상수	값	설명
cv2.SORT_EVERY_ROW	0	각 행을 독립적으로 정렬
cv2.SORT_EVERY_COLUMN	1	각 열을 독립적으로 정렬
cv2.SORT_ASCENDING	0	오름차순으로 정렬
cv2.SORT_DESCENDING	16	내림차순으로 정렬

cv2.sortIdx(src, flags[, dst]) → dst

■ 설명: 행렬의 각 행 혹은 각 열로 정렬한다. 출력 배열(dst)에 정렬된 원소의 첨자들을 저장한다. 인수는 cv2.sort()와 동일하다.

〈그림 5.5.1〉 cv2.reduce() 함수의 수행 방식

여기서 cv2.reduce() 함수는 〈그림 5.5.1〉과 같이 세 번째 인수(dim)로 축소 방향을 결정하며, 네 번째 인수(rtype)로 축소 연산 방법을 결정한다

다음 예제는 영상파일을 읽어서 각 채널의 합, 평균 그리고 표준편차를 구하는 예제이다. 예제에서 확인할 수 있듯이, 평균과 표준편차는 m_mask 행렬을 이용해서 특정 영역에 대해서도 구할 수 있다.

예제 5.5.1 행렬 합/평균 연산 - 12.sum_avg.py

```
import numpy as np, cv2

image = cv2.imread("images/sum_test.jpg", cv2.IMREAD_COLOR)
if image is None: raise Exception("영상파일 읽기 오류 발생")

mask = np.zeros(image.shape[:2], np.uint8)
mask[60:160, 20:120] = 255                                  # 관심 영역에 값(255) 할당

sum_value   = cv2.sumElems(image)                           # 채널별 합 - 튜플로 반환
mean_value1 = cv2.mean(image)                               # 채널별 평균- 튜플로 반환
mean_value2 = cv2.mean(image, mask)

print("sum_value 자료형:", type(sum_value), type(sum_value[0]))    # 결과 행렬의 자료형
print("[sum_value] =", sum_value)
print("[mean_value1] =", mean_value1)
print("[mean_value2] =", mean_value2)
```

```
17  print()
18
19  ## 평균과 표준편차 결과 저장
20  mean, stddev = cv2.meanStdDev(image)                    # 2 원소 튜플로 반환
21  mean2, stddev2 = cv2.meanStdDev(image, mask=mask)       # 마스크가 255인 영역만 계산
22  print("mean 자료형:", type(mean), type(mean[0][0]))      # 반환 행렬 자료형, 원소 자료형
23  print("[mean] =",  mean.flatten())                      # 벡터 변환 후 출력
24  print("[stddev] =", stddev.flatten())
25  print()
26
27  print("[mean2] =",  mean2.flatten())
28  print("[stddev2] =", stddev2.flatten())
29
30  cv2.imshow('image', image)
31  cv2.imshow('mask', mask)
32  cv2.waitKey(0)
```

| 설명 |

① 3~4행은 'sum_test.jpg' 파일을 읽어서 image 행렬에 저장하고, 예외처리를 한다.

② 6행은 마스크 행렬 mask를 image 행렬과 같은 크기로 선언하고, 원소값을 0으로 초기화한다.

③ 7행은 mask 행렬에 관심 영역을 지정한 후, 값을 255로 설정한다. 여기서 관심 영역은 60~159행, 20~119행의 범위이다. 관심 영역의 지정은 시작지점의 숫자는 포함이 되며, 종료지점의 숫자는 포함이 되지 않는다. 마스크 원소값은 0이 아닌 어떤 값으로 지정해도 된다.

④ 9행은 cv2.sumElems() 함수로 image 행렬의 채널별로 모든 원소의 합을 계산한 후, 4 원소 튜플로 반환한다. image 행렬이 3채널의 영상이기 때문에 3개 원소가 계산되며, 4번째 원소인 알파(투명도) 채널은 입력 행렬의 원소가 없어서 0이 된다.

⑤ 10행은 image 행렬의 모든 원소에 대한 평균을 계산한다.

⑥ 11행은 image 행렬에서 mask 행렬이 1인 원소에 대해서만 평균을 계산한다.

⑦ 20행은 cv2.meanStdDev() 함수로 image 행렬 원소의 평균과 표준편차를 계산하여 튜플로 반환한다. 각각 mean, stddev 변수로 지정해서 따로 저장할 수도 있다.

⑧ 21행은 mask 행렬 원소가 255인 영역에 대해서 평균과 표준편차를 계산한다.

⑨ 22행은 반환 행렬의 자료형과 행렬 원소의 자료형을 출력해 본다. 원소는 64비트 실수(float64)형이다.

⑩ 23~28행은 결과 행렬을 출력한다. image 행렬이 3채널이기 때문에 반환 행렬은 3행 1열의 열벡터이다. ndarray 클래스의 flatten() 함수로 1행으로 출력한다.

⑪ 30, 31행은 image 행렬과 마스크 행렬을 원도우에 영상으로 표시한다. m_mask의 관심 영역이 흰색으로 표시된 것을 확인할 수 있다.

| 실행결과 |

```
Run: 12.sum_avg
C:\Python\python.exe D:/source/chap05/12.sum_avg.p
sum_value 자료형: <class 'tuple'> <class 'float'>
[sum_value] =  (15865577.0, 15880547.0, 16470875.0, 0.0)
[mean_value1] =  (132.21314166666667, 132.33789166666668, 137.25729166666667, 0.0)
[mean_value2] =  (80.26520000000001, 81.59740000000001, 90.3211, 0.0)

mean 자료형: <class 'numpy.ndarray'> <class 'numpy.float64'>
[mean] =  [132.21314167 132.33789167 137.25729167]
[stddev] =  [73.35044328 68.76754506 63.96477788]

[mean2] =  [80.2652 81.5974 90.3211]
[stddev2] =  [58.91488326 57.57273064 54.0648388 ]
```

4 원소 튜블 반환, 마지막 원소 0

전체 영역 평균

관심 영역 평균

전체영역 평균, 표준편차

관심영역 평균, 표준편차

다음은 행렬 원소들을 행 방향 혹은 열 방향으로 원소들의 정렬을 수행하는 cv2.sort() 함수의 사용법을 예시한다.

예제 5.5.2 행렬 원소 정렬 - 13.sort.py

```python
import numpy as np, cv2

m = np.random.randint(0, 100, 15).reshape(3,5)              # 임의 난수 생성
## 행렬 원소 정렬
sort1 = cv2.sort(m, cv2.SORT_EVERY_ROW)                     # 행단위(가로 방향) 오름차순
sort2 = cv2.sort(m, cv2.SORT_EVERY_COLUMN)                  # 열단위(세로 방향) 오름차순
sort3 = cv2.sort(m, cv2.SORT_EVERY_ROW+cv2.SORT_DESCENDING) # 행단위 내림차순
sort4 = np.sort(m, axis=1)                                  # x축 (가로 방향) 정렬
sort5 = np.sort(m, axis=0)                                  # y축 (세로 방향) 정렬
sort6 = np.sort(m, axis=1)[:, ::-1]                         # 열 방향 내림차순 정렬

titles= ['m', 'sort1', 'sort2', 'sort3', 'sort4', 'sort5', 'sort6']
```

```
13 for title in titles:
14     print("[%s] = \n%s\n" %(title, eval(title)))
```

| 설명 |

① 3행은 0~99 사이의 임의 난수를 15개 생성해서 3행, 5열의 2차원 행렬을 만든다.

② 5~10행은 cv2.sort() 함수로 m 행렬을 정렬한다.

③ 5행은 두 번째 인수(flags)로 cv2.SORT_EVERY_ROW 옵션을 지정해서 m1 행렬의 원소를 행 단위로(한 행씩) 정렬해서 m_sort1 행렬에 저장한다. flags에 정렬 순서를 추가하지 않으면 기본값인 오름차순으로 정렬한다.

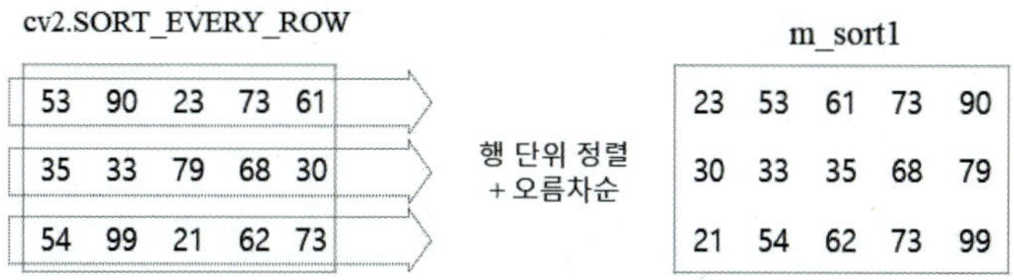

④ 6행은 flag 인수로 cv2.SORT_EVERY_COLUMN을 지정해서 열 단위(한 열씩) 오름차순으로 정렬한다.

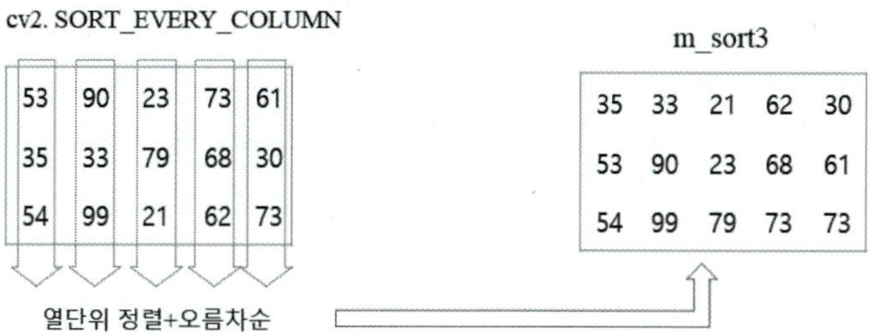

⑤ 7행은 flag 인수로 cv2.SORT_EVERY_ROW와 cv2.SORT_DESCENDING를 함께 지정해서 행단위 내림차순으로 정렬한다.

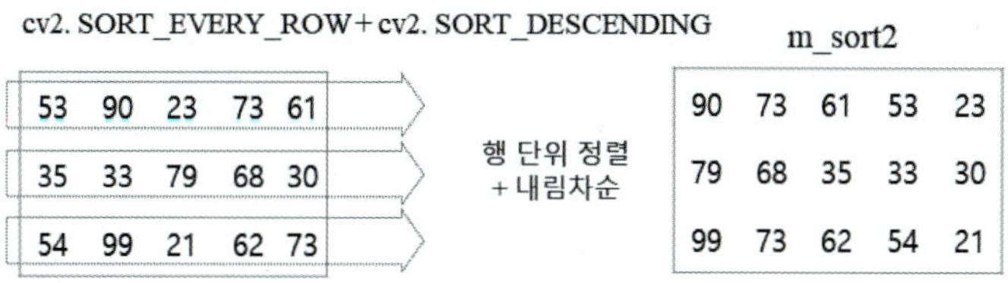

⑥ 8, 9, 10행은 numpy 라이브러리의 fromnumeric 모듈의 sort() 함수를 이용해서 정렬을 수행한다. 두 번째 인수(axes)가 1이면, x축 (가로 방향) 정렬, 0이면 y축 (세로 방향)으로 오름차순 정렬을 수행한다.

⑦ 10행은 열방향 내림차순 정렬을 위해서 열 위치에 [::-1]를 지정하여 열 방향으로 역순 구성한다.

| 실행결과 |

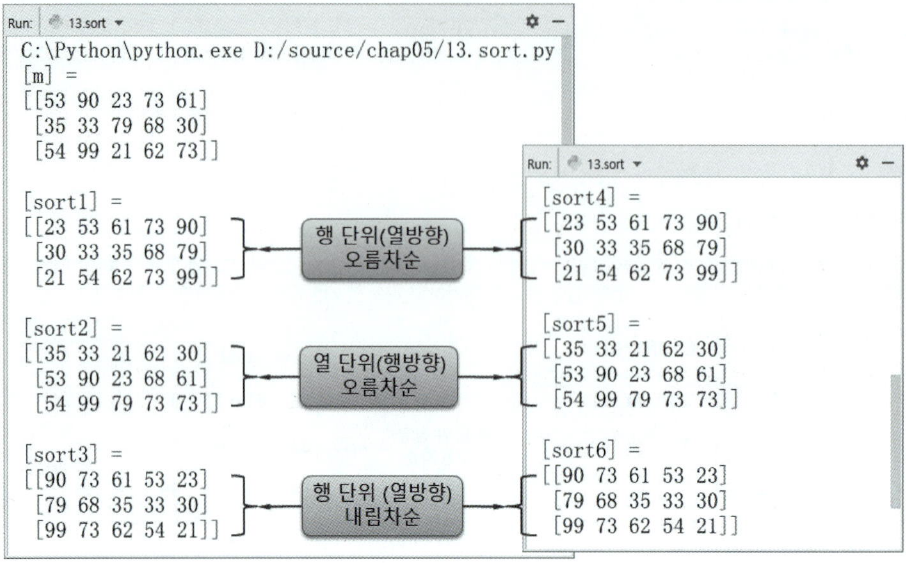

다음은 cv2.sortIdx() 함수에 대한 설명이다. 이 함수는 다음 〈그림 5.5.2〉와 같이 행렬의 원소를 직접 정렬하지 않고 정렬된 원소의 원본 좌표(정렬 인덱스)를 반환한다. 주로 행렬이나 벡터에서 원소의 값이 아닌 다른 기준으로 정렬해야 할 때 사용한다.

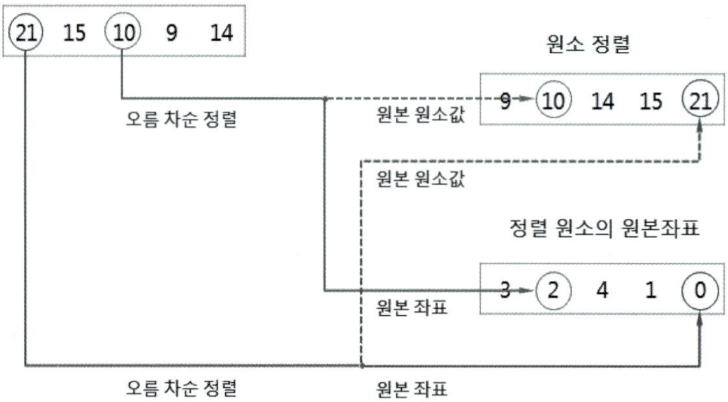

〈그림 5.5.2〉 cv2.sortIdx 함수의 수행 방식

간단한 예제를 통해서 확인해 보자.

예제 5.5.3 정렬 인덱스 반환 - 14.sortidx.py

```
01 import numpy as np, cv2
02
03 m = np.random.randint(0, 100, 15).reshape(3,5)                # 임의 난수 생성
04
05 m_sort1 = cv2.sortIdx(m, cv2.SORT_EVERY_ROW)                  # 원본 좌표(정렬 인덱스)
06 m_sort2 = cv2.sortIdx(m, cv2.SORT_EVERY_COLUMN)               # 열 방향 정렬
07 m_sort3 = np.argsort(m, axis=0)                               # y축 방향 정렬
08
09 print("[m1] = \n%s\n" % m)
10 print("[m_sort1] = \n%s\n" % m_sort1)
11 print("[m_sort2] = \n%s\n" % m_sort2)
12 print("[m_sort3] = \n%s\n" % m_sort3)
```

| 설명 |

① 3행은 0~99사이의 임의 난수(정수) 15개로 1차원 행렬을 만들어 3행, 5열로 변경한다.

② 5, 6행은 cv2.sortIdx() 함수를 이용하여 m 행렬을 정렬하여 각 원소의 원본 좌표(정렬 인덱스)를 반환한다. flag 옵션은 cv2.sort() 함수와 동일하다.

③ 7행은 numpy.argsort() 함수로 정렬 인덱스를 반환받는다.

| 실행결과 |

```
Run: 14.sortidx
C:\Python\python.exe D:/source/chap05/14.sortidx.py
[m1] =
[[20 14 32 91 55]
 [ 2 13 31 55 95]
 [81  6 50 11 13]]

[m sort1] =
[[1 0 2 4 3]
 [0 1 2 3 4]
 [1 3 4 2 0]]

[m_sort2] =
[[1 2 1 2 2]
 [0 1 0 1 0]
 [2 0 2 0 1]]

[m_sort3] =
[[1 2 1 2 2]
 [0 1 0 1 0]
 [2 0 2 0 1]]
```

이번에는 cv2.sortIdx() 함수를 이용해서 실제 정렬을 수행하는 심화 예제를 다루어 보자. 먼저, 5개 쌍의 시작 좌표와 종료 좌표를 임의의 값으로 생성한다. 그리고 이 좌표들로 사각형을 구성하여 사각형의 넓이를 구한다. 마지막으로 사각형을 넓이순으로 정렬하여 출력하는 예제이다.

심화예제 5.5.4 cv2.sortIdx()를 활용한 사각형 크기 정렬 – 15.sortidx_rect.cpp

```
01 import numpy as np, cv2
02
03 def print_rects(rects):                                # 사각형 정보 출력 함수
04     print("-" * 46)                                    # 라인 출력
05     print("사각형 원소\t\t랜덤 사각형 정보\t  크기")
06     print("-" * 46)
07     for i, (x, y, w, h, a) in enumerate(rects):        # 사각형 데이터 출력
08         print("rects[%i] = [(%3d,%3d) from (%3d,%3d)] %5d" %(i, x, y, w, h, a))
09
10 rands = np.zeros((5, 5), np.uint16)                    # 5행 5열 행렬 생성
11 starts = cv2.randn(rands[:, :2 ], 100, 50)             # 시작 좌표(0, 1열) 랜덤 생성
12 ends = cv2.randn(rands[:, 2:-1], 300, 50)              # 종료 좌표(2, 3열) 랜덤 생성
13
14 sizes = cv2.absdiff(starts, ends)                      # 시작과 종료 좌표 차분 절대값 → 크기
15 areas = sizes[:, 0] * sizes[:, 1]                      # 가로×세로 → 넓이
16 rects = rands.copy()                                   # 결과 사각형으로 복사
17 rects[:, 2:-1] = sizes                                 # 2열, 3열에 크기(가로, 세로) 저장
18 rects[:,-1] = areas                                    # 마지막(-1) 열에 넓이 저장
19
20 idx = cv2.sortIdx(areas, cv2.SORT_EVERY_COLUMN).flatten()  # 정렬 인덱스
21 # idx = np.argsort(areas, axis=0)                      # numpy 함수로 정렬 인덱스
22
23 print_rects(rects)                                     # 원본 사각형 정보 출력
24 print_rects(rects[idx.astype('int')])                  # 크기순 정렬 사각형 출력
```

| 설명 |

① 3~8행은 사각형 리스트의 정보를 콘솔창에 출력하는 함수다. 타이틀과 함께 모든 사각형의 번호, 사각형 정보, 넓이를 출력한다.

② 7, 8행은 사각형 행렬을 순회하며 순번(i)과 사각형 정보(x, y, w, h, a)를 가져와서 출력한다.

③ 10행은 사각형의 시작 좌표, 종료 좌표, 넓이를 저장하기 위해 5열의 행렬을 2차원으로 생성한다. 행은 사각형의 개수이다.

④ 11행은 첫 2개 열에 시작 좌표를 랜덤하게 생성한다. 평균 100, 표준편차 50의 정규분포의 난수를 생성한다.

⑤ 12행은 세 번째 열(2번 열)에서 마지막 열(-1) 앞까지 즉, 2, 3번 열에 종료 좌표를 랜덤하게 생성한다.

⑥ 14행은 cv2.absdiff() 함수로 시작 좌표들과 종료 좌표들에 원소끼리 차분 절댓값을 구한다. 두 좌표의 차분 절댓값은 크기(너비, 높이)가 된다.

⑦ 15행은 크기(sizes)의 첫 원소(너비)와 두 번째 원소(높이)를 곱하여 각 사각형의 넓이를 계산한다.

⑧ 16행에서 임의 값 생성 행렬(rands)은 시작 좌표, 종료 좌표를 가지고 있다. rands 행렬을 복사해서 시작 좌표를 rects 행렬로 가져온다.

⑨ 17행은 rects 행렬의 2, 3열(2:-1)에 크기(sizes) 행렬을 저장한다.

⑩ 18행은 rects 행렬의 마지막 열(-1)에 넓이(areas) 행렬을 저장한다.

⑩ 20행은 사각형의 넓이순 정렬을 위해서 areas 행렬에 cv2.sortIdx() 함수를 수행해서 정렬 원소의 원본 첨자(정렬 인덱스)를 idx에 저장한다. 반환 결과가 열벡터(2차원)이기에 1차원으로 전개한다.

⑪ 21행은 같은 결과를 np.argsort() 함수로 수행할 수 있다.

⑫ 23행은 정렬되지 않은 사각형 정보를 print_rects() 함수로 콘솔창에 출력한다.

⑬ 24행은 rects 행렬의 첨자로 정렬 인덱스(idx)를 지정하면 rects 행렬이 넓이순으로 정렬된다. 이때, idx의 원소의 자료형이 실수형이기 때문에 정수형으로 변경한다. 첨자는 정수형만 가능하다.

| 실행결과 |

```
Run: 15.sortidx_rect
C:\Python\python.exe D:/source/chap05/15.sortidx_rect.py
----------------------------------------------
사각형 원소      랜덤 사각형 정보       크기
----------------------------------------------
rects[0] = [(100,108) from (238,190)] 45220
rects[1] = [( 65, 79) from (300,123)] 36900
rects[2] = [(162, 86) from ( 43,187)]  8041
rects[3] = [( 68,115) from (195,280)] 54600
rects[4] = [(126, 43) from (188,188)] 35344

----------------------------------------------
사각형 원소      랜덤 사각형 정보       크기
----------------------------------------------
rects[0] = [(162, 86) from ( 43,187)]  8041
rects[1] = [(126, 43) from (188,188)] 35344
rects[2] = [( 65, 79) from (300,123)] 36900
rects[3] = [(100,108) from (238,190)] 45220
rects[4] = [( 68,115) from (195,280)] 54600
```

다음은 cv2.reduce() 함수에 대한 예제이다. 세 번째 인수(dim)로 축소 방향을 결정하며, 네 번째 인수(rtype)로 축소 방법을 결정한다.

예제 5.5.5 행렬 축소 연산 - 16.mat_reduce.py

```
01 import numpy as np, cv2
02
03 m = np.random.rand(3, 5) * 1000//10                          # 0~99 사이 실수(float)생성
04
05 reduce_sum     = cv2.reduce(m, dim=0, rtype=cv2.REDUCE_SUM)   # 0 – 열방향 축소
06 reduce_avg     = cv2.reduce(m, dim=1, rtype=cv2.REDUCE_AVG)   # 1 – 행방향 축소
07 reduce_max     = cv2.reduce(m, dim=0, rtype=cv2.REDUCE_MAX)
08 reduce_min     = cv2.reduce(m, dim=1, rtype=cv2.REDUCE_MIN)
09
10 print("[m1] = \n%s\n" % m1)
11 print("[m_reduce_sum] =", reduce_sum.flatten())              # 1차원 벡터로 출력
12 print("[m_reduce_avg] =", reduce_avg.flatten())
13 print("[m_reduce_max] =", reduce_max.flatten())
14 print("[m_reduce_min] =", reduce_min.flatten())
```

| 설명 |

① 3행은 np.randon.rand() 함수로 3행, 5열의 행렬을 만든다. 0~1 사이의 균일 분포 난수를 생성하기에 1000을 곱하고, 10으로 나눈 몫을 취하면, 0~100 미만의 난수를 생성한다.

② 5~8행은 cv2.reduce() 함수를 사용하여 m1 행렬을 축소시키는 예시이다.

③ 5행은 dim=0으로 열 방향으로 합을 구해서 축소하고 행벡터(1행 5열 행렬)를 만든다.

④ 6행은 dim=1로 행 방향으로 평균을 구해서 축소하고 열벡터(5행 1열 행렬)를 만든다.

⑤ 7행은 dim=0으로 열 방향으로 최댓값을 구해서 축소하고 행벡터를 만든다.

⑥ 8행은 dim=1로 행 방향으로 최솟값을 구해서 축소하고 열벡터를 만든다.

⑨ 10~14행은 축소된 행렬들을 출력한다. 2차원 행렬을 1차원 벡터로 전개해서 1행에 표시한다.

| 실행결과 |

```
Run: 16.mat_reduce
C:\Python\python.exe D:/source/chap05/16.mat_reduce.py
[m1] =
[[41. 16. 59. 33. 38.]
 [34. 59. 23. 32. 64.]
 [14. 79. 86. 76. 84.]]

[m_reduce_sum] = [ 89. 154. 168. 141. 186.]
[m_reduce_avg] = [37.4 42.4 67.8]
[m_reduce_max] = [41. 79. 86. 76. 84.]
[m_reduce_min] = [16. 23. 14.]
```

5.6 행렬 연산 함수

OpenCV는 일반적으로 수학에서 의미하는 행렬 연산을 수행하는 함수를 지원한다. 다음은 대표적인 행렬 연산 함수이다.

함수 설명
cv2.gemm(src1, src2, alpha, src3, beta[, dst[, flags]]) → dst ■ 설명: 일반화된 행렬 곱셈을 수행한다. ■ 수식: $dst = alpha \cdot src1^T \cdot src2 + beta \cdot src3^T$

인수 설명

- ■ src1, src2 — 행렬 곱을 위한 두 입력 행렬(np.float32/np.float64형 2채널까지 가능)
- ■ alpha — 행렬 곱($src1^T \cdot src2$)에 대한 가중치
- ■ src3 — 행렬 곱($src1^T \cdot src2$)에 더해지는 델타 행렬
- ■ beta — src3 행렬에 곱해지는 가중치
- ■ dst — 출력 행렬
- ■ flags — 연산 플래그 - 옵션을 조합하여 입력 행렬들을 전치

옵션	값	설명
cv2.GEMM_1_T	1	src1을 전치
cv2.GEMM_2_T	2	src2을 전치
cv2.GEMM_3_T	4	src3을 전치

cv2.perspectiveTransform(src, m[, dst]) → dst

■ 설명: 입력 벡터들에 대해서 투영(perspective) 변환 m을 수행한다.

■ 수식: 3차원 좌표인 경우

$$(x, y, z) \rightarrow (x'/w, y'/w, z'/w)$$

여기서

$$(x', y', z', w') = m \cdot [x, y, z, 1] \quad w = \begin{cases} w' & \text{if } w' \neq 0 \\ \infty & otherwise \end{cases}$$

인수 설명

- ■ src — 좌표로 변환될 2채널 혹은 3채널의 부동소수점 배열
- ■ dst — src와 같은 크기와 타입의 출력 배열
- ■ m — 3×3 혹은 4×4 부동소수점의 투영 변환 행렬

다음 예제는 cv2.gemm() 함수를 이용해서 행렬의 내적을 계산한다. 이 함수를 사용하지 않더라도 넘파이에서 지원하는 dot() 함수를 이용해서 행렬의 내적을 계산할 수도 있다.

예제 5.6.1 행렬곱(내적) 연산 - 17.gemm.py

```
01  import numpy as np, cv2
02
03  src1 = np.array([1, 2, 3, 1, 2, 3], np.float32).reshape(2, 3)      # 2×3 행렬 선언
04  src2 = np.array([1, 2, 3, 4, 5, 6], np.float32).reshape(2, 3)
05  src3 = np.array([1, 2, 1, 2, 1, 2], np.float32).reshape(3, 2)      # 3×2 행렬 선언
06  alpha, beta = 1.0, 1.0
07
08  dst1 = cv2.gemm(src1, src2, alpha, None, beta, flags=cv2.GEMM_1_T)
09  dst2 = cv2.gemm(src1, src2, alpha, None, beta, flags=cv2.GEMM_2_T)
10  dst3 = cv2.gemm(src1, src3, alpha, None, beta)
11
12  titles = ['src1', 'src1', 'src1', 'dst1', 'dst2', 'dst3']
13  for title in titles:
14      print("[%s] = \n%s\n" % (title, eval(title)))
```

| 설명 |

① 3~5행에서 src1, src2, src3 행렬을 선언하며, 1차원 리스트로 초기화한다. 그리고 reshape() 함수로 각각 2행, 3열 혹은 3행, 2열 행렬을 만든다.

② 6행은 cv2.gemm() 함수에 스케일을 곱하는 인수로 사용될 변수이다. 결과를 쉽게 확인하기 위해 alpha, beta 모두 1.0을 지정해서 스케일에 변화가 없다.

③ 8행은 마지막 인수(flags)로 cv2.GEMM_1_T를 지정하면 첫 인수(src1)를 전치하여 행렬의 내적을 계산한다.

$$src1^T \cdot src2 = \begin{bmatrix} 1 & 2 & 3 \\ 1 & 2 & 3 \end{bmatrix}^T \cdot \begin{bmatrix} 1 & 2 & 3 \\ 4 & 5 & 6 \end{bmatrix} = \begin{bmatrix} 1 & 1 \\ 2 & 2 \\ 3 & 3 \end{bmatrix} \cdot \begin{bmatrix} 1 & 2 & 3 \\ 4 & 5 & 6 \end{bmatrix} = \begin{bmatrix} 5 & 7 & 9 \\ 10 & 14 & 18 \\ 15 & 21 & 27 \end{bmatrix}$$

④ 9행은 flags로 cv2.GEMM_2_T를 지정하면 두 번째 인수(src2)를 전치한 후에 행렬의 내적을 계산한다.

$$src1 \cdot src2^T = \begin{bmatrix} 1 & 2 & 3 \\ 1 & 2 & 3 \end{bmatrix} \cdot \begin{bmatrix} 1 & 2 & 3 \\ 4 & 5 & 6 \end{bmatrix}^T = \begin{bmatrix} 1 & 2 & 3 \\ 1 & 2 & 3 \end{bmatrix} \cdot \begin{bmatrix} 1 & 4 \\ 2 & 5 \\ 3 & 6 \end{bmatrix} = \begin{bmatrix} 14 & 32 \\ 14 & 32 \end{bmatrix}$$

⑤ 10행은 flags를 적용하지 않은 경우이다. 이 경우 입력 행렬을 전치하지 않고 행렬의 내적을 계산한다.

$$src1 \cdot src3 = \begin{bmatrix} 1 & 2 & 3 \\ 1 & 2 & 3 \end{bmatrix} \cdot \begin{bmatrix} 1 & 2 \\ 1 & 2 \\ 1 & 2 \end{bmatrix} = \begin{bmatrix} 6 & 12 \\ 6 & 12 \end{bmatrix}$$

| 실행결과 |

```
Run: 17.mat_gemm
C:\Python\python.exe D:/source/chap05/17.mat_gemm.py
[src1] =
[[1. 2. 3.]
 [1. 2. 3.]]

[src1] =
[[1. 2. 3.]
 [1. 2. 3.]]

[src1] =
[[1. 2. 3.]
 [1. 2. 3.]]
```

```
Run: 17.mat_gemm
[dst1] =
[[ 5.  7.  9.]
 [10. 14. 18.]
 [15. 21. 27.]]

[dst2] =
[[14. 32.]
 [14. 32.]]

[dst3] =
[[ 6. 12.]
 [ 6. 12.]]
```

행렬 내적은 실제로 컴퓨터 그래픽에서 물체(object)를 회전시키거나 크기를 줄일 때와 같이 변환(transform)이 필요할 때 사용된다. 다음은 4개의 좌표를 이용해서 사각형을 그리며, cv2.gemm() 함수를 이용해서 각 좌표을 회전하는 예제 프로그램이다. 이때, 회전의 중심점은 윈도우 왼쪽 최상단임에 주의하자.

심화예제 5.6.2 cv2.gemm()을 이용한 회전 변환 – 18.point_transform.py

```
import numpy as np, cv2

theta = 20 * np.pi / 180                                    # 회전할 라디안 각도 계산
rot_mat = np.array([ [np.cos(theta), -np.sin(theta)],
                     [np.sin(theta),  np.cos(theta)]], np.float32) # 회전 변환 행렬 생성

pts1 = np.array([ (250, 30), (400, 70),
                  (350, 250), (150, 200)], np.float32)       # 입력 좌표 지정
pts2 = cv2.gemm(pts1, rot_mat, 1, None, 1, flags=cv2.GEMM_2_T )# 행렬곱으로 회전변환

for i, (pt1, pt2) in enumerate(zip(pts1, pts2)):
    print("pts1[%d] = %s, pst2[%d]= %s" %(i, pt1, i, pt2))

## 영상 생성 및 4개 좌표 그리기
image = np.full((400, 500, 3), 255, np.uint8)
cv2.polylines(image, [np.int32(pts1)], True, (0, 255, 0), 2)
cv2.polylines(image, [np.int32(pts2)], True, (255, 0, 0), 3)
cv2.imshow('image', image)
cv2.waitKey(0)
```

| 설명 |

① 3행에서 회전 변환을 위해서는 라디안 각도가 필요하다.

② 4, 5행은 회전 변환을 위해 2행, 2열로 2차원 행렬을 생성한다. 회전각(theta)에 대한 sin(), cos() 값을 계산하여 초기화한다.

$$\text{회전 변환 행렬} = \begin{bmatrix} \cos\theta & -\sin\theta \\ \sin\theta & \cos\theta \end{bmatrix}$$

② 7행은 4개의 임의 좌표를 지정해서 사변형을 구성하는 행렬을 만든다. 이 행렬은 4행, 2열이 된다.

④ 9행은 cv2.gemm() 함수로 pts1의 좌표와 회전 변환 행렬의 내적을 계산한다. 아래 수식에서 왼쪽의 1개 좌표에 대한 회전 변환 수식을 오른쪽과 같이 4개 좌표를 갖는 2차원 행렬에 대한 수식으로 변경해야 한다. 따라서 rect_pt1 행렬의 전치를 위해 flags=cv2.GEMM_2_T를 적용한다.

$$\begin{pmatrix} x' \\ y' \end{pmatrix} = \begin{bmatrix} \cos\theta & -\sin\theta \\ \sin\theta & \cos\theta \end{bmatrix} \cdot \begin{pmatrix} x \\ y \end{pmatrix} \Rightarrow \begin{pmatrix} x'_0 & y'_0 \\ x'_1 & y'_1 \\ x'_2 & y'_2 \\ x'_3 & y'_3 \end{pmatrix} = \begin{pmatrix} x_0 & y_0 \\ x_1 & y_1 \\ x_2 & y_2 \\ x_3 & y_3 \end{pmatrix} \cdot \begin{bmatrix} \cos\theta & -\sin\theta \\ \sin\theta & \cos\theta \end{bmatrix}^T$$

⑤ 11, 12행은 각각 입력 좌표와 회전된 결과 좌표 값을 콘솔창에 출력한다.

⑥ 16, 17행은 cv2.polylines() 함수로 좌표들을 잇는 사변형을 그린다. 이때 좌표들은 정수형이어야 한다.

| 실행결과 |

```
Run: 18.point_transform
C:\Python\python.exe D:/source/chap05/18.point_transform.py
pts1[0] = [250.   30. ], pst2[0]= [224.66255  113.695816]
pts1[1] = [400.   70. ], pst2[1]= [351.93564 202.58655]
pts1[2] = [350.  250. ], pst2[2]= [243.38737 354.63022]
pts1[3] = [150.  200. ], pst2[3]= [ 72.54986 239.24155]
```

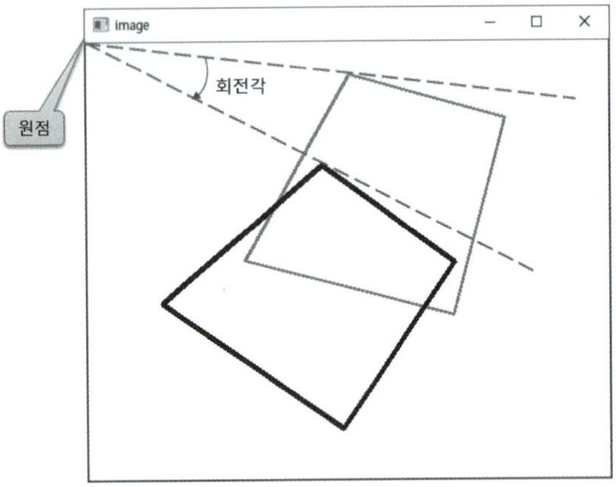

실행 결과에서 보면, 좌표상에서의 회전과 다르게 반시계방향으로 회전하는 것을 볼 수 있

다. 이것은 윈도우의 왼쪽 상단이 원점이고 y축 좌표가 아래로 내려갈수록 증가하기 때문이다.

다음의 〈표 5.6.1〉은 역행렬의 계산 방법에 대한 옵션(flags) 값과 설명이다.

<table>
<tr><th colspan="3">함수 설명</th></tr>
<tr><td colspan="3">cv2.invert(src[, dst[, flags]]) → retval, dst
■ 설명: 행렬의 역행렬을 계산한다.(입력 행렬이 정방 행렬이 아니면 의사 역행렬 계산)</td></tr>
<tr><td rowspan="3">인수 설명</td><td>■ src</td><td>$M \times N$ 크기의 부동소수점 입력 행렬</td></tr>
<tr><td>■ dst</td><td>src와 크기와 타입이 같은 출력 행렬</td></tr>
<tr><td>■ flags</td><td>역행렬의 계산 방법에 대한 플래그</td></tr>
<tr><td colspan="3">cv2.solve(src1, src2[, dst[, flags]]) → retval, dst
■ 설명: 연립 방정식이나 최소자승 문제를 해결한다.
■ 수식: $dst = \text{argmin}\|src1 \cdot X - src1\|$</td></tr>
<tr><td rowspan="4">인수 설명</td><td>■ src1</td><td>연립방정식의 계수 행렬</td></tr>
<tr><td>■ src2</td><td>연립방정식의 상수 행렬</td></tr>
<tr><td>■ dst</td><td>출력 행렬</td></tr>
<tr><td>■ flags</td><td>풀이(역행렬 계산 플래그) 방법</td></tr>
</table>

다음은 역행렬과 연립방정식의 해를 바로 구하는 함수에 대한 설명이다.

〈표 5.6.1〉 flags 옵션의 역행렬의 계산 방법

옵션	값	설명
cv2.DECOMP_LU	0	가우시안 소거법으로 역행렬 계산 - 입력 행렬은 역행렬이 존재하는 정방행렬
cv2.DECOMP_SVD	1	특이치 분해 방법으로 역행렬 계산 - 입력 행렬이 정방행렬이 아닌 경우 의사 역행렬 계산
cv2.DECOMP_CHOLESKY	3	촐레스키(cholesky) 분해로 역행렬 계산 - 입력 행렬이 역행렬이 존재하는 정방행렬, 대칭행렬이며 양의 정부호 행렬

다음은 1차 연립방정식 문제를 각각 cv2.invert() 함수와 cv2.solve() 함수로 푸는 방법을 보인다.

연립방정식:

$$\begin{aligned} 3x_1 + \quad\;\; 6x_3 &= 36 \\ -3x_1 + 4x_2 + 2x_3 &= 10 \\ -5x_1 - 1x_2 + 9x_3 &= 28 \end{aligned}$$

예제 5.6.3 cv2.invert()와 cv2.solve()로 연립방정식 풀이 – 19.equation.py

```
01  import numpy as np, cv2
02
03  data = [ 3, 0, 6, -3, 4, 2, -5,-1, 9]                          # 연립방정식의 계수들
04  m1 = np.array(data, np.float32).reshape(3,3)                   # 계수들을 행렬로 생성
05  m2 = np.array([36, 10, 28], np.float32)                        # 상수 벡터
06
07  ret, inv = cv2.invert(m1, cv2.DECOMP_LU)                       # 역행렬 계산
08  if ret:
09      dst1 = inv.dot(m2)                                         # numpy 제공 행렬곱 함수
10      dst2 = cv2.gemm(inv, m2, 1, None, 1)                       # OpenCV 제공 행렬곱 함수
11      _ , dst3 = cv2.solve(m1, m2, cv2.DECOMP_LU)                # 연립방정식 풀이
12
13      print(“[inv] = \n%s\n” % inv)
14      print(“[dst1] =”, dst1.flatten())                          # 행렬을 벡터로 변환
15      print(“[dst2] =”, dst2.flatten())
16      print(“[dst3] =”, dst3.flatten())
17  else:
18      print(“역행렬이 존재하지 않습니다.”)
```

| 설명 |

① 3행은 연립방정식의 계수들로 1차원 리스트를 만든다.

② 4행에서 1차원 리스트를 3행, 3열의 2차원 행렬로 변환하기 위해서 reshape() 함수를 사용한다.

③ 5행은 오른쪽 항의 상수값에 해당하는 상수 벡터를 생성한다.

④ 7행은 cv2.invert() 함수를 이용해서 LU 방법(가우스 소거법)으로 m1 행렬의 역행렬을 계산한다. 여기서 역행렬의 존재하면 True와 역행렬을 튜플로 반환한다.

⑤ 8~16행은 역행렬이 존재할 때 행렬 내적을 이용해서 연립방정식을 계산을 수행한다.

⑥ 9행은 numpy 모듈의 행렬 내적 함수인 dot() 함수를 사용한 방식이다.

⑦ 10행은 OpenCV 모듈의 gemm() 함수로 행렬 내적을 계산한다.

⑧ 11행에서 cv2.solve() 함수는 내부에서 역행렬을 계산하기 때문에 계수 행렬과 상수 벡터만 입력하면 역행렬의 존재 유무와 연립방정식의 해를 반환한다.

⑨ 14~17행에서 연립방정식의 해를 출력한다. 여기서 결과 행렬이 열벡터(2차원 행렬)로 반환되기 때문에 flatten() 함수로 한 행에 출력한다.

| 실행결과 |

```
Run: 19.equation
C:\Python\python.exe D:/source/chap05/19.equation.py
[inv] =
[[ 0.15079366 -0.02380952 -0.0952381 ]
 [ 0.06746032  0.22619048 -0.0952381 ]
 [ 0.09126984  0.01190476  0.04761905]]

[dst1] = [2.5238097 2.0238097 4.7380953]
[dst2] = [2.5238097 2.0238097 4.7380953]
[dst3] = [2.5238094 2.0238094 4.7380953]
```

| 단원 핵심 요약 |

1. OpenCV는 행렬에 다양한 연산을 할 수 있는 함수를 제공한다. 기본적인 행렬을 처리해주는 함수로, 행렬을 뒤집는 cv2.flip(), 인수로 지정한 횟수만큼 반복하여 복사하는 cv2.repeat(), 행렬을 전치하는 cv2.transpose() 함수가 있다.

2. 행렬은 하나 이상의 채널로 구성되기 때문에 채널을 합성하고, 분리할 수 있다. 채널의 합성은 cv2.merge() 함수를 사용하며, 채널의 분리하는 cv2.split() 함수를 사용한다. 또한, 3개 채널이 구성된 행렬은 컬러 영상으로 표현되며, 단일채널 행렬은 명암도 영상으로 나타난다.

3. 두 배열의 원소간(per-element) 사칙 연산을 수행하도록 cv2.add(), cv2.subtract(), cv2.multiply(), cv2.divide() 함수를 제공한다. 이 함수들은 두 행렬의 원소간에 연산을 수행한다. 이때, 마스크 행렬을 이용해서 특정 영역만 연산을 수행할 수 있다.

4. 행렬에 대한 비트 연산을 위해서 cv2.bitwise_and(), cv2.bitwise_and(), cv2.bitwise_xor(), cv2.bitwise_and() 함수를 제공하며, 두 행렬의 원소 간에 비트 연산을 수행한다.

5. cv2.min(), cv2.max() 함수로 두 행렬의 원소 간에 작은 값들과 큰 값들로 구성된 행렬을 만들 수 있다. 또한, 하나의 행렬에서 최댓값과 최솟값의 원소값과 원소의 위치를 가져올 수 있는 cv2.minMaxIdx(), cv2.minMaxLoc() 함수도 제공한다.

6. OpenCV는 행렬의 원소를 정렬하는 함수를 제공하는데, cv2.sort() 함수는 원소의 정렬을 수행하며, cv2.ortIdx() 함수는 정렬된 원소의 원본 위치(정렬 인덱스)를 반환한다. 이때, cv2.SORT_EVERY_ROW 옵션은 행 방향으로 정렬하며, cv2.SORT_EVERY_COLUMN 옵션은 열 방향으로 정렬을 수행한다.

7. OpenCV는 하나의 행렬에서 전체 원소의 합과 평균, 표준편차와 같은 통계적인 요소를 계산해주는 cv2.sum(), cv2.mean(), cv2.meanStdDev() 등의 함수를 제공한다.

8. cv2.gemm() 함수는 행렬의 내적을 계산한다. 마지막 인수(flags)로 두 입력 행렬 중 하나를 전치하여 계산할 수 있다.

9. 역행렬을 구해주는 cv2.invert() 함수와 연립방정식의 해를 구해주는 cv2.solve() 함수를 제공한다. 역행렬을 계산할 때, 플래그 옵션으로 cv2.DECOMP_LU는 가우스 소거법으로 계산하며, cv2.DECOMP_SVD는 특이치 분해 방법으로 계산한다.

연습문제

1. OpenCV의 채널 처리 함수에 대해서 아는 대로 기술하시오.

2. OpenCV의 사칙 연산을 수행하는 함수와 연산의 수행 방법에 대해서 기술하시오.

3. 행렬(ndarray)을 초기화하는 방법들에 대해서 기술하고, 각 방법으로 선언하시오.

4. 사칙 연산이나 논리 비트 연산에서 마스킹(masking)을 사용할 수 있다. 마스크 행렬에 대한 의미와 사용법에 대해서 설명하시오.

5. cv2.reduce() 함수에 대해서 설명하고, 특히 축소 시에 사용하는 연산 옵션에 대해서 상세히 설명하시오.

6. 다음 예시 코드는 컴파일 에러가 발생한다. 에러가 발생하는 부분을 수정하고 실행 결과를 적으시오.

```
import numpy as np, cv2

m1 = [1, 2, 3, 1, 2, 3]
m2 = [3, 3, 4, 2, 2, 3]
m3 = m1 + m2
m4 = m1 - m2

print("[m1] = %s" %m1 )
print("[m2] = %s" %m2 )
print("[m3] = %s" %m3 )
print("[m4] = %s" %m4 )
```

```
import numpy as np, cv2

data = [1, 2, 3, 4, 5,    6, 7, 8, 9, 10, 11, 12]
m1 = np.array(data).reshape(2,3,2)

r, g, b = cv2.split(m1)

print("[m1] = %s" %m1 )
print("[r, g, b] = %s, %s, %s" %(r, g, b) )
```

7. 다음의 컬러 영상파일(logo.jpg)을 입력 받아서 RGB의 3개 채널을 분리하고, 각 채널을 컬러 영상을 윈도우에 표시해 보자. 즉, Red 채널은 빨간색으로, Green 채널은 파란색으로, Blue 채널은 파란색으로 표현되도록 다음의 프로그램을 완성하시오.

> **힌트〉〉** cv2.imshow() 함수로 단일채널 행렬을 출력하면 명암도 영상으로 표현된다. 컬러 영상을 출력하려면 3개 채널을 합성해야 한다. 컬러 영상을 분리하고, 분리된 단일채널 행렬들을 어떻게 하면 컬러 영상으로 합성할지 고민하자.

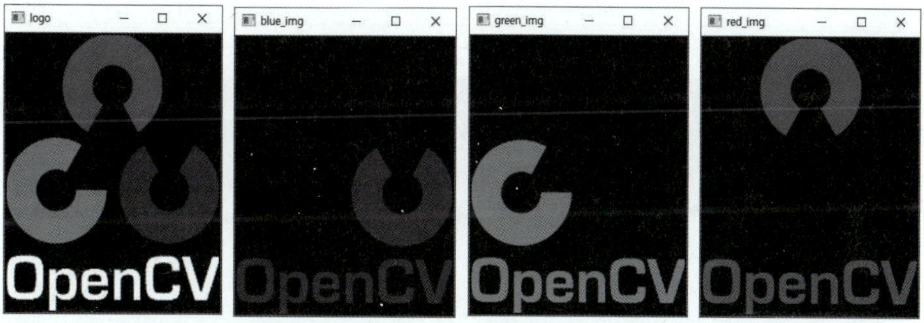


```
mport numpy as np, cv2

logo  = cv2.imread("images/logo.jpg", cv2.IMREAD_COLOR)          # 로고 영상 읽기
if logo is None: raise Exception("영상파일 읽기 오류")

blue, green, red = cv2.split(logo)                                # 채널 분리
```

```
                                                              # 빈 채널 생성
                                                              # 채널 합성



cv2.imshow("logo", logo)
cv2.imshow("blue_img", blue_img)
cv2.imshow("green_img", green_img)
cv2.imshow("red_img", red_img)
cv2.waitKey()
```

8. 다음 영상에서 특정 영역의 타원만을 복사하여 새 창에 표시하는 프로그램을 완성하시오.

> **힌트〉〉** 마스크 행렬을 이용한다.
> - cv2.bitwise_and(), cv2.bitwise_or() 등의 함수를 사용해서 같은 결과(dst)가 나도록 구성한다.
> - 타원 영역의 중심과 크기는 임의로 지정한다.

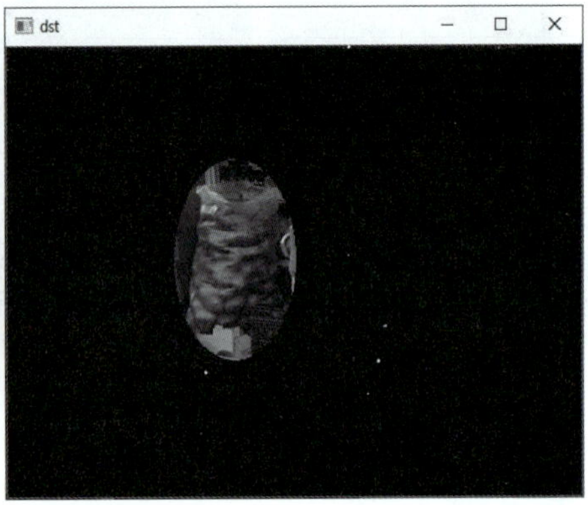


```
import numpy as np, cv2

image  = cv2.imread("images/color.jpg", cv2.IMREAD_COLOR)          # 영상 읽기
if image is None: raise Exception("영상파일 읽기 오류")

mask = np.zeros(image.shape[:2], np.uint8)
center = (190,170)
```

```
cv2.imshow("image", image)
cv2.imshow("dst", dst)
cv2.waitKey()
```

9. 3행, 6열의 행렬을 생성하고, 행렬의 원소를 초기화한 후에 cv2.reduce() 함수를 이용해서 가로 방향과 세로 방향으로 감축하여 평균을 구한 결과를 출력하시오.

10. PC 카메라로 영상을 읽어서 특정 부분(관심 영역)의 합과 평균을 구하는 프로그램을 작성하시오.

> 1) 관심 영역은 200, 100 좌표에서 200×100 크기로 한다.
> 2) cv2.mean() 함수를 사용하여 평균을 구하시오.
> 3) cv2.mean() 함수를 사용하지 않고 영상의 원소 순회 방법으로 평균을 구하시오.

11. PC 카메라로 영상을 받아들여서 다음과 같이 윈도우의 특정 영역에서 재생하시오.

> 1) 메인 윈도우는 400×300 크기로 한다.
> 2) 관심 영역은 30,30 좌표에서 320×240 크기로 한다.
> 3) 관심 영역에 빨간색 테두리를 두른다.

12 영상파일을 읽어서 메인 윈도우에 다음과 같이 출력하시오.

> 1) 메인 윈도우의 특정 부분 2곳을 관심 영역으로 지정한다.
> 2) 관심 영역1는 영상의 밝기를 50만큼 밝게 한다.
> 3) 관심 영역2은 영상의 화소대비를 증가시킨다.

13. cv2.sortIdx() 함수를 활용해서 다음의 조건에 부합하도록 벡터의 원소를 정렬하시오.

> 1) 벡터의 원소는 Rect 객체이다.
> 2) 벡터의 원소는 임의로 지정한다.
> 3) 정렬의 기준은 Rect 객체의 크기이다.
> 4) 오름차순으로 정렬하여 콘솔창에 출력한다.

14. 다음의 연립방정식을 가우시안 소거법의 역함수를 계산해서 해를 구하는 프로그램을 작성하시오.

연립방정식:

$$\begin{aligned} 3x_1 + 6x_2 + 3x_3 &= 2 \\ -5x_1 + 6x_2 + x_3 &= 10 \\ 2x_1 - 3x_2 + 5x_3 &= 28 \end{aligned}$$

15. 5.6절에서 예제_5.6.2의 사각형 회전하기 예제를 확장하여 그 사각형의 중심점을 기준으로 45도 회전시키는 프로그램을 완성하시오.

> **힌트**〉〉 원점을 변환할 것이 아니라 사각형의 중심점을 원점으로 만들면 된다. 사각형의 중심점을 원점으로 만드는 것은 좌표의 평행이동이다.
>
> 1. 예제_5.6.2는 변환 행렬이 2×2 이지만, 본 문제는 변환 행렬이 3x3 행렬
> 2. 원점으로 평행이동 → 회전변환 → 역 평행이동
> 3. 세 번의 변환은 각 변환 행렬의 곱으로 나타낼 수 있음
>   전체 변환 행렬 = 이동 변환 행렬 * 회전 변환 행렬 * 이동 변환 행렬

```
Run:  21.point_transform_exec
C:\Python\python.exe D:/source/chap05/21.point_transform_exec.py
pts1[0] = [100.  100.    1.], pst2[0]= [157.59619    35.048096    1.        ]
pts1[1] = [400.  100.    1.], pst2[1]= [417.4038 185.0481    1.      ]
pts1[2] = [400.  250.    1.], pst2[2]= [342.4038 314.9519    1.      ]
pts1[3] = [100.  250.    1.], pst2[3]= [ 82.59619 164.9519    1.      ]
```

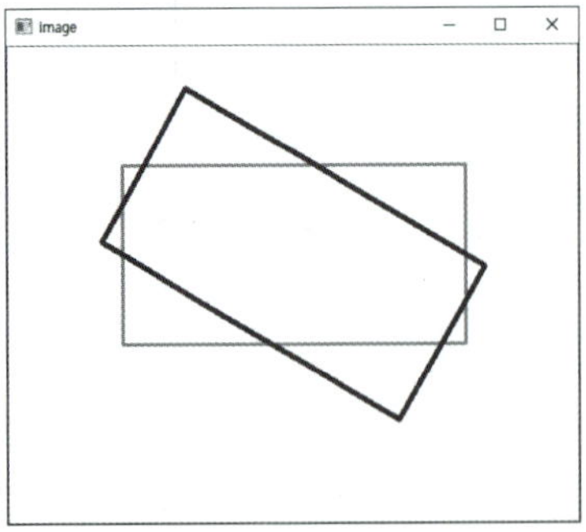

```
import numpy as np, cv2

pts1 = np.array([(200,  50, 1), (400, 50, 1),
                 (400, 250, 1), (200, 250,1)], np.float32)          # 4개 좌표— 동차 좌표

theta = 45 * np.pi / 180                                            # 회전 각도 – 라디안값
m = np.array([ [np.cos(theta), -np.sin(theta), 0 ],
               [np.sin(theta), np.cos(theta),  0 ],
               [            0,             0, 1 ]], np.float32)     # 회전 변환 행렬

delta = (pts1[2] - pts1[0])//2                     # 시작 좌표와 종료 좌표 차분//2
center = pts1[0] + delta                           # 중심 좌표 계산

## 평행이동 행렬
t1 = np.eye(3, dtype=np.float32)
t2 = np.eye(3, dtype=np.float32)

t1 =                         # 중심좌표 평행이동
t2 =
##  행렬 곱 수행
m2 =

pts2 = cv2.gemm(pts1, m2, 1, None, 1, flags=cv2.GEMM_2_T )

for i, (pt1, pt2) in enumerate(zip(pts1, pts2)):
    print("pts1[%d] = %s, pst2[%d]= %s" %(i, pt1, i, pt2))

image = np.full((400, 500, 3), 255, np.uint8)
cv2.polylines(image, [np.int32(pts1[:, :2])], True, (0, 255, 0), 2)
cv2.polylines(image, [np.int32(pts2[:, :2])], True, (255, 0, 0), 3)
cv2.imshow("image", image)
cv2.waitKey(0)
```

PART 02

영상처리와 OpenCV 함수 활용

CHAPTER 06

화소 처리

contents

영양소의 색상 – 과일과 채소의 색상

The New York Times의 "개인 건강: 영양소의 색상" 란 주제에서 소개된 "Color Code"란 책에서 저자들은 과일과 채소를 많이 섭취해야 하며, 다양한 색상을 선택하라고 강조한다. 저자들은 과일과 야채를 각각 빨강, 주황-노랑, 초록, 파랑-보라의 네 가지 큰 색상 그룹으로 나고, 이들이 각기 유익한 식물 영양소들을 공급한다고 했다.

빨강 그룹: 토마토, 고추, 자두, 수박 및 핑크 자몽은 카로티노이드 리코펜이 풍부하여, 전립선암과 심장 및 폐 질환으로부터 보호한다.

주황-노랑 그룹: 오렌지, 복숭아, 파파야를 포함한 과일들은 베타 크립토 탄신을 제공하여, 세포 간의 통신을 지원하고, 심장병을 예방하는 데 도움이 된다.

초록 그룹: 시금치, 브로콜리, 새싹 콩나물, 양배추 등은 설포라판, 이소시아네이트 및 인돌과 같은 암 차단 화학 물질이 풍부해, 발암 물질의 작용을 억제한다.

파랑-보라 그룹: 가지, 블루베리, 청포도, 자두 등은 세포 노화를 지연시키고, 혈전 형성을 차단하여 심장을 돕는 안토시아닌이라는 강력한 항산화제가 함유되어 있다.

중요한 것은 가능한 한 매일 식단에 많은 식물성 색을 포함시키는 것이다. 또한 가능하다면, 식물 영양소의 가장 풍부한 공급원인 껍질과 함께 먹는 것을 의미한다. 따라서 사과, 복숭아, 가지와 같은 것을 먹을 때, 가능하면 껍질을 벗기지 말고 먹어서 가장 유익한 영양소 화학 물질을 잃지 않도록 하자.

06 화소 처리

스마트폰이나 디지털 카메라의 사양 정보를 자세히 본 적이 있는가? 여러 가지 내용 중에 카메라 센서의 최근 S사의 광고에서 1억 8백만 화소라는 표현들을 본 적이 있을 것이다. 여기서 말하는 화소(pixel)가 바로 이 장에서 공부하려는 화소값 기반 처리의 그 화소이다.

화소란 화면(영상)을 구성하는 가장 기본이 되는 단위를 말한다. 일반적으로 영상처리 입문서에서 가장 먼저 다루는 내용이 화소값 기반 처리이다. 이것은 영상의 구조에 대해 알기 위해 가장 먼저 이해해야 하는 것이 화소에 대한 기본 개념이기 때문이다.

디지털 영상은 이 화소들의 집합을 의미하며, 이 화소들에 대해 다양한 연산을 하는 것이 영상처리이다.

6.1 영상 화소의 접근

영상처리를 아주 간단하게 말해보면, 2차원 데이터에 대한 행렬 연산이라고 할 수 있다. 또한, 영상처리 프로그래밍을 한다는 것은 영상이라는 2차원 데이터의 원소값을 개발자가 원하는 방향으로 변경하는 것이라고 할 수 있다. 따라서 영상을 다루려면 기본적으로 영상의 화소에 접근하고, 그 값을 수정하거나 새로 만들 수 있어야 한다.

과거 OpenCV와 같은 대중적인 영상처리 API가 없었을 때, 영상 데이터를 처리하고 저장하는 것이 쉽지만은 않은 일이었다. 그러나 파이썬에는 행렬 데이터 처리에 유용한 넘파이(numpy) 라이브러리를 지원하고 있으며, OpenCV API도 numpy.ndarray 객체를 기반으로 영상 데이터를 처리한다.

이 절에서는 영상의 화소인 행렬의 원소에 대한 처리 방법을 세부적으로 설명한다. 또한, 행렬 내부 데이터의 조회 방법과 각 원소에 대한 처리 방법에 대해 기술한다.

6.1.1 화소(행렬 원소) 접근

행렬의 다양한 자료형에 대한 접근 방법을 예제를 통해서 알아보자. 다음 예제는 행렬의 모든 원소를 순회하여 원소값을 2배로 변경하는 소스이다.

예제 6.1.1 행렬 원소 접근 방법 - 01.mat_access.py

```
01 import numpy as np
02
03 def mat_access1(mat):                         # 원소 직접 접근 방법
04     for i in range(mat.shape[0]):
05         for j in range(mat.shape[1]):
06             k = mat[i, j]                     # 원소 접근- mat[i][j] 방식도 가능
07             mat[i, j] = k * 2                 # 원소 할당
08
09 mat = np.arange(10).reshape(2, 5)             # 0~10 사이 원소 생성
10
11 print("원소 처리 전: \n%s\n" % mat)
12 mat_access1(mat)
13 print("원소 처리 후: \n%s\n" % mat)
```

| 설명 |

① 3~7행은 행렬의 원소를 순회하며, 직접 원소값을 가져와서 계산한다.

② 6행은 mat 행렬의 i행, j열 원소에 접근하여 원소값을 가져온다.

③ 7행은 계산된 값을 mat 행렬의 i행, j열에 저장한다.

④ 9행은 numpy.arange() 함수로 시작값에서 종료값(미포함)까지 지정된 간격으로 원소를 생성한다. 시작값과 간격은 생략할 수 있다. 생략하면 시작값은 0이며, 간격은 1이다. 즉, 0에서 9까지 1 간격으로 원소를 생성한다.

| 실행결과 |

```
Run: 01.mat_access
 D:/source/chap06/01.mat_access.py
원소 처리 전:
[[0 1 2 3 4]
 [5 6 7 8 9]]

원소 처리 후:
[[ 0  2  4  6  8]
 [10 12 14 16 18]]

원소 처리 전:
[[0 1 2 3 4]
 [5 6 7 8 9]]

원소 처리 후:
[[ 0  2  4  6  8]
 [10 12 14 16 18]]
```

다음 예제는 행렬을 처리하여 영상의 반전을 수행하는 다양한 방법들을 함수로 만들고, 각 방법의 수행속도를 계산한다.

예제 6.1.2 행렬 원소 접근 방법 2 - 02.image_access.py

```python
import numpy as np, cv2, time                    # 수행시간 계산 위해 time 모듈 임포트

def pixel_access1(image):                        # 화소 직접 접근 방법
    image1 = np.zeros(image.shape[:2], image.dtype)
    for i in range(image.shape[0]):
        for j in range(image.shape[1]):
            pixel = image[i,j]                   # 화소 접근
            image1[i, j] = 255 - pixel           # 화소 할당
    return image1

def pixel_access2(image):                        # 룩업테이블 이용 방법
    lut = [255 - i for i in range(256)]          # 룩업테이블 생성
    lut = np.array(lut, np.uint8)
    image3 = lut[image]
    return image3

def pixel_access3(image):                        # OpenCV 함수 이용 방법
    image4 = cv2.subtract(255, image)
    return image4

```

```
21 def pixel_access4(image):                        # ndarray 산술 연산 방법
22     image5 = 255 - image
23     return image5
24 
25 image = cv2.imread("images/bright.jpg", cv2.IMREAD_GRAYSCALE)
26 if image is None: raise Exception("영상파일 읽기 오류")
27 
28 ## 수행시간 체크 함수
29 def time_check(func, msg):
30     start_time = time.perf_counter()
31     ret_img = func(image)
32     elapsed = (time.perf_counter() - start_time) * 1000
33     print(mag, "수행시간 : %0.2f ms" % elapsed )
34     return ret_img
35 
36 image1 = time_check(pixel_access1, "[방법1] 직접 접근 방식")
37 image2 = time_check(pixel_access2, "[방법3] 룩업테이블 방식")
38 image3 = time_check(pixel_access3, "[방법4] OpenCV 함수 방식")
39 image4 = time_check(pixel_access4, "[방법5] ndarray 연산 방식")
40 
41 # 결과 영상 보기
42 cv2.imshow("image  - original", image)
43 cv2.imshow("image1 - directly access to pixel", image1)
44 cv2.imshow("image3 - LUT", image2)
45 cv2.imshow("image4 - OpenCV", image3)
46 cv2.imshow("image5 - ndarray", image4)
47 cv2.waitKey(0)
```

| 설명 |

① 1행에서 수행시간을 체크하기 위해서 time 모듈을 임포트 한다.

② 3~9행은 영상 반전을 위해서 행렬 원소에 직접 접근하고 저장하는 방법이다.

③ 11~15행은 룩업테이블을 이용해서 반전을 수행하는 방법이다.

④ 17~19행은 OpenCV 함수를 이용해서 반전을 수행하는 방법이다.

⑤ 21~23행은 ndarray 객체의 원소간 산술연산 방식을 이용해 반전을 수행하는 방법이다.

⑥ 29~34행은 함수의 수행시간을 체크하는 함수이다. 첫 번째 인수(func)에 함수 이름을 입력하면 해당 함수의 수행시간을 산출할 수 있다. 또한, func() 함수의 결과(ret_img)도 반환한다.

⑦ 36~39행은 각 함수의 수행시간을 계산하여 출력한다.

⑧ 42~47행은 결과영상을 윈도우에 표시한다.

| 실행결과 |

```
Run    02.image_access ×
C:\Python\Python312\python.exe F:\2024년\12.디지털영상처리
 \source_next\chap06\02.image_access.py
[방법 1] 직접 접근 방식 수행시간 : 38.18 ms
[방법 3] 룩업 테이블 방식 수행시간 : 0.42 ms
[방법 4] OpenCV 함수 방식 수행시간 : 0.09 ms
[방법 5] ndarray 연산 방식 수행시간 : 0.10 ms
```

실행결과에서 보듯이, 행렬 화소에 직접 접근하는 경우는 수행속도가 약 38.18ms 정도 나타나며, OpenCV에서 지원하는 함수를 사용할 경우 약 0.09ms 정도가 걸린다. 두 방법이 약 400배가 넘는 속도 차이가 나는 것을 알 수 있다. 따라서 화소 직접 접근 방법보다는 OpenCV에서 제공하는 함수들을 조합하거나 ndarray 객체의 원소간 연산으로 구현 내용을 만드는 것을 권장한다.

6.2 화소 밝기 변환

6.2.1 그레이 스케일(명암도) 영상

영상의 밝기를 밝게 하거나 어둡게 하는 것은 4.2.3절의 트랙바 이벤트와 5.3.1 절의 행렬의 사칙 연산 함수를 통해서 이미 다루었다. 앞 절에서는 트랙바 이벤트와 행렬 연산에 초점을 맞추었기 때문에 화소값의 변화에 따른 밝기 변화라는 개념이 생소하게 다가올 수 있을 것이다.

이제 영상의 밝기에 대해서 이야기해 보자. 단일채널의 영상, 즉 일반적으로 이해하는 컬러가 아닌 영상을 우리는 흑백 영상이라고 쉽게 부른다. 엄밀한 의미에서 흑백 영상이라는 것은 검은색과 흰색으로 구성된 영상을 의미이기 때문에 단일채널 영상에 이 이름을 붙이는 것이 맞지 않을 수 있다.

디지털 영상처리에서 보통 단일채널의 영상을 그레이 스케일(gray-scale) 영상이라고 부른다. 우리말로는 명암도 영상이라 한다.

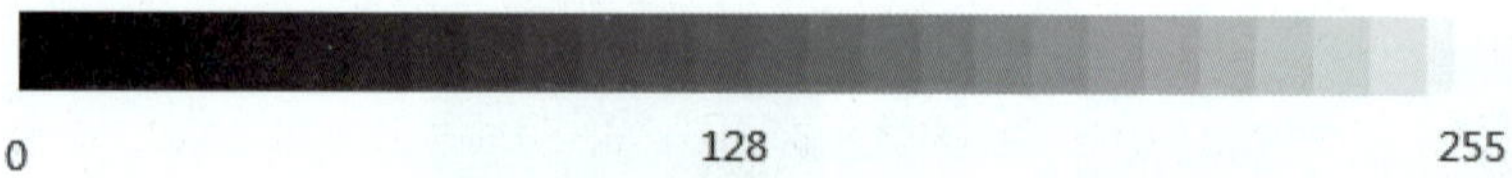

〈그림 6.2.1〉 화소값의 그레이 스케일 표현

하나의 화소값은 0~255의 값을 가지는데 0은 검은색을, 255는 흰색을 의미한다. 0~255 사이의 값들은 〈그림 6.2.1〉과 같이 진한 회색에서 연한 회색까지를 나타낸다. 이렇게 화소값이 회색의 비율 정도로 표현되고, 0~255의 값을 가지는 화소들이 모여서 구성된 것이 영상이기 때문에 그레이 스케일 영상이라 한다.

예제를 통해서 화소값의 변화에 따른 영상의 변화를 읽어보자. 다음 예제는 50행, 512열 크기의 영상을 생성하고, 영상의 왼쪽에서부터 오른쪽으로 화소의 값이 0~255까지 변화하도록 하는 예제이다.

예제 6.2.1 명암도 영상 생성 - 02.grayscale_image.py

```
import numpy as np
import cv2

image1 = np.zeros((50, 512), np.uint8)                  # 50 x 512 영상 생성
image2 = np.zeros((50, 512), np.uint8)
rows, cols = image1.shape[:2]

for i in range(rows):                                   # 행렬 전체 조회
    for j in range(cols):
        image1.itemset((i, j), j // 2)                  # 화소값 점진적 증가
        image2.itemset((i, j), j // 20*10)              # 계단 현상 증가

```

```
13 cv2.imshow("image1", image1)
14 cv2.imshow("image2", image2)
15 cv2.waitKey(0)
```

| 설명 |

① 8~11행은 for 문으로 행렬의 행×열 만큼 반복하여 모든 원소를 순회한다.

② 10행은 image1 행렬의 i행, j열 원소에 값을 저장한다. 나눗셈 몫 연산자로 2로 나눈 몫을 저장하는 것은 가로 인덱스의 절반 값으로 j열 원소의 화소값을 설정한 것이다. 따라서 화소값은 왼쪽에서 오른쪽으로 0에서 255의 값까지 점진적으로 증가한다.

④ 11행에서 (j // 20 * 10)은 몫 연산자로 인해서 계산 값의 소수 부분은 제거된다. 따라서 20화소씩 같은 값을 갖게 되어 계단 현상을 나타내며 증가한다.

| 실행결과 |

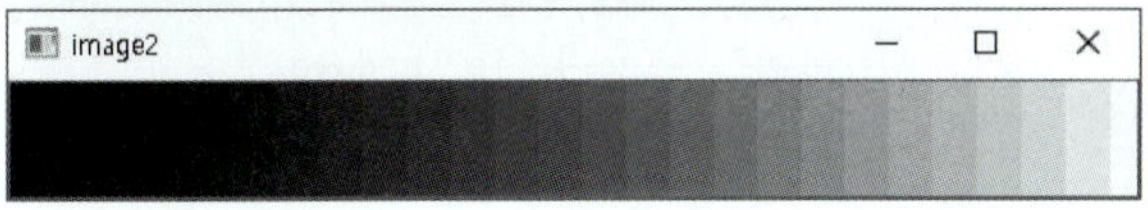

6.2.2 영상의 화소 표현

이제 직접 영상 파일을 읽어 들여서 그 영상의 특정 부분의 화소들을 확인해 보자. 영상 파일을 행렬에 저장하고, 관심 영역을 지정해서 출력하면 간단하게 영상 데이터인 화소들의 값을 출력할 수 있다. 또한, 앞 절에서 소개한 영상 조회 방법을 통해서도 화소값을 확인할 수 있다.

예제 6.2.2 영상 화소값 확인 - 03.pixel_value.py

```
import cv2

image = cv2.imread("images/pixel.jpg", cv2.IMREAD_GRAYSCALE) # 영상 읽기
if image is None: raise Exception("영상파일 읽기 오류")

(x, y), (w, h) = (180, 37), (15, 10)                    # 좌표는 x, y
roi_img = image[y:y+h, x:x+w]                           # 행렬 접근은 y, x

#print("[roi_img] =\n", roi_img)                        # 행렬 원소 바로 출력 가능
```

```
10
11 print("[roi_img] =")
12 for row in roi_img:                          # 원소 순회 방식 출력
13     for p in row:
14         print("%4d" % p, end=" ")            # 순회 원소 하나씩 출력
15 print()
16
17 cv2.rectangle(image, (x, y, w, h), 255, 1)    # 관심 영역에 사각형 표시
18 cv2.imshow("image", image)
19 cv2.waitKey(0)
```

| 설명 |

① 3~4행은 'pixel.jpg' 영상 파일을 로드해서 명암도 타입으로 image 행렬에 저장하고, 예외처리를 한다. 현재 폴더에서 'images/' 폴더로 내려가 'pixel.jpg' 파일이 없으면 다음과 같은 에러를 출력하고, 종료된다.

```
Run: 03.pixel_value
C:\Python\python.exe D:/source/chap06/03.pixel_value.py
Traceback (most recent call last):
  File "D:/source/chap06/03.pixel_value.py", line 4, in <module>
    if image is None: raise Exception("영상 파일 읽기 오류")
Exception: 영상 파일 읽기 오류
```

② 6행은 사각형의 시작 좌표(x,y)와 크기(w,h)로 관심 영역을 지정한다.

③ 7행은 슬라이스 연산자(:)로 관심 영역을 지정한다. 여기서 행렬은 행, 열의 순서로 지정해야 한다. 행은 시작 y 좌표에서 y+h까지 가져오며, 열은 시작 x 좌표에서 x+w까지 가져온다. 따라서 관심 영역은 (180, 37) 좌표에서 (15, 10) 크기의 영역이 된다.

④ 9행은 print() 함수를 통해서 쉽게 행렬 원소를 출력하는 방법으로 주석 처리해 두었다.

⑤ 11~15행은 image 행렬의 관심 영역을 참조하는 roi_img 행렬을 순회하며 원소값을 출력한다

⑧ 17행은 image 행렬에서 관심 영역의 위치를 눈으로 확인하기 위해서 사각형을 그린다.

| 실행결과 |

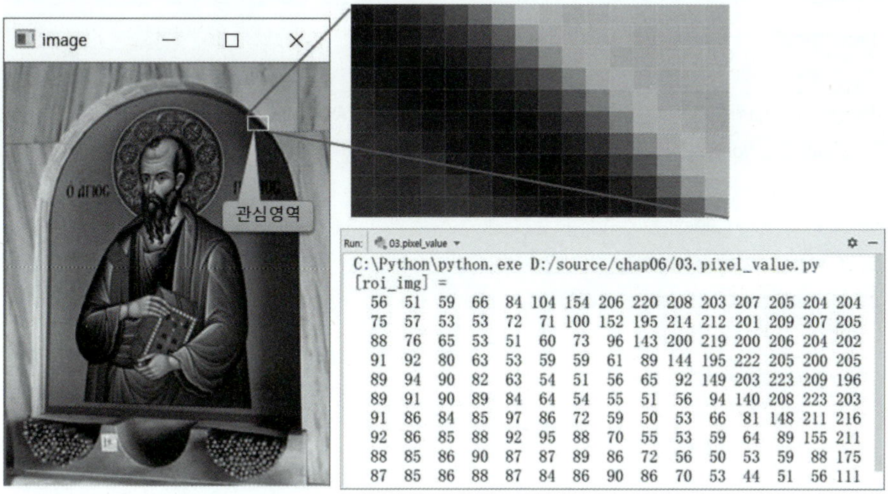


```
C:\Python\python.exe D:/source/chap06/03.pixel_value.py
[roi_img] =
  56  51  59  66  84 104 154 206 220 208 203 207 205 204 204
  75  57  53  53  72  71 100 152 195 214 212 201 209 207 205
  88  76  65  53  51  60  73  96 143 200 219 200 206 204 202
  91  92  80  63  53  59  59  61  89 144 195 222 205 200 205
  89  94  90  82  63  54  51  56  65  92 149 203 223 209 196
  89  91  90  89  84  64  54  55  51  56  94 140 208 223 203
  91  86  84  85  97  86  72  59  50  53  66  81 148 211 216
  92  86  85  88  92  95  88  70  55  53  59  64  89 155 211
  88  85  86  90  87  87  89  86  72  56  50  53  59  88 175
  87  85  86  88  87  84  86  90  86  70  53  44  51  56 111
```

실행 결과를 보면, 'image' 윈도우에 영상이 표시되고, 영상의 우상단에 흰색의 작은 사각형이 그려져 있다. 이 사각형이 관심 영역이며, 이 영역의 화소값을 콘솔창에 출력한다.

오른쪽 상단의 그림은 이해를 돕기 위해서 관심 영역의 영상을 확대해서 표시한 것이다. 확대된 그림의 색과 그 아래에 있는 콘솔창에 출력된 화소값을 비교해 보자. 확대된 그림의 상단 오른쪽의 흰색(밝은색) 부분에서 화소값은 200~225 범위의 값을 나타낸다. 또한, 중앙에서 하단으로 검은색 부분의 화소값은 대략 50~80 정도의 값들이 나타난다. 즉 밝은 흰색의 화소값은 255에 가까우며, 어두운 검은색의 화소값은 0에 가까운 값을 가진다.

6.2.3 영상 밝기의 가감 연산

화소값이 영상의 밝기를 나타내기 때문에 이 화소값을 변경하면 영상의 밝기를 바꿀 수 있다. 예컨대, 영상의 화소에 특정한 상숫값을 더하면 영상이 밝아지고, 상숫값을 빼면 영상이 어두워진다. 또한, 화소가 가질 수 있는 최댓값 (예로서 255)에서 그 화소의 값을 빼면 반전 영상이 만들어진다.

다음은 영상의 밝기를 밝게, 어둡게, 그리고 반전으로 변경하는 예제이다. 여기서 행렬의 덧셈과 뺄셈에서 OpenCV의 saturation 방식과 numpy의 modulo 방식의 차이를 이해하기 바란다.

예제 6.2.3 행렬 가감 연산 통한 영상 밝기 변경 – 04.bright_dark.py

```
01 import cv2
02
03 image = cv2.imread("images/bright.jpg", cv2.IMREAD_GRAYSCALE)    # 영상 읽기
04 if image is None: raise Exception("영상파일 읽기 오류")
05
06 ## OpenCV 함수 이용(saturation 방식)
07 dst1 = cv2.add(image, 100)                                       # 영상 밝게
08 dst2 = cv2.subtract(image, 100)                                  # 영상 어둡게
09
10 ## numpy.ndarray 이용(modulo 방식)
11 dst3 = image + 100                                               # 영상 밝게
12 dst4 = image - 100                                               # 영상 어둡게
13
14 cv2.imshow("original image", image)
15 cv2.imshow("dst1- bright:OpenCV", dst1)
16 cv2.imshow("dst2- dark:OpenCV", dst2)
17 cv2.imshow("dst3- bright:numpy", dst3)
18 cv2.imshow("dst4- dark:numpy", dst4)
19 cv2.waitKey(0)
```

| 설명 |

① 3, 4행은 두 개의 영상 파일을 읽고 예외처리를 한다.

② 7행은 image 행렬의 모든 원소에 100의 값을 더한다. 이때, saturation 방식으로 255보다 큰 값은 255로 지정한다.

> OpenCV와 numpy의 0 미만과 255 이상의 화소값 처리 방식이 다름에 주의
> - OpenCV : 250 + 100 = 360 → 255 (saturation 방식)
> - numpy : 250 + 100 = 350 % 256 → 104 (modulo 방식)

③ 8행은 image 행렬의 모든 원소에 100의 값을 뺀다. 이때, saturation 방식으로 0보다 작은 값은 0으로 지정한다.

④ 11, 12행은 ndarray 객체에서 지원하는 덧셈으로 범위를 벗어나면 modulo 방식으로 수행한다.

| 실행결과 |

실행 결과에서 'dst1' 창은 원본 영상보다 밝게 나타나며, 'dst2' 창은 뺄셈으로 원본 영상보다 어두워진다. 'dst3'과 'dst4' 창은 saturate 방식이 아니라 modulo 방식이 적용되어 의도하지 않은 밝기로 지정되는 것을 볼 수 있다.

6.2.4 행렬 덧셈 및 곱셈을 이용한 영상 합성

영상에 상수를 더하거나 빼는 연산을 확장하면 두 개의 영상을 더하거나 빼는 연산을 생각해 볼 수 있다. 두 영상을 합하면 영상 합성이 되며, 두 영상을 빼면 차영상(difference image)이 된다.

다음은 알렉산더 대왕 동상 영상과 사도의 건물 영상, 두 영상을 합성한 영상을 구하는 예제이다. 먼저, 두 개의 행렬을 합하게 되면, saturation 연산으로 인해서 255를 넘어서는 화소들은 흰색으로 나타나서 영상의 합성이 제대로 수행되지 않는다. 이 문제에 대한 해결 방법은 다음과 같이 여러 가지가 있을 수 있다.

```
1) dst(y,x) = image1(y,x) * 0.5 + image2(y,x) * 0.5 ;
2) dst(y,x) = image1(y,x) * alpha + image2(y,x) * (1-alpha)
3) dst(y,x) = image1(y,x) * alpha + image2(y,x) * beta
```

심화예제 6.2.4 행렬 합과 곱 연산을 통한 영상 합성 - 05.image_synthesis.py

```
01 import numpy as np, cv2
02
03 image1 = cv2.imread("images/add1.jpg", cv2.IMREAD_GRAYSCALE)      # 영상 읽기
04 image2 = cv2.imread("images/add2.jpg", cv2.IMREAD_GRAYSCALE)
05 if image1 is None or image2 is None: raise Exception("영상파일 읽기 오류")
06
07 ## 영상 합성 방법
08 alpha, beta = 0.6, 0.7                                          # 곱셈 비율
09 add_img1 = cv2.add(image1, image2)                              # 두 영상 단순 더하기
10 add_img2 = cv2.add(image1 * alpha, image2 * beta)               # 두 영상 비율에 따른 더하기
11 add_img2 = np.clip(add_img2, 0, 255).astype('uint8')            # saturation 처리
12 add_img3 = cv2.addWeighted(image1, alpha, image2, beta, 0) # 두 영상 비율에 따른 더하기
13
14 titles = ['image1', 'image2', 'add_img1', 'add_img2', 'add_img3'] # 윈도우 이름
15 for t in titles: cv2.imshow(t, eval(t))                            # 영상 표시
16 cv2.waitKey(0)
```

| 설명 |

① 3~5행은 두 개의 영상파일을 읽고 예외처리를 한다.

② 8행은 두 개의 영상을 합성할 때 각 영상의 반영 비율을 지정한다.

③ 9행은 두 영상을 단순히 더해서 합성한다.

④ 10행은 각 영상에 해당 비율을 적용하여 곱한 후에 합한다.

⑤ 11행은 두 개의 비율값이 1보다 클 경우에는 합성된 결과 영상에서 255보다 큰 화소가 생길 수 있다. 따라서 255보다 큰 값은 255로 0보다 작은 값은 0으로 클램핑을 수행한다.

⑥ 12행은 cv2.addWeighted() 함수를 사용해서 자동으로 비율에 맞게 합성을 수행한다.

⑦ 15행은 titles 리스트 이름으로 윈도우를 띄우고, 파이썬 내장 함수 eval() 함수로 리스트 원소의 문자열을 행렬 변수로 사용하여 행렬을 윈도우에 표시한다.

| 실행결과 |

결과 영상들에서 두 영상의 합성 비율에 따라 다양한 형태의 결과들을 얻을 수 있다. 영상의 장면 전환의 한 종류인 디졸브(dissolve)의 앞의 장면과 뒤의 장면 겹침의 개별적인 영상들 같이 보인다.

6.2.5 명암 대비

명암 대비(contrast)는 상이한 두 가지 색(밝기)이 경계에서 서로 영향을 미쳐 그 차이가 강조되어 나타나는 현상을 말한다. 다음 그림은 명암 대비의 예를 보인 것이다. 각 그림에서 왼쪽 부분은 화소값이 100으로 동일하다. 그러나 오른쪽 부분의 다른 밝기로 인해 특히 경계 부분에서 약간 다른 색으로 인식된다.

〈그림 6.2.2〉 밝기 대비 예시

낮은 명암 대비의 영상은 밝은 부분과 어두운 부분의 차이가 크지 않아 전체적으로 어둡거나 밝은 영상이다. 그러나 높은 명암 대비의 영상은 밝은 부분과 어두운 부분의 차이가 큰 영상을 말한다. 높은 명암대비 영상은 어두운 부분과 밝은 부분이 대비를 이루어 전체적으로 영상이 또렷해 보인다.

〈그림 6.2.3〉 낮은 명암 대비(좌)와 높은 명암 대비(우) 예

영상 내에서 명암 대비를 크게 하거나 작게 하려면 어떻게 해야 할까? 명암 대비를 높이려면, 어두운 부분은 더 어둡게, 밝은 부분은 더 밝게 해야 한다. 반대로 명암 대비를 낮추려면, 어두운 부분과 밝은 부분의 차이를 작게 만들어야 한다.

이렇게 영상 내에서 큰 값들과 작은 값의 차이를 늘리거나 줄이는 쉬운 방법은 곱셈 연산을 수행하면 된다. 명암 대비를 늘리기 위해서는 1.0 이상의 값을 곱해주면 되고, 줄이기 위해서는 1.0 이하의 값을 곱해주면 된다. 다음은 간단히 영상의 화소에 상수를 곱해줌으로써 명암 대비를 바꾸는 예제이다.

예제 6.2.5 영상 대비 변경 – 06.contrast.py

```
01 import numpy as np, cv2
02
03 image = cv2.imread("images/contrast.jpg", cv2.IMREAD_GRAYSCALE) # 영상 읽기
04 if image is None: raise Exception("영상파일 읽기 오류")
05
06 noimage = np.zeros(image.shape[:2], image.dtype)            # 더미 영상
07 avg = cv2.mean(image)[0]/2.0                                # 영상 화소 평균의 절반
08
09 dst1 = cv2.scaleAdd(image, 0.5, noimage)                    # 명암 대비 감소
10 dst2 = cv2.scaleAdd(image, 2.0, noimage)                    # 명암 대비 증가
11 dst3 = cv2.addWeighted(image, 0.5, noimage, 0, avg)         # 명암 대비 감소
12 dst4 = cv2.addWeighted(image, 2.0, noimage, 0, -avg)        # 명암 대비 증가
13
14 cv2.imshow("image", image)                                  # 영상 띄우기
15 cv2.imshow("dst1 - decrease contrast", dst1)
16 cv2.imshow("dst2 - increase contrast", dst2)
17 cv2.imshow("dst3 - decrease contrast using average", dst3)
18 cv2.imshow("dst4 - increase contrast using average", dst4)
19 cv2.waitKey(0)
```

| 설명 |

① 3, 4행은 'contrast_test.jpg' 파일을 명암도 타입으로 로드하고, 예외처리를 수행한다.

② 6행은 입력 영상과 같은 크기와 타입의 더미 영상을 생성한다. cv2.scaleAdd()와 cv2.addWeithed() 함수에서 세 번째 인수로 행렬로 원본 영상에 스칼라 곱셈 이후에 더해지는 행렬이다. 더할 필요가 없기 때문에 0인 행렬(noimage)로 지정한다.

③ 7행은 명암 대비의 효과를 높이기 위해서 영상의 전체 평균의 절반값을 계산한다.

④ 9, 10행은 image1 행렬에 각각 0.5와 2.0를 곱해서 dst1, dst2 행렬에 저장한다. 이것은 명암 대비를 절반으로 낮춘 것과 두 배로 높인 것이다. 여기서 곱셈만으로 명암 대비를 조절하면 곱셈의 속성상 전체 값이 낮아지거나 높이지기 때문에 영상이 원 영상과 다른 범위로 어두워지거나 밝아지게 된다.

⑤ 11, 12행은 명암 대비를 조절하면서 영상 화소값의 평균을 추가적으로 이용한다. 이 평균의 절반을 더하거나 빼서 결과 영상의 밝기를 조절하여 영상의 품질을 높인다. 이 평균은 입력 영상이나 사용자의 요구에 따라 변경해서 더 좋은 품질의 결과 영상을 만들 수도 있다.

| 실행결과 |

실행 결과에서 dst1 행렬은 1.0 미만을 곱해서 원본 영상보다 많이 어두워지며, dst2 행렬은 1.0 이상을 곱해서 원 영상보다 훨씬 밝아진다. 반면, dst3 행렬은 dst1에 비해서 밝기를 덜 어둡게 하면서 명암 대비를 줄인다. 또한, dst4 행렬은 dst2에 비해서 밝기를 덜 밝게 만들면서 명암 대비를 증가시킨다. 명암 대비를 줄이면 그림이 상대적으로 부드럽게 느껴지며, 명암 대 비를 증가시키면 뚜렷한 느낌을 준다.

6.3 히스토그램

6.3.1 히스토그램 개념

히스토그램을 일반적인 수학적인 관점에서 보면, "관측값의 개수를 겹치지 않는 다양한 계급으로 표시하는 것" 이라고 할 수 있다.

갑자기 수학 이야기가 나오니 당황되기도 하겠지만, 프로그래밍 언어를 잘하기 위해서 수학이 필요하듯이 영상처리 또한 그 개념을 명확히 이해하고 필요한 처리를 적용하려면 수학에 대한 이해가 필요하다. 다행스러운 것은 이 교재가 sin, cos 등의 삼각함수나 시그마(Σ) 정도의 범위를 벗어나지 않을 것이기에 수학과 친하지 않은 독자들도 안심하기 바란다.

히스토그램을 더욱 간단히 말하자면, 〈그림 6.3.1〉과 같이 어떤 데이터가 얼마나 많은지를 나타내는 도수 분포표를 그래프로 나타낸 것이다. 보통 히스토그램에서는 가로축이 계급, 세로축이 도수(관측값의 개수 즉, 빈도수)를 뜻한다. 계급은 보통 변수의 구간이고, 서로 겹치지 않는다.

5	4	6	6
2	1	6	4
2	2	4	6
1	6	0	2

(a) 입력 영상

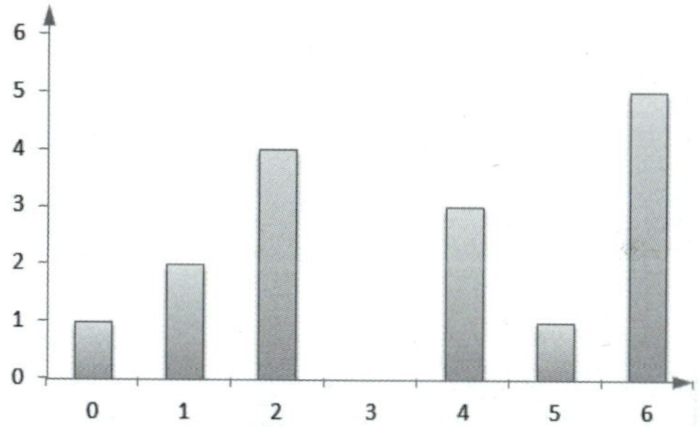

(b) 히스토그램

〈그림 6.3.1〉 히스토그램의 개념

히스토그램은 그림(그래프)이기 때문에 데이터의 분포 상태를 한눈에 쉽게 알 수 있다. 영상처리에서도 히스토그램은 화소의 분포를 나타내는 지표이기 때문에 이 분포를 이해하면 영상의 특성을 판단할 수 있는 유용한 도구가 될 수 있다.

6.3.2 히스토그램 계산

단일채널 8비트(uint8) 행렬의 히스토그램을 계산해 보자. 부호없는 8비트 행렬이기에 나타날 수 있는 원소값의 범위는 0~255이며, 한 계급(bin)이 1이 되게 설정한다. 계급 간격은 경우에 따라 조절할 수 있다.

쉬운 설명을 위해서 앞 절의 예제_6.2.2에서 영상의 관심 영역의 화소값을 출력한 그림을 이용한다. 그림에서 화소값 49는 0번 나타나며, 50은 2번, 51은 5번 나타난다. 이런 방식으로 0~255까지의 모든 화소값에 대해 출현 빈도수를 누적하여 배열에 저장한다.

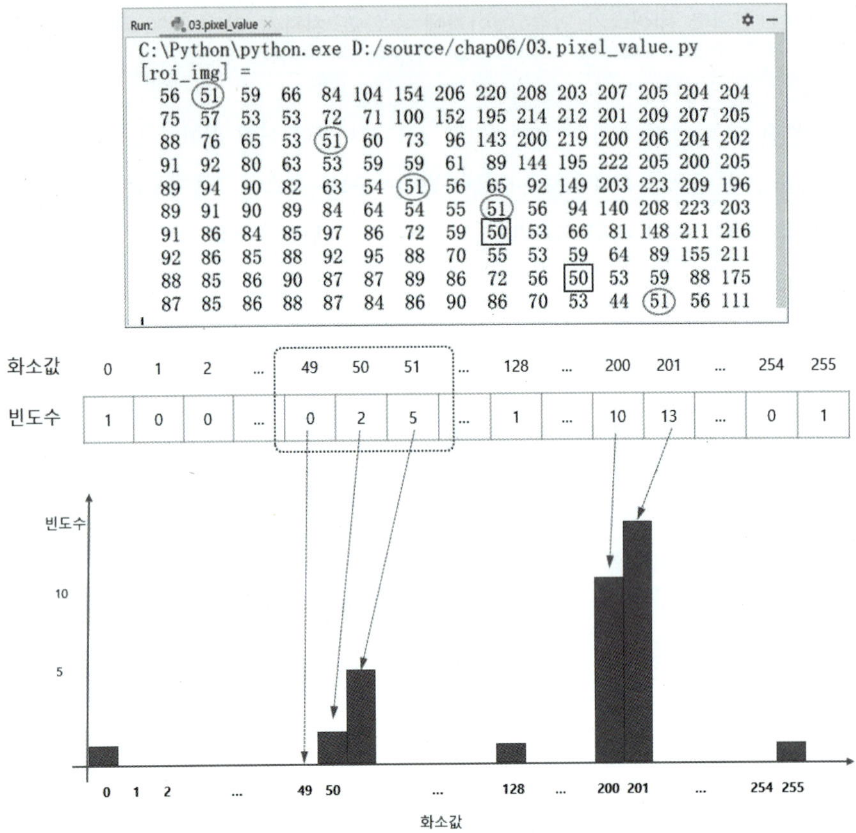

〈그림 6.3.2〉 히스토그램의 개념

이제 누적하여 계산된 히스토그램 값을 그래프로 그려보자. 화소값의 구간인 계급으로 그래프의 x축을 0~255의 값으로 구성하고, 그래프의 y축에는 해당 화소값의 출현 빈도수를 표시하여 막대 그래프 형식으로 그린다.

이 과정을 함수로 소소 코드를 작성해 보자.

예제 6.3.1 영상 히스토그램 계산 - 08.calc_histogrm.opencv.py(일부)

```
01 import numpy as np, cv2
02 from Common.utils import ck_time
03
04 def calc_histo(image, hsize, ranges=[0, 256]):          # 행렬 원소의 1차원 히스토그램 계산
05     hist = np.zeros((hsize, 1), np.float32)              # 히스토그램 누적 행렬
06     gap = ranges[1]/hsize                                # 계급 간격
07
08     for i in (image/gap).flat:
09         hist[int(i)] += 1
10     return hist
```

| 설명 |

① 4행은 히스토그램 결과가 저장되는 hist 행렬을 생성한다. histSize는 계급 개수로 hist 행렬의 행수를 지정한다.

② 5행에서 계급 간격은 범위 최댓값(ranges[1])을 간격수(histSize)로 나누어 구한다.

③ 8행에서 먼저 image의 원소값을 gap으로 나누어 각 원소값이 계급과 일치하게 한다. 그리고 한번의 for 문으로 모든 원소를 순회하기 위해서 ndarray 클래스의 falt 속성을 적용하여 1차원 배열로 만든다.

④ 9행은 image의 각 화소값을 계급화한 i 값을 가져와서 정수로 변환한 후에 해당 계급의 누적값을 1 증가시킨다.

6.3.3 OpenCV 함수 활용

예제_6.3.1에서 실제로 히스토그램을 구현해 보았지만, OpenCV에서 제공하는 히스토그램 계산 함수인 cv2.calcHist() 함수를 이용하면 좀 더 쉽게 히스토그램을 구현할 수 있다. 다만, cv2.calcHist() 함수가 다채널의 행렬에서 다차원의 히스토그램을 구하기 때문에 인수와 그 구조가 조금 복잡하다.

그러면 cv2.calcHist() 함수의 인수와 그 구조에 대해 알아보자.

함수 및 인수 구조
cv2.calcHist (images , channels , mask , histSize , ranges [, hist [, accumulate]]) → ret ■ 설명: 행렬 원소값의 빈도를 계산한다.

인수 설명	■ images	원본 배열들 – CV_8U 혹은 CV_32F 형으로 크기가 같아야 함
	■ channels	히스토그램 계산에 사용되는 차원 목록
	■ mask	특정 영역만 계산하기 위한 마스크 행렬 – 입력 영상과 같은 크기의 8비트 배열
	■ histSize	각 차원의 히스토그램 배열 크기 – 계급(bin)의 개수
	■ ranges	각 차원의 히스토그램의 범위
	■ accumulate	누적 플래그 – 여러 배열에서 단일 히스토그램을 구할 때 사용

이제 OpenCV 함수를 사용해서 히스토그램을 구해보자. 여기서 numpy 모듈의 함수로 히스토그램을 계산하는 방법까지 포함한다.

예제 6.3.1 영상 히스토그램 계산 – 08.calc_histogram_opencv.py

```
01  import numpy as np, import cv2
02
03  def calc_histo(image, histSize, ranges=[0, 256]): ...            # 소스 내용 생략
12
13  image = cv2.imread("images/pixel_test.jpg", cv2.IMREAD_GRAYSCALE)          # 영상 읽기
14  if image is None: raise Exception("영상파일 읽기 오류")
15
16  histSize, ranges = [32], [0, 256]                        # 히스토그램 간격수, 값 범위
17  gap = ranges[1]/histSize[0]                              # 계급 간격
18  ranges_gap = np.arange(0, ranges[1]+1, gap)              # 넘파이 계급범위&간격
19  hist1 = calc_histo(image, histSize, ranges)              # User 함수
20  hist2 = cv2.calcHist([image], [0], None, histSize, ranges)       # OpenCV 함수
21  hist3, bins = np.histogram(image, ranges_gap )                   # numpy 모듈 함수
22
23  print("User 함수: \n", hist1.flatten())                          # 1차원 행렬 1행 표시
24  print("OpenCV 함수: \n", hist2.flatten())
25  print("numpy 함수: \n", hist3)
```

| 설명 |

① 3행은 앞 예제에서 저자가 구현한 히스토그램 계산 함수이다. 소스 내용은 생략한다.

② 16행은 계급 개수와 범위를 지정한다. 다채널 행렬의 히스토그램을 구할 수 있도록 계급과 범위는 리스트로 구성한다.

② 17행은 계급 간격을 계산한다. cv2.calcHist() 함수의 개급 개수 대신에 계급 간격을 인수로 입력한다.

③ 18행은 numpy.arange() 함수로 히스토그램의 범위와 계급 간격을 지정한다. arrange() 함수는 시작값, 종료값, 간격으로 인수가 구성된다. 여기서 종료값에 +1을 해주어야 cv2.calcHist() 함수의 범위와 일치한다.

④ 19행은 저자가 구현한 히스토그램 함수를 호출한다. 1채널 히스토그램만 계산할 수 있다.

⑤ 20행은 OpenCV 함수를 이용해서 히스토그램을 구한다. 첫 번째 인수로 리스트를 구성하여 전달하는 것은 여러 행렬에 대해서 히스토그램을 구할 수 있기 때문이다.

⑥ 21행은 numpy 모듈의 histogram() 함수로 히스토그램을 구한다. 히스토그램 결과 행렬과 계급값 행렬을 튜플로 반환한다.

⑦ 23, 24행은 히스토그램 계산 결과가 2차원 행렬로 반환되기 때문에 1차원으로 전개하여 출력한다.

⑧ 25행은 넘파이 함수로 히스토그램을 계산한 결과는 1차원 행렬이기에 그대로 출력한다.

| 실행결과 |

```
Run: 08.calc_histogram_opencv
C:\Python\python.exe D:/source/chap06/08.calc_histogram_opencv.py
User 함수:
 [  97.   247.   563.  1001.  1401.  1575.  1724.  1951.  2853.  3939.  3250.  2549.
 2467.  2507.  2402.  2418.  2727.  3203.  3410.  3161.  2985.  2590.  3384.  4312.
 4764.  3489.  2802.  2238.  1127.   628.   199.    37.]
OpenCV 함수:
 [  97.   247.   563.  1001.  1401.  1575.  1724.  1951.  2853.  3939.  3250.  2549.
 2467.  2507.  2402.  2418.  2727.  3203.  3410.  3161.  2985.  2590.  3384.  4312.
 4764.  3489.  2802.  2238.  1127.   628.   199.    37.]
numpy 함수:
 [  97  247  563 1001 1401 1575 1724 1951 2853 3939 3250 2549 2467 2507
 2402 2418 2727 3203 3410 3161 2985 2590 3384 4312 4764 3489 2802 2238
 1127  628  199   37]
```

실행결과를 보면, OpenCV 함수로 반환받은 히스토그램 결과는 2차원 행렬이며, 1차원으로 전개해서 출력한 것이다.

이제 계산된 히스토그램으로 그래프를 그려보자.

예제 6.3.3 히스토그램 그래프 그리기 - 09.draw_histogram.py

```python
import numpy as np, cv2

def draw_histo(hist, shape=(200, 256)):
    hist_img = np.full(shape, 255, np.uint8)
    cv2.normalize(hist, hist, 0, shape[0], cv2.NORM_MINMAX)     # 정규화
    gap = hist_img.shape[1]/hist.shape[0]                       # 한 계급 너비

    for i, h in enumerate(hist):
        x = int(round(i * gap))                                # 막대 사각형 시작 x 좌표
        w = int(round(gap))
        cv2.rectangle(hist_img, (x, 0, w, int(h)), 0, cv2.FILLED)

    return cv2.flip(hist_img, 0)                               # 영상 상하 뒤집기 후 반환

```

```
15  image = cv2.imread("images/pixel.jpg", cv2.IMREAD_GRAYSCALE)  # 영상 읽기
16  if image is None: raise Exception("영상파일 읽기 오류")
17
18  hist = cv2.calcHist([image], [0], None, [32], [0, 256])
19  hist_img = draw_histo(hist)
20
21  cv2.imshow("image", image)
22  cv2.imshow("hist_img", hist_img)
23  cv2.waitKey(0)
```

| 설명 |

① 3~13행은 계산된 히스토그램 빈도 행렬로 그래프를 그리는 draw_histo()를 구현한다.

② 4행은 그래프를 그릴 hist_img 행렬을 선언한다. shape 형태로 명암도 영상을 생성하며, 흰색(255) 배경이 되게 초기화한다.

③ 5행은 cv2.normalize() 함수로 최솟값이 0이고 최댓값이 그래프 영상의 높이(shape[0])값을 갖도록 히스토그램의 빈도값을 조정한다.

④ 6행은 그래프 넓이를 계급 개수로 나누어서 한 계급의 너비를 계산한다.

⑤ 8~11행은 빈도 행렬을 순회하며 빈도값에 대한 막대 사각형을 다음과 같이 구성하여 그린다.

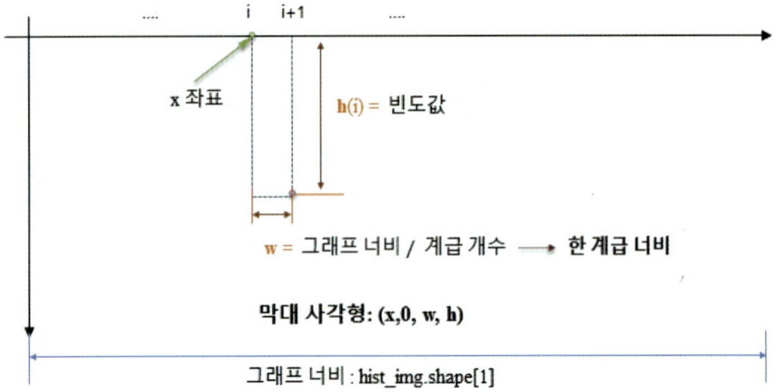

⑤ 9, 10행은 시작 x 좌표를 계산하며, 간 계급의 너비를 반올림하여 정수화한다.

⑥ 11행은 현재 순회 빈도값이 존재하면 사각형(x, 0, w, h)을 그린다. 이때 두께를 cv2.FILLED(-1)로 설정해서 내부를 채우는 사각형을 그린다.

⑦ 13행은 cv2.flip() 함수에 두 번째 인수를 0으로 지정해서 행렬을 x축 기준으로 뒤집는다. 행렬은 상단 왼쪽이 원점이고, 하단으로 내려갈수록 y 좌표가 증가한다. 일반적인 그래프에서는 하단 왼쪽이 원점이고 상단으로 갈수록 y 좌표가 증가하는 구조로 만들려면 그래프(행렬)을 x축 기준으로 뒤집으면 된다.

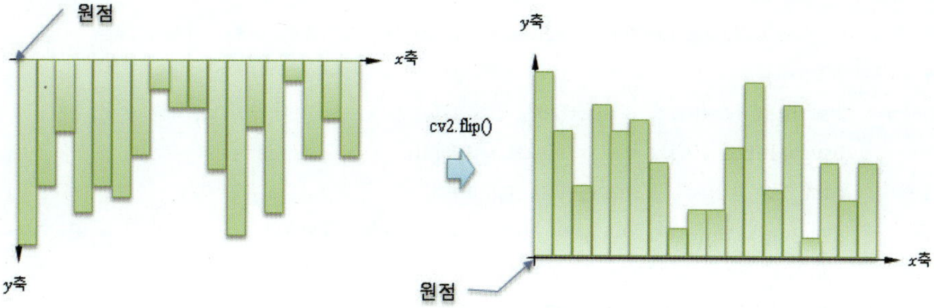

| 실행결과 |

이번에는 컬러 영상의 색상 성분에 대한 히스토그램을 구해서 그래프로 그리는 예제이다. 추가로 색상을 나타내기 위해 make_palette() 함수를 구현한다. 여기서 HSV 컬러 공간과 cv2.cvtColor() 함수에 대한 자세한 설명은 6.4.4절을 확인하기 바란다.

심화예제 6.3.4 색상 히스토그램 그리기 - 10.hue_histogram.py

```
import numpy as np, cv2

def make_palette(rows):                                  # hue 채널 팔레트 행렬 생성 함수
    ## 리스트 생성 방식
    hue = [round(i * 180 / rows) for i in range(rows)]  # hue 값 리스트 계산
    hsv = [[[h, 255, 255]] for h in hue]                 # (hue, 255,255) 화소값 계산
    hsv = np.array(hsv, np.uint8)                        # 정수(uint8)형 행렬 변환
    ## 반복문 방식
    # hsv = np.full((rows, 1, 3), (255, 255, 255), np.uint8)
    # for i in range(0, rows):                           # 행수만큼 반복
    #     hue = round(i / rows * 180 )                   # 색상 계산
    #     hsv[i] = (hue, 255, 255)                       # HSV 컬러 지정

```

```
14        return cv2.cvtColor(hsv, cv2.COLOR_HSV2BGR)          # HSV 컬러→BGR 컬러
15
16    def draw_hist_hue(hist, shape=(200, 256, 3)):              # 색상 히스토그램 그리기 함수
17        hsv_palette = make_palette(hist.shape[0])              # 색상 팔레트 생성
18        hist_img = np.full(shape, 255, np.uint8)
19        cv2.normalize(hist, hist, 0, shape[0], cv2.NORM_MINMAX) # 영상 높이값으로 정규화
20
21        gap = hist_img.shape[1] / hist.shape[0]                     # 한 계급 크기
22        for i, h in enumerate(hist):
23            x, w = int(round(i * gap)), int(round(gap))
24            color = tuple(map(int, hsv_palette[i][0]))              # 정수형 튜플로 변환
25            cv2.rectangle(hist_img, (x, 0, w, int(h)), color, cv2.FILLED)  # 팔레트 색으로 그리기
26
27        return cv2.flip(hist_img, 0)
28
29    image = cv2.imread(“images/hue_hist.jpg”, cv2.IMREAD_COLOR)  # 영상 읽기
30    if image is None: raise Exception(“영상파일 읽기 오류”)
31
32    hsv_img = cv2.cvtColor(image, cv2.COLOR_BGR2HSV)                 # BGR 컬러→HSV 컬러
33    hue_hist = cv2.calcHist( [hsv_img], [0], None, [18], [0,180]) # Hue 채널 히스토그램 계산
34    hue_hist_img = draw_hist_hue(hue_hist, (200, 360, 3))          # 히스토그램 그래프
35
36    cv2.imshow(“image”, image)
37    cv2.imshow(“hue_hist_img”, hue_hist_img)
38    cv2.waitKey(0)
```

| 설명 |

① 3~14행은 색상 히스토그램을 그리기 위해 색상을 지정하는 함수이다.

② 5~7행은 리스트 생성 방식으로 구현한 것이며, 9~12행은 반복문 원소 순회 방식으로 구현한 것이다.

③ 5행은 rows 인수에 맞게 계급의 인덱스(i)를 hue 값으로 계산하여 리스트를 생성한다. hue는 0~180까지의 값을 갖는다.

④ 6행은 hue 리스트로 HSV 색을 갖는 3 원소 튜플로 hue의 개수만큼 hsv 행렬을 생성한다. 3 원소 튜플은 컬러 값을 갖도록 hue 행렬 원소와 채도 및 휘도를 255의 값으로 지정한다. 이것은 각 계급의 인덱스에 해당하는 순수 색상 저장해서 인덱스로 색상을 사용하기 위함이다.

⑤ 7행은 색상 팔레트(hsv)를 3 원소 튜플을 갖는 2차원 리스트에서 ndarray 객체로 변환한다. OpenCV 함수의 입력 행렬과 반환 행렬은 대부분 ndarray 객체이다.

⑥ 9행은 3채널을 갖는 hsv 행렬을 선언한다.

⑦ 11행은 0~180까지의 값으로 rows 개수에 맞게 hue 값을 계산한다.

⑧ 12행은 hue 값과 채도, 휘도값을 255로 지정하여 HSV 컬러 공간 색을 설정한다.

⑨ 14행에서 hsv 행렬은 HSV 컬러 공간의 색상을 구성한 것이다. 이 색상을 모니터에 표시하기 위해서는 BGR 컬러로 변환한다.

⑦ 16~27행은 히스토그램 행렬로 그래프를 그려서 반환하는 함수이다.

⑧ 17행에서 make_palette() 함수로 막대 그래프의 각 계급 색상을 hsv_palette 행렬로 반환받는다.

⑨ 18행에서 히스토그램을 그릴 행렬을 생성한다. 컬러 영상으로 표현하기 위해서 가로, 세로, 채널수로 3채널 행렬로 선언한다.

⑩ 21~25행까지는 예제_6.3.3의 draw_histo() 함수와 거의 동일하다.

⑪ 24행은 색상 팔레트 행렬(hsv_palette)은 14행의 cv2.cvtColor() 함수를 거치며 ndarray 객체로 반환되었다. 이것을 OpenCV의 그리기 함수의 색상으로 사용하면 정수형 튜플로 변경해야 한다.

⑪ 25행에서 막대 사각형을 그릴 때, 검은색으로 그리지 않고 색상 팔레트의 한 원소(hsv_palette[i][0])를 이용한다.

⑫ 32행은 Hue 채널에 대한 히스토그램 계산을 위해 image를 HSV 컬러 공간으로 변환한다.

⑬ 33행은 cv2.calcHist() 함수로 히스토그램을 계산한다. 이때, 입력 행렬은 3채널 행렬을 그대로 입력하며, 두 번째 인수에 히스토그램 대상 채널 번호를 0으로 지정해서 0번(Hue) 채널의 히스토그램을 계산한다. 이때 계급 개수는 18개이며, 0~179까지의 범위에 대해서 빈도를 계산한다.

⑭ 34행은 draw_histo_hue() 함수를 호출해서 hist_hue_img 행렬에 히스토그램에 대한 빈도 그래프를 그린다. 이때 빈도 그래프의 크기는 200행, 360열이다.

| 실행결과 |

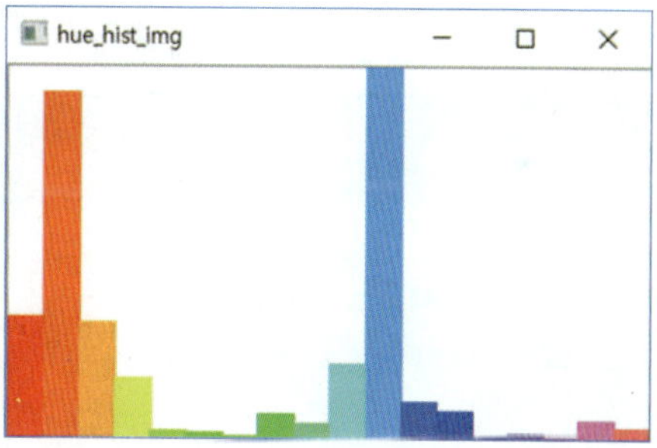

실행결과의 왼쪽 그림은 그리스의 한 도시에 있는 쓰레기통이다. 왼쪽의 히스토그램 그래프에서 막대마다 각 계급의 색상으로 그려지기 때문에 영상에서 해당 색상의 분포를 쉽게 알 수 있다. 왼쪽의 영상과 오른쪽의 그래프를 비교해서 보면, 파란색(플라스틱 통)과 빨간색(광고판의 병들)이 많이 분포하는 특성을 가진 영상임을 색상 히스토그램으로 확인할 수 있다.

6.3.4 히스토그램 스트레칭

명암도 영상에서 영상이 보기에 선명하고 깨끗해 보이려면 어두운 부분에서 밝은 부분까지 고루 분포되어 있어야 한다. 그렇지 않고 주로 특정 밝기 부분만 있는 영상은 〈그림 6.3.2〉에서 보는 바와 같이 전체적으로 선명하지 않으며 또렷하지도 않다.

이런 영상을 히스토그램에서 보면 〈그림 6.3.2〉의 오른쪽과 같이 한쪽으로 치우쳐서 히스토그램 분포가 좁은 그래프들로 나타난다. 이렇게 히스토그램의 분포가 좁아서 영상의 대비가 좋지 않은 영상들의 화질을 개선할 수 있는 알고리즘이 히스토그램 스트레칭(histogram stretching)이다.

(a) 밝은 부분을 많이 분포하는 영상과 히스토그램

(b) 어두운 부분을 많이 분포하는 영상과 히스토그램

〈그림 6.3.2〉 영상에 따른 히스토그램 예

스트레칭이라는 용어에서 알 수 있듯이 명암 분포가 좁은 히스토그램을 좌우로 잡아당겨(스트레칭해서) 고른 명암 분포를 가진 히스토그램이 되게 하는 것이다. 히스토그램의 값을 변경해서 어떻게 영상의 화질이 개선될까? 하는 의문을 가질 수도 있다. 히스토그램의 분포가 바뀐다는 것은 영상 내의 화소값의 분포가 바뀐다는 것을 의미한다. 따라서 영상의 화질도 변경되고 개선될 수 있다.

그러면 히스토그램을 스트레칭해 보자. 우선 스트레칭하려면 스트레칭 대상이 되는 두 곳을 알아야 한다. 〈그림 6.3.3〉에서 보는 바와 같이 히스토그램의 x축 위에서 빈도값이 존재하는 가장 낮은 화소값(*low value*)과 가장 높은 화소값(*high value*)이 그 위치들이다. 이제 두 위치를 찾았으면 가장 낮은 화소값을 0으로 당기고 가장 높은 화소값을 255로 당긴다. 그리고 중간의 화소값들은 각각의 비율에 따라서 화소값의 위치를 조정하면 된다.

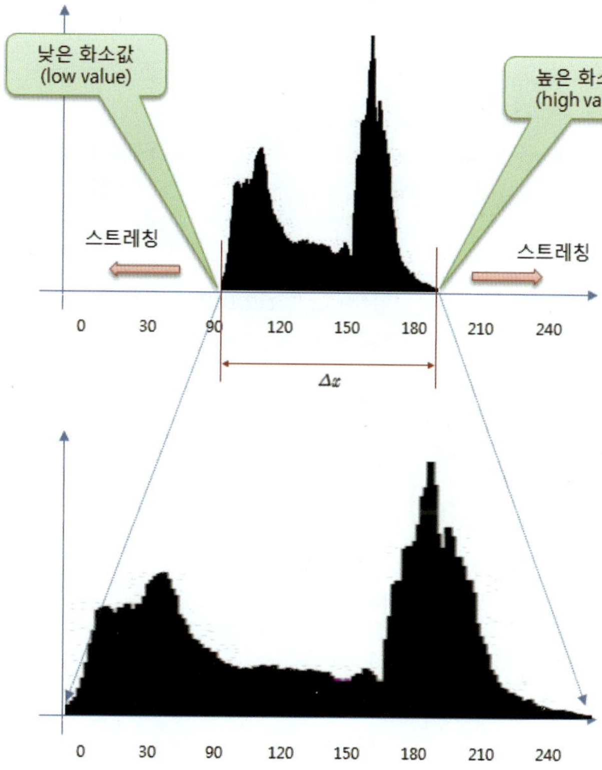

〈그림 6.3.3〉 히스토그램 스트레칭 과정

실제 화소값에 대한 수식으로 표현하면 다음과 같다. 영상의 모든 화소에 대해서 다음 수식을 적용하면 히스토그램 스트레칭이 완료된다.

$$\text{새 화소값} = \frac{(\text{화소값} - low)}{high - low} * 255$$

각 화소값에 low를 빼고, $255/\Delta x$의 비율을 곱해주면, 중간의 화소값들이 각각의 비율에 따라 위치한다. 여기서 Δx는 최고 화소값과 최저 화소값의 차분($high-low$)이다.

이제 히스토그램 스트레칭 예제를 구현해 보자. 원래 히스토그램 스트레칭은 수식에 따라서 히스토그램을 만들고, 새로 만든 히스토그램의 화소값에 따라서 원본 영상의 화소값을 변경한다. 그러나 예제에서는 cv2.LUT() 함수를 이용해서 룩업 테이블 방식으로 결과 영상(dst)의 화소값을 변경하는 방법을 소개한다.

예제 6.3.5 히스토그램 스트래칭 - 11.histogram_stretching.py

```
import numpy as np, cv2
from Common.histogram import draw_histo                # 함수 재사용 위한 임포트

def search_value_idx(hist, bias=0):                    # 값있는 첫 계급 검색 함수
    for i in range(hist.shape[0]):
        idx = np.abs(bias - i)                         # 검색 위치(처음 또는 마지막)
        if hist[idx] > 0: return idx                   # 위치 반환
    return -1                                          # 대상 없으면 반환

image = cv2.imread("images/hist_stretch.jpg", cv2.IMREAD_GRAYSCALE)
if image is None: raise Exception("영상파일 읽기 오류")

bsize, ranges = [64], [0,256]                          # 계급 개수 및 화소 범위
hist = cv2.calcHist([image], [0], None, bsize, ranges)

bin_width = ranges[1]/bsize[0]                              # 한 계급 너비
low = search_value_idx(hist, 0) * bin_width                 # 최저 화소값
high= search_value_idx(hist, bsize[0] - 1) * bin_width      # 최고 화소값

idx = np.arange(0, 256)                                # 룩업 인덱스(0~255) 생성
idx = (idx - low)/(high- low) * 255                    # 수식 적용하여 룩업 인덱스 완성
idx[0:int(low)] = 0                                    # 히스토그램 하위 부분
idx[int(high+1):] = 255                                # 히스토그램 상위 부분

dst = cv2.LUT(image, idx.astype('uint8'))              # 룩업 테이블 사용
# dst = idx.astype('uint8')[image]
## 룩업 테이블 사용하지 않고 직접 구현
# dst = np.zeros(image.shape, dtype=image.dtype)
# for i in range(dst.shape[0]):
```

```
30 #         for j in range(dst.shape[1]):
31 #             dst[i,j] = idx[image[i,j]]
32 
33 hist_dst = cv2.calcHist([dst], [0], None, bsize, ranges)# 결과 영상 히스토그램 재계산
34 hist_img = draw_histo(hist, (200,360))                   # 원본 영상 히스토그램 그리기
35 hist_dst_img = draw_histo(hist_dst, (200,360))           # 결과 영상 히스토그램 그리기
36 
37 print("high_vlue =", high)
38 print("low_vlue =", low)
39 cv2.imshow("image", image);     cv2.imshow("hist_img", hist_img)
40 cv2.imshow("dst", dst);         cv2.imshow("hist_dst_img", hist_dst_img)
41 cv2.waitKey(0)
```

| 설명 |

① 2행은 함수의 재사용하기 위해서 만든 함수들을 파일로 저장해서 임포트(import)하는 방법이다. 앞 장에서 프로젝트 루트 폴더에 만들어 둔 'Common' 폴더에 'histogram.py' 파일을 생성한다. 이 파일에 앞서 구현했던 draw_histo() 함수의 소스를 추가하면 된다.

② 4~8행은 히스토그램 빈도 행렬에서 빈도값이 있는 최저 위치(low)과 최고 위치($high$)을 찾아서 반환하는 search_value_idx() 함수이다. 두 번째 인수(bias)에 따라서 히스토그램 계급의 시작위치(0 or bsize[0]-1)를 결정한다. 즉, 0을 입력하면 처음에서부터 검색해서 최저 위치를 찾고, bsize[0]-1를 입력하면 마지막 위치에서 검색해서 최고 위치를 찾는다.

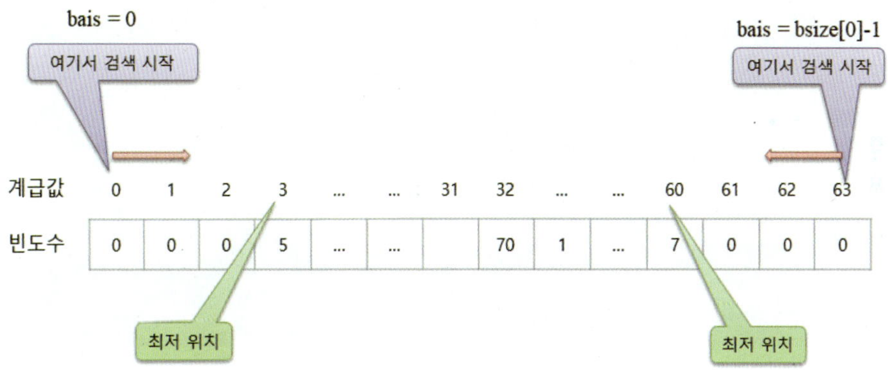

③ 7행은 계급 위치(idx)에서 빈도값이 있으면 그 위치값을 반환한다.

④ 8행은 히스토그램의 모든 빈도값이 0일 경우에는 -1을 반환한다.

⑤ 13행은 히스토그램의 계급 개수와 화소 범위를 지정한다.

⑥ 15행은 cv2.calcHist() 호출하여 히스토그램의 계산하고, hist 행렬에 저장한다.

⑦ 16행은 계급 개수와 화소 범위로 계급 너비를 계산해서 bin_width에 저장한다. 계급 개수가 화소 범위와 다를 경우를 위한 것이다. 계급너비는 1픽셀이 아닐 수 있다.

⑧ 17, 18행은 search_value_idx()를 호출해서 빈도가 존재하는 최저 위치와 최고 위치를 찾고, bin_width를 곱해서 최저 화소값(low)과 최고 화소값(high)으로 계산한다.

⑨ 20행은 원본 영상의 화소값을 변경할 때 참조할 룩업테이블(idx)을 0에서 255까지 1씩 증가하게 만든다.

⑩ 21행은 히스토그램 스트레칭 수식으로 원본 영상 화소값에 대한 변경 화소값을 계산하여 idx 행렬에 저장한다. idx 행렬의 좌표는 원본 영상 화소값를 의미하며, 해당 좌표의 값은 변경될 화소값이 된다. 이후 룩업 인덱스로 사용한다.

⑪ 22, 23행은 히스토그램에서 제외되는 부분을 하위값은 0으로 상위값은 255로 지정한다. 계급 간격이 1이 아닐 경우에 히스토그램 계산과정에서 제외되는 빈도 범위가 생길 수 있어, 명확하게 0과 255로 값을 지정해 준다.

⑫ 25행은 cv2.LUT() 함수로 image 행렬의 모든 화소값을 idx의 첨자로 원소값을 가져오며, 가져온 모든 값들을 결과 행렬의 원소값으로 저장해서 dst 행렬을 생성한다. 이때 idx는 화소값으로 사용하기 위해서 정수형으로 변환한다.

⑬ 26행은 ndarry 행렬로 룩업테이블 인덱싱을 하는 방식이다.

⑭ 28~31행은 룩업테이블 함수를 사용하지 않고 직접 행렬을 순회하며 화소값을 변경한 것이다.

⑮ 33행은 스트레칭 결과 행렬(dst)에서 다시 히스토그램을 계산한다.

⑯ 34, 35행은 원본 영상과 스트레칭 영상의 히스토그램 그래프를 그린다.

| 실행결과 |

```
Run: 11.histogram_stretching
C:\Python\python.exe D:/source/chap06/11.histogram_stretching.py
high_value =  180.0
low_value =  52.0
```

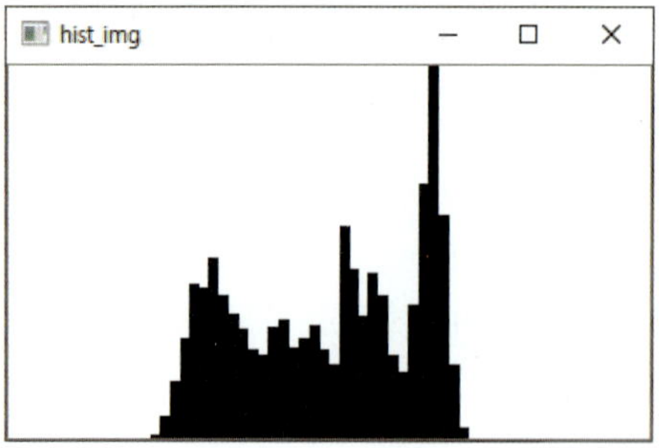

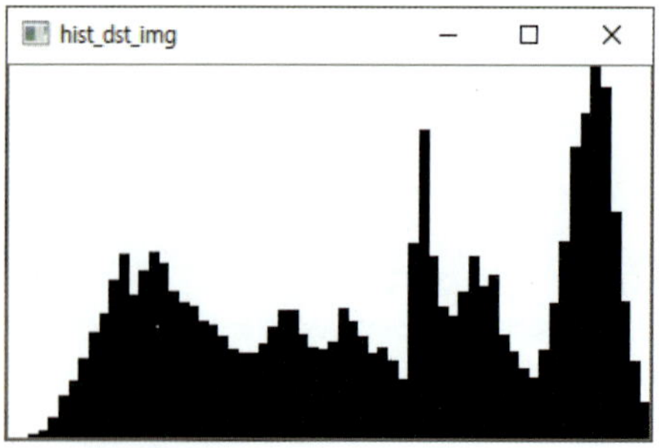

왼쪽 상단 그림은 그리스 산토리니 섬에 날씨가 흐려진 상태에서 찍은 고양이 사진이다. 아래에 나타난 영상의 히스토그램에서 대부분의 화소가 중앙 부분에 몰려 있는 것을 볼 수 있다. 이로 인해서 원본 영상은 흐려 보인다. 그러나 원본 영상에 히스토그램 스트레칭을 수행한 후에는 오른쪽 상단의 사진에서 고양이의 털이나 그리스 산토리니 섬의 전경이 상당히 선명해졌다. 또한, 결과 영상의 히스토그램을 보면 0~255의 화소값이 고루 분포되어 있다. 여기서 히스토그램 계급의 개수를 256개로 하지 않고 64개로 지정했기 때문에 한 계급의 너비가 4픽셀이 되어 히스토그램이 막대 그래프와 같은 모습으로 나타났다.

6.3.5 히스토그램 평활화

평활화(equalization)라는 용어는 생소해도 EQ 혹은 이퀄라이저(equalizer)라는 용어는 어디선가 들어본 적이 있을 것이다. 바로 MP3 플레이어에서 클래식, 헤비메탈, 재즈, 팝, 록 등으로 음색을 조정하는 탭에 있는 것이다. 이것은 원래 주파수 특성을 균등하게 보정하는 기기이다. 주파수를 조정할 수 있기 때문에 주파수 특성을 어느 특정의 목적에 맞추어 임의로 변화시켜 원하는 음색을 만들어 낼 수 있다.

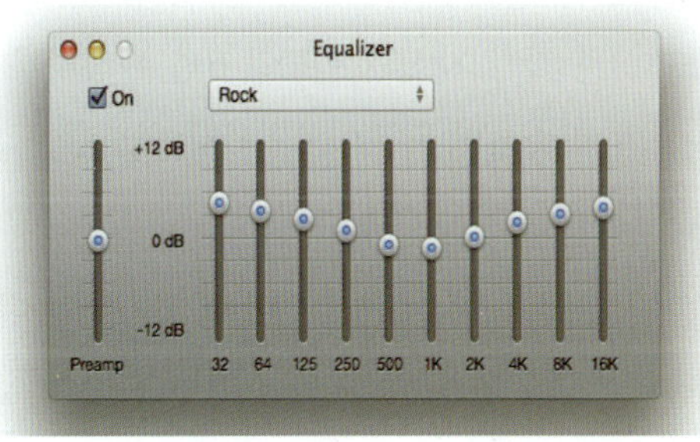

〈그림 6.3.4〉 MP3 플레이어의 이퀄라이저의 예

영상처리에서 히스토그램을 다룬다면 반드시 평활화라는 알고리즘이 따라온다. 인간의 눈은 영상의 밝기의 크기보다 대비가 증가할 때 인지도가 향상된다. 평활화 알고리즘은 히스토그램 평활화의 사전적 의미인 "분포의 균등"이라는 방법을 이용해 명암 대비를 증가시킨다. 이를 통해서 영상의 인지도를 높이며, 영상의 화질을 개선할 수 있다.

앞 절에서 히스토그램 스트레칭은 히스토그램의 분포가 좁은 영상을 스트레칭하여 히스토그램 분포를 넓게 만든다. 반면, 히스토그램의 분포가 좁지는 않지만, 특정 부분에서 한쪽으로 치우친 명암 분포를 가진 영상들이 있을 수 있다. 이런 영상들은 명암 분포가 좁지 않기 때문에 히스토그램 스트레칭으로는 문제가 해결되지 않는다.

이와 같이 특정 부분에서만 한쪽으로 치우친 명암 분포를 가진 영상을 히스토그램의 재분배 과정을 거쳐서 균등한 히스토그램 분포를 갖게 하는 알고리즘이 "히스토그램 평활화 알고리즘" 이다.

다음은 히스토그램 평활화를 수행하는 전체 과정이다.

① 영상의 히스토그램을 계산한다. ② 히스토그램 빈도값에서 누적 빈도수(누적합)를 계산한다. ③ 누적 빈도수를 정규화(정규화 누적합) 한다. ④ 결과 화소값 = 정규화 누적합 * 최대 화소값

설명을 위해 간단한 입력 영상의 데이터로 실제 평활화를 수행해 보자. 먼저, 입력 영상에서 히스토그램 계산을 위해 화소값들의 빈도를 계산한다. 〈그림 6.3.5〉에서 예로서, 화소값 2를 가진 화소의 빈도수는 6이 된다.

다음은 빈도수를 누적하여 누적 빈도수를 계산한다. 〈그림 6.3.5〉에서 화소값 2인 경우, 화소값 0과 1의 빈도인 1과 5를 각각 자신의 빈도인 6과 누적시켜 결과적으로 12가 된다. 이렇게 계속 진행하여 마지막 화소값인 7에 이르기까지 빈도수를 계속 누적한다. 그 결과 전체 화소 개수와 같은 16이 된다.

각 화소의 누적 빈도수를 전체 화소 개수(16)로 나누어 정규화하여 정규화 누적합을 계산한다. 정규화는 원소 중에서 최댓값으로 각 원소를 나누어 원소들의 값이 0~1 사이의 값을 가지게 표현하는 것이다.

평활화 결과 화소값 = [입력 화소의 정규화 누적합 * 최대 화소값]

평활화 결과는 입력 화소의 정규화된 누적합 값에 화소 최댓값을 곱해준다. 여기서 계산은 반올림하여 정수값이 되도록 구성한다. 예로서 입력 화소 2인 경우, 정규화 누적합은 12/16 = 0.75이므로, 평활화 결과 화소값은 0.75*7 = 5.25이고, 결과 화소값은 5가 된다.

0	2	2	1
1	2	3	2
1	2	3	2
1	3	1	7

입력 영상 화소값

0	5	5	3
3	5	7	5
3	5	7	5
3	7	3	7

평활화 완료 영상 화소값

화소값	0	1	2	3	4	5	6	7
빈도수	1	5	6	3	0	0	0	1
누적 빈도수	1	6	12	15	15	15	15	16
정규화누적합	1/16	6/16	12/16	15//16	15//16	15/16	15/16	16/16
	0.0625	0.375	0.75	0.9375	0.9375	0.9375	0.9375	1
누적합 * 최댓값	0.4375	2.625	5.25	6.5625	6.5625	6.5625	6.5625	7
평활화 결과	0	3	5	7	7	7	7	7

〈그림 6.3.5〉 평활화 계산 과정 예시

입력 영상의 모든 화소에 대해 앞의 원리를 적용하면 히스토그램 평활화가 완료된다. 두 영상을 히스토그램으로 그려보면 〈그림 6.3.6〉과 같다. 한쪽으로 치우친 명암 분포를 가진 영상이 전체 명암 영역에 균등하게 분포되는 것을 확인할 수 있다.

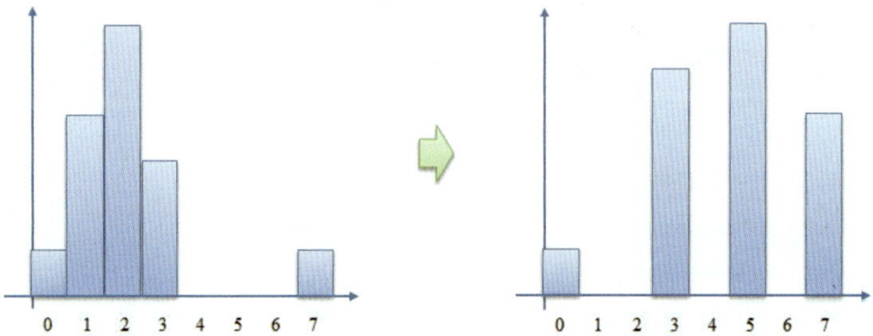

〈그림 6.3.6〉 입력 영상 화소값의 변경

이제 히스토그램 평활화를 OpenCV에서 제공하는 cv2.equalizeHist() 함수를 활용해 보고, 직접 작성해서도 구현해 보자. 여기서 히스토그램 그래프를 그려주는 draw_histo()는 임포트하여 재사용한다.

예제 6.3.6 히스토그램 평활화 - 12.histogram_equalize.py

```python
import numpy as np, cv2
from Common.histogram import draw_histo                        # 히스토그램 그리기 함수 임포트

image = cv2.imread(“images/equalize_test.jpg”, cv2.IMREAD_GRAYSCALE) # 영상 읽기
if image is None: raise Exception(“영상파일 읽기 오류”)

bins, ranges = [256], [0, 256]
hist = cv2.calcHist([image], [0], None, bins, ranges)          # 히스토그램 계산

## 히스토그램 누적합 계산
accum_hist = np.zeros(hist.shape[:2], np.float32)
accum_hist[0] = hist[0]
for i in range(1, hist.shape[0]):
    accum_hist[i] = accum_hist[i - 1] + hist[i]

accum_hist = (accum_hist / sum(hist)) * 255                    # 누적합의 정규화
dst1 = [[accum_hist[val] for val in row] for row in image]     # 화소값 할당
dst1 = np.array(dst1, np.uint8)

##numpy 함수 및 OpenCV 룩업 테이블 사용
# accum_hist = np.cumsum(hist)                                 # 누적합 계산
# cv2.normalize(accum_hist, accum_hist, 0, 255, cv2.NORM_MINMAX)   # 정규화
# dst1 = cv2.LUT(image, accum_hist.astype(‘uint8’))            # 룩업 테이블로 화소값 할당

dst2 = cv2.equalizeHist(image)                                 # OpenCV 히스토그램 평활화
hist1 = cv2.calcHist([dst1], [0], None, bins, ranges)          # 히스토그램 계산
hist2 = cv2.calcHist([dst2], [0], None, bins, ranges)
hist_img = draw_histo(hist)
hist_img1 = draw_histo(hist1)
hist_img2 = draw_histo(hist2)

cv2.imshow(“image”, image);             cv2.imshow(“hist_img”, hist_img)
cv2.imshow(“dst1_User”, dst1);          cv2.imshow(“User_hist”, hist_img1)
cv2.imshow(“dst2_OpenCV”, dst2);        cv2.imshow(“OpenCV_hist”, hist_img2)
cv2.waitKey(0)
```

| 설명 |

① 2행에서 draw_hist() 함수를 사용하기 위해서 'histogram.py' 파일을 임포트한다.

② 7~8행에서 계급 256개, 0~255 범위로 히스토그램을 생성한다.

③ 11~14행은 히스토그램의 누적합을 계산한다.

④ 16행은 누적합 행렬을 0~255 범위로 정규화한다.

⑤ 17행은 영상의 화소값을 정규화된 누적합의 첨자로 적용해서 변환 화소값을 할당한다.

⑥ 21~23행은 넘파이 함수와 룩업 테이블을 사용해서 평활화를 수행하는 방법으로 주석 처리해 두었다.

⑦ 21행은 numpy.cumsum() 함수로 히스토그램 빈도의 누적합을 계산한다.

⑧ 23행은 cv2.LUT() 함수로 화소값 할당을 룩업 테이블로 수행한다.

⑨ 25행은 OpenCV 지원 히스토그램 평활화 함수를 수행한다.

| 실행결과 |

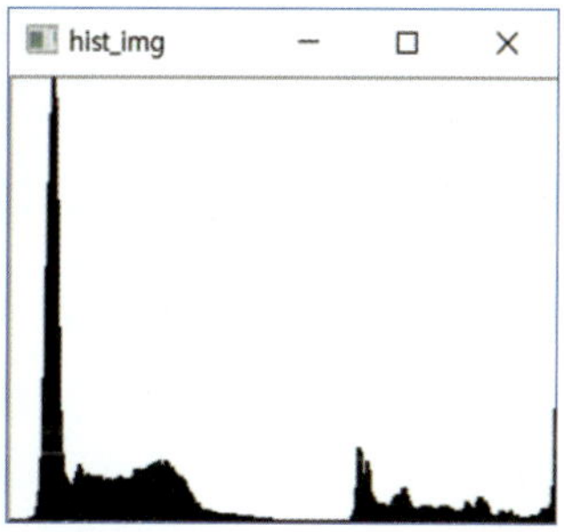

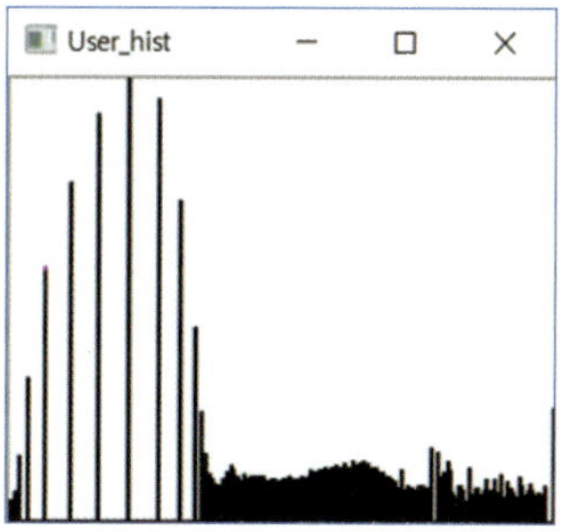

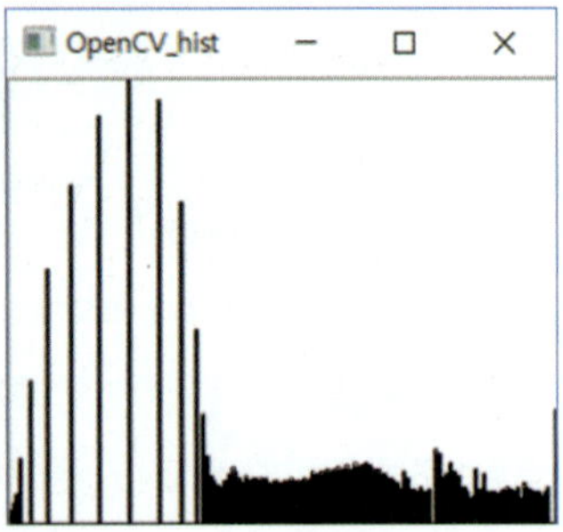

실행 결과에서 원본 영상은 전경의 밝은 부분과 아치문의 어두운 부분이 같이 있는 영상으로 특히, 어두운 아치문 부분은 영상의 세부적인 모습을 확인하기가 힘들다. 히스토그램 평활화 수행결과 영상(dst1, dst2)을 보면, 입력 영상에서 어두운 부분이 상대적으로 밝아져서 아치문 벽의 세부적인 모습을 확인할 수 있다. 그리고 저자가 직접 구현한 dst1 결과와 OpenCV에서 제공한 함수의 결과 dst2가 히스토그램 그래프에서 거의 동일한 것을 확인할 수 있다.

6.4 컬러 공간 변환

6.4.1 컬러 및 컬러 공간

개나 고양이가 보는 세상은 어떤 모습일까? 어렸을 때 집에서 키우는 개나 고양이들도 당연히 내가 눈으로 보는 세상과 같은 모습을 볼 거라 생각했었다. 그러나 커가면서 이들은 우리가 보는 것과는 다른 색으로 세상을 바라본다는 것을 알게 되었다. 대부분의 동물들은 다양한 색을 인지하지도 구분하지 못한다.

다양한 학설이 있지만, 다음과 같은 인간 시각에 대한 일부 가설이 있다. 포유류와 달리 영장류들은 어린잎을 골라 먹기 위해 원래 흑백이었던 동물의 시각이 1차로 파랑색과 노랑색을 구분하는 2색형 색각을 갖게 됐다. 그리고 그 뒤에 노랑색을 감지하는 시세포가 각각 빨간색과 녹색에 민감한 시세포로 분화해 3색형 색각을 갖게 되었지 않았나? 상상해 본다.

참조: https://www.showcaves.com

〈그림 6.4.1〉 고대 벽화 그림

멀리 만 6천 년 전의 알타미라 동굴 벽화나 가깝게는 고구려 벽화에서도 우리가 예상하지 못한 화려한 색채를 볼 수 있다. 이렇듯 인간의 눈은 색채에 민감하다. 우리가 색에 대해 다양한 이야기를 할 수 있는 것도, 영상처리에서 색상을 처리는 다양한 알고리즘이 가능한 것도 인간이 색상과 밀접한 관계가 있기 때문이다.

그러면 색이란 무엇인가?

색은 색각[1]으로 느낀 빛에서 주파수(파장)의 차이에 따라 다르게 느껴지는 색상들을 말한다. 개념 설명이 오히려 더 어려운 것 같다. 한번 풀어보자.

보통 물체에 닿는 빛은 일부는 흡수되고 일부는 반사된다. 이 때 흡수되지 않고 반사된 빛을 사람의 눈이 인지하는 것이 그 물체의 색이다.

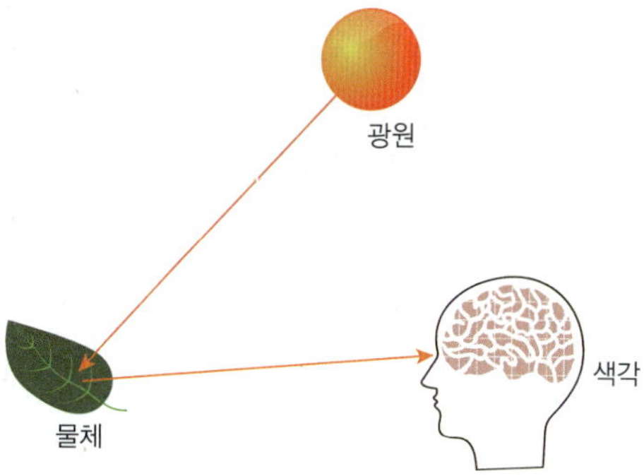

〈그림 6.4.2〉 인간이 색 인지

1) 색각이란 눈의 감각인 시각 가운데 하나의 감각이다.

빛은 넓은 의미로 감마선, X선, 자외선, 가시광선 적외선, 전파 등 모든 종류의 전자기파를 뜻한다. 그러나 인간이 볼 수 있는 빛은 전체 전자기파 중에서 약 380 nm~780 nm 사이의 파장을 가진 것이며, 이것을 가시광선이라 한다. 가시광선은 〈그림 6.4.3〉과 같이 각 파장에 특유의 색을 가지며, 인간은 이 파장을 인지하여 색으로 구분한다.

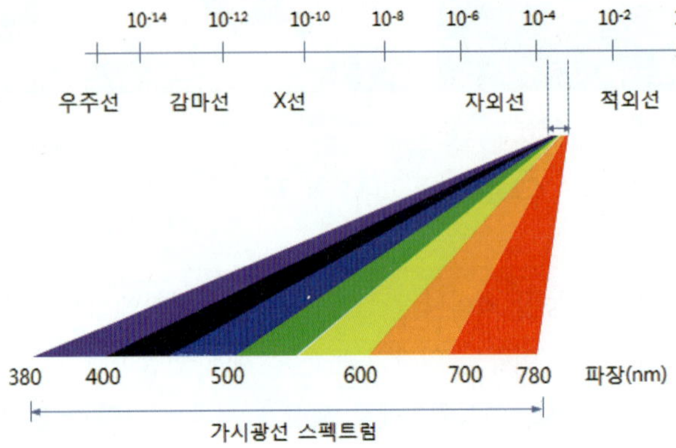

〈그림 6.4.3〉 가시광선의 분포

본격적으로 영상처리에서 사용하는 컬러에 대한 이야기를 해보자.

먼저 설명해야 하는 것이 공간, 즉 컬러 공간(color space)이다. 이 컬러 공간이란 색 표시계(color system)의 모든 색들을 색 공간에서 3차원 좌표로 표현한 것이다. 여기서 색 표시계란 RGB, CMY, HSV, LAB, YUV 등의 색 체계를 말한다. 컬러 공간을 다른 말로 컬러 표현 시스템(color representation system), 컬러 모델(color model)로도 표현한다.

컬러 공간은 공간상의 좌표로 표현되기 때문에 어떤 컬러와 다른 컬러들과의 관계를 표현하는 논리적인 방법을 제공한다. 따라서 모니터와 같은 디스플레이 장치에 사용되는 컬러 공간, TV 방송에서 방송 신호를 송출할 때 사용하는 컬러 공간, 프린터에서 인쇄할 때 사용되는 컬러 공간, 그리고 JPEG 압축을 할 때 사용되는 컬러 공간들이 모두 다르다. 또한, 이 컬러 공간들은 서로 변환될 수 있다.

영상처리에서 컬러 공간은 다양하게 활용된다. 예를 들어, 어떤 영상에서 각각의 색상이 다른 객체를 분리하기 위해서 적절한 컬러 공간을 이용해 전체 영상을 컬러 영역별로 분리할 수 있다. 그리고 전선의 연결 오류 검사를 위해 기준 색상과 비슷한 색상의 전선인지를 체크하기 위해 사용될 수 있다. 또한, 내용 기반 영상 검색에서 색상 정보를 이용하여 원하는 물체를 검색하기 위해 특정 컬러 공간을 이용할 수 있다.

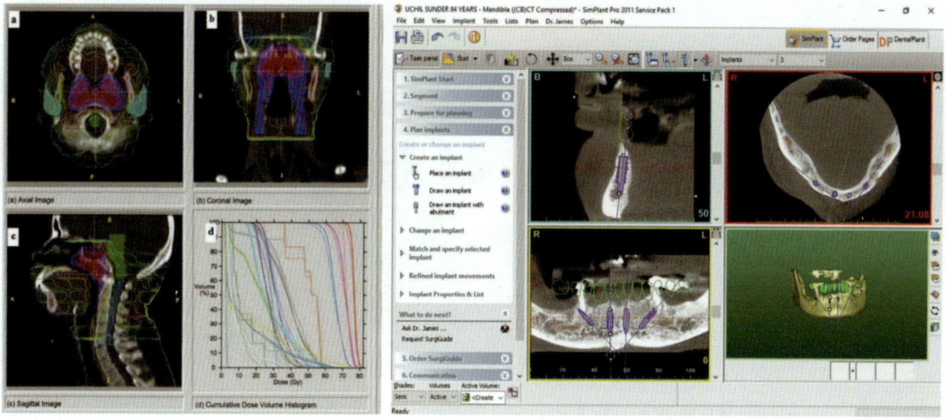

참조: http://www.drsankpal.com

〈그림 6.4.4〉 응용 프로그램에서 컬러 공간의 사용 예

이렇게 다양한 응용에서 컬러 영상을 다루려면 반드시 습득해야 할 지식이 컬러 공간에 대한 이해이다.

6.4.2 RGB 컬러 공간

모니터나 텔레비전의 화려한 색은 어떻게 표현되는 것일까? 대략적으로 빛을 이용한다는 것은 짐작할 것이다. 다시 초등학교 때 배웠던 기본적인 미술 지식을 생각해 보자. 밝은 조명에 여러 색상의 셀로판지를 씌워서 다양한 색을 만들었던 기억이 있을 것이다. 이때 다른 여러 색을 만들 때 반드시 필요한 셀로판지 색이 있다. 바로 빨간색, 녹색, 파란색이다.

빛을 이용해서 색을 만들려면 빨강 빛, 초록 빛, 파랑 빛이 반드시 필요하다. 우리는 이것을 빛의 삼원색이라 부른다. 원색이란 더이상 분해할 수 없는 최소한의 색을 말하며, 이 색들을 조합해서 다른 색을 표현할 수 있다. 이 원색의 조합은 〈그림 6.4.5〉와 같이 섞을수록 밝아지기 때문에 가산 혼합(additive mixture)이라 한다.

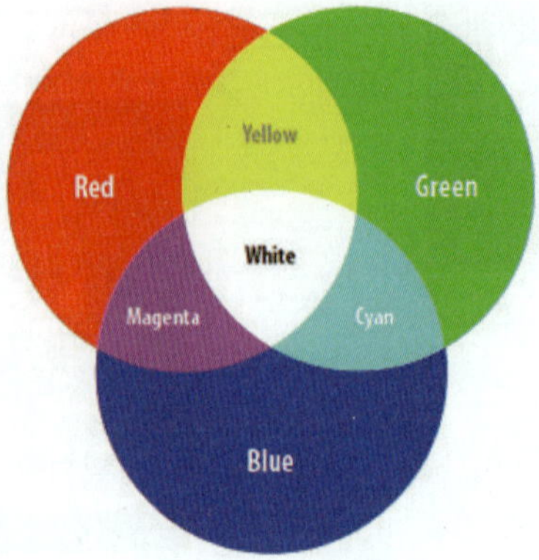

〈그림 6.4.5〉 가산 혼합

모니터, 텔레비전, 빔 프로젝터와 같은 디스플레이 장비들이 색을 만드는 기본 원리도 서로 다르지 않다. 이 장비들은 형광등이나 LED의 조명에 각각 Red, Green, Blue 색의 필터를 씌우고 각 원색을 필요한 밝기만큼을 비추어 색을 만들어 내듯이, 각 장비는 각각의 화소에 다양한 색을 만들어 낸다.

이렇게 삼원색을 조합해서 다양한 색상을 표현할 수 있기 때문에 이 세 가지 색을 축으로 설정하여 컬러 공간을 만들 수 있다. RGB 컬러 공간은 빨강색(Red), 녹색(Green), 파랑색(Blue)을 3개의 축을 직교하게 맞추어서 〈그림 6.4.6〉과 같이 입방체를 만들어 3차원 좌표계를 구성한 것이다.

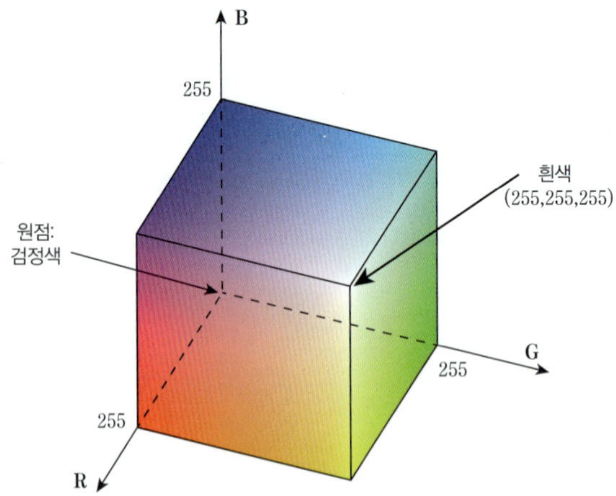

〈그림 6.4.6〉 RGB 컬러 공간

〈그림 6.4.6〉에서 세 축이 교차하는 원점이 검은색이며, 원점의 대각선 반대쪽 끝에 흰색이 있다. 각 축은 그 색상의 밝기를 0~255 사이의 값으로 표현하며, 세 축의 밝기 값이 교차하는 입방체 내부의 특정 좌표가 색상이 된다.

일반적으로 Red, Green, Blue 순서로 각 원색의 밝기를 표시한다. 예를 들어, 255, 0, 0은 빨간색이며, 0, 255, 0은 녹색이고, 0, 0, 255는 파란색이다. 다음은 자주 사용하는 색상에 대한 RGB 컬러 공간의 화소값이다. 여기서 주의해야 할 점은 OpenCV에서는 컬러의 채널 순서가 Blue, Green, Red로 되어 있어서 일반적인 표현과 반대이다.

〈표 6.4.1〉 대표적인 색상에 대한 RGB 표현

RGB 화소값	색상	RGB 화소값	색상
0, 0, 0	black	240, 230, 140	khaki
255, 255, 255	white	238, 130, 238	violet
128, 128, 128	gray	255, 165, 0	orange
192, 192, 192	silver	255, 215, 0	gold
255, 0, 0	red	0, 0, 128	navy
0, 255, 0	green	160, 32, 240	purple
0, 0, 255	blue	0, 128, 128	olive
255, 255, 0	yellow	75, 0, 130	indigo
255, 0, 255	magenta	255, 192, 203	pink
0, 255, 255	cyan	135, 206, 235	skyblue

RGB 컬러 공간은 빛을 물리적으로 표현하고 만드는데 사용되는 기본 컬러 공간이다. 모니터에서 색을 표시하기 위해 이 컬러 공간을 사용한다. 따라서 컬러 영상을 획득하여 표시하는 공간이 RGB 컬러 공간이다. 또한, 영상처리를 위해서 영상 파일을 읽어 들여서 영상 데이터를 구성하면 대부분의 영상처리 API에서 RGB 컬러 공간의 데이터를 구성한다. 영상처리에서 모니터는 필수적인 요소이며, 이 영상 데이터를 모니터에 표시하기 위해서는 RGB 컬러 공간이 기본이 된다. 이런 이유에서 RGB 컬러 공간을 기본 컬러 공간이라 한다.

RGB 컬러 공간에서 3개 숫자로 표현된 값은 인간의 시각과 인지 체계로 정확한 색상을 규정하기가 쉽지 않다. 또한, 이것은 각 채널의 상호관계가 너무 크기 때문에 몇몇 영상처리 알고리즘들은 다른 컬러 공간을 사용한다. 히스토그램 평활화와 같은 많은 영상처리

기술들은 영상의 명암도 요소만으로 처리가 가능하다. 이러한 이유로 각 응용 시스템에 적합한 다양한 컬러 공간이 필요하다.

6.4.3 CMY(K) 컬러 공간

포토샵, 일러스트레이터, 페인트샵과 같은 그래픽 편집 툴을 사용한다면 작업한 내용들을 보기 위해서 모니터에 표시해야 한다. 따라서 RGB 컬러 모델을 사용하는 것이 당연하다. 그러나 포토샵으로 작업한 내용을 인쇄소에서 출력할 때에는 어떤 컬러 공간을 사용할까?

프린터와 같은 인쇄기기는 종이에 원하는 색상을 출력해 준다. 이제 빛이 아니라 물감의 색을 사용하는 것이다.

색은 섞으면 섞을수록 어두워지기 때문에 감산 혼합이라 한다. 따라서 인쇄소에서 빛의 원리가 적용된 RGB 컬러 공간을 그대로 사용하면 색상이 맞지 않아 잘못된 색상으로 인쇄되는 문제가 생긴다.

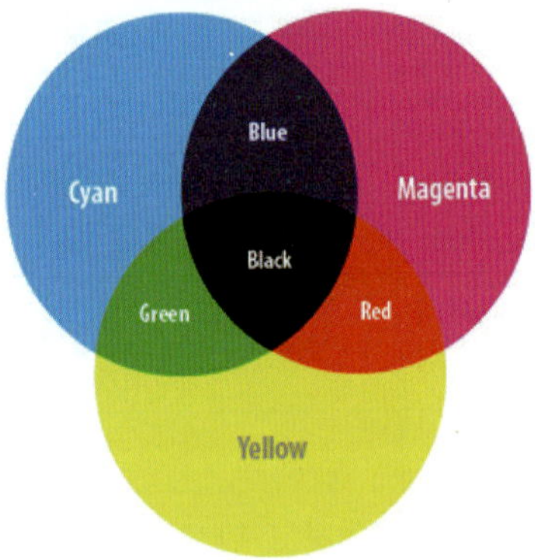

〈그림 6.4.7〉 감산 혼합

이때 필요한 것이 색의 삼원색이다. 이것은 빛이 물체에서 반사되었을 때의 흡수되고 남은 색에 관한 것이다. 〈그림 6.4.7〉과 같이 색의 삼원색은 빛의 삼원색과 보색 관계에 있는 청록색(Cyan), 자홍색(Magenta), 노랑색(Yellow)를 말한다. 이 원색들은 흰색으로부터 감산되어 색이 만들어진다. 따라서 감산 혼합(subtractive mixture)이다.

CMY 컬러 공간은 〈그림 6.4.8〉과 같이 색의 삼원색을 3개의 축으로 구성하여 입방체를 만들어 3차원 좌표계를 형성한다. RGB 컬러 공간과는 반대로 세 축이 교차하는 원점이 흰색이며, 입방체의 대각선 반대쪽 끝이 검은색이다. 각 축은 그 색상의 밝기를 0~255 사이의 값으로 표현하며, 세 축의 밝기 값이 교차하는 입방체 내부의 특정 좌표가 해당 색상이 된다.

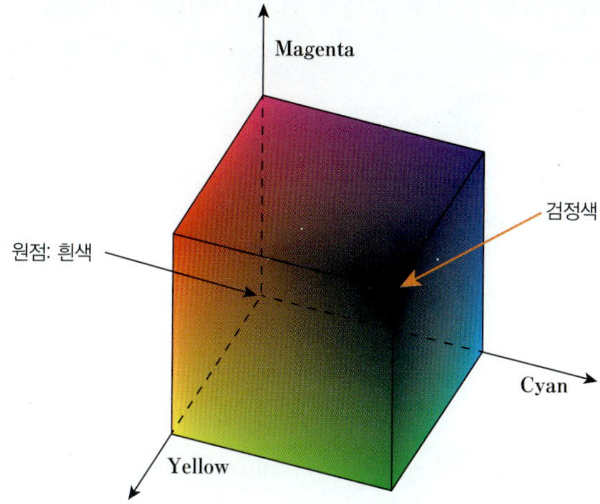

〈그림 6.4.8〉 CMY 컬러 공간

CMY 컬러 공간과 RGB 컬러 공간은 보색 관계에 있다. 따라서 두 컬러 공간은 쉽게 변환할 수 있다. 다음 식과 같이 흰색에 대한 보수를 취하면 변환이 된다. 8비트 화소에서 흰색은 255이기 때문에 255에서 각 화소값을 빼면 된다.

C = 255 - R	R = 255 - C
M = 255 - G	G = 255 - M
Y = 255 - R	B = 255 - Y

초등학교 때, 여러 종류의 물감을 섞으면 검은색이 된다고 한 번쯤은 물감들을 섞어 보았을 것이다. 섞은 결과는 어떠했는가? 아무리 많은 색을 섞어도 순수한 검은색이 되지 않고, 짙은 회색 정도가 만들어 졌을 것이다. 이렇듯 색의 삼원색을 모두 섞더라도 잉크에 포함되어 있는 불순물 등의 영향으로 완벽하게 검은색이 되지 않는다.

이러한 이유로 순수한 검은색을 출력하기 위해서 CMY 컬러 모델에 검은색(blacK)을 추가하여 CMYK 컬러 공간으로 사용하는 것이 일반적이다. 순수한 검정색은 뛰어난 대비를 제공하며, 검정 잉크가 컬러 잉크보다 비용이 적은 장점도 있다. 보통 가정에서 사용하는 잉크젯 프린터의 카트리지를 보면 대부분 청록, 자홍, 노랑과 더불어 검정색이 포함된 4개의 잉크 카트리지를 사용한다.

다음은 CMY에서 CMYK 컬러 공간으로 변환하는 수식이다. 여기서 blacK은 단순히 검정색이 아니라 다음과 같이 CMY 요소 중에서 최소값(min)을 뜻한다.

```
blacK = min(Cyan, Magenta, Yellow)
Cyan     = Cyan   - blacK
Magenta  = Magenta- blacK
Yellow  = Yellow  - blacK
```

이제 영상 파일을 읽어 들여서 RGB 컬러 공간에서 CMY 컬러 공간으로 변환하는 예제를 작성해 보자.

예제 6.4.1 컬러 공간 변환(BGR→CMY) - 13.convert_CMY.py

```
01 import numpy as np, cv2
02
03 BGR_img = cv2.imread("images/color_model.jpg", cv2.IMREAD_COLOR) # 컬러 영상 읽기
04 if BGR_img is None: raise Exception("영상파일 읽기 오류")
05
06 white = np.array([255, 255, 255], np.uint8)
07 CMY_img = white - BGR_img
08 Yellow, Magenta, Cyan = cv2.split(CMY_img)                # 채널 분리
09
10 titles = ['BGR_img', 'CMY_img', 'Yellow', 'Magenta', 'Cyan']
11 for t in titles: cv2.imshow(t, eval(t))
12 cv2.waitKey(0)
```

| 설명 |

① 6행은 흰색의 ndarray 객체를 white 행렬로 생성한다.

② 7행은 white 행렬에서 BGR_img 행렬을 빼면 각 채널별로 255에서 행렬의 모든 원소에 대해 뺄셈을 수행한다. 즉, 컬러 영상의 각 채널을 반전해서 CMY_img 행렬을 만든다.

③ 8행은 CMY_img 행렬을 분리해서 각각의 단일 채널을 만든다.

④ 11행은 titles의 문자열과 eval() 함수를 사용해서 문자열로 행렬을 윈도우에 띄운다.

| 실행결과 |

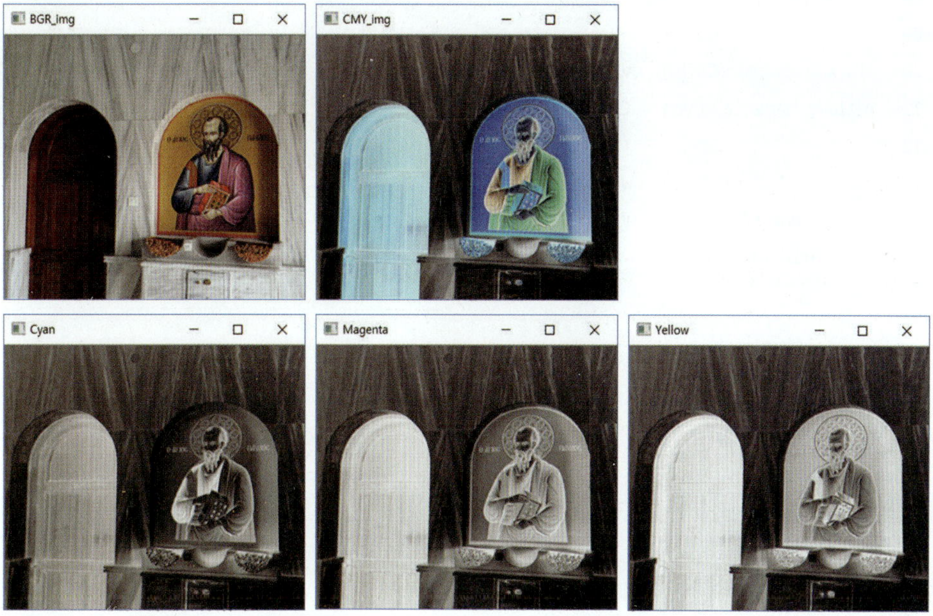

실행 결과에서 보듯이, CMY 컬러 공간의 영상은 RGB 컬러 공간의 영상과 보수 관계에 있기 때문에 CMY 컬러 공간으로 변환된 CMY_img 행렬을 모니터에서 표시하면 원 영상인 BGR_img를 반전한 것처럼 표시된다. 또한, CMY_img 행렬을 분리한 행렬들은 단일채널 영상이기 때문에 위 그림과 같이 명암도 영상으로 표시된다. 만약 이 행렬들이 프린터에서 출력된다고 가정하면 검은색 부분은 잉크가 출력되지 않으며, 밝은색 부분이 그 화소값 비율만큼 각 채널(청록, 자홍, 노랑)의 색으로 출력된다.

다음은 컬러 영상을 읽어서 먼저 CMY 컬러 공간으로 바꾸고, 다시 CMYK 컬러 공간으로 변경하여 출력한 예이다.

예제 6.4.2 컬러 공간 변환(BGR→CMYK) - 14.conver_CMYK.py

```
import numpy as np, cv2

BGR_img = cv2.imread("images/color_model.jpg", cv2.IMREAD_COLOR)        # 컬러 영상 읽기
if BGR_img is None: raise Exception("영상파일 읽기 오류")

white = np.array([255, 255, 255], np.uint8)
CMY_img = white - BGR_img
```

```
08  CMY = cv2.split(CMY_img)                                # 채널 분리
09
10  black = cv2.min(CMY[0], cv2.min(CMY[1], CMY[2]))        # 원소 간의 최솟값 저장
11  Yellow, Magenta, Cyan = CMY - black                     # 3개 행렬 화소값 차분
12
13  titles = ['black', 'Yellow', 'Magenta', 'Cyan']
14  [cv2.imshow(t, eval(t)) for t in titles]                # 리스트 생성 방식 활용
15  cv2.waitKey(0)
```

| 설명 |

① 8행은 CMY 행렬의 채널을 분리해서 3개 행렬을 갖는 리스트 CMY를 반환 받는다.

② 10행은 두 행렬에서 원소간 최소값을 찾는 cv2.min() 함수를 두 번 사용해서 min(Cyan, Magenta, Yellow)를 계산한다.

③ 11행은 CMY 리스트와 black 행렬의 차분을 계산한다. CMY의 각 행렬의 화소값과 black 행렬의 화소값을 뺀 결과를 Yellow, Magenta, Cyan 행렬에 저장한다.

④ 14행은 각 행렬들을 윈도우에 영상으로 표시한다.

| 실행결과 |

실행 결과를 보면, 앞 예제의 결과보다 영상이 어두운 것을 볼 수 있다. 각 채널의 각 화소에서 가장 어두운 색을 검은 색으로 분리하여 Black 채널로 출력하고, 나머지 부분만을 각 색상의 잉크로 출력한다. 따라서 CMYK 컬러 공간을 사용하면 컬러 잉크의 비용이 상대적으로 절감된다.

6.4.4 HSI 컬러 공간

인간이 컬러 영상 정보를 인지하는 방법은 색상(Hue), 채도(Saturation), 명도(Intensity, Value)라는 세 가지 지각 변수로 분류된다. 이 세 가지 속성을 〈그림 6.4.9〉와 같이 3차원 좌표에서 각각의 축으로 공간을 형성할 수 있다. 이렇게 원뿔 모양의 공간 좌표계로 모형화한 것이 HSI 컬러 공간이다. 세 가지 속성의 영문 첫 글자를 가져와서 이름을 붙인 것이다.

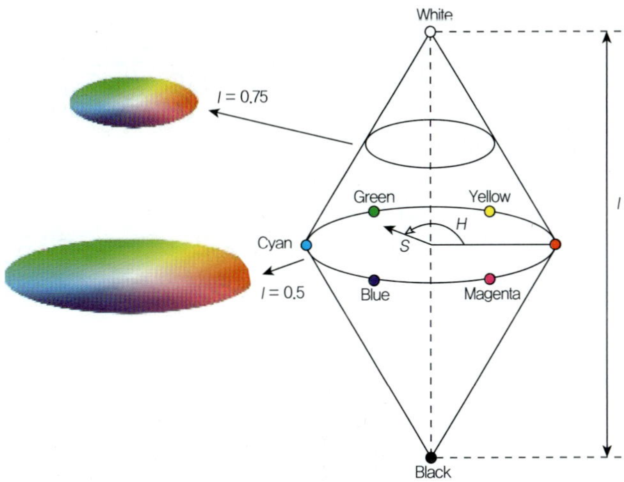

〈그림 6.4.9〉 HSI 컬러 공간

인간이 색상을 인식하는 3가지 요인인 색상, 채도, 명도를 컬러 공간으로 옮긴 것이기에 HSI 컬러 공간을 인간 시각 시스템 특성과 유사하다.

색상은 빛이 물체에서 반사되어 나온 색을 말하는 것으로 파장을 시각적으로 표현한 것이다. HSI 컬러 공간에서 색상은 원판의 0~360도까지 회전하며 표현된다. 0도가 빨간색, 60도는 노란색, 120도는 녹색, 180도는 청록(Cyan), 240도는 파란색, 300도가 다홍(Magenta)이다.

채도는 색의 순수한 정도를 나타낸다. 순색(pure color)에 흰색의 혼합 비율에 따라서 0~100까지의 값을 가진다. 예를 들어 빨간색은 순색으로 채도가 높아서 100의 값을 갖게 되며, 핑크 색은 흰색이 포함된 정도에 따라서 그 값이 0에 가까워진다. 컬러 공간에서는 채도는 원판의 반지름으로 표현된다. 원판의 중심이 0으로 가장 순도가 낮으며, 가장자리가 100으로 표현되고 채도가 가장 높은 순색이다.

명도는 빛의 세기라고 하며 색의 밝고 어두운 정도를 나타낸다. 컬러 공간에서는 원뿔의 높이에 해당한다. 가장 아래쪽 0이 검은색이며, 가장 위쪽이 100으로 흰색을 표현한다. 중간의 값들은 연한 회색에서부터 진한 회색까지의 스케일을 나타낸다.

기본 컬러 공간인 RGB 컬러 공간에서 HSI 컬러 공간으로 변경하려면 다음과 같은 수식을 적용하면 된다. 여기서 R은 Red 채널, G는 Green 채널, B는 Blue 채널의 화소값이다. H는 Hue 채널 화소값이며, S는 Saturation 채널, I는 Intensity 채널 화소값이다.

$$\theta = \cos-1\left[\frac{((R-G)+(R-B))*0.5}{\sqrt{(R-G)^2+(R-B)\cdot(G-B)}}\right]$$
$$H = \begin{cases} \theta, & \text{if } B \le G \\ 360-\theta, & otherwise \end{cases}$$
$$S = 1-\frac{3\cdot\min(R,G,B)}{(R+G+B)}$$
$$I = \frac{1}{3}(R+G+B)$$

OpenCV에서는 HSV와 HLS 컬러 공간에 대한 변환이 제공되며, HSI 컬러 공간 변환과 수식이 조금씩 다르다. 아래 수식은 HSV 컬러 공간에 대한 변환 수식이다.

$$H = \begin{cases} \frac{(G-B)*60}{S}, & \text{if } V=R \\ \frac{(G-B)*60}{S}+120, & \text{if } V=G \\ \frac{(G-B)*60}{S}+240, & \text{if } V=B \end{cases}$$
$$S = \begin{cases} V-\frac{\min(R,G,B)}{V}, & \text{if } V \ne 0 \\ 0, & otherwise \end{cases}$$
$$V = \max(R,G,B)$$

다음은 RGB 컬러 공간에서 HSI 컬러 공간으로 변환하는 예제이다. 수식을 사용하여 직접 HSI로 변경한 경우와 OpenCV에서 제공되는 함수 cv2.cvtColor()를 사용한 경우를 비교해 보았다.

예제 6.4.3 컬러 공간 변환(BGR→HSV) – 15.conver_HSV.py

```
import numpy as np, cv2, math

def calc_hsi(bgr):                                          # 한 화소 hsi 계산 함수
    # B, G, R = bgr.astype(float)                           # float 형 변환
    B, G, R = float(bgr[0]), float(bgr[1]), float(bgr[2])   # 속도면에 유리
    bgr_sum = (R + G + B)
    ##    색상 계산
    tmp1 = ((R - G) + (R - B)) * 0.5
    tmp2 = math.sqrt((R - G) * (R - G) + (R - B) * (G - B))
    angle = math.acos(tmp1 / tmp2) * (180 / np.pi) if tmp2 else 0     # 각도

    H = angle if B <= G else 360 - angle                    # 색상
    S = 1.0 - 3 * min([R, G, B]) / bgr_sum if bgr_sum else 0   # 채도
    I = bgr_sum / 3                                         # 명도
    return (H/2, S*255, I)                                  # 3 원소 튜플로 반환

## BGR 컬러→HSI 컬러 변환 함수
def bgr2hsi(image):
    hsv = [[calc_hsi(pixel) for pixel in row] for row in image]     # 2차원 배열 순회
    return cv2.convertScaleAbs(np.array(hsv))

BGR_img = cv2.imread("images/color_space.jpg", cv2.IMREAD_COLOR)      # 컬러 영상 읽기
if BGR_img is None: raise Exception("영상파일 읽기 오류")

HSI_img = bgr2hsi(BGR_img)                                  # BGR→ HSI 변환
HSV_img = cv2.cvtColor(BGR_img, cv2.COLOR_BGR2HSV)          # OpenCV 함수
Hue, Saturation, Intensity = cv2.split(HSI_img)             # 채널 분리
Hue2, Saturation2, Intensity2 = cv2.split(HSV_img)          # 채널 분리

titles = ['BGR_img', 'Hue', 'Saturation', 'Intensity']
[cv2.imshow(t, eval(t)) for t in titles]                   # User 구현 결과 영상표시
[cv2.imshow('OpenCV_'+t, eval(t+'2')) for t in titles[1:]]  # OpenCV 결과 영상 표시
cv2.waitKey(0)
```

| 설명 |

① 1행에서 삼각함수를 계산하기 위해서 math 모듈을 추가로 임포트 한다. numpy 모듈에도 삼각함수가 있지만 속도면에서 math 모듈이 훨씬 빠르다.

② 3~15행은 BGR 한 화소를 HSI 화소로 변환하는 함수이다.

③ 4행은 인수로 전달받은 BGR 화소값을 float 형으로 변한다. 6행은 3개 화소를 한 번에 변환할 수 있지만 속도면에서 5행의 방법이 빠르다.

④ 10행에서 math 모듈의 acos() 함수는 역코사인을 구하며, 이 값을 라디안 각도로 변환하기 위해 180 / np.pi를 곱한다.

⑤ 15행은 계산된 HSI 화소값을 3원소 리스트로 구성해서 반환한다. 이때, Hue 채널은 0~360도를 갖는데, uint8형이 0~255의 범위이기에 절반으로 스케일을 줄여서 0~180 범위로 변경한다. 또한 S 변수는 0~1의 값을 갖기에 255를 곱해서 0~255 범위를 갖게 한다.

⑥ 18~20행은 행렬의 모든 화소를 순회하여 BGR 컬러를 HSI 컬러로 변환한다.

⑦ 19행은 for 문을 이용한 리스트 생성방법으로 hsv 리스트를 생성한다.

⑧ 20행은 hsv 리스트를 ndarray 객체로 만들어서 cv2.convertScaleAbs() 함수를 호출한다. 이것은 행렬을 부호없는 8비트 정수형으로 변경해서 윈도우에 표시하기 위함이다.

⑧ 25행은 직접 구현한 함수로 HSI 컬러 공간 변환을 수행한다.

⑨ 26행은 cv2.cvtColor() 함수에 원본 영상인 BGR_img 행렬을 입력하고, 옵션으로 cv2.CV_BGR2HSV를 설정하면, BGR 컬러 공간의 BGR_img 영상이 HSV 컬러 공간으로 변환된다.

⑩ 27, 28행은 변환 결과 행렬(HSI_img, HSV_img)은 3채널 영상이다. 따라서 cv2.split() 함수를 이용해서 각 채널을 분리한다.

⑪ 31행은 titles 리스트를 모두 순회해서 윈도우에 영상으로 표시한다.

⑫ 32행은 titles 리스트를 1번 원소부터 순회해서 윈도우에 영상으로 표시한다.

| 실행결과 |

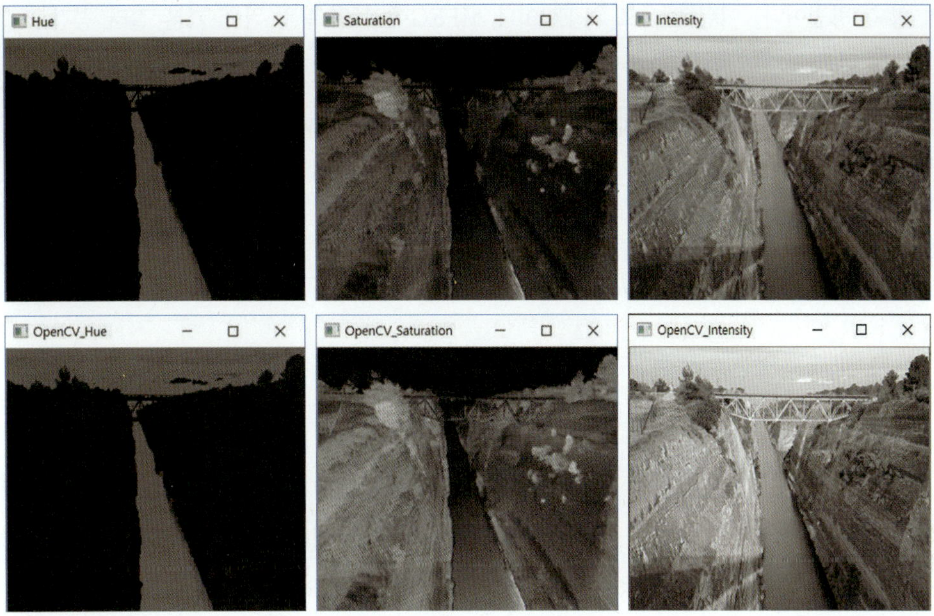

원본 영상은 알렉산더 대왕에게 "햇빛을 가지지 말고 비켜달라" 고 한 디오게네스를 포함 많은 철학자를 배출한 고대 철학의 도시, 그리스 코린토스(Korinthos)에 있는 세계 3대 운하 중 하나인 고린도 운하(Isthmos canal)이다. 실행 결과에서 두 번째 라인의 운하 그림들은 공식에 따라서 직접 계산한 것이며, 세 번째 라인의 그림들은 OpenCV 제공 함수인 cv2.cvtColor() 함수를 사용한 것이다. 두 라인들의 영상들이 거의 비슷한 것을 볼 수 있다. 다만, 공식을 적용하여 직접 계산한 것은 영상 크기만큼 원소의 순회를 반복하며, acos() 함수와 다양한 계산을 수행하기 때문에 영상의 크기가 커지면 상대적으로 제공 함수를 사용한 경우에 비해 수행속도가 현저히 느려진다.

6.4.5 기타 컬러 공간

YCrCb 컬러 공간은 영상 시스템에서 사용되는 색공간의 일종이다. Y는 휘도 성분이며 Cb와 Cr은 색차 성분이다. 인간의 시각은 밝기에는 민감하지만, 색상에는 덜 민감하다. 이러한 점을 이용해서 YCrCb 컬러 공간에서는 색차 신호인 Cr, Cb 성분을 Y 성분보다 상대적으로 낮은 해상도로 구성한다. 이렇게 함으로써 인간의 시각에서 화질의 큰 저하 없이 영상 데이터의 용량을 감소할 수 있다.

이렇게 휘도에 비해 색차 신호를 저해상도로 구성하는 방법은 간단하지만, 효과적인 영상의 압축 방법이다. 이런 이유로 JPEG이나 MPEG에서 압축을 위한 기본 컬러 공간으로 YCbCr 컬러 공간이 이용된다.

다음은 OpenCV의 cv2.cvtColor() 함수에서 RGB와 YCbCr를 서로 변환하는 수식이다.

$$
\begin{aligned}
Y &= 0.299 \cdot R + 0.587 \cdot G + 0.114 \cdot B \\
Cb &= (B - Y) \cdot 0.564 + 128 \\
Cr &= (R - Y) \cdot 0.713 + 128
\end{aligned}
$$

$$
\begin{aligned}
R &= Y + 1.403 \cdot (Cr - 128) \\
G &= Y - 0.714 \cdot (Cr - 128) - 0.344(Cb - 128) \\
B &= Y + 1.773 \cdot (Cb - 128)
\end{aligned}
$$

YUV 컬러 공간은 TV 방송 규격에서 사용하는 컬러 표현 방식이다. 특히, PAL 방식의 아날로그 비디오를 위해 개발되었지만, 디지털 비디오에서도 유럽의 비디오 표준으로 사용하고 있다. 다음 변환 수식은 ITU-R BT.709 표준안에 따르는 것으로 HDTV에 적용되는 변환 수식이다.

$$
\begin{aligned}
Y &= +0.2160 \cdot R + 0.7152 \cdot G + 0.0722 \cdot B \\
U &= -0.0999 \cdot R - 0.3360 \cdot G + 0.4360 \cdot B \\
V &= +0.6150 \cdot R - 0.5586 \cdot G - 0.05639 \cdot B
\end{aligned}
$$

$$
\begin{aligned}
R &= Y + 1.28033 \cdot V \\
G &= Y - 0.21482 \cdot U - 0.38059 \cdot V \\
B &= Y + 2.12798 \cdot U
\end{aligned}
$$

위와 같은 RGB 신호를 다른 컬러 공간으로 변환하는 수식은 디스플레이 장비나 기타 상황에 따라서 세부 비율이 조금씩 다르게 적용될 수 있다.

기타 다른 컬러 공간으로는 스마트폰 카메라 등에서 주로 사용하는 YUV420, 비전 카메라에서 주로 사용하는 BayerRGB, 장치 독립 컬러 공간으로 알려진 La*b* 등 다양하게 존재한다.

OpenCV에서는 cv2.cvtColor() 함수에 옵션 상수(code)를 통해서 다양한 컬러 공간으로 변환할 수 있다. 이 중에서 자주 사용되는 옵션 상수들을 소개한다.

〈표 6.4.2〉 컬러 공간 변환을 위한 옵션 상수(cv2. 생략)

옵션 상수	값	옵션 상수	값	옵션 상수	값
COLOR_BGR2BGRA	0	COLOR_BGR2YCrCb	36	COLOR_HSV2BGR	54
COLOR_BGRA2BGR	1	COLOR_RGB2YCrCb	37	COLOR_HSV2RGB	55
COLOR_BGRA2RGB	2	COLOR_YCrCb2BGR	38	COLOR_LAB2BGR	56
COLOR_RGBA2BGR	3	COLOR_YCrCb2RGB	39	COLOR_LAB2RGB	57
COLOR_BGR2RGB ,	4	COLOR_BGR2HSV	40	COLOR_LUV2BGR	58
COLOR_BGRA2RGBA	5	COLOR_RGB2HSV	41	COLOR_LUV2RGB	59
COLOR_BGR2GRAY	6	COLOR_BGR2LAB	44	COLOR_HLS2BGR	60
COLOR_RGB2GRAY	7	COLOR_RGB2LAB	45	COLOR_HLS2RGB	61
COLOR_GRAY2BGR	8	COLOR_BayerBG2BGR	46	COLOR_BGR2YUV	82
COLOR_GRAY2BGRA	9	COLOR_BayerGB2BGR	47	COLOR_RGB2YUV	83
COLOR_BGRA2GRAY	10	COLOR_BayerRG2BGR	48	COLOR_YUV2BGR	84
COLOR_RGBA2GRAY	11	COLOR_BayerGR2BGR	49	COLOR_YUV2RGB	85
COLOR_BGR2XYZ	32	COLOR_BGR2LUV	50	COLOR_BayerBG2GRAY	86
COLOR_RGB2XYZ	33	COLOR_RGB2LUV	51	COLOR_BayerGB2GRAY	87
COLOR_XYZ2BGR	34	COLOR_BGR2HLS	52	COLOR_BayerRG2GRAY	88
COLOR_XYZ2RGB	35	COLOR_RGB2HLS	53	COLOR_BayerGR2GRAY	89

예제를 통해서 OpenCV에서 제공하는 다양한 컬러 공간의 변환의 방법을 알아보자.

예제 6.4.4 다양한 컬러 공간 변환 - 16.convert_others.py

```
import cv2

BGR_img = cv2.imread("images/color_space.jpg", cv2.IMREAD_COLOR) # 컬러 영상 읽기
if BGR_img is None: raise Exception("영상파일 읽기 오류")

Gray_img = cv2.cvtColor(BGR_img, cv2.COLOR_BGR2GRAY)            # 명암도 영상 변환
YCC_img = cv2.cvtColor(BGR_img, cv2.COLOR_BGR2YCrCb)            # YCbCr 컬러 공간 변환
YUV_img = cv2.cvtColor(BGR_img, cv2.COLOR_BGR2YUV)              # YUV 컬러 공간 변환
LAB_img = cv2.cvtColor(BGR_img, cv2.COLOR_BGR2LAB)              # La*b* 컬러 공간 변환

YCC_ch = cv2.split(YCC_img)                                     # 채널 분리
YUV_ch = cv2.split(YUV_img)
Lab_ch = cv2.split(LAB_img)

cv2.imshow("BGR_img", BGR_img)
cv2.imshow("Gray_img", Gray_img)
```

```
17
18 sp1, sp2, sp3 = ['Y', 'Cr', 'Cb'] , ['Y', 'U', 'V'], ['L', 'A', 'B']
19 for i in range(len(ch1)):
20     cv2.imshow("YCC_img[%d]-%s" %(i, sp1[i]), YCC_ch[i])
21     cv2.imshow("YUV_img[%d]-%s" %(i, sp2[i]), YUV_ch[i])
22     cv2.imshow("LAB_img[%d]-%s" %(i, sp3[i]), Lab_ch[i])
23 cv2.waitKey(0)
```

| 설명 |

① 6~9행은 cv2.cvtColor() 함수를 이용해서 BGR 컬러 공간인 BGR_img 행렬을 다른 컬러 공간으로 변환한다. 변경하고자 하는 옵션 상수만 지정하면 변환된 행렬이 반환된다.

② 6행은 cv2.COLOR_BGR2GRAY 옵션을 적용해서 명암도 영상으로 변환한다.

③ 7행은 cv2.COLOR_BGR2YCrCb 옵션을 적용해서 YCbCr 컬러 공간으로 변환한다. 옵션 상수 이름이 'YCrCb'로 통상적으로 부르는 컬러 공간 명칭과 다름에 유의한다.

④ 8행은 cv2.COLOR_BGR2YUV 옵션을 적용해서 YUV 컬러 공간으로 변환한다.

⑤ 9행은 cv2.COLOR_BGR2Lab 옵션을 적용해서 장치독립 컬러 공간인 La*b* 컬러로 변환한다.

⑥ 12~14행은 cv2.split() 함수로 변환된 컬러 공간의 행렬에서 채널들을 분리한다. Gray_img 행렬은 단일채널 행렬이라서 채널 분리를 할 필요가 없다.

⑦ 18~25행은 채널 분리한 영상들을 모두 윈도우에 표시한다.

| 실행결과 |

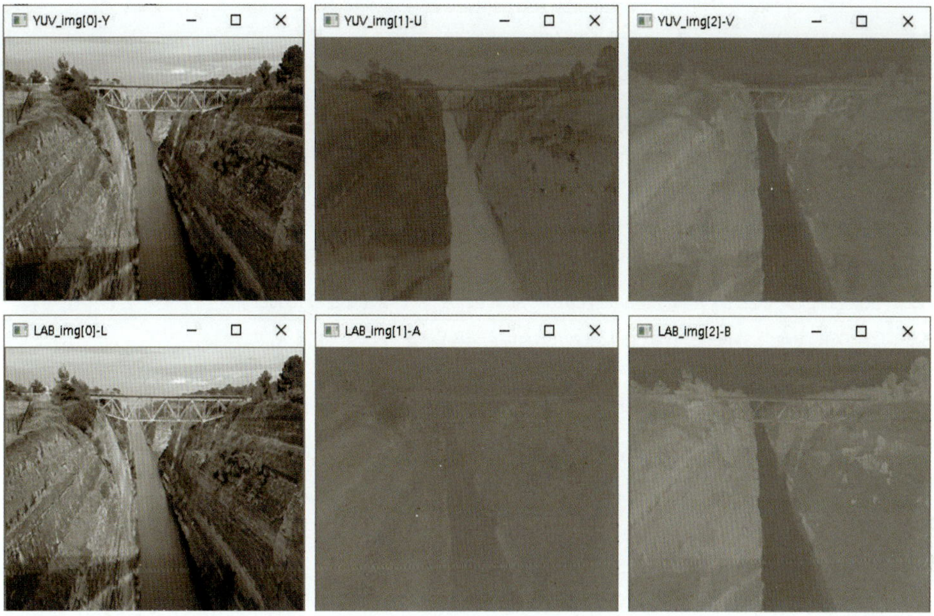

다음은 심화 예제를 다루어 보자. 입력 영상을 HSV 컬러 공간으로 변환한 후에 Hue 채널을 이용해서 특정 색상 범위를 지정하고, 이 범위의 색상만 선택적으로 이진화하는 예제이다. 색상의 범위는 트랙바를 이용해서 지정한다.

심화예제 6.4.5 Hue 채널을 이용한 객체 검출 – 17.hue_threshold.py

```
import numpy as np, cv2

def onThreshold(value):
    th[0] = cv2.getTrackbarPos("Hue_th1", "result")
    th[1] = cv2.getTrackbarPos("Hue_th2", "result")

    ## 이진화– 화소 직접 접근 방법
    # result = np.zeros(hue.shape, np.uint8)
    # for i in range(result.shape[0]):
    #    for j in range(result.shape[1]):
    #        if th[0] <= hue[i, j] < th[1] : result[i, j] = 255

    ## 이진화– 넘파이 함수 활용 방식
    # result = np.logical_and(hue < th[1], hue >= th[0])
```

```
15         # result = result.astype('uint8') * 255
16
17         ## OpenCV 이진화 함수 이용– 상위 값과 하위 값 제거
18         _, result = cv2.threshold(hue, th[1], 255, cv2.THRESH_TOZERO_INV)
19         cv2.threshold(result, th[0], 255, cv2.THRESH_BINARY, result)
20         cv2.imshow("result", result)
21
22 BGR_img = cv2.imread("images/color_space.jpg", cv2.IMREAD_COLOR)     # 컬러 영상 읽기
23 if BGR_img is None: raise Exception("영상파일 읽기 오류")
24
25 HSV_img = cv2.cvtColor(BGR_img, cv2.COLOR_BGR2HSV)     # 컬러 공간 변환
26 hue = np.copy(HSV_img[:, :, 0])                        # hue 행렬에 색상 채널 복사
27
28 th = [50, 100]                                         # 트랙바로 선택할 범위 변수
29 cv2.namedWindow("result")
30 cv2.createTrackbar("Hue_th1", "result", th[0], 255, onThreshold)
31 cv2.createTrackbar("Hue_th2", "result", th[1], 255, onThreshold)
32 onThreshold(th[0])                                     # 이진화 수행
33 cv2.imshow("BGR_img", BGR_img)
34 cv2.waitKey(0)
```

| 설명 |

① 3~20행은 th의 범위에 대하 hue 행렬에 이진화를 수행하는 콜백 함수이다.

② 4, 5행은 cv2.getTrackbarPos() 함수로 트렉바의 값을 가져와서 th 리스트에 저장한다.

③ 8~11행은 두 개의 임계값을 범위로 지정해서 화소 직접 접근 방법 이진화를 수행한다. 주석 처리해 두어 실행해 보려면 주석을 풀어야 한다.

④ 11행에서 파이썬에서 두 가지 이상의 조건을 적용할 때 수학식과 같은 표현을 적용할 수 있다.

⑤ 14, 15행은 ndarray 객체의 비교 연산과 넘파이의 논리곱 함수를 활용한 방식이다.

⑥ 18, 19행은 cv2.threshold() 함수로 두 개의 임계값을 범위로 지정해서 이진화를 수행할 수 있도록 하는 코드이다.

⑦ 18행은 cv2.THRESH_TOZERO_INV 옵션을 적용해서 th1[1] 이상의 값은 0으로 이하의 값은 그대로 가져와서 임계 처리를 한다.

⑧ 19행은 cv2.THRESH_BINARY 옵션을 적용해서 th[0]이하의 값은 0으로 이상은 255로 지정하여 임계처리를 한다. 다섯 번째 인수로 결과가 반환된다.

⑨ 26행은 HSV 컬러 공간으로 변환된 HSV_img 행렬의 첫 번째 채널만 복사해서 hue 채널을 가져온다.

⑩ 30, 31행은 Hue_th1, Hue_th1 트랙바를 result 윈도우에 각각 등록한다.

| 실행결과 |

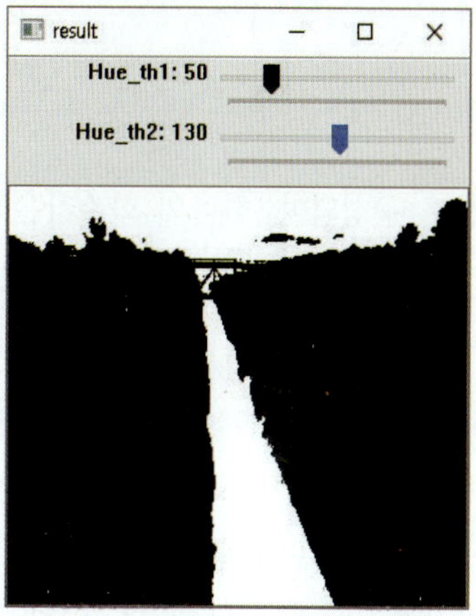

실행 결과에서 두 개의 트랙바를 조정하면 코린토스 운하의 전경에서 원하는 색상만을 선택적으로 이진화할 수 있다. 이 방법은 특정한 색상 범위로 객체를 검출하고자 할 때 주로 사용되는 영상처리 방법이다.

| 단원 핵심 요약 |

1. 디지털 영상은 화소들로 구성되며, 하나의 화소값은 0~255의 값을 가진다. 화소값 0은 검은색을, 255는 흰색을 의미한다. 그 사이의 값들은 진한 회색에서 연한 회색까지를 나타낸다. 화소값이 회색의 비율 정도로 표현되고, 이 값을 가지는 화소들이 모여서 구성된 영상을 그레이 스케일 영상이라 한다.

2. 행렬(ndarray 객체)의 모든 원소에 스칼라 값을 더하면 영상의 밝기를 밝게 하며, 스칼라 값을 빼면 영상 밝기를 어둡게 한다. 또한, 행렬에 스칼라 값을 곱하면 영상의 대비를 조절할 수 있다.

3. 히스토그램은 어떤 데이터가 얼마나 많은지를 나타내는 도수 분포표를 그래프로 나타낸 것이다. 가로축이 계급, 세로축이 도수(빈도수)를 뜻한다.

4. 히스토그램을 계산하는 cv2.calcHist() 함수는 인수로 입력영상 행렬들, 입력영상 개수, 채널 목록, 마스크 행렬, 출력 결과행렬, 결과행렬 차원수, 계급 크기, 각채널 범위 등으로 구성된다.

5. 히스토그램의 분포가 한쪽으로 치우쳐서 분포가 좁아서 영상의 대비가 좋지 않은 영상의 화질을 개선할 수 있는 알고리즘이 히스토그램 스트레칭(histogram stretching)이다.

6. 히스토그램 평활화(histogram equalization)는 특정 부분에서 한쪽으로 치우친 명암 분포를 가진 영상을 히스토그램의 재분배 과정을 거쳐서 균등한 히스토그램 분포를 갖게 하는 알고리즘이다.

7. 컬러 공간이란 색 표시계의 모든 색들을 색 공간에서 3차원 좌표로 표현한 것이다. 따라서 컬러 공간은 공간상의 좌표로 표현되기 때문에 어떤 컬러와 다른 컬러들과의 관계를 표현하는 논리적인 방법을 제공한다.

8. 컬러 공간에서는 모니터에서 주로 사용하는 RGB, 프린터에서 사용하는 CMY, 인간시각 시스템과 유사한 HSI 컬러공간이 있다. 또한 JPEG 등의 압축에 주로 사용하는 YCbCr, 방송시스템에 많이 사용하는 YUV 컬러공간이 있다. 이외에도 XYZ, La*b* 등의 다양한 컬러 공간이 이며, OpenCV에서는 cv2.cvtColor() 함수를 이용해서 쉽게 컬러 공간을 변환할 수 있다.

연습문제

1. 그레이 스케일(gray-scale) 이미지가 의미하는 것이 무엇인지 설명하시오.

2. 화소의 밝기와 화소값에 대해서 설명하시오.

3. 두 개의 영상을 합성하는 방법을 두 가지 이상 기술하시오.

4. 영상에서 밝기 변경과 명암 대비 변경의 차이를 설명하시오.

5. 영상처리에서 히스토그램이란 무엇인가?

6. 히스토그램 스트레칭의 과정을 기술하시오.

7. 히스토그램 평활화 과정을 기술하시오.

8. OpenCV함수 중에서 cv2.addWeighted() 함수를 사용해서 두 영상을 합성하는 프로그램을 작성하시오.

9. 8번 문제에 두 개의 트렉바를 추가해서 각 영상의 반영 비율을 조절할 수 있도록 수정하시오.

10. 예제_6.2.1를 수정해서 np.float32(CV_32F)형으로 행렬을 선언하며, 회색이 점진적으로 짙어지는 영상을 만든시오.

11. cv2.calcHist() 함수는 1~3채널 영상에 대해서 히스토그램을 계산할 수 있다. 예제_6.3.5에서 calc_histo() 함수는 단일채널 영상에서 히스토그램을 계산하는데 cv2.calcHist() 함수와 같이 2채널 혹은 3채널 영상에서 2차원 혹은 3차원 히스토그램을 계산하도록 빈칸을 채우시오.

```
def calc_histo(image, channels, bsize, ranges ):
    shape = bsize if len(channels) >1 else (bsize[0], 1)
    hist = (                                        )        # 히스토그램 누적 행렬
    gap = np.divide(ranges[1::2], bins)                      # 계급 간격

    for row in (            ):                               # 2차원 행렬 순회 방식
        for val in (            ):
            idx = np.divide(val[channels], gap).astype('uint')
            hist[tuple(idx)]+= 1
    return hist
```

12. 영상처리에서 투영(projection)은 다음의 수식으로 표현된다. OpenCV 함수 중에 cv2.reduce() 함수를 이용해서 수식과 같이 수직 및 수평 방향 투영을 수행하는 프로그램을 작성하고, 영상 파일을 읽어서 투영 히스토그램을 출력하시오.

$$histo\_v(x) = \sum_{y=0}^{h-1} f(x, y)$$

$$histo\_v(y) = \sum_{x=0}^{w-1} f(x, y) \quad , \; f(x, y) = \text{좌표}(x, y)\text{의 화소값}$$

13. 컬러 영상을 입력받아서 YCbCr 컬러 공간으로 변환하고 다시 환원하는 프로그램을 작성하시오. 단, cv2.cvtColor() 함수를 사용하지 않고, YCbCr 변환 수식에 따라서 직접 구현하시오.

14. 컬러 영상 파일을 읽어 들여서 HSV 컬러 공간으로 변환하고, Hue와 Saturation 채널로 2차원 히스토그램을 그림과 같이 만드시오. 즉, 2차원 히스토그램의 Hue(세로)와 Saturation(가로)을 2개 축으로 구성하고, 빈도값을 밝기로 표현해서 오른쪽 그림과 같이 2차원 그래프로 그리시오.

조건

① 계급 개수: Hue 채널 30개, Saturation 채널: 48개

② 결과 영상 크기: 300×480

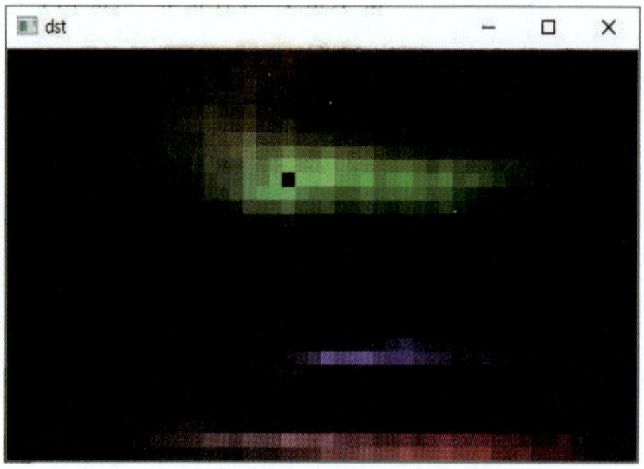

CHAPTER 07

영역 처리

contents

평균의 법칙, 거울 뉴런: 5명의 당신 친구 = 당신의 미래

동기부여 전문가인 Jim Rohn 박사는 "우리의 미래는 현재 가장 많은 시간을 함께 보내는 다섯 명의 평균이 될 수 있다." 라고 말했다. 이것은 평균의 법칙(Theory of average)과 관련이 있으며, 이 법칙은 주어진 상황의 결과는 모든 각 결과들의 평균이 된다는 이론이다. 우리 인간은 주위의 사람들에 의해 크게 영향을 받는다. 주위 사람들은 우리의 사고방식, 자존심 및 결정 등에 영향을 미친다.

최근 신경과학 분야에서도 같은 현상을 설명한다. 샌디에고 캘리포니아 대학의 V. S. Ramachandran 교수에 따르면, 우리가 무언가를 할 때 또는 다른 사람이 똑같은 일을 하는 것을 볼 때, 우리 뇌는 동일하게 반응한다. 이것은 우리 뇌의 거울 뉴런(mirror neuron) 때문이다. 간단히 말해, 종종 우리 자신이 하는 일에서 얻을 수 있는 것을 다른 사람이 하는 것을 보면 다른 사람의 일에서 같은 느낌을 받는다. Ramachandran 교수는 인간은 주위에 있는 사람들과 또한 강한 사회적 관계에 있다고 지적한다. 이것은 "당신의 주변 친구들을 보여주세요, 나는 당신에게 당신의 미래를 보여줄 것입니다." 라고 말할 수 있는 것이다.

영역 처리(area processing)는 한 화소의 처리 결과를 얻기 위해 주변에 있는 화소들을 고려하는 처리 방식이다.

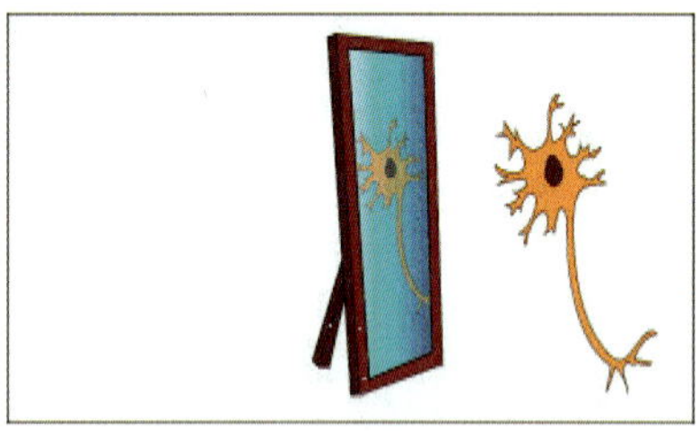

07 영역 처리

영상처리와 관련된 응용 프로그램을 구현하려면 먼저, 영상처리의 기초가 되는 이론들에 대해서 잘 이해해야 한다. 그런데 기초 이론들에 대해서 어느 정도 실력을 쌓고서도 특정한 요구 사항에 맞는 응용을 직접 구현하려면 막막함이 앞서게 된다.

이런 경우에는 영상처리와 관련된 분야의 논문들을 읽어보는 것이 많은 도움이 된다. 그런데 영상처리와 관련된 논문을 읽다 보면, 공간 영역(spatial domain)이나 주파수 영역(frequency domain)이라는 표현이 자주 등장한다. 처음 접하게 되는 이 용어들이 낯설게 느껴질 수 있다.

공간 영역에서의 처리는 대부분 '마스크' 혹은 '윈도우'라 불리는 커널(kernel)을 이용해서 회선(convolution)을 수행함으로써 이루어진다. 회선은 커널만 구성되면 쉽게 필터링을 수행하기 때문에 보통 실행 결과만 보고, 기본 수행 과정을 무시하는 경향이 있다.

이렇게 회선의 과정에 대한 명확한 이해가 없으면 실제 현장에서 응용을 개발하면서 입력 영상의 상황에 적합한 필터링을 하고자 할 때, 가장 적합한 마스크를 쉽게 구성하지 못할 수 있다.

회선의 과정에 대한 명확한 이해와 마스크 계수들의 상관관계를 잘 파악한다면, 실제 응용에서 필요로 하는 상황에 맞는 필터링을 쉽게 떠올릴 수 있을 것이다. 또한, 그러한 필터링을 구현하는 마스크 계수의 구성도 어렵지 않게 해결할 수 있다.

이 장에서는 공간 영역의 개념과 공간 영역을 기반으로 처리할 수 있는 필터링에 대해서 기술한다. 또한, 마스크 기반의 에지 검출 방법과 형태학을 기반으로 하는 모폴로지(morphology)에 대해서 자세히 설명한다.

7.1 회선(convolution)

7.1.1 공간 영역의 개념과 회선

앞으로 영상처리를 공부하면서 알고리즘이 필요한 상황, 수행 과정, 실행 결과 등을 보면서 필요한 알고리즘들을 하나씩 익혀나갈 것이다. 일반적으로 사람들은 용어가 갖는 의미에 별다른 신경을 쓰지 않을 수 있다. 그러나 용어가 갖는 의미를 정확히 이해한다면, 해당 알고리즘의 전반적인 의미를 쉽게 익힐 수 있다.

여기에 의미가 조금은 복합적인 용어가 하나 있다. 바로 '영역'이라는 단어이다. 이 영역에 대한 의미를 정확히 이해한다면 이번 장에서 배울 내용이 훨씬 쉽게 다가올 것이다.

영상처리에서 '영역'에 대한 하나의 의미는 두 개의 다른 범위(domain)의 구분이다. 바로 이번 장에서 배울 공간 영역(spatial domain)이며, 다른 하나가 9장에서 배우게 될 주파수 영역(frequency domain)이다. 여기서 말하는 공간 영역은 영상들이 다루어지는 화소 공간을 의미한다. 예로서, x, y축의 2차원 공간을 말한다.

영역에 대한 다른 의미는 영역 기반 처리(area based processing)라는 표현에서 사용하는 영역이다. 이것은 앞 장에서 배운 화소 기반 처리와 상반되는 의미로서, 화소점 하나 하나의 개념이라기 보다는 화소가 모인 특정 범위(영역)의 화소 배열을 의미한다.

즉, 화소 기반 처리가 화소값 각각에 대해 여러 가지 연산을 수행하는 것이라면, 영역 기반 처리는 마스크(mask)라 불리는 규정된 영역을 기반으로 연산이 수행된다. 이러한 이유에서 영역 기반 처리를 마스크 기반 처리라고도 한다.

자, 그러면 마스크 기반 처리에 대해서 자세히 알아보자.

마스크 기반 처리는 마스크 내의 원소값과 공간 영역에 있는 입력 영상의 화소값들을 대응되게 곱하여 출력 화소값을 계산하는 것을 말한다. 이러한 처리를 모든 출력 화소값에 대해 이동하면서 수행하는 것을 회선(convoluttion)이라고 한다. 이때, 입력 영상에 곱해지는 이 마스크는 커널(kernel), 윈도우(window), 필터(filter) 등의 이름으로도 부른다.

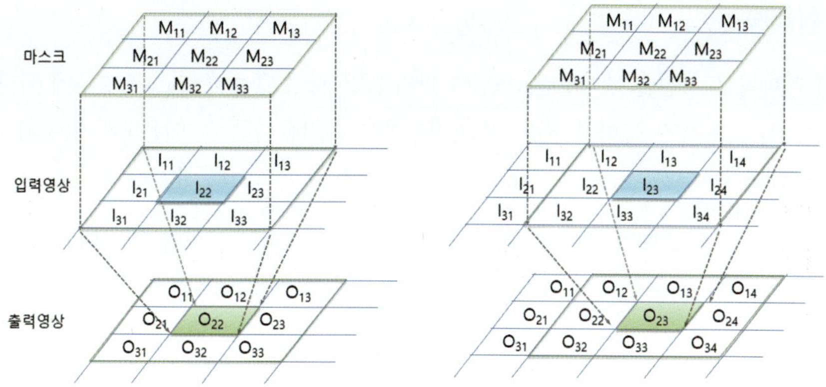

$$\begin{aligned} O_{22} &= \sum\sum M_{ij} \cdot I_{ij} \\ &= M_{11} \cdot I_{11} + M_{12} \cdot I_{12} + M_{13} \cdot I_{13} \\ &\quad + M_{21} \cdot I_{21} + M_{22} \cdot I_{22} + M_{23} \cdot I_{23} \\ &\quad + M_{31} \cdot I_{31} + M_{32} \cdot I_{32} + M_{33} \cdot I_{33} \end{aligned}$$

$$\begin{aligned} O_{23} &= \sum\sum M_{ij} \cdot I_{ij} \\ &= M_{11} \cdot I_{12} + M_{12} \cdot I_{13} + M_{13} \cdot I_{14} \\ &\quad + M_{21} \cdot I_{22} + M_{22} \cdot I_{23} + M_{23} \cdot I_{24} \\ &\quad + M_{31} \cdot I_{32} + M_{32} \cdot I_{33} + M_{33} \cdot I_{34} \end{aligned}$$

〈그림 7.1.1〉 회선의 과정에 대한 이해

〈그림 7.1.1〉에 3×3 크기의 마스크로 회선을 수행하는 과정을 도식적으로 표현하였다. 왼쪽 그림에서 출력 화소 O_{22} 는 대응되는 위치에 있는 입력 화소 I_{22} 와 마스크 크기만큼의 주위 화소들을 이용해서 계산된다. 즉, 마스크의 각 원소가 같은 위치의 입력 화소와 곱해지며, 이 곱한 값들을 모두 더해서 출력 화소가 된다.

계속적으로 오른쪽 그림의 출력 화소 O_{23} 은 입력 영상에서 마스크를 한 화소 오른쪽으로 이동시킨 후에 대응되는 입력 화소들과 마스크의 원소들을 곱하여 계산된다. 이와 같은 방법으로 입력 영상의 모든 화소에 대해서 마스크를 이동시켜서 곱하고, 그 값들을 〈그림 7.1.1〉에서 도형 아래의 수식처럼 모두 더해서 해당 위치의 출력 화소가 각각 계산된다.

결과적으로 회선으로 생성되는 영상은 마스크의 원소값에 따라서 결정된다. 즉, 입력 영상의 각 화소에서 주어진 마스크 크기의 주변 화소들을 마스크 원소의 비율만큼 반영하는 것이다.

앞으로 이 마스크의 원소를 어떻게 결정하느냐에 따라서 결과 영상이 드라마틱하게 달라지는 것을 보게 될 것이다. 이 장에서는 그 방법들에 대한 이론적인 토대를 쌓는다.

7.1.2 블러링

디지털 카메라로 사진을 찍다보면, 초점이 맞지 않을 때가 종종 있다. 이 경우에 찍힌 사진은 흐려져서 사용하지 못하게 된다. 어떤 경우에는 이러한 현상을 이용해서 영상의 디테일한 부분을 제거하는 아웃 포커싱(out focusing)이라는 기법으로 사진을 찍기도 한다.

포토샵을 이용해서 증명사진을 수정할 때, 일명 "뽀샾을 했다"라는 표현을 쓴다. 혹은 스마트폰에서 사진 편집 앱을 통해서 '뽀샤시' 기능을 사용한다. 이것은 보통 영상을 밝게 수정하면서 약간 흐리게 만들어서 얼굴의 잡티나 기타 좋지 않은 부분들을 가리려는 편집 기술이다.

이렇게 사진 편집 과정에서 적용되는 영상처리 기술이 바로 블러링(blurring)이다. 블러링은 영상에서 화소값이 급격하게 변하는 부분들을 감소시켜 점진적으로 변하게 함으로써 영상이 전체적으로 부드러운 느낌이 나게 하는 기술이다. 교재에 따라서는 스무딩(smoothing)이라 하기도 한다.

어떻게 하면 화소값이 급격히 변화하는 것을 점진적으로 변하게 할 수 있을까? 정답은 커널 마스크를 이용해서 회선을 수행하는 것이다. 마스크를 〈그림 7.1.2〉와 같이 모든 원소의 값을 같게 구성하여 회선을 수행하면 블러링이 적용된다. 이때 마스크의 전체 원소의 합이 1이 되어야 입력 영상의 밝기가 출력 영상에서 유지된다.

$\frac{1}{9}$	$\frac{1}{9}$	$\frac{1}{9}$
$\frac{1}{9}$	$\frac{1}{9}$	$\frac{1}{9}$
$\frac{1}{9}$	$\frac{1}{9}$	$\frac{1}{9}$

$\frac{1}{25}$	$\frac{1}{25}$	$\frac{1}{25}$	$\frac{1}{25}$	$\frac{1}{25}$
$\frac{1}{25}$	$\frac{1}{25}$	$\frac{1}{25}$	$\frac{1}{25}$	$\frac{1}{25}$
$\frac{1}{25}$	$\frac{1}{25}$	$\frac{1}{25}$	$\frac{1}{25}$	$\frac{1}{25}$
$\frac{1}{25}$	$\frac{1}{25}$	$\frac{1}{25}$	$\frac{1}{25}$	$\frac{1}{25}$
$\frac{1}{25}$	$\frac{1}{25}$	$\frac{1}{25}$	$\frac{1}{25}$	$\frac{1}{25}$

〈그림 7.1.2〉 블러링 마스크의 예

이것은 어떤 원리일까? 3×3 마스크로 회선을 수행한 예를 들어본다.

회선을 통한 블러링을 설명하기 위해서 다음의 〈그림 7.1.3〉에서 이웃하는 출력 화소 O_{22}와 O_{23}의 계산 과정을 보인다. O_{22}와 O_{23}의 계산에서 9개의 입력 영상 화소 중에서 6개 화소가 같다. 즉, 이웃하는 두 출력 화소는 마스크 크기 내에서 입력 화소의 2/3가 공통 부분이다. 그리고 블러링 마스크의 원소값이 모두 같기 때문에 입력 화소는 같은 비율로 출력 화소에 반영된다. 따라서 입력 화소의 공통부분이 같은 비율로 반영되기 때문에 출력 영상에서 이웃하는 화소들이 비슷한 값을 갖게 된다.

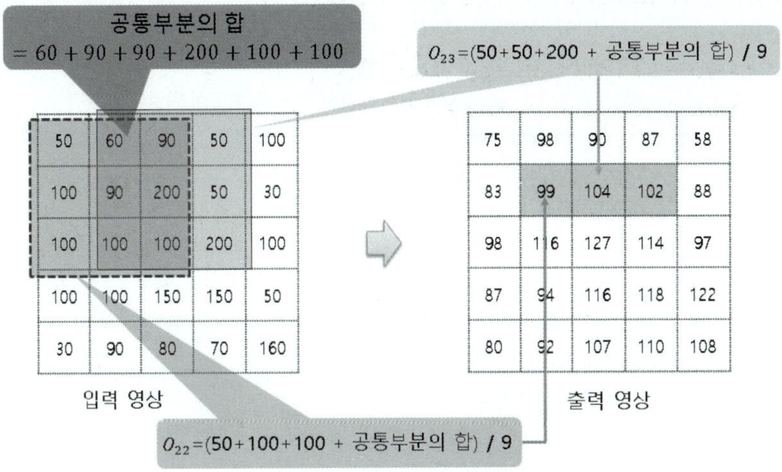

〈그림 7.1.3〉 출력 화소 계산 과정

〈그림 7.1.3〉에서 입력 화소들에 대한 출력 화소들을 계산해 보면, 화소값이 90인 O_{22}는 99가 출력 화소가 되며, 화소값이 200인 O_{23}은 104, 화소값이 50인 O_{24}은 102가 출력 화소가 된다. 이렇게 볼 때, 입력 영상의 이웃 화소들보다 출력 영상에서 이웃 화소들의 값이 차이가 줄어든 것을 볼 수 있다.

이와 같은 방법으로 모든 출력 화소를 계산하게 되면, 출력 영상에서 이웃하는 화소들이 비슷한 값을 가지게 되어 점진적으로 변화하는 영상이 구성된다. 따라서 출력 영상이 흐려지는 결과가 발생한다.

다음은 회선을 수행하는 사용자 정의 함수를 구현해서 블러링을 수행하는 예제이다. 화소로 직접 접근하는 방법과 행렬 처리 방식을 적용하는 방법을 모두 예시한다.

예제 7.1.1 회선이용 블러링 - 01.bluring.py

```
import numpy as np, cv2

## 회선 수행 함수 - 행렬 처리 방식(속도 면에서 유리)
def filter(image, mask):
    rows, cols = image.shape[:2]
    dst = np.zeros((rows, cols), np.float32)            # 회선 결과 저장 행렬
```

```
    ycenter, xcenter = mask.shape[0]//2, mask.shape[1]//2          # 마스크 중심 좌표

    for i in range(ycenter, rows - ycenter):                 # 입력 행렬 반복 순회
        for j in range(xcenter, cols - xcenter):
            y1, y2 = i - ycenter, i + ycenter + 1  # 관심 영역 높이 범위
            x1, x2 = j - xcenter, j + xcenter + 1  # 관심 영역 너비 범위
            roi = image[y1:y2, x1:x2].astype('float32')        # 관심 영역 형변환
            tmp = cv2.multiply(roi, mask)                # 회선 적용—원소간 곱셈
            dst[i, j] = cv2.sumElems(tmp)[0]             # 출력 화소 저장
    return dst                                           # 자료형 변환하여 반환

## 회선  수행 함수– 화소 직접 근접
def filter2(image, mask):
    rows, cols = image.shape[:2]
    dst = np.zeros((rows, cols), np.float32)             # 회선 결과 저장 행렬
    ycenter, xcenter = mask.shape[0]//2, mask.shape[1]//2          # 마스크 중심 좌표

    for i in range(ycenter, rows - ycenter):             # 입력 행렬 반복 순회
        for j in range(xcenter, cols - xcenter):
            sum = 0.0
            for u in range(mask.shape[0]):               # 마스크 원소 순회
                for v in range(mask.shape[1]):
                    y, x = i + u – ycenter, j + v - xcenter
                    sum += image[y, x] * mask[u, v]           # 회선 수식
            dst[i, j] = sum
    return dst

image = cv2.imread("images/filter_blur.jpg", cv2.IMREAD_GRAYSCALE)  # 영상 읽기
if image is None: raise Exception("영상파일 읽기 오류")

data = [  1/9, 1/9, 1/9,                                 # 블러링 마스크 원소 지정
          1/9, 1/9, 1/9,
          1/9, 1/9, 1/9]
mask = np.array(data, np.float32).reshape(3, 3)          # 마스크 행렬 생성
blur1 = filter(image, mask)                              # 회선 수행– 행렬 처리 방식
blur2 = filter2(image, mask)                             # 회선 수행– 화소 직접 접근
blur1 = blur1.astype('uint8')                            # 행렬 표시위해 uint8형 변환
blur2 = cv2.convertScaleAbs(blur2)
```

```
45
46 cv2.imshow("image", image)
47 cv2.imshow("blur1", blur1)
48 cv2.imshow("blur2", blur2)
49 cv2.waitKey(0)
```

| 설명 |

① 4~16행은 회선을 수행하는 사용자 정의 함수이다. 내부에서 행렬의 원소간(element-wise) 곱셈을 이용해서 속도를 향상시켰다.

② 6행은 회선 결과 행렬로 계산 과정에서 소수 부분을 보존하기 위해서 실수(np.float32)형으로 생성한다.

③ 9, 10행에서 입력 영상의 상하좌우 끝부분에서 마스크 절반 크기는 계산 대상에서 제외된다. 이것은 회선 과정에서 입력 영상 범위를 벗어나는 좌표를 제외하기 위함이다.

④ 13행은 회선을 수행할 입력 영상의 범위를 관심 영역으로 가져와서 실수(float32)형으로 변환한다. 이것은 계산 과정에서 소수값을 보존을 위한 것이다.

⑤ 14행은 cv2.multiply() 함수를 이용해서 마스크 행렬과 입력영상의 해당 변위의 원소간 곱셈으로 회선을 수행한다.

⑥ 15행은 곱셈이 수행된 관심 영역 행렬의 원소를 모두 합하기 위해 cv2.sumElems() 함수를 사용한다. 이때, 입력 행렬이 단일채널이기 때문에 0번째 원소만 가져오면 된다.

⑦ 19~32행은 화소 직접 접근 방식으로 회선을 수행한다. 수행속도가 상당히 느리다.

⑧ 27, 28행은 마스크 원소를 순회하며 마스크 원소와 마스크 범위 입력 화소를 조회한다.

⑨ 29행은 마스크 범위의 입력 화소의 좌표(y, x)를 계산한다.

⑩ 30행은 마스크 원소와 마스크 범위 입력 화소값을 곱하여 sum 변수에 누적한다.

⑪ 37~39행은 9개의 원소를 갖는 1차원 리스트를 생성한다.

⑫ 40행은 data 리스트로 ndarray 객체를 생성하고, 행태를 2차원(3×3)으로 변경하여 마스크를 구성한다.

⑬ 41행은 행렬 처리 방식의 회선 함수를 호출하여 블러링 마스크(mask 행렬)로 회선을 수행한다.

⑭ 42행은 화소 직접 접근 방식의 회선 함수를 호출하여 블러링을 수행한다.

⑮ 43, 44행에서 회선 결과 행렬이 실수(float32)형이기 때문에 윈도우에 영상으로 표시하려면 정수형(uint8)형으로 변환해야 한다. ndarray 클래스의 astype() 함수와 OpenCV의 cv2.convertScaleAbs() 함수를 사용하는 방법을 각각 예시한다.

| 실행결과 |

실행 결과를 보면 왼쪽 원본 영상보다 오른쪽 영상들이 흐려진 것을 확인할 수 있다. 여기서 블러링의 효과를 크게 하려면 현재 3×3 마스크의 크기를 확대하면 된다. 5×5 마스크나 7×7 마스크를 적용하면 훨씬 많이 흐려진 영상을 얻을 수 있다.

7.1.3 샤프닝

이제 샤프닝(sharpening)에 대해서 알아보자. 블러링이 이웃 화소의 차이를 감소시켜서 부드럽게 만드는 것이라면, 샤프닝은 반대로 입력 화소에서 이웃 화소끼리 차이를 크게 되도록 출력 화소를 만들어서 날카로운 느낌이 나게 만드는 것이다. 이렇게 함으로써 영상의 세세한 부분을 강조할 수 있으며, 경계 부분에서 명암 대비가 증가되는 효과를 낼 수 있다.

마스크를 어떻게 구성하면 출력 화소에 이웃 화소의 차이가 커지게 할 수 있을까? 간단하게 생각해 볼 수 있다. 블러링에서 마스크의 원소값을 모두 같게 했다면, 샤프닝에서는 마스크 원소들의 값 차이가 커지도록 구성하면 된다.

앞 절의 〈그림 7.1.1〉을 다시 한번 보자. 입력 영상의 화소와 출력 영상의 화소가 마스크의 중심 위치에서 대응된다. 이 마스크의 중심 위치의 계수를 중심계수라 한다. 마스크 중심 계수의 비중이 크면 출력 영상은 입력 영상의 형태를 유지하게 된다. 추가적으로 주변 계수들은 중심계수와 값의 차이를 크게 만들면 샤프닝이 수행된다.

여기서 마스크 원소의 전체 합이 1이 되어야 입력 영상의 밝기가 손실 없이 출력 영상의 밝기로 유지된다. 마스크 원소의 합이 1보다 작으면 출력 영상의 밝기가 입력 영상보다 어두워지며, 1보다 크면 입력 영상보다 더 밝아진다. 만약 전체 합이 0이 되면 대부분의 출력 화소가 0이 되어 출력 영상이 검은색을 나타낸다. 이 방법은 다음 절에서 배우게 될 에지 검출에서 주로 사용하는 마스크이다.

따라서 중심계수는 1보다 훨씬 크게 구성하며, 주변 화소는 비중을 감소시킬 수 있도록 음수 값을 갖게 한다. 그리고 전체 원소의 합은 1이 되도록 구성하면 샤프닝 필터가 완성된다. 다음 〈그림 7.1.4〉는 이와 같은 조건에 부합하는 샤프닝 마스크의 예이다.

0	−1	0
−1	5	−1
0	−1	0

−1	−1	−1
−1	9	−1
−1	−1	−1

1	−2	1
−2	5	−2
1	−2	1

〈그림 7.1.4〉 샤프닝 마스크의 예

샤프닝 수행 예제를 통해서 좀 더 명확하게 이해해 보자. 여기서 앞 예제에서 저자가 구현한 filter() 함수를 'Common/filters.py' 파일에 옮겨 작성하고, 현재 소스에서 예제와 같이 임포트(import)한다. 이제 마스크를 수행할 행렬의 원소만 샤프닝 마스크로 바꾸면 간단하게 샤프닝을 구현할 수 있다.

예제 7.1.2 회선이용 샤프닝 - 02.sharpening.py

```
import numpy as np, cv2
from Common.filters import filter                    # filters 모듈의 filter() 함수 임포트

image = cv2.imread("images/filter_sharpen.jpg", cv2.IMREAD_GRAYSCALE)
if image is None: raise Exception("영상파일 읽기 오류")

## 샤프닝 마스크 원소 지정
data1 = [ 0, -1, 0,                                  # 1차원 리스트
         -1, 5, -1,
          0, -1, 0]
data2 = [[ -1, -1, -1],                              # 2차원 리스트
         [-1, 9, -1],
         [-1, -1, -1]]
mask1 = np.array(data1, np.float32).reshape(3, 3)    # ndarray 객체 생성 및 형태 변경
mask2 = np.array(data2, np.float32)

sharpen1 = filter(image, mask1)                      # 회선 수행 - 저자 구현 함수
sharpen2 = filter(image, mask2)
sharpen1 = cv2.convertScaleAbs(sharpen1)             # 윈도우 표시 위한 형변환
sharpen2 = cv2.convertScaleAbs(sharpen2)
```

```
21
22 cv2.imshow("image", image)                # 결과 행렬을 윈도우에 표시
23 cv2.imshow("sharpen1", sharpen1)
24 cv2.imshow("sharpen2", sharpen2)
25 cv2.waitKey(0)
```

| 설명 |

① 2행에서 예제 7.1.1에서 만든 저자 구현 filter() 함수를 'Common/filters.py' 파일에 추가하고 임포트 한다.

② 8~13행은 샤프닝 마스크의 원소가 되는 리스트 data1, data2로 선언한다. data1은 1차원 리스트로 선언하고, data2는 2차원 리스트로 선언하여 사용하는 예시이다.

③ 14행은 1차원 리스트로 ndarray 객체를 만들어 reshape() 함수로 2차원 행렬로 변경한다.

④ 15행은 2차원 리스트로 ndarray 객체를 만든다. 2차원 리스트이기 때문에 형태 변경이 필요 없다.

⑤ 17, 18행은 Common.filters 모듈에 구현해 둔 저자 구현 filter() 함수를 호출해서 회선을 수행한다.

⑥ 19, 20행은 filter() 함수의 반환 행렬의 자료형이 실수(float32)형이기 때문에 cv2.convertScaleAbs() 함수를 이용해서 행렬 원소의 절댓값 계산 및 스케일 조정을 하고 정수형(uint8)로 변환한다.

⑦ 23, 24행에서 cv2.imshow() 함수로 윈도우에 ndarray 객체를 영상으로 표시할 때, 주로 행렬의 자료형이 정수(uint8)형을 사용한다. 실수형일 경우에는 원소값이 0~1 사이로 구성되어야 한다.

| 실행결과 |

실행 결과를 보면 선인장과 흰 건축물의 부드러운 영상이 선명하게 변화된 것을 볼 수 있다. sharpen1 영상은 이웃 화소간 값의 차이가 커지면서 영상이 선명해지는 것을 느낄 수 있으며, sharpen2는 너무 강한 샤프닝 필터를 적용하여 결과 영상에서 선인장이 날카롭고 거친 느낌이 난다. 또한, 자세히 보면 두 영상 모두 가장자리 부분에 회선이 수행되지 않아 검은색 화소가 존재한다.

7.2 에지 검출

에지(edge)라는 단어를 사전에서 찾아보면, "가운데에서 가장 먼 끝, 가장자리, 모서리"라는 뜻을 지니고 있다. 여기서 확장되어, "날카로움, 강렬함, 우위"라는 뜻도 가진다. 이런 의미에서 한동안 패션, 잡지계 등에서는 세련되게, 멋지게 등의 표현으로 "엣지 있다"라는 말을 많이 사용했었다.

영상처리의 관점에서 우리는 조금 다른 의미로 에지를 바라본다. 가장자리, 모서리라는 뜻에서 어떤 물체의 "윤곽선 혹은 경계선" 이라는 의미를 가질 수 있다. 이 윤곽선은 객체에서 크기, 위치, 모양을 인지할 수 있으며, 그 방향성을 탐지할 수 있다. 따라서 에지 검출은 영상처리에서 아주 중요하며 기본적인 처리 분야로 널리 다루어진다.

자, 이제 영상처리에서 에지라는 것을 어떻게 정의하는지 보자.

영상처리에서 에지는 "화소값이 급격하게 변화하는 부분"으로 정의할 수 있다. 즉, 화소값이 높은 값에서 낮은 값으로 변하거나, 혹은 낮은 값에서 높은 값으로 변하는 부분을 에지라 한다.

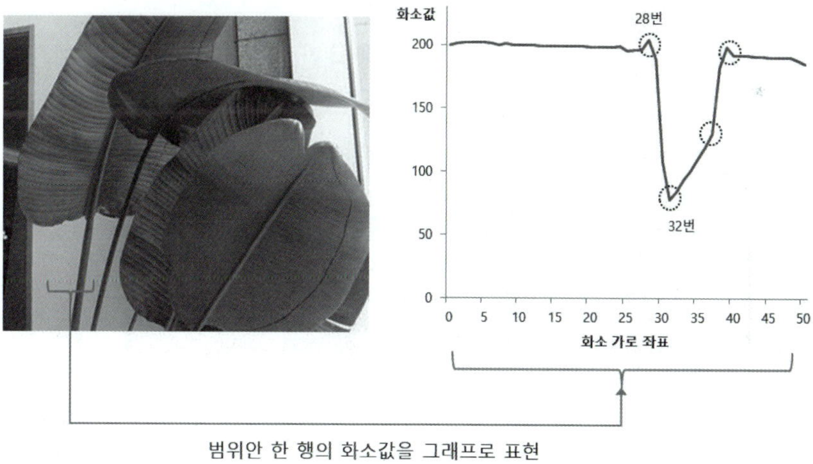

〈그림 7.2.1〉 화소값의 그래프 표현

〈그림 7.2.1〉은 영상의 특정 지점에서 가로로 50개의 화소를 가져와서 그 화소값을 그래프로 나타내었다. 그래프에서 원으로 표시한 부분들을 보면 화소값에서 급격하게 변하여 그래프가 꺾이는 것을 볼 수 있다. 28번째 픽셀에서 화소값이 높은 값에서 급격하게 낮아

지며, 32번째 픽셀 주위에서는 낮아졌다가 다시 급격하게 높아진다. 이렇게 화소값 그래프에서 급격하게 꺾이는 부분을 영상에서 보면 모서리나 윤곽선 혹은 경계 부분인 것을 알 수 있다.

에지 검출(edge detection)이란 에지에 해당하는 화소들을 찾는 과정이다. 그 방법으로는 가장 간단하게 이웃하는 화소의 차분을 이용하여 그 차분이 특정 임계값 이상인 곳을 에지로 지정하는 것이다. 다른 방법으로는 마스크를 이용하여 에지를 계산할 수도 있는데, 1차 미분 마스크나 2차 미분 마스크를 사용하여 회선을 수행하는 것이다.

7.2.1 1차 미분 마스크

영상은 2차원 공간상에 나열된 화소값의 집합이라 할 수 있다. 앞 절의 〈그림 7.2.1〉의 그래프를 다시 보자. 왼쪽 영상의 특정 좌표에서 가로 방향(혹은 세로 방향)으로 화소값들을 구성했을 때, 오른쪽 그래프에서 밝기의 변화를 파악할 수 있다.

여기서 미분(differentiation)이라는 수학 용어가 등장한다. 미분은 함수의 순간 변화율을 구하는 계산 과정을 의미한다. 에지가 화소의 밝기가 급격히 변하는 부분이기 때문에 함수의 변화율을 취하는 미분 연산을 이용해서 에지를 검출할 수 있다.

영상에서 밝기의 변화율을 검출하는 방법은 밝기에 대한 기울기(gradient)를 계산하는 것이다. 현재 화소에서 밝기의 기울기를 계산하고, 이 기울기의 크기를 구하면 에지가 된다. 그러나 디지털 영상은 연속된 데이터가 아닌 이산된 데이터가 나열되어 있기 때문에 엄밀한 의미에서 미분 연산을 할 수 없다. 이산된 데이터인 화소에 대한 기울기는 다음의 수식과 같은 방법으로 근사하여 계산한다.

$$
\begin{aligned}
& G[f(x, y)] = \begin{bmatrix} G_x \\ G_y \end{bmatrix} = \begin{bmatrix} \dfrac{\partial f(x, y)}{\delta x} \\ \dfrac{\partial f(x, y)}{\delta y} \end{bmatrix} \\
& G_x = \frac{f(x+dx, y)-f(x, y)}{dx} \fallingdotseq f(x+1, y)-f(x, y), \;\; dx = 1 \\
& G_y = \frac{f(x, y+dy)-f(x, y)}{dy} \fallingdotseq f(x, y+1)-f(x, y), \;\; dy = 1 \\
& G[f(x, y)] \fallingdotseq \sqrt{G_x^2 + G_y^2} \approx |G_x|+|G_y| \\
& \theta = \tan^{-1}\left(\frac{G_y}{G_x}\right)
\end{aligned}
$$

먼저, 2차원 공간상의 한 화소에서 수평 방향과 수직 방향으로 각각 미분한다. 이것을 보통 편미분(partial derivative)이라 한다. 그리고 각 방향의 편미분을 한 화소 단위 ($dx = 1$, $dy = 1$)의 차분으로 근사한다. 다음으로 각 방향의 차분을 이용해서 기울기의 크기를 계산한다. 이 크기(magnitude)가 에지의 강도가 된다.

여기서 계산 복잡도를 줄이기 위해서 제곱과 제곱근($\sqrt{\ }$) 대신에 절댓값을 사용하기도 한다. 또한, 역탄젠트(arctan) 함수에 가로 방향과 세로 방향 차분을 적용하면 에지의 방향을 계산할 수도 있다.

이러한 1차 미분 공식을 영상에 구현하는 쉬운 방법이 1차 미분 마스크로 회선을 적용하는 것이다. 3×3 마스크에서 입력 화소의 위치를 한번 생각해 보자. 마스크의 중심 위치의 입력 화소가 $f(x, y)$일 때, 주변 화소의 위치를 보면 다음 〈그림 7.2.2〉와 같다.

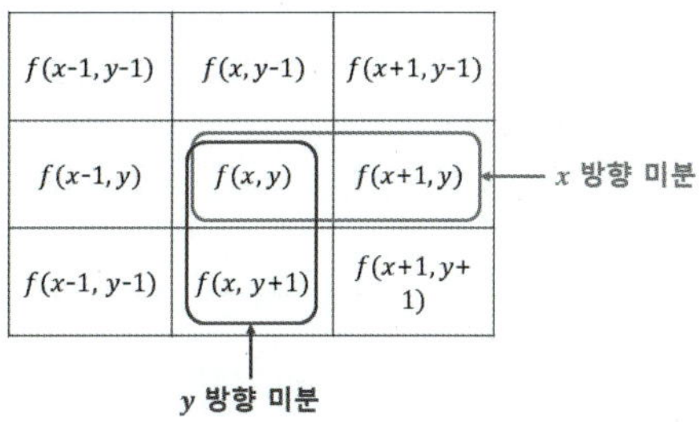

0	0	0
0	−1	0
0	1	0

(a) y 방향 마스크

0	0	0
0	−1	1
0	0	0

(b) x 방향 마스크

〈그림 7.2.2〉 방향 마스크의 원소 구성

마스크 원소를 (a)와 같이 $f(x, y)$, $f(x, y+1)$ 위치에 −1과 1을 구성하여 회선을 수행하면, 회선의 내부 계산 수식이 $f(x, y+1) - f(x, y)$이 되어서 y 방향 미분인 G_y와 같은 결과가 된다. 또한, 오른쪽의 (b)와 같이 $f(x, y)$, $f(x+1, y)$ 위치에 −1과 1을 구성하여 회선을 수행하면, 회선 수식이 $f(x+1, y) - f(x, y)$이 되어서 x 방향 미분인 G_x가 적용된다.

이렇게 회선의 수식을 이용해서 화소간 차분을 계산할 수 있도록 마스크의 원소를 구성하면 1차 미분 마스크가 된다. 이 마스크를 적용해서 입력 영상에 회선을 수행하면 에지 검출이 가능하다. 이때 마스크 계수의 합은 0이 되어야 한다.

이 외에도 다양한 1차 미분 마스크가 있으며 대표적으로 로버츠(Roberts), 프리윗(Prewitt), 소벨(Sobel) 등이 있다.

1) 로버츠(Roberts) 마스크

로버트 마스크는 다음 〈그림 7.2.3〉와 같이 대각선 방향으로 1과 −1을 배치하여 구성한다. 나머지 원소의 값이 모두 0이어서 다른 1차 미분 마스크에 비해서 계산이 단순하다. 그리고 한 번만 차분을 계산하기 때문에 차분의 크기가 작고, 이로 인해서 경계가 확실한 에지만을 추출하며, 잡음에 매우 민감하다.

$G_x=$

−1	0	0
0	1	0
0	0	0

대각방향 마스크 1

$G_y=$

0	0	−1
0	1	0
0	0	0

대각방향 마스크 2

$$O(i, j) = \sqrt{G_x^2 + G_y^2}$$

〈그림 7.2.3〉 3×3 크기의 로버츠 마스크

다음은 로버츠 마스크로 에지를 검출하는 예제이다. 여기서 저자 구현 함수 differential()는 두 개의 대각 방향의 에지를 구하고, cv2.magnitude() 함수로 에지의 크기(magnitude)를 계산하여 반환한다.

예제 7.2.3 로버츠 에지 검출 – 03.edge_roberts.py

```
import numpy as np, cv2
from Common.filters import filter                       # filters 모듈의 filter() 함수 임포트

def differential(image, data1, data2):
    mask1 = np.array(data1, np.float32).reshape(3, 3)   # 입력 인자로 마스크 원소 초기화
    mask2 = np.array(data2, np.float32).reshape(3, 3)

    dst1 = filter(image, mask1)                          # 저자 구현 회선 함수 호출
    dst2 = filter(image, mask2)
    dst1, dst2 = np.abs(dst1), np.abs(dst2)              # 회선 결과 행렬 양수 변경
```

```
11     dst = cv2.magnitude(dst1, dst2)                        # 두 행렬의 크기 계산
12 
13     dst = np.clip(dst, 0, 255).astype(‘uint8’)             # 윈도우 영상 표시위한
14     dst1 = np.clip(dst1, 0, 255).astype(‘uint8’)           # 형변환 및 클램핑
15     dst2 = np.clip(dst2, 0, 255).astype(‘uint8’)
16     return dst, dst1, dst2                                 # 3개 결과 행렬 반환
17 
18 image = cv2.imread(“images/edge.jpg”, cv2.IMREAD_GRAYSCALE)
19 if image is None: raise Exception(“영상파일 읽기 오류”)
20 
21 data1 = [ -1, 0, 0,                                        # 마스크 원소 - 1차원 리스트
22           0, 1, 0,
23           0, 0, 0]
24 data2 = [ 0, 0, -1,
25           0, 1, 0,
26           0, 0, 0]
27 dst, dst1, dst2 = differential(image, data1, data2)       # 회선 수행 및 두 방향의 크기 계산
28 
29 cv2.imshow(“image”, image)
30 cv2.imshow(“roberts edge”, dst)
31 cv2.imshow(“dst1”, dst1)
32 cv2.imshow(“dst2”, dst2)
33 cv2.waitKey(0)
```

| 설명 |

① 2행은 Common.filters 모듈의 filter() 함수를 임포트 한다.

② 4~16행은 마스크의 원소를 두 번째와 세 번째 인수로 입력받아서 두 개 마스크를 구성하여 회선을 수행한다. 그리고 회선 결과 행렬과 두 행렬의 크기(magnitude)를 반환한다.

③ 5, 6행은 입력 인수(data1, data2)로 실수(float32)형 ndarray 객체를 생성하고 2차원 행태로 변경한다.

④ 8, 9행은 ‘Common/fiters.py’ 파일에 구현해 둔 filter() 함수를 호출해서 회선을 수행한다.

⑤ 10행은 마스크 원소에 따라서 회선 결과 출력 화소값이 0보다 작거나 255보다 클 수 있다. 먼저, 음수값도 결과 영상에 나타내기 위해서 양수로 변경한다.

⑥ 11행은 두 백터의 크기(magnitude)를 계산하는 cv2.magnitude() 함수로 각 방향의 회선 결과 행렬의 크기를 계산한다. 여기서 회선 결과 행렬의 크기는 에지 강도에 해당한다.

⑦ 13~15행은 회선 결과 출력 화소가 255보다 클 경우, np.clip() 함수로 255의 값으로 클램핑한다. 또한, 회선 결과 행렬이 실수(float32)형이기 때문에 윈도우에 영상으로 표시하기 위해서 uint8(CV_8U)형으로 변환한다.

⑧ 21~26행은 로버츠 마스크의 원소를 1차원 리스트로 선언한다. data1, data2에 각각 대각선 방향의 마스크 원소를 지정한다.

⑨ 27행은 마스크 원소를 입력해서 회선을 수행해서 결과 행렬과 두 결과 행렬의 크기를 반환받는다.

| 실행결과 |

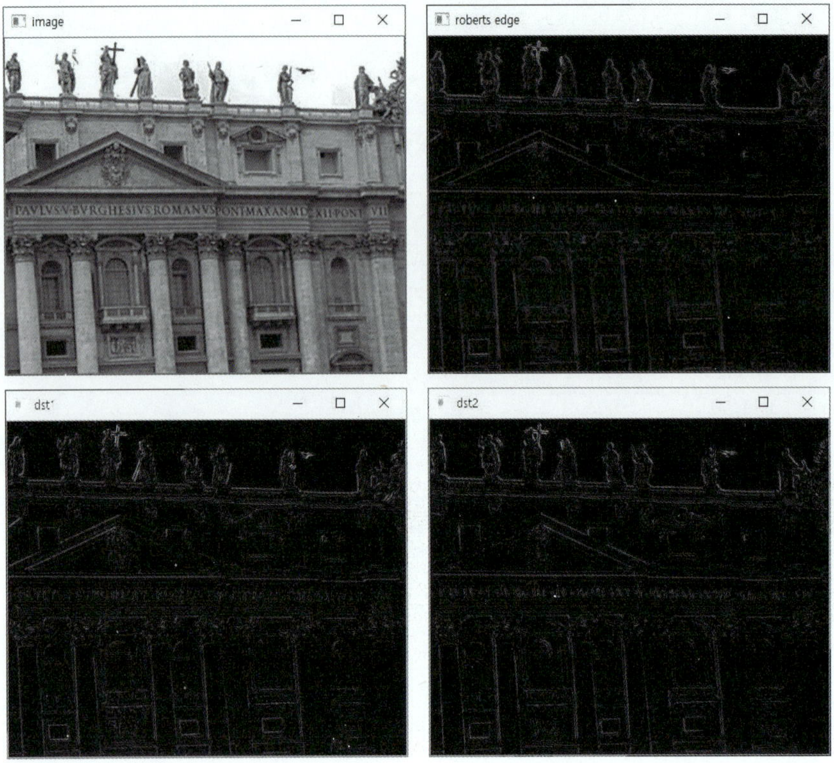

실행 결과를 보자. 아래 창에서 보인 결과들인 dst1, dst2는 대각선 방향의 에지를 각각 검출한 모습이다. 오른쪽 상단 창에서 두 개의 대각선 방향 에지의 크기(magnitude)를 합하여 최종 로버츠 마스크의 에지가 된다. 대각선 방향의 에지가 잘 검출되지만, 비교적 에지의 강도가 약하다.

2) 프리윗(Prewitt) 마스크

프리윗 마스크는 로버츠 마스크의 단점을 보완하기 위해 고안되었다. 먼저, 〈그림 7.2.4〉의 수직 마스크를 보자. 원소의 배치가 수직 방향으로 구성되어서 수직 마스크라고 하며, 결과 영상에서 에지의 방향도 수직으로 나타난다. 중심계수의 앞과 뒤 화소로 x 방향 차분을 3번 계산하다. 다음 수평 마스크는 중심계수에서 위와 아래의 화소로 y 방향의 차분을 3번 계산한다.

최종적으로 수직 마스크의 회선 결과와 수평 마스크의 회선 결과에 대해서 크기

(magnitude)로 결과로 영상(에지 강도)을 생성한다. 세 번의 차분을 합하기 때문에 로버츠 연산자에 비해 에지의 강도가 강하며, 수직과 수평 에지를 동등하게 찾는 데 효과적이다.

$$G_x = \begin{bmatrix} -1 & 0 & 1 \\ -1 & 0 & 1 \\ -1 & 0 & 1 \end{bmatrix} \qquad G_y = \begin{bmatrix} -1 & -1 & -1 \\ 0 & 0 & 0 \\ 1 & 1 & 1 \end{bmatrix}$$

수직 마스크 수평 마스크

$$O(i, j) = \sqrt{G_x^2 + G_y^2}$$

〈그림 7.2.4〉 3×3 크기의 로버츠 마스크

다음은 프리윗 마스크에 대한 예제이다.

예제 7.2.4 프리윗 에지 검출 - 04.edge_prewitt.py

```
import numpy as np, cv2
from Common.filters import filter                       # filters 모듈의 filter()함수 임포트

def differential(image, data1, data2):
    mask1 = np.array(data1, np.float32).reshape(3, 3)
    mask2 = np.array(data2, np.float32).reshape(3, 3)

    dst1 = filter(image, mask1)                         # 사용자 정의 회선 함수
    dst2 = filter(image, mask2)
    dst = cv2.magnitude(dst1, dst2)                     # 회선 결과 두 행렬의 크기 계산

    dst = cv2.convertScaleAbs(dst)                      # 절대값 및 형변환
    dst1 = cv2.convertScaleAbs(dst1)
    dst2 = cv2.convertScaleAbs(dst2)
    return dst, dst1, dst2

image = cv2.imread("images/edge.jpg", cv2.IMREAD_GRAYSCALE)
if image is None: raise Exception("영상파일 읽기 오류")

data1 = [ -1, 0, 1,                                     # 프리윗 수직 마스크
          -1, 0, 1,
          -1, 0, 1]
```

```
23  data2 = [ -1,-1,-1,                                    # 프리윗 수평 마스크
24            0, 0, 0,
25            1, 1, 1]
26  dst, dst1, dst2 = differential(image, data1, data2)
27
28  cv2.imshow("image", image)
29  cv2.imshow("prewitt edge", dst)
30  cv2.imshow("dst1 - vertical mask", dst1)
31  cv2.imshow("dst2 - horizontal mask", dst2)
32  cv2.waitKey(0)
```

| 설명 |

① 4~15행은 앞 예제에서 구현한 함수로 거의 동일하다. 단지, cv2.convertScaleAbs() 함수를 사용하여 절대값 계산, 클램핑, uint8 자료형 변환을 한 번에 수행한다.

② 12~14행은 cv2.convertScaleAbs() 함수로 행렬 원소에 절대값을 취하고, uint8형으로 형변환을 한다. 이때, 자동으로 클램핑(0 미만은 0으로 지정, 255 초과는 255로 지정)이 수행된다.

③ 20~25행은 수평과 수직 프리윗 마스크를 위한 원소를 리스트로 만든다.

④ 26행은 diffenential() 함수로 수직과 수평 방향 마스크 원소를 입력해서 회선을 수행하며, 회선 결과 두 행렬과 두 행렬의 크기(에지 강도)를 반환한다.

| 실행결과 |

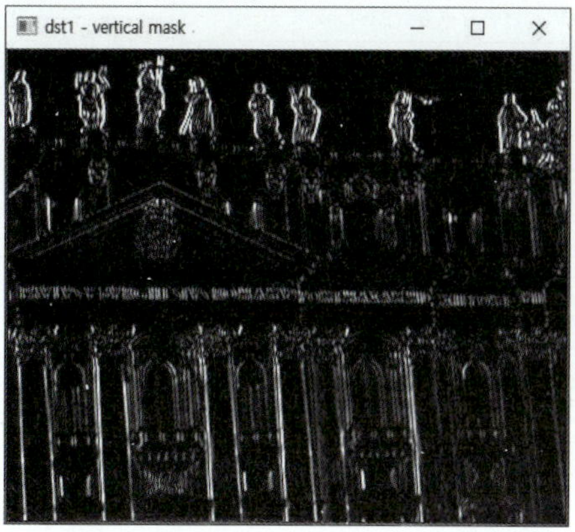

결과 영상인 dst1, dst2에서 선명한 에지가 검출된 것을 확인할 수 있다. 우측 상단의 결과 영상에서 전반적으로 대각선 방향보다는 수직과 수평 방향의 에지를 잘 검출하는 것을 확인할 수 있다.

3) 소벨(Sobel) 마스크

소벨 마스크는 에지 추출을 위한 가장 대표적인 1차 미분 연산자이다. 마스크의 구성은 프리윗 마스크와 유사하지만, 그림 〈7.2.5〉과 같이 중심계수의 차분에 대한 비중을 2배로 키운 것이 특징이다.

$$G_x = \begin{array}{|c|c|c|} \hline -1 & 0 & 1 \\ \hline -2 & 0 & 2 \\ \hline -1 & 0 & 1 \\ \hline \end{array} \qquad G_y = \begin{array}{|c|c|c|} \hline 1 & -2 & 1 \\ \hline 0 & 0 & 0 \\ \hline 1 & 2 & 1 \\ \hline \end{array}$$

수직마스크 수평마스크

$$O(i, j) = \sqrt{G_x^2 + G_y^2}$$

〈그림 7.2.5〉 3×3 크기의 소벨 마스크

소벨 마스크도 수직 마스크의 회선 결과와 수평 마스크의 회선 결과의 크기로 구성된다. 수직, 수평 방향의 에지도 잘 추출하며, 특히, 중심계수의 차분 비중을 높였기 때문에 대각선 방향의 에지도 잘 검출한다.

예제를 통해서 확인해 보자. 여기서 Common 폴더의 'fliters.py' 파일에 앞 예제에서 구현한 differential() 함수를 옮겨 적는다.

예제 7.2.5 소벨 에지 검출 - 05.edge_sobel.py

```python
01 import numpy as np, cv2
02 from Common.filters import differential          # filters 모듈의 differential() 함수 임포트
03
04 image = cv2.imread("images/edge.jpg", cv2.IMREAD_GRAYSCALE)
05 if image is None: raise Exception("영상파일 읽기 오류")
06
07 data1 = [ -1, 0, 1,                                # 수직 소벨 마스크
08           -2, 0, 2,
09           -1, 0, 1]
10 data2 = [ -1,-2,-1,                                # 수평 소벨 마스크
11           0, 0, 0,
12           1, 2, 1]
13 dst, dst1, dst2 = differential(image, data1, data2)  # 두 방향 회선 및 크기(에지 강도) 계산
14
15 ## OpenCV 제공 소벨 에지 계산
16 dst3 = cv2.Sobel(np.float32(image), cv2.CV_32F, 1, 0, 3) # x 방향 미분- 수직 마스크
17 dst4 = cv2.Sobel(np.float32(image), cv2.CV_32F, 0, 1, 3) # y 방향 미분- 수평 마스크
18 dst3 = cv2.convertScaleAbs(dst3)                   # 절댓값 및 uint8(CV_8U) 형변환
19 dst4 = cv2.convertScaleAbs(dst4)
20
21 cv2.imshow("dst1- vertical_mask", dst1)
22 cv2.imshow("dst2- horizontal_mask", dst2)
23 cv2.imshow("dst3- vertical_OpenCV", dst3)
24 cv2.imshow("dst4- horizontal_OpenCV", dst4)
25 cv2.waitKey(0)
```

| 설명 |

① 2행에서 Common.fliters 모듈의 differential() 함수를 임포트 한다.

② 13행은 filters 모듈의 differential() 함수를 호출해서 수직 및 수평 소벨 마스크로 회선을 수행하여 결과행렬들을 반환받는다.

③ 16, 17행은 OpenCV 제공 함수로 소벨 에지를 검출한다. 두 번째 인수(ddepth)를 통해서 회선 결과 영상의 자료형을 지정한다. filter() 함수와 같은 결과를 내기 위해서 cv2.CV_32F로 지정해서 실수(float32)형으로 결과를 반환받는다.

④ 16행에서 cv2.Sobel() 함수의 세 번째 인수(dx)를 1로 지정하면, x 방향 미분을 수행한다. 따라서 수직 마스크가 적용되며, 수직 방향 에지를 검출한다.

⑤ 17행에서 cv2.Sobel() 함수의 네 번째 인수(dy)를 1로 지정하면 y 방향 미분을 수행한다. 따라서 수평 뱡향 에지를 검출한다.

⑥ 18, 19행은 소벨 필터 결과가 실수(float32)형이기에 행렬 원소의 자료형을 변환한다.

| 실행결과 |

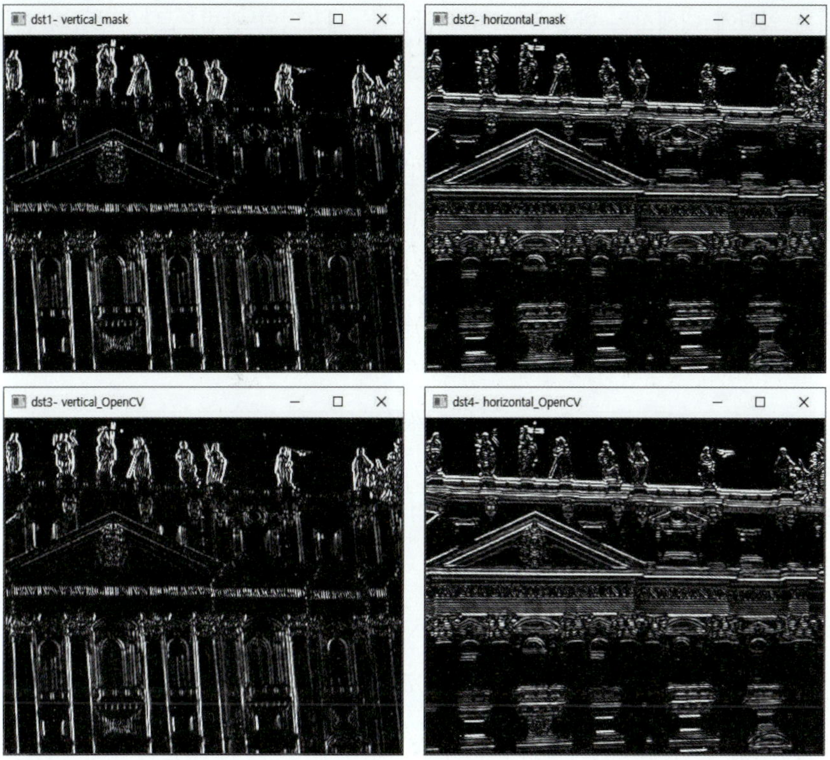

실행 결과에서 수직과 수평 마스크를 적용해서 회선을 수행한 dst1, dst2 영상과 OpenCV에서 제공하는 cv2.Sobel() 함수를 이용해서 수직, 수평 에지를 구한 dst3, dst4 영상이 같은 것을 확인할 수 있다.

영상처리 응용에서 필요한 에지들은 대부분 특정 방향의 에지들이다. 따라서 수평이나 수직의 단일 방향 에지를 검출하고자 할 때가 종종 있다. 이 경우에 두 개의 마스크를 같이 적용하지 않고, 하나의 마스크만 적용할 수 있다.

7.2.2 2차 미분 마스크

1차 미분 연산자는 밝기가 급격하게 변화하는 영역뿐 아니라 점진적으로 변화하는 부분까지 민감하게 에지를 검출하여 너무 많은 에지가 나타날 수 있다. 이를 보완하는 방법으로 1차 미분에서 한 번 더 미분하는 방법인 2차 미분 (second order derivative) 연산이 있다.

2차 미분 연산자는 변화하는 영역의 중심에 위치한 에지만을 검출하며, 밝기가 점진적으로 변화되는 영역에 대해서는 반응을 보이지 않는다. 대표적인 방법으로는 라플라시안(Laplacian), LoG(Laplacian of Gaussian), DoG(Difference of Gaussian)등 이 있다.

1) 라플라시안 에지 검출

가장 대표적인 2차 미분 연산자로 라플라시안이 있다. 라플라시안은 피에르시몽 라플라스(Pierre-Simon Laplace)라는 프랑스의 수학자 이름을 따서 지은 것이다. 라플라시안은 함수 f에 대한 그래디언트의 발산으로 정의되며 수식으로 표현하면 다음과 같다.

$$\Delta f = \nabla^2 f = \nabla \ \nabla f$$

그리고 영상은 2차원 좌표계이기 때문에 2차원 직교좌표계에서 라플라시안의 수식은 다음과 같다.

$$\nabla^2 f = \frac{\partial^2 f}{\partial x^2} + \frac{\partial^2 f}{\partial y^2}$$

각 항을 디지털 영상의 화소로 근사하여 1차 미분한 결과에 한 번 더 미분을 수행하면 다음과 같이 정리할 수 있다.

$$\begin{aligned}
\frac{\partial^2 f}{\partial x^2} &= \frac{\partial f(x+1, y)}{\partial x} - \frac{\partial f(x, y)}{\partial x} \\
&= [f(x+1, y) - f(x, y)] - [f(x, y) - f(x-1, y)] \\
&= f(x+1, y) - 2 \cdot f(x, y) + f(x-1, y) \\
\frac{\partial^2 f}{\partial y^2} &= \frac{\partial f(x, y+1)}{\partial y} - \frac{\partial f(x, y)}{\partial y} \\
&= [f(x, y+1) - f(x, y)] - [f(x, y) - f(x, y-1)] \\
&= f(x, y+1) - 2 \cdot f(x, y) + f(x, y-1)
\end{aligned}$$

두 항을 더하면 다음과 같이 라플라시안 마스크의 공식이 완성된다.

$$\nabla^2 f(x, y) = f(x-1, y) + f(x+1, y) + f(x, y-1) + f(, y+1) - 4 \cdot f(x, y)$$

3×3 크기의 마스크를 예로 라플라시안 마스크 공식에 적용하면, 중심계수를 4배로 하고 상하좌우 화소를 중심계수와 반대 부호를 갖게 구성한다. 그리고 마스크 원소의 전체 합은 0이 되어야 한다.

이런 방법으로 〈그림 7.2.6〉 (a)와 같이 두 개의 마스크를 구성할 수 있으며, 4방향을 가지는 마스크가 된다. 경우에 따라서는 〈그림 7.2.6〉 (b)와 같이 8방향으로 늘려 보면 모든 방향의 에지를 검출하고자 할 때도 있다. 중심계수의 값을 더 크게 하고 8방향의 모든 값을 반대 부호가 되게 하면 된다.

0	−1	0
−1	4	−1
0	−1	0

0	1	0
1	−4	1
0	1	0

(a) 4방향 마스크

−1	−1	−1
−1	8	−1
−1	−1	−1

1	1	1
1	−8	1
1	1	1

(b) 8방향 마스크

〈그림 7.2.6〉 라플라시안 마스크의 예

라플라시안은 중심계수와 4방향 혹은 8방향의 주변화소와 차분을 합하여 에지를 검출하기 때문에 주변 화소에 잡음 성분이 있으면 잡음 성분에 매우 민감하여 실제보다 더 많은 에지를 검출하는 경향이 있다.

예제를 통해서 라플라시안 마스크를 적용해 보자.

예제 7.2.6 라플라시안 에지 검출 – 06.edge_laplacian.py

```
import numpy as np, cv2

image = cv2.imread("images/laplacian.jpg", cv2.IMREAD_GRAYSCALE)
if image is None: raise Exception("영상파일 읽기 오류")

data1 = [ [0,  1,   0],                          # 4 방향 필터
          [1,  -4,  1],
          [0,  1,   0]]
data2 = [ [-1, -1,  -1],                         # 8 방향 필터
          [-1, 8,   -1],
          [-1, -1,  -1]]
mask4 = np.array(data1, np.int16)                # 음수로 인해 int16형 행렬 선언
mask8 = np.array(data2, np.int16)
```

```
14
15  dst1 = cv2.filter2D(image, cv2.CV_16S, mask4)          # OpenCV 회선 함수 호출
16  dst2 = cv2.filter2D(image, cv2.CV_16S, mask8)
17  dst3 = cv2.Laplacian(image, cv2.CV_16S, 1)             # OpenCV 라플라시안 수행 함수
18
19  cv2.imshow("image", image)
20  cv2.imshow("filter2D 4-direction", cv2.convertScaleAbs(dst1))     # 형변환 후 영상 표시
21  cv2.imshow("filter2D 8-direction", cv2.convertScaleAbs(dst2))
22  cv2.imshow("Laplacian_OpenCV", cv2.convertScaleAbs(dst3))
23  cv2.waitKey(0)
```

| 설명 |

① 6~11행은 4방향과 8방향 라플라시안 마스크의 원소를 data1, data2 리스트로 생성한다.

② 12, 13행은 라플라시안 마스크를 각각 선언하고, data1, data2 배열을 이용해서 초기화한다. 행렬의 자료형은 원소 중에 음수값이 있기때문에 short(CV_16S)로 선언한다.

③ 15, 16행은 회선을 수행하는 OpenCV 함수인 cv2.filter2D()를 호출해서 라플라시안 마스크로 각각 회선을 수행한다. 이때, 회선 결과 행렬의 자료형은 cv2.CV_16S(int16)형으로 한다.

④ 17행은 OpenCV에서 제공하는 라플라시안 수행 함수 cv2.Laplacian()을 호출해서 수행한다. 함수의 두 번째 인수(ddepth)로 결과 행렬의 자료형을 지정하며, 세 번째 인수(ksize)로 라플라시안 마스크의 크기를 지정한다. 1을 지정하면 3×3 크기의 기본 마스크로 설정된다. 음수나 짝수를 지정하면 오류가 난다.

⑤ 19~22행은 회선 결과 행렬의 원소에 음수가 존재할 수 있기에 cv2.convertScaleAbs() 함수로 원소에 절댓값을 취하고, 8비트(CV_8U) 행렬로 변환한다.

| 실행결과 |

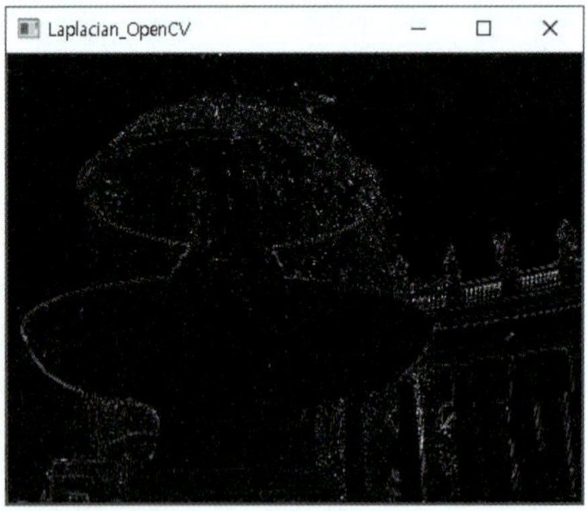

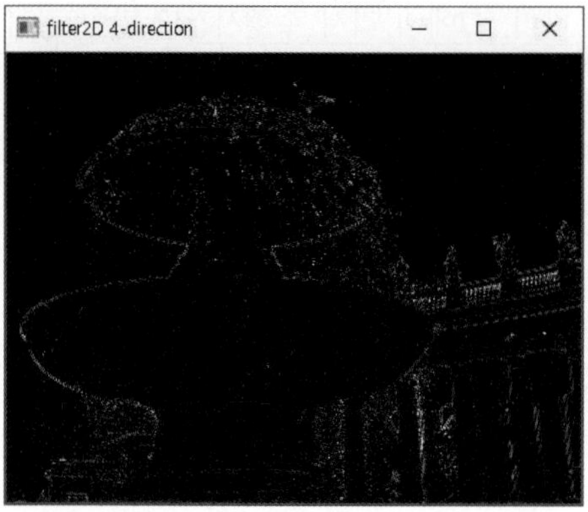

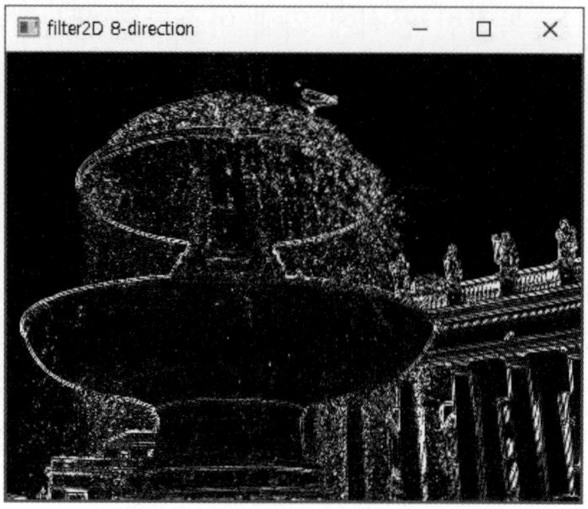

2) LoG 와 DoG

라플라시안은 잡음에 민감한 단점이 있다. 그래서 잡음을 먼저 제거하고 라플라시안을 수행한다면 잡음에 강한 에지 검출이 가능할 것이다.

잡음 제거 방법으로는 미디언 필터링 혹은 최댓값/최솟값 필터링 등을 수행할 수 있다. 그러나 이런 방법들은 비선형 공간 필터링이기 때문에 마스크가 큰 경우 속도문제가 있다. 비선형 필터링에 대한 자세한 설명은 7.3절에 기타 필터링을 확인하기 바란다.

수행 속도를 생각한다면, 잡음을 제거해 주는 선형 공간 필터를 선택하여 회선을 하고, 그 후에 라플라시안 마스크로 회선하는 방법을 생각할 수 있다. 두 가지 모두 선형 필터링이기 때문에 다음 수식과 같이 하나로 합쳐서 단일 마스크로 계산할 수 있다. 여기서 G_σ는 가우시안 스무딩 마스크이며, $*$는 회선을 의미한다.

$$\Delta[G_\sigma(x, y) * f(x, y)] = [\Delta G_\sigma(x, y)] * f(x, y) = LoG * f(x, y)$$

이렇게 구성한 마스크를 LoG(Laplacian of Gaussian)라고 한다. LoG 마스크를 수식에 따라서 풀면 다음 수식과 같다.

$$LoG(x, y) = \frac{1}{\pi\sigma^4}\left[1 - \frac{x^2 + y^2}{2\sigma^2}\right] \cdot e^{-\frac{x^2 + y^2}{2\sigma^2}}$$

이 수식으로 마스크의 계수를 구성하고, 회선을 수행하면 잡음에 강한 에지를 검출할 수 있다. 다만, 수식에 따라 마스크 계수를 생성할 때 값의 범위가 너무 작은 관계로 전체 계수의 합이 0에 가까워지도록 스케일 조정이 필요하다.

LoG는 복잡한 공식에 의해 마스크를 생성해야 하며, 그에 따라서 수행시간도 많이 걸리게 된다. 이런 단점을 보안하여 LoG와 유사한 기능을 하면서 단순한 방법으로 구현하는 알고리즘이 있다. 바로 DoG (Difference of Gaussian)이다.

DoG는 이름에서도 알 수 있듯이 가우시안 스무딩 필터링의 차를 이용해서 에지를 검출하는 방법이다. 공식을 한번 보자.

$$DoG(x, y) = \left(\frac{1}{2\pi\sigma_1^2} \cdot e^{\frac{-(x^2+y^2)}{2\sigma_1^2}}\right) - \left(\frac{1}{2\pi\sigma_2^2} \cdot e^{\frac{-(x^2+y^2)}{2\sigma_2^2}}\right) \quad (\text{단}, \ \sigma_1 < \sigma_2)$$

두 개의 표준편차를 이용해서 가우시안 마스크를 만들고 그 차이가 DoG 마스크가 된다. 이 마스크로 회선을 수행하면 에지 검출이 가능하다. 여기서 각 표준편차의 값을 조절함으로써 검출할 에지의 넓이를 조절할 수 있다. 좀 더 쉽게 DoG를 구현하는 방법은 두 개의 표준편차로 가우시안 마스크를 생성하여 회선을 수행하고, 그 결과 행렬들의 차분을 계산하는 것이다.

다음은 LoG와 DoG를 수행하는 예제이다. DoG는 OpenCV에서 제공하는 cv2.GaussianBlur()를 두 번 호출하고, 결과 영상의 차분을 구한다.

예제 7.2.7 LoG/DoG 에지 검출 -- 07.edge_DOG.py

```
import numpy as np, cv2

image = cv2.imread("images/dog.jpg", cv2.IMREAD_GRAYSCALE)
if image is None: raise Exception("영상파일 읽기 오류")

gaus = cv2.GaussianBlur(image, (7, 7), 0, 0)            # 가우시안 마스크 적용
dst1 = cv2.Laplacian(gaus, cv2.CV_16S, 7)               # 라플라시안 수행

gaus1 = cv2.GaussianBlur(image, (3, 3), 0)              # 가우사안 블러링
gaus2 = cv2.GaussianBlur(image, (9, 9), 0)
dst2 = gaus1 - gaus2                                    # DoG 수행

cv2.imshow("image", image)
cv2.imshow("dst1- LoG", dst1.astype('uint8'))           # 형변환 후 영상 표시
cv2.imshow("dst2- DoG", dst2)
cv2.waitKey(0)
```

| 설명 |

① 6행은 가우시안 블러링을 수행한다. 두 번째 인수인 마스크 크기를 지정하고, 표준편차값을 0으로 지정하면 마스크 크기에 맞게 표준편차가 계산된다.

② 7행은 가우시안 블러링이 수행된 행렬로 라플라시안을 수행한다. 음수값을 포함하기 위해서 반환 행렬의 자료형을 16비트 정수형(cv2.CV_16S)으로 지정한다.

③ 9, 10행은 표준편차가 다른 두 개의 가우시안 블러링을 수행한다.

④ 11행은 블러링된 두 행렬의 차분을 계산하여 DoG를 완성한다.

⑤ 14행에서 결과 행렬을 부호없는 8비트로 변환하여 영상을 표시한다.

| 실행결과 |

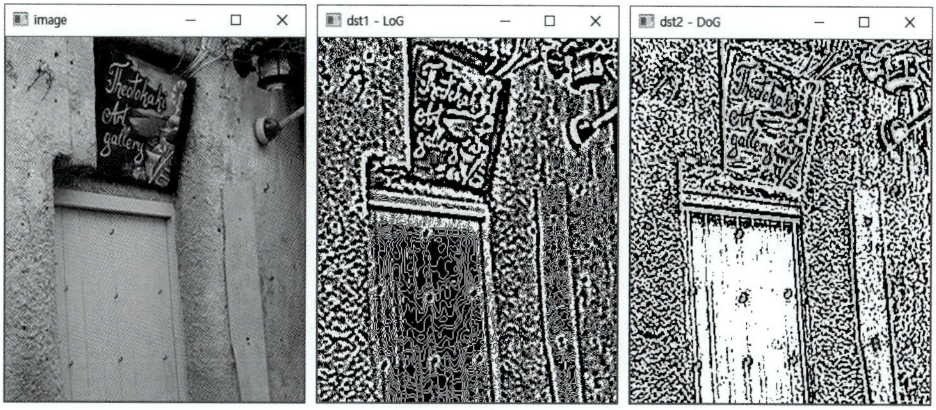

7.2.3 캐니 에지 검출

영상 내에서 잡음은 다른 부분과 경계를 이루는 경우가 많다. 그러다 보니 대부분의 에지 검출 방법이 이 잡음들을 에지로 검출하게 된다. 이 문제를 해결하는 방법으로 캐니 에지(Canny edge) 검출 기법이 있다. 캐니 에지 검출 방법은 1986년에 John F. Canny에 의해 개발된 것으로서 여러 단계의 알고리즘으로 구성된 에지 검출 방법이다.

캐니 에지 알고리즘은 일반적으로 다음의 네 단계의 알고리즘으로 구성되어 있다.

1. 블러링을 통한 노이즈 제거 (가우시안 블러링)
2. 화소 기울기(gradiant)의 강도와 방향 검출 (소벨 마스크)
3. 비최대치 억제(non-maximum suppression)
4. 이력 임계값(hysteresis threshold)으로 에지 결정

세부적으로 첫 단계에서 블러링은 5×5 크기의 가우시안 필터를 적용해서 수행한다. 여기

서 블러링은 불필요한 잡음을 제거하기 위해서 수행하는 것이기 때문에 마스크의 크기를 다르게 하든지 혹은 다른 블러링 필터를 적용해도 무관하다.

다음으로 화소 기울기(gradient) 검출에는 가로 방향과 세로 방향의 소벨 마스크로 회선을 적용하고, 회선이 완료된 행렬(G_x, G_y)를 이용해서 화소 기울기의 크기(magnitude)와 방향(direction)을 계산한다. 그리고 기울기의 방향은 4개 방향(0, 45, 90, 135)으로 근사하여 단순화한다. 여기서 〈그림 7.2.7〉에서 보는 바와 같이 기울기의 방향과 에지의 방향은 수직을 이루는 것에 유의하자.

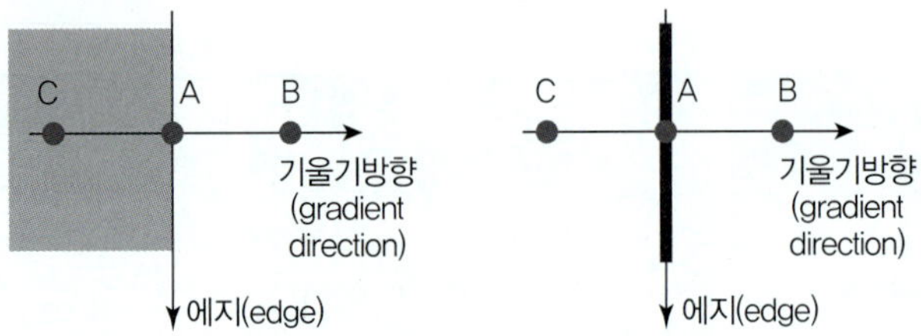

〈그림 7.2.7〉 비최대치 억제를 위한 이웃화소 선택

비최대치 억제(non-maximum suppression)라는 것은 현재 화소가 이웃하는 화소들보다 크면 에지로 보존하고, 그렇지 않으면 에지가 아닌 것으로 간주해서 제거하는 것이다.

먼저, 에지의 방향에 있는 이웃 화소는 비교할 필요가 없기 때문에 〈그림 7.2.8〉와 같이 기울기의 방향에 있는 두 개의 화소를 비교 대상으로 선택한다. 그리고 현재 화소와 선택된 두 화소의 에지 강도를 비교하여 최대치가 아니면 억제되고, 최대치인 것만 에지로 결정한다.

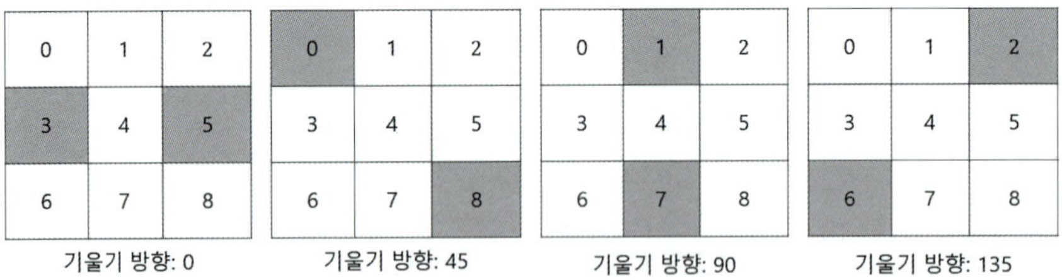

〈그림 7.2.8〉 비최대치 억제를 위한 이웃 화소 선택

비최대치를 억제하여도 에지가 아닌 것이 에지로 결정된 경우가 많이 존재한다. 잘못된 에지를 제거하는 쉬운 방법 중에 하나가 임계값을 설정하고, 에지의 강도가 이 임계값보다

작으면 에지에서 제외하는 것이다. 그러나 이 방법은 임계값이 높으면 실제 에지도 제거될 수 있으며, 임계값이 낮으면 잘못된 에지를 제거하지 못하는 문제가 생길 수 있다.

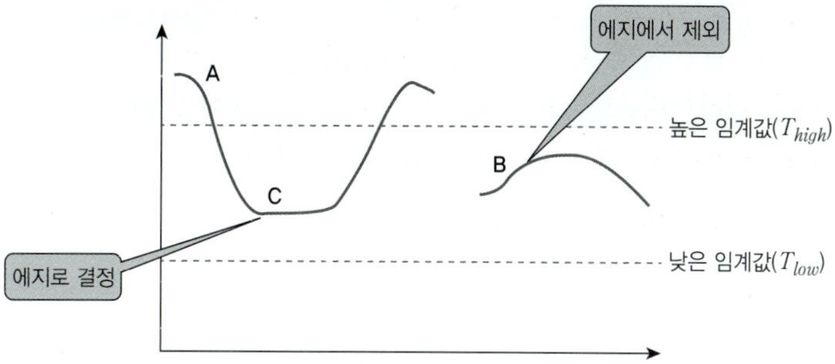

〈그림 7.2.9〉 이력 임계 처리 방법의 예시

캐니 알고리즘은 잘못된 에지를 제거하고, 정확한 에지만을 검출하여 에지가 끊어지는 것을 방지하는 방법으로 이력 임계 처리(hysteresis thresholding) 방법을 사용한다. 이것은 두 개의 임계값(T_{high}, T_{low})을 사용해서 에지의 이력을 추적하여 에지를 결정하는 방법이다. 이 방법은 각 화소에서 높은 임계값(T_{high})보다 크면 에지 추적을 시작한다. 그리고 추적을 시작하면 추적하지 않은 이웃 화소들을 대상으로 낮은 임계값(T_{low})보다 큰 화소를 에지로 결정하는 방식이다.

다음은 OpenCV에서 제공하는 cv2.Canny() 함수의 사용법과 더불어 캐니 에지를 직접 구현하는 예제이다.

예제 7.2.8 캐니 에지 검출 - 08.edge_canny.py

```
import numpy as np, cv2

def nonmax_suppression(sobel, direct):                  # 비최대치 억제 함수
    rows, cols = sobel.shape[:2]
    dst = np.zeros((rows, cols), np.float32)
    for i in range(1, rows - 1):
        for j in range(1, cols - 1):
            ## 관심 영역 참조 통해 이웃 화소 가져오기
            values = sobel[i-1:i+2, j-1:j+2].flatten() # 중심 에지 주변 9개 화소 가져옴
            first = [3, 0, 1, 2]                       # 첫 이웃 화소 좌표 4개
            id = first[direct[i, j]]                   # 방향에 따른 첫 이웃화소 위치
```

```
            v1, v2 = values[id], values[8-id]        # 두 이웃 화소 가져옴

            ## if 문으로 이웃 화소 가져오기
            # if direct[i, j] == 0:                  # 기울기 방향 0도
            #     v1, v2 = sobel[i, j-1], sobel[i, j+1]
            # if direct[i, j] == 1:                  # 기울기 방향 45도
            #     v1, v2 = sobel[i-1, j-1], sobel[i+1, j+1]
            # if direct[i, j] == 2:                  # 기울기 방향 90도
            #     v1, v2 = sobel[i-1, j], sobel[i+1, j]
            # if direct[i, j] == 3                   # 기울기 방향 135도
            #     v1, v2 = sobel[i+1, j-1], sobel[i-1, j+1]

            dst[i, j] = sobel[i, j] if (v1 < sobel[i, j] > v2) else 0  # 최대치 억제
    return dst

def trace(max_sobel, i, j, low):                     # 에지 추척 함수
    h, w = max_sobel.shape
    if (0 <= i < h and 0 <= j < w) == False: return  # 추적 화소 범위 확인
    if pos_ck[i, j] > 0 and max_sobel[i, j] > low:   # 추적 조건 확인
        pos_ck[i, j] = 255                           # 추적 좌표 완료 표시
        canny[i, j] = 255                            # 에지 지정

        trace(max_sobel, i - 1, j - 1, low)          # 재귀 호출- 8방향 추적
        trace(max_sobel, i    , j - 1, low)
        trace(max_sobel, i + 1, j - 1, low)
        trace(max_sobel, i - 1, j    , low)
        trace(max_sobel, i + 1, j    , low)
        trace(max_sobel, i - 1, j + 1, low)
        trace(max_sobel, i , j + 1, low)
        trace(max_sobel, i + 1, j + 1, low)

def hysteresis_th(max_sobel, low, high):             # 이력 임계 처리 수행 함수
    rows, cols = max_sobel.shape[:2]
    for i in range(1, rows - 1):                     # 에지 영상 순회
        for j in range(1, cols - 1):
            if max_sobel[i, j] >= high: trace(max_sobel, i, j, low) # 높은 임계값 이상시 추적

image = cv2.imread("images/canny.jpg", cv2.IMREAD_GRAYSCALE)
```

```
50  if image is None: raise Exception("영상파일 읽기 오류")
51
52  pos_ck = np.zeros(image.shape[:2], np.uint8)                # 추적 완료 점검 행렬
53  canny = np.zeros(image.shape[:2], np.uint8)                 # 캐니 에지 행렬
54
55  ## 캐니 에지 검출
56  gaus_img = cv2.GaussianBlur(image, (5, 5), 0.3)
57  Gx = cv2.Sobel(np.float32(gaus_img), cv2.CV_32F, 1, 0, 3)        # x방향 마스크
58  Gy = cv2.Sobel(np.float32(gaus_img), cv2.CV_32F, 0, 1, 3)        # y방향 마스크
59  sobel = cv2.magnitude(Gx, Gy)                                    # 두 행렬 벡터 크기
60  # sobel = np.fabs(Gx) + np.fabs(Gy)
61  directs = cv2.phase(Gx, Gy) / (np.pi/4)                     # 에지 기울기 계산 및 근사
62  directs = directs.astype(int)) % 4                          # 8방향 → 4방향 축소
63  max_sobel = nonmax_suppression(sobel, directs)              # 비최대치 억제
64  hysteresis_th(max_sobel, 100, 150)                          # 이력 임계값
65
66  canny2 = cv2.Canny(image, 100, 150)                         # OpenCV 캐니 에지 검출
67
68  cv2.imshow("image", image)
69  cv2.imshow("canny", canny)                                  # 사용자 정의 캐니
70  cv2.imshow("OpenCV_Canny", canny2)                          # OpenCV 캐니 에지
71  cv2.waitKey(0)
```

| 설명 |

① 3~6행은 소벨 필터링 행렬(Gx, Gy)을 이용해서 에지의 방향을 계산한다.

② 3~25행은 비최대치 억제를 수행한다.

③ 9~12행은 관심 영역 참조를 통해 2개 이웃화소를 가져오는 방법이다.

④ 9행은 에지 영상의 중심 화소에서 3×3 크기로 관심 영역을 values로 가져와서 계산의 편의를 위해서 1차원 행렬로 전개한다.

⑤ 10행은 1차원인 values 행렬에서 방향에 따라 첫 이웃 좌표(3, 0, 1, 2)를 리스트로 생성한다.

⑥ 11행은 first 리스트에 방향값을 첨자로 지정해서 현재 방향의 첫 번째 이웃 좌표를 가져온다.

⑦ 12행은 첫 이웃 좌표로 이웃 화소값을 가져온다. 그리고 1차원으로 전개된 values 행렬에서 첫 이웃 좌표와 두 번째 이웃 좌표의 합이 8이 되는 것을 이용해서 두 번째 이웃 좌표를 계산한다.

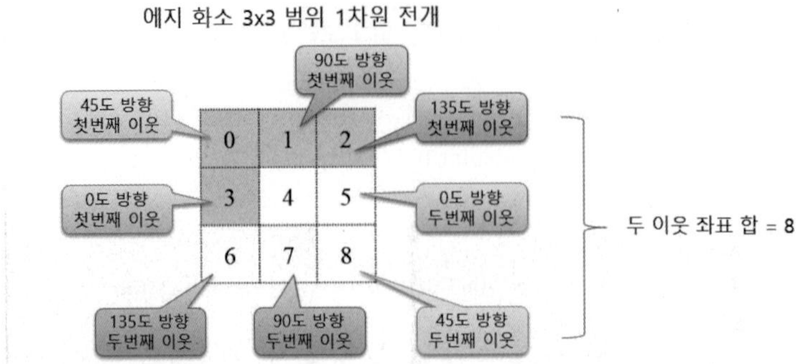

⑧ 14~22에서 if 문으로 에지의 방향(0, 45, 90, 135)에 따라서 두 개의 이웃 화소를 선택한다. 주석처리해 두었다.

⑨ 24행은 중심 화소가 선택된 두 화소보다 크지 않으면, 해당 위치의 에지를 억제하여 화소의 에지 강도를 0으로 만든다.

⑩ 27~41행은 재귀함수를 통해서 이력 추적을 수행한다.

⑪ 29행은 추적 전에 먼저 해당 화소가 영상 범위를 벗어나면 재귀 호출을 종료한다.

⑫ 30행은 현재 좌표가 추적 완료가 아니고, 에지 강도가 낮은 임계값보다 크면 계속 재귀 호출한다.

⑮ 31행은 pos_ck 행렬의 해당 원소를 255로 지정해서 현재 화소의 추적을 완료한다.

⑬ 32행은 cannay 행렬의 해당 원소를 255로 저장해서 에지로 지정한다.

⑭ 34~41행은 현재 화소에서 8개 방향으로 trace() 함수를 재귀 호출하여 계속적으로 추적한다.

⑯ 43~47행은 이력 임계값 추적을 수행한다.

⑰ 47행에서 에지 영상(max_sobel) 화소의 에지 강도가 높은 임계값 이상이면 trace() 함수로 추적을 시작한다. trace() 함수에서 낮은 임계값을 기준으로 8방향으로 추적한다.

⑱ 52, 53행은 이력 추적 행렬과 캐니 에지 행렬을 초기화한다.

⑲ 56~64행은 저자가 구현한 캐니 알고리즘을 수행하는 부분이다.

⑳ 59행은 소벨 에지의 강도는 크기(magnitude)를 사용해서 계산한다.

㉑ 61행은 cv2.phase() 함수로 Gx 행렬과 Gy 행렬의 원소간 각도를 계산한다. 각도가 라디안 값으로 계산되기에 45 간격으로 근사하려면 $\pi/4$ 로 나누어서 정수형으로 변환한다.

㉒ 62행은 나머지 연산자를 이용해서 8개 값으로 근사된 각도를 0~3까지의 값을 갖도록 한다. 즉, 45도와 135도는 1이 되고, 90도와 270도는 2가 된다.

㉓ 64행은 OpenCV에서 제공하는 cv2.Canny() 함수를 호출해서 캐지 에지를 검출한다. 낮은 임계값은 100이고 높은 임계값은 150으로 지정한다.

| 실행결과 |

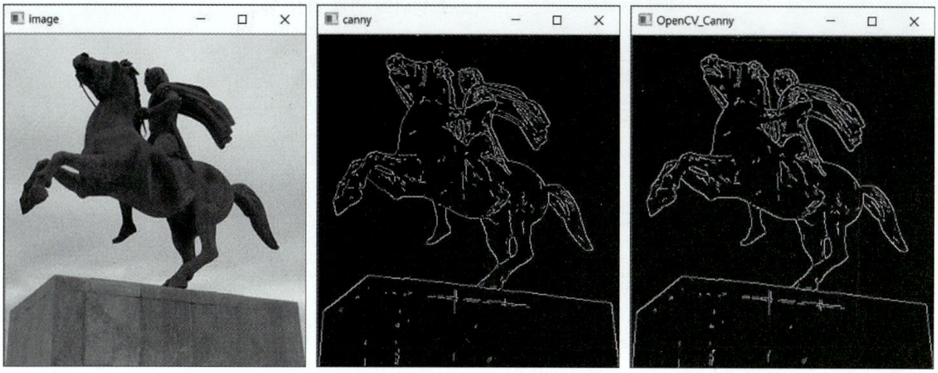

알렉산더 대왕의 동상에 대한 에지들이 중앙과 오른쪽 결과 영상들에서 잘 나타나 있다. 복잡하게 직접 구현한 중앙의 결과 영상과 OpenCV에서 제공하는 함수를 간단하게 불러서 사용한 왼쪽의 결과 영상의 차이가 거의 없다.

7.3 기타 필터링

필터링에서는 선형 공간 필터링과 비선형 공간 필터링이 있다. 이전까지 배운 회선을 이용한 영상처리 방법들은 선형 공간 필터링이다. 이번 절에서는 비선형 공간 필터링의 방법을 소개한다.

7.3.1 최댓값/최솟값 필터링

〈그림 7.3.1〉은 최댓값/최솟값 필터링에 대한 도식이다. 이 방법은 입력 영상의 중심 화소에서 마스크로 씌워진 영역의 입력 화소들을 가져와서 계수를 구성하고 그 중에서 최댓값 혹은 최솟값을 출력 화소로 결정하는 방법이다. 즉, 최댓값 필터링은 마스크 계수 중에서 최댓값을 통과시켜 출력 화소가 되고, 최솟값 필터링은 최솟값을 통과시켜 출력 화소가 된다.

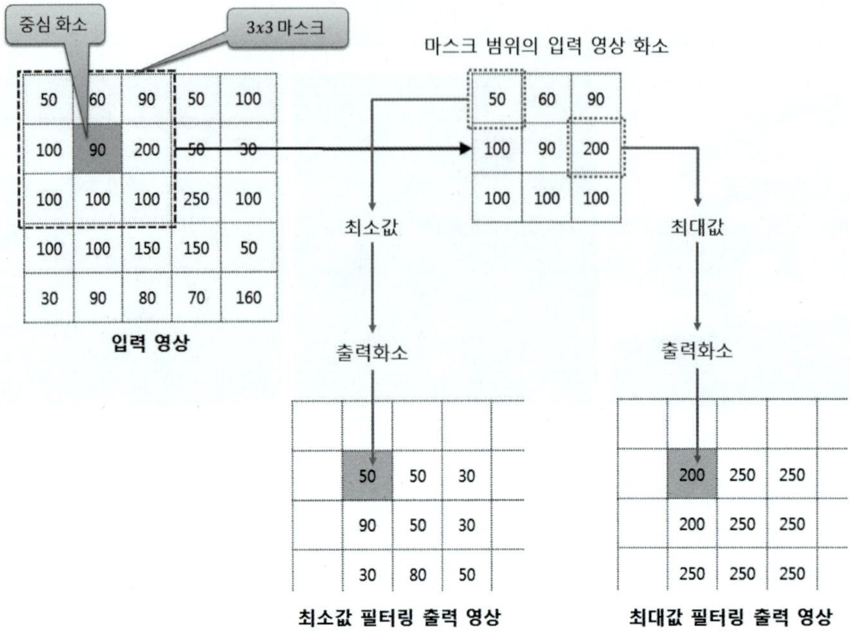

〈그림 7.3.1〉 최댓값/ 최솟값 필터링 과정

따라서 최댓값 필터링은 가장 큰 값인 밝은 색들로 출력 화소가 구성되기 때문에 돌출되는 어두운 값이 제거되며, 전체적으로 밝은 영상이 된다. 최솟값 필터링은 가장 작은 값들인 어두운 색들로 출력 화소가 구성되기 때문에 돌출되는 밝은 값들이 제거되며, 전체적으로 어두운 영상이 된다.

최댓값 필터링은 밝은 임펄스 잡음이 강조되며, 최솟값 필터링은 어두운 임플스 잡음이 강조될 수 있다. 경우에 따라서 높은 대조를 가진 영상에서 특징을 확대시키기 위한 기법으로 이용될 수 있다.

다음은 세 번째 인수(mode) 값에 따라서 최댓값 필터링과 최솟값 필터링을 수행하는 minmax_filter() 함수를 구현하는 예제이다. 특히, 모든 입력 화소를 순회하는 이중 for 문 내에서 마스크 영역의 입력 화소를 가져오기 위해서 다시 이중 for 문을 사용하지 않고, 마스크 영역을 관심 영역으로 지정하여 행렬로 처리하는 방법을 예시한다.

예제 7.3.1 최솟값-최댓값 필터링 - 09.filter_minMax.py

```
01 import numpy as np, cv2
02
03 def minmax_filter(image, ksize, mode):                    # 최솟값&최댓값 필터링 함수
04     rows, cols = image.shape[:2]
05     dst = np.zeros((rows, cols), np.uint8)
06     center = ksize // 2                                    # 마스크 절반 크기
07
08     for i in range(center, rows - center):                 # 입력 영상 순회
09         for j in range(center, cols - center):
10             ## 마스크 영역 행렬 처리 방식
11             y1, y2 = i - center, i + center + 1            # 마스크 높이 범위
12             x1, x2 = j - center, j + center + 1            # 마스크 너비 범위
13             mask = image[y1:y2, x1:x2]                     # 마스크 영역
14             dst[i, j] = cv2.minMaxLoc(mask)[mode]          # 최소 or 최대
15     return dst
16
17 image = cv2.imread(“images/min_max.jpg”, cv2.IMREAD_GRAYSCALE)
18 if image is None: raise Exception(“영상파일 읽기 오류”)
19
20 minfilter_img = minmax_filter(image, 3, 0)                 # 3×3 마스크 최솟값 필터링
21 maxfilter_img = minmax_filter(image, 3, 1)                 # 3×3 마스크 최댓값 필터링
22
23 cv2.imshow(“image”, image)
24 cv2.imshow(“minfilter_img”, minfilter_img)
25 cv2.imshow(“maxfilter_img”, maxfilter_img)
26 cv2.waitKey(0)
```

| 설명 |

① 3~15행은 mode에 따라서 최댓값 혹은 최솟값 필터링을 수행하는 함수이다.

② 6행은 마스크의 중심좌표 및 절반 크기를 지정한다.

③ 8, 9행에서 입력 영상의 상하좌우로 마스크 절반 크기(center)는 조회하지 않는다. 예를 들어, 마스크 크기가 5×5이면 입력 영상의 상하좌우 2픽셀은 조회하지 않는다.

④ 13행은 입력 영상을 순회하며 마스크 범위를 관심 영역으로 지정한다.

⑤ 14행에서 cv2.minMaxLoc() 함수가 최솟값, 최댓값, 최솟값 좌표, 최댓값 좌표 순서로 4 원소 튜플로 반환한다. mode 값에 0과 1을 지정해서 최솟값 혹은 최댓값을 저장한다.

⑥ 20, 21행은 minmax_filter() 함수를 호출하며, 20행은 세 번째 인수(mode)로 0을 지정해서 최솟값 필터링을 수행하며, 21행은 최댓값 필터링을 수행한다.

| 실행결과 |

결과 영상들에서 중앙의 최댓값 필터링은 입력 영상보다 밝아지는 것을 볼 수 있으며, 오른쪽의 최솟값 필터링은 전반적으로 영상이 어둡게 나타난다. 또한, 자세히 보면 결과 영상들의 상하좌우 경계 부분은 마스크 크기의 절반만큼 필터링이 되지 않아서 검은색 선으로 표현된다.

7.3.2 평균값 필터링

평균값 필터링은 〈그림 7.3.2〉와 같이 마스크로 씌워진 영역의 입력 화소들을 가져와서 그 화소들의 평균을 구하여 출력 화소로 지정하는 방법이다. 마스크 영역의 화소값들을 평균하기 때문에 블러링의 효과가 나타난다. 회선에서 블러링 마스크를 적용한 것과 결과가 같다.

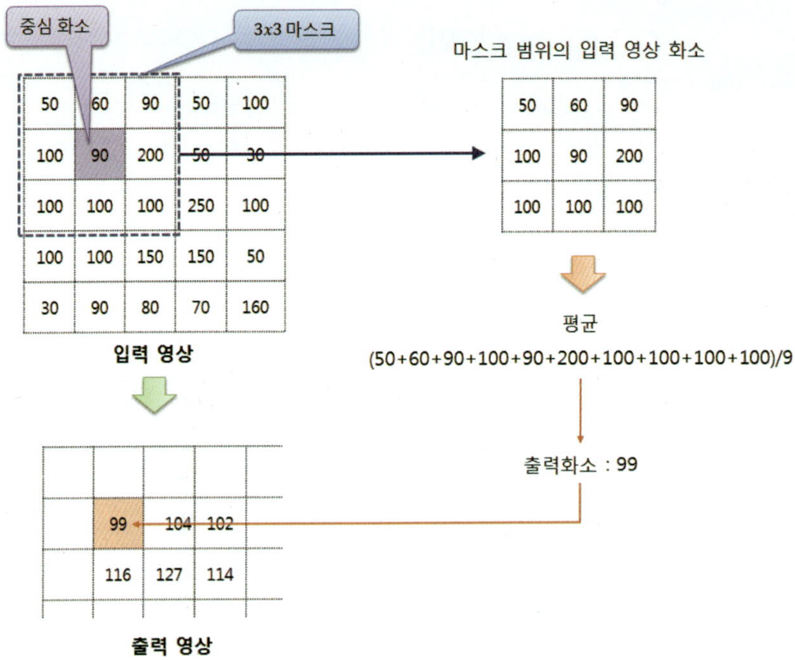

〈그림 7.3.2〉 평균값 필터링의 과정

다음 예제에서 평균값 필터링을 구현한다. 이 예제에서는 출력 화소의 끝 경계 부분을 처리하는 방법으로 마스크의 크기를 조절하는 방법을 예시한다. 또한, OpenCV 함수 중에서 평균값 필터링을 수행할 수 있는 함수인 cv2.blur()와 cv2.boxFilter()의 사용법도 예시한다.

예제 7.3.2 평균값 필터링 – 10.filter_average.py

```
import numpy as np, cv2

def average_filter(image, ksize):                      # 평균값 필터링 함수
    rows, cols = image.shape[:2]
    dst = np.zeros((rows, cols), np.uint8)
    center = ksize // 2                                 # 마스크 절반 크기

    for i in range(rows):                               # 입력 영상 순회
        for j in range(cols):
            y1, y2 = i - center, i + center + 1         # 마스크 높이 범위
            x1, x2 = j - center, j + center + 1         # 마스크 너비 범위
            if y1 < 0 or y2 > rows or x1 < 0 or x2 > cols:    # 입력 영상 벗어남
```

```python
13                 dst[i, j] = image[i, j]             # cv2.BORDER_CONSTANT 방식
14             else:
15                 mask = image[y1:y2, x1:x2]          # 범위 지정
16                 dst[i, j] = cv2.mean(mask)[0]       # np.mean(mask) 사용 가능
17     return dst
18
19 image = cv2.imread(“images/avg_filter.jpg”, cv2.IMREAD_GRAYSCALE)
20 if image is None: raise Exception(“영상파일 읽기 오류”)
21
22 avg_img  = average_filter(image, 5)                      # 사용자 정의 평균값 필터 함수
23 blur_img = cv2.blur(image, (5, 5), (-1,-1), cv2.BORDER_REFLECT)   # OpenCV의 블러링
24 box_img  = cv2.boxFilter(image, ddepth=-1, ksize=(5, 5) )     # OpenCV의 박스 필터 함수
25
26 cv2.imshow(“image”, image)
27 cv2.imshow(“avg_img”, avg_img)
28 cv2.imshow(“blur_img”, box_img)
29 cv2.imshow(“box_img”, box_img)
30 cv2.waitKey(0)
```

| 설명 |

① 3~17행은 평균값 필터링을 수행하는 함수이다.

② 12, 13행은 관심 영역이 입력 영상의 범위를 벗어날 경우 중심 화소를 출력 화소로 지정한다. 이것은 경계 타입을 cv2.BORDER_CONSTANT로 지정한 것과 같은 결과이다.

③ 15행은 입력 화소를 순회하며 마스크 범위의 관심 영역으로 저장한다.

④ 16행은 관심 영역을 cv2.mean() 함수로 평균을 계산하며, 4원소 튜플로 반환하기 때문에 첫 번째 원소만 가져오면 된다. numpy 모듈의 mean() 함수를 사용해도 되지만, 수행 속도에서 현격한 차이가 난다.

⑤ 22행은 사용자 정의 평균값 필터링이다.

⑥ 23행은 cv2.blur() 함수로 평균값 필터링을 수행한다. 세 번째 인수는 중심 화소의 위치를 결정하며, 네 번째 인수는 회선 과정에서 계산할 수 없는 경계 부분 화소들의 값 지정 방식을 결정한다.

⑦ 24행은 cv2.boxFilter() 함수로 평균값 필터링을 수행한다. 두 번째 인수(ddepth)는 반환 행렬의 자료형을 지정하는데 −1로 지정하면 입력 행렬과 같은 자료형(uint8)으로 반환한다.

| 실행결과 |

실행 결과에서 모든 결과 영상이 비슷하게 흐려진다. 이전 예제까지는 영상의 상하좌우 끝부분에 마스크 크기의 절반만큼 검은색으로 출력되었는데, 이번에는 정상적으로 처리된 결과를 보인다. 이것은 마스크의 범위가 입력 영상을 벗어나는 화소에 대해서 입력 영상의 중심 화소를 출력 화소로 지정했기 때문이다.

이렇게 입력 영상의 상하좌우 끝부분에 있는 화소들은 마스크를 씌웠을 때 입력 화소가 존재하지 않는 화소들이 있다. 3×3 마스크일 경우에는 상하좌우로 한 화소씩이 해당하며, 5×5 마스크일 경우에는 상하좌우 두 화소씩이 해당된다. 이 경우 배열 참조가 잘못되어 오류가 발생하기 때문에 추가적인 방법을 적용해서 출력 화소를 결정해야 한다.

OpenCV에서도 cv2.filter2D(), cv2.blur(), cv2.boxFilter(), cv2.sepFilter2D()와 같은 필터링을 수행하는 함수들에서 상하좌우 경계 부분의 화소값을 결정하는 방법으로 borderType 이라는 옵션 상수를 다음과 같이 정의해 두었다.

〈표 7.3.1〉 경계타입 결정 옵션상수

옵션 상수	값	설명
cv2.BORDER_CONSTANT	0	특정 상수값으로 대체 70 | 70 | 70 | 20 | 25 | 35 | 45 | 50 | 60 | 70 | 70 | 70
cv2.BORDER_REPLICATE	1	계산 가능한 경계의 출력 화소 하나만으로 대체 대체 화소 / 대체 화소 20 | 20 | 20 | 20 | 25 | 35 | 45 | 50 | 60 | 60 | 60 | 60
cv2.BORDER_REFLECT	2	계산 가능한 경계의 출력 화소로부터 대칭되게 한 화소씩 지정 대체 화소 / 대체 화소 35 | 25 | 20 | 20 | 25 | 35 | 45 | 50 | 60 | 60 | 50 | 45
cv2.BORDER_WRAP	3	영상의 왼쪽 끝과 오른쪽 끝이 연결되어 있다고 가정하여 한 화소씩 가져와서 지정 대체 화소 45 | 50 | 60 | 20 | 25 | 35 | 45 | 50 | 60 | 20 | 25 | 35 대체 화소

7.3.3 미디언 필터링

미디언(median) 이라는 용어는 중간값이라는 뜻이다. 미디언 필터링도 같은 의미로 중간값을 이용하기에 중간값 필터링이라고도 한다.

중간값 필터링의 과정을 〈그림 7.3.3〉에 자세히 나타내었다. 먼저, 입력 영상에서 해당 입력 화소를 중심으로 마스크를 씌워 마스크 크기 내에 있는 입력 화소들을 가져온다. 회선과는 다르게 마스크 계수는 필요하지 않고, 마스크의 크기만 필요하다. 그리고 마스크 범위 내에 있는 화소값들을 크기순으로 정렬한다. 정렬된 화소값 중에서 중간값을 취하여 출력 화소로 지정한다. 이와 같은 과정을 마스크를 이동하며 모든 입력 화소에 대해 수행해서 출력 영상을 생성한다.

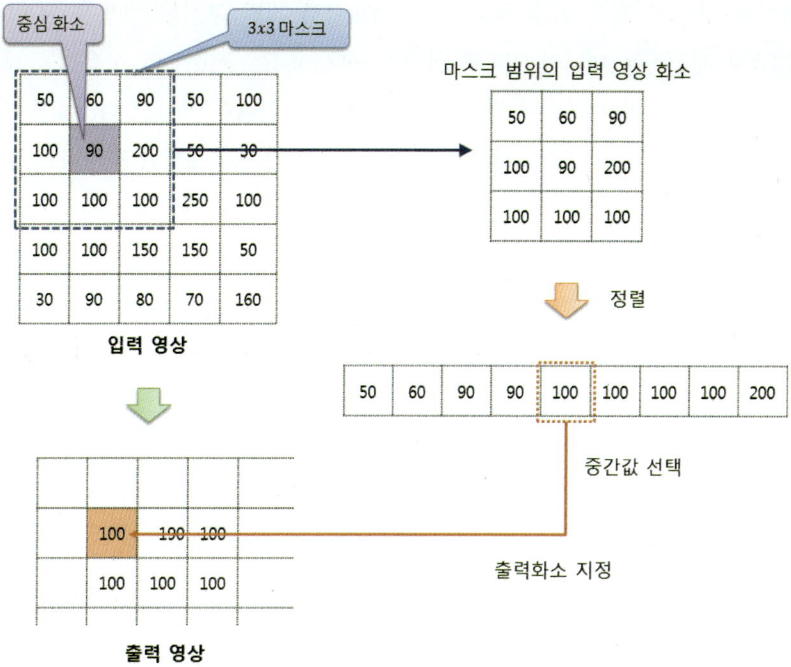

〈그림 7.3.3〉 미디언 필터링의 과정

일정 영역에서 다른 화소들과 밝기가 심하게 차이가 나는 화소들은 임펄스 잡음(impluse noise)이나 소금-후추 잡음(salt & pepper noise)일 가능성이 높다. 미디언 필터링 과정에서 마스크 영역 내의 심하게 차이가 나는 화소들은 정렬로 인해서 최하위 값이나 최상위 값이 된다. 미디언 필터링에서 중간값 이외의 다른 나머지 값들은 출력 화소로 지정되지 않고 제거된다. 이러한 이유로 미디언 필터링은 임펄스 잡음이나 소금-후추 잡음을 살 제거해 준다. 그리고 평균값 필터링에 비하면 블러링 현상이 적다.

다만, 마스크의 크기가 커지면 잡음 제거 성능은 향상되지만, 모든 화소를 순회하며 마스크 범위에 대해 정렬 알고리즘을 수행해야 하는 부담 때문에 수행 시간이 기하급수적으로 증가한다.

미디언 필터링은 보통 명암도 영상에서 효과적으로 수행된다. RGB 컬러 공간에서는 3개(빨강색, 녹색, 파랑색) 채널 간의 상호 의존도가 매우 크다. 예를 들어서, 한 채널에서는 특정 화소가 주위와 심한 차이를 보여서 제거되어도, 다른 채널에서는 같은 화소가 주위와 차이가 작아서 제거되지 않는 경우들이 생긴다. 이런 경우 RGB 조합이 맞지 않아서 오히려 잡음이 더 많아질 수도 있다.

다음 예제는 사용자 정의 함수 median_filter()로 직접 구현한 방법을 보이며, 또한 OpenCV에서 제공하는 미디언 필터링 함수인 cv2.medianBlur()의 사용법을 예시한다. 특히, 마스크 영역의 입력 화소를 가져오기 위해서 2중 반복문 내에서 다시 2중 반복문을 사용하지 않고, 관심 영역 행렬을 참조하여 cv2.sort() 함수로 정렬을 수행하는 방법을 예시한다.

예제 7.3.3 미디언 필터링 - 11.filter_median.py

```
import numpy as np, cv2

def median_filter(image, size):                              # 미디언 필터링 함수
    rows, cols = image.shape[:2]
    dst = np.zeros((rows, cols), np.uint8)
    center = ksize // 2                                      # 마스크 절반 크기

    for i in range(center, rows - center):                   # 입력 영상 순회
        for j in range(center, cols - center):
            y1, y2 = i - center, i + center + 1              # 마스크 높이 범위
            x1, x2 = j - center, j + center + 1              # 마스크 너비 범위
            mask = image[y1:y2, x1:x2].flatten()             # 관심 영역 지정 및 벡터 변환

            sort_mask = cv2.sort(mask, cv2.SORT_EVERY_COLUMN).flatten() # 정렬 수행
            dst[i, j] = sort_mask[sort_mask.size//2] # 출력 화소로 지정
    return dst

def salt_pepper_noise(img, n):                               # 소금 후추 잡음 생성 함수
    h, w = img.shape[:2]
    x, y = np.random.randint(0, w, n), np.random.randint(0, h, n)
    noise = img.copy()
    for (x, y) in zip(x, y):
        noise[y, x] = 0 if np.random.rand() < 0.5 else 255
    return noise

image = cv2.imread("images/median.jpg", cv2.IMREAD_GRAYSCALE)
if image is None: raise Exception("영상파일 읽기 오류")

noise = salt_pepper_noise(image, 500)                        # 소금-후추 잡음 영상 생성
med_img1 = median_filter(noise, 5)                           # 사용자 정의 함수
med_img2 = cv2.medianBlur(noise, 5)                          # OpenCV 제공 함수
```

```
32
33 cv2.imshow("image", image),
34 cv2.imshow("noise", noise),
35 cv2.imshow("median - User", med_img1)
36 cv2.imshow("median - OpenCV", med_img2)
37 cv2.waitKey(0)
```

| 설명 |

① 3~16행은 미디언 필터링을 수행하는 사용자 정의 함수를 구현한다.

② 12행에서 입력 화소를 순회하며, 마스크 범위의 행렬을 가져와서 벡터로 전개한다. 원소들을 정렬하기 위함이다.

③ 14행은 cv2.sort() 함수로 관심 영역 벡터를 정렬한다. 1차원 벡터인 경우에는 cv2.SORT_EVERY_COLUMN 옵션을 적용해야 정렬이 된다.

④ 15행은 정렬된 벡터의 전체 크기를 2로 나누어 중간 위치를 계산하고, 중간 위치의 벡터 원소를 가져와서 출력 행렬의 화소로 결정한다.

⑤ 18~24행은 영상에 소금-후추 잡음을 추가하는 함수이다.

⑥ 20행은 n개의 좌표(x, y)를 랜덤하게 생성한다. 좌표로 사용하기 위해서 randint() 함수를 사용해서 정수값으로 생성한다.

⑦ 22~23행은 n개 좌표를 순회하며, 실수 난수를 생성해 0.5 미만이면 검은색, 0.5 이상이면 흰색으로 지정해서 소금 후추 잡음 화소를 만든다.

⑧ 17행에서 컬러 영상으로 행렬에 적재하고, 20행에서 컬러 공간변환을 통해서 명암도 영상을 획득한다.

⑨ 21행은 median_filter() 함수를 호출해서 미디언 필터링을 수행한다.

⑩ 22행은 OpenCV 제공 함수인 cv2.medianBlur()를 호출해서 미디언 필터링을 수행한다. 입력 영상과 출력 영상 그리고 마스크의 크기만 지정하면 된다.

⑪ 29행은 입력 영상에 500개의 소금-후추 잡음을 생성한다.

| 실행결과 |

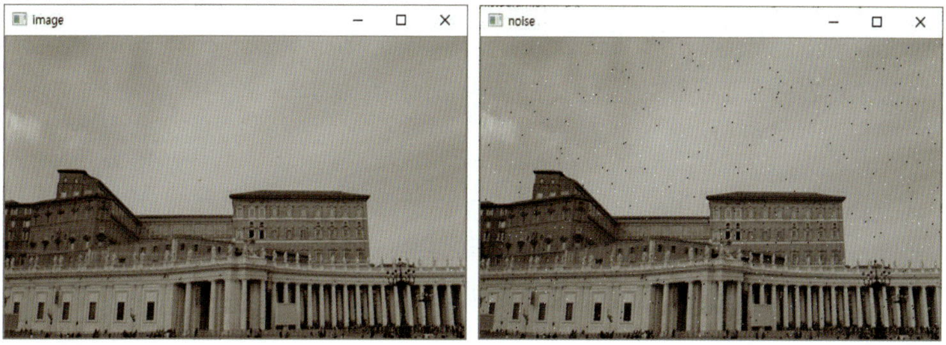

결과 영상를 보면, 상단 오른쪽에 원본 입력 영상으로 소금 후추 잡음이 추가된 영상을 만들었다. 또한, 이 잡음 영상에 미디언 필터링을 수행해서 잡음이 잘 제거된 결과를 하단의 윈도우들에서 볼 수 있다. 다만, 미디언 필터링으로 인해서 세부적인 부분이 블러링된 것을 볼 수 있다.

7.3.4 가우시안 스무딩 필터링

스무딩(smoothing)은 영상의 세세한 부분을 회선을 통해서 부드럽게 하는 기법으로 블러링과 같은 의미이다. 스무딩 처리에 사용되는 대표적인 방법으로 가우시안 필터링이 있다. 가우시안 필터링은 가우시안 분포를 마스크의 계수로 사용하여 회선을 수행하는 것을 말한다.

가우시안 분포라는 말은 통계학이나 실험을 필요로 하는 대부분의 학문 분야에서 쉽게 접하는 용어이다. 이 용어가 낯선 사람들은 같은 표현으로 정규 분포(normal distribution)라는 말은 들어보았을 것이다.

정규 분포는 특정 값의 출현 비율을 그래프로 그렸을 때, 평균에서 가장 큰 수치를 가지며, 평균을 기준으로 좌우 대칭 형태가 나타나고, 좌우 양끝으로 갈수록 급격하게 수치가 낮아지는 종 모양의 형태를 보인다.

정규 분포를 평균(μ)과 표준편차(σ)를 이용해서 함수식으로 표현하면 다음의 수식과 같고, 이 수식에 따라 그래프를 그리면 〈그림 7.3.4〉와 같다. 그래프에서 표준편차가 커지면 그래프의 폭이 넓어지고 표준편차가 작아지면 폭이 좁아진다.

$$N(\mu, \sigma)(x) = \frac{1}{\sigma\sqrt{2\pi}} \exp\left(-\frac{(x-\mu)^2}{2\sigma^2}\right)$$

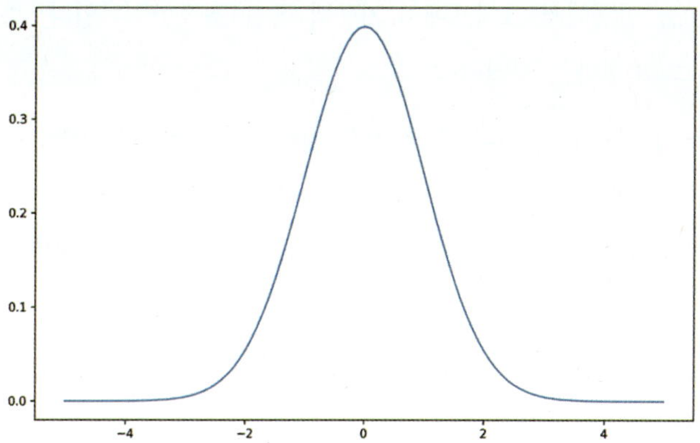

〈그림 7.3.4〉 정규 분포 그래프

가우시안 분포를 회선 마스크로 적용하려면 위 수식으로 2차원 행렬을 구성해야 한다. x, y 좌표를 축으로 2차원 가우시안 분포 함수를 구성하면 다음의 수식과 같고, 이것을 그래프로 표현하면 〈그림 7.3.5〉와 같다.

$$N(\mu,\ \sigma_x,\ \sigma_y)(x,\ y) = \frac{1}{\sigma_x \sigma_y 2\pi} \exp\left[-\left(\frac{(x-\mu)^2}{2\sigma_x^2} + \frac{(y-\mu)^2}{2\sigma_y^2}\right)\right]$$

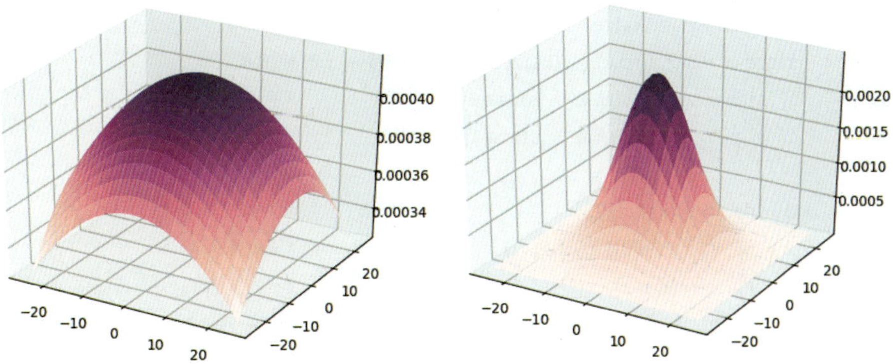

ksize = (50, 50), $\sigma_x, \sigma_y = 50, 50$　　　ksize = (50, 50), $\sigma_x, \sigma_y = 8.8$

〈그림 7.3.5〉 2차원 정규 분포 그래프의 예

이 가우시안 분포 값으로 마스크를 구성하여 회선을 수행하면 가우시안 스무딩을 수행할 수 있다. 단, 마스크 계수의 전체 합이 1이 되어야 입력 영상의 밝기를 유지할 수 있다. 여기서 표준편차(σ)를 변경해서 그래프에서 기둥의 폭을 조절할 수 있다. 즉 마스크 계수의 구성을 표준편차로 조정하는 것이다.

위 그림에서 표준편차(σ)가 큰 경우(좌)와 작은 경우(우)로 예시로 그렸다. 표준편차가 클수록 평균의 높이는 낮아지고, 폭이 넓어진다. 따라서 생성되는 마스크는 블러링 마스크와 유사하게 만들어진다. 결과 영상에 중심 화소와 비슷한 비중으로 주변 화소가 반영되기 때문에 흐림의 정도가 심해진다.

반면, 표준편차(σ)가 작아지면 구성된 마스크에서 중심계수의 값이 커지고, 주변 계수의 값은 작아진다. 이 경우에는 결과 영상에 중심 화소의 비중이 커지기 때문에 흐림의 정도가 약화된다.

예제를 통해서 확인해 보자. 먼저, OpenCV에서 cv2.GaussianBlur() 함수로 가우시안 스무딩을 수행한다. 다른 방법으로 cv2.sepFilter2D() 함수에 1차원 가우시안 계수를 적용해도 된다. 이 때, 1차원 가우시안 계수는 cv2.getGaussianKernel() 함수로 생성한다. 또한, 2차원 가우시안 마스크를 생성하는 사용자 정의 함수 getGaussianMask()를 구현하고, 이 마스크를 cv2.filter2D() 함수에 적용하는 방법도 가능하다.

예제 7.3.4 가우시안 필터링 - 12.filter_gausian.py

```python
import numpy as np, cv2

def getGaussianMask(ksize, sigmaX, sigmaY):                # 가우사안 마스크 생성 함수
    sigma = 0.3 * ((np.array(ksize) - 1.0) * 0.5 - 1.0) + 0.8
    if sigmaX <= 0: sigmaX = sigma[0]                      # 표준편차 양수 아닐 때,
    if sigmaY <= 0: sigmaY = sigma[1]                      # ksize로 기본 표준편차 계산

    u = np.array(ksize)//2                                 # 커널 크기 절반
    x = np.arange(-u[0], u[0]+1, 1)                        # x 방향 범위
    y = np.arange(-u[1], u[1]+1, 1)                        # y 방향 범위
    x, y = np.meshgrid(x, y)                               # 좌표 행렬 생성

    ratio = 1 / (sigmaX * sigmaX * 2 * np.pi)
    v1 = x ** 2 / (2 * sigmaX ** 2)
    v2 = y ** 2 / (2 * sigmaY ** 2)
    mask = ratio * np.exp(-(v1+v2))                        # 2차원 정규분포 수식
    return mask / np.sum(mask)                             # 원소 전체 합 1 유지
```

```
18
19  image = cv2.imread("images/smoothing.jpg", cv2.IMREAD_GRAYSCALE)
20  if image is None: raise Exception("영상파일 읽기 오류")
21
22  ksize = (17, 5)                                         # 커널 크기: 가로×세로
23  gaussian_2d = getGaussianMask(ksize, 0, 0)
24  gaussian_1dX = cv2.getGaussianKernel(ksize[0], 0, cv2.CV_32F)    # 가로 방향 마스크
25  gaussian_1dY = cv2.getGaussianKernel(ksize[1], 0, cv2.CV_32F)    # 세로 방향 마스크
26
27  gauss_img1 = cv2.filter2D(image, -1, gaussian_2d)        # 사용자 생성 마스크 적용
28  gauss_img2 = cv2.GaussianBlur(image, size, 0)            # OepnCV 제공1-가우시안 블러링
29  gauss_img3 = cv2.sepFilter2D(image, -1, gaussian_1dX, gaussian_1dY)   # OpenCV 제공2
30
31  titles = ['image', 'gauss_img1', 'gauss_img2', 'gauss_img3']
32  for t in titles: cv2.imshow(t, eval(t))        # 문자열 리스트로 행렬들을 윈도우 표시
33  cv2.waitKey(0)
```

| 설명 |

① 3~17행은 2차원 가우시안 마스크를 생성하는 함수 getGaussianMask()를 직접 구현한다.

② 4~6행은 입력되는 표준편차 인수가 양수가 아닐 때, 표준편차를 계산하는 수식이다.

③ 4행은 x, y 방향 표준편차(sigma)를 한 번에 계산하기 위해서 커널 크기(ksize)를 ndarray 객체로 만들고 산술 연산을 한다. 그러면 sigma의 2개 원소 모두에 수식이 적용된다. 수식은 커널 크기에 따른 기본 표준편차 계산식이다.

④ 5, 6행은 인수가 양수가 아닐 때, 지정된 수식으로 기본 표준편차를 x, y 방향 표준편차로 지정한다.

⑤ 8~11행은 행, 열로 일정한 값을 갖는 좌표 행렬을 생성하는 방법이다.

⑥ 8행은 커널의 원소가 평균(0)을 중심으로 범위를 갖도록 커널 크기의 절반을 구한다.

⑦ 9, 10행은 평균을 중심으로 커널 크기에 맞게 1 간격의 범위를 생성한다.

⑧ 11행은 두 개의 범위로 x, y 방향의 좌표 행렬을 만든다. 다음은 5행, 17열의 좌표 행렬을 예시한 것이다.

```
Run: 12.filter_gaussian
C:\Python\python.exe D:/source/chap07/12.filter_gaussian.py
x=
[[-8 -7 -6 -5 -4 -3 -2 -1  0  1  2  3  4  5  6  7  8]
 [-8 -7 -6 -5 -4 -3 -2 -1  0  1  2  3  4  5  6  7  8]
 [-8 -7 -6 -5 -4 -3 -2 -1  0  1  2  3  4  5  6  7  8]
 [-8 -7 -6 -5 -4 -3 -2 -1  0  1  2  3  4  5  6  7  8]
 [-8 -7 -6 -5 -4 -3 -2 -1  0  1  2  3  4  5  6  7  8]]
y=
[[-2 -2 -2 -2 -2 -2 -2 -2 -2 -2 -2 -2 -2 -2 -2 -2 -2]
 [-1 -1 -1 -1 -1 -1 -1 -1 -1 -1 -1 -1 -1 -1 -1 -1 -1]
 [ 0  0  0  0  0  0  0  0  0  0  0  0  0  0  0  0  0]
 [ 1  1  1  1  1  1  1  1  1  1  1  1  1  1  1  1  1]
 [ 2  2  2  2  2  2  2  2  2  2  2  2  2  2  2  2  2]]
```

⑨ 13~16행은 가우시안 함수의 세부 공식을 곱해서 계수를 생성한다. x, y가 ndarray 객체이기 때문에 산술 연산을

하면 객체의 모든 원소에 산술 연산이 적용된다.

⑩ 17행에서 mask 행렬의 계수의 합이 1이 되도록 정규화한다. 계수의 합이 1보다 작으면 회선 결과 영상이 입력 영상보다 어두워지며, 1보다 크면 더 밝아진다.

⑪ 23행은 저자 구현 함수 getGaussianMask()를 호출하여 2차원 가우시안 마스크를 생성한다.

⑫ 24, 25행은 cv2.getGaussianKernel() 함수를 이용해서 1차원 가우시안 계수를 생성한다. 표준편차로 양수가 아닌 값을 지정하면, 커널 크기에 따라 표준편차를 계산하여 계수를 생성한다.

⑬ 27행은 cv2.filter2D() 함수에 2차원 가우시안 마스크로 회선함으로써, 가우시안 스무딩을 수행한다.

⑭ 28행은 OpenCV에서 제공하는 cv2.GaussianBlur() 함수로 가우시안 스무딩을 수행한다.

⑮ 29행은 가로 방향과 세로 방향의 1차원 가우시안 마스크를 cv2.sepFilter2D() 함수에 적용하여 가우시안 스무딩을 수행한다.

| 실행결과 |

실행 결과에서 원본 영상을 제외하고 세 개의 흐려진 영상들을 볼 수 있다. 특히, 마스크의 크기에서 가로 값을 17로 상대적으로 크게 했기 때문에 가로 방향 표준편차가 커진다. 따라서 세로 방향으로 심하게 흐려지는 영상을 생성한다.

보통 에지 추출과정에서는 객체 내부나 배경 부분의 잡음을 제거하기 위해서 가우시안 블러링을 수행한 후에 수행한다. 다음은 컬러 영상으로 컬러 에지 추출을 하는 심화 예제이다.

심화예제 7.3.5 캐니 에지를 이용한 컬러 에지 검출 - 13.edge_color_canny.py

```
01 import cv2
02
03 def onTrackbar(th):                                        # 트랙바 콜백 함수
04     edge = cv2.GaussianBlur(gray, (5, 5), 0)               # 가우시안 블러링
05     edge = cv2.Canny(edge, th, th*2, 5)                    # 캐니 에지 검출
06
07     color_edge = cv2.copyTo(image, mask=edge)
08     dst = cv2.hconcat([image, color_edge])
09     cv2.imshow("color edge", dst)
10
11 image = cv2.imread("images/color_edge.jpg", cv2.IMREAD_COLOR)
12 if image is None: raise Exception("영상파일 읽기 오류")
13
14 th = 50
15 gray = cv2.cvtColor(image, cv2.COLOR_BGR2GRAY)             # 명암도 영상 변환
16 dst = cv2.hconcat([image, image])
17 cv2.imshow("color edge", dst)
18 cv2.createTrackbar("Canny th", "coloredge", th, 150, onTrackbar) # 콜백 함수 등록
19 onTrackbar(th)                                                   # 콜백 함수 첫 실행
20 cv2.waitKey(0)
```

| 설명 |

① 3~9행은 트랙바 이벤트를 처리하는 콜백 함수이다.

② 4행에서 명암도 행렬(gray)에서 객체 내부의 잡음을 제거하기 위해서 가우시안 블러링을 수행한다.

③ 5행은 gray 행렬에 캐니 에지를 수행하여 에지 영상을 만든다. 캐니 에지의 낮은 임계값은 트랙바 값으로 하고, 높은 임계값은 트랙바 값의 2배로 지정한다.

④ 7행은 입력 행렬에 대해서 mask 원소가 1 이상인 위치만 복사한다. 즉, 에지 행렬(edge)에서 흰색인 위치의 image 행렬의 원소만 복사되어 color_edge 행렬을 생성한다.

⑤ 8행은 하나의 창에 입력 영상과 컬러 에지 영상을 모두 표시하기 위한 방법으로 두 행렬을 가로 방향으로 병합하여 하나의 행렬을 생성한다.

⑥ 16행은 프로그램 시작시 띄워지는 창에 2개의 영상을 표시하기 위한 것이다.

⑦ 18, 19행은 트랙바 콜백 함수 시스템에 등록하고 호출한다.

| 실행결과 |

7.4 모폴로지(morphology)

모폴로지는 형태학이란 뜻으로서 다양한 학문 분야에서 사용되는 용어이다. 예로서, 생물학에서는 생물형태의 기술과 그 법칙성의 탐구를 목적으로 일반적으로 해부학과 발생학을 합쳐서 형태학이라고 부른다. 의학에서는 인체 형태학이란 의미로 사용되며, 체육학에서 스포츠 운동 형태학이란 개념으로 사용한다.

영상처리에서 모폴로지는 영상의 객체들의 형태(shape)를 분석하고 처리하는 기법이다. 이 형태학적 처리를 활용하여 영상의 경계, 골격, 블록 등의 형태를 표현하는데 필요한 요소를 추출한다. 간단히 말하면, 영상 내에 존재하는 객체의 형태를 조금씩 변형시킴으로써 영상 내에서 불필요한 잡음을 제거하거나 객체를 뚜렷하게 하여 필요한 요소를 추출한다.

영상 내에서 크기가 작은 객체일수록 잡음일 가능성이 높아진다. 이런 작은 크기의 객체는 그 크기를 조금만 더 깎아내면 제거할 수 있지 않을까? 객체들의 분리 과정에서 경우에 따라서 두 개의 객체가 살짝 맞물려 있는 경우가 있다. 이럴 때 객체들을 조금만 깎아내면 두 객체를 서로 분리할 수 있지 않을까? 객체를 인식하기 위한 전처리 과정에서 객체가 작아서 명확하게 나타나지 않을 때 그 객체의 외곽에 조금 살을 붙일 수 있으면 그 객체의 형태가 뚜렷해져서 좀 더 쉽게 인식할 수 있지 않을까?

이러한 상황들에서 필요한 것이 모폴로지이다. 모폴로지는 객체의 형태를 변형시켜야 하기 때문에 주로 이진 영상에서 수행된다. 대표적인 연산 방법으로 침식 연산과 팽창 연산이 있으며, 이 두 개를 조합한 닫힘 연산과 열림 연산이 있다.

7.4.1 침식 연산

침식 연산(erosion operation)은 말 그대로 객체를 침식시키는 연산이다. 따라서 객체의 크기는 축소되고, 배경은 확장된다. 객체의 크기가 축소되기 때문에 영상 내에 존재하는 잡음 같은 작은 크기의 객체들은 사라질 수도 있다.

이러한 현상을 이용하여 소금-후추(salt & papper) 잡음과 같은 임펄스(impulse) 잡음들을 제거할 수 있다. 또한, 영상 내에서 객체의 돌출부를 감소시키기 때문에 서로 닿는 물체를 분리할 때에도 유용하게 사용할 수 있다.

이진 영상에서 침식 연산의 과정에 대해서 〈그림 7.4.1〉로 알아보자. 입력 영상에서 마스크 범위의 입력 영상 화소들을 가져와서 침식 마스크와 원소간(element-wise)에 일치하는지를 비교한다. 이 과정을 마스크를 이동하여 모든 입력 영상 화소에 대해서 수행한다.

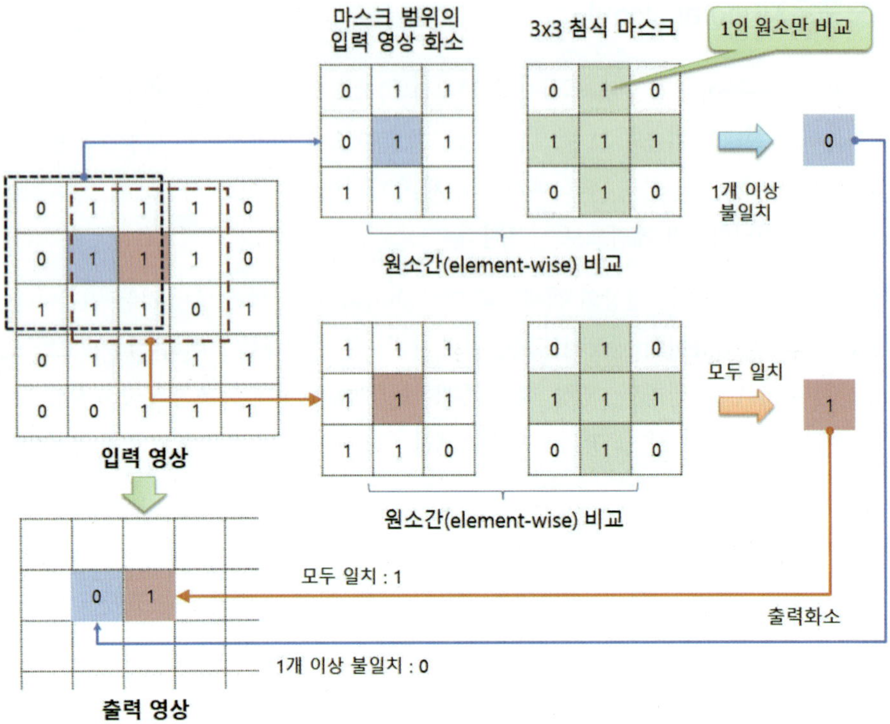

〈그림 7.4.1〉 침식 연산의 수행 과정

〈그림 7.4.1〉의 상단과 같이 입력 영상의 화소와 마스크 원소가 한 개의 화소라도 일치하지 않으면 출력 화소는 검은색인 0이 된다. 반면, 그 아래쪽의 그림과 같이 입력 영상의 화소와 마스크 원소와 비교해서 모두가 일치하면 출력 화소는 흰색인 1이 지정된다. 여기서 마스크 원소가 1인 위치만을 비교대상으로 한다. 또한, 마스크의 크기와 원소의 구성은 입력 영상의 형태에 따라서 사용자가 조정하여 더 나은 결과 영상을 생성할 수 있다.

〈그림 7.4.2〉는 입력 영상에 값을 표시하고 침식 연산을 수행하여 결과 영상에 값을 표시한 예이다. 입력된 이진 영상에서 객체로 인식되는 흰색의 블록들은 그 경계 부분이 깎여져서 출력 영상이 만들어진다.

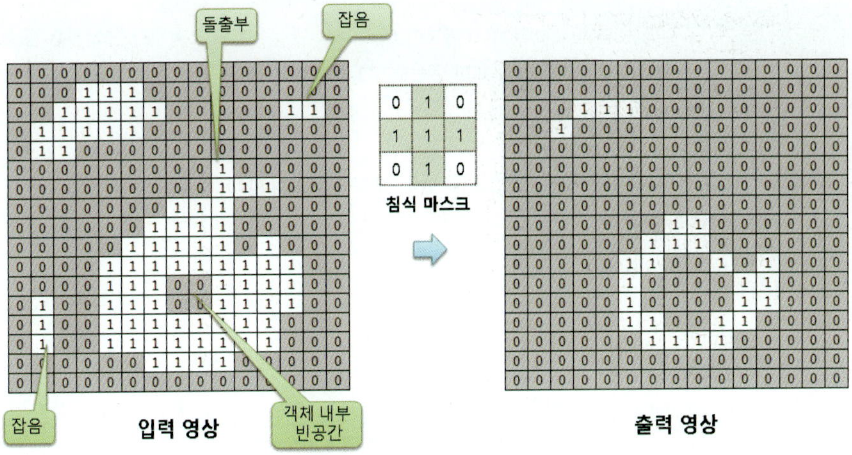

〈그림 7.4.2〉 침식 연산의 예

특히 객체의 돌출 부위는 여러 화소가 깎여나가며, 화소 개수가 작은 블록(잡음)은 모든 화소가 완전히 제거되는 것을 확인할 수 있다.

다음 예제는 침식 연산을 수행하는 사용자 정의 함수를 구현하고, OpenCV에서 제공하는 함수인 cv2.morphologyEx()의 사용법도 예시한다. 침식 마스크의 원소 구성은 〈그림 7.4.1〉의 예시와 같은 구성을 하였다.

예제 7.4.1 모폴로지 침식 연산 - 14.erode.py

```
import numpy as np, cv2

def erode(img, mask=None):                                  # 침식 연산 함수
    dst = np.zeros(img.shape, np.uint8)
    if mask is None: mask = np.ones((3, 3), np.uint8)
    ycenter, xcenter = np.divmod(mask.shape[:2], 2)[0]      # 마스크 중심 좌표

    mcnt = cv2.countNonZero(mask)                           # 마스크 1인 원소 개수
    for i in range(ycenter, img.shape[0] - ycenter):        # 입력 행렬 반복 순회
        for j in range(xcenter, img.shape[1] - xcenter):
            y1, y2 = i - ycenter, i + ycenter + 1           # 마스크 높이 범위
            x1, x2 = j - xcenter, j + xcenter + 1           # 마스크 너비 범위
            roi = img[y1:y2, x1:x2]                         # 마스크 영역
            temp = cv2.bitwise_and(roi, mask)               # 논리곱으로 일치 원소 지정
```

```
15                cnt = cv2.countNonZero(temp)                    # 일치 원소 개수 계산
16                dst[i, j] = 255 if (cnt == mcnt) else 0         # 출력 화소에 저장
17        return dst
18
19    image = cv2.imread(“images/morph.jpg”, cv2.IMREAD_GRAYSCALE)
20    if image is None: raise Exception(“영상파일 읽기 오류”)
21
22    data = [ 0, 1, 0,                                           # 마스크 원소 지정
23             1, 1, 1,
24             0, 1, 0]
25    mask = np.array(data, np.uint8).reshape(3, 3)               # 마스크 행렬 생성
26    th_img = cv2.threshold(image, 128, 255, cv2.THRESH_BINARY)[1]   # 영상 이진화
27
28    dst1 = erode(th_img, mask)                                  # 사용자 정의 침식 함수
29    dst2 = cv2.erode(th_img, mask)                              # OpenCV의 침식 함수
30    # dst2 = cv2.morphologyEx(th_img, cv2.MORPH_ERODE, mask)    # OpenCV의 침식 함수2
31
32    cv2.imshow(“image”, image)
33    cv2.imshow(“binary image”, th_img)
34    cv2.imshow(“User erode”, dst1)
35    cv2.imshow(“OpenCV erode”, dst2)
36    cv2.waitKey(0)
```

| 설명 |

① 3~17행은 침식 연산을 수행하는 erode() 함수를 구현한다.

② 6행에서 침식 마스크가 입력되지 않으면 3×3 크기 기본 마스크로 지정한다.

③ 8행은 마스크에서 원소값이 0이 아닌 원소 개수를 계산한다. 마스크와 관심 영역에서 1인 원소의 일치 여부를 검사하기 위함이다.

④ 13행은 입력 영상을 순회하며 마스크 범위로 관심 영역을 roi로 참조한다.

⑤ 14행은 cv2.bitwise_and() 함수로 논리곱을 수행한다. 마스크의 1인 원소와 관심 영역의 1(255)인 원소를 논리곱을 하면 결과 행렬의 원소가 1이 된다. 그 이외의 경우는 결과 행렬 원소가 0이 된다.

⑥ 15행은 논리곱 결과 행렬(temp)의 원소가 1인 원소의 개수를 계산한다.

⑦ 16행은 마스크의 1인 원소 개수와 논리곱 행렬의 1인 원소 개수가 같은지 비교한다. 같으면 마스크 1인 원소에 대해 관심 영역과 모두 일치하는 것이다. 이 경우에만 출력 행렬의 원소에 255를 저장한다.

⑧ 22~24행 침식 마스크의 원소를 1차원 리스트로 생성한다.

⑨ 25행은 1차원 리스트로 ndarray 행렬을 만들고, 2차원으로 행태 변환해서 침식 마스크를 생성한다.

⑩ 26행은 cv2.threshold() 함수로 명암도 영상에서 이진 영상을 생성한다. 두 번째 인수(thresh)의 값을 기준으로 검

은색과 흰색으로 나누어진다. 즉, 128보다 작은 값은 0(검은색)으로 지정하며, 128 이상인 값은 255(흰색)로 지정한다.

⑪ 28행은 사용자 정의 함수 erosion()를 호출하여 mask 행렬로 침식 연산을 수행한다.

⑫ 29행은 OpenCV 제공하는 cv2.erode() 함수로 팽창 연산을 수행한다.

⑬ 30행은 cv2.morphologyEx() 함수로 모든 모폴로지 연산을 수행할 수도 있다. 옵션으로 cv2.MORPH_ERODE를 적용해서 침식 연산을 수행한다.

| 실행결과 |

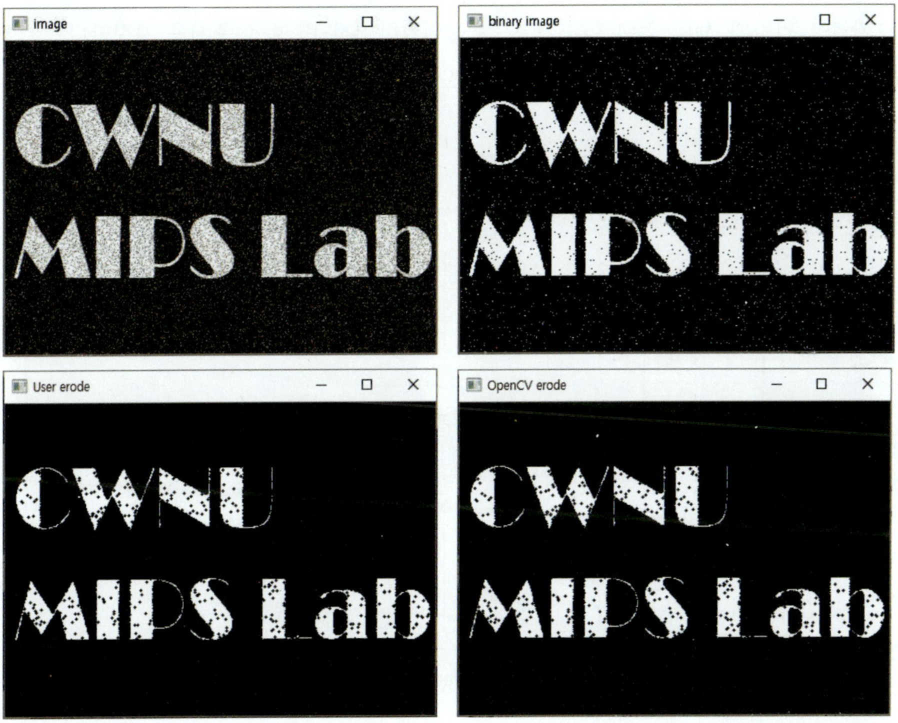

우상단 그림(binary image)은 왼쪽의 입력 영상을 이진 영상으로 만들어 모폴로지 처리를 준비한 영상이다. 좌하단 그림(User erode)은 침식 연산을 직접 구현해서 수행한 결과이며, 우하단 그림(OpenCV erode)은 OpenCV에서 제공하는 함수를 사용하여 수행한 결과이다. 하단의 그림들에서 연산의 결과로 배경 부분에 있는 잡음들(흰색)이 제거된 것을 볼 수 있다. 그런데 객체가 침식되므로 객체(글자) 내부의 작은 공간(검은색)은 더 넓어진다.

7.4.2 팽창 연산

팽창 연산(dilation operation)은 객체를 팽창시키는 연산이다. 객체의 가장 외곽 화소를 확장시키기 때문에 객체의 크기는 확대되고 배경은 축소된다. 또한, 객체의 팽창으로 인해서 객체 내부에 있는 빈 공간도 메워지게 된다.

〈그림 7.4.3〉은 이진 영상에서 팽창 연산을 수행하는 과정을 나타낸 것이다. 마스크 범위의 입력 화소와 팽창 마스크의 원소 간(element-wise)에 일치하는지를 비교한다. 팽창 마스크가 1인 원소와 해당 입력 화소가 모두 불일치하면 출력 화소로 0을 지정한다. 그리고 1개 화소라도 일치하게 되면 1이 출력 화소로 결정된다.

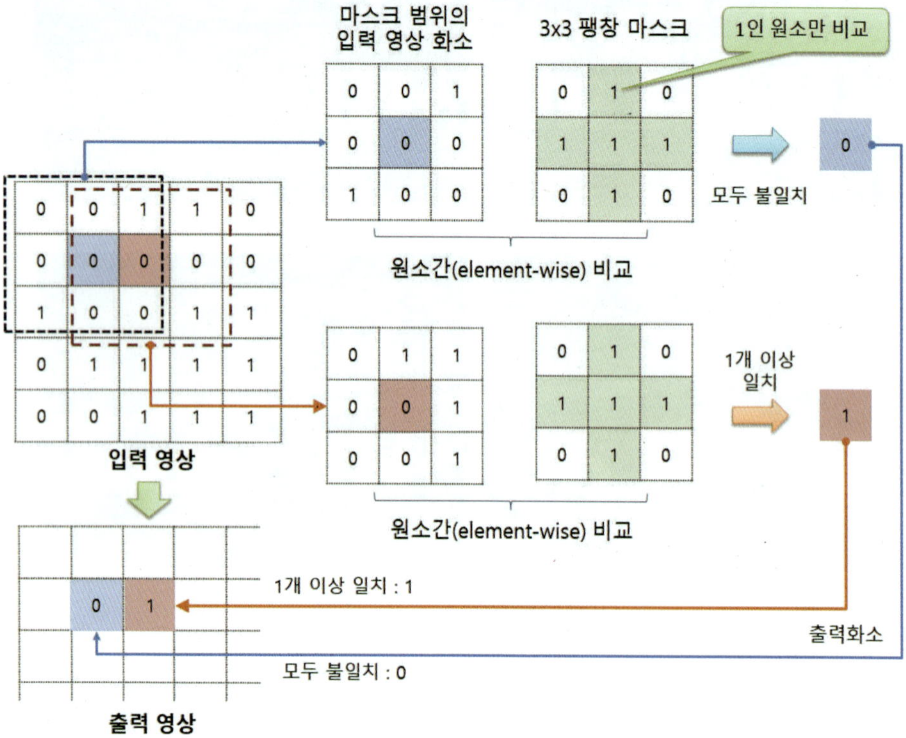

〈그림 7.4.3〉 팽창 연산의 수행 과정

〈그림 7.4.4〉는 팽창 연산의 결과를 예시한 것이다. 경계 부분의 확장으로 인해서 객체의 외각이 확장되며 객체 내부의 빈 공간이 메워진다. 반면에 잡음으로 예상되는 작은 크기의 객체도 확장되는 것을 볼 수 있다.

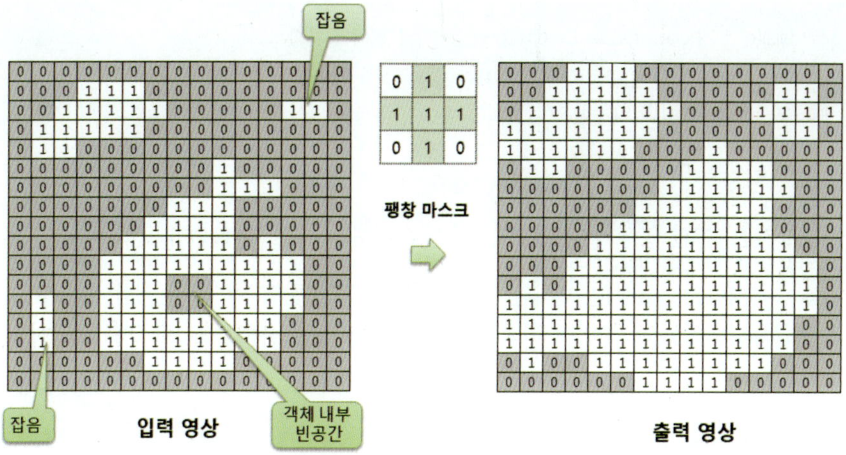

〈그림 7.4.4〉 팽창 연산의 예

다음 예제는 팽창 연산을 수행하는 사용자 정의 함수 dilation()을 구현하고, OpenCV에서 제공하는 함수의 사용법도 예시한다.

예제 7.4.2 모폴로지 팽창 연산 - 15.dilate.py

```
import numpy as np, cv2

def dilate(img, mask):                                          # 팽창 수행 함수
    dst = np.zeros(img.shape, np.uint8)
    if mask is None: mask = np.ones((3, 3), np.uint8)
    ycenter, xcenter = np.divmod(mask.shape[:2], 2)[0]           # 마스크 중심 좌표

    for i in range(ycenter, img.shape[0] - ycenter):            # 입력 행렬 반복 순회
        for j in range(xcenter, img.shape[1] - xcenter):
            y1, y2 = i - ycenter, i + ycenter + 1               # 마스크 높이 범위
            x1, x2 = j - xcenter, j + xcenter + 1               # 마스크 너비 범위
            roi = img[y1:y2, x1:x2]                             # 입력 영상의 마스크 범위
            temp = cv2.bitwise_and(roi, mask)
            cnt = cv2.countNonZero(temp)
            dst[i, j] = 0 if (cnt == 0) else 255                # 출력 화소에 저장
    return dst

image = cv2.imread("images/morph.jpg", cv2.IMREAD_GRAYSCALE)
```

```
19 if image is None: raise Exception("영상파일 읽기 오류")
20
21 mask = np.array([[0, 1, 0],                                              # 마스크 계수 초기화
22                  [1, 1, 1],
23                  [0, 1, 0]]).astype('uint8')
24 th_img = cv2.threshold(image, 128, 255, cv2.THRESH_BINARY)[1]            # 영상 이진화
25 dst1 = dilate(th_img, mask)                                              # 사용자 정의 팽창 함수
26 dst2 = cv2.dilate(th_img, mask)                                          # OpenCV의 팽창 함수
27 # dst2 = cv2.morphologyEx(th_img, cv2.MORPH_DILATE, mask)
28
29 cv2.imshow("User dilate", dst1)
30 cv2.imshow("OpenCV dilate", dst2)
31 cv2.waitKey(0)
```

| 설명 |

① 3~16행은 팽창을 수행하는 사용자 정의 함수이다.

② 12행은 입력 영상을 순회하며 마스크 범위로 관심 영역을 roi로 참조한다.

③ 13행은 관심 영역과 마스크의 원소를 논리곱으로 비교한다. 둘 다 1인 경우 결과 행렬도 1이 된다. 즉, 마스크와 관심 영역의 두 원소값이 모두 1인 원소를 찾는다.

④ 14행은 마스크와 관심 영역 모두 1인 원소의 개수를 계산한다.

⑤ 15행은 cnt가 0이면 모든 원소가 불일치하는 것이기에 출력 화소로 0을 지정하고, 그렇지 않으면 255로 지정한다. 〈그림 7.4.3〉에서는 출력 화소로 1로 표현했지만 이진 영상의 윈도우 표시를 위해서 255를 지정한다.

⑥ 21행은 마스크 행렬을 ndarray 객체로 생성한다.

⑦ 25행은 저자 구현 함수 dilate() 를 호출하여 팽창을 수행한다.

⑧ 26행은 OpenCV 제공 함수 cv2.dilate() 로 팽창 연산을 수행한다.

⑨ 27행은 cv2.morphologyEx() 함수로 모든 모폴로지 연산을 수행할 수도 있다. 옵션으로 MORPH_DILATE를 적용해서 팽창 연산을 수행한다.

| 실행결과 |

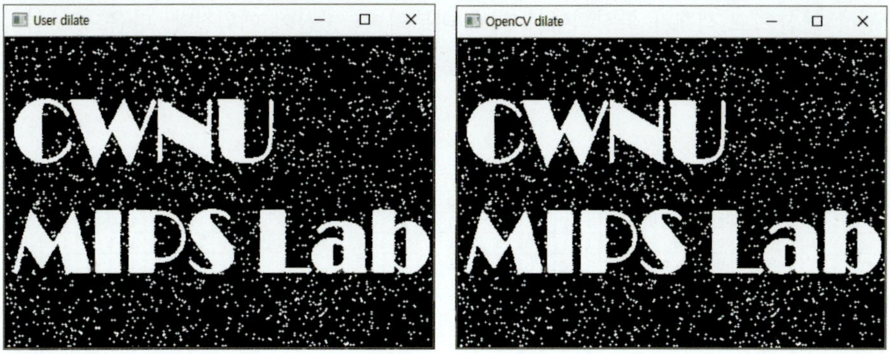

실행 결과에서 팽창 연산의 수행 결과로 객체들이 전반적으로 확장되어 뚜렷하게 나타나고, 객체 내부의 빈 공간이 메워진다. 다만, 배경 부분의 잡음들도 확장된 것을 볼 수 있다.

7.4.3 열림 연산과 닫힘 연산

열림 연산과 닫힘 연산은 모폴로지의 기본 연산인 침식 연산과 팽창 연산의 순서를 조합하여 수행한다.

열림 연산(opening operation)은 침식 연산을 먼저 수행하고, 바로 팽창 연산을 수행한다. 침식 연산으로 인해서 객체는 축소되고, 배경 부분의 미세한 잡음들은 제거된다. 다음으로 축소되었던 객체들이 팽창 연산으로 인해서 다시 원래 크기로 돌아간다.

〈그림 7.4.5〉는 열림 연산의 과정을 예시한 것이다. 침식 연산으로 배경 부분의 잡음을 제거하면서, 다시 팽창 연산으로 인해 객체 크기의 축소를 방지할 수 있다. 다만 돌출된 부분은 제거된 후 다시 원래 크기로 돌아가지 않는다.

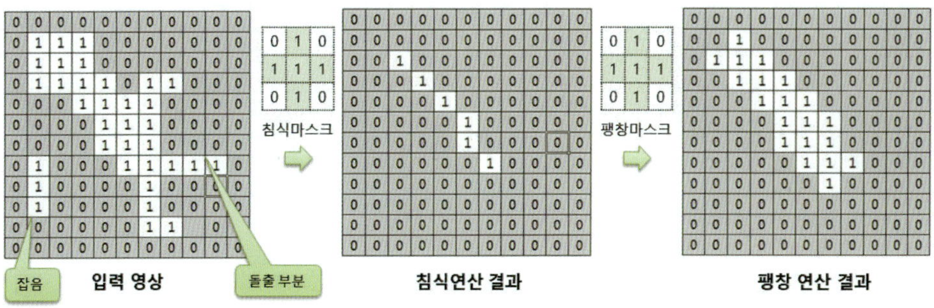

〈그림 7.4.5〉 열림 연산의 과정

닫힘 연산(closing operator)은 팽창 연산을 먼저 수행하고, 다음으로 침식 연산을 수행한다. 팽창 연산으로 객체가 확장되어서 객체 내부의 빈 공간이 메워진다. 다음으로 침식 연산으로 확장되었던 객체의 크기가 원래대로 축소된다.

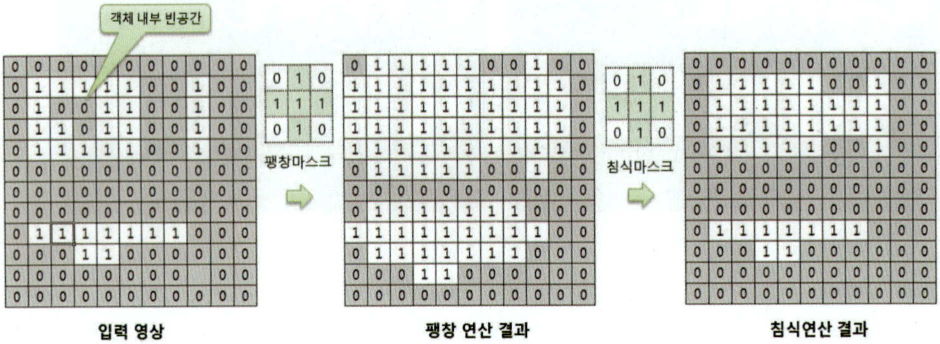

〈그림 7.4.6〉 닫힘 연산의 과정

최종 결과 영상을 보면 객체 내부의 비어있던 공간이 채워지며, 인접한 객체를 이어지게 하는 효과도 있다. 모폴로지 연산은 한 번의 수행으로 결과 영상이 미흡할 경우에는 iterations 인수를 통해서 여러 번 반복적으로 수행할 수 있다.

다음 예제는 침식 연산과 팽창 연산을 구현했던 사용자 정의 함수들을 이용해서 열림 연산과 닫힘 연산을 수행하는 함수를 구현한다. 또한, OpenCV에서 제공하는 함수의 사용법도 예시한다. 여기서 예제 7.4.1과 7.4.2에서 구현한 침식 연산과 팽창 연산을 수행하는 사용자 함수들을 Common 폴더에 'filters.py' 파일에 옮겨 작성한다.

예제 7.4.3 모폴로지 닫힘 & 열림 연산 - 16.close_open.py

```
import numpy as np, cv2
from Common.filters import erode, dilate                # filters 모듈의 저자 구현 함수 임포트

def opening(img, mask):                                 # 열림 연산 함수
    tmp = erode(img, mask)                              # 침식
    dst = dilate(tmp, mask)                             # 팽창
    return dst

def closing(img, mask):                                 # 닫힘 연산 함수
    tmp = dilate(img, mask)                             # 팽창
```

```
11         dst = erode(tmp, mask)                                     # 침식
12         return dst
13
14     image = cv2.imread("images/morph.jpg", cv2.IMREAD_GRAYSCALE)
15     if image is None: raise Exception("영상파일 읽기 오류")
16
17     mask = np.array([[0, 1, 0],                                    # 마스크 생성 및 초기화
18                      [1, 1, 1],
19                      [0, 1, 0]]).astype('uint8')
20     th_img = cv2.threshold(image, 128, 255, cv2.THRESH_BINARY)[1]     # 영상 이진화
21
22     dst1 = opening(th_img, mask)                                        # 저자 구현 열림 함수
23     dst2 = closing(th_img, mask)                                        # 저자 구현 닫힘 함수
24     dst3 = cv2.morphologyEx(th_img, cv2.MORPH_OPEN, mask)               # OpenCV의 열림 함수
25     dst4 = cv2.morphologyEx(th_img, cv2.MORPH_CLOSE, mask, iterations=1)     # 닫힘 함수
26
27     cv2.imshow("User_opening", dst1);     cv2.imshow("User_closing", dst2)
28     cv2.imshow("OpenCV_opening", dst3);  cv2.imshow("OpenCV_closing", dst4)
29     cv2.waitKey(0)
```

| 설명 |

① 2행은 Common.filters 모듈에서 erode()와 dilate() 함수를 임포트 한다.

② 4~7행은 열림 연산을 수행하는 사용자 정의 함수 opening()을 구현한다. 연산의 순서는 침식 → 팽창의 순서이다.

③ 9~12행은 닫힘 연산을 수행하는 사용자 정의 함수 closing()을 구현한다. 연산의 순서는 팽창 → 침식의 순서이다.

⑥ 22, 23행은 저자가 구현한 opening()와 closing() 함수를 호출하여 열림 연산과 닫힘 연산을 수행한다

⑦ 24, 25행은 OpenCV에서 제공 함수 cv2.morphologyEx()에 옵션으로 각각 MORPH_OPEN, MORPH_CLOSE를 적용해서 열림 연산과 닫힘 연산을 수행한다. iterations 인수로 반복횟수를 지정할 수 있다.

| 실행결과 |

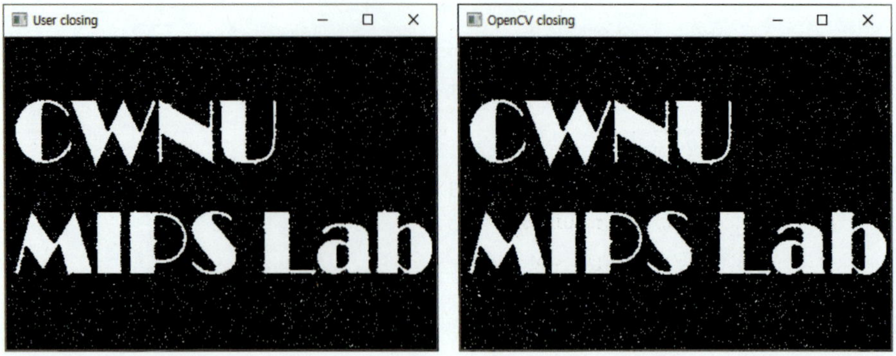

실행 결과에서 직접 구현한 열림 연산으로 수행한 'User opening' 창과 OpenCV에서 제공한 함수로 수행한 "OpenCV opening" 창을 보자. 침식으로 인해서 배경의 잡음(흰색)이 제거되지만, 객체 내의 잡음은 커진다. 다시 팽창 연산을 수행함으로써 객체 내부의 잡음을 원래 크기로 줄이게 된다. 이때, 배경 잡음이 제거되었기에 팽창을 수행함에도 배경 잡음이 커지지 않는다. 즉, 객체 내부에 대한 변화없이 배경의 잡음을 제거한다.

직접 구현한 닫힘 연산을 수행한 "User_closing" 창과 OpenCV 제공 함수로 수행한 "OpenCV_closing" 창을 보자. 팽창 연산으로 인해서 객체 내부의 잡음(검은색)이 제거되고, 배경의 잡음(흰색)이 증가한다. 다시 침식 연산의 수행함으로써 배경의 잡음만을 원래 크기로 줄이게 된다. 이때, 객체 내부의 잡음은 제거되었기에 영향이 없게 된다. 즉, 배경에 대한 변화 없이 객체 내부의 잡음을 제거한다.

다음은 자동차 번호판을 검출하기 위한 전처리 과정에서 모폴로지 연산을 사용하는 심화예제를 다루어 본다. 수직 방향으로 소벨 에지를 검출한 영상에서 가로 방향으로 긴 마스크를 이용해서 열림 연산을 함으로써 가로로 긴 영역을 하나로 묶어서 자동차 영상에서 번호판 영역을 검출할 수 있다.

심화예제 7.4.4　번호판 후보 객체 검출 – 17.detect_plate.py

```
import numpy as np, cv2

while True:
    no = int(input("차량 영상 번호( 0:종료) : "))                # 차량 번호 입력
    if no == 0: break

    fname = "images/test_car/{0:02d}.jpg".format(no)          # 영상파일 이름 구성
```

```
08        image = cv2.imread(fname, cv2.IMREAD_COLOR)
09        if image is None:
10            print(str(no) + "번 영상파일이 없습니다.")
11            continue
12
13        mask = np.ones((5, 17), np.uint8)                              # 닫힘 연산 마스크
14        gray = cv2.cvtColor(image, cv2.COLOR_BGR2GRAY)                 # 명암도 영상 변환
15        gray = cv2.blur(gray, (5, 5))                                  # 블러링
16        gray = cv2.Sobel(gray, cv2.CV_8U, 1, 0, 5)                     # 소벨 에지 검출
17
18        ## 이진화 및 닫힘 연산 수행
19        th_img = cv2.threshold(gray, 120, 255, cv2.THRESH_BINARY)[1]
20        morph = cv2.morphologyEx(th_img, cv2.MORPH_CLOSE, mask, iterations=3)
21
22        cv2.imshow("image", image)
23        cv2.imshow("binary image", th_img)
24        cv2.imshow("opening", morph)
25        cv2.waitKey()
```

| 설명 |

① 3행에서 전체 프로그램을 무한 반복한다.

② 4행은 input() 함수로 키보드로부터 차량번호를 입력받는다.

③ 7행은 차량 영상파일이 있는 '/test_car' 폴더에서 번호로 파일명을 구성한다.

④ 9~11행은 영상파일이 없는 경우에 예외처리를 하고 continue 문을 통해 다음 입력을 기다린다.

⑤ 13행은 닫힘 연산을 위한 마스크를 구성한다. 차량 번호판의 모양과 유사하게 가로로 길게 5행, 17열의 행렬을 구성하고 모두 1의 값을 시정한다.

⑥ 15행은 경계가 아닌 부분을 제거하기 위해서 먼저 블러링을 수행한다.

⑦ 16행은 소벨 필터링을 적용해서 수직 방향(x 방향 미분)의 에지를 검출한다.

⑧ 20행은 cv2.morphologyEx() 함수에 'MORPH_CLOSE' 옵션으로 닫힘 연산을 수행하며, 5행, 17열의 마스크를 사용한다. 가로로 긴 영역을 하나로 묶는 역할을 한다.

| 실행결과 |

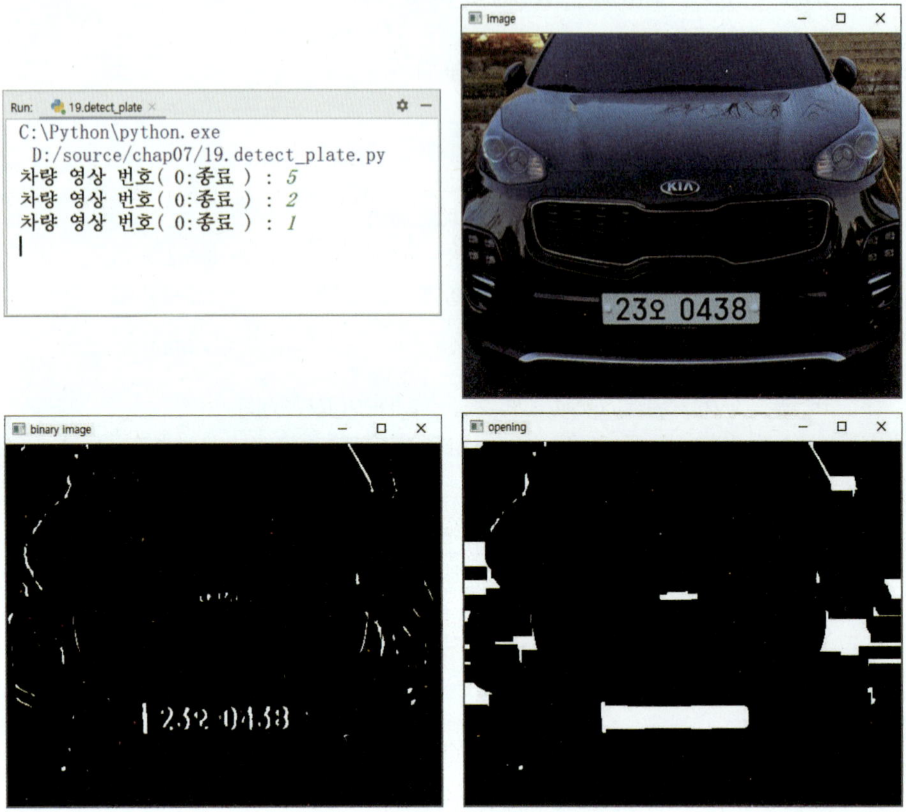

실행 결과를 보면, 콘솔창에서 입력 영상 번호를 입력한다. 이때, 0을 입력하면 프로그램을 종료한다. 번호가 입력되면 'images/test_car' 폴더에 있는 입력번호의 차량 영상이 image 행렬에 저장한다. 영상파일이 존재하지 않으면 "00번 영상파일이 없습니다." 라는 메시지를 출력하고 다음 입력을 받기 위해 대기한다. 영상파일이 존재하면 블러링과 소벨 에지 검출을 수행한다. 그런 다음 모폴로지 열림 연산을 수행하고, 그 결과를 영상으로 표시한다.

단순히 블러링과 소벨 에지 검출에 열림 연산만을 수행했는데, 결과 영상에는 번호판과 비슷한 영역들이 검출된 것을 볼 수 있다. 여기서 번호판을 확정하는 것은 추가적인 영상처리의 과정이 필요하다.

| 단원 핵심 요약 |

1. 회선(convolution)은 마스크 내의 원소값과 공간 영역에 있는 입력 영상의 화소값들을 대응되게 곱하여 출력 화소값을 계산하는 것을 말한다. 이때, 입력 영상에 곱해지는 이 마스크를 커널(kernel), 윈도우(window), 필터(filter) 등의 용어로 부른다.

2. 블러링(bluring)은 회선 마스크의 원소를 모두 같은 값으로 지정해 수행하며, 전체 합이 1이 되어야 한다. 출력 영상에서 이웃하는 화소들이 비슷한 값을 갖기 때문에 부드러운 영상이 되며, 흐려지는 결과가 발생한다.

3. 샤프닝(sharpening)은 회선 마스크에서 중심 계수와 주변 계수의 차이를 크게 만들어 출력 화소가 도드라지게 함으로써 선명하고 날카로운 영상을 만드는 방법이다. 중심계수는 아주 큰 양수값을 갖게 하며, 주변 계수는 음수값을 갖게 해서 전체 합이 1이 되게 한다.

4. 영상처리에서 에지는 "화소값이 급격하게 변화하는 부분"으로 정의한다. 이것은 객체에서 크기, 위치, 모양을 인지할 수 있으며, 그 방향성을 탐지할 수 있다.

5. 에지는 이웃하는 두 화소의 차분으로 구할 수 있으며, 이것은 미분 공식과 유사하다. 따라서 미분 마스크로 회선을 수행하면 에지를 검출할 수 있다. 이것은 1차 미분 마스크라 하며, 대표적으로 로버츠(Roberts), 소벨(Sobel), 프리윗(Prewitt) 등이 있다.

6. 1차 미분 연산자는 점진적으로 변화하는 부분까지 민감하게 에지를 검출하여 너무 많은 에지가 나타날 수 있다. 이를 보완하는 방법으로 1차 미분한 결과에 미분을 한 번 더 하는 방법인 2차 미분 연산이 있다. 대표적으로 라플라시안(Laplacian), LoG(Laplacian of Gaussian), DoG(Difference of Gauss-ian)등의 방법이 이다.

7. 캐니 에지 검출 방법은 John F. Canny에 의해 개발된 것으로서 다음과 같으며, 여러 단계의 알고리즘으로 구성된 에지 검출 방법이다.

1. 블러링을 통한 노이즈 제거 (가우시안 블러링)
2. 화소 기울기(gradiant)의 강도와 방향 검출 (소벨 마스크)
3. 비최대치 억제(non-maximum suppression)
4. 이력 임계값(hysteresis threshold)으로 에지 결정

8. 비선형 공간 필터링의 방법으로 최솟값, 최댓값 필터링, 평균값 필터링, 미디언 필터링 등이 있다.

9. 최댓값/최솟값 필터링은 입력 영상의 마스크 범위 화소에서 최솟값 혹은 최댓값을 출력 화소로 결정한다. 최솟값 필터링은 영상이 전반적으로 어두워지며, 최댓값 필터링은 영상이 밝아진다.

10. 평균값 필터링은 마스크 범위의 입력 화소들을 평균하여 출력 화소를 결정하기 때문에 블러링과 같은 효과가 난다.

11. 미디언 필터링은 마스크 범위의 입력 화소들을 정렬하여 중간값을 출력 화소로 결정하는 방식이다. 임펄스 잡음이나 소금 후추 잡음은 마스크 범위 내에서 가장 큰 값 혹은 가장 작은 값이 되기 때문에 출력 화소에서 배제된다. 따라서 이와 같은 잡음 제거에 효과적이다.

12. 가우시안 블러링은 정규분포 곡선을 갖는 마스크를 가우시안 수식에 따라서 생성하고 이 마스크로 회선을 수행하는 방법이다. 표준편차로 정규분포 마스크를 생성할 수 있다. 표준편차가 클수록 많이 흐려진 영상을 생성한다.

13. 모폴로지는 행태학적 방법을 영상처리에 적용한 것으로서 침식과 팽창 연산이 있다. 침식 연산은 객체의 크기가 축소되기 때문에 영상 내에 존재하는 작은 크기의 잡음을 제거하는 효과적이다. 팽창 연산은 객체의 크기가 확대되어 객체 내부의 빈공간을 메우는 역할을 한다.

14. 열림 연산은 침식 연산 수행 후에 팽창 연산을 수행한다. 침식 연산으로 객체는 축소되고, 배경의 잡음들은 제거되며, 팽창 연산으로 축소되었던 객체들이 원래 크기로 돌아간다.

15. 닫힘 연산은 팽창 연산 수행 후에 침식 연산을 수행한다. 팽창 연산으로 객체가 확장되어 객체 내부의 빈 공간이 메워진다. 다음으로 침식 연산으로 확장되었던 객체의 크기가 원래대로 축소된다.

연습문제

1. 입력 영상의 화소와 마스크의 구성으로 회선 알고리즘을 상세히 설명하시오.

2. 블러링과 샤프닝을 비교 설명하시오.

3. 에지 검출 방법의 종류를 아는 데로 적으시오.

4. 대표적인 1차 미분 마스크의 종류를 적고, 그 장단점을 기술하시오.

5. 2차 미분 마스크의 종류와 특징에 대해서 설명하시오.

6. 캐니 에지 알고리즘의 과정을 설명하시오.

7. 최댓값/최솟값 필터링에 대해서 설명하시오

8. 평균값 필터링과 미디언 필터링을 비교설명하시오.

9. 모폴로지의 연산 종류에 대해서 적고, 각각에 대해서 설명하시오.

10. 저자가 구현한 Common.filters.filter() 함수는 명암도 영상에서 필러링을 수행한다. filter() 함수를 이용해서 컬러 영상에서 블러링과 샤프닝을 구현해 보자.

> 1) 가우시안 블러링 혹은 평균 필터링으로 블러링 수행한다.
> 2) 샤프닝은 3×3 크기의 마스크를 적용한다.
> 3) 컬러 영상의 채널을 분리해서 각 채널에 블러링과 샤프닝을 수행하고, 다시 합쳐보자.
> 4) 컬러 영상에서 바로 OpenCV 함수인 cv2.filter2D()를 적용해 보자.

11. 1차 미분 연산을 수행하도록 마스크를 생성하여 직접 회선을 수행하시오(3가지 연산 마스크 적용).

12. 2차 미분 연산을 수행하는 함수로 에지 검출을 수행하시오(2가지 함수 이상).

13. 각기 다른 함수로 블러링을 수행하도록 프로그램을 작성하시오(3가지 함수 이상).

14. 다음의 그림과 같이 캐니에지 알고리즘에서 이중 임계값을 트랙바로 만들어서 두 개의 임계값을 조절하여 에지를 검출하도록 프로그램을 작성하시오.

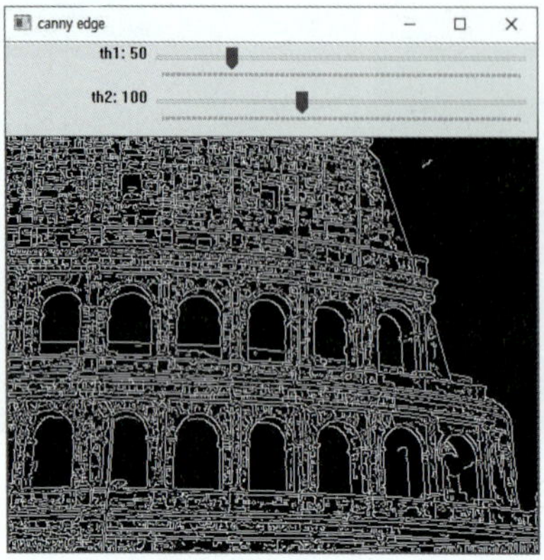

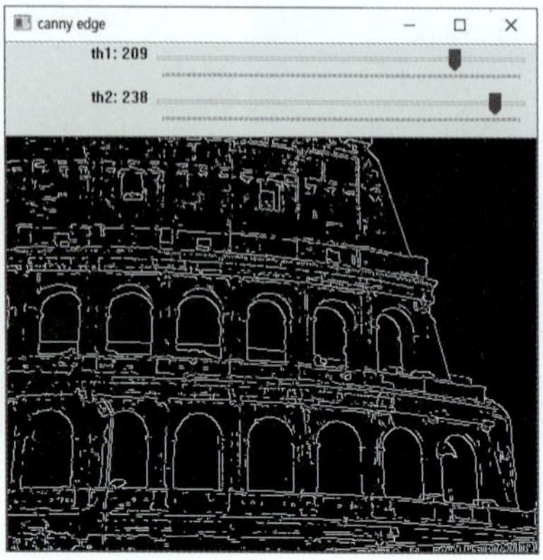

15. 미디언 필터링을 수행하는 함수를 직접 작성하고, 수행 결과를 윈도우에 표시하시오.

16. 예제_7.4.1과 예제_7.4.2에서 구현한 침식 연산과 팽창 연산 함수 erode() 와 dilate()는 소스 내용이 거의 동일하다. 두 함수를 참고하여 하나로 통일해서 morphology() 함수로 구현하시오.

17. 심화예제_7.4.4는 키보드로부터 영상파일의 번호를 입력받아서 열림 연산을 수행한다. 이 예제를 윗쪽과 아래쪽 화살표 키를 이용해서 다음 영상을 로드하여 수행하며, ESC 키를 누르면 종료하도록 수정하시오.

CHAPTER 08

기하학 처리

contents

확대(dilation) - 돈까스의 전파

우리가 먹는 음식도 문화이다. 문화는 서로 영향을 주면서 발전한다. 어느 지방에 한 종류의 음식이 생겨나고, 무역이나 전쟁 등을 통해 사람들이 다른 곳으로 이동되면서, 음식 문화도 이동되고, 기존의 음식 문화와 상호 작용하여 새로운 모습을 가진다.

청소년이 좋아하는 음식 중에 하나인 돈까스도 그 역사를 거슬러 따라가면, 재미있는 부분이 있다. 돈까스는 오스트리아의 슈니첼(독일어, Schunitzel)에서 시작되었다. 2차 세계대전에서 독일이 오스트리아를 점령함으로써, 독일 이름으로 전 유럽에 불리게 되었다. 슈니첼은 영국, 프랑스 등지에서 우리가 알고 있는 포크 커틀릿(pork cutlet)으로 변하게 된다.

일본은 서양 문물을 받아들이는 중에 영국인들에 의해 1872년 비프 커틀릿 요리 제조법을 받아들인다. 여기서 '커틀릿(cutlet)' 영어 발음이 일본식으로 '카츠레츠(カツレツ)' 가 되고, 줄여서 '카츠'가 된다. 소고기 대신 값싼 돼지고기로 요리했기에 '돈카츠'가 되었다. 그 후 1929년 한 일본 궁중 요리사가 동경에 식당을 오픈하고, 메뉴로 '돈까스'를 내놓으면서 '카츠레츠'는 '돈까스'로 굳어지게 되었다.

일본을 통해 우리나라에 돈까스가 들어왔다. 일반에게 알려진 것은 1960년대 경양식집이 본격적으로 생기기 시작한 때이다. 돈까스는 얇은 돼지고기에 빵가루를 발라서 두툼하게 하고, 기름에 튀겨서 빵가루로 인해 고기가 확대된 것처럼 보인다. 튀겨진 돈까스 표면을 자세히 보면, 거칠고 많은 빈 공간들이 보인다. 영상처리에서 영상을 단순히 확대하면, 확대된 영상에 화소가 빈 홀(hole)들이 생긴다.

08 기하학 처리

기하학(geometry)은 점, 선, 면, 도형 등의 기하학적인 대상을 다루는 학문이다. 즉, 대상의 길이, 넓이, 각도 등을 측정하거나 공간상의 특성을 연구하는 수학의 한 분야이다. 기하학의 영어 단어 "geometry"는 토지를 뜻하는 "geo-"와 측량을 뜻하는 "metry"라는 단어가 합해져서 만들어진 용어이다.

영상처리에서 기하학 처리는 영상 내에 있는 기하학적인 대상의 공간적 배치를 변경하는 과정을 말한다. 이것을 화소의 입장에서 보면, 영상을 구성하는 화소들의 공간적 위치를 재배치하는 과정이라 할 수 있다.

이러한 변환에는 크게 회전, 크기변경, 평행이동 등이 있다. 보통 영상처리 관련 논문에서는 이 세 가지 변환을 일컬어 RST 변환이라는 말한다. R은 Rotation, S는 Scaling, T는 Translation의 첫 글자이다.

이 장에서는 RST 변환을 비롯해서 다양한 기하학적 처리를 위한 기본적인 방법들에 대해 배운다.

8.1 사상

기하학적 처리의 기본은 화소들의 배치를 변경하는 것이다. 화소의 배치를 변경하려면 사상(mapping)이라는 의미를 이해해야 한다. 사상은 화소들의 배치를 변경할 때, 입력 영상의 좌표가 새롭게 배치될 해당 목적 영상의 좌표를 찾아서 화소값을 옮기는 과정을 말한다.

여기에는 순방향 사상(forward mapping)과 역방향 사상(reverse mapping)의 두 가지 방식이 있다. 순방향 사상은 입력 영상의 좌표를 중심으로 목적 영상의 좌표를 계산하여 화소의 위치를 변환하는 방식이다. 이 방식은 일반적으로 입력 영상과 목적 영상이 크기가 같을 때 유용하게 사용된다. 반면, 두 영상의 크기가 달라지면, 홀(hole)이나 오버랩(overlap)의 문제가 발생할 수 있다.

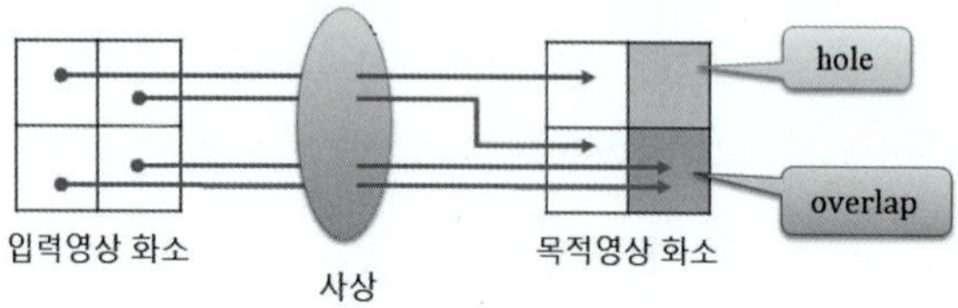

〈그림 8.1.1〉 순방향 사상의 방식과 문제점

〈그림 8.1.1〉에서 홀과 오버랩에 대해서 자세히 나타내었다. 홀은 입력 영상의 좌표들로 목적 영상의 좌표를 만드는 과정에서 사상되지 않은 화소를 가리킨다. 보통 영상을 확대하거나 회전할 때에 발생한다. 반면, 오버랩은 영상을 축소할 때 주로 발생한다. 이것은 입력 영상의 여러 화소들이 목적 영상의 한 화소로 사상되는 것을 말한다.

이런 문제를 해결할 수 있는 방법이 역방향 사상이다. 역방향 사상은 목적 영상의 좌표를 중심으로 역변환을 계산하여 해당하는 원본 영상의 좌표를 찾아서 화소값을 가져오는 방식이다.

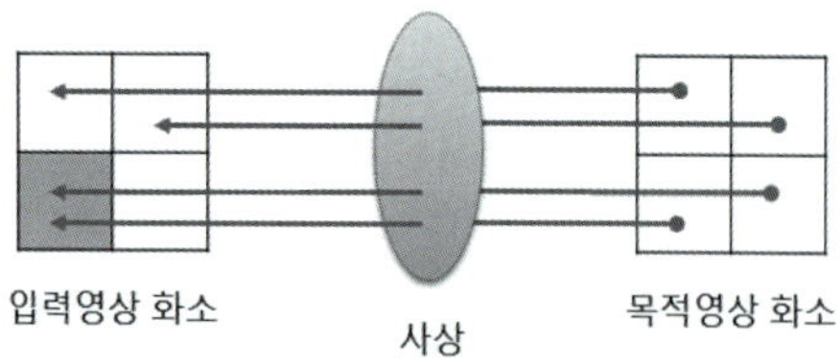

〈그림 8.1.2〉 역방향 사상의 방식

〈그림 8.1.2〉의 예시에서 입력 영상에서 하단 왼쪽 한 개의 화소가 목적 영상의 두 개 화소로 각각 사상된다. 이 경우에도 역방향 사상의 방식은 홀이나 오버랩은 발생하지 않는다. 다만, 입력 영상의 한 화소를 목적 영상의 여러 화소에서 사용하게 되면 결과 영상의 품질이 떨어질 수 있다.

이런 문제를 해결하는 방법이 8.3절에서 배우게 되는 보간법이다.

8.2 크기변경 (확대/축소)

영상 크기변경을 위하여 영상을 확대하거나 축소하는 것은 포토샵을 비롯한 많은 응용 프로그램에서 경험해 봤을 것이다. 요즘에는 스마트폰에서 갤러리 앱을 실행하면, 두 손가락으로 줌인(zoom-in)이나 줌아웃(zoom-out) 기능으로 쉽게 영상의 크기를 변경해 볼 수 있다.

이렇게 크기변경(scaling)은 입력 영상의 가로와 세로로 크기를 변경해서 목적 영상을 만드는 방법이다. 목적 영상이 입력 영상보다 커지면 확대가 되고, 작아지면 축소가 된다.

영상의 크기변경 방법은 먼저 비율을 이용해서 수행할 수 있다. 변경하려는 가로와 세로의 비율 $(ratioX, ratioY)$을 지정하여 입력 영상의 좌표 (x, y)에 곱하면 목적 영상의 좌표 (x', y')를 계산할 수 있다.

$$y' = y \cdot ratioY$$
$$x' = x \cdot ratioX$$

다른 방법으로 목적 영상의 크기를 지정해서 변경할 수도 있다. 이것은 입력 영상과 목적 영상의 크기로 비율을 계산하고, 계산된 비율을 이용해서 목적 영상의 좌표를 계산한다.

$$ratio\,Y = \frac{dst_{height}}{org_{height}}, \quad ratio\,X = \frac{dst_{width}}{org_{width}}$$

다음 예제는 목적 영상의 크기를 지정하는 방법으로 영상의 크기를 변경하는 예제이다. 이 예제는 순방향 사상을 이용한 방법이기 때문에 목적 영상에서 홀이나 오버랩이 발생하여 화질이 좋지 못하다. 크기변경 함수는 좌표 인덱스를 좌표 행렬로 생성하는 방법과 반복문을 이용하는 방법으로 두 가지 방법을 예시한다.

예제 8.2.1 영상 크기 변경 – 01.scaling.cpp

```
import numpy as np, cv2

def scaling(img, size):                                         # 크기 변경 함수1
    dst = np.zeros(size[::-1], img.dtype)                       # size와 shape는 원소 역순
    ratioY, ratioX = np.divide(size[::-1], img.shape[:2])           # 비율 계산
    y = np.arange(0, img.shape[0], 1)                           # 입력 영상 세로(y) 좌표 생성
    x = np.arange(0, img.shape[1], 1)                           # 입력 영상 가로(x) 좌표 생성
    y, x = np.meshgrid(y, x)                                    # i, j 좌표에 대한 좌표 행렬 생성
    i, j = np.int32(y * ratioY), np.int32(x * ratioX)           # 목적 영상 좌표
    dst[i, j] = img[y, x]                                       # 정방향 사상→목적 영상 좌표 계산
    return dst

def scaling2(img, size):                                        # 크기 변경 함수2
    dst = np.zeros(size[::-1], img.dtype)
    ratioY, ratioX = np.divide(size[::-1], img.shape[:2])
    for y in range(img.shape[0]):                               # 입력 영상 순회- 순방향 사상
        for x in range(img.shape[1]):
            i, j = int(y * ratioY), int(x * ratioX)             # 목적 영상의 y, x 좌표
            dst[i, j] = img[y, x]
    return dst

def time_check(func, image, size, title):                       # 수행시간 체크 함수
    start_time = time.perf_counter()
    ret_img = func(image, size)
    elapsed = (time.perf_counter() - start_time) * 1000
    print(title, “수행시간 = %0.2f ms” % elapsed)
    return ret_img

image = cv2.imread(“images/scaling.jpg’, cv2.IMREAD_GRAYSCALE)
if image is None: raise Exception(“영상파일 읽기 에러”)

dst1 = scaling(image, (150, 200))                               # 크기 변경- 축소
dst2 = scaling2(image, (150, 200))                              # 크기 변경- 축소
dst3 = time_check(scaling, image, (300,400), “[방법1]: 좌표 행렬 방식>”)      # 확대
dst4 = time_check(scaling2, image, (300,400), “[방법2]: 반복문 방식>”)      # 확대

cv2.imshow(“image”, image)
```

```
38  cv2.imshow("dst1- zoom out", dst1)
39  cv2.imshow("dst3- zoom out" , dst3)
40  cv2.resizeWindow("dst1- zoom out", 260, 200)             # 윈도우 크기 확장
41  cv2.waitKey(0)
```

| 설명 |

① 3~11행은 정발행렬 인덱스로 크기변경을 수행하는 함수이다.

② 4행은 size 크기에 맞춰 목적 영상 행렬을 생성한다. size와 shape은 역순이다.

③ 5행은 목적 영상과 입력 영상의 크기로 변경 비율(ratioX, ratioY)을 계산한다. size를 역순하여 계산한다.

④ 6, 7행은 입력 영상의 세로, 가로 범위만큼 좌표(y, x)를 생성한다.

⑤ 8행은 numpy.meshgird() 함수로 세로 좌표와 가로 좌표를 나타내는 좌표 행렬(y, x)을 각각 만든다.

⑥ 9행은 세로와 가로 좌표에 비율을 곱하여 목적 영상의 좌표들을 좌표 행렬로 만든다.

⑦ 10행은 입력 영상의 좌표를 목적 영상의 좌표에 사상한다.

⑧ 13~20행은 반복문을 이용해서 크기변경을 수행하는 함수이다.

⑨ 16, 17행에서 입력 영상의 모든 좌표를 순회한다.

⑩ 18행은 입력 영상 좌표(y, x)에 크기 변경 비율을 곱하여 목적 영상 좌표(i, j)를 계산한다.

⑪ 19행은 입력 영상 좌표를 목적 영상 좌표에 대입한다.

⑫ 22~27행은 함수의 수행 속도를 측정하는 함수이다. 첫 번째 인수로 수행할 함수명을 전달한다.

⑬ 27행은 인수로 입력된 함수의 수행 결과를 반환한다.

⑭ 34, 35행은 크기를 확대하며, 수행 속도를 체크한다.

⑮ 40행은 "dst1-zoo out" 창의 크기가 작아서 제목 타이틀이 보이지 않아서 윈도우 가로 크기를 260픽셀로 키운다. 빈 공간은 회색으로 채워진다.

| 실행결과 |

```
Run:  01.scaling ×
C:\Python\python.exe D:/Source/chap08/01.scaling.py
[방법1] 좌표 행렬 방식> 수행시간 = 3.02 ms
[방법2] 반복문 방식> 수행시간 = 68.38 ms
```

실행 결과에서 영상을 확대(dst3)했을 때, 순방향 사상으로 인해서 채워지지 않은 홀이 다수 발생해 영상의 화질이 상당히 좋지 못하다. 또한, 수행 시간을 비교해 보면 좌표 행렬을 인덱스로 사용한 방법이 반복문 방식보다 현저하게 빠른 것을 확인할 수 있다.

8.3 보간

예제_8.2.1의 실행결과에서 보듯이, 순방향 사상으로 확대할 경우에 목적 화소의 빈 부분인 홀들이 많이 발생하게 된다. 다음 〈그림 8.3.1〉은 입력 영상을 두 배 확대할 때에 목적 영상의 화소 배치를 보인 것이다.

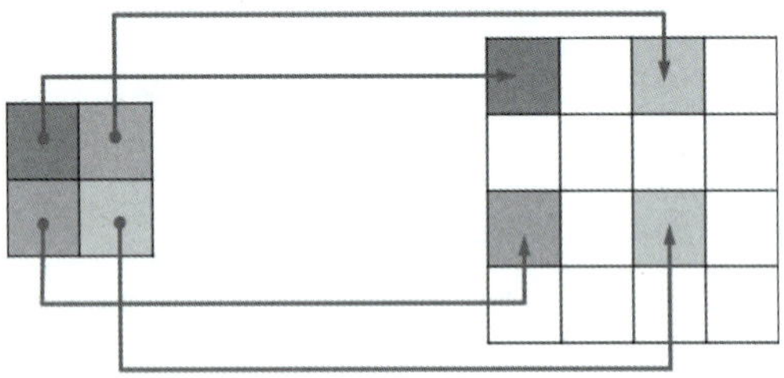

〈그림 8.3.1〉 영상 확대 시 홀의 문제

그림에서 순방향 사상으로 목적 영상의 화소를 찾으려면 입력 영상의 4개 화소는 쉽게 배치되지만, 목적 영상에서 확대되는 나머지 화소들은 홀(hole)이 발생한다. 이런 문제를 해결하는 방법으로 역방향 사상을 통해서 홀의 화소들을 입력 영상에서 찾아 목적 영상의 화소에 대입함으로써 목적 영상의 화질을 유지할 수 있다. 반면, 영상을 축소할 때에는 오버랩(overlap)의 문제가 발생하여 축소가 제대로 되지 않을 수 있다.

이런 문제를 해결하기 위해, 목적 영상에서 홀의 화소들을 채우며, 오버랩되지 않게 화소들을 배치하여 목적 영상을 만드는 기법을 보간법(interpolation)이라 한다. 보간법의 종류에는 최근접 이웃 보간법(nearest neighbor interpolation), 양선형 보간법(bilinear interpolation), 3차 회선 보간법(cubic convolution interpolation) 등 다양한 방법이 있다.

8.3.1 최근접 이웃 보간법

최근접 이웃 보간법(nearest neighbor interpolation)을 적용하는 방법을 〈그림 8.3.2〉에 간단히 나타내었다. 이 방법은 목적 영상을 만드는 과정에서 홀이 되어 화소값을 할당받지 못한 위치에 값을 찾을 때, 그 위치에 가장 가깝게 이웃한 입력 영상의 화소값을 가져오는 방법이다.

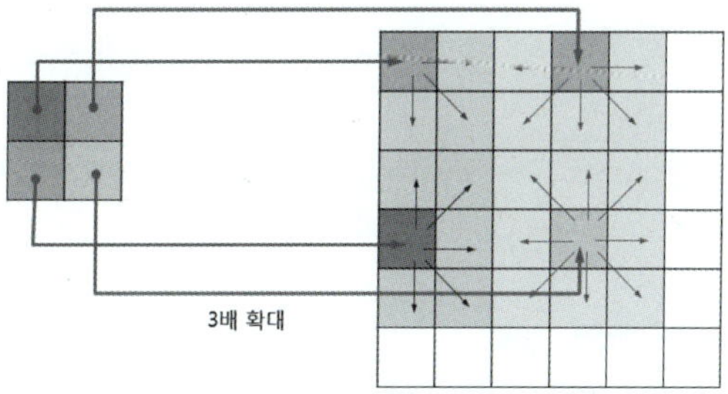

〈그림 8.3.2〉 3배 확대 시 최근접 이웃 화소 찾기

이 방법은 목적 화소의 좌표를 반올림하는 간단한 알고리즘으로 비어있는 홀들을 채울 수 있어 쉽고 빠르게 목적 영상의 품질을 높일 수 있다. 다만, 확대의 비율이 커지면 영상 내에서 경계선이나 모서리 부분에서 계단 현상이 나타날 수 있다.

다음은 역방향 사상의 방법을 적용하여 최근접 이웃 보간법을 수행하는 사용자 정의 함수로 구현한 예제이다. 여기서 역방향 사상을 위해 목적 영상의 좌표(x', y')로 입력 영상의 좌표(x, y)를 계산해야 하기 때문에 다음과 같이 역변환의 수식으로 변경한다.

$$\begin{matrix} y' = y \cdot ratio\,Y \\ x' = x \cdot ratio\,X \end{matrix} \quad \Rightarrow \quad y = \frac{y'}{ratio\,Y},\ x = \frac{x'}{ratio\,X}$$

여기서 8.2.1 예제에서 사용한 크기변경 함수 scaling()을 'Common' 폴더의 'interpolation.py' 파일에 옮겨 작성한다.

예제 8.3.1 크기변경 & 최근접 이웃 보간- 02.scaling_nearset.cpp

```
01 import numpy as np, cv2
02 from Common.interpolation import scaling      # interpolation 모듈의 scaling() 함수 임포트
03
04 def scaling_nearest(img, size):                                    # 크기 변경 함수3
05     dst = np.zeros(size[::-1], img.dtype)                          # 행렬과 크기는 원소가 역순
06     ratioY, ratioX = np.divide(size[::-1], img.shape[:2]) # 변경 크기 비율
07     i = np.arange(0, size[1], 1)                                   # 목적 영상 세로(i) 좌표 생성
08     j = np.arange(0, size[0], 1)                                   # 목적 영상 가로(j) 좌표 생성
09     i, j = np.meshgrid(i, j)
10     y, x = np.int32(i / ratioY), np.int32(j / ratioX)  # 입력 영상 좌표
11     dst[i, j] = img[y, x]                                          # 역방향 사상 → 입력 영상 좌표 계산
12
13     return dst
14
15 image = cv2.imread("images/interpolation.jpg", cv2.IMREAD_GRAYSCALE)
16 if image is None: raise Exception("영상파일 읽기 에러")
17
18 dst1 = scaling(image, (350, 400))                                  # 크기 변경- 기본
19 dst2 = scaling_nearest(image, (350, 400))                          # 크기 변경- 최근접 이웃 보간
20
21 cv2.imshow("image", image)
22 cv2.imshow("dst1- forward mapping", dst1)                          # 순방향 사상
23 cv2.imshow("dst2- NN interpolation", dst2)                         # 최근접 이웃 보간
24 cv2.waitKey(0)
```

| 설명 |

① 2행은 Common.interpolation 모듈의 scaling() 함수를 임포트한다.

② 4~13행은 좌표 인덱스를 이용한 좌표 행렬 생성 방법으로 크기 변경 함수를 구현한다.

③ 10행은 목적 영상의 좌표(i, j)로 입력 영상의 좌표(y, x)를 계산한다. 즉 역방향 사상이다. 나눗셈 결과를 반올림하면 계산 좌표가 영상 범위를 벗어날 수 있어 소수점 이하를 제거하는 방법으로 구현한다.

④ 7, 8행은 변경할 크기(size) 인수로 변경 비율을 위한 인덱스를 만든다.

⑤ 13행은 dst 리스트를 행렬로 만들어서 반환한다.

⑥ 18행은 interpolation 모듈에 구현해 둔 scaling() 함수를 호출한다.

⑦ 19행은 역방향 사상과 최근접 이웃 보간법을 적용한 scaling_nearest() 함수를 호출해서 크기 변경을 수행한다.

| 실행결과 |

8.3.2 양선형 보간법

영상을 확대할 때 확대비율이 커지면, 최근접 이웃 보간법은 모자이크 현상 혹은 경계 부분에서 계단 현상이 나타나게 된다. 이러한 문제를 보완하는 방법이 양선형 보간법(bilinear interpolation)이다.

여기서 선형(linear)의 의미는 쉽게 표현하자면 직선의 특징을 가진 것이라 할 수 있는데, 직선의 방정식을 예로 들 수 있다. 다음 〈그림 8.3.3〉과 같이 두 개 화소의 값을 알고 있을 때 그 값으로 직선을 그려보자. 이때 직선 위에 위치한 화소들의 값은 직선의 수식을 이용해서 쉽게 계산할 수 있다.

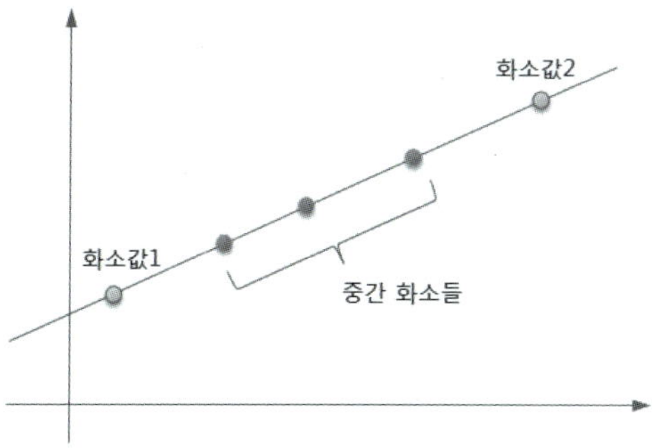

〈그림 8.3.3〉 선형 보간의 방법

양선형 보간법은 이와 같은 선형 보간을 두 번에 걸쳐서 수행하기에 붙여진 이름이다. 그 세부적인 방법은 〈그림 8.3.4〉를 이용해서 설명한다.

먼저, 목적 영상의 화소(P)를 역변환으로 계산하여 가장 가까운 위치에 있는 입력 영상의 4개 화소(A, B, C, D)를 가져온다. (b) 그림과 같이 가져온 4개 화소를 두 개씩(AB, CD) 묶어서 화소값(P_1, P_2, P_3, P_4)으로 두 화소를 잇는 직선을 구성한다.

다음으로 직선의 선상에서 목적 영상 화소의 좌표로 중간 위치를 찾고, 그 위치의 화소값(M_1, M_2)을 계산한다. 이때 중간 위치의 화소값은 기준 화소값(P_1, P_2, P_3, P_4)과 거리 비율(α, $1-\alpha$)을 바탕으로 직선의 수식을 이용해서 계산한다.

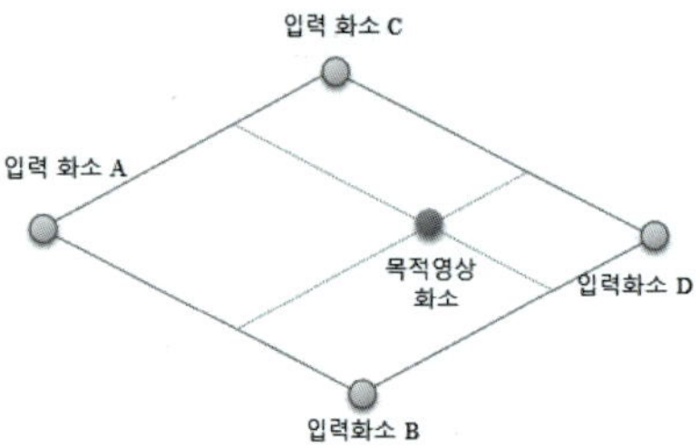

(a) 4개 화소 구성

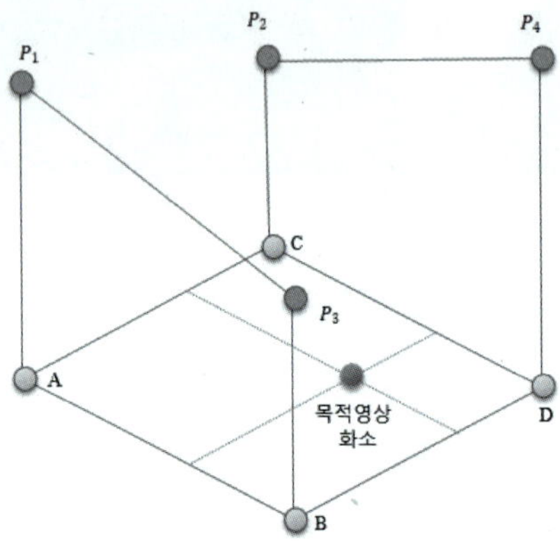

(b) 직선 구성

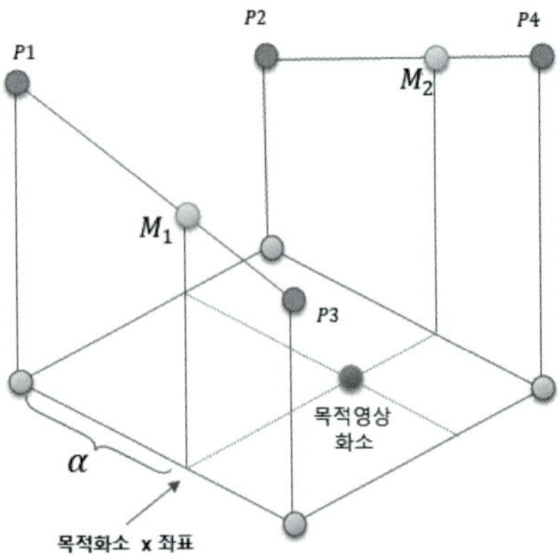

(c) 중간 화소값 계산

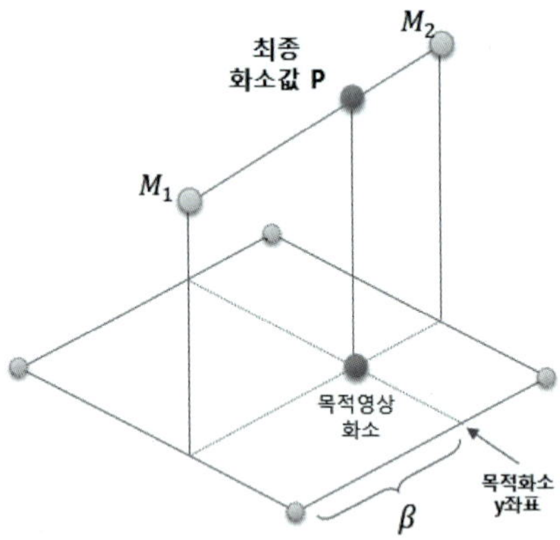

(d) 최종 화소값 계산

〈그림 8.3.4〉 양선형 보간의 과정

마지막으로, 구해진 중간 화소값(M_1, M_2)을 잇는 직선을 다시 구성하고, 두 개의 중간 화소값과 거리 비율(β, $1-\beta$)을 바탕으로 직선의 수식을 이용해서 최종 화소값(P)를 계산한다. 이 최종 화소값이 목적 영상의 해당 좌표의 화소값이 된다.

정확히는 세 번의 선형 보간을 수행하지만, 4개 화소값(P_1, P_2, P_3, P_4)에 대해서 두 번 수행하는 선형 보간은 1차 보간으로 간주한다. 그리고 중간 화소값(M_1, M_2)에 대해서 수행하는 선형 보간을 2차 보간으로 간주하기 때문에 양선형 보간이라 한다. 이것을 수식으로 표현하면 다음과 같다.

$$M_1 = \alpha \cdot P_3 + (1-\alpha) \cdot P_1 = P_1 + \alpha \cdot (P_3 - P_1)$$
$$M_2 = \alpha \cdot P_4 + (1-\alpha) \cdot P_2 = P_2 + \alpha \cdot (P_4 - P_2)$$

$$P = \beta \cdot M_2 + (1-\beta) \cdot M_1 = M_1 + \beta \cdot (M_2 - M_1)$$

다음 예제는 영상의 크기를 변경하면서, 양선형 보간을 수행하는 함수를 직접 구현한 것과 OpenCV에서 제공하는 cv2.resize() 함수를 이용한 방법을 예시한다. 여기서 cv2.resize(), cv2.remap(), cv2.warpAffine(), cv2.warpPerspectivc() 등과 같이 보간이 필요한 함수들을 위해 OpenCV에서는 다양한 보간 방법을 지원한다. 다음은 보간 방법과 그 옵션값이다.

〈표 8.3.1〉 보간 방법 옵션 상수

옵션 상수	값	설명
cv2.INTER_NEAREST	0	최근접 이웃 보간
cv2.INTER_LINEAR	1	양선형 보간 (기본값)
cv2.INTER_CUBIC	2	바이큐빅 보간 - 4×4 이웃 화소 이용
cv2.INTER_AREA	3	픽셀 영역의 관계로 리샘플링
cv2.INTER_LANCZOS4	4	Lanczos 보간 - 8×8 이웃 화소 이용

예제 8.3.2 크기변경 & 양선형 보간 - 03.scaling_bilinear.cpp

```
import numpy as np, cv2
from Common.interpolation import scaling_nearest       # 최근접 이웃 보간 함수 임포트

def bilinear_value(img, pt):                             # 단일 화소 양선형 보간 수행 함수
    x, y = np.int32(pt)
    if x >= img.shape[1]-1: x = x - 1                    # 영상 범위 벗어남 처리
    if y >= img.shape[0]-1: y = y - 1

```

```
    P1, P2, P3, P4 = np.float32(img[y:y+2,x:x+2].flatten())  # 4개 회소-관심 영역으로 접근
    ## 4개 회소 - 화소 직접 접근
    # P1 = float(img[y, x] )                         # 좌상단 화소
    # P2 = float(img[y + 0, x + 1])                  # 우상단 화소
    # P3 = float(img[y + 1, x + 0])                  # 좌하단 화소
    # P4 = float(img[y + 1, x + 1])                  # 우하단 화소

    alpha, beta = pt[1] - y, pt[0] - x               # 거리 비율
    M1 = P1 + alpha * (P3 - P1)                      # 1차 보간
    M2 = P2 + alpha * (P4 - P2)
    P  = M1 + beta * (M2 - M1)                       # 2차 보간
    return np.clip(P, 0, 255)                        # 화소값 saturation 후 반환

def scaling_bilinear(img, size):                     # 양선형 보간
    ratioY, ratioX = np.divide(size[::-1], img.shape[:2]) # 변경 크기 비율-행태와 크기는 역순

    dst = [[ bilinear_value(img, (j/ratioX, i/ratioY))  # 리스트 생성
             for j in range(size[0])]
           for i in range(size[1])]
    return np.array(dst, img.dtype)

image = cv2.imread("images/interpolation.jpg", cv2.IMREAD_GRAYSCALE)
if image is None: raise Exception("영상파일 읽기 에러")

size = (350, 400)
dst1 = scaling_bilinear(image, size)                 # 크기 변경- 양선형 보간
dst2 = scaling_nearest(image, size)                  # 크기 변경- 최근접 이웃 보간
dst3 = cv2.resize(image, size, 0, 0, cv2.INTER_LINEAR) # OpenCV 함수 - 양선형
dst4 = cv2.resize(image, size, 0, 0, cv2.INTER_NEAREST) # OpenCV 함수 - 최근접

cv2.imshow("image", image)
cv2.imshow("User_bilinear", dst1);
cv2.imshow("User_Nearest", dst2)
cv2.imshow("OpenCV_bilinear", dst3);
cv2.imshow("OpenCV_Nearest", dst4)
cv2.waitKey(0)
```

| 설명 |

① 3행은 8.3.1 예제에서 구현한 scaling_nearest() 함수를 Common 폴더의 'interpolation.py'와 'utils.py' 파일에 작성하고 임포트한다.

② 5~7행은 입력 좌표(pt)가 입력 영상의 범위에 있는지 확인한다. 여기서 img.shape[1]-1로 비교하는 것은 양선형 보간을 위해 입력 화소 가로, 세로 방향으로 다음 화소값을 찾아야 하기 때문이다.

② 9행은 입력 화소 주위의 4개 화소를 관심 영역 방법으로 가져온다. 2행, 2열이기에 전개(flatten)하여 1차원으로 구성한다.

③ 11~14행은 4개 화소를 화소 직접 접근 방식으로 지정한다.

④ 16~19행은 4개 좌표로 한 화소에 양선형 보간을 수행하는 수식이다.

⑤ 16행은 목적 화소의 세로와 가로에 대한 위치 비율(α, β)를 계산한다. 계산할 좌표의 소수점 이하 값을 취한다.

⑥ 17, 18행은 두 개씩의 입력 화소로 1차 보간을 수행해서 중간 화소값을 계산한다.

⑦ 19행은 계산된 M_1, M_2 와 세로 위치 비율(β)을 이용해서 2차 보간을 수행한다.

⑧ 20행은 최종적으로 보간된 화소값을 반환한다. 이때 np.clip() 함수로 saturation을 적용해 8비트 범위(0~255)를 유지한다.

⑨ 22~28행은 목적 영상의 모든 화소에 양선형 보간을 적용해서 화소값을 계산한다.

⑩ 25~27행은 리스트 생성 방법으로 목적 영상의 모든 좌표를 순회하며 한 좌표씩 양선형 보간을 수행한다.

⑪ 34, 35행은 양선형 보간과 최근접 보간으로 각각 크기변경을 수행한다.

⑩ 36, 37행은 OpenCV에서 제공하는 cv2.resize() 함수로 크기를 변경한다. 다섯 번째 인수(interpolation)로 INTER_LINEAR와 INTER_NEAREST 옵션을 지정해서 양선형 보간과 최근접 보간을 각각 수행한다.

| 실행결과 |

실행 결과에서 첫째 라인은 최근접 이웃 보간법, 둘째 라인은 양선형 보간법의 결과를 각각 보여준다. 수행한 결과의 화질을 직접 비교해 보길 바란다.

8.4 평행 이동

일반적으로 그래프에 좌표를 표시할 때와는 다르게 영상에서 원점 좌표는 기본적으로 최상단 왼쪽이다. 평행이동(translation)은 영상의 원점을 기준으로 모든 화소를 동일하게 가로 방향과 세로 방향으로 옮기는 것을 말한다.

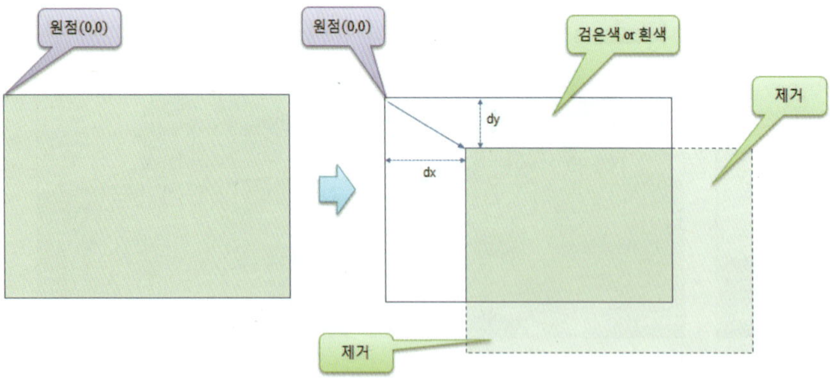

〈그림 8.4.1〉 이동의 모습

〈그림 8.4.1〉은 최상단 왼쪽의 원점에서 가로 방향으로 dx 만큼, 세로 방향으로 dy 만큼 전체 영상의 모든 화소를 이동시키는 예를 보인 것이다. 여기서 옮겨진 후에 입력 영상의

범위를 벗어나는 부분(오른쪽 부분과 하단 부분)은 목적 영상에서 제거된다. 또한, 평행이동할 화소가 없는 부분인 상단과 왼쪽 부분은 0(검은색) 혹은 255(흰색)로 지정한다.

평행이동을 수식으로 표현하면 다음과 같다. 순방향 사상을 적용하면 입력 영상의 화소 (x, y)에서 이동할 화소 수만큼 가로 방향과 세로 방향으로 더해 주어 목적 영상의 화소 위치(x', y')를 정한다.

순방향사상

$$x' = x + dx$$
$$y' = y + dy$$

역방향사상

$$x = x' - dx$$
$$y = y' - dy$$

반면, 역방향 사상을 적용하면 평행이동하려는 화소 개수를 목적 영상의 좌표에서 빼면 양의 방향(오른쪽 하단)으로 이동한다. 예를 들어 입력 영상에서 10 화소만큼 오른쪽으로 이동한 영상을 구한다면, 목적 영상 입장에서는 10 화소만큼 왼쪽에 있는 입력 영상의 화소의 값을 가져와야 한다.

다음 예제는 평행이동을 수행하는 사용자 정의 함수를 역방향 사상의 방법으로 구현한 예제이다.

예제 8.4.1 영상 평행이동 - 04.translation.cpp

```
import numpy as np, cv2

def contain(p, shape):                                      # 좌표(y,x)가 범위내 인지 검사
    return 0<= p[0] < shape[0] and 0<= p[1] < shape[1]

def translate(img, pt):
    dst = np.zeros(img.shape, img.dtype)                    # 목적 영상 생성
    for i in range(img.shape[0]):                           # 목적 영상 순회– 역방향 사상
        for j in range(img.shape[1]):
            x, y = np.subtract((j, i) , pt)                 # 좌표는 가로, 세로 순서
            if contain((y, x), img.shape):                  # 영상 범위 확인
                dst[i, j] = img[y, x]                       # 행렬은 행, 열 순서
    return dst
```

```
14
15 image = cv2.imread("images/translate.jpg", cv2.IMREAD_GRAYSCALE)
16 if image is None: raise Exception("영상파일 읽기 에러")
17
18 dst1 = translate(image, (30, 80))                    # x=30, y=80 으로 평행이동
19 dst2 = translate(image, (-70, -50))
20
21 cv2.imshow("image", image)
22 cv2.imshow("dst1: transted to (30, 80)", dst1);
23 cv2.imshow("dst2: transted to (-70, -50)", dst2);
24 cv2.waitKey(0)
```

| 설명 |

① 3~4행은 좌표(pt)가 두 번째 인수(shape)의 범위 내에 있는지 확인하여 범위 이내이면 True를 반환하고 그렇지 않으면 False를 반환한다. contatin() 함수는 자주 사용되기에 Common 폴더의 'utils.py' 파일에 옮겨 저장하고 사용할 때마다 임포트해서 사용하도록 한다.

③ 6~13행은 pt 좌표로 전체 영상을 평행이동을 수행하는 함수이다.

③ 10행은 목적 영상 좌표(j, i)에서 pt 좌표만큼을 빼서 입력 영상 좌표를 계산한다. 즉, 역방향 사상의 방법을 적용한 것이다.

④ 11행은 사용자 정의 함수 contain()로 (y, x) 위치가 입력 영상의 범위 내에 있는지 확인한다. 참일 때에만 입력 영상 화소를 가져와 목적 영상 화소에 저장한다.

⑤ 18, 19행은 각각 (30, 80), (−70, −50)만큼 이동한 영상을 반환한다. 음수값인 경우에는 영상이 왼쪽, 상단으로 이동된다.

| 실행결과 |

실행 결과에서 dst1은 가로로 30, 세로로 80 화소만큼 평행이동한다. 또한, dst2는 가로로 −70, 세로로 −50만큼 평행이동한다. 양수로 평행이동하면 오른쪽 하단으로 영상이 옮겨지고, 음수로 평행 이동할 경우에는 영상이 왼쪽, 상단으로 이동하게 된다. 또한, 빈 공간은 0으로 채워서 검은색이 되며, 목적 영상의 크기를 벗어나는 화소들은 목적 영상에서 제거된다.

8.5 회전

회전은 입력 영상의 모든 화소를 영상의 원점을 기준으로 원하는 각도만큼 모든 화소에 대해서 회전 변환을 시키는 것을 말한다. 이것은 2차원 평면에서 회전 변환을 나타내는 행렬을 통해서 수식으로 표현할 수 있다.

다음은 회전 변환을 수행하는 행렬을 수식으로 나타낸 것이다. 회전 변환의 역행렬이 sin() 함수의 부호만 다르기 때문에 순방향 사상과 역방향 사상도 단지 sin() 함수의 부호만 차이가 난다.

순방향사상

$$x' = x \cdot \cos\theta - y \cdot \sin\theta$$
$$y' = x \cdot \sin\theta + y \cdot \cos\theta$$

역방향사상

$$x = x' \cdot \cos\theta + y' \cdot \sin\theta$$
$$y = -x' \cdot \sin\theta + y' \cdot \cos\theta$$

목적 영상의 모든 화소(x', y')에 대해서 역방향 사상의 수식을 적용하여 입력 화소를 계산하면, 〈그림 8.5.1〉과 같이 원점으로부터 시계 방향으로 정해진 각도만큼 회전된 영상이 생성된다. 직교 좌표계에서 회전 변환은 반시계 방향으로 적용된다. 그러나 영상 좌표계에서는 y 좌표가 하단으로 내려갈수록 증가하기 때문에 시계 방향 회전으로 표현됨에 유의한다.

평행이동과 마찬가지로 목적 영상의 범위를 벗어나는 입력 화소는 제거되며, 입력 영상에서 찾지 못하는 목적 화소는 검은색이나 흰색으로 지정한다.

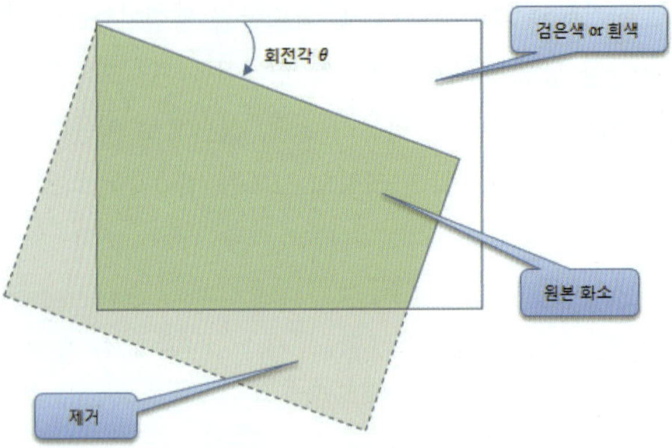

〈그림 8.5.1〉 원점에서 회전

일반적으로 영상을 회전시킬 때에는 회전의 기준을 영상의 기준 원점인 좌상단이 아닌, 물체의 중심(center X, center Y)으로 하는 경우가 많다. 이 경우에는 다음과 같이 평행이동의 수식을 포함하여 회전 변환을 수행한다. 이것은 영상을 원점으로 이동시킨 후, 회전을 수행하고, 다시 기준점 좌표로 이동하는 것이다.

$$x = (x' - center\ X) \cdot \cos\theta + (y' - center\ Y) \cdot \sin\theta + center\ X$$
$$y = -(x' - center\ X) \cdot \sin\theta + (y' - center\ Y) \cdot \cos\theta + center\ Y$$

다음은 위의 수식에 따라서 입력 영상에 회전 변환을 수행하는 함수를 구현한 예제이다. 기본이 되는 원점을 기준으로 회전하는 방법과 원하는 좌표를 기준으로 회전하는 방법을 모두 예시한다.

예제 8.5.1 영상 회전 - 05.rotation.py

```
import numpy as np, math, cv2
from Common.interpolation import bilinear_value          # 양선형 보간 함수 임포트
from Common.functions import contain                     # 사각형으로 범위 확인 함수

def rotate(img, degree):                                 # 원점 기준 회전 변환 함수
    dst = np.zeros(img.shape[:2], img.dtype)             # 목적 영상 생성
    radian = (degree/180) * np.pi                        # 회전 각도- 라디언
    sin, cos = np.sin(radian), np.cos(radian)            # 사인, 코사인 값 미리 계산

    for i in range(img.shape[0]):                        # 목적 영상 순회- 역방향 사상
```

```
11          for j in range(img.shape[1]):
12              y = -j * sin + i * cos
13              x = j * cos + i * sin                    # 회선 변환 수식
14              if contain((y, x), img.shape):           # 입력 영상의 범위 확인
15                  dst[i, j] = bilinear_value(img, [x, y])      # 화소값 양선형 보간
16      return dst
17
18  def rotate_pt(img, degree, pt):                      # pt 기준 회전 변환 함수
19      dst = np.zeros(img.shape[:2], img.dtype)         # 목적 영상 생성
20      radian = (degree/180) * np.pi                    # 회전 각도– 라디언
21      sin, cos = math.sin(radian), math.cos(radian)    # 사인, 코사인 값 미리 계산
22
23      for i in range(img.shape[0]):                    # 목적 영상 순회– 역방향 사상
24          for j in range(img.shape[1]):
25              jj, ii = np.subtract((j, i), pt)         # 중심 좌표로 평행이동
26              y = -jj * sin + ii * cos                 # 회선 변환 수식
27              x = jj * cos + ii * sin
28              x, y = np.add((x, y), pt)                # 중심 좌표로 평행이동
29              if contain((y, x), img.shape):           # 입력 영상의 범위 확인
30                  dst[i, j] = bilinear_value(img, (x, y))      # 화소값 양선형 보간
31      return dst
32
33  image = cv2.imread("images/rotate.jpg", cv2.IMREAD_GRAYSCALE)
34  if image is None: raise Exception("영상파일 읽기 에러")
35
36  center = np.divmod(image.shape[::-1], 2)[0]          # 영상 크기로 중심 좌표 계산
37  dst1 = rotate(image, 20)                             # 원점 기준 회전 변환
38  dst2 = rotate_pt(image, 20, center)                  # center 기준 회전 변환
39
40  cv2.imshow("image", image)
41  cv2.imshow("dst1 : rotated on (0, 0)", dst1);
42  cv2.imshow("dst2 : rotated on center point", dst2);
43  cv2.waitKey(0)
```

| 설명 |

① 3행에서 앞 예제에서 사용한 contain() 함수를 Common 폴더의 'utils.py' 폴더에 저장하고 임포트한다.

② 5~16행은 회전 변환을 수행하는 함수 rotate()을 구현한다. 영상의 원점을 중심으로 두 번째 인수(dgree)의 각도만큼 시계 방향으로 회전을 수행한다.

③ 7행은 회전 변환 값을 라디안 각도로 변환한다.

④ 8행은 회전 변환에 사용할 sin과 cos 함수값을 계산하여 변수에 미리 저장한다. 반복문 내에서 sin(), cos() 함수를 호출하면, 전체 화소 개수만큼 계산해야 하기 때문에 수행 속도에서 문제가 된다.

⑤ 12, 13행은 회전 변환 수식으로 목적 좌표(j, i)에서 입력 좌표(x, y)를 계산한다.

⑥ 14행은 utils 모듈의 contain() 함수로 계산 위치(y, x)가 영상 범위 내에 있는지 확인한다.

⑦ 15행은 계산된 좌표로 양선형 보간값을 계산하고, 보간 결과를 목적 화소에 저장한다.

⑧ 18~31행은 인수로 입력된 좌표(pt)를 중심으로 회전 변환을 수행하는 함수이다.

⑨ 25행은 전달받은 좌표(pt)만큼 빼서 먼저 평행 이동을 수행한다.

⑩ 26, 27행은 평행이동된 좌표에서 회전 변환 수식을 적용한다.

⑪ 28행은 pt 좌표를 다시 더해서 원래 좌표로 돌아가도록 역 평행이동을 수행한다.

⑫ 36행은 회전의 기준점으로 입력 영상의 중심점을 계산하여 center 객체에 저장한다. 행렬의 형태(shape)를 역순 [::-1]으로 가져오면 크기가 되며, divmod() 함수로 2로 나눈 몫만 가져온다.

| 실행결과 |

입력 영상은 고대 그리스 빌립보(현 Philippi) 야외극장 입구 아치문이다. 돌조각들을 정교히 붙여 만들었다. 실행 결과에서 'dst1-rotated on org' 창은 원점을 기준으로 시계 방향으로 20도 회전된 영상이다. 그리고 'dst2-rotated on center' 창은 영상의 중심을 기준으로 20도만큼 회전된 영상이다.

다음은 회전 변환 함수를 이용한 심화예제를 다루어 보자. 이 예제는 먼저 마우스 왼쪽 버튼을 클릭해서 회전의 중심좌표를 선택한다. 다음으로 두 번째 마우스 버튼 클릭에서는 〈그림 8.5.2〉와 같이 마우스 드래그를 이용해서 회전 각도를 지정한다. 그러면 세 좌표를 이용해서 회전 각도를 계산하고, 회전을 수행한다.

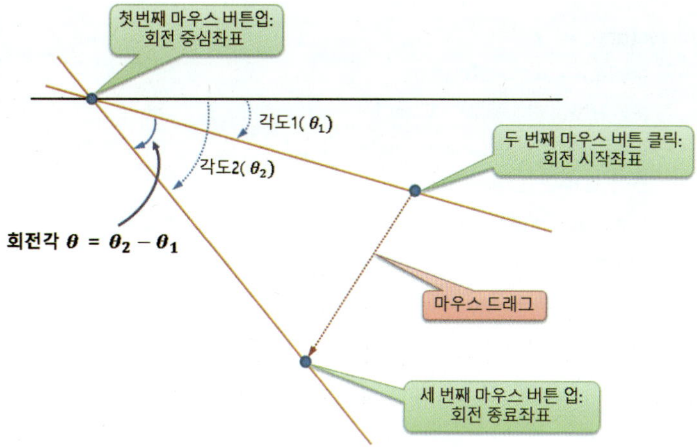

〈그림 8.5.2〉 기준점에서 회전

심화예제 8.5.2 마우스 드래그로 영상 회전하기 - 06.rotation2.py

```python
import numpy as np, cv2
from Common.interpolation import rotate_pt              # 좌표 기준 영상 회전 함수 임포트

def calc_angle(pt):                                      # 3개 좌표로 각도 계산 함수
    d1 = np.subtract(pts[1], pts[0]).astype(float)       # 두 좌표간 차분 계산
    d2 = np.subtract(pts[2], pts[0].astype(float)
    angle1 = cv2.fastAtan2(d1[1], d1[0])                 # 차분으로 각도 계산
    angle2 = cv2.fastAtan2(d2[1], d2[0])
    return (angle2 - angle1)                             # 두 각도 간의 차분

def draw_point(x, y):                                    # 좌표 저장 및 그리기
    pts.append([x,y])
    print("좌표:", len(pts), [x,y])                        # 클릭 좌표 표시
    cv2.circle(tmp, (x, y), 2, 255, 2)                   # 중심 좌표 표시
    cv2.imshow("image", tmp)

def onMouse(event, x, y, flags, param):                  # 마우스 콜백 함수
    global tmp, pts
    if (event == cv2.EVENT_LBUTTONUP and len(pts) == 0): draw_point(x, y)
    if (event == cv2.EVENT_LBUTTONDOWN and len(pts) == 1): draw_point(x, y)
    if (event == cv2.EVENT_LBUTTONUP and len(pts) == 2): draw_point(x, y)

```

```
23        if len(pts) == 3:
24            angle = calc_angle(pts)                        # 회전각 계산
25            print("회전각: %3.2f" % angle)
26            dst = rotate_pt(image, angle, pts[0])          # 저자 구현 회전 수행
27            cv2.imshow("image", dst)
28            tmp = np.copy(image)                           # 임시 행렬 초기화
29            pts = []                                       # 클릭 좌표 초기화
30
31    image = cv2.imread("images/rotate.jpg", cv2.IMREAD_GRAYSCALE)
32    if image is None: raise Exception("영상파일 읽기 에러")
33    tmp = np.copy(image)
34    pts = []
35
36    cv2.imshow("image", image)
37    cv2.setMouseCallback("image", onMouse, 0)
38    cv2.waitKey(0)
```

| 설명 |

① 2행은 Common 폴더에 interpolation.py 파일에 예제 8.4의 rotate_pt() 함수를 작성하고 현재 소스에서 임포트한다.

② 4~9행은 3개 좌표을 이용해서 각도를 계산하는 함수이다.

③ 5, 6행은 두 좌표간 차분을 계산한다. np.subtruct() 함수는 리스트(튜플)의 원소간 뺄셈을 수행한다. 즉, 두 좌표의 너비와 높이를 계산한다.

⑤ 7, 8행은 차분(d1, d2)으로 각도를 계산한다. cv2.fastAtan2()는 가로, 세로 방향 차분을 입력하면 각도값을 반환한다.

⑥ 9행은 두 각도의 차분이 드래그한 영역의 각도가 되며, 이를 반환한다.

⑦ 11~15행은 입력된 좌표(pt)를 pts 리스트에 추가하고, 이 좌표 위치를 tmp 행렬에 표시하는 함수이다. tmp 행렬은 원본 영상을 복사한 행렬이다.

⑧ 12행은 클릭된 좌표를 pts 리스트에 추가한다. 클릭 좌표의 개수를 세며, 각도를 계산하기 위함이다.

⑨ 17~29행은 마우스 이벤트를 처리하는 콜백 함수이다.

⑩ 20행은 cnt와 tmp는 여러 함수에서 공통으로 사용되어 전역변수로 설정하고 각 함수에서 사용한다.

⑪ 19~21행은 마우스 클릭시 좌표를 저장한다.

⑫ 19행에서 첫 번째 마우스 클릭은 왼쪽 버튼을 땔 때 저장한다. 다운 버튼으로 지정하면 콜백 함수가 연속적으로

발생하기 때문에 첫 번째 다운 버튼과 두 번째 다운 버튼의 구분이 어려워진다.

⑬ 20, 21행은 마우스 드래그의 상황이다. 버튼 다운시에 두 번째 좌표를 저장하고, 두 번째 다운 이후에 버튼 업을 할 때 세 번째 좌표를 저장한다.

⑭ 23~26행은 3개의 좌표가 모두 저장되면 회전 각도를 계산해서 회전을 수행한다.

⑮ 26행은 기준점 기준 회전 변환을 수행하는 저자 구현 함수이다.

⑯ 28, 29행은 표시된 좌표점들을 회전이 완료되면 임시 행렬과 좌표들을 초기화한다.

| 실행결과 |

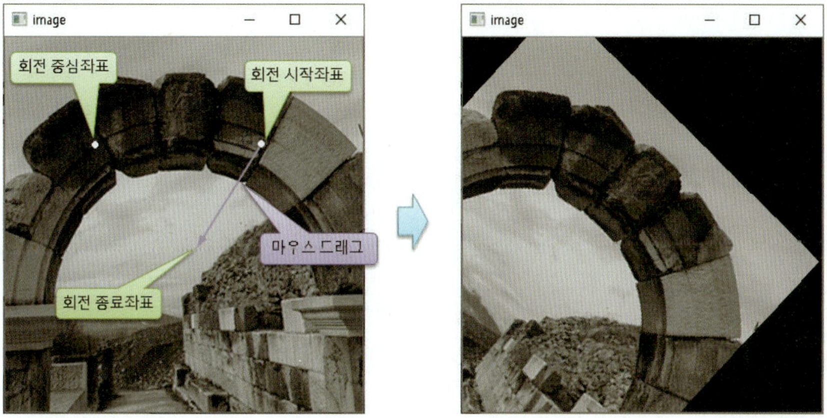


```
Run: 06.rotate2
C:\Python\python.exe D:/source/chap08/06.rotate2.py
좌표: 1 [101, 103]
좌표: 2 [253, 105]
좌표: 3 [195, 207]
회전각 : 47.13
```

실행 결과 영상에서 먼저 마우스 왼쪽 버튼을 클릭하면 회전 중심좌표를 지정한다. 다음으로 마우스 왼쪽 버튼으로 클릭 후에 드래그하여 마우스 버튼을 떼면 두 번째 좌표와 세 번째 좌표를 저장한다. 다음으로 드래그한 각도만큼 회전 각도를 계산해서 회전을 수행한다.

8.6 행렬 연산을 통한 기하학 변환 – 어파인 변환

앞에서 기술한 기하학 변환들의 수식은 행렬식으로 표현이 가능하다. 즉, 기하학 변환 수식이 행렬의 곱으로 표현되는 것이다.

예를 들어, 회전은 다음의 행렬식으로 표현된다.

$$\begin{bmatrix} x' \\ y' \end{bmatrix} = \begin{bmatrix} \cos\theta - & \sin\theta \\ \sin\theta - & \cos\theta \end{bmatrix} \begin{bmatrix} x \\ y \end{bmatrix}$$

크기변경은 다음의 행렬식으로 표현된다.

$$\begin{bmatrix} x' \\ y' \end{bmatrix} = \begin{bmatrix} \alpha & 0 \\ 0 & \beta \end{bmatrix} \begin{bmatrix} x \\ y \end{bmatrix}$$

평행이동은 다음의 행렬식으로 표현할 수 있다.

$$\begin{bmatrix} x' \\ y' \end{bmatrix} = \begin{bmatrix} x \\ y \end{bmatrix} + \begin{bmatrix} t_x \\ t_y \end{bmatrix}$$

회전과 크기변경은 2×2 행렬로 표현이 가능하지만, 덧셈이 포함된 평행이동까지 나타내려면 2×3 행렬이 필요하다. 다음 수식과 같이 2×3 행렬로 변환 행렬을 구성하는 것을 어파인 변환(affine transform) 이라 한다.

$$\begin{bmatrix} x' \\ y' \end{bmatrix} = \begin{bmatrix} \alpha_{11} & \alpha_{12} & \alpha_{13} \\ \alpha_{21} & \alpha_{22} & \alpha_{23} \end{bmatrix} \cdot \begin{bmatrix} x \\ y \\ 1 \end{bmatrix}$$

어파인 변환은 변환 전과 변환 후의 두 어파인 공간[1] 사이의 공선점[2]을 보존하는 변환이다. 따라서 변환 전에 직선은 변환 후에도 그대로 직선이며, 그 거리의 비율도 유지된다. 또한, 변환 전에 평행선도 변환 후에 평행선이 된다.

어파인 변환을 수행하는 방법은 크게 두 가지가 있다.

하나는 회전 각도, 크기변경 비율, 평행이동의 정도를 지정해서 각각 변환 행렬을 구성한다. 그리고 각 변환 행렬을 행렬 곱으로 구성하면 하나의 변환 행렬을 만들 수 있다. 각 행렬을 곱하는 순서는 변환하고자는 방식에 따라서 달라질 수 있다. 이때 2×3 크기의 어파인 행렬로 구성하면 행렬의 곱을 계산할 수 없기 때문에 다음 수식과 같이 3×3 크기의 행렬로 구성하여 행렬 곱을 수행한다.

1) 어파인 공간은 유클리드 공간의 어파인 기하학적 성질들을 일반화해서 만들어지는 구조이다.
2) 공선점(collinear point)이란 한 직선 상에 있는 점들을 뜻한다.

$$\text{어파인 변환행렬} = \begin{bmatrix} \cos\theta & -\sin'\theta & 0 \\ \sin\theta & \cos\theta & 0 \\ 0 & 0 & 1 \end{bmatrix} \cdot \begin{bmatrix} \alpha & 0 & 0 \\ 0 & \beta & 0 \\ 0 & 0 & 1 \end{bmatrix} \cdot \begin{bmatrix} 1 & 0 & t_x \\ 0 & 1 & t_y \\ 0 & 0 & 1 \end{bmatrix}$$

행렬의 곱을 완성하면, 3×3 행렬에서 마지막 행을 삭제하면 최종적으로 2×3 형태의 어파인 행렬이 된다.

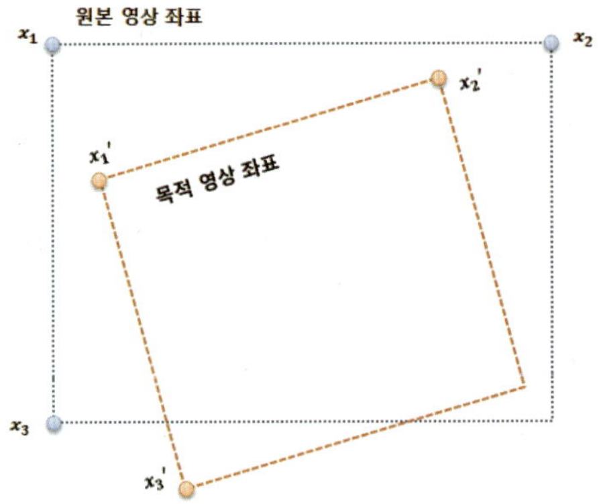

〈그림 8.6.1〉 어파인 변환의 좌표 예

다른 한 가지 방법으로 〈그림 8.6.1〉과 같이 변환 전인 입력 영상의 좌표 3개(x_1, x_2, x_3)와 변환이 완료된 목적 영상에서 상응하는 좌표 3개(x_1', x_2', x_3')를 알면 두 좌표($x \to x'$) 사이를 변환해주는 어파인 변환 행렬을 구할 수 있다.

이렇게 행렬의 곱으로 기하학 변환을 적용하면 단순하면서도 쉽게 입력 영상에 대한 변환이 가능하다.

OpenCV에서도 어파인 변환을 수행할 수 있는 cv2.warpAffine() 함수를 제공한다. 이 함수는 지정된 어파인 변환 행렬을 적용하면 입력 영상에 어파인 변환을 수행한 목적 영상을 반환한다. 또한, 어파인 변환 행렬을 만드는 함수로는 cv2.getAffineTransform()과 cv2.getRotationMatrix2D()가 있다.

cv2.getAffineTransform()은 변환 전의 좌표 3개와 변환 후의 좌표 3개를 지정하면 해당 변환을 수행해 줄 수 있는 어파인 행렬을 반환한다. cv2.getRotationMatrix2D()는 회전 변환과 크기 변경을 수행하는 어파인 행렬을 반환한다. 여기서 회전의 방향은 양수일 때 반시계 방향으로 회전하는 행렬을 반환한다. 이것은 영상 좌표에서 직교 좌표계에서의 회전과 같은 방향으로 표현하기 위함이다.

함수 및 인수 구조		
cv2.warpAffine (src, M, dsize [, dst [, flags [, borderMode [, borderValue]]]]) → dst		
■ 설명: 입력 영상에 어파인 변환을 수행해서 반환한다.		
인수 설명	■ src	입력 영상
	■ dst	반환 영상
	■ M	어파인 변환 행렬
	■ dsize	반환 영상의 크기
	■ flags	보간 방법
	■ borderMode	경계지정 방법
cv2.getAffineTransform(src, dst) → retval		
■ 설명: 3개의 좌표쌍을 입력하면 어파인 변환 형렬을 반환한다.		
인수 설명	■ src	입력 영상 좌표 3개 (행렬로 구성)
	■ dst	목적 영상 좌표 3개 (행렬로 구성)
cv2.getRotationMatrix2D(center, angle, scale) → retval		
■ 설명: 회전 변환과 크기 변경을 수행할 수 있는 어파인 행렬을 반환한다.		
인수 설명	■ center	회전의 중심점
	■ angle	회전각도, 양수 각도가 반시계 방향 회전 수행
	■ scale	변경할 크기
cv2.invertAffineTransform(M [, iM]) → iM		
■ 설명: 어파인 변환 행렬의 역 행렬을 반환한다.		
인수 설명	■ M	어파인 변환 행렬
	■ iM	어파인 역변환 행렬

다음 예제는 어파인 행렬을 지정하면 해당 변환을 수행하는 사용자 정의 함수 affine_transform()를 구현한다. 앞 페이지의 어파인 변환을 위한 행렬 수식은 입력 화소(x, y)를 기준으로 목적 화소(x', y')를 계산하는 순방향 사상을 표현한 것이다. 본 예제는 목적 화소를 기준으로 입력 화소를 찾는 역방향 사상을 적용한다. 따라서 어파인 행렬은 다음과 같이 역행렬로 주어져야 한다.

$$\begin{bmatrix} x' \\ y' \end{bmatrix} = \begin{bmatrix} \alpha_{11} & \alpha_{12} & \alpha_{13} \\ \alpha_{21} & \alpha_{22} & \alpha_{23} \end{bmatrix} \cdot \begin{bmatrix} x \\ y \\ 1 \end{bmatrix} \Rightarrow \begin{bmatrix} x \\ y \end{bmatrix} = \begin{bmatrix} \alpha_{11} & \alpha_{12} & \alpha_{13} \\ \alpha_{21} & \alpha_{22} & \alpha_{23} \end{bmatrix} \cdot \begin{bmatrix} x' \\ y' \\ 1 \end{bmatrix}$$

또한, 예제에서는 OpenCV로 어파인 변환을 수행하는 cv2.warpAffine() 함수와 cv2.getRotationMatrix2D() 및 cv2.getAffineTransform() 함수의 사용법도 예시한다.

예제 8.6.1 어파인 변환 - 07.affine_transform.py

```
import numpy as np, cv2
from Common.functions import contain                      # 함수 임포트
from Common.interpolation import bilinear_value           # 화소 선형 변환 함수 임포트

def affine_transform(img, mat):                           # 어파인 변환 수행 함수
    rows, cols = img.shape[:2]
    inv_mat = cv2.invertAffineTransform(mat)              # 어파인 변환의 역행렬
    ## 리스트 생성 방식
    pts = [np.dot(inv_mat, (j, i, 1)) for i in range(rows) for j in range(cols)]
    dst = [bilinear_value(img, p) if contain(p, size) else 0 for p in pts]
    dst = np.reshape(dst, (rows, cols)).astype(‘uint8’) # 1차원 → 2차원

    ## 반복문 방식
    # dst = np.zeros(img.shape, img.dtype)                # 목적 영상 생성
    # for i in range(rows):                               # 목적 영상 순회- 역방향 사상
    #     for j in range(cols):
    #         pt = np.dot(inv_mat, (j, i, 1))             # 행렬 내적 계산
    #         if contain(pt, size): dst[i, j] = bilinear_value(img, pt)        # 양선형 보간

    return dst

image = cv2.imread(“images/affine.jpg”, cv2.IMREAD_GRAYSCALE)
if image is None: raise Exception(“영상파일 읽기 에러”)

center = (200, 200)                                       # 회전 변환 기준 좌표
angle, scale = 30, 1                                      # 30도 회전, 크기 변경 안 함
size = image.shape[::-1]                                  # 크기는 행태의 역순

pt1 = np.array([( 30, 70),(20, 240), (300, 110)], np.float32)
pt2 = np.array([(120, 20),(10, 180), (280, 260)], np.float32)
aff_mat = cv2.getAffineTransform(pt1, pt2)                # 3개 좌표쌍 어파인 행렬 생성
rot_mat = cv2.getRotationMatrix2D(center, angle, scale)          # 어파인 행렬

dst1 = affine_transform(image, aff_mat)                   # 어파인 변환 수행
dst2 = affine_transform(image, rot_mat)                   # 회전 변환 수행
dst3 = cv2.warpAffine(image, aff_mat, size, cv2.INTER_LINEAR)
dst4 = cv2.warpAffine(image, rot_mat, size, cv2.INTER_LINEAR)
```

```
38
39 image = cv2.cvtColor(image, cv2.COLOR_GRAY2BGR)
40 dst1 = cv2.cvtColor(dst1, cv2.COLOR_GRAY2BGR )
41 dst3 = cv2.cvtColor(dst3, cv2.COLOR_GRAY2BGR )
42
43 for i in range(len(pt1)):                                    # 3개 좌표 표시
44     cv2.circle(image, tuple(pt1[i].astype(int)), 3, (0, 0, 255), 2)
45     cv2.circle(dst1 , tuple(pt2[i].astype(int)), 3, (0, 0, 255), 2)
46     cv2.circle(dst3 , tuple(pt2[i].astype(int)), 3, (0, 0, 255), 2)
47
48 cv2.imshow("image", image)
49 cv2.imshow("dst1_affine", dst1);          cv2.imshow("dst2_affine_rotate", dst2)
50 cv2.imshow("dst3_OpenCV_affine", dst3);   cv2.imshow("dst4_OpenCV_affine_rotate", dst4)
51 cv2.waitKey(0)
```

| 설명 |

① 3행에서 화소 양선형 보간을 수행하는 bilinear_value() 함수를 임포트 한다.

② 5~20행은 어파인 변환 행렬(map)으로 어파인 변환을 수행하는 함수를 구현한다.

③ 7행은 역방향 사상을 위해서 입력된 어파인 변환 행렬의 역행렬을 구한다. cv2.invertAffineTransform() 함수를 이용하면 어파인 행렬의 역행렬을 구할 수 있다.

④ 9행은 어파인 변환 행렬(inv_mat)과 목적 영상 좌표(j, i, 1)로 행렬곱 수행해서 변환 좌표 리스트(pts)를 생성한다. 목적 영상 좌표는 행렬곱을 위해 3 원소 튜플로 구성한다. 그리고 영상의 모든 좌표를 순회하기 위해서 2중 for 문으로 구성하지만, []를 한 번만 사용해서 pts는 1차원 리스트로 생성된다. 여기서 세로 좌표가 먼저 반복됨에 주의하자.

⑤ 10행은 계산된 변환 좌표들(pts)을 모두 순회하며 양선형 보간을 수행한다. 이때, 변환 좌표가 입력 영상의 범위를 벗어나면 화소값 0으로 지정한다. contain() 함수의 첫 인수가 pt 좌표(x, y 순서)이기 때문에 두 번째 인수는 형태(shape)가 아닌 크기(size)를 입력해야 한다.

⑥ 11행에서 양선형 보간을 수행한 행렬은 1차원 행렬이다. numpy.reshape() 함수로 입력 행렬의 크기와 동일하게 2차원으로 형태를 변환하고, 영상 표시를 위해 자료형을 uint8로 변경한다.

⑦ 14~18행은 같은 내용을 반복문을 통해서 구현한 것이며, 주석처리해 두었다.

⑧ 17행에서 목적 영상 조회 화소(j, i)를 어파인 역행렬(2행, 3열)과 행렬 곱하여 입력 영상의 좌표를 계산한다. 이를 위해서 목적 화소는 3 원소(j, i, 1) 리스트로 생성한다.

⑨ 18행은 계산 화소가 입력 영상의 범위이면, 양선형 보간으로 화소값을 계산하고 목적 영상 화소에 저장한다.

⑩ 27행은 행렬의 크기를 가져오려면 shape을 역순한다.

⑪ 29~31행은 변환 전 3개 좌표와 변환 후 3개 좌표를 지정해서 어파인 변환 행렬(aff_mat)의 구한다.

⑫ 32행은 회전 각도와 중심점을 지정해서 회전 변환 행렬(rot_map)을 구한다.

⑬ 34, 35행은 직접 구현한 affine_transform()로 3개 좌표쌍을 통한 어파인 변환과 회전 변환 행렬(rot_map)을 적용해서 회전 변환을 수행한다.

⑭ 36, 37행은 OpenCV에서 제공하는 cv2.warpAffine() 함수로 어파인 변환을 수행한다. 세 번째 인수는 목적 영상의 크기를 지정하며, 다섯 번째 인수는 보간방법을 지정한다.

⑮ 39~41행은 3개 좌표를 빨간색으로 표시하기 위해서 명암도 영상을 컬러 영상으로 변환한다.

⑯ 43~46행은 image, dst1, dst3 행렬에 3개 좌표 쌍을 원으로 그려서 빨간색 점으로 표시한다. 좌표가 float형이기 때문에 튜플 변환 전에 정수형으로 먼저 변경해야 한다.

| 실행결과 |

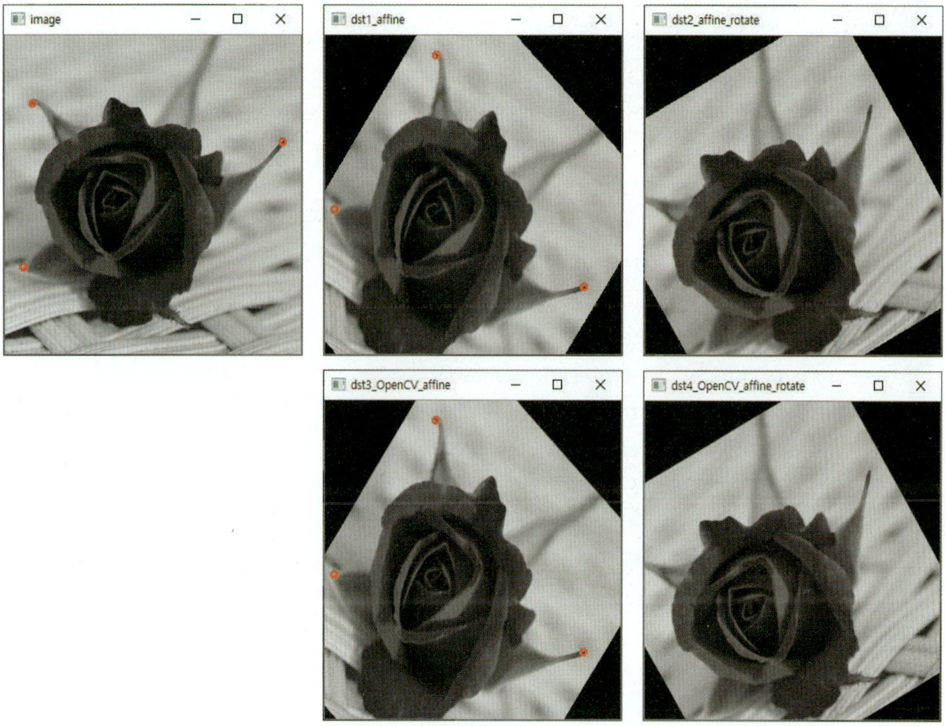

행 결과에서 입력 영상에 3개의 좌표에 빨간색 점이 있으며, 어파인 변환이 수행된 dst1, dst3 행렬에도 3개의 좌표에 빨간색 점이 있다. 두 영상(image, dst1)의 3개 좌표가 변환 전과 변환 후의 좌표로 서로 대응된다.

회전 변환을 수행한 결과를 나타내는 'dst2' 창과 'dst4' 창에서 30도의 회전각도가 시계 반대 방향으로 적용된 것을 볼 수 있다. 이것은 cv2.getRotationMatrix2D() 함수가 양수값에 대해서 시계 반대 방향으로 회전하는 행렬을 반환하기 때문이다.

다음은 심화예제를 다루어 본다. 회전, 크기변환, 평행이동을 복합적으로 수행하도록 어파인 변환 행렬을 만드는 함수를 구현해 보자.

심화예제 8.6.2 어파인 변환의 연결 – 07.affine_combination.py

```
import numpy as np, math, cv2
from Common.interpolation import affine_transform     # 저자 구현 어파인변환 함수 임포트

def getAffineMat(center, degree, fx=1, fy=1, translate=(0,0)):    # 변환 행렬 합성 함수
    scale_mat = np.eye(3, dtype=np.float32)           # 크기 변경 행렬
    cen_trans = np.eye(3, dtype=np.float32)           # 중점 평행 이동
    org_trans = np.eye(3, dtype=np.float32)           # 원점 평행 이동
    trans_mat = np.eye(3, dtype=np.float32)           # 좌표 평행 이동
    rot_mat   = np.eye(3, dtype=np.float32)           # 회전 변환 행렬

    radian = degree / 180 * np.pi                     # 회전 각도– 라디언 계산
    rot_mat[0] = [ np.cos(radian), np.sin(radian), 0] # 회전행렬 0행
    rot_mat[1] = [-np.sin(radian), np.cos(radian), 0] # 회전행렬 1행

    cen_trans[:2, 2] = center                         # 중심 좌표 이동
    org_trans[:2, 2] = -center[0], -center[1]         # 원점으로 이동
    trans_mat[:2, 2] = translate                      # 평행 이동 행렬의 원소 지정
    scale_mat[0, 0], scale_mat[1, 1] = fx, fy         # 크기 변경 행렬의 원소 지정

    ret_mat = cen_trans.dot(rot_mat.dot(trans_mat.dot(scale_mat.dot(org_trans))))
    # ret_mat = cen_trans.dot(rot_mat.dot(scale_mat.dot(trans_mat.dot(org_trans))))
    return np.delete(ret_mat, 2, axis=0)              # 마지막행 제거 ret_mat[0:2,:]

image = cv2.imread("images/affine2.jpg", cv2.IMREAD_GRAYSCALE)
if image is None: raise Exception("영상파일 읽기 에러")

size = image.shape[::-1]
center = np.divmod(size, 2)[0]                        # 회전 중심 좌표
angle, tr = 45, (200, 0)                              # 각도와 평행이동 값 지정

aff_mat1 = getAffineMat(center, angle)                # 중심 좌표 기준 회전
aff_mat2 = getAffineMat((0,0), 0, 2.0, 1.5)           # 크기 변경– 확대
aff_mat3 = getAffineMat(center, angle, 0.7, 0.7)      # 회전 및 축소
aff_mat4 = getAffineMat(center, angle, 0.7, 0.7, tr)  # 복합 변환

dst1 = cv2.warpAffine(image, aff_mat1, size)          # OpenCV 함수
dst2 = cv2.warpAffine(image, aff_mat2, size)
```

```python
38 dst3 = affine_transform(image, aff_mat3)       # 사용자 정의 함수
39 dst4 = affine_transform(image, aff_mat4)
40
41 cv2.imshow("image", image)
42 cv2.imshow("dst1_only_rotate", dst1)
43 cv2.imshow("dst2_only_scaling", dst2)
44 cv2.imshow("dst3_rotate_scaling", dst3)
45 cv2.imshow("dst4_rotate_scaling_translate", dst4)
46 cv2.waitKey(0)
```

| 설명 |

① 2행은 앞 예제에서 구현한 affine_transform() 함수를 Common 폴더의 'interpolation.py' 파일에 옮겨 작성하고 현 소스에 임포트 한다.

② 5~9행은 크기변경, 평행이동, 회전을 위한 어파인 변환 행렬을 생성한다. 여기서 행렬 곱셈이 2×3 행렬 간에 수행할 수 없기 때문에 3×3 크기의 단위행렬로 선언한다.

③ 11행은 회전 각도를 라디안 값으로 계산한다.

④ 12, 13행은 단위행렬로 구성된 회전 변환 행렬(rot_mat)의 0행과 1행에 삼각 함수가 적용된 값을 지정한다.

$$\begin{bmatrix} \cos\theta & \sin\theta & 0 \\ -\sin\theta & \cos\theta & 0 \\ 0 & 0 & 1 \end{bmatrix}$$

⑤ 15~17행은 평행이동 행렬들을 선언한다. 각 변환 행렬의 0~1행, 2열에 평행이동 값(T_x, T_y)을 지정한다.

⑥ 20행은 각 행렬의 곱으로 최종 어파인 변환 행렬을 계산한다. 각 변환 행렬을 곱하는 순서에 따라서 변환의 순서가 결정된다. 현재는 영상 중심으로 이동하고 회전을 수행한다. 그리고 평행이동을 한 후 회전을 하고 마지막으로 원점 좌표로 역이동한다.

$$\begin{bmatrix} 1 & 0 & C_x \\ 0 & 1 & C_y \\ 0 & 0 & 1 \end{bmatrix} \cdot \begin{bmatrix} \cos\theta & \sin\theta & 0 \\ -\sin\theta & \cos\theta & 0 \\ 0 & 0 & 1 \end{bmatrix} \cdot \begin{bmatrix} 1 & 0 & T_x \\ 0 & 1 & T_y \\ 0 & 0 & 1 \end{bmatrix} \cdot \begin{bmatrix} \alpha & 0 & 0 \\ 0 & \beta & 0 \\ 0 & 0 & 1 \end{bmatrix} \cdot \begin{bmatrix} 1 & 0 & -C_x \\ 0 & 1 & -C_y \\ 0 & 0 & 1 \end{bmatrix}$$

⑥ 21행은 회전 후, 크기 변경을 먼저하고 평행이동을 한다. 이 경우에는 크기 변경으로 평행이동의 화소가 크기 작아져서 회전 방향으로 평행이동하는 정도가 작아지게 된다. 주석 처리해 두었으니 20행과 바꾸어서 실행해 보기 바란다.

$$\begin{bmatrix} 1 & 0 & C_x \\ 0 & 1 & C_y \\ 0 & 0 & 1 \end{bmatrix} \cdot \begin{bmatrix} \cos\theta & \sin'\theta & 0 \\ -\sin\theta & \cos\theta & 0 \\ 0 & 0 & 1 \end{bmatrix} \cdot \begin{bmatrix} \alpha & 0 & 0 \\ 0 & \beta & 0 \\ 0 & 0 & 1 \end{bmatrix} \cdot \begin{bmatrix} 1 & 0 & T_x \\ 0 & 1 & T_y \\ 0 & 0 & 1 \end{bmatrix} \cdot \begin{bmatrix} 1 & 0 & -C_x \\ 0 & 1 & -C_y \\ 0 & 0 & 1 \end{bmatrix}$$

⑦ 22행은 3×3 크기 행렬로 행렬 곱셈을 완료한 후에 행렬의 마지막 행을 제거한다. 따라서 2×3 크기의 어파인 변환 행렬이 구성한다.

⑧ 27행은 행렬의 크기는 shape의 역순[::-1]으로 가져온다.

⑨ 28행은 np.divmod() 함수로 나누어서 몫만 가져와서 중심점 좌표를 저장한다.

⑩ 34행에서 aff_map4는 중심점 회전, 크기변경, 평행이동을 수행하는 행렬이다.

⑪ 36, 37행은 cv2.warpAffine() 함수로 각 어파인 변환 행렬로 목적 영상을 생성한다. 세 번째 인수(size)는 목적 영상의 크기이다.

⑫ 38, 39행은 interpolation 모듈의 affine_transform() 함수를 사용하여도 어파인 변환을 수행한다.

| 실행결과 |

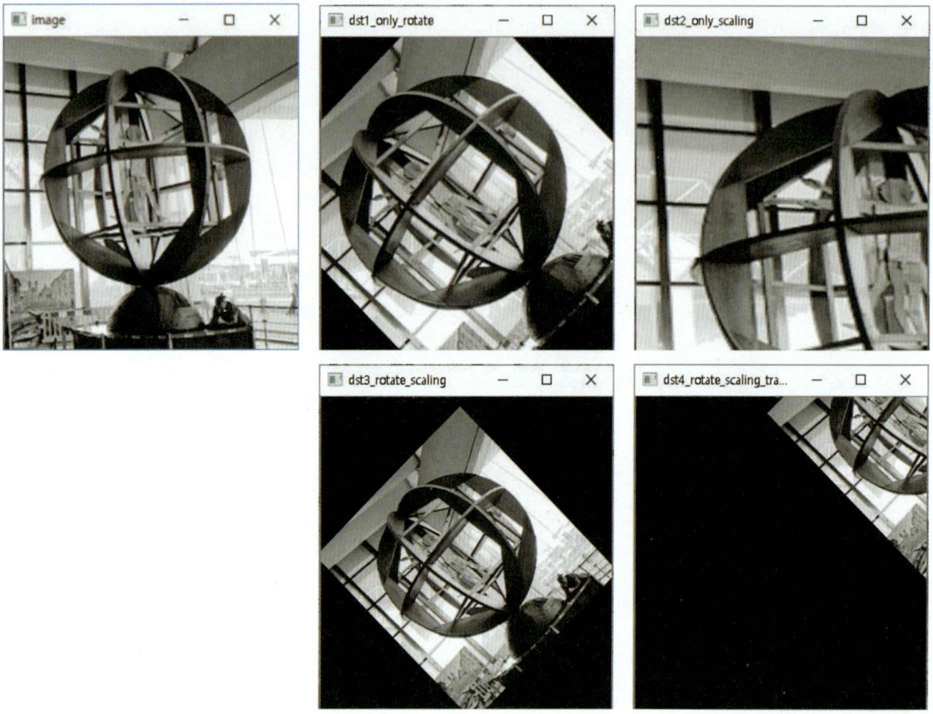

입력 영상은 로마 다빈치 국제공항 내부의 상징물이다. 상징물 내부에는 레오나르도 다빈치의 소묘 작품인 비트루비우스적 인간(Vitruvian Man) 또는 인체 비례도(Canon of Proportions)의 모형이 들어있다. 다빈치는 사람 몸을 기하학적 관점에서 수학적으로 계량화하는 고대 사상을 실험하였다.

실행 결과에서 dst1은 중심점에서 45도의 회전만 수행하고, dst2는 크기변경만 수행한다. 그리고 dst3은 회전, 크기변경을 적용했으며, dst4는 dst3에 x 방향으로 200화소 평행이동을 한다. 여기서 dst4가 dst3에서 x 방향으로 평행이동을 수행하도록 했는데, 결과에서는 대각선 방향으로 평행이동이 된다. 이것은 dst4에 회전 변환 후에 평행이동이 적용되기 때문에 45도 기울어진 방향으로 평행이동 되기 때문이다. 즉, 각 변환 행렬을 적용하여 하나의 어파인 행렬로 만들고, 이것을 영상에 적용할 경우에 변환 행렬을 곱하는 순서가 중요함을 보여주는 한 예가 된다.

다음은 어파인 변환과 관련된 심화예제를 다루어 본다.

심화예제 8.6.3 마우스 드래그로 영상 회전하기 - 09.affine_event.py

```
import numpy as np, cv2

def contain_pts(p, p1, p2):                             # p가 2개 좌표 범위 내 검사
    return p1[0] <= p[0] < p2[0] and p1[1] <= p[1] < p2[1]

def draw_rect(title, img, pts):                         # 4개 사각형 표시 함수
    rois = [(p - small, small * 2) for p in pts]        # 좌표 사각형 관심 영역들
    for (x, y), (w, h) in np.int32(rois):
        cv2.rectangle(img, (x, y, w, h), (0, 255, 0), 2)        # 사각형 그리기
    cv2.imshow(title, img)

def affine(img):                                        # 어파인 변환 수행 함수
    aff_mat = cv2.getAffineTransform(pts1, pts2)
    dst = cv2.warpAffine(img, aff_mat, image.shape[1::-1], cv2.INTER_LINEAR)
    draw_rect('image', np.copy(image), pts1)            # 입력 영상에 좌표 표시
    draw_rect('dst', dst, pts2)                         # 목적 영상에 좌표 표시

def onMouse(event, x, y, flags, param):                 # 마우스 이벤트 처리 함수
    global check
    if event == cv2.EVENT_LBUTTONDOWN:                  # 좌버튼 다운
        for i, p in enumerate(pts1):
            p1, p2 = p - small, p + small               # small 2개 크기 좌표
            if contain_pts((x, y), p1, p2): check = i           # 범위 내인지 확인

    if event == cv2.EVENT_LBUTTONUP: check = -1         # 우버튼 업

    if check >= 0:                                      # 좌표 사각형이 클릭 되면
        pts1[check] = (x, y)                            # 해당 위치 저장
        affine(np.copy(image))                          # 어파인 변환 수행

image = cv2.imread("images/affine1.jpg", 1)             # 컬러 영상 읽기
if image is None: raise Exception("영상파일 읽기 에러")
```

```
33
34  small = np.array([12, 12])                                   # 좌표 사각형 크기
35  check = -1                                                   # 선택된 좌표 사각형
36  pts1 = np.float32([(30, 30), (450, 30), (200, 370)])         # 입력 영상 3개 좌표
37  pts2 = np.float32([(30, 30), (450, 30), (200, 370)])         # 목적 영상 3개 좌표
38
39  draw_rect('image', np.copy(image), pts1)                     # 입력 영상에 좌표 사각형 그리기
40  draw_rect('dst', np.copy(image), pts2)                       # 결과 영상에 좌표 사각형 그리기
41  cv2.setMouseCallback("image", onMouse, 0)
42  cv2.waitKey(0)
```

| 설명 |

① 3, 4행은 p 좌표가 p1, p2 좌표 범위 내에 있는지 검사한다. 이 함수도 자주 사용될 것이기에 차후 'utils.py' 파일에 옮겨 작성하도록 한다.

② 6~10행은 3개에 좌표에 대해 클릭하기 쉽도록 관심 영역(x, y, w, h)으로 좌표 사각형으로 그린다.

③ 7행에서 좌표 사각형들의 관심 영역을 계산한다. 시작 좌표는 현재 좌표에서 small를 뺀 값이고, 크기는 small의 두 배이다.

④ 12~16행은 어파인 변환을 수행하는 함수이다.

⑤ 13행은 cv2.getAffineTransform() 함수로 3개 원소의 좌표 쌍들로 어파인 변환 행렬을 계산한다. 입력 인수들은 ndarray 행렬, 행렬 원소의 자료형은 실수(float32)형이어야 한다.

⑥ 14행은 cv2.warpAffine() 함수를 이용해서 어파인 변환 행렬로 어파인 변환을 수행한다. 세 번째 인수(dsize)는 변환될 영상의 크기를 의미하며, 입력 행렬 행태의 역순을 지정한다. 컬러 영상이기 때문에 채널을 제외하기 위해서 [1::-1]을 해야 한다.

⑦ 15, 16행은 입력 영상과 목적 영상에 해당 좌표들을 좌표 사각형으로 그린다. 입력 영상에는 image 행렬의 복사본에 사각형을 그려서 매번 새 영상에 그리게 한다.

⑧ 18~29행은 마우스 이벤트를 처리하는 콜백 함수이다.

⑨ 19행은 함수 내에서 check 변수의 값을 유지하기 위해서 전역변수를 참조한다.

⑩ 20~23행은 마우스 좌버튼 다운(Down)했을 때, 해당 좌표가 좌표 사각형의 범위 내에 있는지 확인한다. 3개 좌표 사각형 범위 내에서 클릭 되었는지 검사한다.

⑪ 25행은 좌버튼 업(UP)했을 때에는 어파인 변환이 수행되지 않도록 check에 -1을 저장한다.

⑫ 27~29행은 좌표 사각형 중 하나가 선택되면 그 좌표를 저장하고 어파인 변환 수행 함수를 호출한다. 이 코드들로 인해서 좌표 사각형을 클릭 후에 드래그하여도 어파인 변환이 연속적으로 수행된다.

⑬ 31행에서 cv2.imread() 함수의 두 번째 인수로 1을 입력하면 컬러 영상으로 로드한다.

⑭ 34행은 좌표 사각형의 크기를 지정한다. 행렬 산술 연산을 위해 ndarray 객체로 선언한다.

⑮ 35행은 선택된 좌표 사각형 번호를 초기화한다. -1은 선택되지 않은 것이다.

⑯ 36, 37행은 입력 영상과 목적 영상의 상응하는 3개 좌표 쌍을 지정한다.

⑰ 39, 40행은 draw_rect() 함수로 입력 영상(image)과 결과 영상(dst)에 좌표 사각형들을 그린다.

| 실행결과 |

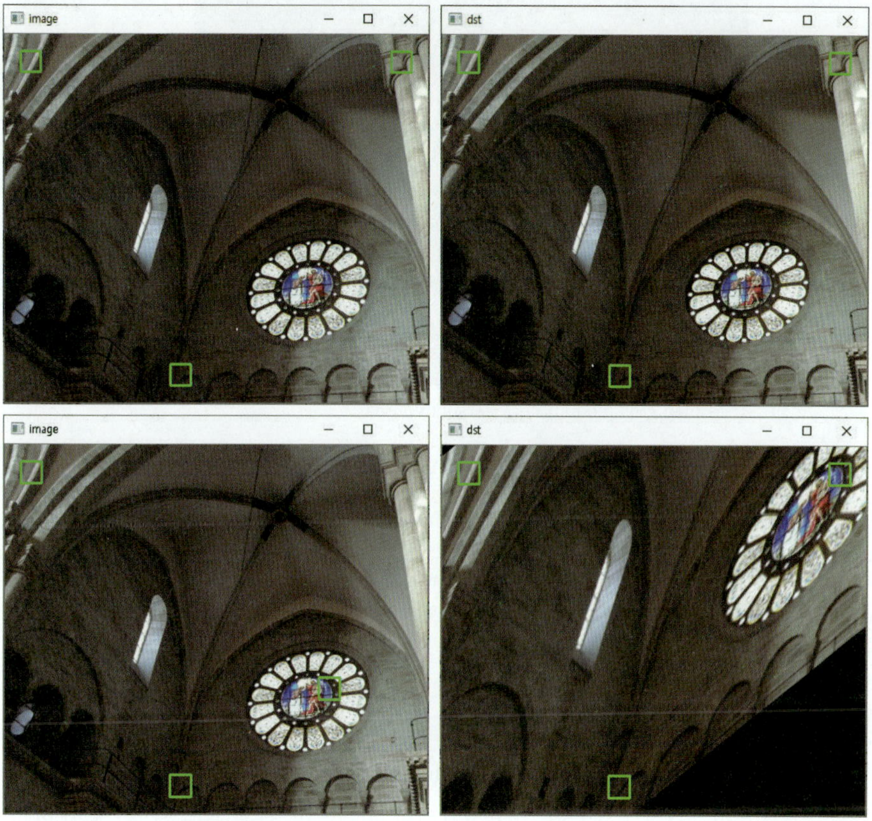

실행 결과를 보면, 처음 실행하였을 때에는 상단 그림들과 같이 image 윈도우와 dst 윈도우의 모습이 같다. 하단의 그림처럼 image 윈도우에서 좌표 사각형을 클릭하여 드래그하면, 변경된 3개의 좌표로 어파인 변환을 수행한 결과가 dst 윈도우에 표시된다. 위 그림은 좌표 사각형 하나를 둥근 창문 근처로 드래그한 후의 결과이다.

8.7 원근 투시(투영) 변환

다음의 〈그림 8.7.1〉은 라파엘로 산치오가 바티칸 사도 궁전의 방 중에서 서명실(Stanza della Segnatura)에 그린 벽화인 '아테네 학당'이다. 언뜻 보아도 막혀 있다는 생각이 들지 않을 것이다. 기둥 안으로 많은 사람들이 모여 있고, 열려 있는 벽 너머로 하늘이 펼쳐져 있는 느낌마저 든다.

참조: http://blog.daum.net/deersunny/2834

〈그림 8.7.1〉 라파엘로의 아테네 학당

벽면에 그려진 그림에서 이렇게 입체감을 느끼는 이유는 바로 원근법 때문이다. 원근법은 눈에 보이는 3차원의 세계를 2차원의 그림(평면)으로 옮길 때에 관찰자가 보는 것 그대로 사물과의 거리를 반영하여 그리는 방법을 말한다. 정확히는 투시 혹은 투영 원근법(projection transformation)이 이에 해당한다.

원근 투시 변환(perspective projection transformation)은 이 원근법을 영상 좌표계에서 표현하는 것으로서 〈그림 8.7.2〉와 같이 3차원의 실세계의 좌표 P를 투영 스크린상의 2차원 좌표로 표현할 수 있도록 변환하는 것을 말한다.

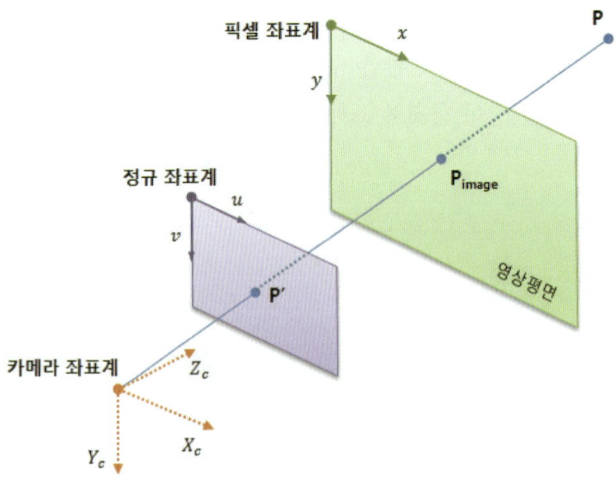

〈그림 8.7.2〉 3차원의 실세계 좌표를 2차원 좌표계에 표현 방법

영상처리에서 원근 변환은 주로 2차원 영상을 다른 2차원 영상으로 변환할 때에 사용한다. 예를 들어, 카메라에서 입력받은 영상에서 카메라 렌즈에 의한 왜곡을 보정할 수 있다. 그리고 원근감이 잘 표현된 2차원 영상을 변환하여 3차원 공간상의 거리를 측정하고자 할 때 사용될 수도 있다.

원근 투영 변환을 사용할 때에는 동차 좌표계(homogeneous coordinates)를 사용하는 것이 편리하다. 동차 좌표계는 모든 항의 차수가 동일하기 때문에 붙여진 이름으로서 n 차원의 투영 공간을 $n+1$ 개의 좌표로 나타내는 좌표계이다.

좀 더 쉽게 말하면, 직교 좌표인 $(x,\ y)$를 $(x,\ y,\ 1)$로 표현하는 것이다. 이것을 일반화해서 표현하면, 0이 아닌 상수 w에 대해 $(x,\ y)$를 $(wx,\ wy,\ w)$로 표현한다. 이렇게 되면 상수w가 무한히 많기 때문에 $(x,\ y)$에 대한 동차 좌표 표현은 무한히 많이 존재하게 된다.

거꾸로 동차 좌표계에서 한 점$(wx,\ wy,\ w)$을 직교 좌표로 나타내면 각 원소를 w로 나누어서 $(x/w,\ y/w)$ 가 된다. 예를 들어서 동차 좌표계에서 한 점(5, 7, 5)은 직교 좌표에서 (5/5, 7/5) 즉, (1, 1.4)가 된다. 3차원 좌표에서도 같은 방법으로 적용되지만, 영상처리의 범위를 벗어나기 때문에 컴퓨터 그래픽스 관련 서적을 참고 바란다.

원근 변환을 수행할 수 있는 행렬은 다음의 수식과 같다. 이 수식으로 입력 영상의 좌표를 목적 영상의 좌표로 변환하면 원근 변환이 수행된다.

$$w\cdot\begin{bmatrix}x'\\y'\\1\end{bmatrix}=\begin{bmatrix}\alpha_{11}&\alpha_{12}&\alpha_{13}\\\alpha_{21}&\alpha_{22}&\alpha_{23}\\\alpha_{31}&\alpha_{32}&\alpha_{33}\end{bmatrix}\cdot\begin{bmatrix}x\\y\\1\end{bmatrix}$$

다음은 원근 변환과 관련된 OpenCV 함수들에 대한 설명이다.

<table>
<tr><th colspan="3">함수 및 인수 구조</th></tr>
<tr><td colspan="3">cv2.getPerspectiveTransform(src, dst [, solveMethod]) → retval
■ 설명: 4개의 좌표쌍을 입력하면 원근 변환 형렬을 반환한다.</td></tr>
<tr><td rowspan="3">인수 설명</td><td>■ src</td><td>입력 영상 4개 좌표</td></tr>
<tr><td>■ dst</td><td>목적 영상 4개 좌표</td></tr>
<tr><td>■ borderMode</td><td>경계지정 방법</td></tr>
<tr><td colspan="3">cv2.warpPerspective(src, M, dsize[, dst[, flags[, borderMode[, borderValue]]]]) → dst
■ 설명: 영상에 원근 변환을 적용한다.</td></tr>
</table>

인수 설명	■ src	입력 영상
	■ M	원근 변환 행렬
	■ dsize	결과 영상의 크기
	■ dst	결과 영상
	■ flags	보간 방법
	■ borderMode	경계지정 방법
	■ borderValue	상수 경계일 때, 경계 화소값

cv2.transform(src, M) → dst

■ 설명: 입력 좌표 행렬에 원근 변환을 수행한 결과를 반환한다.

인수 설명	■ src	입력 좌표 행렬
	■ M	원근 변환 행렬
	■ dst	결과 좌표 행렬

다음 예제는 입력 영상의 4개 좌표와 목적 영상의 변경하려는 위치 4개 좌표를 지정하여 원근 변환 행렬을 계산하고, 원근 변환을 수행하는 프로그램이다. 원근 변환된 좌표를 계산하는 방법으로 원본 좌표에 원근 변환 행렬로 행렬 곱을 적용하는 방법과 cv2.transform() 함수 사용하는 방법을 모두 예시한다.

심화예제 8.7.1 원근 왜곡 보정 - 10.perspective_transform.py

```
import numpy as np, cv2

image = cv2.imread("images/perspective.jpg", cv2.IMREAD_COLOR)
if image is None: raise Exception("영상파일 읽기 에러")

pts1 = np.float32([(80, 40), (315, 133), (75, 300), (335, 300)])    # 입력 영상 4개 좌표
pts2 = np.float32([(50, 60), (340, 60), (50, 320), (340, 320)])     # 목적 영상 4개 좌표

perspect_mat = cv2.getPerspectiveTransform(pts1, pts2)              # 원근 변환 행렬
dst = cv2.warpPerspective(image, perspect_mat, image.shape[1::-1], cv2.INTER_CUBIC)
print("[perspect_mat] = \n%s\n" % perspect_mat )

## 변환 좌표 계산 - 행렬 내적 이용 방법
ones = np.ones((4,1), np.float64)
pts3 = np.append(pts1, ones, axis=1)                    # 원본 좌표→동차 좌표 저장
pts4 = cv2.gemm(pts3, perspect_mat.T, 1, None, 1)       # 좌표 변환값 계산

## 변환 좌표 계산 - cv2.transform() 함수 이용방법
```

```
19  # pts3 = np.expand_dims(pts1, axis=0)                  # 차원 증가
20  # pts4 = cv2.transform(pts3, m=perspect_mat)
21  # pts4 = np.squeeze(pts4, axis=0)                      # 차원 감소
22  # pts3 = np.squeeze(pts3, axis=0)                      # 차원 감소 - 결과 표시 위해
23
24  print(" 원본 영상 좌표 \t 목적 영상 좌표 \t\t 동차 좌표 \t\t 변환 결과 좌표")
25  for i in range(len(pts4)):
26      pts4[i] /= pts4[i][2] # 동차 좌표→직교 좌표
27      print("%i : %-14s %-14s %-18s %-18s" % (i, pts1[i], pts2[i], pts3[i], pts4[i]))
28      cv2.circle(image, tuple(pts1[i].astype(int)), 3, (0, 255, 0), -1)
29      cv2.circle(dst, tuple(pts2[i].astype(int)), 3, (0, 255, 0), -1)
30
31  cv2.imshow("image", image)
32  cv2.imshow("dst_perspective", dst)
33  cv2.waitKey(0)
```

| 설명 |

① 6, 7행은 입력 영상과 목적 영상의 대응되는 4개 좌표쌍으로 원근 변환 행렬(perspect_map)을 구한다.

② 10행은 cv2.warpPerspective() 함수에 원근 변환 행렬을 지정해서 원근 변환을 수행한다. 세 번째 인수에 행렬이 컬러 영상이기 때문에 뒤에서 2개만 가져와서 역순한다. 네 번째 인수로 'INTER_CUBIC' 옵션을 적용해서 바이큐빅 보간을 한다.

③ 11행은 계산된 원근 변환 행렬의 원소를 실행창에 출력한다.

④ 14행은 동차 좌표의 세 번째 원소로 추가할 ones 행렬을 4행 1열로 생성한다. 9행에서 perspect_mat 행렬이 float64로 반환되기 때문에 행렬 곱을 위해서 같은 자료형으로 지정한다.

⑤ 15행은 np.append() 함수로 pst1 행렬에 ones 행렬을 추가한다. axis 인수로 1을 지정하면 열방향으로 추가한다. 4행 2열의 행렬을 4행 3열로 만든다.

⑥ 16행은 cv2.gemm() 함수로 입력 영상 좌표들(pts3)과 변환 행렬(perspect_map)의 행렬 곱으로 변환 후의 좌표(pts4)들을 계산한다. 여기서 변환 행렬이 뒤에서 곱해지기 때문에 전치해야 한다.

$$w\cdot\begin{bmatrix}x'\\y'\\1\end{bmatrix}=\begin{bmatrix}\alpha_{11}&\alpha_{12}&\alpha_{13}\\\alpha_{21}&\alpha_{22}&\alpha_{23}\\\alpha_{31}&\alpha_{32}&\alpha_{13}\end{bmatrix}\cdot\begin{bmatrix}x\\y\\1\end{bmatrix}\Rightarrow w\cdot\begin{bmatrix}x'_0,&y'_0,&1\\x'_1,&y'_1,&1\\x'_2,&y'_2,&1\\x'_3,&y'_3,&1\end{bmatrix}=\begin{bmatrix}x_0,&y_0,&1\\x_1,&y_1,&1\\x_2,&y_2,&1\\x_3,&y_3,&1\end{bmatrix}\cdot\begin{bmatrix}\alpha_{11}&\alpha_{12}&\alpha_{13}\\\alpha_{21}&\alpha_{22}&\alpha_{23}\\\alpha_{31}&\alpha_{32}&\alpha_{13}\end{bmatrix}^T$$

⑥ 19~22행은 cv2.transform() 함수를 사용해서 원근 변환된 좌표를 계산하는 방법이다. 주석 처리해 두었으니 주석을 풀고 실행해 보기 바란다.

⑦ 19행은 입력 영상의 4개 좌표를 numpy.expand_dims() 함수로 0번 차원을 증가시켜 3차원으로 구성하며, 동차 좌표로 변경하지 않아도 된다. cv2.transform() 함수의 입력 좌표 행렬의 차원은 원근 변환 행렬의 열수(m.cols)와 같아야 한다.

⑧ 20행은 cv2.transform() 함수에 3차원 입력 좌표와 원근 변환 행렬(전치 수행 안 함)을 적용하면 원근 변환이 적용된 좌표를 반환한다. 이때 반환 좌표도 3차원 행렬이다.

⑨ 21, 22행은 numpy.squeeze() 함수로 증가했던 차원을 감소해서 원래 대로 2차원으로 되돌린다.

⑩ 24~27행은 모든 좌표들(pts1, pts2, pts3, pts4)을 실행창에 출력한다.

⑪ 26행은 변환 결과 좌표(pts4)도 동차 좌표이기 때문에 마지막 원소값(예, pts4[i][2])으로 나누어 직교 좌표로 표현한다.

⑫ 27행은 모든 좌표를 출력한다. 이때 따옴표 내부의 음수 기호는 왼쪽 정렬을 의미한다.

⑬ 29, 30행은 입력 영상과 목적 영상에 4개의 좌표 쌍을 반지름이 3인 원으로 표시한다.

| 실행결과 |

```
Run: 10.perspective_transform
C:\Python\python.exe D:/source/chap08/10.perspective_transform.py
[perspect_mat] =
[[ 6.25789284e-01  3.98298577e-02 -6.88839366e+00]
 [-5.02676539e-01  1.06358288e+00  5.13923399e+01]
 [-1.57086418e-03  5.25700042e-04  1.00000000e+00]]

  원본 영상 좌표    목적 영상 좌표     동차 좌표         변환 결과 좌표
0 : [80.  40.]      [50.  60.]      [80.  40.   1.]    [50.  60.   1.]
1 : [315.  133.]    [340.   60.]    [315.  133.    1.] [340.   60.    1.]
2 : [ 75.  300.]    [ 50.  320.]    [ 75.  300.    1.] [ 50.  320.    1.]
3 : [335.  300.]    [340.  320.]    [335.  300.    1.] [340.  320.    1.]
```

입력 영상은 국립 그리스 박물관의 전경이다. 실행 결과를 보면, perspect_map 행렬은 원본 영상의 좌표를 결과 영상의 좌표로 변환해주는 원근 변환 행렬이다. 이 행렬로 cv2.warpPerspective() 함수를 적용하면 원근 변환된 영상(dst)을 반환한다. 또한, cv2.transform() 함수를 적용하면 원근 변환된 좌표(pts4)를 반환한다.

여기서 pts2는 목적 영상에 변경 위치를 지정한 좌표이며, pts4는 입력 영상의 4개 동차 좌표(pts3)를 원근 변환한 좌표이다. 따라서 pts2와 pts4는 같은 좌표가 된다.

다음은 원근 변환을 하려는 4개의 입력 좌표를 마우스 이벤트를 통해서 선택하여 조정할

수 있도록 하는 예제이다. 여기서 선택된 4개의 좌표를 사각형 영역으로 지정하고, cv2.warpPerspective() 함수로 원근 변환을 수행한다.

심화예제 8.7.2 마우스 이벤트로 원근 왜곡 보정 - 11.perspective_event.py

```
import numpy as np, cv2
from Common.functions import imread, contain           # 좌표로 범위 확인 함수 임포트

def draw_rect(img):                                    # 좌표 사각형 그리기 함수
    rois = [(p - small, small * 2) for p in pts1]      # 좌표 사각형 관심 영역
    for (x, y), (w, h) in np.int32(rois):
        roi = img[y:y+h, x:x+w]                        # 좌표 사각형 범위 가져오기
        val = np.full(roi.shape, 80, np.uint8)         # 컬러(3차원) 행렬 생성
        cv2.add(roi, val, roi)                         # 관심영역 밝기 증가
        cv2.rectangle(img, (x, y, w, h), (0, 255, 0), 1)
    cv2.polylines(img, [pts1.astype(int)], True, (0, 255, 0), 1)  # 4개 좌표 잇기
    cv2.imshow("select rect", img)

def warp(img):                                         # 원근 변환 수행 함수
    perspect_mat = cv2.getPerspectiveTransform(pts1, pts2)
    dst = cv2.warpPerspective(img, perspect_mat, (400, 350), cv2.INTER_CUBIC) # 원근 변환
    cv2.imshow("perspective transform", dst)

def onMouse(event, x, y, flags, param):                # 마우스 이벤트 처리 함수
    global check
    if event == cv2.EVENT_LBUTTONDOWN:
        for i, p in enumerate(pts1):
            p1, p2 = p - small, p + small              # p 좌표의 우상단, 좌하단 좌표생성
            if contain((x,y), p1, p2): check = i       # 클릭 좌표로 좌표 사각형 선택

    if event == cv2.EVENT_LBUTTONUP:  check = -1       # 마우스 업시 좌표번호 초기화

    if check >= 0 :                                    # 좌표 사각형 선택 시
        pts1[check] = (x, y)
        draw_rect(np.copy(image))
        warp(np.copy(image))

image = cv2.imread('images/perspective2.jpg', cv2.IMREAD_COLOR)
if image is None: raise Exception("영상파일 읽기 에러")
```

```
35
36  small = np.array([12, 12])                                   # 좌표 사각형 크기
37  check = -1                                                   # 선택 좌표 사각형 번호 초기화
38  pts1 = np.float32([(100, 100), (300, 100), (300, 300), (100, 300)])  # 4개 좌표 초기화
39  pts2 = np.float32([(0, 0), (400, 0), (400, 350), (0, 350)])         # 목적 영상 4개 좌표
40
41  draw_rect(np.copy(image))
42  cv2.setMouseCallback("select rect", onMouse, 0)
43  cv2.waitKey(0)
```

| 설명 |

① 2행은 심화예제_8.6.3에서 사용한 contian_pts() 함수를 Common 폴더의 utils.py 파일에 옮겨 적고, 현재 파일에서 임포트한다.

② 4~12행은 입력 영상의 좌표 사각형 4개(pts1)를 img 행렬에 그리는 함수이다.

③ 5행은 4개 좌표 사각형의 관심 영역(x, y, w, h)을 계산한다.

④ 6행은 좌표 사각형들은 순회하여 가져온다. 이때, 좌표로 그리기 위해서 정수형으로 변환하여, 괄호를 두 번 사용해서 시작 좌표(x, y)와 크기(w, h)를 따로 가져온다.

⑤ 7행은 원본 영상의 좌표 사각형 위치를 관심 영역으로 참조해서 roi 행렬에 지정한다.

⑥ 8, 9행은 좌표 사각형의 영역의 색을 밝게 하기 위함이다. 사각형 행렬(val)을 80의 화소값으로 초기화하고, cv2.add() 함수로 관심 영역에 더한다. 그러면 좌표 사각형 영역이 밝아진다.

⑤ 11행은 cv2.polylines() 함수로 두 번째 인수의 좌표들을 잇는 선들을 그린다. 즉, 좌표 사각형을 연결하는 큰 사각형을 그린다.

⑥ 14~17행은 원근 변환을 수행하는 함수이다.

⑦ 15행은 입력 영상 4개 좌표와 목적 영상 4개 좌표로 원근 변환 행렬을 계산한다.

⑧ 18행은 입력 영상을 복사한 영상에 원근 변환 행렬로 원근 변환을 수행한다. 이때, 세 번째 인수로 목적 영상의 크기를 지정해 준다.

⑨ 19~31행은 마우스 이벤트를 처리하는 콜백 함수이다.

⑩ 20행은 check 변수의 값을 함수 내에서 유지하기 위해서 전역변수로 선언한다.

⑪ 21~24행은 마우스 좌버튼 클릭(DOWN)했을 때의 좌표가 좌표 사각형 4개 중 하나 안의 범위에 있는지 확인하여 그 좌표 사각형의 번호를 check 변수에 저장한다.

⑫ 26행은 마우스 좌버튼 업(UP)했을 때에는 check를 -1로 지정해서 좌표 사각형 선택을 초기화한다.

⑬ 28행은 좌표 사각형이 선택되었을 때에 해당 좌표를 입력 영상 좌표로 저장하고 새로 draw_rect() 함수로 입력 영상을 복사한 영상에 사각형을 그린다. 원본 영상을 복사해서 그려야만 매번 그릴 때마다 새 영상에 연속적으로 사각형이 다시 그려진다.

⑭ 32행은 복사한 입력 영상에 대해 원근 변환을 수행한다.

| 실행결과 |

그림은 스위스 루체른에 있는 필라투스 산(해발 2,128m)을 오르기 위한 케이블카 역의 진경이다. 실행 결과의 왼쪽의 'select rect' 윈도우에서 4개의 좌표 사각형 영역을 클릭하면, 드래그가 가능하다. 마우스 드래그로 좌표 사각형을 움직이면 큰 사각형을 매번 새로 그린다. 그리고 오른쪽의 'perspective transform' 윈도우에 큰 사각형 영역을 350×400 크기로 변환해서 표시한다.

단원 핵심 요약

1. 사상(mapping)은 화소들의 배치를 변경할 때, 입력 영상의 좌표가 새롭게 배치될 해당 목적 영상의 좌표를 찾아서 화소값을 옮기는 과정을 말한다. 순방향 사상(forward mapping)과 역방향 사상(reverse mapping)의 두 가지 방식이 있다.

2. 사상의 과정에서 홀(hole)과 오버랩(overlap)이 발생할 수 있다. 홀은 입력 영상의 좌표들로 목적 영상의 좌표를 만드는 과정에서 사상되지 않은 화소이다. 오버랩은 원본 영상의 여러 화소들이 목적 영상의 한 화소로 사상되는 것을 말한다.

3. 목적 영상에서 홀의 화소들을 채우고, 오버랩이 되지 않게 화소들을 배치하여 목적 영상을 만드는 기법을 보간법(interpolation)이라 하며, 그 종류에는 최근접 이웃 보간법, 양선형 보간법, 3차 회선 보간법 등 다양한 방법들이 있다.

4. 최근접 이웃 보간법은 목적 영상을 만드는 과정에서 홀이 되어 할당받지 못한 화소들의 값을 찾을 때, 목적 영상의 화소에 가장 가깝게 이웃한 입력 영상의 화소값을 가져오는 방법이다. 양선형 보간법은 선형 보간을 두 번에 걸쳐서 수행하기에 붙여진 이름이다.

5. OpneCV에서는 cv2.resize(), cv2.remap(), cv2.warpAffine(), cv2.warpPerspective() 등과 같이 영상을 변환하는 함수에서 보간을 위한 flag 옵션을 제공한다. 대표적으로 'cv2.INTER_NEAREST'는 최근접 이웃 보간이며, 'cv2.INTER_LINEAR'는 양선형 보간이며, 'cv2.INTER_CUBIC'는 바이큐빅 보간이다.

6. 2행, 3열의 어파인 변환 행렬을 이용해서 회전, 크기변경, 평행이동 등을 복합적으로 수행할 수 있다. OpenCV에서는 cv2.getAffineTransform() 와 getRotationMatrix2D() 함수로 어파인 변환 행렬을 만들며, cv2.warpAffine() 함수로 어파인 변환을 수행한다.

7. 원근법은 눈에 보이는 3차원의 세계를 2차원의 평면으로 옮길 때 관찰자가 보는 것 그대로 사물과의 거리를 반영하여 그리는 방법을 말한다. 그리고 이 원근법을 영상 좌표계에

서 표현하는 것이 원근 투시 변환이다. 원근 변환에서는 주로 동차 좌표계를 사용하는 것이 편리하다.

8. OpenCV에서는 cv2.getPerspectiveTransform() 함수로 원근 변환 행렬을 계산하며, cv2.warpPerspective() 함수는 원근 변환 행렬에 따라서 원근 변환을 수행한다. 또한, cv2.transform() 함수는 입력 영상의 4개 좌표와 원근 행렬을 인수로 입력하면 원근 변환된 좌표를 반환해 준다.

연습문제

1. 순방향 사상과 역방향 사상에 대해 설명하고, 장단점을 비교하시오.

2. 홀(hole)과 오버랩(overlap)에 대해 설명하시오.

3. 보간법이 필요한 이유를 설명하고, OpenCV에서 보간 방법을 가리키는 옵션 상수를 설명하시오.

4. 최근접 이웃 보간법에 대해 기술하시오.

5. 양선형 보간법의 과정을 상세히 설명하시오.

6. 중심점을 기준으로 회전 변환을 수행하려면 어떠한 과정을 거쳐야하는지 변환 행렬의 곱으로 나타내고 설명하시오.

7. 어파인 변환을 수행하는 OpenCV 함수들을 예시하고 인수들에 대해 설명하시오.

8. 원근 변환에 대해서 설명하시오.

9. 원근 변환을 수행하는 OpneCV 함수들을 예시하고 각 인수들을 설명하시오.

10. 원본 영상에 (50, 60) 좌표만큼 평행이동을 수행하는 프로그램을 작성하시오. 직접 translate() 함수를 작성한 결과와 OpenCV 함수를 사용한 결과를 모두 표시하시오.

11. 예제_8.5.1의 rotation() 함수를 이용해서 영상파일을 입력받아서 (100,100) 좌표를 기준으로 30도 회전하도록 프로그램을 작성하시오.

> 1) 예제_8.5.1의 rotation() 함수를 이용하여 작성하시오.
> 2) 어파인 변환 행렬을 이용해서 작성하시오.

12. 예제_8.5.1은 명암도 영상에 대해서 회전을 수행할 수 있다. 이 예제를 컬러 영상에서 수행이 가능하도록 rotation() 함수를 수정하시오.

13. 입력 영상의 윈도우에서 마우스 드래그를 통해서 두 개의 좌표를 얻어 직선을 긋고, 이 직선의 길이와 기울기를 계산하는 프로그램을 작성하시오.

14. 13번 문제에서 획득된 두 좌표의 길이(차분 Δx, Δy)을 이용해서 원본 영상을 평행이동하는 프로그램을 작성하시오.

15. 13번 문제에서 그은 직선의 기울기로 영상의 기울기를 보정하는 프로그램을 작성하시오.

16. 예제_8.7.2를 PC 카메라에서 영상을 입력받아서 수행될 수 있도록 수정하시오.

17. OpenCV에서 제공하는 함수 중에 영상을 좌우 혹은 상하로 뒤집는 cv2.flip() 함가 있다. cv2.warpAffine() 함수를 이용하여 동일하게 뒤집기를 수행하도록 하는 어파인 변환 행렬(flip1, flip2, flip3)을 구성하여 전체 프로그램을 완성하시오.

> **힌트〉〉**
> 1) 2×3 행렬 3 개를 생성한다.
> 2) 가로 방향과 세로방향의 뒤집기 변환 행렬
>
> $$\begin{bmatrix} x' \\ y' \end{bmatrix} = \begin{bmatrix} -1 & 0 & 0 \\ 0 & 1 & 0 \end{bmatrix} \begin{bmatrix} x \\ y \end{bmatrix} \qquad \begin{bmatrix} x' \\ y' \end{bmatrix} = \begin{bmatrix} 1 & 0 & 0 \\ 0 & -1 & 0 \end{bmatrix} \begin{bmatrix} x \\ y \end{bmatrix}$$
>
> 3) 뒤집기 변환 후의 영상이 위치하는 좌표를 생각한다. 즉, 평행 이동에 대한 고려를 한다.

연습문제 8

```
import numpy as np, cv2

image = cv2.imread("images/translate.jpg", cv2.IMREAD_GRAYSCALE)
if image is None: raise Exception("영상파일 읽기 에러")

h, w = image.shape

```

```
flip1 = 
flip2 = 
flip3 = 

dst1 = cv2.warpAffine(image, flip1, (w,h))
dst2 = cv2.warpAffine(image, flip2, (w,h))
dst3 = cv2.warpAffine(image, flip3, (w,h))
cv2.imshow('image', image) ;            cv2.imshow('flip1', dst1)
cv2.imshow('flip2', dst2);              cv2.imshow('flip3', dst3)
cv2.waitKey()
```

| 실행결과 |

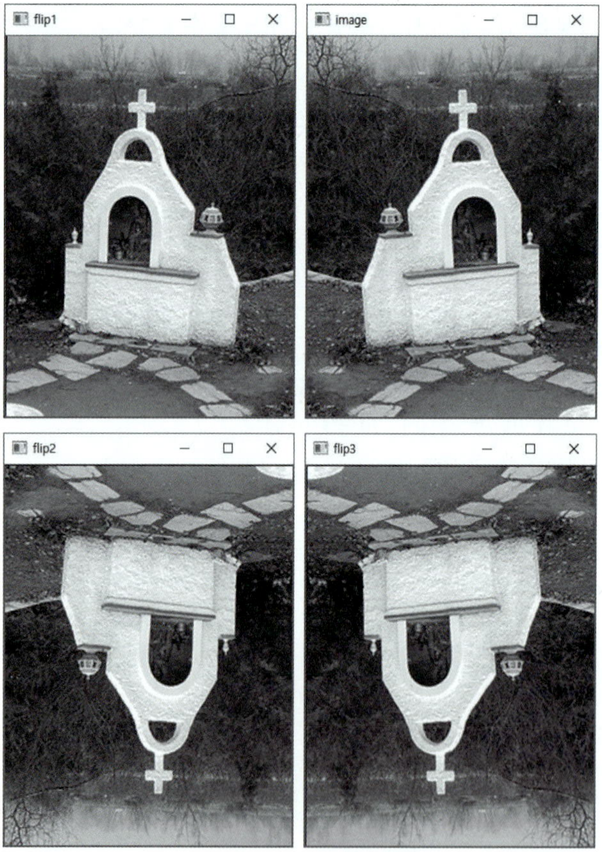

18. 4장 연습문제에서 태극 문양을 그렸는데, 태극 문양에 건곤감리를 추가할 수 있도록 draw_bars() 함수를 완성해서 다음과 같이 표시되도록 프로그램을 작성하시오.

```
def draw_bar(img, pt, w, bars):
    pt = np.array(pt, np.int)
    for bar in bars:
        (x, y), h = pt, w*6
        cv2.rectangle(img, (x, y, w, h), (0 ,0 ,0), -1)
        if bar == 0:
            y = (                          )
            h = (                          )
            cv2.rectangle(img, (x, y, w, h), (255, 255, 255), -1)
        pt += (int(w*1.5), 0)
```

19. 회전을 수행하여 다음과 같이 태극기를 완성하시오.

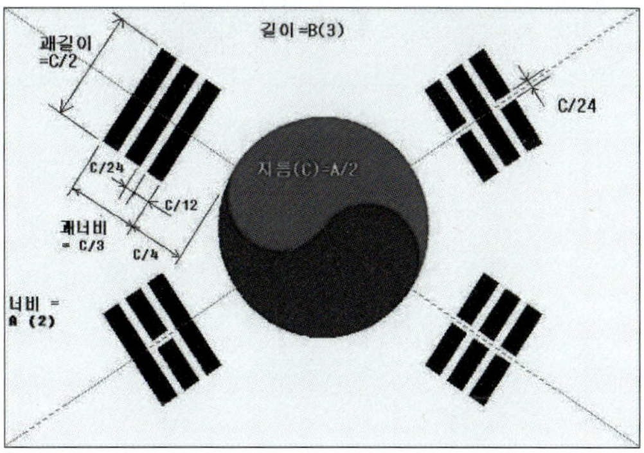

```
import numpy as np, cv2

def draw_bar(img, pt, w, bars): ···                    # 생략

c = 200
r, sr, c2, c4 = c//2, c//4 , c*2, c*4
img = np.full((c4, c4, 3), 255, np.uint8)
blue, red = (255, 0, 0), (0, 0, 255)

cv2.ellipse(img, (c2, c2), (r, r),   0,0, 180, blue, -1)
cv2.ellipse(img, (c2, c2), (r, r), 180,0, 180, red, -1)
cv2.ellipse(img, (c2+r-sr, c2), (sr, sr), 180,0, 180, blue, -1)
cv2.ellipse(img, (c2  -sr, c2), (sr, sr),   0,0, 180, red, -1)

left  = (c2 - c * (18+8)/24 , c2 -sr)
right = (c2 + c * (18+0)/24 , c2 -sr)

draw_bar(img, left , c//12, (1,1,1))
draw_bar(img, right, c//12, (0,0,0))
angle = cv2.fastAtan2(2,3)
img = cv2.warpAffine(img, cv2.getRotationMatrix2D((c2,c2), -angle*2, 1), (c4, c4))




cv2.imshow('image', img[c4-c*2:c4+c*2, c4-c*3:c4+c*3])
cv2.waitKey(0)
```

CHAPTER 09

변환영역 처리

contents

변환영역 - 우주 관광의 무중력 체험

우주 관광 시대가 다가왔다. NASA는 2020년부터 개인 우주 비행사가 우주 정거장에 탑승할 수 있게 하겠다고 밝혔다. 미국의 엑스코어 에어로스페이스(XCOR Aerospace)사, 블루 오리진(Blue Origin)사, 영국의 버진 갤럭틱(Virgin Galactic)사 등에서 비행선을 개발하여 우주 관광 시대를 열려고 하고 있다. 우주 여행은 레크레이션 목적의 인간 우주 여행이다. 궤도, 준궤도 및 달 우주 여행을 포함하여 여러 유형의 우주 여행들이 있다. 지금까지 궤도 우주 관광은 러시아 우주국에 의해서만 수행되었다. 또한, 궤도 운하 공간 관광 차량 개발에도 계속 노력하고 있다.

짧은 시간의 비행이지만 탑승권의 비용은 하루에 한화로 약 3,500만 원을 넘는 수준이다. 아직은 일반인에게 너무나 높은 가격이다. 앞으로 가격은 떨어질 것이다. 그러니 만일 당신이 젊다면 앞으로 여행의 가능성도 있다.

우주 관광 프로그램 속에는 무중력 체험시간이 있다. 무중력의 공간은 지상의 중력의 공간과 다르다. 예로서, 마찰력이 없기 때문에 걸어가지 못하며 공중에 떠다닌다. 따라서 이동할 때는 반대 방향으로 힘을 주어 그에 대한 반작용으로 이동한다. 무중력 공간에서는 지상에서 할 수 없는 일들을 할 수 있다.

영상처리에서 변환(transform)은 지상 공간에서 할 수 없는 것을 하기 위해 변환영역인 우주공간으로 가는 것과 유사하다. 그리고 변환영역인 우주 공간에서의 일처리는 지상에서 일처리와 다른 부분이 있다. 이와같이 영상처리에서도 공간 영역에서와 다르게 변환영역에서 변환 영역처리를 한다.

09 변환영역 처리

영상을 데이터로 표현하는 데에는 크게 두 가지 영역으로 나누어 설명한다. 앞 장까지 우리가 배웠던 것이 바로 화소값이 직접 표현된 공간영역(spatial domain)이며, 다른 하나가 우주 공간과 같은 변환영역(transform domain)이다.

변환영역은 직교변환에 의해 얻어진 영상 데이터의 다른 표현이다. 여기서는 화소값이 직접 표현되는 것이 아니고 변환계수(coeffcient)로 표현된다. 대표적인 변환은 DCT(Discrete Cosine Transform)와 DFT(Discrete Fourier Transform)가 있다. 그 중 오래되었고 잘 알려진 것이 DFT인 이산 푸리에 변환이다.

푸리에 변환은 시간(혹은 공간) 영역에서 주파수 영역으로의 변환으로, "모든 파형은 단순한 정현파의 합으로 구성된다."라는 개념에 기초한 해석적인 방법이다.

9.1 공간 주파수의 이해

라디오 방송 채널이나 휴대폰의 통신 대역에서 헤르츠(Hz)라는 표현을 들어 보았을 것이다. 바로 주파수를 표현하는 단위이다. 일반적으로 주파수라는 말은 〈그림 9.1.1〉과 같이 1초 동안에 진동하는 횟수라 정의한다.

그러나 이것은 전파라는 신호에 국한된 표현이라 할 수 있다. 아날로그 신호를 디지털화하는 과정에서 시간 단위로 샘플링하는 횟수를 지정할 때에 Hz는 단위와 함께 샘플링 주파수라는 표현을 사용한다. 또한, 우리가 공부하는 영상처리에서도 공간 주파수(spatial frequency)라는 개념을 사용한다. 따라서 좀 더 확장된 의미에서 주파수는 이벤트가 주기적으로 재발생하는 빈도라고 할 수 있다.

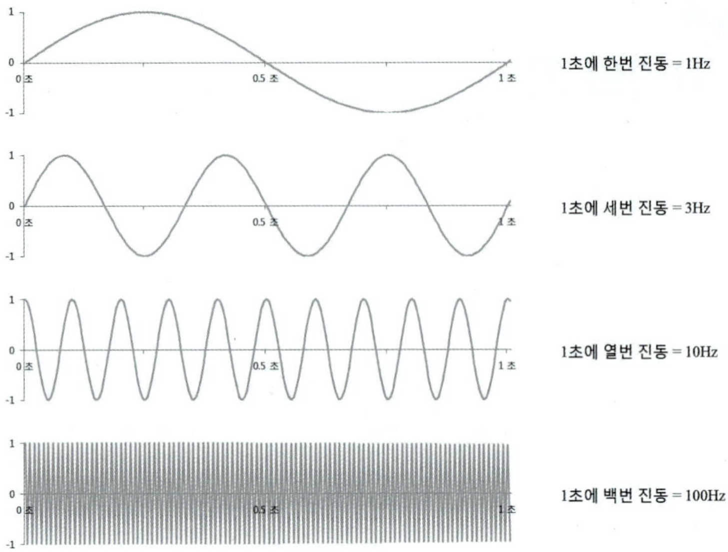

〈그림 9.1.1〉 주파수의 개념

먼저 간단한 예제로 그림 9.1.1의 주파수들을 그려보자.

예제 9.1.1 주파수 그리기 - 01.frequence.py

```
01  import matplotlib.pyplot as plt                    # 그래프그리기 라이브러리 임포트
02  import numpy as np
03
04  t = np.arange(0, 1, 0.001)                          # 샘플링 범위 및 개수
05  Hz = [1, 2, 10, 100]                                # 주파수 예시
06  gs = [np.sin(2 * np.pi * t * h) for h in Hz]        # sin 함수 계산
07
08  plt.figure(figsize=(10, 5))
09  for i, g in enumerate(gs):
10      plt.subplot(2, 2, i+1), plt.plot(t, g)          # 그래프 그리기
11      plt.xlim(0, 1), plt.ylim(-1, 1 )                # x, y축 범위 지정
12      plt.title("frequency: %3d Hz" % Hz[i])
13  plt.tight_layout()
14  plt.show()
```

| 설명 |

① 1행에서 그래프를 그리기 위해서 matplotlib 라이브러리의 pyplot 모듈을 임포트 한다.

② 4행은 0~1 사이의 값을 0.001 간격으로 1,000개 원소를 갖는 리스트를 생성한다. 주파수 곡선을 부드럽게 하기 위해 많은 원소를 갖도록 한다.

③ 5행은 4개의 주파수를 예시한다.

④ 6행은 4개 주파수 예시에 대한 사인 파형(주파수)을 계산하여 리스트(gs)로 만든다.

⑤ 8~12행은 gs 리스트를 순회하며 4개의 그래프를 그린다.

⑥ 10행은 pyplot.subplot() 함수로 2행, 2열로 4개 그래프를 그린다.

⑦ 11행은 x축의 범위는 0~1이고, y축의 범위는 −1~+1 사이이다.

⑧ 13행은 그래프들을 윈도우에 여백을 최소화해서 나타낸다.

| 실행결과 |

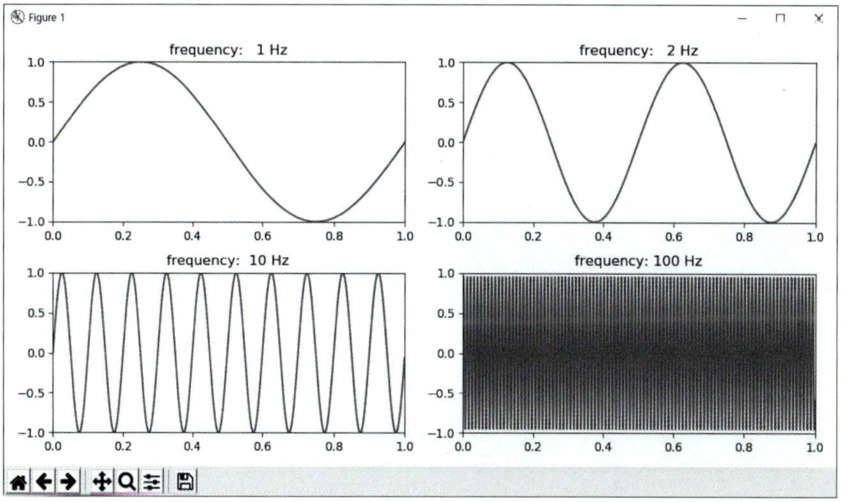

영상에서 화소 밝기의 변화의 정도를 파형의 형태로 그려보면 〈그림 9.1.2〉와 같이 표현할 수 있다. 신호의 주파수와 같은 의미가 되는 것이다.

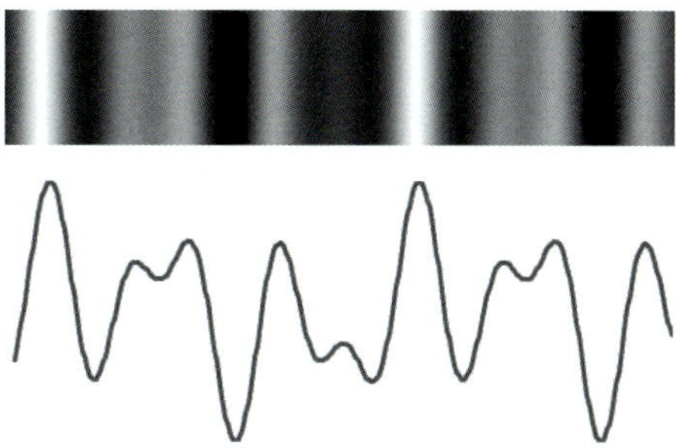

〈그림 9.1.2〉 주파수의 개념

이렇게 확장된 의미를 영상 신호에 적용하면 영상에서의 주파수는 공간상에서 화소 밝기의 변화율이라 할 수 있다. 이런 의미에서 공간 주파수라는 표현을 사용한다.

공간 주파수는 밝기가 얼마나 빨리 변화하는가에 따라서 고주파 영역과 저주파 영역으로 분류한다. 다음 〈그림 9.1.3〉으로 고주파 포함 영역과 저주파 포함 영역을 설명한다. 상단 부분하늘을 보면, 화소 밝기가 거의 변화가 없거나 점진적으로 변화하는 것을 볼 수 있다. 이런 부분은 대부분 저주파 성분을 가진 저주파 공간 영역이라고 한다. 반면, 하단 부분을 보면, 나무와 들판이 보이는데 화소 밝기가 급변하는 것을 볼 수 있다. 이런 부분은 변화가 거의 없는 저주파 성분 위에 변화가 심한 고주파 성분이 포함되어 있는 고주파 공간 영역이라 할 수 있다. 여기서 고주파 영역, 저주파 영역의 용어는 편의상 변환영역의 용어를 빌어서 공간 영역에 사용한 것이다.

〈그림 9.1.3〉 저주파 영역과 고주파 영역의 예

저주파 공간 영역은 보통 영상에서 배경 부분이나 객체의 내부에 많이 있으며, 고주파 공간 영역은 경계 부분이나 객체의 모서리 부분에 많이 있다.

변환을 통하여 영상을 주파수 영역별로 분리할 수 있으면, 각 주파수 영역별 처리가 가능하다. 예를 들어서 경계 부분에 많은 고주파 성분을 제거하여 영상을 생성한다면, 경계가 흐려진 영상을 만들 수 있다. 또는 저주파 성분을 제거하고 고주파 성분만을 취하여 영상을 만든다면, 경계나 모서리만 포함하는 영상 즉, 에지 영상이 만들어질 것이다.

〈그림 9.1.3〉과 같이 영상 내에서 평탄한 부분과 변화가 심한 부분의 영역이 분리되어 있는 경우에는 공간 주파수 영역의 구분이 어느 정도 가능하다. 하지만, 일반적인 영상은 공간 영역에서 저주파 성분과 고주파 성분이 혼합하여 있기 때문에 저주파 영역과 고주파 영

역을 분리해서 선별적으로 처리하기란 쉬운 일이 아니다. 따라서 변환영역의 처리가 필요하다.

변환영역, 즉 주파수 영역에서의 영상처리는 다음 〈그림 9.1.4〉와 같은 과정을 거친다. 먼저 영상이 입력되면 주파수 영역으로 변환하며, 주파수 변환으로 얻어진 계수의 특정 주파수 영역에 원하는 영상처리를 적용한다. 마지막으로 처리가 적용된 후에는 다시 주파수 역변환을 통해서 공간 영역의 영상으로 변환해서 출력 영상을 생성한다.

〈그림 9.1.4〉 주파수 영역에서의 영상처리 과정

9.2 이산 푸리에 변환

푸리에 변환은 신호나 영상을 주파수 영역으로 변환하는 가장 일반적인 방법으로서 다음의 전제를 기본을 한다.

주기를 가진 신호는 정현파/여현파의 합으로 표현할 수 있다.

여기서 정현파/여현파는 모든 파형 중에 가장 순수한 파형을 말하는 것으로 사인(sin) 또는 코사인(cos) 함수의 신호를 말한다. 즉, 사인 또는 코사인 함수의 선형 조합으로 특정 주기의 신호를 구성할 수 있다.

여기서 주파수가 다른 다음의 신호들을 합하면 어떤 신호가 만들어질까? 또 각 신호에 비율을 조금씩 다르게 하면 어떤 신호가 만들어질까? 다음 예제를 통해서 구현해 보자.

$$g_1(t) = \sin(2\pi * t),\ \ g_2(t) = \sin(2\pi * 3t),\ \ g_3(t) = \sin(2\pi * 5t)$$

예제 9.2.1　이산 푸리에 변환 – 02.frequence_sum.py

```
01  import matplotlib.pyplot as plt
02  import numpy as np
03
04  t = np.arange(0, 3, 0.001)                           # Time vector–샘플링 범위 및 간격
05  g = [0] * 5
06  g[0] = np.sin(2 * np.pi * t )                        # 주파수 신호 생성
07  g[1] = np.sin(2 * np.pi * t * 3 )
08  g[2] = np.sin(2 * np.pi * t * 5 )
09  g[3] = g[0] + g[1] + g[2]
10  g[4] = 0.3 * g[0] - 0.7 * g[1] + 0.5 * g[2]          # 계수 곱
11
12  titles = ["1Hz", "3H", "5H", "sum", "weighted sum"]  # 서브그래프 제목
13  plt.figure(figsize=(12, 6))
14  for i, title in enumerate(titles):
15      plt.subplot(3, 2, i+1), plt.plot(t, g[i]), plt.title(title)
16  plt.tight_layout()
17  plt.show()
```

| 설명 |

① 4행은 0~3 사이의 값을 0.001 간격으로 3,000개 원소를 갖는 리스트를 생성한다.

② 6~8행은 파형이 다른 sin 신호 3개를 생성한다.

③ 9행은 단순히 3개의 신호를 합한다.

④ 10행은 각 신호의 반영 비율을 다르게 해서 합한다.

⑤ 12~17행은 5개의 그래프를 3행, 2열로 그린다.

| 실행결과 |

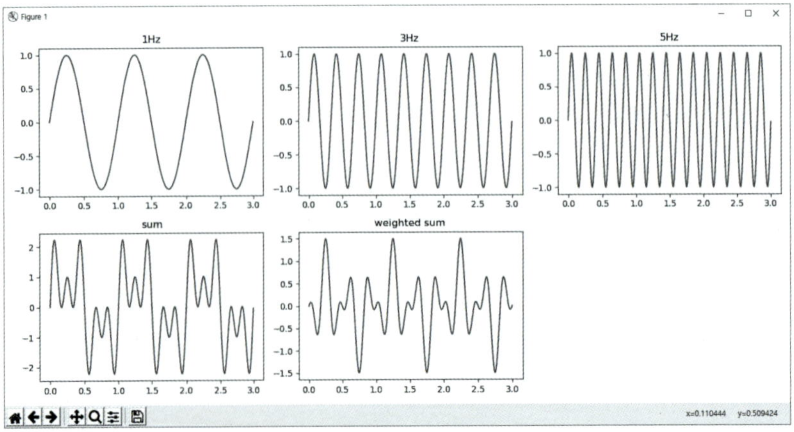

$$g(t) = 0.3^*g_1(t) - 0.7^*g_2(t) + 0.5^*g_3(t)$$

실행 결과에서 보는 바와 같이 여러 개의 사인 함수로 어떤 새로운 신호들을 만들 수 있다. 또한, 거꾸로 주기를 갖는 어떤 신호($g(t)$)는 여러 개의 사인 함수 혹은 코사인 함수($g_f(t)$)들로 분리할 수 있다. 여기서 분리된 신호 $g_1(t)$, $g_2(t)$, $g_3(t)$는 기저 함수(basis function)가 되며, 기저 함수에 곱해지는 비율(0.3, −0.7, 0.5)은 각 주파수의 계수가 된다.

이 계수가 각 주파수 성분의 크기에 해당하며, 신호를 주파수로 변환하는 것은 각 주파수의 기저 함수들에 대한 계수를 찾는 것이다. 또한, 주파수 영역에서의 역변환은 각 기저 함수와 그 계수들로부터 원본 신호를 재구성하는 것이다.

이 주파수 변환을 수식으로 표현하면 다음과 같다. 여기서 $g_f(t)$는 주파수 f에 대한 기저 함수이며, $G(f)$는 각 기저 함수의 계수이다.

$$g(t) = \int_{-\infty}^{\infty} G(f) \cdot g_f(t) df$$

연속 신호에 대한 변환이기 때문에 −무한대~+무한대(−∞~+∞)까지를 적분하여 모든 주파수에 대한 기저 함수와 그 계수들의 선형 조합이 된다. 따라서 연속 신호를 주파수 영역으로의 변환은 존재하는 모든 기저 함수에 대해서 그 계수인 $G(f)$를 구하는 것이다.

기저 함수를 어떻게 정하는가에 따라서 주파수 영역 변환의 방법이 달라진다. 일반적으로 다음과 같이 사인이나 코사인 함수를 기저 함수로 사용한다. 이것은 가장 대표적인 방법인 푸리에 변환에서 사용하는 기저 함수이다.

$$g_f(t) = \cos(2\pi ft) + j \cdot \sin(2\pi ft) = e^{j2\pi ft}$$

여기서 푸리에 변환에서는 코사인과 사인 함수를 모두 사용하며 허수부를 추가해서 기저 함수로 사용한다. 이 기저 함수로 원본 신호를 나타내면 다음과 같다. 이것은 원본 신호($g(t)$)를 만드는 것이기에 푸리에 역변환에 대한 수식이 된다.

$$g(t) = \int_{-\infty}^{\infty} G(f) \cdot e^{j2\pi ft} df$$

원본 신호로부터 주파수의 계수 $G(f)$를 얻는 식은 다음과 같이 유도된다. 이것은 1차원의 연속 신호에 대한 푸리에 변환이다.

$$G(f) = \int_{-\infty}^{\infty} g(t) \cdot e^{-j2\pi ft} dt$$

이를 디지털 신호에 적용하려면 이산 푸리에 변환(DFT: Discrete Fourier Transform)을 사용해야 한다. 다음은 이산 푸리에 변환과 그 역변환의 수식이다.

$$G(k) = \sum_{n=0}^{N-1} g[n] \cdot e^{-j2\pi k \frac{n}{N}}, \quad k = 0, \cdots, N-1$$
$$g[n] = \frac{1}{N} \sum_{k=0}^{N-1} G(k) \cdot e^{j2\pi k \frac{n}{N}}, \quad n = 0, \cdots, N-1$$

여기서 $g[n]$은 디지털 원본 신호이며, $G(k)$는 주파수 k에 대한 푸리에 변환계수이다. 또한, 이산 신호이기 때문에 k와 n은 신호의 원소 개수(N)만큼 정수로 주어진다. 연속신호에서 적분기호($\int$: integral)가 이산 신호에서는 합 기호($\sum$: sigma)로 바뀐다.

다음 예제와 같이 3개의 기저 함수(정현파)와 계수의 곱으로 하나의 신호를 만들어 푸리에 변환을 수행하자. 그리고 다시 역 푸리에 변환을 수행해서 원본 신호와 같은지를 확인하자.

예제 9.2.2 1차원 이산 푸리에 변환 - 03.1d_dft.cpp

```
import numpy as np, math
import matplotlib.pyplot as plt

def exp(knN):
    th = -2 * math.pi * knN                          # 푸리에 변환 각도값
    return complex(math.cos(th), math.sin(th))       # 복소수 클래스

def dft(g):
    N = len(g)
    dst = [sum(g[n] * exp(k*n/N ) for n in range(N)) for k in range(N) ]
    return np.array(dst)

def idft(G):
    N = len(G)
    dst = [sum(G[n] * exp(-k*n/N) for n in range(N)) for k in range(N) ]
    return np.array(dst) / N

fmax = 1000                              # 샘플링 주파수 1000Hz: 최대주파수의 2배
dt = 1/fmax                              # 샘플링 간격
```

```
20 t = np.arange(0, 1, dt)                              # Time vector
21
22 g1 = np.sin(2 * np.pi * 50 * t)
23 g2 = np.sin(2 * np.pi * 120 * t)
24 g3 = np.sin(2 * np.pi * 260 * t)
25 g = g1 * 0.6 + g2 * 0.9 + g3 * 0.2                   # 신호 합성
26
27 N = len(g)                                           # 신호 길이
28 df = fmax/N                                          # 샘플링 간격
29 f = np.arange(0, N, df)
30 G = dft(g) * dt                                      # 사용자 정의 DFT
31 g2 = idft(G) / dt
32
33 plt.figure(figsize=(10,10))
34 plt.subplot(3,1,1), plt.plot(t[0:200], g[0:200]), plt.title("org signal")
35 plt.subplot(3,1,2), plt.plot(f, np.abs(G) ), plt.title("dft amplitude")
36 plt.subplot(3,1,3), plt.plot(t[0:200], g2[0:200]), plt.title("idft signal")
37 plt.show()
```

| 설명 |

① 4~6행은 푸리에 변환에 사용되는 사인과 코사인 함수를 구성한다. 복소수로 구성하기 위해서 complex() 함수를 사용한다.

② 8~11행은 푸리에 변환을 수행하는 함수이다. 푸리에 변환 수식대로 구성한다. 내부 for 문에서 sum() 함수로 계수(g[n])와 기저 함수(복소수 함수)의 곱들을 합하며, 외부 for 문에서 계수가 가중된 신호를 리스트로 구성한다.

③ 13~16행은 역 푸리에 변환을 수행하는 함수이다. 푸리에 변환과 차이는 k 인수에 음수를 곱해서 음수값을 표현했으며, 합해진 신호를 전체 길이로 나누어 준다.

④ 18행은 샘플링 주파수를 의미하며 최대주파수의 2배이다. 즉, 현재 신호는 최대 500Hz의 신호까지 포함할 수 있다.

⑤ 19행은 신호의 샘플링 간격을 나타낸다.

⑥ 20행은 0~1초를 0.001초 간격으로 시간을 리스트로 만든다

⑦ 22~24행은 3개의 기저 함수를 구성한다. 각각 50Hz, 120Hz, 260Hz이다.

⑧ 25행은 각 기저 함수에 계수들을 곱하고 신호들을 합하여 하나의 신호를 구성한다.

⑨ 30행은 이산 푸리에 변환을 수행하는 사용자 정의 함수 dft()를 호출한다. 여기서 샘플링 간격(dt)을 곱해주어야 한다.

⑩ 31행은 푸리에 변환 신호(G)를 이산 푸리에 역변환하여 원본 신호(g2)를 계산한다. 곱해주었던 샘플링 간격을 나누어 준다.

⑪ 34행은 1,000개 샘플링 신호 중에서 0~199 범위만 표시한다.

⑫ 35행은 푸리에 변환의 크기를 출력하면 중심을 기준으로 대칭되게 나타난다. 따라서 전체의 절반만 출력해도 무방하다.

| 실행결과 |

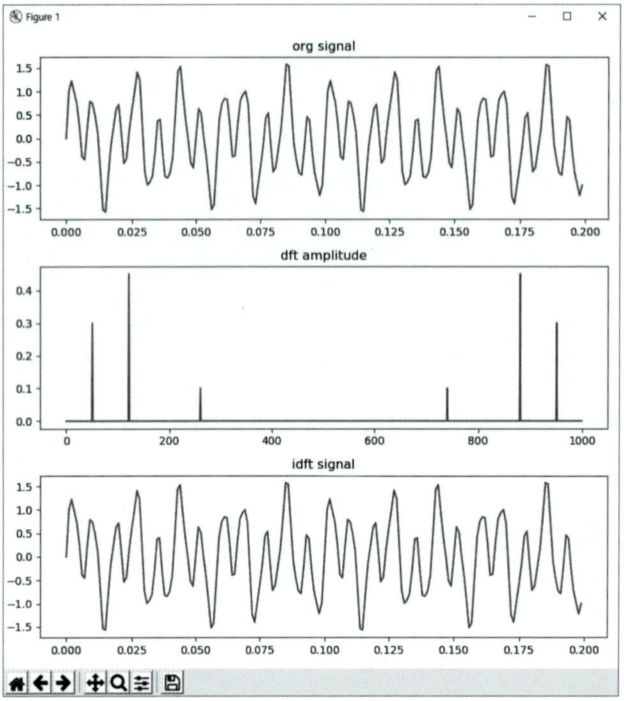

실행 결과에서 푸리에 변환 결과를 보면, 그래프의 피크 위치를 통해서 기저 함수의 주파수를 확인할 수 있으며, 피크값을 통해서 기저 함수의 계수를 확인할 수 있다. 또한, 역 푸리에 변환을 통해서 원본 신호를 복구할 수 있다.

영상처리에서는 1차원 신호보다는 2차원의 영상을 주로 사용한다. 따라서 2차원 영상에 대한 푸리에 변환이 필요하다. 2차원 공간상의 영상에 이산 푸리에 변환을 적용하려면 다음 수식과 같이 1차원 이산 푸리에 변환을 가로 방향과 세로 방향으로 연속해서 두 번 적용해야 한다. 수식에서 괄호 부분이 가로 방향에 대한 1차원 푸리에 변환이다.

$$\begin{aligned} G(k,l) &= \sum_{m=0}^{M-1}\left(\sum_{n=0}^{N-1} g[n,m]\cdot e^{-j2\pi k\frac{n}{N}}\right)\cdot e^{-j2\pi l\frac{m}{M}}, \quad \begin{array}{l} k=0,\cdots,N-1 \\ l=0,\cdots,M-1 \end{array} \\ &= \sum_{m=0}^{M-1}\sum_{n=0}^{N-1} g[n,m]\cdot e^{-j2\pi\left(\frac{kn}{N}+\frac{lm}{M}\right)} \end{aligned}$$

다음 수식은 2차원 이산 푸리에 역변환에 대한 수식이다.

$$g[n, m] = \frac{1}{NM} \cdot \sum_{m=0}^{M-1} \left(\sum_{n=0}^{N-1} G(k, l) \cdot e^{j2\pi k \frac{n}{N}} \right) \cdot e^{j2\pi l \frac{m}{M}}, \quad \begin{matrix} k = 0, \cdots, N-1 \\ l = 0, \cdots, M-1 \end{matrix}$$
$$= \frac{1}{NM} \cdot \sum_{m=0}^{M-1} \sum_{n=0}^{N-1} G(k, l) \cdot e^{j2\pi \left(\frac{km}{N} + \frac{lm}{M} \right)}$$

푸리에 변환의 기저 함수에 허수를 이용했기 때문에 실수부와 함께 허수부도 고려해야 한다. 다음은 기저 함수를 사인과 코사인 함수로 변경하여 1차원 푸리에 변환을 수식으로 나타내면 다음과 같다.

$$G(k) = \sum_{n=0}^{N-1} g[n] \cdot \left(\cos\left(-2\pi k \frac{n}{N}\right) + j \cdot \sin\left(-2\pi k \frac{n}{N}\right) \right)$$

그리고 실수부와 허수부를 구분하여 표현하면 다음과 같다. 푸리에 변환과 그 역변환이 사인과 코사인 함수에서 각도의 부호만 반대이다.

$$G(k)_{\text{Re}} = \sum_{n=0}^{N-1} g[n]_{\text{Re}} \cdot \cos\left(-2\pi k \frac{n}{N}\right) - g[n]_{\text{Im}} \cdot \sin\left(-2\pi k \frac{n}{N}\right)$$
$$G(k)_{\text{Im}} = \sum_{n=0}^{N-1} g[n]_{\text{Im}} \cdot \cos\left(-2\pi k \frac{n}{N}\right) + g[n]_{\text{Re}} \cdot \sin\left(-2\pi k \frac{n}{N}\right)$$
$$g[n]_{\text{Re}} = \frac{1}{N} \sum_{n=0}^{N-1} G(k)_{\text{Re}} \cdot \cos\left(2\pi k \frac{n}{N}\right) - G(k)_{\text{Im}} \cdot \sin\left(2\pi k \frac{n}{N}\right)$$
$$g[n]_{\text{Im}} = \frac{1}{N} \sum_{k=0}^{N-1} G(k)_{\text{Im}} \cdot \cos\left(2\pi k \frac{n}{N}\right) + G(k)_{\text{Re}} \cdot \sin\left(2\pi k \frac{n}{N}\right)$$

푸리에 변환을 수행하면 복소수의 행렬이 결과로 생성된다. 이것을 영상으로 확인하기 위해서는 복소수의 실수부와 허수부를 벡터로 간주하여 다음의 수식과 같이 벡터의 크기(magnitude)를 구하면 된다. 이것을 주파수 스펙트럼이라 한다. 또한, 실수부와 허수부의 각도를 이용해서 주파수 위상을 계산할 수도 있다.

$$|G(k, l)| = \sqrt{\text{Re}(k, l)^2 + \text{Im}(k, l)^2}$$
$$\theta(k, l) = \tan^{-1}\left[\frac{\text{Im}(k, l)}{\text{Re}(k, l)} \right]$$

여기서 주파수 스펙트럼 영상은 저주파 영역의 계수 값이 고주파 영역의 계수 값에 비해 상대적으로 너무 크다. 이로 인해서 계수 값을 일반적인 방법으로 정규화해서 영상으로 표현하면 최저주파 영역만 흰색으로 나타나고 나머지 영역은 거의 검은색으로 나타나서 고주파 영역의 계수를 영상으로 확인하기가 곤란하다. 이런 문제를 해결하기 위해서 계수값에 로그 함수를 먼저 적용하고, 정규화한다.

(a) 일반적 정규화 (b) 로그함수 후 정규화

〈그림 9.2.2〉 주파수 스펙트럼 영상 비교

다음의 calc_spectrum() 함수는 푸리에 변환를 수행한 행렬에서 주파수 스펙트럼을 계산하고, 로그 함수를 적용한다. 여기서 첫 번째 인수인 푸리에 변환 행렬(complex)은 복소수 객체를 원소로 갖는 2차원 행렬이다. 3행에서 복소수 객체에 abs() 함수를 적용하면 크기(magnitude) 값을 반환한다. 그러나 OpneCV의 cv2.dft() 함수는 2개(실수부, 허수부) 채널을 갖는 3차원 행렬을 반환한다. 따라서 5행과 같이 cv2.magnitude() 함수에 실수부와 허수부 채널을 따로 적용해서 크기를 구한다.

```
01  def calc_spectrum(complex):
02      if complex.ndim==2:
03          dst = abs(complex)                              # sqrt(re^2 + im^2) 계산해줌
04      else:
05          dst = cv2.magnitude(complex[:, :, 0], complex[:, :, 1]) # OpenCV의 경우
06      dst = cv2.log(dst + 1)
07      cv2.normalize(dst, dst, 0, 255, cv2.NORM_MINMAX)
08      return cv2.convertScaleAbs(dst)
```

DFT 수행 후의 주파수 스펙트럼 영상은 저주파 영역이 영상의 모서리 부분에 위치하고, 고주파 부분이 중심부에 있다. 즉, 〈그림 9.2.3〉의 왼쪽 그림과 같이 푸리에 변환 영상에서 사각형의 각 모서리를 중심으로 원형의 밴드를 형성하여 주파수 영역이 분포한다. 여기서 원형의 밴드는 이해를 돕기 위해서 표현한 것으로 실제 DFT 스펙트럼 영상에서 나타나는

것은 아니다. 왼쪽 그림과 같은 상태에서 주파수 영역의 어떤 처리가 상당히 불편하다. 이를 해결하여 오른쪽 그림과 같이 되기 위해 셔플링(shuffling) 혹은 시프트(shift) 연산이라고 하는 다음 과정을 수행한다.

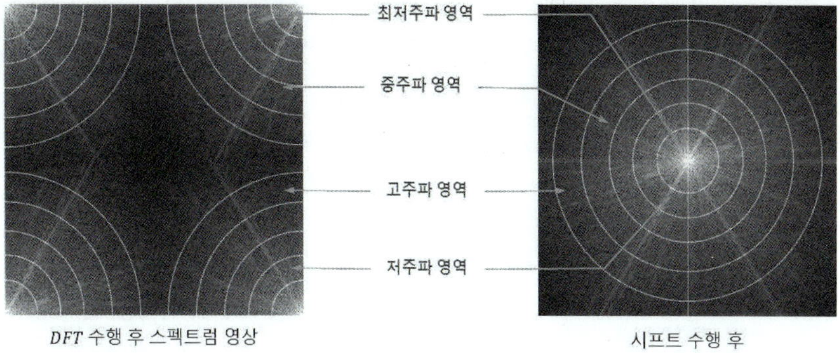

〈그림 9.2.3〉 시프트 연산의 필요성

이 문제는 제1사분면과 제3사분면의 영상을 맞바꾸고, 제2사분면과 제4분면의 영상을 맞바꿈으로써 해결할 수 있다. 결과적으로 〈그림 9.2.3〉의 오른쪽과 같이 영상의 중심이 최저주파 영역, 그리고 바깥쪽이 고주파 영역이 되며, 그림과 같이 원형의 밴드로 주파수 영역을 쉽게 구분할 수 있다.

다음의 fftshift() 함수는 입력 행렬에 시프트를 수행해서 반환하는 함수이다. 원본 행렬(img)과 반환 행렬(dst) 모두에서 각 사분면을 관심 영역으로 참조한다. 그리고 np.copy() 함수를 통해서 참조된 원본 행렬의 관심 영역을 반환 행렬(dst)의 관심 영역으로 복사하여 사분면의 맞교환을 수행한다. numpy 라이브러리에서 fft.fftshift() 함수도 같은 역할을 한다.

```
def fftshift(img):
    dst = np.zeros(img.shape, img.dtype)
    h, w = dst.shape[:2]
    cy, cx = h // 2, w // 2                              # 몫연산자
    dst[h-cy:, w-cx:] = np.copy(img[0:cy, 0:cx ])        # 1사분면-> 3사분면
    dst[0:cy, 0:cx ] = np.copy(img[h-cy:, w-cx:])        # 3사분면-> 1사분면
    dst[0:cy, w-cx:] = np.copy(img[h-cy:, 0:cx ])        # 2사분면-> 4사분면
    dst[h-cy:, 0:cx ] = np.copy(img[0:cy, w-cx:])        # 4사분면-> 2사분면
    return dst
```

이제 2차원 영상에 이산 푸리에 변환을 구현해 보자. 2차원 이산 푸리에 변환(DFT)을 수행하기 위해 〈그림 9.2.4〉와 같이 1차원 DFT를 수행하고, 전치시켜 다시 1차원 DFT를 수행하여 전치하면 2차원 DFT의 결과를 얻는다.

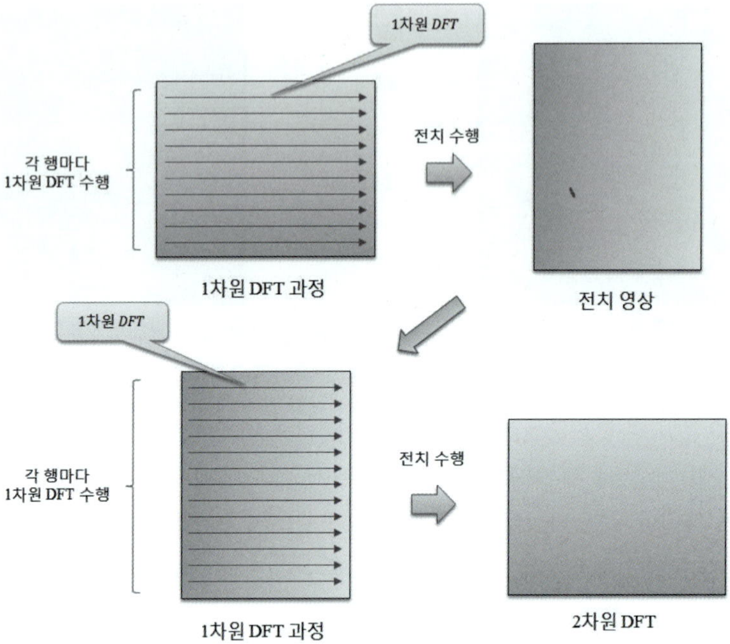

〈그림 9.2.4〉 1차원 DFT를 이용한 2차원 DFT

예제_9.2.2에서 구현한 1차원 푸리에 변환을 수행하는 함수들을 사용하기 위해서 'Common' 폴더에 'dft2d.py' 파일에 옮겨 작성하며, 현재 소스에서 각 함수들을 임포트 한다. 그리고 이산 푸리에 변환과 역변환을 수행하는데 걸리는 시간을 체크하기 위해서 ck_time() 함수도 구현한다.

예제 9.2.3 2차원 이산 푸리에 변환 - 04.2d_dft.py

```
import numpy as np, cv2
from Common.dft2d import dft, idft, calc_spectrum, fftshift    # dft 관련 함수 임포트

def dft2(image):
    tmp = [dft(row) for row in image]
    dst = [dft(row) for row in np.transpose(tmp)]
    return np.transpose(dst)                                  # 전치 환원 후 반환
```

```
08
09 def idft2(image):
10     tmp = [idft(row) for row in image]
11     dst = [idft(row) for row in np.transpose(tmp)]
12     return np.transpose(dst)                          # 전치 환원 후 반환
13
14 def ck_time(mode=0):                                  # 수행시간 체크 함수
15     global stime                                      # 함수 내부에서 값 유지위해
16     if (mode ==0 ):
17         stime = time.perf_counter()
18     elif (mode==1):
19         etime = time.perf_counter()
20         print("수행시간 = %.5f sec" % (etime - stime))      # 초 단위 경과 시간
21
22 image = cv2.imread("images/dft_240.jpg", cv2.IMREAD_GRAYSCALE)
23 if image is None: raise Exception("영상파일 읽기 에러")
24
25 ck_time(0)                                            # 시작 시간 체크
26 dft = dft2(image)                                     # 2차원 DFT 수행
27 spectrum1 = calc_spectrum(dft)                        # 주파수 스펙트럼 영상
28 spectrum2 = fftshift(spectrum1)                       # np.fft.fftshift() 사용 가능
29 idft = idft2(dft).real                                # 2차원 IDFT 수행
30 ck_time(1)                                            # 종료 시간 체크
31
32 cv2.imshow("image", image)
33 cv2.imshow("spectrum1", spectrum1)
34 cv2.imshow("spectrum2", spectrum2)
35 cv2.imshow("idft_img", cv2.convertScaleAbs(idft))
36 cv2.waitKey()
```

| 설명 |

① 2행은 예제 9.2.2에서 구현한 푸리에 변환 함수 및 영상 표시에 관련 함수들을 'Common' 폴더의 dft2d.py 파일에 저장한다. 그리고 현재 소스에 임포트하여 사용할 수 있도록 한다.

② 4~7행은 1차원 신호에 대한 푸리에 변환을 두 번 수행하여 2차원 푸리에 변환을 수행하는 소스이다. 이 함수도 이후 dft2d.py 파일에 옮겨 적는다

③ 5행은 image 행렬을 1행씩 순회하며 1차원 푸리에 변환을 수행해서 리스트로 구성한다.

④ 6행은 1차원 푸리에 변환이 완료된 행렬(tmp)을 전치하고 다시 1행씩 1차원 푸리에 변환을 수행한다.

⑥ 7행은 dst 행렬을 전치를 통해서 원 행렬로 환원하여 반환한다.

⑦ 9~12행은 푸리에 역변환을 수행한다. 똑같은 과정에서 수행 함수만 idft()로 변경하면 된다.

⑧ 14~20행은 수행시간을 검사하기 위한 간단한 함수이다. mode=0 이면 시작 시간을 저장하고, mode=1 이면 종료 시간을 저장해서 두 시간 간격을 계산하여 수행시간을 출력한다. 이후 자주 사용하기에 'Common' 폴더의 'utils.py' 파일에 옮겨 적고 임포팅하여 사용하도록 한다.

⑨ 25행은 ck_time() 함수로 수행시간 계산을 위해 시작 시간을 체크한다.

⑩ 26행은 2차원 행렬 image에 2차원 푸리에 변환을 수행한다. 결과는 복소수 행렬로 반환된다.

⑪ 27행은 복소수 행렬의 스펙트럼 크기를 계산하여 행렬로 반환한다.

⑫ 28행은 fftshift() 함수로 시프트을 수행한다. numpy 모듈의 fft.fftshift() 함수도 같은 역할을 한다.

⑬ 29행은 푸리에 역변환 수행 후, 결과 행렬은 복소수 객체를 원소로 갖는 행렬이다. 실수부(.real)만 가져와서 영상을 구성한다.

⑭ 30행은 ck_time() 함수로 종료시간 체크와 함께 푸리에 정변환과 역변환의 수행시간을 출력한다.

⑮ 35행은 푸리에 역변환 결과 영상은 실수값을 갖기에 정수형으로 스케일 변환하여 윈도우에 표시한다.

| 실행결과 |

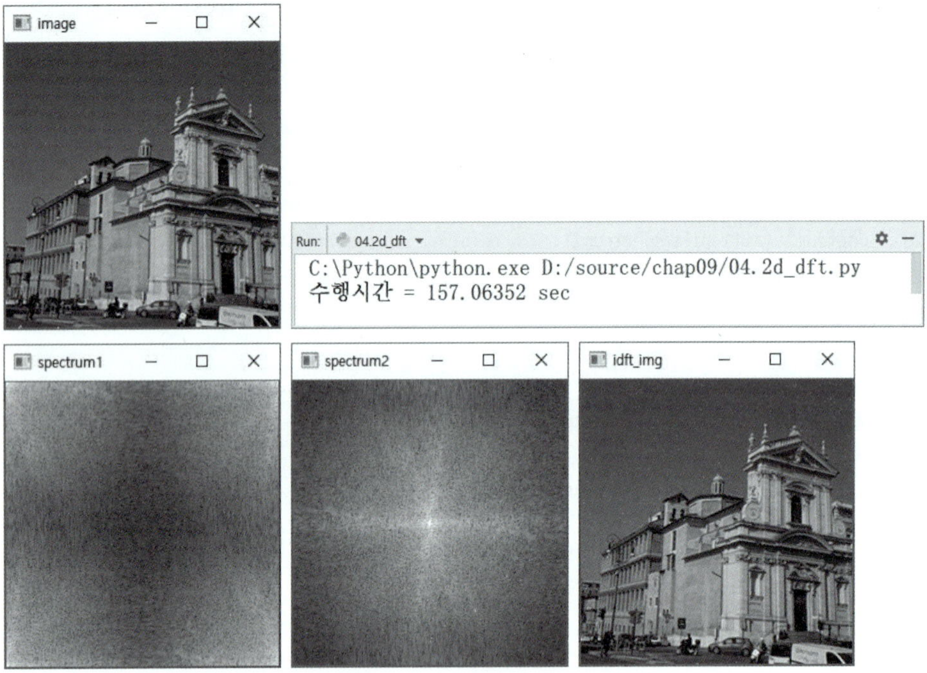

실행 결과 아래 라인에서 원본 영상에 2차원 이산 푸리에 변환을 바로 수행한 결과와 그 결과에 시프트를 수행한 결과를 보인다. 또한, 푸리에 역변환을 통해서 복원된 영상도 확인할 수 있다.

$N \times M$ 크기의 영상에서 2차원 푸리에 변환은 $N^2 \times M^2$ 만큼의 시간 복잡도를 요구한다. 따라서 영상의 크기가 커지면 수행속도는 기하급수적으로 증가한다. 실제로 저자의 컴퓨

터에서 64×64 크기의 영상에 대해서 푸리에 정변환과 역변환의 수행에 약 3.03초의 시간이 걸리지만, 240×240 크기의 영상은 약 157.06초의 시간이 소요되었다.

이러한 이유에서 푸리에 변환을 빠르게 수행하는 알고리즘의 필요성이 대두되었다. 다음은 고속 푸리에 변환(FFT: Fast Fourier Transform)의 방법을 소개한다.

9.3 고속 푸리에 변환

이산 푸리에 변환은 원본 신호의 한 원소에 곱하는 기저 함수의 원소들은 원소 길이만큼 반복적으로 곱해지기 때문에 신호가 커질수록 계산 속도는 기하급수적으로 증가한다. 고속 푸리에 변환은 이 과정을 삼각함수의 주기성을 이용해 작은 단위로 반복적으로 분리해서 수행한 후 합하여 효율성을 높이는 방법이다.

다음은 삼각함수의 주기성을 이용하는 방법을 간단히 설명한다.

먼저, 푸리에 변환 수식에서 짝수 번째 부분(2n)과 홀수 번째 부분(2n+1)을 분리하여 수식을 다음과 같이 정리한다.

$$G(k) = \sum_{n=0}^{L-1} g[2n] \cdot e^{-j2\pi k \frac{2n}{2L}} + \sum_{N=0}^{L-1} g[2n+1] \cdot e^{-j2\pi k \frac{2n+1}{2L}}$$

$$G(k) = \left\{ \sum_{n=0}^{L-1} g[2n] \cdot e^{-j2\pi k \frac{n}{L}} \right\} + \left\{ \sum_{n=0}^{L-1} g[2n+1] \cdot e^{-j2\pi k \frac{n}{L}} \right\} \cdot e^{-j2\pi k \frac{1}{2L}}$$

여기서 괄호 안의 수식이 거의 같아서 짝수 신호와 홀수 신호를 다음과 같이 지정할 수 있다.

$$G_{even}(k) = \sum_{n=0}^{L-1} g[2n] \cdot e^{-j2\pi k \frac{n}{L}}$$

$$G_{odd}(k) = \sum_{n=0}^{L-1} g[2n+1] \cdot e^{-j2\pi k \frac{n}{L}}$$

그러면 푸리에 변환 수식은 다음과 같이 나타낼 수 있다.

$$G(k) = G_{even}(k) + G_{odd}(k) \cdot e^{-j2\pi k \frac{1}{2L}}$$

지수 부분의 수식에서 한 주기(L)를 더하면 괄호 내를 분리해서 표현할 수 있다. 또한, 이것은 삼각함수의 주기성으로 인해서 다음과 같이 뒷부분 지수를 제거할 수 있다.

$$e^{-j2\pi(k+L)\frac{n}{L}} = e^{-j2\pi k\frac{n}{L}} \cdot e^{-j2\pi\frac{Ln}{L}} = e^{-j2\pi k\frac{n}{L}} \cdot e^{-j2\pi n} = e^{-j2\pi k\frac{n}{L}}$$

이 주기성을 이용하여 $G(k+L)$을 계산하면 다음과 같다.

$$\begin{aligned} G(k+L) &= G_{even}(k+L) + G_{odd}(k+L) \cdot e^{-j2\pi(k+L)\frac{1}{2L}} \\ &= G_{even}(k) + G_{odd}(k) \cdot e^{-j2\pi(k+L)\frac{1}{2L}} \end{aligned}$$

여기서 $e^{-j2\pi k(k+K)\frac{1}{2L}}$의 지수를 분리하여 정리하면 다음과 같다.

$$e^{-j2\pi(k+L)\frac{1}{2L}} = e^{-j2\pi k\frac{1}{2L}} \cdot e^{-j2\pi\frac{L}{2L}} = e^{-j2\pi k\frac{1}{2L}} \cdot e^{-j\pi} = -e^{-j2\pi k\frac{1}{2L}}$$

따라서 최종적으로 $G(k+L)$은 다음과 같다.

$$G(k+L) = G_{even}(k) - G_{odd}(k) \cdot e^{-j2\pi k\frac{1}{2L}}$$

이것은 $G(k+L)$의 값은 $G(k)$의 값을 이용해서 구할 수 있다는 것이다.

다음 〈그림 9.3.1〉는 삼각함수의 주기성이 어떻게 적용되어 반복계산을 줄이는지를 보인다. 8개의 원소를 갖는 원본 신호 $g[n]$을 짝수 신호와 홀수 신호로 구분하여 푸리에 변환을 한다. 짝수 DFT 결과와 홀수 DFT 결과로 최종 변환 신호 $G[n]$을 구성하는 방법을 보인다.

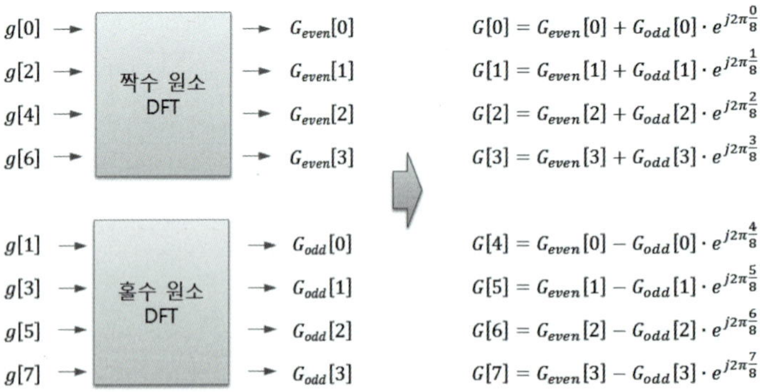

〈그림 9.3.1〉 푸리에 변환을 두 부분으로 분리

짝수 원소와 홀수 원소를 한번 분리하는 것으로는 수행속도를 줄이지 못한다. 각 그룹 내 원소들을 연속적으로 분리할 수 있을 것이다. 즉, 〈그림 9.3.2〉와 같이 짝수 원소 그룹 내에서 짝수 원소와 홀수 원소를 다시 분리하고, 홀수 원소 그룹 내에서 짝수 원소와 홀수 원소를 분리한다. 이렇게 연속적으로 분리하면 최종적으로 입력 신호를 2개 원소씩 묶을 수 있다. 이것은 재귀 호출을 통해서 구현할 수 있다.

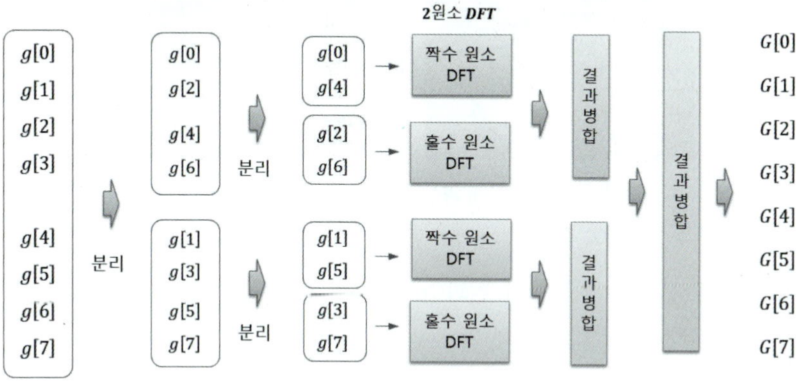

〈그림 9.3.2〉 고속 푸리에 변환의 연속

다음은 버터플라이(butterfly) 과정이다. 이것은 이웃한 두 원소에 대해서 이산 푸리에 변환을 수행하는 것이다. 여기서 W_k는 푸리에 변환의 기저 함수인 삼각함수의 수식이다. 버터플라이는 〈그림 9.3.3〉과 같이 흐름도의 모양이 나비와 비슷해서 붙여진 이름이다.

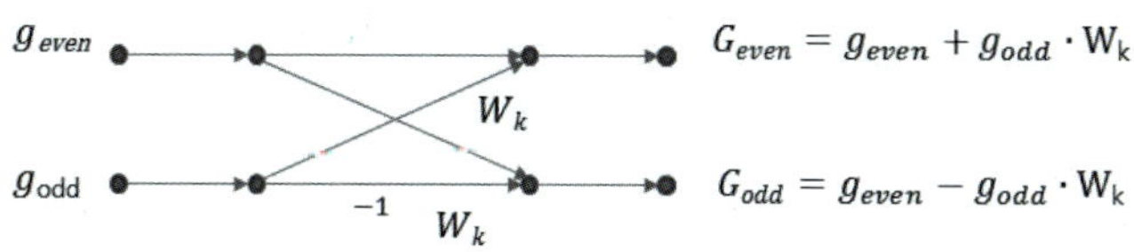

〈그림 9.3.3〉 2원소 버터플라이 흐름도

버터플라이 과정은 원본 신호 길이가 2개 원소를 가질 때까지 분리하며, 분리 횟수만큼 연속적으로 반복한다.

여기서 원본 신호를 2개 원소를 가질 때까지 연속적인 분리하기 때문에 원본 신호의 길이는 2의 지수승이 되어야 한다. 그러나 영상의 크기가 반드시 2의 자승이 아니라는 문제가 있다. 이 문제는 영삽입(zeropadding)이라는 기법으로 해결한다. 이 방법은 원본 영상의 가로와 세로 크기를 2의 자승이 되게 키우고, 빈공간을 검은색(0)으로 채우는 것이다.

〈그림 9.3.4〉 영상에 영삽입(zero-padding)을 수행한 예

영삽입이 가능한 것은 푸리에 변환 결과인 주파수 스펙트럼이 영상의 평행이동에 영향을 받지 않기 때문이다. 즉 〈그림 9.3.4〉의 오른쪽 영상에서 원본 영상이 어느 위치로 평행이동되든지 푸리에 변환의 주파수 스펙트럼은 동일하다.

다음의 zeropadding() 함수는 입력 영상에 영삽입을 수행해서 반환하는 함수이다. 먼저, 영상의 가로와 세로 크기에 로그를 취해서 자승 값을 계산한다. 계산된 값은 실수값으로서 np.ceil() 함수로 올림 처리해서 다시 시프트(<<) 연산으로 2의 자승을 만든다. 즉, 2의 자승 크기에 맞추어 영상을 확대한 행렬을 생성한다. 다음으로 생성된 확대 영상(dst)에 원본 영상 크기의 관심 영역을 만들고 여기에 원본 영상을 복사한다.

```
def zeropadding(img):
    h, w = img.shape[:2]
    m = 1 << int(np.ceil(np.log2(h)))                # 2의 자승 계산
    n = 1 << int(np.ceil(np.log2(w)))
    dst = np.zeros((m, n), img.dtype)                # 2의 자승 크기 영상 생성
    dst[0:h, 0:w] = img[:]                           # 자승 크기 영상에 원본 영상 복사
    return dst
```

다음은 고속 푸리에 변환을 수행하는 함수를 구현한 예제이다. 여기서 calc_spectrum(), fftshift(), zeropadding() 함수는 'Common' 폴더의 'dft2d.py'와 'fft2d.py' 파일 모두에 옮겨 작성해서 재사용하도록 한다.

예제 9.3.1 고속 푸리에 변환 - 05.2d_fft.py

```python
import numpy as np, cv2
from Common.dft2d import exp, calc_spectrum, fftshift          # dft 관련함수 임포트
from Common.fft2d import zeropadding                           # 영삽입 함수 임포트

def butterfly(pair, L, N, dir):                                # 버터플라이 수행 함수
    for k in range(L):
        Geven, Godd = pair[k], pair[k + L]
        pair[k]       = Geven + Godd * exp(dir * k / N)        # 짝수부
        pair[k + L]   = Geven - Godd * exp(dir * k / N)        # 홀수부

def parring(g, N, dir, start=0, stride=1):             # 2원소까지 재귀 통한 분리&합성
    if N == 1: return [g[start]]
    L = N // 2
    sd = stride * 2
    part1 = parring(g, L, dir, start, sd)              # 홀수 신호 재귀 분리
    part2 = parring(g, L, dir, start + stride, sd)     # 짝수 신호 재귀 분리
    pair = part1 + part2                               # 재귀 결과 병합
    butterfly(pair, L, N, dir)                         # 버터플라이 수행
    return pair

def fft(g):                                            # 1차원 fft 수행
    return pairing(g, len(g), 1)

def ifft(g):                                           # 1차원 ifft 수행
    fft = pairing(g, len(g), -1)
    return [v / len(g) for v in fft]                   # 실수부만 반환

def fft2(image):
    pad_img = zeropadding(image)                       # 영삽입
    tmp = [fft(row) for row in pad_img]
    dst = [fft(row) for row in np.transpose(tmp)]      # 전치 후 1차원 푸리에 변환
    return np.transpose(dst)                           # 전치 환원 후 반환

def ifft2(image):
    tmp = [ifft(row) for row in image]
    dst = [ifft(row) for row in np.transpose(tmp)]     # 전치후 1차원 푸리에 변환
    return np.transpose(dst)
```

```
38
39 image = cv2.imread("images/dft_240.jpg", cv2.IMREAD_GRAYSCALE)
40 if image is None: raise Exception("영상파일 읽기 에러")
41
42 dft1 = fft2(image)                                                    # 저자 구현 fft 함수
43 dft2 = np.fft.fft2(image)                                             # numpy fft 함수
44 dft3 = cv2.dft(np.float32(image), flags=cv2.DFT_COMPLEX_OUTPUT)       # OpenCV fft 함수
45
46 spectrum1 = calc_spectrum(fftshift(dft1))                  # 시프트후 주파수 스펙트럼 영상 생성
47 spectrum2 = calc_spectrum(fftshift(dft2))
48 spectrum3 = calc_spectrum(fftshift(dft3))
49
50 idft1 = fft2(dft1).real                                    # 저자 구현 fft 역변환
51 idft2 = np.fft.ifft2(dft1).real                            # numpy fft 역변환
52 idft3 = cv2.idft(dft3, flags=cv2.DFT_SCALE)[:,:,0]         # OpenCV fft 역변환
53
54 print("user 방법 변환 행렬 크기:", dft1.shape)              # 푸리에 변환 결과 행렬 형태
55 print("np.fft 방법 변환 행렬 크기:", dft2.shape)
56 print("cv2.dft 방법 변환 행렬 크기:", dft3.shape)
57
58 cv2.imshow("spectrum1", spectrum1)                         # 주파수 스펙트럼 영상
59 cv2.imshow("spectrum2-np.fft", spectrum2)
60 cv2.imshow("spectrum3-OpenCV", spectrum3)
61 cv2.imshow("idft_img1", cv2.convertScaleAbs(idft1))        # 역변환 후 환원 영상
62 cv2.imshow("idft_img2", cv2.convertScaleAbs(idft2))
63 cv2.imshow("idft_img3", cv2.convertScaleAbs(idft3))
64 cv2.imshow("image", image)
65 cv2.waitKey(0)
```

| 설명 |

① 2행은 'dft2f.py'에 저장한 exp(), calc_spectrum(), fftshift() 함수들을 임포트 한다.

② 3행은 zorepadding() 함수를 임포트한다.

③ 5~9행은 버터플라이를 수행하는 함수이다. L은 전체 신호의 절반만 가져오며, 홀수부와 짝수부를 계산한다.

② 11~19행은 전체 신호를 2 원소만 가질 때까지 재귀 호출을 통해서 분리하고, 2 원소 신호에 대해서 버터플라이 수행 후 합성하여 최종 신호를 생성한다.

③ 12, 13행은 한번 호출될 때마다 신호의 길이가 절반으로 줄어든다. 최종 1개 원소일 때 재귀가 종료된다.

④ 14행은 홀수부와 짝수부를 구분하기 위해 재귀 호출마다 간격(sd)은 2배로 증가한다.

⑤ 15, 16행은 홀수부와 짝수부로 재귀호출을 수행한다.

⑥ 17행은 재귀 호출에서 반환된 신호를 합성한다.

⑦ 21행은 1차원 고속 푸리에 변환을 수행한다.

⑧ 24행은 1차원 고속 푸리에 역변환을 수행한다.

⑨ 26행은 복소 행렬에서 실수부만 반환한다.

⑩ 28~32행은 1차원 고속 푸리에 변환을 2번 수행해서 2차원 고속 푸리에 변환을 완성한다.

⑪ 30, 31행은 2차원 행렬에서 한 행씩 가져와서 푸리에 변환을 한다. 두 번째 푸리에 변환은 전치를 통해 한 열씩 가져와서 수행한다.

⑫ 32행은 다시 전치를 통해 환원해서 반환한다.

⑬ 34~37행은 2차원 고속 푸리에 역변환 함수이다.

⑭ 42행은 저자 구현 fft 함수이며, 43행은 numpy 라이브러리의 fft 모듈의 fft() 함수이다.

⑪ 44행은 OpenCV에서 제공하는 고속 푸리에 변환 함수이다. 입력 행렬의 자료형은 실수(float32)형으로 해야 하며, flags 인수로 cv2.DFT_COMPLEX_OUTPUT로 하면 2채널 복소 행렬을 반환한다.

⑫ 46~48행은 각 복소수 행렬로 주파수 스펙트럼 영상을 생성한다.

⑬ 50, 51행은 저자가 구현한 함수와 numpy 모듈의 함수를 예시한 것이다. 결과 행렬이 복소수 자료형이기 때문에 실수부(real)만 가져온다.

⑭ 52행은 OpenCV에서 제공하는 고속 푸리에 역변환을 수행해서 복원 영상을 생성한다. 이때, flags로 cv2.DFT_SCALE로 지정하면 0~255 범위로 행렬을 반환한다. cv2.DFT_INVERSE로 지정하면 0~1 사이의 실수값으로 반환한다. 결과 행렬이 2채널의 행렬이기에 0번(실수부) 채널만 가져온다.

⑮ 61~63행은 실수형인 행렬을 윈도우에 표시하기 위해서 uint8(CV_8U)형으로 변환한다.

| 실행결과 |

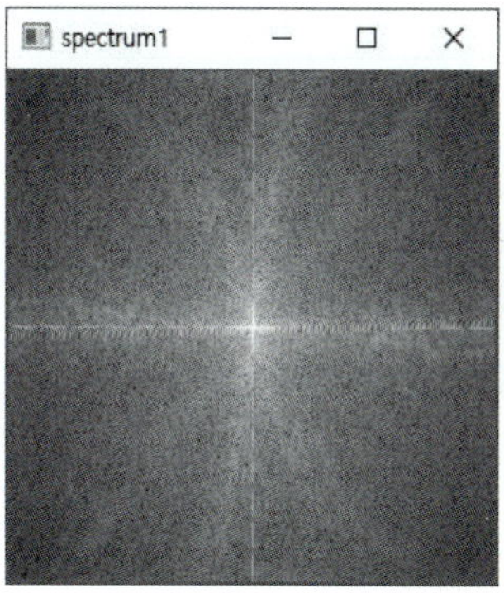

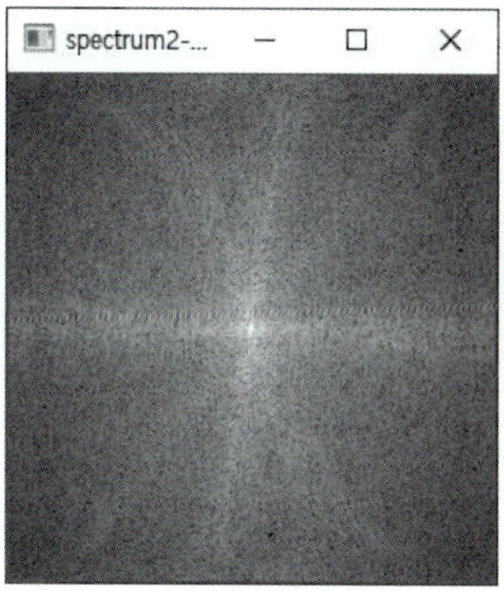

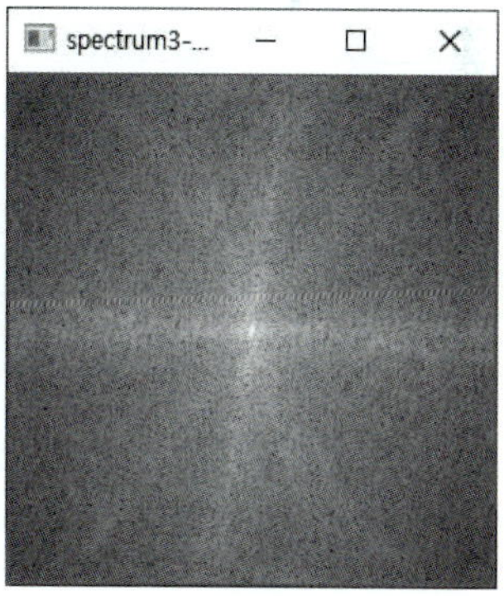

```
Run: 05.2d_fft
C:\Python\python.exe D:/source/chap09/05.2d_fft.py
user 방법 변환 행렬 크기: (256, 256)
np.fft 방법 변환 행렬 크기: (240, 240)
cv2.dft 방법 변환 행렬 크기: (240, 240, 2)
```

실행 결과에서 저자 구현 함수, 넘파이 제공 함수 및 OpenCV 제공 함수 모두 푸리에 변환 결과들을 잘 보여준다. 넘파이와 OpenCV에서 제공하는 고속 푸리에 변환 함수는 영상 외곽에 따로 영삽입을 할 필요 없이 함수 자체에서 처리하기에 편리하게 변환을 수행하는 것을 볼 수 있다.

9.4 FFT를 이용한 주파수 영역 필터링

9.4.1 주파수 영역 필터링의 과정

영상을 주파수 영역으로 변환하면 화소의 밝기가 서서히 변화하는 저주파 영역과 급격하게 변화하는 고주파 영역을 공간 영역에 비하여 쉽게 분리할 수 있다. 이렇게 분리된 주파수 영역에 대해 각 주파수 성분을 강화하거나 약화하거나 혹은 제거하는 등의 처리를 통해서 다양한 영상처리를 할 수 있다.

앞 절까지 배운 내용을 바탕으로 영상에 2차원 푸리에 변환을 수행할 수 있을 것이다. 이를 통해서 〈그림 9.4.1〉과 같이 영상을 주파수 영역으로 쉽게 변환할 수 있다. 주파수 영역에서 필터링 과정은 푸리에 변환계수에 필터 행렬을 원소간(element-wise)에 곱하여 수행된다. 여기서 푸리에 변환계수는 복소수이다. 따라서 필터의 곱셈도 실수부와 허수부의 두 채널에 수행해야 한다. 마지막으로 필터링된 푸리에 변환계수를 푸리에 역변환(IFFT)함

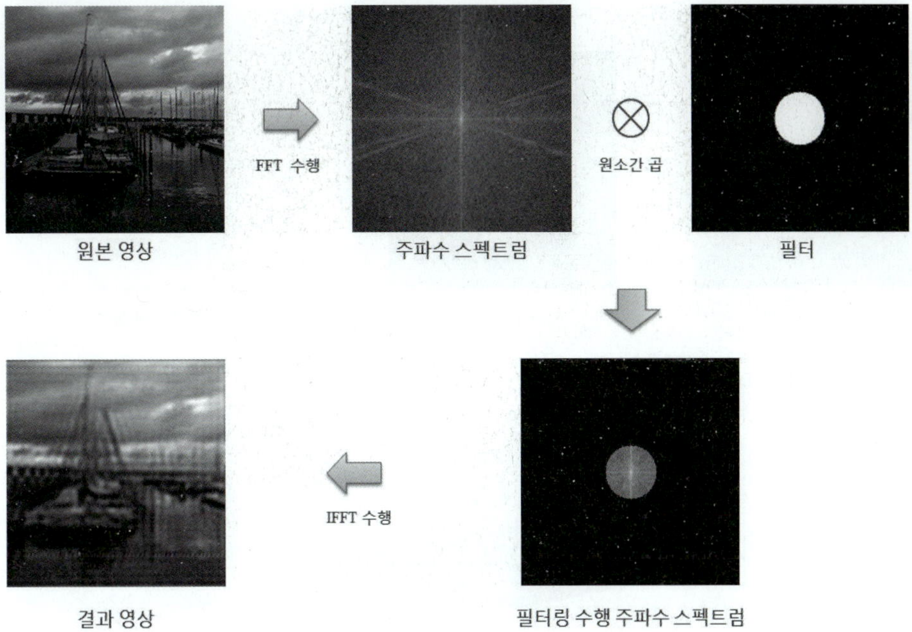

〈그림 9.4.1〉 주파수 영역 필터링 과정

으로써 다시 공간영역의 영상으로 만들 수 있다.

이러한 일련의 과정을 주파수 성분 조작이라고 한다. 또한, 필터를 어떻게 구성하느냐에 따라서 저주파 통과 필터링, 고주파 통과 필터링, 대역 통과 필터링 등을 쉽게 구현할 수 있다.

9.4.2 저주파 및 고주파 통과 필터링

저주파 통과 필터링은 DFT 변환 영역에서 저주파 영역의 계수들은 통과시키고 그 이외의 영역 즉, 고주파 영역의 계수는 차단하는 것을 말한다.

〈그림 9.4.2〉의 왼쪽 그림처럼 푸리에 변환을 하고, 셔플링을 수행해서 주파수 스펙트럼 영상을 보면 중심 부분이 저주파 영역이며, 외곽으로 갈수록 고주파 영역이다. 여기서 원형의 점선은 임의로 그린 것으로서 주파수 밴드를 시각적으로 표현한 것이다.

필터링은 주파수 계수에 필터 행렬의 원소가 곱해져서 수행된다. 따라서 저주파 통과 필터의 모양은 〈그림 9.4.2〉의 중간 그림처럼 중심에서 지정된 반지름만큼 원형으로 1의 값을 갖게 하여 통과시키고, 외곽 부분을 0으로 지정하여 차단하면 된다. 그림에서 흰색은 1의 값이며, 검은색은 0의 값이다.

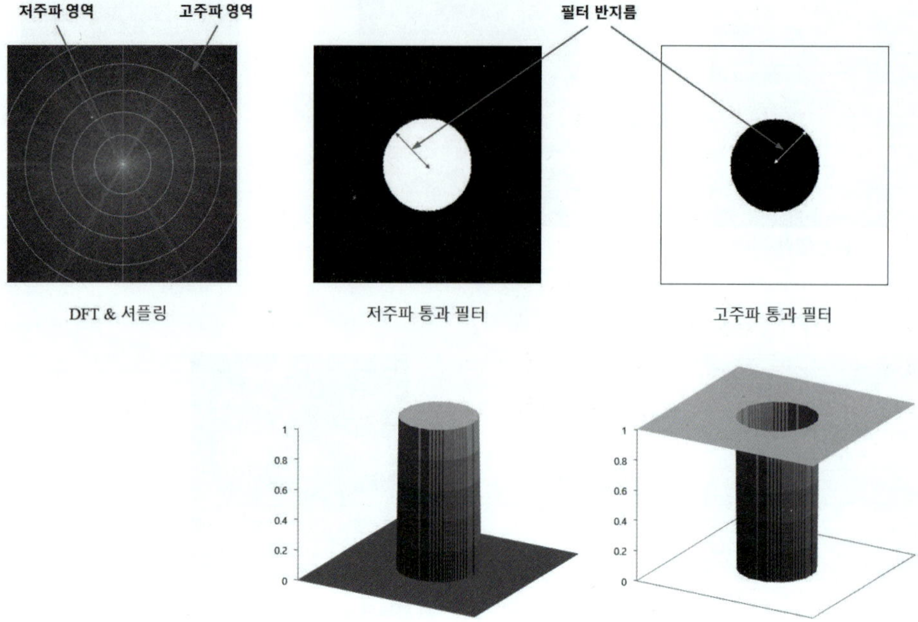

〈그림 9.4.2〉 저주파 통과 필터와 고주파 통과 필터 예시

고주파 통과 필터링은 저주파 통과 필터와는 반대로 고주파 영역의 계수들을 통과시키고 저주파 영역의 계수들은 차단하는 것이다. 〈그림 9.4.2〉의 오른쪽과 같이 중심에서 지정된 반지름 크기의 원형으로 0의 값을 갖게 하여 차단하고, 가장자리 부분을 1로 지정하여 통과시키면 된다.

주파수 계수와 필터의 원소가 곱해지기 때문에 0의 값을 갖는 부분은 주파수 계수가 제거되어 차단되고, 1의 값을 갖는 부분은 그대로 유지되어 통과된다.

다음 예제는 입력 영상에 푸리에 변환과 시프트 연산을 수행해서 주파수 영역으로 변환한다. 그리고 저주파 통과 필터와 고주파 통과 필터를 생성한다. 그리고 각 필터와 주파수 계수와의 곱셈을 통해서 저주파 통과 필터링과 고주파 통과 필터링을 수행하는 예제이다.

예제 9.4.1 주파수 영역 필터링1 - 06.FFT_filtering1.py

```
import numpy as np, cv2
from Common.fft2d import fft2, ifft2, calc_spectrum, fftshift # fft 관련 함수 임포트

def FFT(image, mode=2):
```

```
    if mode == 1: dft = fft2(image)                                  # 저자 구현 함수
    elif mode==2: dft = np.fft.fft2(image)                           # 넘파이 함수
    elif mode==3: dft = cv2.dft(np.float32(image), flags=cv2.DFT_COMPLEX_OUTPUT)
    dft = fftshift(dft)                                              # 주파수 시프트
    spectrum = calc_spectrum(dft)                                    # 주파수 스펙트럼 영상
    return dft, spectrum

def IFFT(dft, shape, mode=2):
    dft = fftshift(dft)                                              # 역 시프트
    if mode == 1: img = ifft2(dft).real
    if mode == 2: img = np.fft.ifft2(dft).real
    if mode ==3:  img = cv2.idft(dft, flags=cv2.DFT_SCALE)[:,:,0]
    img = img[:shape[0], :shape[1]]                                  # 영삽입 부분 제거
    return cv2.convertScaleAbs(img)                        # 절대값 및 uint8 스케일링

image = cv2.imread("images/filter.jpg", cv2.IMREAD_GRAYSCALE)
if image is None: raise Exception("영상파일 읽기 에러")
cy, cx = np.divmod(image.shape, 2)[0]                                # 행렬 중심점 구하기
mode = 3                                                             # FFT 방법 선택

dft, spectrum = FFT(image, mode)                                     # FFT 수행 및 셔플링
lowpass = np.zeros(dft.shape, np.float32)                            # 저주파 통과 필터
highpass = np.ones(dft.shape, np.float32)                            # 고주파 통과 필터
cv2.circle(lowpass , (cx, cy), 30, (1, 1), -1)                       # 2개 채널로 값 지정
cv2.circle(highpass, (cx, cy), 30, (0, 0), -1)

lowpassed_dft = dft * lowpass                                        # 주파수 필터링
highpassed_dft = dft * highpass
lowpassed_img = IFFT(lowpassed_dft, image.shape, mode)               # 푸리에 역변환
highpased_img = IFFT(highpassed_dft, image.shape, mode)

cv2.imshow("image", image)
cv2.imshow("lowpassed_img", lowpassed_img)                           # 역푸리에 변환 영상
cv2.imshow("highpased_img", highpased_img)
cv2.imshow("spectrum_img", spectrum)
cv2.imshow("lowpass_spect", calc_spectrum(lowpassed_dft))            # 필터링 후 스펙트럼
cv2.imshow("highpass_spect", calc_spectrum(highpassed_dft))
cv2.waitKey(0)
```

| 설명 |

① 2행은 고속 푸리에 변환 수행과 관련된 함수들을 모두 임포트 한다.

② 4~10행은 고속 푸리에 변환을 수행하고, 계수 값과 주파수 스펙트럼을 반환한다. mode 인수가 1이면 저자구현 함수, 2이면 numpy 함수, 3이면 OpenCV 함수를 수행하도록 한다. OpenCV 버전의 경우에 결과 행렬의 형태가 3차원 배열임에 유의한다.

③ 12~18행은 고속 푸리에 역변환을 수행하여 환원 영상을 반환한다.

④ 17행은 영삽입으로 추가된 부분을 제거하고 원본 영상 영역만 반환한다.

⑤ 18행은 필터링 과정에서 결과 행렬의 원소가 음수값을 가질 수 있기에 절대값을 취하며, 8비트 값으로 스케일한다. 윈도우에 영상 표시를 위한 것이다.

⑥ 22행은 행렬의 형태(shape)로 중심 좌표(y, x)를 계산한다. 정수값을 가져야 하기 때문에 몫만 가져온다.

⑦ 25행은 푸리에 변환 수행 후 변환계수 행렬과 주파수 스펙트럼 영상을 반환받는다.

⑧ 26, 27행은 저주파 및 고주파 통과 필터를 생성한다. 이때, 행렬의 행태를 푸리에 변환 행렬(dst)과 동일하게 한다. 저자 구현 함수와 numpy 함수는 복소수 객체를 갖는 2차원 배열을 반환하지만, OpenCV 함수는 복소수 2채널을 갖는 3차원 배열을 반환한다. 필터링 과정에서 두 행렬(dft, lowposs/highpass)의 크기가 같아야 하기 때문이다.

⑨ 28행은 저주파 통과를 위해서 전체 원소를 0으로 생성하고, 중심부만 두 채널 모두 1을 지정한다.

⑩ 29행은 고주파 통과를 위해서 전체 원소는 1로 생성하고, 중심부만 두 채널 모두 0을 지정한다.

⑪ 31, 32행은 두 행렬의 곱셈을 통해서 필터링을 수행한다. 여기서 곱셈은 행렬의 원소간 곱셈을 수행한다.

⑫ 33, 34행은 고속 푸리에 역변환을 수행한다. 원본 영상의 형태와 같은 크기의 영상으로 반환받는다.

| 실행결과 |

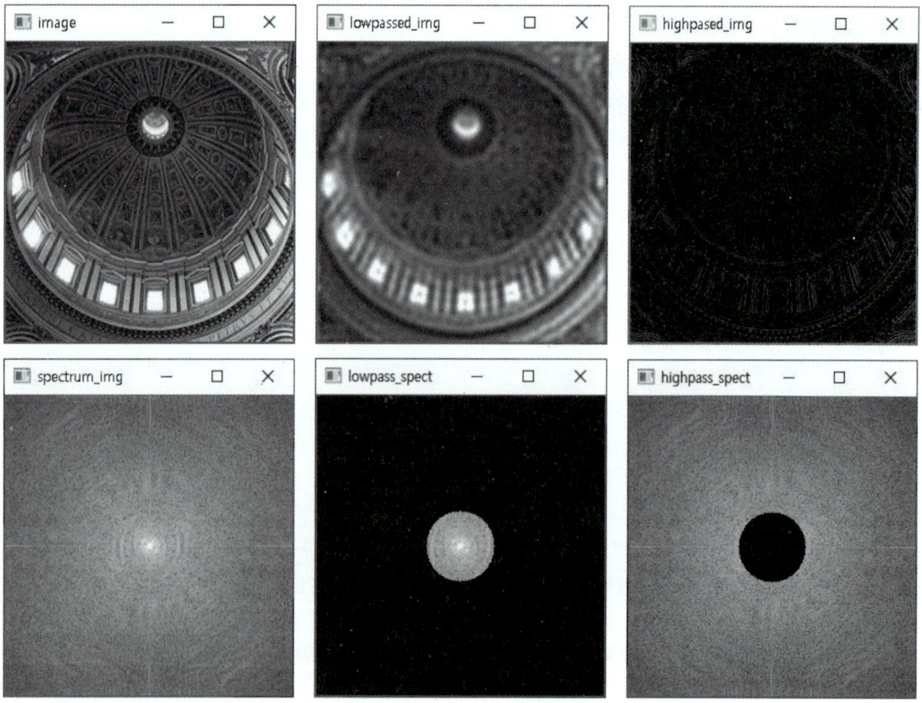

실행 결과에서 하단 중앙의 'lowpassed_spect' 영상은 저주파 통과 필터링된 주파수 스펙트럼이다. 외곽의 고주파 부분이 제거되고, 중심부의 저주파 영역의 계수가 그대로 통과된 것을 확인할 수 있다. 또한, 역변환 결과 영상인 상단 중앙의 'lowpassed_img' 영상은 저주파만 통과되고 고주파 부분이 차단되어 경계부분이 둔화된 부드러운 영상이 된 것을 확인할 수 있다.

하단 오른쪽의 'highpassed_spect' 영상은 고주파 통과 필터링 결과를 주파수 스펙트럼으로 나타낸 것이다. 중심 부분인 DC 계수와 그 주변의 영역을 제거했기 때문에 상단 오른쪽의 환원 영상에서 배경 부분이 대부분이 제거되고 고주파 성분인 경계 부분만 남아 있는 것을 볼 수 있다.

여기서 get_lowpassFilter()와 get_highpassFilter() 함수에서 반지름의 크기를 조절하여 통과시킬 저주파 영역의 범위를 조절할 수 있다.

9.4.3 버터워스, 가우시안 필터링

예제_9.4.1의 대역 통과 필터는 특정한 대역에서 급격하게 값을 제거하기 때문에 결과 영상의 화질이 좋지 못하다. 특히, 저주파 통과 필터링의 경우에 영상에서 객체의 경계부분이 완만해지기는 하지만, 경계부분 주위로 잔물결 같은 무늬(ringing pattern)가 나타나서 화질이 더욱 떨어진다.

이 문제를 해결하는 것은 필터 원소의 값을 차단 주파수에서 급격하게 0으로 만들지 않고 완만한 경사를 이루도록 구성하면 된다. 이러한 방식을 위해 대표적으로 버터워스 필터(Butterworth filter)나 가우시안 필터(Gaussian filter)가 있나.

가우시안 필터는 필터 원소의 구성을 가우시안 함수의 수식 분포를 갖게 함으로써 차단 주파수 부분을 점진적으로 구성한 것이다. 가우시안 함수의 수식에서 표준 편차(σ)를 주파수를 차단할 반지름의 위치(R)로 간주하자. 그러면 〈그림 9.4.3〉의 오른쪽 그림과 같이 포물선의 곡선을 갖는 주파수 공간 필터가 구성된다. 또한, 가우시안 함수의 수식은 $1/2\pi\sigma^2$ 를 곱해야 하지만 원소값의 스케일을 최댓값이 1이 되도록 하기 위해 생략한다.

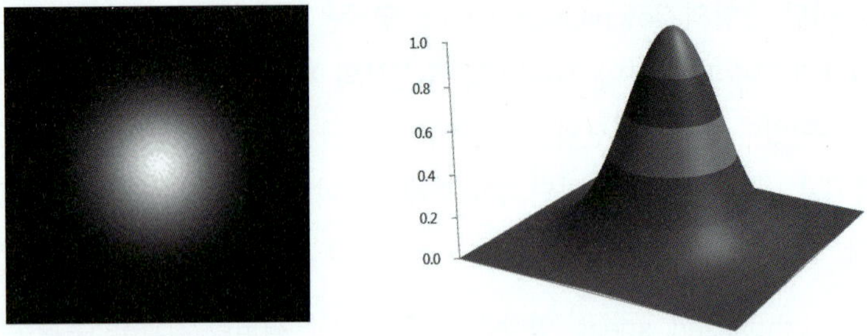

필터 계수를 밝기로 표현　　　　필터 계수를 3차원 표현

〈그림 9.4.3〉 가우시안 저주파 통과 필터

$$f(x, y) = \exp\left(-\frac{dx^2 + dy^2}{2R^2}\right), \quad \begin{matrix} dx = x - center.x \\ dy = y - center.y \end{matrix}$$

R : 주파수 차단 반지름

버터워스 필터는 다음의 수식으로 필터 원소의 구성이 가능하다. 여기서 차단 주파수 반지름 위치(R)와 지수의 승수인 n의 값을 어떻게 지정하느냐에 따라서 차단 필터의 반지름과 포물선의 곡률이 달라진다.

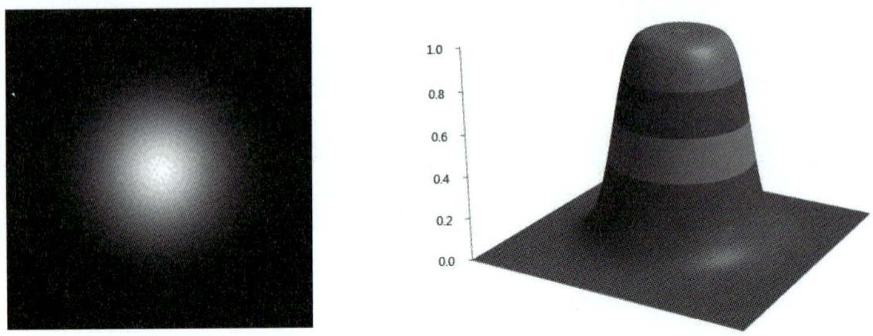

필터 계수를 밝기로 표현　　　　필터 계수를 3차원 표현

〈그림 9.4.4〉 버터워스 저주파 통과 필터

$$f(x, y) = \frac{1}{1 + \left(\frac{\sqrt{dx^2 + dy^2}}{R}\right)^{2n}}, \quad \begin{matrix} dx = x - center.x \\ dy = y - center.y \end{matrix}$$

R : 주파수 차단 반지름

다음 예제는 가우시안 필터와 버터워스 필터를 이용해서 저주파 통과 필터링을 구현하는 예제이다. 여기서 FFT()와 IFFT() 함수를 비롯한 앞 예제에서 구현된 사용자 정의 함수

들은 'Common' 폴더에 'fft2d.py' 파일에 옮겨 작성한다.

예제 9.4.2 주파수 영역 필터링2 - 07.FFT_filtering2.py

```
import numpy as np, cv2
from Common.fft2d import FFT, IFFT, calc_spectrum          # 2차원 푸리에 변환 함수 임포트
import matplotlib.pyplot as plt                            # 그래프 그리기 임포트
from mpl_toolkits.mplot3d import Axes3D                    # 3차원 그래프 라이브러리 임포트

def get_gaussianFilter(shape, R):                          # 가우시안 필터 생성 함수
    u = np.array(shape)//2
    y = np.arange(-u[0], u[0], 1)                          # x축 범위 및 간격 지정
    x = np.arange(-u[1], u[1], 1)                          # y축 범위 및 간격 지정
    x, y = np.meshgrid(x, y)                               # x, y 좌표 행렬 생성
    filter = np.exp(-(x**2 + y**2)/ (2 * R**2))
    return x, y, filter if len(shape) < 3 else cv2.merge([filter, filter])

def get_butterworthFilter(shape, R, n):                    # 버터워스 필터 생성 함수
    u = np.array(shape)//2
    y = np.arange(-u[0], u[0], 1)
    x = np.arange(-u[1], u[1], 1)
    x, y = np.meshgrid(x, y)
    dist = np.sqrt(x**2 + y**2)
    filter = 1 / (1 + np.power(dist / R, 2 * n))
    return x, y, filter if len(shape) < 3 else cv2.merge([filter, filter])

image = cv2.imread(“images/filter1.jpg”, cv2.IMREAD_GRAYSCALE)
if image is None: raise Exception(“영상파일 읽기 에러”)

mode = 2
dft, spectrum = FFT(image, mode)                           # FFT 수행 및 셔플링
x1, y1, gauss_filter = get_gaussianFilter(dft.shape, 30)        # 필터 생성
x2, y2, butter_filter = get_butterworthFilter(dft.shape, 30, 10)

filtered_dft1 = dft * gauss_filter                         # 주파수 공간 필터링- 원소 간 곱셈
filtered_dft2 = dft * butter_filter
gauss_img = IFFT(filtered_dft1, image.shape, mode)         # 역푸리에 변환
butter_img= IFFT(filtered_dft2, image.shape, mode)
spectrum1= calc_spectrum(filtered_dft1)                    # 필터링 후, 주파수 스펙트럼 영상
```

```
36  spectrum2= calc_spectrum(filtered_dft2)
37
38  if mode==3:                                              # OpenCV 함수는 2채널 사용하기에
39      gauss_filter, butter_filter = gauss_filter[:, :, 0], butter_filter[:, :, 0]
40
41  plt.figure(figsize=(10,10))                              # 그래프 생성
42  ax1 = plt.subplot(332, projection=‘3d’)                  # 3차원 그래프
43  ax1.plot_surface(x1, y1, gauss_filter, cmap=‘RdPu’), plt.title(“gauss_filter”)
44  ax2 = plt.subplot(333, projection=‘3d’)
45  ax2.plot_surface(x2, y2, butter_filter, cmap=‘RdPu’), plt.title(“butter_filter”)
46
47  titles = [‘input image’, ‘gauss_lowpassed_image’, ‘butter_lowpassed_image’,
48            ‘input spectrum’, ‘gauss_lowpassed_spectrum’, ‘butter_lowpassed_spectrum’]
49  images = [image, gauss_img, butter_img, spectrum, spectrum1, spectrum2]  # 결과 영상 행렬
50  plt.gray()                                               # 명암도 영상으로 표시
51  for i, t in enumerate(titles):
52      plt.subplot(3,3,i+4), plt.imshow(images[i]), plt.title(t)
53  plt.tight_layout(), plt.show()
```

| 설명 |

① 2행은 2차원 고속 푸리에 변환 관련 함수들을 임포트한다.

② 3행은 그래프를 그리기 위해서 matplotlib 모듈의 pyplot 클래스를 임포트 한다.

③ 4행은 3차원 그래프를 그리기 위해서 Axes3D 함수를 임포트 한다.

④ 6~12행은 가우시안 필터를 생성하는 함수이다. np.meshgrid() 함수를 이용해서 좌표 행렬을 만들고 이를 이용해서 필터 계수를 계산한다.

⑤ 8, 9행은 중심위치가 최고값이 되도록 범위를 지정한다.

⑥ 11행은 가우시안 필터 공식을 그대로 적용한다.

⑦ 12, 21행은 3차원 그래프를 생성하기 위해 x축과 y축 좌표 행렬도 반환한다. 또한, 필터는 OpenCV의 cv2.dft()가 2채널 행렬을 반환하기 때문에 OpenCV 함수를 사용할 경우에는 필터도 2채널로 만들어 반환한다.

⑧ 14~21행은 버터워스 필터를 생성하는 함수이다.

⑨ 31, 32행은 푸리에 변환계수와 필터 행렬의 곱으로 주파수 영역 필터링을 수행한다.

⑩ 38~39행은 OpenCV는 복소 행렬을 2채널로 구성하기 때문에 필터도 2채널이다. 3차원 그래프로 그릴 때에 1개 채널만 선택해서 그리도록 한다.

⑪ 42행은 그림을 3행, 3열로 총 9개를 그리며, 3차원 그래프를 그리기 위해 projection 인수를 ‘3d’로 지정한다. 두 번째 서브플롯부터 그린다.

⑫ 43, 45행은 plot_surface() 함수로 3차원 그래프를 그린다. x축, y축 인덱스로 좌표 행렬을 입력하며, 그래프로 그리려는 필터 행렬(gauss_filter/butter_filter)을 3번째 인수로 지정한다.

⑬ 47~49행은 서브플롯 제목과 결과 영상들을 리스트로 생성한다.

⑭ 50행은 4번 서브플롯부터 명암도 영상으로 표시한다.

⑬ 51~52행은 각 행렬을 해당 서브플롯에 행렬을 영상으로 그리고, 타이틀을 지정한다.

⑭ 53행은 figure 1 윈도우에서 여백을 최대한 제거한다.

| 실행결과 |

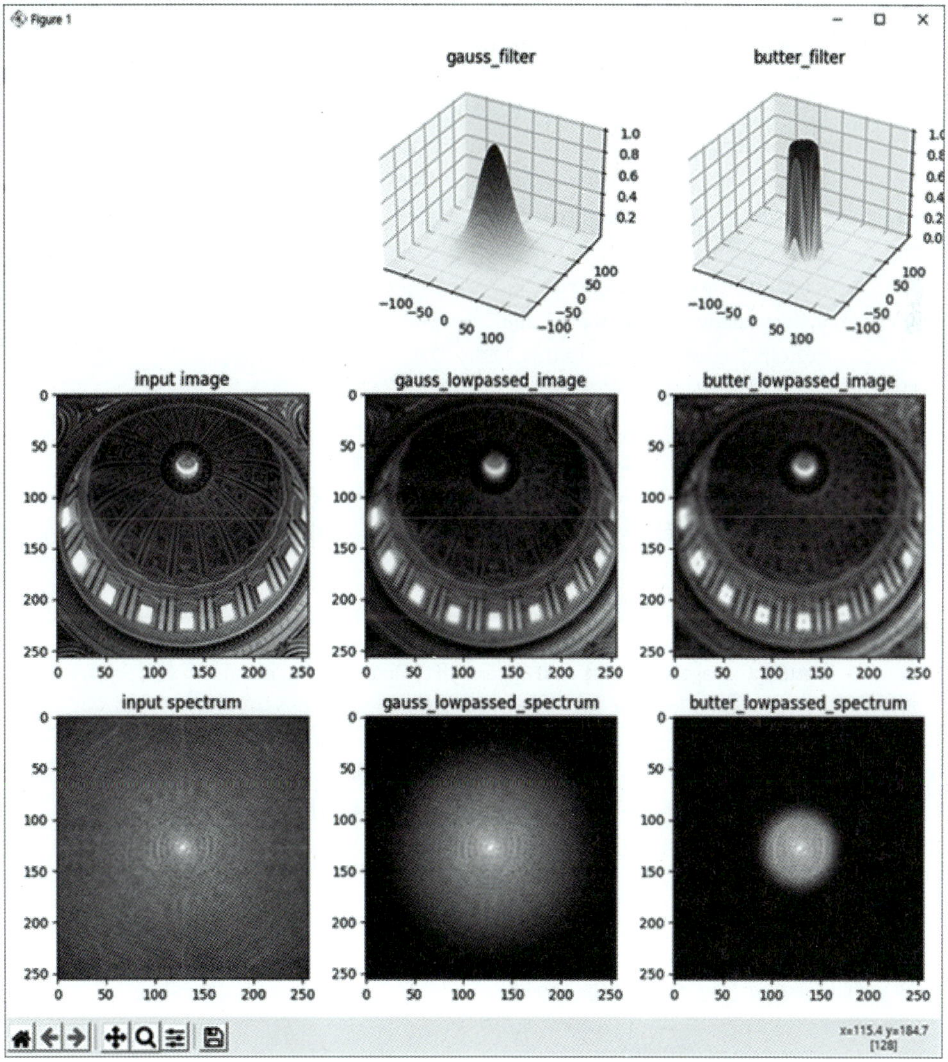

실행 결과에서 앞 예제의 저주파 통과 필터링에서 보이던 잔물결 무늬가 나타나지 않는다. 이것은 고주파 영역의 차단을 위한 계수를 점진적으로 감소시켰기 때문에 결과 영상이 부드럽게 흐려지는 것을 볼 수 있다. 가우시안 필터와 버터워스 필터는 필터 계수의 포물선의 곡률에서 조금의 차이가 있을 뿐, 결과 영상에서 비슷하게 블러(blur)된 영상을 만든다.

다음은 푸리에 변환을 이용한 모아레 잡음을 제거하는 심화예제를 다루어 본다. 모아레(moire)란 두 개 이상의 주기적인 패턴이 겹쳐질 때 만들어지는 간섭 무늬를 지칭하는 말이다. 모아레 패턴을 쉽게 생성하는 방법으로 휴대폰 카메라로 컴퓨터 모니터 화면을 찍으면 된다.

심화예제 9.4.3 모아레 제거 - 08.remove_moire.py

```
import numpy as np, cv2
from Common.fft2d import FFT, IFFT, calc_spectrum      # 고속 푸리에 변환 관련 함수 임포트

def onRemoveMoire(val):
    radius = cv2.getTrackbarPos(“radius”, title)        # 트랙바 위치 값
    th = cv2.getTrackbarPos(“threshold”, title)

    mask= cv2.threshold(spectrum_img, th, 255, cv2.THRESH_BINARY_INV)[1]
    y, x = np.divmod(mask.shape, 2)[0]                  # 마스크 중심 좌표
    cv2.circle(mask, (x, y), radius, 255, -1)           # 마스크 중심에 흰색 원 그림

    if dft.ndim<3:
        remv_dft = np.zeros(dft.shape, np.complex)
        remv_dft.imag = cv2.copyTo(dft.imag, mask=mask)     # 허수부 복사
        remv_dft.real = cv2.copyTo(dft.real, mask=mask)     # 실수부 복사
    else:
        remv_dft = cv2.copyTo(dft, mask=mask)

    result[:, image.shape[1]:] = IFFT(remv_dft, image.shape, mode)   # 관심 영역에 저장
    cv2.imshow(title, calc_spectrum(remv_dft))          # 마스킹된 스펙트럼
    cv2.imshow(“result”, result)

image = cv2.imread(“images/mo2.jpg”, cv2.IMREAD_GRAYSCALE)
if image is None: raise Exception(“영상파일 읽기 에러”)

mode = 3                                                # FFT 방법 선택
result = cv2.repeat(image, 1, 2)                        # 원본 영상+결과 영상
dft, spectrum_img = FFT(image, mode)                    # OpenCV dft() 함수 수행

title = “removed moire”
cv2.imshow(“result”, result)
cv2.imshow(title, spectrum_img)
cv2.createTrackbar(“radius”, title, 10, 255, onRemoveMoire)
cv2.createTrackbar(“threshold”, title, 120, 255, onRemoveMoire)
cv2.waitKey(0)
```

| 설명 |

① 2행에서 'Common' 폴더의 fft2d 모듈의 고속 푸리에 변환과 관련된 모든 함수들을 임포트 시킨다.

② 4~21행은 두 개의 트랙바(주파수 피크 임계값, 중심 반지름)를 제어하는 콜백 함수이다.

③ 5, 6행은 두 개의 트랙바의 위치값을 각각 가져온다.

④ 8행은 cv2.threshold() 함수로 주파수 스펙트럼 영상을 이진화해서 마스크를 생성한다. 'cv2.THRESH_BINARY_INV' 옵션을 적용해서 임계값 이상인 피크들을 0으로 만든다.

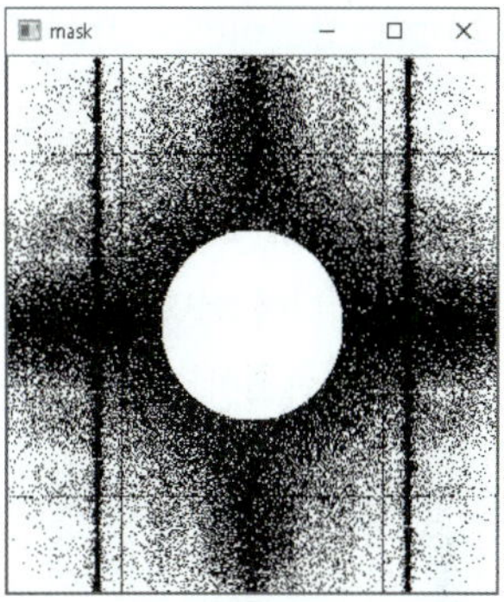

⑤ 10행은 중심 부분의 저주파 영역은 제거하지 않도록 마스크 행렬의 중심에 radius 크기로 흰색 원을 그린다. 옆의 그림과 같은 마스크가 생성된다.

⑥ 12~17행은 numpy 모듈의 fft.fft2() 함수와 cv2.dft() 함수의 결과 행렬 자료형이 다르기 때문에 분리해서 수행한다.

⑦ 13~15행은 결과 행렬이 복소수 행렬로 반환되는 저자구현 함수와 fft.fft2() 함수의 경우이다. 복소수의 각 부분을 따로 복사한다. 이때, mask 원소가 1인 좌표만 복사가 수행된다.

⑧ 17행은 OpenCV 함수의 경우로 2채널 행렬로 반환되기에 바로 복사하면 된다.

⑨ 19행은 결과 영상에 원본 영상과 필터링 영상을 하나로 합치는 방법이다. 반복된 영역을 관심 영역을 지정해서 그 위치에 푸리에 역변환된 행렬(환원 영상)을 저장한다.

⑩ 20행은 고주파 영역의 피크가 제거된 푸리에 계수로 주파수 스펙트럼 영상을 만들어 윈도우에 표시한다.

⑪ 27행은 원본 영상과 모아레 제거 영상을 하나의 윈도우에 나타내기 위해 가로로 반복하여 영상을 만든다.

⑫ 33, 34행은 두 개의 트랙바를 시스템에 등록한다.

| 실행결과 |

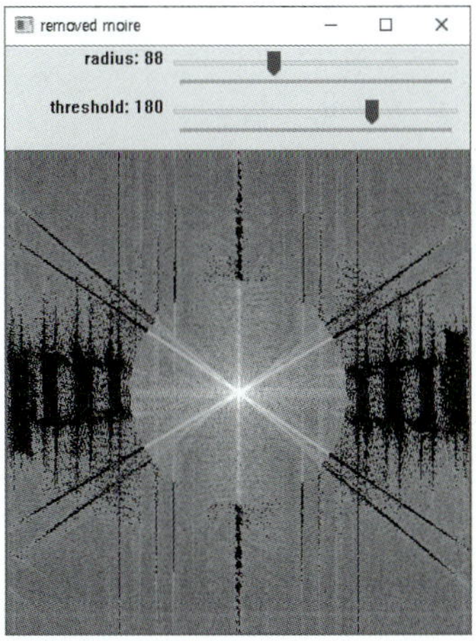

9.5 이산 코사인 변환

인터넷으로 검색을 하는 대부분의 사람들은 웹사이트를 통해서 무수히 많은 사진과 동영상을 접한다. 이렇게 편리하게 사진과 동영상 등의 멀티미디어 정보를 활용할 수 있는 환경은 영상 압축이라는 기술이 있었기에 가능한 일이다.

1974년 미국의 텍사스 대학(University of Texas)에서 라오 교수 팀이 이산 코사인 변환(DCT: Discrete Cosine Transform)이라는 새로운 직교변환에 관한 논문을 발표하면서, 이 멀티미디어 혁명이 시작되었다. 라오 팀은 영상 신호의 에너지 집중 특성이 뛰어나 영상 압축에 효과적인 주파수 변환 방법을 찾는 것이 목표였고, 그 결과가 바로 DCT인 것이다.

이산 푸리에 변환(DFT)은 실수부에 코사인 함수가 곱해지며, 허수부에 사인 함수가 곱해져서 이루어진다. 반면 이산 코사인 변환(DCT: Discrete Cosine Transform)는 이산 푸리에 변환(DFT)에서 실수부만 취하고, 허수부분을 제외함으로써 코사인 함수만으로 구성된 직교 변환방법이다. 이를 이산 여현변환(離散 餘弦變換)이라고도 한다.

다음은 1차원 이산 코사인 변환의 수식이다.

$$F(k) = C(k) \cdot \sum_{n=0}^{N-1} g[n] \cdot \cos\left(\left(n + \frac{1}{2}\right)\frac{k\pi}{N}\right)$$

$$g[n] = \sum_{k=0}^{N-1} C(k) \cdot F(k) \cdot \cos\left(\left(n + \frac{1}{2}\right)\frac{k\pi}{N}\right)$$

$$\text{단}, k = 0, \cdots, N-1, \quad C(k) = \begin{cases} \sqrt{\frac{1}{N}}, & \text{if } k = 0 \\ \sqrt{\frac{2}{N}}, & \text{if } k \neq 0 \end{cases}$$

$F(k)$는 주파수 영역 신호이며, $g[k]$은 공간 영역의 신호이다.

다음 예제는 위 수식으로 1차원 코사인 변환 함수를 만들어 본다.

$$F(k, l) = C(k) \cdot C(l) \cdot \sum_{n=0}^{N-1} \sum_{m=0}^{M-1} g[n, m] \cdot \cos\left(\frac{(2n+1)k\pi}{2N}\right) \cdot \cos\left(\frac{(2m+1)l\pi}{2M}\right)$$

$$g[n, m] = \sum_{m=0}^{N-1} \sum_{l=0}^{M-1} C(k) \cdot C(l) \cdot F(k, l) \cdot \cos\left(\frac{(2n+1)k\pi}{2N}\right) \cdot \cos\left(\frac{(2n+1)l\pi}{2M}\right)$$

$$\text{단}, k = 0, \cdots, N-1, \quad C(k) = \begin{cases} \sqrt{\frac{1}{N}}, & \text{if } k = 0 \\ \sqrt{\frac{2}{N}}, & \text{if } k \neq 0 \end{cases}$$

$$l = 0, \cdots, M-1, \qquad C(l) = \begin{cases} \sqrt{\dfrac{1}{N}}, & \text{if } l = 0 \\ \sqrt{\dfrac{2}{N}}, & \text{if } l \neq 0 \end{cases}$$

DCT는 일반적으로 전체 영상을 한 번에 변환시키는 것이 아니라 영상을 작은 블록으로 나누어서 블록 단위로 수행한다. 이 블록의 크기를 키울수록 압축의 효율이 높아지지만, 변환의 구현이 어려워지고 속도도 느려진다. 일반적으로 8×8 크기가 성능과 구현 용이성 간에 상호보환(trade-off)되어 표준으로 사용된다.

다음은 3행, 5열의 작은 행렬을 만들어 2차원 DCT를 수행하는 예제를 구현한 것이다. 2차원 dct 변환은 푸리에 변환과 같은 방법으로 1차원 변환을 방향을 바꾸어가며 2번 수행하는 방식으로 구현한다. 또한, OpenCV에서 지원하는 cv2.dct() 함수의 사용법도 소개하며, 추가적으로 dct 함수가 지원되는 scipy 라이브러리의 fftpack 모듈을 이용한 방법도 소개한다. 여기서 scipy 라이브러리를 사용하려면 설치를 해야 한다. 라이브러리 설치방법은 2장 4절에 자세히 설명되어 있다.

예제 9.5.1 이산 코사인 변환 - 09.dct.py

```
import numpy as np, cv2, math
import scipy.fftpack as sf                          # scipy 모듈의 fftpack 클래스 임포트

def cos(n, k, N):                                   # 코사인 함수
    return math.cos((n+1/2) * math.pi * k/N)

def C(k, N):                                        # 상수 계산 함수
    return math.sqrt(1/N) if k==0 else math.sqrt(2/N)

def dct(g):                                         # 1차원 dct 수행 함수
    N = len(g)
    f = [C(k, N) * sum(g[n] * cos(n, k, N) for n in range(N)) for k in range(N)]
    return np.array(f, np.float32)

def idct(F):                                        # 1차원 역dct 수행 함수
    N = len(F)
    g = [sum(C(k, N) * F[k] * cos(n, k, N) for k in range(N)) for n in range(N)]
    return np.array(g)

```

```
def dct2(image):                                    # 2차원 dct 수행 함수
    tmp = [dct(row) for row in image]
    dst = [dct(row) for row in np.transpose(tmp)]
    return np.transpose(dst)                        # 전치 환원 후 반환

def idct2(image):                                   # 2차원 역dct 수행 함수
    tmp = [idct(row) for row in image]
    dst = [idct(row) for row in np.transpose(tmp)]
    return np.transpose(dst)                        # 전치 환원 후 반환

def scipy_dct2(a):                                  # scipy 모듈 이용한 2차원 dct
    tmp = sf.dct(a, axis=0, norm=’ortho’ )          # 세로 방향 1차원 dct
    return sf.dct(tmp, axis=1, norm=’ortho’ )       # 가로 방향 1차원 dct

def scipy_idct2(a):
    tmp = sf.idct(a, axis=0, norm=’ortho’)          # 세로 방향 1차원 idct
    return sf.idct(tmp, axis=1, norm=’ortho’)       # 가로 방향 1차원 idct

block = np.zeros((3,5), np.uint8)
cv2.randn(block, 128, 50)                           # 랜덤 원소 생성

dct1 = dct2(block)                                  # 2차원 dct 수행
dct2 = scipy_dct2(block)                            # scipy 1차원 dct 두 번 수행
dct3 = sf.dctn(block, shape=block.shape, norm=’ortho’) # scipy 2차원 dct 한번만 수행
dct4 = cv2.dct(block.astype(‘float32’))             # OpenCV 함수

idct1 = idct2(dct1)                                 # 2차원 idct 수행
idct2 = scipy_idct2(dct2)
idct4 = sf.idctn(dct4, shape=dct4.shape, norm=’ortho’) # 2차원dct 수행 다른 방식
idct3 = cv2.dct(dct3, flags=cv2.DCT_INVERSE)        # OpenCV 함수

print(‘block=’, block)
print(‘dct1(저자구현 함수)=\n’, dct1)
print(‘dct2(scipy 모듈 함수1)=\n’, dct2)
print(‘dct3(scipy 모듈 함수2)=\n’, dct3)
print(‘dct4(OpenCV 함수)=\n’, dct4)
print()
print(‘idct1(저자구현 함수)=\n’, cv2.convertScaleAbs(idct1))
print(‘idct2(scipy 모듈 함수1)=\n’, cv2.convertScaleAbs(idct2))
```

```
59  print('idct3(scipy 모듈 함수2)=', cv2.convertScaleAbs(idct3))
60  print('idct4(OpenCV 함수)=', cv2.convertScaleAbs(idct4))
```

| 설명 |

① 2행에서 scipy 라이브러리의 fftpack 모듈의 dct() 함수를 사용하기 위해서 임포트한다. 여기서 scipy 라이브러리가 설치되지 않았다면 [설정] 창의 Python Interpreter 항목에서 해당 라이브러리를 설치하도록 한다.

② 4, 5행은 이산 코사인 변환 수식의 코사인 함수 부분이다.

② 7, 8행은 dct 공식에서 k, l에 따른 상수 값($C(k)$, $C(l)$)을 지정한다.

③ 10~13행은 1차원 이산 코사인 변환을 수행하는 함수이다. 공식을 그대로 적용하여, 리스트 생성 방식으로 구현한다.

④ 15~18행은 1차원 이산 코사인 역변환을 수행하는 함수이다. 정변환과 다른 점이 상수 $C(k)$ 가 sum() 내부에 있으며, n과 k의 위치가 바뀐 것이다.

⑤ 20~23행은 2차원 이산 코사인 변환을 수행한다. 한 행씩 1차원 dct 변환을 수행하고, 전치 후에 다시 1행씩 dct 변환을 수행한다.

⑥ 25~28행은 2차원 이산 코사인 역변환을 수행한다.

⑦ 30~36행은 scipy 모듈의 함수를 사용하여 2차원 이산 코사인 정변환과 역변환을 수행한다. norm 인수는 정규화에 대한 옵션으로 상수 C를 곱할지 여부를 결정한다.

⑧ 38행은 3행 5열의 입력 행렬을 생성한다.

⑨ 39행은 cv2.randn() 함수로 128의 평균과 50의 표준 편차로 정규분포의 난수를 생성한다.

⑩ 41~44행은 각 방법으로 dct 변환을 수행한다. OpenCV 함수의 경우 입력 행렬 원소의 자료형이 실수(float32)형이어야 한다.

⑪ 46~49행은 각 방법으로 idct 변환을 수행한다. OpenCV 함수의 경우 정변환과 역변환 함수명이 동일하며, flags 인수에 cv2.DCT_INVERSE를 지정하면 역변환을 수행한다.

| 실행결과 |

```
Run:   09.dct
C:\Python\python.exe D:/source/chap09/09.dct.py
block=
 [[128 136  93 107 190]
 [114  96 143 154  71]
 [166 126 193  30  33]]
dct1(저자구현 함수)=
 [[ 459.59402     53.96968    -22.50121      1.200144    44.138367]
 [  33.52015   -100.550446    75.75286    -22.76198    -59.752857]
 [   8.398399    32.89206     38.765003   -61.45686     32.826427]]
dct2(scipy 모듈 함수1)=
 [[ 459.59402375    53.96967963   -22.50120922     1.2001449     44.13836861]
 [  33.5201432   -100.55044607    75.75285972   -22.76198135   -59.75285972]
 [   8.39841255    32.89205934    38.76500392   -61.45686101    32.82642946]]
dct3(scipy 모듈 함수2)=
 [[ 459.59402375    53.96967963   -22.50120922     1.2001449     44.13836861]
 [  33.5201432   -100.55044607    75.75285972   -22.76198135   -59.75285972]
 [   8.39841255    32.89205934    38.76500392   -61.45686101    32.82642946]]
dct4(OpenCV 함수)=
 [[ 459.594        53.969677   -22.501207     1.200143    44.138374]
 [  33.520145 -100.550446    75.752846   -22.76198    -59.752853]
 [   8.398418    32.892063    38.765       -61.456863    32.826435]]

idct1(저자구현 함수)=
 [[128 136  93 107 190]
 [114  96 143 154  71]
 [166 126 193  30  33]]
idct2(scipy 모듈 함수1)=
 [[128 136  93 107 190]
 [114  96 143 154  71]
 [166 126 193  30  33]]
idct3(scipy 모듈 함수2)=
 [[128 136  93 107 190]
 [114  96 143 154  71]
 [166 126 193  30  33]]
idct4(OpenCV 함수)=
 [[128 136  93 107 190]
 [114  96 143 154  71]
 [166 126 193  30  33]]
```

실행 결과에서 3가지 방법 모두 DCT 계수를 잘 출력해 준다. dct1 계수에서 (0, 0) 위치를 보면 원소값이 약 459로서 상대적으로 크며, 나머지 값들은 작은 값을 가지는 것을 볼 수 있다.

8×8 크기의 한 블록을 DCT 변환하면 〈그림 9.5.1〉 같이 64개의 주파수 계수가 구성된다. (0, 0) 위치를 DC 계수라 하며, 나머지 계수들을 AC 계수라 한다. DC 계수는 공간 영역 화소값의 평균에 해당하는 값으로서 에너지가 집중되어 있고, DC 계수 주변 계수들은 영상의 주요 성분을 포함하고 있다.

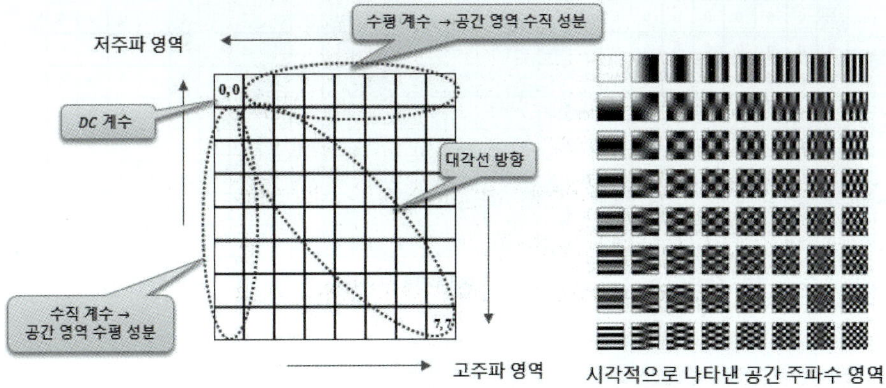

〈그림 9.5.1〉 Forward DCT 변환 계수의 주파수 성분

그리고 각 주파수 계수는 영상의 밝기 변화 특성을 나타낸다. 왼쪽 상단으로 갈수록 저주파 영역이며, 오른쪽 하단으로 갈수록 고주파 영역이다. 저주파 영역으로 갈수록 밝기 변화가 적으며, 고주파 영역으로 갈수록 밝기 변화의 정도가 증가한다.

그러면 8×8 블록 계수의 값을 변경하면 어떻게 될까? 즉, 저주파 영역의 계수만을 남기고 나머지 계수들을 제거하고 역 DCT를 수행하면 어떻게 될까? 반대로 고주파 성분만을 남기면 어떻게 될까? 혹은 수평 방향, 수직 방향, 대각선 방향의 한 성분만을 가져오면 어떤 영상이 만들어질까? 이러한 처리가 바로 주파수 영역 필터링이 수행되는 것이다.

다음 예제에서 DCT를 이용해서 주파수 필터링을 수행해 보고자 한다. 8×8 크기의 계수에 대한 필터들은 〈그림 9.5.2〉과 같이 구성한다. 각 필터를 DCT 변환계수에 곱해서 필터링을 수행하고, 역 DCT를 수행하면 주파수 영역 필터링이 완료된다. 여기서 수직/수평(Vertical/Horizental) 통과 필터는 각 방향 성분만을 명확히 나타날 수 있도록 DC 값을 0으로 지정한다.

1	0	0	0	0	0	0	0
0	0	0	0	0	0	0	0
0	0	0	0	0	0	0	0
0	0	0	0	0	0	0	0
0	0	0	0	0	0	0	0
0	0	0	0	0	0	0	0
0	0	0	0	0	0	0	0
0	0	0	0	0	0	0	0

DC Pass

	1	1	1	1	1	1	1
1	1	1	1	1	1	1	1
1	1	1	1	1	1	1	1
1	1	1	1	1	1	1	1
1	1	1	1	1	1	1	1
1	1	1	1	1	1	1	1
1	1	1	1	1	1	1	1
1	1	1	1	1	1	1	1

High Pass

1	1	1	1	0	0	0	0
1	1	1	1	0	0	0	0
1	1	1	1	0	0	0	0
1	1	1	1	0	0	0	0
0	0	0	0	0	0	0	0
0	0	0	0	0	0	0	0
0	0	0	0	0	0	0	0
0	0	0	0	0	0	0	0

Low Pass

0	1	1	1	1	1	1	1
0	0	0	0	0	0	0	0
0	0	0	0	0	0	0	0
0	0	0	0	0	0	0	0
0	0	0	0	0	0	0	0
0	0	0	0	0	0	0	0
0	0	0	0	0	0	0	0
0	0	0	0	0	0	0	0

Vertical Pass

0	0	0	0	0	0	0	0
1	0	0	0	0	0	0	0
1	0	0	0	0	0	0	0
1	0	0	0	0	0	0	0
1	0	0	0	0	0	0	0
1	0	0	0	0	0	0	0
1	0	0	0	0	0	0	0
1	0	0	0	0	0	0	0

Horizental Pass

〈그림 9.5.2〉 필터의 구성

예제 9.5.2 DCT를 이용한 주파수 영역 필터링 - 10.DCT_filtering.py

```python
import numpy as np, cv2
from Common.dct2d import dct2, idct2, scipy_dct2, scipy_idct2 # dct 관련 함수 임포트

def dct2_mode(block, mode):                           # 2차원 dct 함수 - 방식 선택
    if mode==1: return dct2(block)
    elif mode==2: return scipy_dct2(block)
    elif mode==3: return cv2.dct(block.astype('float32'))

def idct2_mode(block, mode):                          # 2차원 idct 함수 - 방식 선택
    if mode==1: return idct2(block)
    elif mode==2: return scipy_idct2(block)
    elif mode==3: return cv2.dct(block, flags=cv2.DCT_INVERSE)

def dct_filtering(img, filter, M, N):                 # 주파수 영역 필터링 함수
    dst = np.empty(img.shape, np.float32)
    for i in range(0, img.shape[0], M):               # 입력 영상 순회
```

```
17            for j in range(0, img.shape[1], N):
18                block = img[i:i+M, j:j+N]                      # 블록 참조
19                new_block = dct2_mode(block, mode)             # 블록 DCT 수행
20                new_block = new_block * filter                 # 곱셈을 통한 필터링
21                dst[i:i+M, j:j+N] = idct2_mode(new_block, mode)   # 역DCT
22        return cv2.convertScaleAbs(dst)
23
24    image = cv2.imread(“images/dct.jpg”, cv2.IMREAD_GRAYSCALE)
25    if image is None: raise Exception(“영상파일 읽기 에러”)
26
27    mode = 3                                                   # dct 방식 선택
28    M, N = 8, 8                                                # 블록 크기
29    filters = [np.zeros((M, N), np.float32) for i in range(5)]  # 5개 필터 생성 및 0으로 초기화
30    titles = [‘DC Pass’, ‘High Pass’, ‘Low Pass’, ‘Vertical Pass’, ‘Horizental Pass’ ]
31
32    filters[0][0, 0] = 1                          # DC 계수만 1 지정 - DC Pass
33    filters[1][:], filters[2][0, 0] = 1, 0        # 모든 계수 1, DC만 0 지정 - High Pass
34    filters[2][:M//2, :N//2] = 1                  # 1/4 영역 1 지정 - Low Pass
35    filters[3][0, 1:] = 1                         # 수직 성분 – Vertical Pass
36    filters[4][1:, 0] = 1                         # 수평 성분 – Horizental Pass
37
38    for filter, title in zip(filters, titles):
39        dst = dct_filtering(image, filter, M, N)
40        cv2.imshow(title, dst)
41    cv2.imshow(“image”, image)
42    cv2.waitKey(0)
```

| 설명 |

① 2행은 앞 예제에서 만든 dct 관련 함수들을 모두 ‘Common’ 폴더 ‘dct2d.py’ 파일에 옮겨 작성하고 관련 함수들을 임포트 한다.

② 4~12행은 mode 인수에 따라서 dct 방식을 선택하여 정변환과 역변환을 수행하는 함수이다.

③ 14~22행은 영상을 M행, N열의 블록들로 분해해서 각 블록을 dct 변환하여 여러 종류의 필터을 적용하는 함수이다.

④ 18행에서 관심 영역으로 블록을 참조한다.

⑤ 20행은 dct 계수와 필터 계수의 곱으로 필터링이 수행된다.

⑥ 21행 dct 역변환을 수행하여 결과 영상의 해당 블록에 저장한다.

⑦ 29행은 8×8 크기의 5개 필터(행렬)를 리스트로 생성한다. 각 필터의 원소값은 0으로 초기화된다.

⑧ 32행은 첫 번째 필터는 DC 계수만 1로 지정한다. 다른 원소는 0이다.

⑨ 33행은 슬라이스 연산자로 모든 원소를 1로 지정하고, DC 계수(0, 0)만 1로 지정한다.

⑩ 34행은 저주파 영역(좌상단 1/4)의 모든 원소 16개를 1로 지정한다. 나머지 48개 원소는 0이다.

⑪ 35행은 펄터 행렬의 첫 열(수직 방향 성분)의 두 번째 원소부터 마지막까지 1로 지정한다. DC 값은 0으로 지정해서 수직 성분만을 표시하도록 한다.

⑫ 36행은 펄터 행렬의 첫 행(수평 방향 성분)의 두 번째 원소부터 마지막까지 1로 지정한다. DC값은 0으로 지정한다.

| 실행결과 |

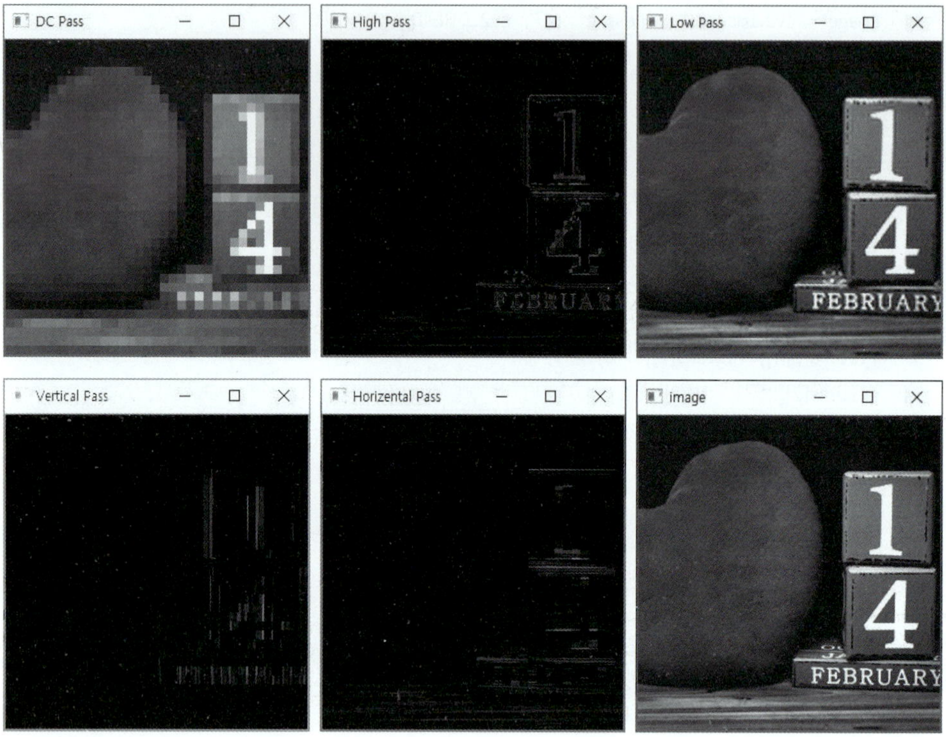

실행 결과에서 상단 왼쪽의 'DC Pass' 윈도우는 단지 DC 계수 하나의 원소만 통과시키고, 다른 모든 계수를 차단한 필터링 영상이다. 그럼에도 원본 영상의 모습을 확인할 수 있을 정도로 DC 계수는 블록 전체를 대표하는 값으로 에너지가 집중되어 있다. 반면, 중앙의 'High Pass' 윈도우는 DC 계수만 차단하고 나머지 주파수 영역을 모두 통과시키는 필터링이다. 저주파 영역을 제거하고 고주파 영역을 통과시키면 영상의 경계 부분만이 나타난다. 상단 오른쪽의 'Low Pass' 윈도우는 저주파 통과 필터로 64개의 DCT 계수 중에 저주파 영역의 16개 계수만 통과시킨 것이다. 전체 계수의 1/4만 통과시켰는데 원본 영상과 크게 차이를 알 수 없을 정도로 화질이 좋다. 이것이 JPEG 압축에 유용하게 사용될 수 있

는 가장 큰 특징이 된다.

아래 라인 왼쪽의 'Vertical Pass' 윈도우는 변환영역 상에 수평 방향 계수 성분만이 유지되기 때문에 영상 공간에서는 수직 방향의 에지만 표시된다. 반대로, 아래 중앙의 'Horizontal Pass' 윈도우는 변환영역 상에서 수직 방향 계수 성분이 유지되기 때문에 공간 영역에서는 수평 방향으로 에지가 나타난다. 변환영역과 공간영역에서 방향이 바뀜에 유의하기 바란다.

단원 핵심 요약

1. 신호처리에서 주파수라는 말은 1초 동안에 진동하는 횟수라 정의한다. 영상처리에서는 화소 밝기의 변화의 정도를 말한다. 이를 공간 주파수라 하며, 공간 주파수는 밝기가 얼마나 빨리 변화하는가에 따라서 고주파와 저주파 영역으로 분류한다.

2. 주기를 갖는 신호는 여러 개의 사인 및 코사인 함수들로 분리할 수 있다. 분리된 신호들을 기저 함수라 하며, 기저 함수에 곱해지는 값을 주파수 계수라 한다.

3. 신호를 주파수로 변환하는 것은 각 주파수의 기저 함수들에 대한 계수를 찾는 것이다. 또한, 주파수 영역에서의 역변환은 각 기저 함수와 그 계수들로부터 원본 신호를 재구성하는 것이다.

4. 푸리에 변환을 수행하면 복소수의 결과가 생성되며, 이것을 영상으로 확인하기 위해서는 복수소의 실수부와 허수부를 벡터로 간주하여 벡터의 크기(magnitude)를 구한다. 이것을 주파수 스펙트럼이라 한다. 복소수 클래스를 이용할 경우, abs() 함수로 절대값을 구하면 크기가 되고, 실수부와 허수부가 2채널 행렬이면, cv2.magnitude() 함수로 구한다.

5. DFT 주파수 스펙트럼 영상은 저주파 영역이 영상의 모서리 부분에 위치하고, 고주파 부분이 중심부에 있어서 해당 주파수 영역에서 처리가 어렵다. 이 문제는 시프트(shift) 연산을 통해서 제1 사분면과 제3 사분면의 영상을 맞바꾸고, 제2 사분면과 제4 사분면의 영상을 맞바꿈으로써 해결할 수 있다.

6. 고속 푸리에 변환은 기저 함수의 계산 과정에서 삼각함수의 주기성을 이용해 작은 단위로 반복적으로 분리하여 수행하고 이를 합치도록 하여 효율성을 높이는 방법이다. 재귀호출을 통해서 신호들을 쉽게 분리할 수 있으며, 결과를 합하면서 버터플라이 과정을 거쳐서 수행된다.

7. 고속 푸리에 변환은 신호를 2개의 원소로 연속적으로 분리해야 하기 때문에 신호의 길이가 2의 자승이 되어야 한다. 이로 인해서 영상의 크기가 2의 자승으로 확장된 영역에 0의 값을 지정하는 영삽입(zeropadding)의 과정을 거쳐야 한다.

8. 주파수 영역에서 필터링 과정은 변환 계수에 필터 행렬을 원소간(element-wise)에 곱하여 수행된다. 그리고 필터링된 푸리에 변환 계수를 역변환함으로써 다시 공간영역의 영상으로 만들 수 있다.

9. 푸리에 변환된 주파수 영역에서 필터링의 방법으로 고주파 통과 필터와 저주파 통과 필터링이 있다. 또한 필터의 계수를 점진적으로 변화시켜서 결과 영상의 화질을 개선하는 버터워스 필터링과 가우시안 필터링도 있다.

10. 이산 코사인 변환은 이산 푸리에 변환(DFT)에서 실수부만 취하고, 허수부분을 제외함으로서 코사인 함수만으로 구성된 직교 변환방법이다. 영상 신호의 에너지 집중 특성이 뛰어나서 영상 압축에 효과적이다.

연습문제

1. 주파수 변환 영역의 처리 과정에서 대해서 간략히 기술하시오.

2. 영상에서 저주파 공간 영역과 고주파 공간 영역에 대해서 아는 대로 설명하시오.

3. 2차원 DFT를 수행하는 과정에 대해서 설명하시오.

4. DFT 수행 과정에서 시프트(shift)은 무엇이며, 왜 사용하는지를 설명하시오.

5. DFT 수행 과정에서 복소수인 계수들을 주파수 스펙트럼 영상으로 표시하는 과정을 소스 코드로 작성하고 설명하시오.

6. 고속 푸리에 변환의 빠른 속도가 가능한 이유를 설명하시오.

7. FFT 알고리즘에서 영삽입(zero-padding)이 무엇이며, 왜 사용하는지를 설명하시오.

8. FFT에서 버터플라이 알고리즘에 대해서 설명하시오.

9. 주파수 영역에서 필터링 방법에 대해서 설명하고, 이것이 가능한 이유를 설명하시오.

10. 이산 코사인 변환의 계수에서 각 계수 부분의 주파수 특성을 적으시오.

11. 2의 자승 크기가 아닌 영상에 FFT를 수행하여 주파수 스펙트럼 영상을 출력하시오.

12. 11번 문제의 스펙트럼 영상에서 IFFT로 환원하여 결과 영상을 출력하시오. 여기서 영삽입이 있는 영상과 제거된 영상을 모두 출력하시오.

13. 주파수 영역 필터링에서 중간 주파수 대역만을 통과시키도록 필터를 생성해서 필터링을 수행하는 프로그램을 작성하시오.

14. 13번 문제를 두 개의 트랙바를 이용해서 중간 주파수 대역을 변경할 수 있도록 프로그램을 작성하시오.

15. 다음은 버터워즈 고주파 통과 필터의 원소를 구성하는 수식이다. 이 수식을 참고해서 필터를 생성하는 함수를 구현하여 그래프로 출력하고, 버터워즈 고주파 통과 필터링을 구현하시오.

$$f(x, y) = \frac{1}{1+\left(\frac{R}{\sqrt{dx^2+dy^2}}\right)^{2n}}, \qquad \begin{aligned} dx &= x - center.x \\ dy &= y - center.y \end{aligned}$$

R : 주파수 차단 반지름

16. 이산 코사인 변환을 수행하는 함수를 작성하여 8×8블록으로 DCT를 수행하고 IDCT를 통해 원본 영상으로 환원하는 프로그램을 작성하시오.

17. OpenCV의 cv2.dct() 함수를 이용해서 8×8블록으로 DCT와 IDCT를 수행하는 프로그램을 작성하시오.

CHAPTER 10

영상 분할 및 특징 처리

contents

'불멸 이순신'에서 실제 배의 숫자는 과연 몇 척인가?

영화에서도 많은 기술 영상처리의 들이 사용된다. 예로서, '터미네이터'에서 사람 모습이 변하여 금속 덩어리로 바뀌는 모습, '구미호(九尾狐)'에서 여자가 여우로 변신하는 모습 등이 있다. 그리고 '불멸 이순신'에서 수많은 배들이 영화에 등장한다. 과연 실제 배는 몇 척일까? 실제로는 거북선 1척, 판옥선 2척, 왜선 2척, 명선 1척 실제 크기의 배를 만들었다. 그리고, 이들과 미니어처로 제작된 배들과 특수 촬영을 통해 전체 배들의 수를 많이 보이게 하였다. 이와 같이 실제 배 몇 척을 가지고 많은 수의 배를 가상으로 만들거나, 대포알이 실제로 빠르게 날아가 우리 눈으로 볼 수 없지만, 이것을 볼 수 있게 처리하는 방법 등 많은 부분이 컴퓨터 그래픽스라는 이름으로 처리되지만 영상처리의 일종이다.

또한, 영상처리에는 전체 영상의 기하학적 이동과는 달리 영상의 화소 이동을 화소별로 다르게 하여 영상을 다른 모양으로 왜곡시키는 워핑(Warping) 기법, 동영상이나 애니메이션에서 한 모양을 연속된 변환들을 통해 다른 모양으로 서서히 바꾸는 특수 효과인 모핑(Morphing) 등 다양한 기술들이 있다. 영상처리 기술을 사용하여 신비한 모나리자의 미소를 화난 모나리자, 웃는 모나리자 등으로 바꿀 수도 있다. 영상처리의 응용은 다양하다.

10 영상 분할 및 특징 처리

이 장에서는 영상처리 및 컴퓨터 비전 응용에서 자주 사용되는 알고리즘들에 대해서 기술한다. 특징점 추출 방법 중에 직선을 검출하는 허프 변환, 객체 추적이나 영상 매칭에 사용되는 코너 검출기법, k-최근접 분류기 및 숫자 인식에 용용, 그리고 영화나 광고들에 사용될 수 있는 영상 워핑과 모핑 등을 살펴본다.

10.1 허프 변환

점, 선, 도형과 같은 기하학적인 요소들을 검출하는 것은 디지털 영상처리에서 기본적인 작업 중 하나이다. 특히, 직선 검출은 영상 내에서 공간 구조 분석에 유용하므로, 영상처리와 컴퓨터 비전(computer vision) 분야에서 많은 연구가 되고 있다.

예를 들어, 〈그림 10.1.1〉의 (a)와 같이 차선 및 장애물 자동인식 시스템에서 자동차가 차선을 벗어나지 않게 하려면 차선 검출이 필요하다. 또한, 요즘 스마트폰에서 스캐너의 기능을 대신해 주는 앱들이 많이 있다. 이 앱들은 〈그림 10.1.1〉의 (b)와 같이 영상 객체에서 꼭지점 4개로 영상의 왜곡을 보정한다. 이때 꼭지점을 찾기 위해서 모서리를 이용하는데 이 모서리를 찾는 방법으로 보통 직선 검출을 이용한다.

직선 검출 방법 중에서 가장 널리 사용되고 있는 것이 허프 변환(Hough transform)이다. 허프 변환은 영상 내의 선, 원뿐만 아니라 임의의 형태를 지닌 물체를 감지해 내는 대표적인 기술로서 데이터 손실 및 왜곡이 포함된 영상에서도 직선을 잘 검출한다.

(a) 차선 및 장애물 인식 시스템 (b) Tiny Scanner 앱

〈그림 10.1.1〉 직선 검출의 활용

10.1.1 허프 변환의 좌표계

허프 변환은 허프 변환은 영상에서 에지로 인지되는 좌표들을 직교좌표계에서 극좌표계로 변환하여, 검출하고자 하는 물체의 파라미터(ρ, θ)를 추출하는 방법이다. 그 수식은 다음과 같다.

$$y = ax + b \leftrightarrow \rho = y \cdot \sin\theta + x \cdot \cos\theta$$

직교 좌표계에서 파라미터(ρ, θ)를 추출하면, 수직선일 경우에 기울기가 무한대가 될 수 있으며, 검출되는 직선의 간격이 동일하지 않아서 검출 속도와 정밀도에서 문제가 될 수 있다. 반면, 극 좌표계를 사용하면, 직선과 원점의 수직 거리(ρ)와 이 수직선이 x축과 이루는 각도(θ)를 이용해서 직선을 표현할 수 있다. 또한, 직선의 수직 거리와 각도를 일정한 간격으로 검출함으로써 정밀한 직선 검출이 가능하다.

직교 좌표계에서 하나의 직선상에 놓인 좌표들을 극 변환 좌표계로 표시하면 〈그림 10.1.2〉와 같다. 직선 A의 궤적에 있는 3개 좌표 a_1, a_2, a_3가 있다고 가정하자. 먼저, 직선 A를 $\rho_1 = y \cdot \sin\theta_1 + x \cdot \cos\theta_1$로 표현할 수 있다. 이 수식에 따라서 직선 A는 극좌표계에서 한 점 (ρ_1, θ_1)의 좌표로 나타난다. 즉, 직교 좌표계에서 3개 점 좌표(a_1, a_2, a_3)는 극 좌표계의 한 좌표(ρ_1, θ_1)를 같이 공유한다.

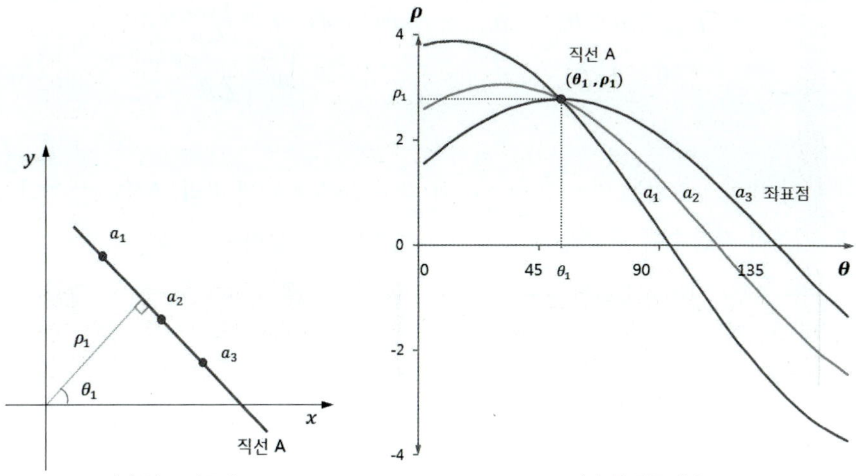

(a) 직교 좌표계 (b) 극 좌표계

〈그림 10.1.2〉 극좌표 변환 예시

또한, 직교 좌표계에서 한 점(y_i, x_j)은 극 좌표계에서는 곡선으로 표현되며, 극 좌표계에서 한 점(ρ_l, θ_k)은 직교 좌표계에서 직선으로 표현된다. 즉, 직교 좌표의 a_1 좌표는 극 좌표에서 (ρ_1, θ_1) 좌표들을 1씩 누적하며, 〈그림 10.1.2〉의 (b)에서 a_1 의 곡선을 이룬다.

10.1.2 허프 변환의 전체 과정

이제 파이썬으로 허프 변환을 구현해 보자. 허프 변환은 다음과 같은 세부적인 과정을 거쳐서 수행된다.

1. 극 좌표계에서 누적 행렬 구성
2. 영상 화소의 직선 검사
3. 직선 좌표에 대한 극좌표 누적 행렬 구성
4. 누적 행렬의 지역 최댓값 선정
5. 직선 선별 - 임계값 이상인 누적값 선택 및 정렬

먼저, 영상의 크기에 맞추어 극 좌표계를 위한 행렬을 구성한다. 이 행렬은 검출된 직선을 극좌표(ρ, θ)로 인덱싱해서 값을 누적하기 위한 것이다. ρ는 $-\rho_{max} \sim +\rho_{max}$ 의 범위를 가지고, θ는 $0 \sim \pi$ 까지 범위를 가지며, 다음의 수식으로 계산된다. 여기서 $rows$는 원본 영상의 크기이며, h, w은 직선 누적 행렬의 크기이다.

$$-\rho_{\max} \le \rho \le \rho_{\max}, \quad \rho_{\max} = rows + cols, \quad h = \frac{\rho_{\max}}{\Delta\rho} \times 2$$

$$0 \le \theta < \theta_{\max}, \quad \theta_{\max} = \pi, \qquad w = \frac{\pi}{\Delta\theta}$$

따라서 누적 행렬의 크기는 거리 간격($\Delta\rho$)과 각도 간격($\Delta\theta$)에 따라 조절되며, 거리 간격과 각도 간격이 작을수록 행렬의 크기가 커져서 해상도가 높아진다. 예를 들어서 각도 간격을 2도로 하면, 가로(θ) 방향으로 90개의 원소가 필요하며, 1도 간격으로 하면, 180개의 원소가 필요하다.

10.1.3 직선 누적 행렬 구성

다음으로 영상 내의 모든 좌표에서 직선인지 여부를 점검한다. 허프 변환에 입력되는 영상은 먼저 이진화나 모폴로지와 같은 다양한 전처리를 수행하여 잡음을 제거하고 직선 성분을 검출한다. 일반적으로 캐니 에지 검출과 같이 이진 영상을 허프 변환의 입력 영상으로 사용한다. 따라서 입력 영상에서 0보다 큰 화소를 직선으로 간주한다.

다음의 accumulation() 함수는 입력된 영상에서 직선으로 인지된 좌표들에 대해서 직교 좌표계에서 극 좌표계로 변환하여 인덱스를 구성하고, 누적 행렬의 인덱스에 값을 누적한다.

```
def accumulate(image, rho, theta):
    h, w = image.shape[:2]
    rows, cols = (h+w) * 2 // rho, int(np.pi / theta)          # 누적행렬 너비, 높이
    accumulate = np.zeros((rows, cols), np.int32)              # 직선 누적행렬

    sin_cos = [(np.sin(t*theta), np.cos(t*theta)) for t in range(cols)]  # 삼각 함수값 저장
    pts = np.where(image > 0)                                  # 넘파이 함수 활용 - 직선좌표 찾기

    polars = np.dot(sin_cos, pts).T                            # 행렬 곱으로 극좌표 계산
    polars = (polars / rho + rows / 2).astype('int')           # 해상도 변경 및 위치 조정

    for row in polars:
        for t, r in enumerate(row):                            # 각도, 수직 거리 가져옴
            accumulate[r, t] += 1                              # 극좌표에 누적
    return accumulate
```

| 설명 |

① 3, 4행은 입력 영상의 크기에 따라서 극좌표 누적 행렬의 크기를 계산하고 누적 행렬을 생성한다.

② 6행에서 0~180도까지의 사인과 코사인 함수의 값을 미리 계산하여 sin_cos 리스트로 생성한다.

③ 7행에서 영상(image)에서 화소값이 0보다 큰 위치(직선 좌표)들을 pts에 저장한다. np.where() 함수는 조건이 참이 되는 y 좌표 행렬과 x 좌표 행렬을 2 원소 튜플로 반환한다.

④ 9행은 삼각 함수들과 직선 좌표들의 행렬 곱으로 검출된 모든 직선 좌표에 대해서 0~180도의 모든 극좌표를 계산한다. 행렬 곱이 각도 범위를 갖는 삼각 함수 쌍과 직선 좌표들을 곱하기 때문에 결과 행렬에서 행 방향으로 각도가 증가하며, 열 방향으로 수직 거리가 증가한다. 따라서 전치를 통해서 행과 열을 바꾸어 극 좌표계에 맞게 행이 수직 거리, 열이 각도가 증가하도록 한다.

$$\begin{bmatrix} \sin\theta_0, & \cos\theta_0 \\ \sin\theta_1, & \cos\theta_1 \\ \sin\theta_2, & \cos\theta_2 \\ \cdots & \cdots \\ \cdots & \cdots \\ \sin\theta_m, & \cos\theta_m \end{bmatrix} \cdot \begin{bmatrix} y_o, & y_1, & y_2, & \cdots, & y_n \\ x_o, & x_1, & x_2, & \cdots, & x_n \end{bmatrix} = \begin{bmatrix} \rho_0,\theta_0, & \rho_1,\theta_0, & \rho_2,\theta_0, & \cdots, & \rho_n,\theta_0 \\ \rho_0,\theta_1, & \rho_1,\theta_0, & \rho_2,\theta_1, & \cdots, & \rho_n,\theta_1 \\ \rho_0,\theta_2, & \rho_1,\theta_0, & \rho_2,\theta_2, & \cdots, & \rho_n,\theta_2 \\ \cdots & \cdots & \cdots & & \cdots \\ \cdots & \cdots & \cdots & & \cdots \\ \rho_0,\theta_m, & \rho_1,\theta_m, & \rho_2,\theta_m, & \cdots, & \rho_n,\theta_m \end{bmatrix}$$

⑤ 10행은 계산된 극좌표들(polars)을 거리 간격(rho)으로 나누어 해상도를 맞추며, 수직 거리가 중심점 기준이 되도록 누적 행렬 높이의 절반(rows/2)를 더해 준다. 또한, 좌표 접근을 위해서 자료형을 정수형으로 변경한다.

⑥ 12행은 극좌표들(polars)을 한 행씩 가져온다. 한 행의 행렬(row)은 0~180도까지의 수직 거리가 계산되어 있다.

⑦ 13행은 한 행의 수직 거리 행렬(row)을 enumerate()로 인덱스와 값을 가져온다. 인덱스(t)는 0~180도의 각도를 가리키며, r 값은 각 각도에서의 수직 거리(ρ) 좌표이다.

⑧ 14행은 수직 거리와 각도를 첨자로 누적 행렬에서 찾아서 해당 원소의 값을 1 누적한다. 즉, 하나의 직선 좌표에 대해서 극좌표 행렬의 ρ 좌표에 0~180도를 돌며 값을 누적한다.

결과적으로 입력 영상의 조회 좌표가 직선이면, 허프 변환 수식에 따라서 0~180를 회전하며 거리(ρ)와 각도(θ)를 좌표로 계산하고, 직선 누적 행렬의 좌표(ρ, θ)에 값을 1 증가시킨다.

〈그림 10.1.3〉은 3개의 좌표가 있는 에지 영상으로 누적 행렬을 구성한 예이다. 원본 이진 영상의 3개 좌표에 대해서 누적 행렬의 값을 보면 3개의 곡선처럼 보인다. 3개 곡선이 겹치는 좌표(ρ_{t1}, θ_{t1})에서 누적값이 3으로 가장 많다. 또한, 이 좌표(ρ_{t1}, θ_{t1})를 좌표(극→직교) 변환 수식에 따라서 직선으로 구성하면 영상의 3점을 잇는 직선이 된다.

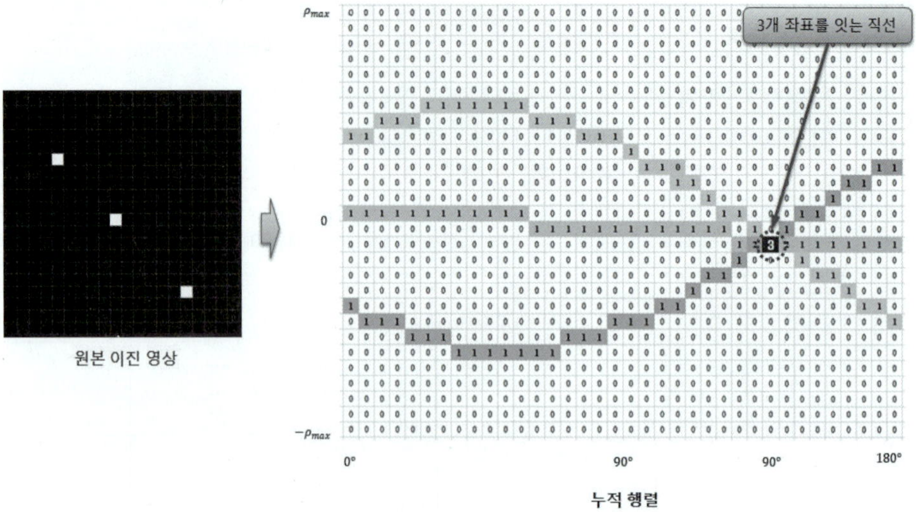

〈그림 10.1.3〉 영상의 한 점에 대한 누적 행렬 구성

누적 행렬에서 원소의 값이 임계값 이상인 좌표들을 검색하면, 직선의 길이가 임계값 이상인 직선들을 ρ_t, θ_t 좌표로 찾을 수 있다. 또한, 이 좌표로 허프 변환 수식을 다음과 같이 변경하여 직선을 구성할 수 있다.

$$\rho = x \cdot \sin\theta + y \cdot \cos\theta \;\rightarrow y = -\frac{\cos\theta}{\sin\theta}x + \frac{\rho}{\sin\theta}$$

10.1.4 누적 행렬의 지역 최댓값 선정

누적 행렬에서 직선을 찾으려면 누적값이 임계값 이상인 좌표들을 가져와야 한다. 그러나 〈그림 10.1.4〉에서 보면 임계값 이상인 좌표들을 직선으로 구성해보면, 비슷한 위치에 비슷한 각도로 직선들이 그려지는 것을 볼 수 있다. 또한, 다른 위치의 직선은 임계값 이상임에도 한 곳에서 너무 많은 직선을 검출해서 검출 순위에서 밀려 검출하지 못할 수 있다.

이 문제를 해결하는 방법으로 마스크를 이용하는 방법이 있다. 즉, 누적 행렬을 작은 블록으로 나누고 각 블록에서 가장 큰 값만 보존하고 나머지 값을 제거하는 것이다. 여기서 나누어진 블록을 마스크(mask)라고 부르며, 마스크 내에서 가장 큰 값을 지역 최댓값(local maxima)이라 한다.

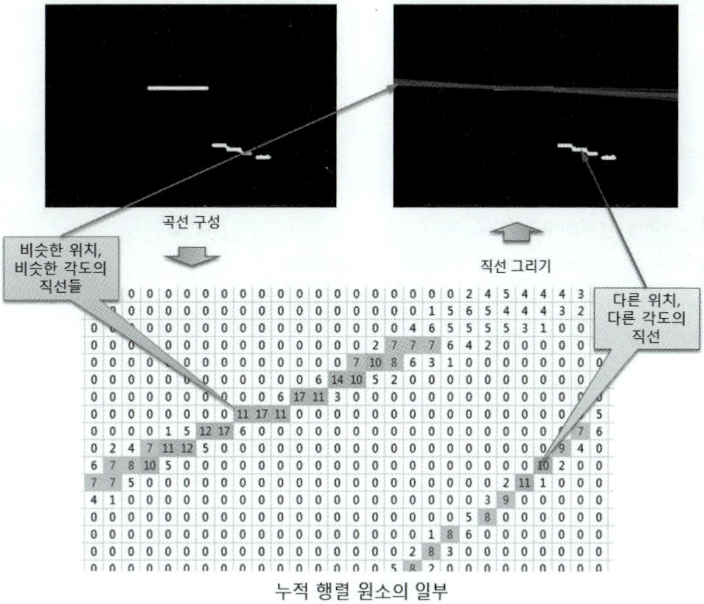

〈그림 10.1.4〉 한 지점에서 여러 직선이 검출되는 문제

다음은 〈그림 10.1.5〉의 직선 누적 행렬에 3×7 크기의 마스크를 적용하여 지역 최댓값을 구한 예이다. 두 개의 점선 사각형으로 마스크를 표시해서 예시로 나타내었다. 누적 행렬 좌상단의 예시1은 17이 가장 큰 값으로 유지되고, 마스크 주위의 나머지 값은 0으로 제거된다. 또한, 우하단의 예시2는 11이 가장 큰 값으로 주위의 9, 10이 제거된다. 이렇게 함으로써 비슷한 위치의 직선을 하나만 검출해서 직선 검출의 정확도를 높일 수 있다.

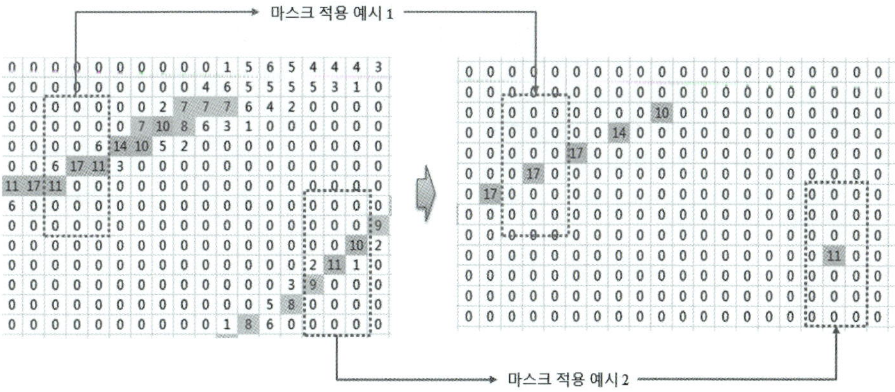

〈그림 10.1.5〉 지역 최댓값을 적용하는 마스크 예시

다음은 직선 누적 행렬에서 마스크 내의 지역 최댓값만 보존하고 나머지 원소값을 제거하는 masking() 함수를 구현한다.

```
01  def masking(accumulate, h, w, thresh):
02      rows, cols = accumulate.shape[:2]
03      rcenter, tcenter = h//2, w//2                          # 마스크 크기 절반
04      dst = np.zeros(accumulate.shape, np.uint32)
05
06      for y in range(0, rows, h):                            # 누적 행렬 조회
07          for x in range(0, cols, w):
08              roi = accumulate[y:y+h, x:x+w]
09              _ , max, _, (x0, y0) = cv2.minMaxLoc(roi)
10              dst[y+y0, x+x0] = max
11      return dst
```

| 설명 |

① 4행은 누적 행렬과 같은 행태로 반환 결과 행렬(dst)을 생성한다.

② 8행은 마스크 영역을 관심 영역으로 참조한다.

③ 9행 cv2.minMaxLoc() 함수로 관심 영역의 원소 중에서 최댓값과 최댓값 좌표를 가져온다.

④ 10행은 반환 행렬의 같은 좌표에 최댓값만 저장한다.

10.1.5 직선(극 좌표) 선택 및 정렬

이제 직선들을 가져와 보자. 다음의 select_lines() 함수는 중복이 제거된 누적 행렬 원소 중에서 임계값(thresh)보다 큰 값을 선별하여 lines 행렬에 저장한다. 이때, 긴 직선이 먼저 저장되도록, 누적값을 기준으로 내림차순 정렬을 수행한다.

```
def select_lines(acc_dst, rho, theta, thresh):
    rows = acc_dst.shape[0]
    r, t = np.where(acc_dst>thresh)                        # 임계값 이상 인덱스 가져옴

    rhos = ((r - (rows / 2)) * rho)                        # 인덱스로 수직 거리 계산
    radians = t * theta                                    # 인덱스로 각도 계산
    values = acc_dst[r, t]                                 # 인덱스로 누적값 가져옴

    idx = np.argsort(values)[::-1]                         # 내림차순 정렬 인덱스
```

```
10        lines = np.transpose([rhos, radians])              # 리스트 전치하여 행렬 생성
11        lines = lines[idx, :]                              # 누적값에 다른 정렬
12
13        return np.expand_dims(lines, axis=1)                 # 1번(열) 차원 증가
```

| 설명 |

① 3행에서 np.where() 함수로 조건에 맞는 원소값의 인덱스를 가져와서 r, t에 행렬로 각각 저장한다. r은 수직 거리 인덱스 행렬이 되며, t는 각도 인덱스 행렬이다.

② 5행은 수식 거리 인덱스(r)를 중심점 기준으로 저장했던 극좌표를 다시 원점 기준으로 평행이동하고, 거리 간격(rho)을 곱하여 해상도를 맞추면 수직 거리를 계산할 수 있다.

③ 6행은 각도 인덱스(t)에 각도 간격(theta)을 곱하여 실제 라디안 각도를 계산한다.

④ 7행은 누적 행렬에서 수직 거리와 각도 인덱스로 누적값을 가져온다. 누적값 순으로 정렬하기 위한 것이다.

⑤ 9행은 numpy.argsort() 함수로 누적값 행렬(values)을 정렬하여 정렬 인덱스를 가져온다. 이때, 내림차순 정렬을 위해서 [::-1]로 역순 구성을 한다.

⑥ 10행은 수직 거리 행렬과 각도 행렬로 직선 행렬(lines)을 생성한다. 각 1차원 행렬이기 때문에 리스트로 구성하면 2행, n열의 행렬이 되며, 하나의 열이 하나의 직선이 된다. 전치를 통해서 1행이 하나의 직선(수직 거리, 각도)이 되게 구성한다.

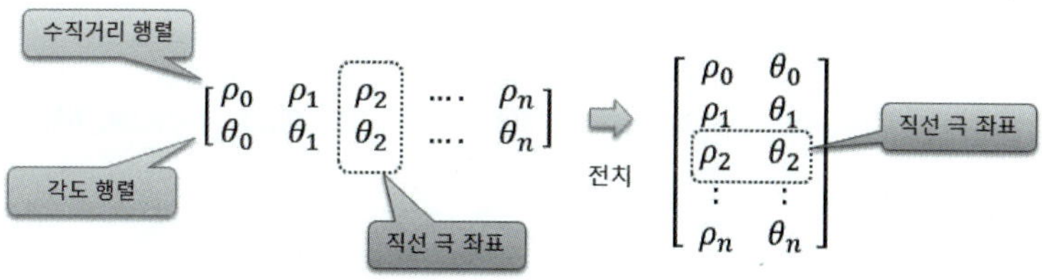

⑦ 11행은 직선 행렬에 정렬 인덱스(idx) 행렬을 첨자로 구성하면 직선 행렬(lines)의 원소를 정렬 인덱스의 순서대로 정렬해 준다. idx가 첫 첨자에 지정해서 행 방향으로 정렬한다.

⑧ 13행은 cv2.HoughLines() 함수는 3차원 행렬로 결과를 반환한다. 이에 저자 구현 함수도 동일한 형태로 반환하기 위해서 반환 행렬이 차원 수를 맞춘다. np.expand_dims() 함수는 행렬의 axis 번째 차원을 증가시킨다. 0번은 행, 1번은 열, 2번은 깊이이다.

10.1.6 최종 완성 프로그램

다음 예제는 허프 변환을 수행해서 직선을 검출하고, 영상에 직선을 그리는 전체 소스이다. 앞서 설명한 이론에 따라 직접 구현한 함수들은 'Common' 폴더의 'hough.py' 파일에 옮겨 작성하고 현재 소스에 임포트하여 사용할 수 있도록 한다.

예제 10.1.1 **허프 변환을 이용한 직선 검출 - 01.hough_lines.py**

```
import numpy as np, cv2, math
from Common.hough import accumulate, masking, select_lines          # 허프 변환 함수 임포트

def houghLines(src, rho, theta, thresh):                             # 허프 변환 함수
    acc_mat = accumulate(src, rho, theta)                            # 직선 누적 행렬 계산
    acc_dst = masking(acc_mat, 7, 3, thresh)                         # 마스킹 처리 - 7행, 3열
    lines = select_lines(acc_dst, rho, theta, thresh)                # 임계 직선 선택
    return lines

def draw_houghLines(src, lines, nline):                              # 검출 직선 그리기 함수
    dst = cv2.cvtColor(src, cv2.COLOR_GRAY2BGR)                      # 컬러 영상 변환
    min_length = min(len(lines), nline)

    for i in range(min_length):
        rho, radian = lines[i, 0, 0:2]                               # 수직 거리, 각도 - 3차원 행렬임
        a, b = math.cos(radian), math.sin(radian)
        pt= (a * rho, b * rho)                                       # 검출 직선상의 한 좌표
        delta= (-1000 * b, 1000 * a)                                 # 직선상의 이동 위치
        pt1 = np.add(pt, delta).astype(‘int’)
        pt2 = np.subtract(pt, delta).astype(‘int’)
        cv2.line(dst, tuple(pt1), tuple(pt2), (0, 255, 0), 2, cv2.LINE_AA)

    return dst

image = cv2.imread(“images/hough.jpg”, cv2.IMREAD_GRAYSCALE)
if image is None: raise Exception(“영상파일 읽기 에러”)
blur  = cv2.GaussianBlur(image, (5, 5), 2, 2)                        # 가우시안 블러링
canny = cv2.Canny(blur, 100, 200, 5)                                 # 캐니 에지 추출

rho, theta = 1,  np.pi / 180                                         # 수직거리 간격, 각도 간격
lines1 = houghLines(canny, rho, theta, 80)                           # 저자 구현 함수
lines2 = cv2.HoughLines(canny, rho, theta, 80)                       # OpenCV 함수
dst1 = draw_houghLines(canny, lines1, 7)                             # 직선 그리기
dst2 = draw_houghLines(canny, lines2, 7)

cv2.imshow(“image”, image)
cv2.imshow(“canny”, canny)
cv2.imshow(“detected lines”, dst1)
cv2.imshow(“detected lines_OpenCV”, dst2)
cv2.waitKey(0)
```

| 설명 |

① 2행은 앞에서 설명한 허프 변환 관련 함수들을 임포트한다.

② 4~8행은 허프 변환 모든 과정을 각각의 함수로 수행한다.

③ 10~22행은 허프 변환 반환 결과 행렬로 영상에 직선을 그리는 함수를 구현한다.

④ 11행은 직선을 녹색으로 출력하기 위해서 입력 영상을 컬러로 변환한다.

⑤ 14~20행은 검출된 직선의 개수만큼 반복하여 직선을 그린다.

⑥ 15행은 검출 직선이 3차원 행렬이기 때문에 3개의 첨자가 필요하며 3번째 첨자로 수직 거리와 각도를 가져온다.

⑦ 16, 17행은 수직 거리와 각도를 직선상의 좌표(pt)로 변환한다.

⑧ 18행은 직선상의 좌표 중 1,000만큼 떨어진 2개 좌표를 계산한다.

⑨ 19~21행은 pt에서 delta만큼 더한 좌표와 뺀 좌표를 구해서 두 좌표를 잇는 직선을 그린다.

⑩ 30행은 허프 변환에서 수직 거리의 간격은 1, 각도 간격은 1도(np.pi/180)로 지정한다.

⑪ 31, 32행은 허프 변환으로 직선을 검출한다. 마지막 인수(thresh)로 80을 지정해서 에지 영상에서 직선 길이가 80 픽셀 이상인 직선들을 검출한다.

⑫ 33, 34행은 검출된 직선들로 영상에 직선을 그린다. 그릴 직선 개수는 최대 7개이다.

| 실행결과 |

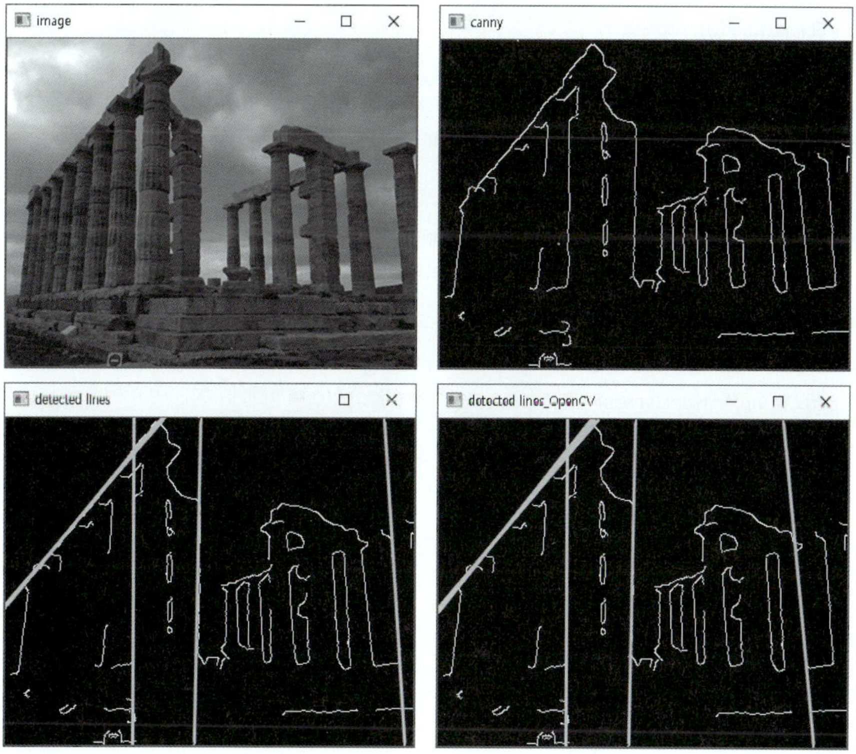

실행결과에서 왼쪽에 직접 구현한 허프 변환 결과(detected lines1)와 오른쪽에 OpenCV에서 제공하는 함수의 결과(detected lines OpenCV)에서 모두 직선을 잘 검출하는 것을 볼 수 있다.

10.1.7 멀티 하네스의 전처리

다음은 허프 변환을 활용한 심화예제이다. 멀티 하네스(multi harness)를 찍은 영상을 입력받아서 멀티 하네스 객체의 기울어진 각도를 인식하고 영상에서 객체가 가지런히 놓일 수 있도록 회전 보정을 하는 예제이다. 여기서 멀티 하네스는 전자제품 내부에서 다중의 전선들을 한 번에 연결하는 케이블 커넥터이다.

먼저, 앞 예제에서 사용한 houghLines() 함수와 draw_houghLines() 함수도 'Common' 폴더의 'hough.py' 파일로 옮겨 적어서 재사용할 수 있도록 한다.

심화예제 10.1.2 직선 검출을 이용한 멀티 하네스 기울기 보정 - 02.correct_object.py

```
import numpy as np, cv2
from Common.hough import *                          # 허프 변환 관련 사용자 정의 함수 포함

def detect_maxObject(img):
    results = cv2.findContours(img, cv2.RETR_EXTERNAL, cv2.CHAIN_APPROX_SIMPLE)
    if int(cv2.__version__[0]) >= 4:                # OpenCV 4.x – 2 원소 튜플 반환
        contours = results[0]
    else:
        contours = results[1]                       # OpenCV 3.x – 3 원소 튜플 반환

    areas = [cv2.contourArea(c) for c in contours]
    idx = np.argsort(areas)                         # 오름차순 정렬 인덱스
    max_rect = contours[idx[-1]]                    # 오름차순이라 마지막 원소가 최대

    rect = cv2.boundingRect(max_rect)               # 외곽선을 모두 포함하는 사각형 반환
    rect = np.add(rect, (-10, -10, 20, 20))         # 검출 객체 사각형 크기 확대
    return rect

image = cv2.imread("images/harness.jpg", cv2.IMREAD_COLOR)
if image is None: raise Exception("영상파일 읽기 에러")

```

```
22  rho, theta = 1, np.pi / 180                              # 허프 변환 거리&각도 간격
23  gray = cv2.cvtColor(image, cv2.COLOR_BGR2GRAY)           # 명암도 영상 변환
24  th_gray = cv2.threshold(gray, 240, 255, cv2.THRESH_BINARY)[1]    # 이진 영상 변환
25  kernel = np.ones((3, 3), np.uint8)
26  morph = cv2.erode(th_gray, kernel, iterations=2)         # 침식 연산– 2번 반복
27
28  x, y, w, h = detect_maxObject(np.copy(morph))            # 가장 큰 객체 rect 검출
29  roi = th_gray[y:y+h, x:x+w]
30
31  canny = cv2.Canny(roi, 40, 100)                          # 캐니 에지 검출
32  lines = houghLines(canny, rho, theta, 50)                # 허프 직선 검출
33  # lines = cv2.HoughLines(canny, rho, theta, 50)          # OpenCV 함수
34
35  cv2.rectangle(morph, (x, y, w, h), 100, 2)               # 큰 객체 사각형 표시
36  canny_line = draw_houghLines(canny, lines, 1)            # 직선 표시
37
38  angle = (np.pi - lines[0, 0, 1]) * 180 / np.pi           # 회전 각도 계산
39  h, w = image.shape[:2]
40  center = (w//2, h//2)                                          # 입력 영상의 중심점
41  rot_map = cv2.getRotationMatrix2D(center, -angle, 1)           # 역방향 회전 행렬 계산
42  dst = cv2.warpAffine(image, rot_map, (w, h), cv2.INTER_LINEAR) # 역회전 수행
43
44  cv2.imshow("image", image)
45  cv2.imshow("morph", morph)
46  cv2.imshow("line_detect", canny_line)
47  cv2.resizeWindow("line_detect", 250, canny_line.shape[0])
48  cv2.imshow("dst", dst)
49  cv2.waitKey(0)
```

| 설명 |

① 4~17행은 입력 영상에서 객체 외곽선을 검출하고, 검출된 객체 외곽선 중에 가장 큰 영역의 객체를 찾아 그 사각형 영역을 반환한다.

③ 5행은 cv2.findContours() 함수로 객체 외곽선을 검출한다.

④ 6~9행은 OpenCV의 버전에 따라 반환 튜플의 원소 개수와 위치가 다르기 때문에 버전에 맞게 외곽선 행렬을 가져온다.

⑤ 11~13행은 검출된 외곽선 중에서 가장 큰 영역을 찾는다.

⑥ 11행에서 외곽선을 모두 순회해서 cv2.contourArea() 함수로 각 외곽선 영역의 넓이를 리스트로 구성한다.

⑦ 12행은 외곽선 넓이 리스트를 정렬하여 정렬 인덱스를 얻는다.

⑧ 13행은 idx가 오름차순으로 정렬되었기에 마지막 원소가 가장 넓은 영역이다. [-1]을 지정해서 idx의 마지막 원소를 가져오며, 이 인덱스로 contours 행렬에 첨자로 지정하면 가장 큰 외곽선 객체를 가져올 수 있다.

⑨ 15행은 cv2.boundingRect() 함수로 max_rect 외곽선을 모두 포함하는 사각형을 구한다.

⑩ 16행은 구한 사각형(rect)의 시작 좌표를 (10, 10) 만큼 빼고, 너비, 높이를 (20, 20) 만큼 확대한다. 즉, 사각형을 상하좌우로 10 화소만큼 확대한다.

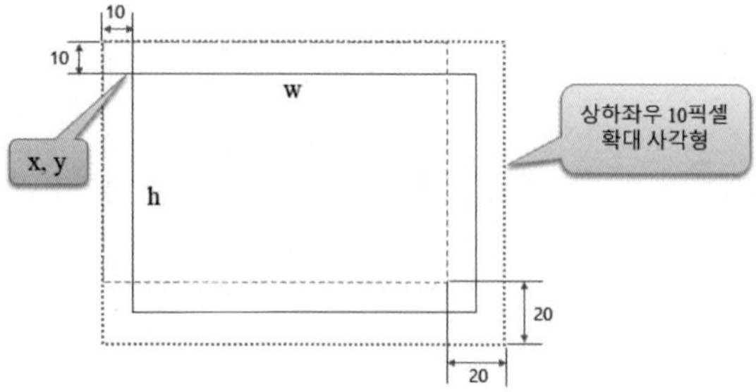

⑪ 24행은 명암도 영상에서 240보다 큰 화소값은 255로 그 이하는 0으로 이진화한다.

⑫ 25, 26행은 침식 연산을 2번 수행해서 전선 부분을 비롯한 작은 객체들을 제거한다.

⑬ 28행은 영상에서 커넥터 부분이 가장 큰 객체이기에 큰 객체 영역을 검출해서 관심 영역을 x, y w, h에 저장한다. cv2.findContours() 함수를 호출하면 외곽선을 찾는 과정에서 입력 행렬이 변경된다. morph 행렬을 이후에 사용하기 위해서 복사본을 인수로 전달한다.

⑭ 29행은 th_gray 이진 영상에 최대 외곽선 객체의 관심 영역(x, y, w, h)을 참조하여 가져온다.

⑮ 31행은 관심 영역 영상에 낮은 임계값 40, 높은 임계값 100으로 캐니 에지를 수행한다.

⑯ 32행은 캐니 에지 영상에 저자 구현 허프 변환 함수를 호출하여 직선을 검출한다. 수직 거리 간격은 1이고, 각도 간격은 1도이며, 직선 길이가 50 이상인 직선을 검출한다.

⑰ 33행은 OpenCV에서 제공하는 허프 변환 함수이다. 주석처리 되어 있다.

⑰ 38행은 검출 직선 중에서 가장 긴 직선인 첫 번째 직선에 대해서 lines[0, 0, 0]은 수직 거리이며, lines[0, 0, 1]은 수직선과 x축의 각도(θ_1)이다. 이 각도를 직선의 각도로 계산하려면 $\pi-\theta_1$ 로 해야 한다.

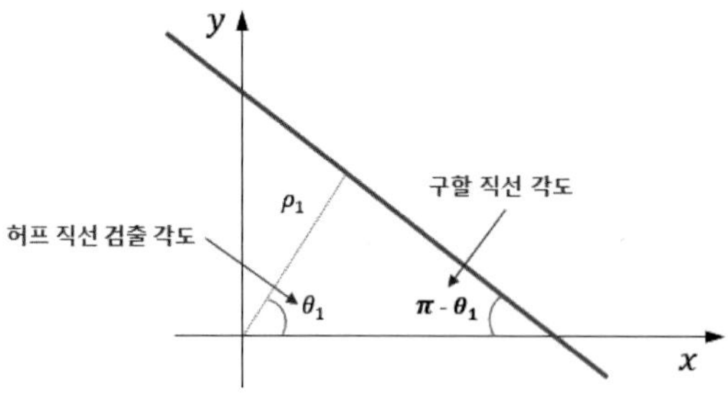

⑫ 41행의 cv2.getRotationMatrix2D() 함수로 angle에 대한 회전 변환 행렬(rot_map)를 계산한다. 이때, 역방향 보정을 위해서 회전 각도는 음수로 해야 한다.

⑬ 42행은 cv2.warpAffine() 함수로 회전 변환을 수행한다.

| 실행결과 |

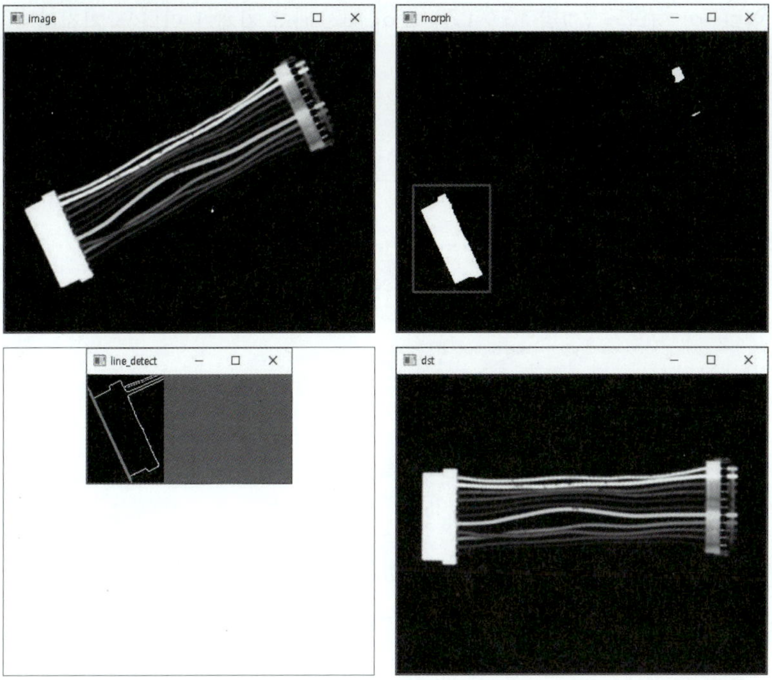

실행 결과에서 오른쪽 상단의 'morph' 창은 이진 영상에 침식 연산을 2번 수행한 결과 영상으로 검출된 커넥터 객체의 사각형을 그린 것이다. 왼쪽 아래 영상은 캐니 에지 영상에 허프 변환으로 직선을 검출하고, 누적 빈도가 가장 많은 하나의 직선을 그린 것이다. 오른쪽 하단의 'dst' 창은 회전 각도를 역회전으로 보정해 멀티 하네스를 가지런히 한 최종 결과 영상이다.

10.2 코너 검출

영상에서 객체를 추적할 때나 영상과 영상을 매칭할 때 일반적으로 사용하는 방법이 중요한 특징 정보를 서로 비교하는 것이다. 영상 내에는 에지나 직선과 같은 다양한 특징 정보들이 있다. 그러나 직선 정보는 영상 구조 파악 및 객체 검출에는 도움이 되지만, 영상 매칭에는 큰 도움이 되지 않는다. 또한, 에지는 강도와 방향 정보만 가지므로 영상 매칭을 하기에는 정보가 부족하다.

에지나 직선처럼 영상처리에서 중요한 특징 정보로 사용되는 꼭지점 혹은 코너(corner)라 부르는 특징점이 있다. 이 코너는 〈그림 10.2.1〉과 같이 영상에서 경계가 만나는 지점의 특정한 모양을 갖는 곳을 가리킨다.

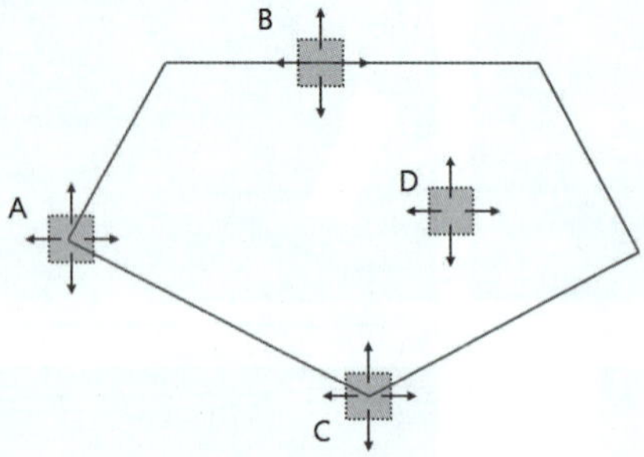

〈그림 10.2.1〉 코너의 특성

이 코너 정보 중에서 영상의 왜곡에도 불변하는 특징을 가진 지점들이 영상 매칭에 유용하게 사용될 수 있다. 이 절에서는 대표적인 코너 검출기 중 하나인 해리스(Harris) 코너 검출기의 원리에 대해서 자세히 알아본다.

코너 점은 〈그림 10.2.1〉과 같이 모든 방향(예: 상하좌우 4방향)에서 영상의 밝기 변화가 커야 한다. A, C 지점은 모든 방향으로 밝기의 변화가 크다. 그러나 B는 상하의 변화는 있지만 좌우의 변화는 없으며, D의 경우는 모든 방향으로 밝기 변화가 거의 없다.

이 아이디어는 모라벡(Moravec)에 의해서 다음 식과 같이 영상 변화량(SSD: Sum of Squared Difference)으로 정리된다. 여기서 $w(x, y)$는 지정된 크기의 윈도우로서 해당 크기 부분만 1의 값을 갖는 마스크이다.

$$E(u, v) = \sum_{y}\sum_{x} w(x, y) \cdot (I(x+u,\ y+v) - I(x, y))^2$$

영상 변화량(SSD)은 현재 화소에서 u, v 방향으로 조사했을 때의 밝기 변화량의 제곱을 합한 것이기 때문에 모든 방향에서 밝기 변화가 커야 변화량이 큰 값을 갖게 된다.

모라벡은 구현을 위해서 (u, v)를 (1, 0), (1, 1), (0, 1), (−1, 1)의 4개 방향으로 한정시켜서 변화량($E(u, v)$)를 구하고, 그 중에서 최솟값을 해당 픽셀의 영상 변화량으로 지정해서 '특징 가능성' 값으로 결정한다.

모라벡 알고리즘은 마스크가 0과 1의 값만 갖는 이진 윈도우를 사용하여 노이즈에 취약하며, 4개 방향으로 한정시켰기 때문에 45도 간격의 에지만 고려할 수 있다. 이런 문제를 해결하여 좀 더 정밀한 코너 검출을 위해 해리스(Harris)는 다음과 같은 개선 방안을 제시했다.

먼저, 이진 윈도우(w) 대신에 점진적으로 변화하는 가우시안 마스크(G)를 적용하여 다음과 같은 수식으로 확장한다. 이를 통해서 노이즈에 대한 민감도를 낮춘다.

$$E(u, v) = \sum_{y}\sum_{x} G(x, y) \cdot (I(x+u,\ y+v) - I(x, y))^2$$

또한, 4개 방향에 대해서만 코너를 검출하는 것을 모든 방향에서 검출할 수 있도록 미분을 이용하여 다음과 같이 변경한다.

$$\begin{aligned} I(x+y,\ y+v) &\cong I(x, y) + vd_y(x, y) + ud_x(x, y) \\ E(u, v) &\cong \sum_{y}\sum_{x} G(x, y) \cdot (vd_y(x, y) + ud_x(x, y))^2 \end{aligned}$$

여기서 특징 가능성을 직접 계산하는 대신 위의 수식을 다음과 같이 M 행렬의 수식으로 정리한다.

$$\begin{aligned} E(u, v) &\cong \sum_{y}\sum_{x} G(x, y) \cdot (vd_x + ud_x)^2 \\ &= \sum_{y}\sum_{x} G(x, y) \cdot (v^2 d_y^2 + u^2 d_x^2 + 2vud_x d_y) \\ &= \sum_{y}\sum_{x} G(x, y) \cdot (u\ v) \begin{pmatrix} d_x^2 & d_x d_y \\ d_x d_y & d_y^2 \end{pmatrix} \begin{pmatrix} u \\ v \end{pmatrix} \\ &= (u\ v) M \begin{pmatrix} u \\ v \end{pmatrix}, \quad M = \sum_{y}\sum_{x} G(x, y) \begin{pmatrix} d_x^2 & d_x d_y \\ d_x d_y & d_y^2 \end{pmatrix} \end{aligned}$$

모라벡 알고리즘은 $(u,\ v)$를 변화시켜 $E(u,\ v)$ 맵을 구해서 코너 여부를 판단하는 반면에 해리스 알고리즘은 위 수식의 행렬 M에서 고유벡터를 구하면 경계선 방향에 수직인 벡터 두 개를 얻을 수 있다. 이 행렬 M의 고유값($\lambda_1,\ \lambda_2$)으로 다음의 식과 같이 코너 응답 함수(corner response function)를 계산한다. 여기서 k는 상수값으로 일반적으로 0.04~0.06 정도가 적당하다.

$$R = \lambda_1, \lambda_2 - k \cdot (\lambda_1 + \lambda_2)^2$$

다만, 고유값을 계산하려면 고유값 분해의 복잡한 과정을 거쳐야 하기 때문에 해리스 검출기에서는 직접 고유값을 구하지 않고, 다음과 같이 행렬식(*det*)과 대각합(trace)을 통해서 코너 응답 함수로 사용한다.

$$M = \begin{pmatrix} d_x^2 & d_x d_y \\ d_x d_y & d_y^2 \end{pmatrix} = \begin{pmatrix} a & c \\ c & b \end{pmatrix}$$
$$R = \det(M) - k \cdot trace(M)^2 = (ab - c^2) - k \cdot (a+b)^2$$

해리스 코너 검출 방법은 영상의 평행이동, 회전 변환에는 불변(invariant)하는 특징이 있고, 어파인(affine) 변환이나 조명(illumination) 변화에도 강인성이 있다. 하지만 영상의 크기(scale) 변화에는 영향을 받는다.

실제 해리스 코너 검출기를 구현하려면 다음과 같은 과정을 거친다.

1. 소벨 마스크로 미분 행렬 계산 (dx, dy)
2. 미분 행렬의 곱 계산 (dx^2, dy^2, dxy)
3. 곱 행렬에 가우시안 마스크 적용
4. 코너 응답함수 $C = \det(M) - k \cdot trace(M)^2$ 계산
5. 비최대치 억제

이제 예제를 통해서 해리스 검출기를 직접 구현해 보자. 여기서 비최대치 억제는 cornerharris() 함수 내부에서 구현하지 않고, 영상에 코너 좌표를 그리는 draw_coner() 함수에서 구현한다.

예제 10.2.1 헤리스 코너 검출 - 03.harris_dectect.py

```
import numpy as np, cv2
from Common.utils import put_string                         # 영상에 글쓰기 함수 임포트

def cornerHarris(image, ksize, k):                          # 해리스 코너 검출 함수
    dx = cv2.Sobel(image, cv2.CV_32F, 1, 0, ksize)          # 미분 행렬- 수평 소벨 마스크
    dy = cv2.Sobel(image, cv2.CV_32F, 0, 1, ksize)          # 미분 행렬- 수직 소벨 마스크

    a = cv2.GaussianBlur(dx * dx, (5, 5), 0)                # 가우시안 블러링 수행
```

```
    b = cv2.GaussianBlur(dy * dy, (5, 5), 0)
    c = cv2.GaussianBlur(dx * dy, (5, 5), 0)

    corner = (a * b - c**2) - k * (a + b)**2          # 코너 응답 함수-행렬 연산 적용
    return corner

def drawCorner(corner, image, thresh):
    corner = cv2.normalize(corner, 0, 300, cv2.NORM_MINMAX, dtype=cv2.CV_8U)
    pts = np.where(corner > thresh)
    corners, (h, w) = [],  corner.shape               # 코너 좌표, 가로, 세로
    for j, i in np.transpose(pts):
        if 0 < i < h-1 and 0 < j < w-1 :
            neighbor = corner[i-1:i+2, j-1:j+2].flatten()
            max = np.max(neighbor[1::2])
            if corner[i, j] >= max: corners.append((j, i))

    for pt in corners:
        cv2.circle(image, pt, 3, (0, 230, 0), -1)    # 좌표 표시
        print(“임계값: %2d , 코너 개수: %2d” %(thresh, len(corners)) )
    return image

def onCornerHarris(thresh):                           # 트랙바 콜백 함수
    img1 = drawCorner(corner1, np.copy(image), thresh)
    img2 = drawCorner(corner2, np.copy(image), thresh)

    put_string(img1, “USER”, (10, 30), “” )           # 영상에 문자표시 함수 호출
    put_string(img2, “OpenCV”, (10, 30), “”)
    dst = cv2.repeat(img1, 1, 2)                      # 두 개 영상을 한 윈도우 표시
    dst[:, img1.shape[1]:, :] = img2
    cv2.imshow(“harris detect”, dst)

image = cv2.imread(“images/harris.jpg”, cv2.IMREAD_COLOR)
if image is None: raise Exception(“영상파일 읽기 에러”)

blockSize = 4                                         # 이웃 화소 범위
apertureSize = 3                                      # 소벨 마스크 크기
k = 0.04
thresh = 2                                            # 코너 응답 임계값
```

```
47  gray = cv2.cvtColor(image, cv2.COLOR_BGR2GRAY)
48  corner1 = cornerHarris(gray, apertureSize, k)                # 사용자 정의 함수
49  corner2 = cv2.cornerHarris(gray, blockSize, apertureSize, k)   # OpenCV 제공 함수
50
51  onCornerHarris(thresh)
52  cv2.createTrackbar("Threshold", "harris detect", thresh, 20, onCornerHarris)
53  cv2.waitKey(0)
```

| 설명 |

① 2행에서 영상에 문자열을 표시하기 위해서 put_string() 함수를 임포트 한다. 4장에서 구현한 파일로 'Common' 폴더의 'utils.py' 파일에 작성해 둔다.

② 4~13행은 해리스 코너를 검출하는 함수 cornerharris()를 직접 구현한다.

③ 5, 6행은 cv2.Sobel() 함수로 수평, 수직 소벨 필터링으로 미분 행렬을 구한다.

④ 8~10행은 제곱을 위해서 각 미분 행렬을 원소간 곱셈을 한 후에 가우시안 블러링을 수행한다. 세 번째 인수인 표준편차로 0을 입력하면 마스크 크기(5×5)에 따라서 계산된 표준편차를 적용하여 가우시안 블러링을 수행한다.

⑤ 12행은 행렬 원소간 곱셈을 이용해서 제곱 행렬(dx^2, dy^2, dxy)들로 수식에 따라 코너 응답 함수를 계산한다.

⑥ 15~28행은 코너 응답 행렬에서 임계값 이상인 좌표를 특징점으로 영상에 표시한다.

⑦ 16행은 코너 응답 행렬(corner)의 값을 0~300 사이의 값으로 정규화한다.

⑧ 17행은 코너 응답 행렬의 값이 임계값 이상인 좌표를 찾는다.

⑨ 21행은 현재 좌표의 화소를 포함해서 주위의 9개의 화소를 가져온다.

⑩ 22행은 가져온 화소들 중에서 가장 큰 값을 저장한다.

⑪ 23행은 가장 큰 값과 중심 좌표를 비교해서 중심 좌표가 이웃화소보다 크면 코너로 저장한다.

⑫ 25~26행은 corners 리스트를 순회하며 좌표들 영상에 원으로 표시한다.

⑬ 30~38행은 트랙바 이벤트를 위한 콜백 함수이다. 트렉바 이벤트가 발생할 때마다 코너 응답 행렬에서 임계값 이상인 좌표를 영상에 점으로 표시한다.

⑭ 34, 35행은 'Common' 폴더의 utils 모듈의 put_string() 함수를 호출해서 영상에 (10, 30) 좌표에 문자열을 표시한다.

⑮ 36행은 해리스 검출 행렬(img1, img2)들을 하나의 윈도우에 표시하기 위해서 img1 행렬을 가로로 반복한다.

⑯ 37행은 결과 행렬(dst)의 오른쪽에 영역에 img2 행렬을 저장한다. 관심 영역 참조에서 첫 번째 첨자는 행이며, 두 번째 첨자는 열이며, 세 번째 첨자는 채널이다. 컬러 영상이기 때문에 3개 모두 적는다.

⑰ 48, 49행은 저자가 직접 구현한 코너 검출기와 OpenCV에서 제공하는 검출기 함수를 호출한다.

⑱ 51행에서 먼저 콜백 함수를 호출해서 트랙바가 아닌 초기 설정값으로 해리스 검출을 수행한다.

⑲ 52행은 'harris detect' 창에 'Threshold' 이름으로 트렉바를 추가한다. 트렉바 이벤트가 발생할 때마다 onCornerHarris() 함수를 호출한다.

| 실행결과 |

실행 결과를 보면, 하나의 창에 왼쪽에는 저자가 직접 구현한 해리스 코너 검출기의 결과가 표시되며, 오른쪽에는 OpenCV에서 제공하는 함수로 실행한 결과가 표시된다. 트랙바를 움직일 때마다 임계값이 변경되며, 검출되는 코너의 개수가 달라진다. 임계값을 낮게 하면 코너점이 많이 검출되며, 높이면 코너점이 줄어든다.

10.3 k-최근접 이웃 분류기

우리는 보통 잡지나 기사 등에서 새로운 영화의 소개와 장르 분류를 본다. 그런데 '과속 스캔들', '미녀는 괴로워' 와 같은 영화를 보면서, 장르에 대한 정보를 모르는 상태에서 장르를 분류해 보았는가? 보통은 바로 로멘틱 코미디 장르라는 것을 알게 될 것이다. 어떻게 우리가 이 새로운 영화의 장르를 바로 인지하는 것일까?

그 과정은 다음과 같이 유추해 볼 수 있다. 먼저 새로운 한 영화에 대한 전반적인 정보를 수집할 것이다. 그러면 영화에서 어떤 배우가 캐스팅되었는지, 액션이 어느 정도 나오는지, 키스신이 어느 정도 반복되는지 등을 인지할 수 있다. 그리고 내면적으로는 영화의 내용이나 주제가 어떤 것인지, 영화의 결말이 어떠한지 등의 정보도 알 수 있다. 이러한 인지된 정보들을 바탕으로 지금까지 자신이 보았던 영화들과 비교하여, 현재 보고 있는 이 새로운 영화에 대한 장르를 분류할 것이다.

자, 그러면 무엇이 영화의 장르를 결정하게 하는가?

장르가 같은 영화들은 보통 비슷한데, 무엇이 이들의 장르를 결정하게 하는 것일까? 무엇이 액션 영화를 액션 영화로 결정하게 하며, 무엇이 로맨스 영화를 로맨스 영화로 결정하게 하는 것일까? 아주 간단하게 생각해 보자면, 액션 영화는 발차기 장면이 많이 나올 것이며, 로맨스 영화에 키스 장면이 많이 나올 것이다.

이렇게 영화를 대표하는 어떤 판단 기준을 정하고 영화들을 분류해 두면, 새로운 영화의 장르는 기존의 분류된 기준과 비교하여 가까운 정도(근접 정도)를 가지고 자동적으로 분류할 수 있다.

이와 같은 방법으로 분류를 해주는 알고리즘이 k-최근접 이웃(k-NN: k-Nearest Neighbors) 분류 기법이다. 본 절에서는 최근접 방식을 이용한 데이터 분류에 대해 알아본다.

10.3.1 k-최근접 이웃 분류기의 이해

최근접 이웃 알고리즘은 기존에 가지고 있는 데이터들을 일정한 규칙에 의해 분류된 상태에서 새로운 입력이 들어왔을 때 입력 데이터의 종류를 예측하는 분류 알고리즘이다.

이 방법은 기존의 학습된 여러 클래스의 샘플들을 각각 좌표로 표시하여 두고, 새로운 미지의 샘플이 입력될 때, 학습 클래스의 샘플들과 새 샘플의 거리가 가장 가까운(nearest) 클래스로 분류한다. 여기서 '가장 가까운 거리'는 미지의 샘플과 학습 클래스 샘플 간의 유사도가 가장 높은 것을 의미한다. 이 거리 측정 방법은 샘플의 형태와 종류에 따라서 다양한데, 대표적으로 유클리드 거리(euclidean distance), 해밍 거리(hamming distance), 차분 절대값 등을 이용한다.

최근접 이웃 방법 중에서 가장 많이 사용되는 것은 학습된 클래스들에서 여러 개(k개)의 가까운 이웃을 선출하고 이를 이용하여 미지의 샘플을 분류하는 방법이다. 즉, 미지의 샘플과 가까운 이웃으로 선출된 여러 개의 클래스 샘플 중 가장 많은 수를 가진 클래스로 미지의 샘플을 분류하는 방법이다. 이러한 분류 과정을 k-최근접 이웃 분류(k-NN: k-Nearest Neighbors)라고 한다.

k-NN에 대한 일반적인 설명을 〈그림 10.3.1〉에서 그림으로 설명한다. 원의 중심에 삼각형의 미지의 입력 샘플이 있다. 미지의 샘플을 중심으로 학습된 클래스의 샘플 중에서 k개의 가장 가까운 이웃들을 찾는다.

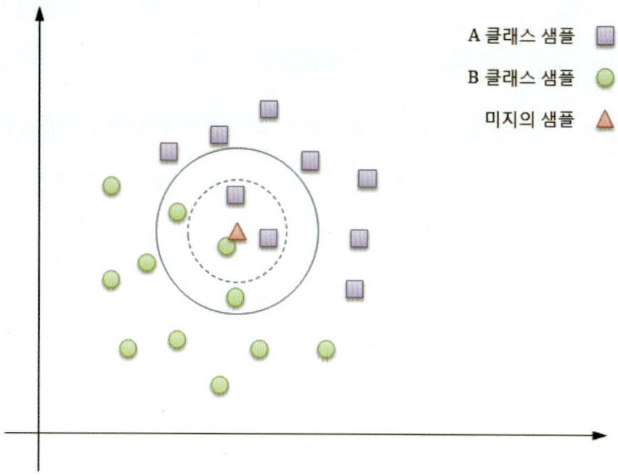

〈그림 10.3.1〉 k-NN 분류 방법의 예

먼저, k가 3일 경우를 가정해 보자. 미지의 샘플 주변으로 가장 가까운 이웃 3개를 찾고, 이 중 많은 수의 샘플을 가진 클래스로 미지의 샘플을 분류한다. 그림에서 안쪽 점선 안에 선출된 3개의 이웃에서 사각형 A 클래스의 샘플이 2개, 원형 B 클래스의 샘플이 1개이다. 따라서 미지의 샘플은 A 클래스로 분류한다.

다음은 k가 5일 경우를 가정해 보자. 실선의 큰 원내에 있는 5개의 가장 가까운 이웃이 선출된다. 선출된 5개의 이웃 중에서 사각형 2개는 A 클래스에 속하며, 나머지 3개의 원형 이웃은 B 클래스의 샘플이다. 따라서 이번에는 미지의 샘플을 클래스 B로 분류한다.

이와 같이 k-NN 분류기는 분류에 포함되는 각 클래스의 이웃 샘플 수에서 따라서 입력 샘플의 분류 결과가 결정된다. 일반적으로 k의 개수가 클수록 처리 속도는 늦어지고, 분류의 정확도는 높아진다.

10.3.2 k-NN 학습을 위한 데이터 설정 및 ml 클래스 사용

k-NN을 사용하기 위해서는 미리 정답을 알고 있는 데이터들이 있어야 한다. 그리고 해당 데이터에 대한 정답을 의미하는 레이블도 지정해야 한다. 이 과정을 보통 학습 데이터 생성이라 한다.

OpenCV에서 기계학습과 관련된 함수들은 대부분 cv2.ml 모듈에 구현되어 있다. k-NN도 ml 모듈의 KNearest_create() 함수로 knn 객체를 생성한다. 학습을 위해서는 knn 객체의 내부 메서드인 train() 함수를 사용한다. 첫 번째와 마지막 인수로 학습 데이터와 레이블 행렬을 입력하며, 두 번째 인수로 학습 데이터의 저장 방향을 지정한다. 한 행이 하나의 학습 데이터가 되면, 'cv2.ml.ROW_SAMPLE'를 지정하고, 한 열이 하나의 학습 데이터가 되면, 'cv2.ml.COL_SAMPLE'로 지정한다.

학습된 데이터를 바탕으로 분류(예측)는 knn 객체 내부 메소드인 findNearest() 함수를 사용한다. 이 함수는 분류하고자 하는 새 샘플과 이웃 샘플의 개수를 인수로 입력하면, 4원소 튜플(ret, resp, neig, dist)을 반환한다. 순서대로 참거짓, 예측결과 행렬, 이웃 원소 행렬, 새 샘플과 이웃 샘플 거리값 행렬이다.

다음 예제는 랜덤하게 구성된 샘플 좌표를 50씩 2개 그룹을 만들고 각 그룹의 기준값 레이블을 만들어서 학습을 수행한다. 그리고 400×400 영상의 모든 좌표에 대해서 분류를 수행해서 서로 다른 색으로 표시한다.

예제 10.3.1 임의 좌표 생성 - 04.kNN_exam.py

```
import numpy as np, cv2

def draw_points(image, group, color):
    for p in group:
        pt = tuple(p.astype(int))                      # 정수 원소 튜플
        cv2.circle(image, pt, 3, color, cv2.FILLED)

nsample = 50                                            # 그룹당 학습 데이터 수
traindata = np.zeros((nsample*2, 2), np.float32)        # 전체 학습 데이터 행렬
label = np.zeros((nsample*2, 1), np.float32)            # 레이블 행렬 생성

cv2.randn(traindata[:nsample], 150, 30)                 # 정규분포 랜덤 값 생성
cv2.randn(traindata[nsample:], 250, 60)
label[:nsample], label[nsample:] = 0, 1                 # 레이블 기준값 지정

K = 7
knn = cv2.ml.KNearest_create()                          # kNN 클래스로 객체 생성
knn.train(traindata, cv2.ml.ROW_SAMPLE, classlable)     # 학습 수행

points = [(x, y) for y in range(400) for x in range(400) ]      # 검사 좌표 리스트 생성
ret, resp, neig, dist = knn.findNearest(np.array(points, np.float32), K)    # 분류 수행

colors = [(0, 180, 0) if p else (0, 0, 180) for p in resp]
image = np.reshape(colors, (400, 400, 3)).astype('uint8')       # 3채널 컬러
```

```
25
26 draw_points(image, traindata[:nsample], color=(0, 0, 255))
27 draw_points(image, traindata[nsample:], color=(0, 255, 0))
28 cv2.imshow("sample K="+ str(K), image)
29 cv2.waitKey(0)
```

| 설명 |

① 3~6행은 그룹의 좌표를 color 색으로 영상(image)에 표시한다.

② 9행은 전체 학습 데이터를 생성한다. 두 개 그룹의 좌표를 생성하기 위해 nsample*2행, 2열로 생성한다.

③ 10행은 각 그룹의 기준값(ground truth) 레이블을 생성한다. 행마다 원소가 1열뿐이 없지만, 2차원 행렬로 생성해야 한다.

④ 12행은 0행에서 (nsample-1)행까지 평균 150, 표준편차 30의 난수를 갖는 행렬을 생성한다.

⑤ 13행은 nsample 행에서 마지막 행까지 평균 250, 표준편차 60의 난수를 갖는 행렬을 생성한다.

⑥ 14행은 첫 그룹의 레이블 기준값은 0으로, 두 번째 그룹의 레이블 기준값을 1로 지정한다.

⑦ 17행은 ml 모듈의 KNearest_create() 함수로 knn 객체를 생성한다.

⑧ 18행은 knn 객체의 train() 함수를 이용해서 데이터셋에 대한 학습을 한다. 학습 데이터가 행 방향으로 구성되어 cv2.ml.ROW_SAMPLE로 지정하며, 마지막 인수로 레이블 행렬을 지정한다.

⑨ 20행은 가로 400, 세로 400으로 좌표(x, y)를 리스트로 생성한다. 2차원 리스트로 구성되어 전체 16,000행, 2열이 생성된다.

⑩ 21행은 points 리스트를 실수(float32)형 ndarray로 만들어서 knnN 분류를 수행한다. 반환 튜플에서 resp는 예측결과이며, neig는 참조한 이웃들이며, dist는 분류 샘플과 학습 샘플간에 계산된 거리값이다. 총 16,000개를 한 번에 분류해서 결과를 돌려준다.

⑪ 23행은 예측결과 행렬을 순회하며 예측값이 1이면 녹색, 0이면 빨간색으로 색을 지정해 리스트를 만든다.

⑫ 24행은 16,000개의 colors 색들을 400행, 400열, 3채널을 갖도록 형태를 변경하고, 영상 화소로 표시하기 위해서 uint8형으로 자료형을 변환하여 image 행렬을 만든다.

⑬ 26, 27행은 두 그룹의 학습 데이터셋(좌표)을 다른 색(녹색, 빨간색)의 점을 표시한다.

| 실행결과 |

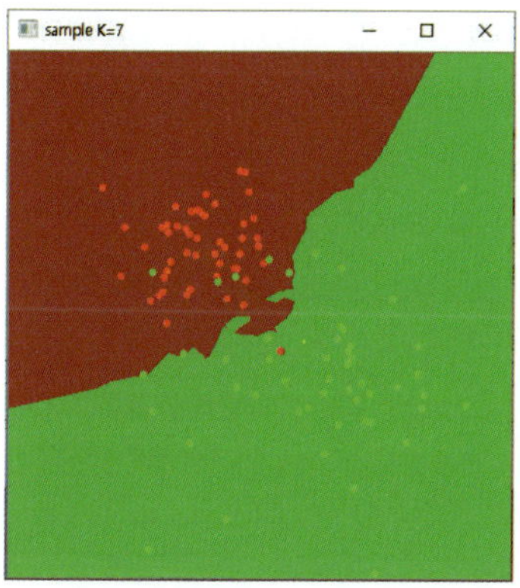

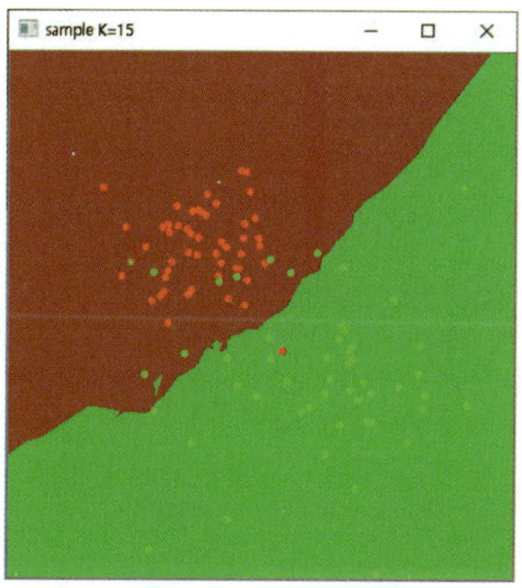

실행 결과를 보면, 빨간색과 녹색의 점들이 영역을 나누어 표시된 것을 볼 수 있다. 이것은 각기 다른 평균과 표준편차로 구성된 학습 데이터셋이다. 빨간색 점들은 레이블 0 그룹으로, 녹색 점들은 레이블 1 그룹으로 지정했으며, 이를 바탕으로 k-NN 학습을 수행한다.

그리고 입력 영상의 모든 좌표에 대해서 k-NN 분류를 수행한다. 각 좌표를 분류 결과에 따라서 붉은 계열과 녹색 계열로 화소색을 지정한다. 따라서 빨간색 점들과 가까운 상단 왼쪽 좌표들은 붉은 계열색으로 표시되고, 녹색 점들과 가까운 하단 오른쪽 좌표들은 녹색 계열로 표시된다. 따라서 대각선 방향으로 분리된 영역으로 표시된다.

여기서 왼쪽 'sample K=7' 창은 이웃 개수를 7로 실행한 결과이며, 오른쪽 'sample K=15' 창은 이웃 개수를 15개로 실행한 결과이다.

10.3.3 MNIST 데이터 사용

고전적인 기계학습에 자주 사용되는 MNIST(Modified National Institute of Standards and Technology) 데이터가 있다. 이것은 필기 숫자 영상으로 구성된 대형 데이터베이스로서, 다양한 영상처리 시스템을 학습하기 위해 일반적으로 사용된다.

다음 예제는 이 데이터셋을 내려 받아서 k-NN 학습과 분류를 해본다. 여기서 MNIST 데이터셋을 내려받을 수 있는 사이트가 다양하게 있다. 그중에 http://figshare.com/ndownloader/files/25635053를 통해서 내려받는다.

예제 10.3.2 MNIST 데이터 다운로드 및 시각화 - 05.mnist_kNN_train.py

```
import cv2, numpy as np
import pickle, gzip, os
from urllib.request import urlretrieve                      # 웹사이트 링크 다운로드 함수
import matplotlib.pyplot as plt

def load_mnist(filename):                                   # MNIST 데이터셋 다운로드 함수
    if not os.path.exists(filename):                        # 현재 폴더에 파일 없으면 다운
        print("Downloading")
        link = "http://figshare.com/ndownloader/files/25635053"
        urlretrieve(link, filename)                         # 다운로드
    with gzip.open(filename, 'rb') as f:
        return pickle.load(f, encoding='latin1')            # pickle 모듈로 파일에서 로드함

def graph_image(data, lable, title, nsample):               # 데이터 시각화 함수
```

```
15          plt.figure(num=title, figsize=(10, 10))
16          rand_idx = np.random.choice(range(data.shape[0]), nsample)  # 데이터 번호 랜덤 생성
17          for i, id in enumerate(rand_idx):
18              img = data[id].reshape(28, 28)                         # 1행 행렬을 영상 행태로 변경
19              plt.subplot(6, 4, i+1), plt.axis('off'), plt.imshow(img, cmap='gray')
20              plt.title("%s: %d" % (title, lable[id]))                # 서브플롯 타이틀
21              plt.tight_layout()
22
23  train_set, valid_set, test_set = load_mnist("mnist.pkl.gz") # MNIST 데이터셋 다운
24  train_data, train_label = train_set
25  test data, test label = test set
26  ## MNIST 로드 데이터 크기 확인
27  print("train_set=", train_set[0].shape)                    # 학습 데이터셋
28  print("valid_set=", valid_set[0].shape)                    # 검증 데이터셋
29  print("test_set=", test_set[0].shape)                      # 테스트 데이터셋
30
31  print("training...")
32  knn = cv2.ml.KNearest_create()
33  knn.train(train_data, cv2.ml.ROW_SAMPLE, train_label)     # k-NN 학습 수행
34
35  nsample = 100
36  print("%d 개 predicting..." % nsample )
37  _, resp, _ , _ = knn.findNearest(test_data[:nsample], k=5)        # k-NN 분류 수행
38  accur = sum(resp.flatten() == test_label[:nsample])               # 분류 정확도 측정
39
40  print('정확도=', accur / nsample * 100, '%')
41  graph_image(train_data, train_label, 'label', 24)          # 데이터 영상으로 그리기
42  graph_image(test_data[:nsample], resp, 'predict', 24)
43  plt.show()                                                 # 2개 그림 동시에 열기
```

| 설명 |

① 2행은 파일에서 데이터 구조 그대로 읽는 pickle 모듈과 압축 해제를 위한 gzip 모듈을 임포트한다.

② 3행은 웹사이트의 링크 주소로 파일을 다운로드를 하는 함수를 임포트한다.

③ 6~12행은 MNIST 데이터셋을 로드한다.

④ 7~10행은 현재 폴더에 MNIST 데이터셋이 없으면 http://deeplearning.net/data/mnist 에서 직접 내려받아서 현재 폴더에 저장한다. mnist.pkl.gz 파일의 용량이 커서 다운로드 시간이 오래 걸리니 기다림의 여유가 조금 필요하다.

⑤ 11, 12행은 현재 폴더에 해당 파일이 존재하면 바로 읽어서 반환한다.

⑥ 14~21행은 데이터셋에서 랜덤하게 nsample 개의 데이터를 선택해서 영상으로 표시한다.

⑦ 16행은 테스트 데이터의 전체 개수에서 랜덤하게 nsample 개 번호를 선택하여 행렬을 구성한다.

⑧ 18행은 데이터셋의 행태는 1행이 하나의 샘플이기 때문에 이 행렬의 형태를 28×28로 변경해서 원래 영상의 모양을 갖춘다.

⑨ 23행은 load_mnist() 함수를 호출해서 MNIST 데이터셋을 로드한다. 로드한 데이터셋은 3 원소 튜플로 반환된다. 즉, 학습 데이터셋, 검증 데이터셋, 테스트 데이터셋이다. 각 데이터셋은 영상 데이터 행렬과 레이블 행렬을 갖는 튜플로 구성되어 있다.

⑩ 26~28행은 로드한 MNIST 데이터셋의 개수와 형태를 보기 위함이다. 각 데이터셋의 열이 784인 것은 28×28 영상을 1행으로 구성했기 때문이다.

⑪ 31, 32행은 ml 객체의 kNN 클래스를 생성하고, kNN 학습을 수행한다. 학습 데이터는 1행이 하나의 샘플이다.

⑫ 34행은 예측을 수행할 데이터의 개수(nsample)를 지정한다. 수행속도가 오래 걸려서 10,000개 중에서 100개만 지정한 것이다.

⑬ 36행은 테스트 데이터셋에서 0번부터 nsample 개의 데이터를 가져와서 분류를 수행한다. 이웃 개수(K)를 5로 지정한다. 분류 결과는 resp 행렬로 반환되며 nsample 개 샘플에 대한 결과가 nsample 행, 1열의 행렬이 된다.

⑬ 37행은 2차원인 resp 행렬을 전개하여 테스트 데이터의 레이블(정답)과 비교한다. 두 행렬 원소간에 같으면 1, 다르면 0으로 행렬을 생성한다. 생성된 행렬을 sum() 함수로 합하면 1인 원소만큼 합해서 정답을 맞춘 원소의 개수를 계산할 수 있다.

⑭ 39행은 정답 개수(accur)를 전체 예측 데이터 개수로 나누고 100을 곱하여 정확도를 백분율로 계산한다.

⑮ 40행은 학습 데이터 전체에서 랜덤하게 24개를 선택해서 영상으로 표시한다.

⑯ 41행은 테스트 데이터에서 예측 수행한 데이터 중에서 랜덤하게 24개를 선택하여 영상으로 표시한다.

| 실행결과 |

Run: 05.mnist_kNN_train

```
C:\Python\python.exe D:/source/chap10/05.mnist_kNN_train.py
train_set= (50000, 784)
valid_set (10000, 784)
test_set (10000, 784)
training...
100개 predicting...
정확도= 98.0 %
```

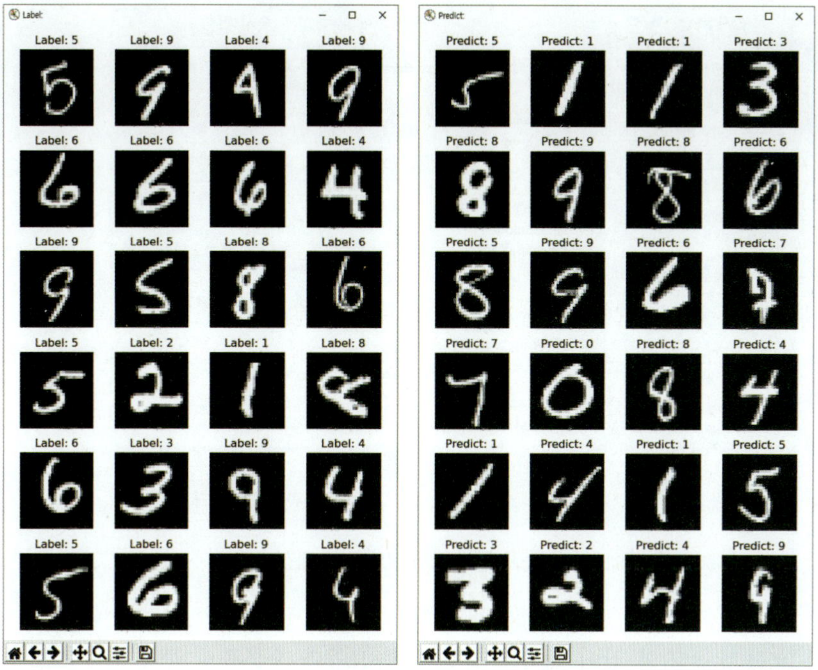

실행 결과를 보면, 실행창에 MNIST 데이터셋의 형태를 먼저 출력한다. 학습 데이터 50,000개, 테스트 데이터 10,000개, 검증 데이터셋 10,000개로 구성되어 있다. 학습이 끝나고 knn.findNearest() 함수로 분류를 수행하는 상당한 시간이 소요된다. 조금의 인내가 필요하다.

분류 결과는 98% 이상의 높은 정확도를 나타낸다. 그리고 데이터의 일부를 영상으로 보이는데, 왼쪽 창은 학습 데이터와 그에 대한 레이블을 시각화한 것이며, 오른쪽 창은 테스트 데이터와 그에 대한 예측 결과를 나타낸 것이다. nsample 변수의 값을 변경해 가며, 직접 실행해보기 바란다.

10.3.4 k-NN 응용

이번에는 k-NN을 이용해서 숫자 영상에서 숫자를 인식하는 심화예제를 다루어 보자. 이 예제는 직접 만든 영상 데이터를 이용해서 어렵지 않게 k-NN 학습을 할 수 있으며, 새로운 영상 데이터로 분류해서 성능을 확인해 볼 수 있다.

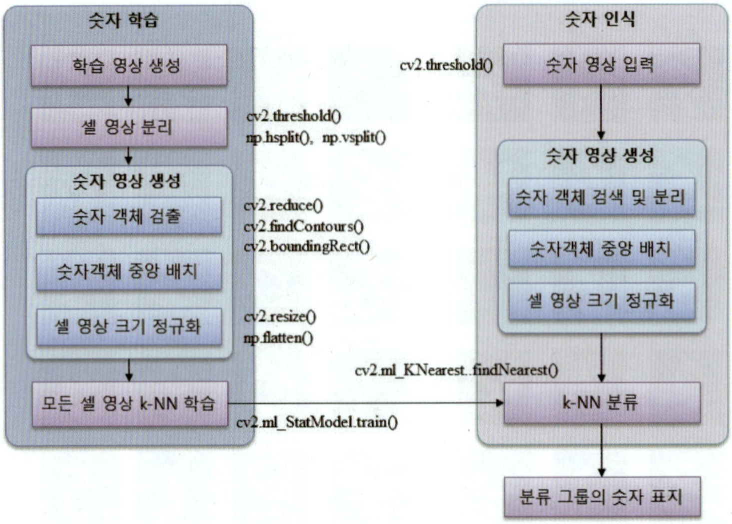

〈그림 10.3.2〉 숫자 인식 예제 전체 수행 과정

전체 과정은 〈그림 10.3.2〉와 같이 왼쪽의 숫자 학습 모듈과 오른쪽의 숫자 인식 모듈로 구성된다. 먼저 학습 영상 생성에서 학습에 사용할 숫자들을 모아서 전체 영상을 구성하고, 각 숫자 영상들을 셀 영상으로 분리한다. 다음으로 숫자 영상 생성 단계에서 숫자 객체를 검출하여 셀의 중앙에 위치시키고 셀의 크기를 동일하게 정규화한다. 그리고 정규화된 셀 영상으로 k-NN 학습을 수행한다.

숫자 인식 모듈에서는 테스트할 숫자 영상을 입력 받아서 숫자 학습 모듈과 동일하게 숫자 영상 생성 단계를 거친다. 그리고 k-NN 분류를 수행하면 0~9까지 해당 그룹으로 숫자로 분류해 준다. 이를 해당 숫자로 전환하면 숫자가 인식된다.

1) 학습 영상의 생성

학습 데이터를 한번 보자. 〈그림 10.3.3〉은 각기 다른 형태(폰트)의 숫자 영상들을 하나의 영상으로 구성하였다. 여기서 학습 영상을 쉽게 구성하는 방법으로 한글 워드프로세서에서 10행, 20열로 표를 만들고, 각 셀마다 숫자를 구성해서 그림 파일(*.png)로 저장한다. 셀의 가로, 세로 크기는 8.5mm, 폰트는 16pt로 지정하면 바로 학습 데이터로 사용할 수 있다.

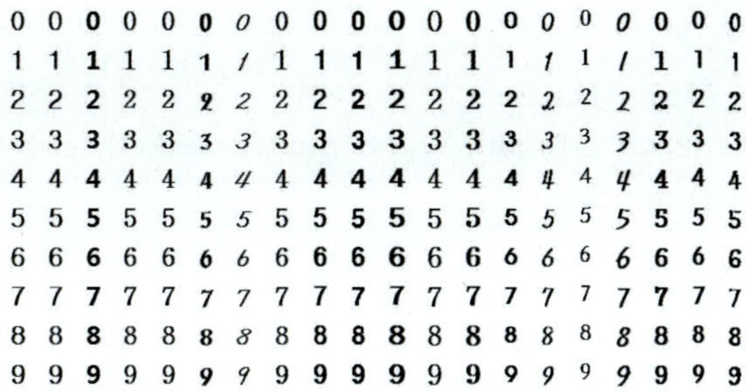

〈그림 10.3.3〉 학습을 위한 숫자 영상의 예

'chap10/images' 폴더에 'numbers.hwp' 이름으로 파일을 만들어 두었으니, 다양한 폰트로 바꾸어서 직접 숫자 영상을 만들어서 학습 데이터를 구성해보기 바란다.

2) 학습 영상에서 셀 영상 분리

학습 데이터 영상이 만들어졌으며, 전체 숫자 영상에서 각 숫자 영상의 셀 영상으로 분리해야 한다. 리스트 생성 방식을 적용하여 get_cell() 함수를 호출하면 쉽게 각 영상의 영역을 셀로 구분할 수 있다.

예제 10.3.3 학습 영상 데이터 분리 및 시각화 - 06.cells_visibility.py

```
import cv2
import matplotlib.pyplot as plt

def get_cell(img, j, i, size):
    x, y = (j * size[0], i * size[1])                          # 숫자칸 시작좌표
    return img[y:y+size[1], x:x+size[0]]

train_image = cv2.imread("images/train_numbers.png", cv2.IMREAD_COLOR)
if train_image is None: raise Exception("영상파일 읽기 에러")
train_image = train_image[5:405, 6:806]                        # 상하좌우 여백 제거

size, K = (40, 40), 15                                         # 숫자 영상 크기
nclass, nsample = 10, 20                                       # 그룹수, 그룹당 샘플수
cells =[[get_cell(train_image, j, i, size) for j in range(nclass)] for i in range(nsample)]
# cells = [np.hsplit(row,nsample) for row in np.vsplit(train_image,nclass)] # numpy 함수 사용
# cells = np.reshape(cells, (-1, 40, 40))
```

```
17
18 for i, cell in enumerate(cells):
19     plt.subplot(10, 20, i+1), plt.axis('off'), plt.imshow(cell, cmap='gray')
20 plt.tight_layout(), plt.show()
```

| 설명 |

① 4~6행은 학습 영상의 i 행, j 열에 있는 숫자를 분리해서 셀 영상을 만드는 함수이다.

② 10행은 한글 워드프로세서로 만든 학습 영상에서 생긴 여백 부분을 제거한다

③ 13행은 전체 영상에서 10행, 20열을 반복하며 숫자들을 분리해서 셀 영상들(cells)을 만든다.

④ 15행은 get_cell() 함수를 사용하지 않고, 행렬 분리 함수인 numpy 모듈의 hspit()와 vspit() 함수를 이용해서 셀 영상을 분리하는 방법이다. 같은 결과라서 주석 처리해 주었다.

⑤ 16행은 넘파이 함수로 생성하면 2차원인 영상들이 가로와 세로로 분리해서 4차원으로 구성된다. 이것을 3차원 행렬로 만든다. 하나의 셀은 40×40 행렬이다.

⑤ 18~20행은 분리된 모든 셀 영상들(cells)을 그림으로 표시한다.

| 실행결과 |

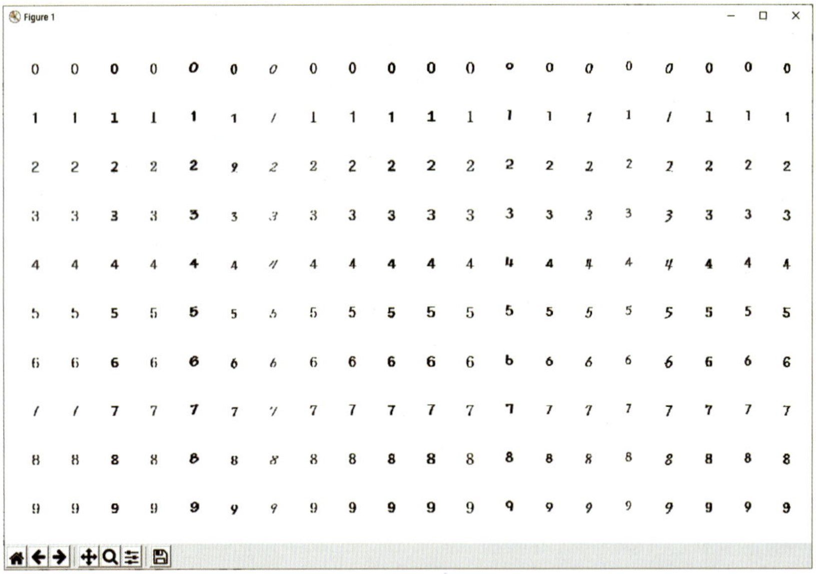

3) 숫자 객체 위치 검색 및 분리

각 셀에서 숫자 객체가 동일한 위치에 있어야 학습의 효과와 분류의 정확도를 높일 수 있다. 따라서 〈그림 10.3.4〉와 같이 숫자 객체를 셀 영역의 중앙으로 보내보자.

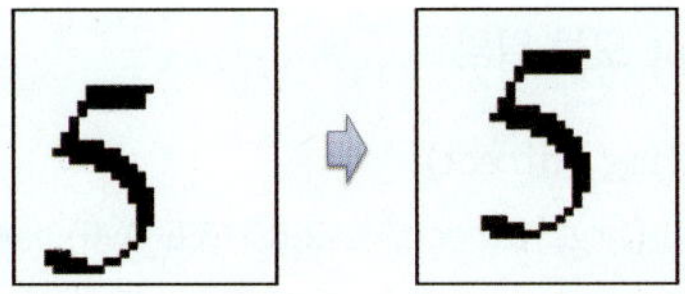

〈그림 10.3.4〉 숫자 객체 셀 영역의 중심 배치

먼저, 숫자 객체의 위치를 찾아야 한다. 숫자 객체의 위치 인식은 〈그림 10.3.5〉와 같이 투영(projection) 히스토그램을 활용한다. 투영은 다음 식과 같이 영상의 화소값들을 수직 혹은 수평으로 합산하여 나타내는 히스토그램이다.

$$histo\_v(x) = \sum_{y=0}^{h-1} f(x,\ y) \qquad , \ f(x,\ y) = \text{좌표}(x,\ y)\text{의 화소값}$$
$$histo\_v(y) = \sum_{x-0}^{w-1} f(x, y)$$

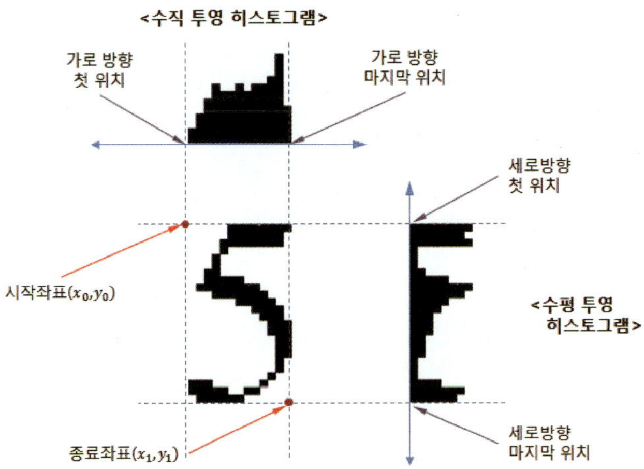

〈그림 10.3.5〉 투영을 통한 객체 위치 찾기

OpenCV에서 제공하는 cv2.reduce() 함수가 행렬 원소를 가로 방향 혹은 세로 방향으로 감축하기 때문에 투영의 수식과 일치하기에 이 함수를 이용한다.

다음은 숫자 객체를 검출하여 관심 영역의 영상을 반환하는 find_number() 함수를 구현한 것이다. 이 함수들은 'Common' 폴더의 'knn.py' 파일에 작성한다. 추가로 OpenCV의 외곽선 검출 함수를 이용한 숫자 객체 검출 방법(find_number2())도 같이 예시한다.

Common/knn.py 모듈 일부

```
01 def find_value_position(img, direct):
02     project = cv2.reduce(img, direct, cv2.REDUCE_AVG).ravel()  # 투영 히스토그램 계산
03     p0, p1 = -1, -1                                             # 초기값
04     len = project.shape[0]                                      # 전체 길이-1
05     for i in range(len):
06         if p0 < 0 and project[i] < 250: p0 = i                  # 시작 위치 저장
07         if p1 < 0 and project[len-i-1] < 250 : p1 = len-i-1     # 종료 위치 저장
08     return p0, p1
09
10 def find_number(part):
11     x0, x1 = find_histo_position(part, 0)               # 수직 투영, x 좌표 찾기
12     y0, y1 = find_histo_position(part, 1)               # 수평 투영, y 좌표 찾기
13     return part[y0:y1, x0:x1]
14
15 def find_number2(part):                                 # 외곽선 검출 함수 이용 방법
16     results= cv2.findContours(~part, cv2.RETR_EXTERNAL, cv2.CHAIN_APPROX_SIMPLE)
17     contours = results[0] if int(cv2.__version__[0]) >= 4 else results[1]
18     rois = [cv2.boundingRect(contour) for contour in contours]   # 외곽선 사각형
19     rois = [(x, y, x+w, y+h) for x, y, w, h in rois]  # 사각형을 시작점 종료점으로 변경
20
21     if rois:                                            # 분리된 문자 영역 누적
22         pts = np.sort(rois, axis=0)                     # 세로 방향 정렬 - 좌표별 정렬
23         x0, y0 = pts[0, 0:2]                            # 시작좌표 중 최소인 x, y 좌표
24         x1, y1 = pts[-1, 2:]                            # 종료좌표 중 최대인 x, y 좌표
25         w, h = x1-x0, y1-y0                             # 너비, 높이 계산
26         part = part[y0:y0+h, x0:x0+w]
27     return part
```

| 설명 |

① 1~8행은 direct 방향(0:수직, 1:수평)으로 투영 히스토그램에서 객체가 존재하는 시작 좌표와 종료 좌표값을 찾아서 반환한다.

② 2행은 cv2.reduce() 함수 direct 방향을 감축하여 투영 히스토그램을 계산한다. 네 번째 인수로 cv2.REDUCE_AVG 옵션으로 원소들의 합이 아니라 원소들의 평균으로 감축한다. 이것은 투영 히스토그램 첫 위치와 마지막 위치를 찾기 위해 빈 라인을 점검하는데, 평균으로 비교하는 것이 오류를 줄일 수 있기 때문이다. 여기서 반환 결과가 2차원 행렬이기 때문에 ravel() 함수로 1차원으로 만든다.

③ 5~7행은 투영 행렬 원소를 순회하며 비어 있지 않는 첫 번째 위치(p0)와 마지막 위치(p1)를 찾는다.

④ 11, 12행은 셀 영상에서 수직, 수평 방향으로 투영 히스토그램을 만들어 y축과 x축의 시작 및 종료 좌표를 찾는다.

⑤ 13행은 y축, x축의 시작 좌표, 종료 좌표로 셀 영상에서 시작과 종료 범위(y0:y1, x0:x1)를 관심 영역으로 지정하여 숫자 객체를 반환한다.

⑥ 15~27행은 OpenCV의 외곽선 검출 함수를 이용해서 숫자 객체를 찾는 함수이다. 검출된 외곽선들의 영역들을 모두 합하여 하나의 영역을 구성하여 반환한다. find_number() 대신 사용해도 비슷한 결과를 낸다.

⑦ 18행은 검출된 외곽선에 cv2.boundingRect() 함수를 사용하여 외곽선을 포함하는 관심 영역(사각형)들을 구성한다.

⑧ 19행은 관심 영역들을 시작 좌표, 종료 좌표 형식으로 구성한다. 즉, 4개 원소가 시작 x 좌표, 시작 y 좌표, 종료 x 좌표, 종료 y 좌표로 구성된다.

⑨ 21~26행은 관심 영역들을 모두 합하여 하나의 관심 영역을 구성하는 방법이다.

⑩ 22행은 관심 영역인 4개 원소를 y축 방향(axis=0)으로 정렬해서 각 좌표별로 정렬을 수행한다. 정렬결과 0번은 최솟값이 저장되며, 마지막[-1]은 최댓값이 저장된다.

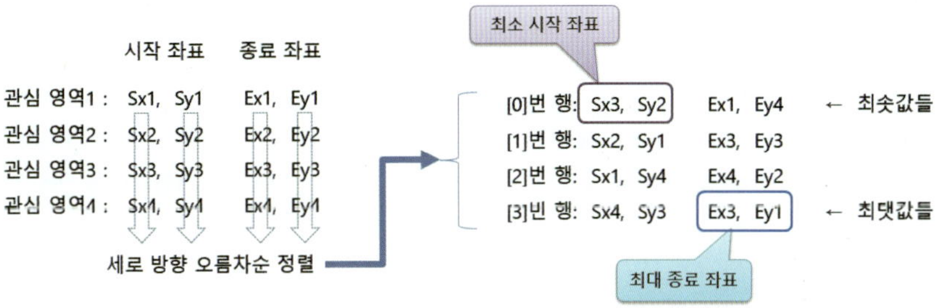

⑥ 23, 24행은 정렬된 각 좌표 중에서 시작 좌표는 최소(첫 원소)인 x, y를 가져오고 종료 좌표는 최대(마지막원소)인 x, y를 가져오면 모든 영역을 포함하는 좌표를 구성할 수 있다.

⑦ 25행은 두 좌표의 차분으로 너비와 높이를 계산한다.

⑧ 26행은 시작 좌표와 너비, 높이로 part의 관심 영역을 참조한다.

4) 숫자 객체 중앙 배치 및 크기 정규화

다음은 숫자 객체를 셀 영역의 중앙에 위치시켜야 한다. 이것은 〈그림 10.3.6〉에 자세히 설명되어 있다. 여기서 핵심은 숫자 사각형의 시작 위치(start)를 찾는 것이다.

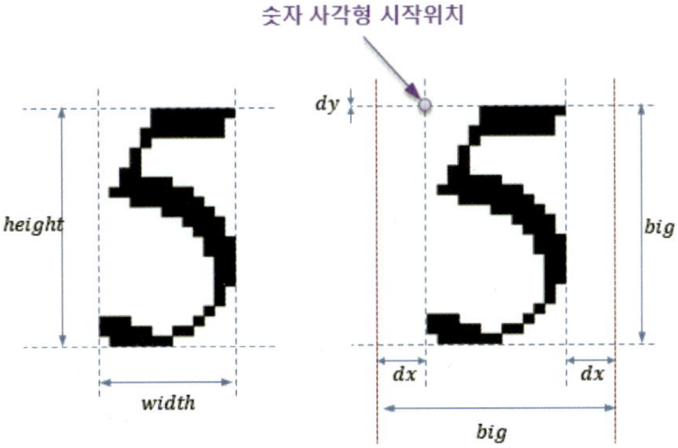

$$big = \max(h, w)$$
$$dx = \frac{big - w}{2}$$
$$dy = \frac{big - h}{2}$$

〈그림 10.3.6〉 숫자 객체 영상 중심 배치 계산

먼저, 〈그림 10.3.6〉의 오른쪽 그림에서 숫자 객체의 가로와 세로 길이 중에 긴 것을 택하여 이 크기(*big*)로 정방 영상(square)을 만든다. 다음으로 정방 영상 크기와 숫자 객체 크기의 차분을 계산한다. 이 과정은 np.subtruct() 함수로 튜플의 원소간(element wise) 뺄셈을 쉽게 할 수 있다. 이때, 중앙사각형의 시작 위치(dx, dy)는 이 차분을 좌우, 상하로 양분해야 하기 때문에 2로 나누어 몫을 계산한다.

```
def place_middle(number, new_size):
    h, w = number.shape[:2]
    big = max(h, w)
    square = np.full((big, big), 255, np.float32)            # 실수 자료형

    dx, dy = np.subtract(big, (w, h)) // 2
    square[dy:dy+h, dx:dx+w] = number
    return cv2.resize(square, new_size).flatten()            # 크기변경 및 벡터변환 후 반환
```

다음으로 시작 위치(start)에서 숫자 객체 크기만큼 관심 영역을 지정하면 이 영역이 영상의 중심이 된다. 이 관심 영역에 숫자 객체를 저장하면 숫자 객체가 셀 영역의 가운데 오게 된다. 마지막으로 학습 데이터로 사용하기 위해서 ndarray 객체의 flatten() 함수로 1행 벡터로 만들어 반환한다.

5) 최종 예제 프로그램

다음에서 숫자 인식 예제의 전체 소스를 보자. 앞서 설명한 find_number(), place_middle() 함수들을 'Common' 폴더의 'knn.py' 파일로 옮겨 저장한다. 그리고 현재 소스에 임포트해서 사용한다.

심화예제 10.3.4 k-NN 분류기를 이용한 숫자 인식 - 07.KNN_number.py

```
import numpy as np, cv2
import matplotlib.pyplot as plt
from Common.knn import find_number, place_middle               # 관련 함수 임포트

train_image = cv2.imread("images/train_numbers.png", cv2.IMREAD_GRAYSCALE)
if train_image is None: raise Exception("영상파일 읽기 에러")
train_image = train_image[5:405, 6:806]                      # 여백 제거

```

```
09 size, K = (40, 40),  15                                          # 숫자 영상 크기
10 nclass, nsample = 10, 20                                         # 그룹수, 그룹당 샘플수
11 cv2.threshold(train_image, 32, 255, cv2.THRESH_BINARY, train_image)
12
13 cells = [np.hsplit(row, nsample) for row in np.vsplit(train_image, nclass)]
14 nums = [find_number(c) for c in np.reshape(cells, (-1, 40, 40))]
15 trainData = np.array([place_middle(n, size) for n in nums])
16 labels= np.array([ i for i in range(nclass) for j in range(nsample)], np.float32)
17
18 print(“cells 형태:”, np.array(cells).shape)
19 print(‘nums 형태:’, np.array(nums, dtype=object).shape)
20 print(“trainData 형태:”,trainData.shape)
21 print(“labels 형태:”,labels.shape)
22
23 knn - cv2.ml.KNearest_create()
24 knn.train(trainData, cv2.ml.ROW_SAMPLE, classLabel)                # k-NN 학습 수행
25
26 plt.figure(figsize=(10,10))
27 for i in range(50):
28     test_img = cv2.imread(“images/num/%d%d.png” % (i / 5, i % 5), 0)
29     cv2.threshold(test_img, 128, 255, cv2.THRESH_BINARY, test_img)  # 이진화
30
31     num = find_number(test_img)                                    # 숫자 객체 가져오기
32     data = place_middle(num, size)                                 # 숫자 객체 중심 배치
33     data = data.reshape(1, -1)                                     # 1행 행렬로 변경
34
35     _, [[resp]], _, _ = knn.findNearest(data, K)                   # 숫자 분류 수행
36     plt.subplot(10, 5, i+1), plt.axis(‘off’), plt.imshow(num, cmap=‘ray’)
37     plt.title(“resp ” + str(resp))
38 plt.tight_layout(), plt.show()
```

| 설명 |

① 3행은 셀 분리 및 객체 분리를 위한 함수들이 있는 knn 모듈의 함수들을 임포트한다.

② 10행은 학습 영상을 nclass 행, nsample 열로 분리하기 위한 값이다.

③ 11행은 학습 영상을 이진화한다. 마찬가지로 29행에서 테스트 영상도 이진화한다.

④ 13행은 cells 영상에서 숫자 객체를 분리해서 nums 행렬을 만든다. 이때, cells 행렬을 10행 20열을 합쳐서 하나의 행으로 구성한다.

⑤ 15행은 모든 숫자객체들을 순회하여 place_middle() 함수로 셀 영역의 중앙에 배치하고 1행 행렬들로 구성원 리스

트를 만든다. 또한 이 리스트를 ndarray 객체로 변환한다. 즉, 200행, 1600(40×40) 열이 행렬이 생성된다.

⑥ 16행은 레이블 행렬을 생성한다. 레이블 행렬은 2중 반복문을 이용해서 nclass×nsample 개의 벡터로 생성한다. i 반복을 먼저 하는 것에 유의하자.

⑦ 18~20행은 cells 리스트, trainData 행렬, labels 행렬의 형태를 출력해본다.

⑧ 25~37행은 테스트 데이터를 모두 읽어와서 분류를 수행하고 분류 결과와 영상을 그래프에 표시한다.

⑦ 27행은 전체 50개의 영상을 표시한다.

⑨ 28행에서 영상 숫자 번호로 i/5로 십의 자리를 표현하며 i%5로 일의 자리 숫자를 표현해서 영상파일을 명암도 영상으로 읽어온다.

⑩ 31행은 하나의 테스트 영상에 대해 find_number() 함수로 숫자 객체를 분리한다.

⑪ 32행은 place_middle() 함수로 숫자 객체를 셀 영역 중앙에 배치하며, 1행 행렬로 만든다.

⑫ 33행은 1행 행렬을 2차원으로 변환한다. findNearest() 함수의 인수는 2차원 행렬로 입력해야 한다.

⑬ 35행은 knn 객체의 findNearest() 함수를 이용해서 kNN 분류를 수행한다. 분류 결과 4 원소 튜플 중에서 분류 결과 행렬인 두 번째 원소만 가져온다. 2차원 행렬로 반환되기 때문에 대괄호를 2번 사용해서 차원을 제거한다.

| 실행결과 |

```
Run:  07.kNN_number0 ×   07.kNN_number ×
C:\Python\python.exe D:/source/chap10/07.kNN_number.py
cells 형태: (200, 40, 40)
nums 형태: (200,)
trainData 형태: (200, 1600)
labels 형태: (200,)
```

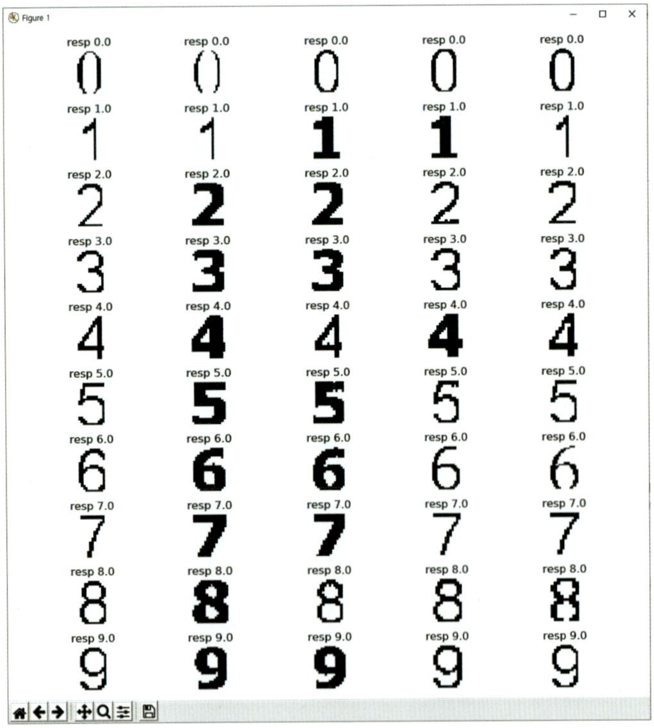

실행 결과를 보면, 콘솔창에서 영상번호로 영상파일을 입력하면, 해당 영상의 창이 뜨고, 콘솔창에 분류 결과가 나타난다. 본 알고리즘을 이용해서 번호판 인식이나 퍼즐 게임과 같은 응용으로 확장해 볼 수도 있다. 또한, 숫자 객체 검출을 위해 find_number2() 함수를 사용해서 검출해 보기 바란다.

10.4 영상 워핑과 영상 모핑

영화나 TV 광고 등에서 등장 인물의 얼굴이 왜곡되거나 심지어 다른 사람 혹은 괴물로 변하는 특수효과들을 많이 보았을 것이다. 여기에 사용되는 영상처리 기술이 바로 워핑(warping)과 모핑(morphing)이다.

먼저, 영상 워핑은 하나의 영상에서 비선형적인 특정한 규칙에 따라 입력 영상을 재추출(resampling)하여 영상의 형태를 변형시키는 기술이다. 이 기술은 NASA에서 인공위성이나 우주선으로부터 전송된 영상이 렌즈의 변형이나 신호의 왜곡 등으로 인해 일그러지는 경우가 많아서 이를 복원하는 용도로 처음 사용되었다.

워핑은 영상을 여러 다른 방향으로 늘이거나 크기를 조절하는 기법으로 수순한 스케일링과 달리 크기 변화의 정도가 영상 전체에 대해 균일하지 않는 것이 특징이다. 특히, 고무판 위에 영상이 있는 것과 같이 임의의 형태로 늘이는 것과 같은 효과를 낸다는 의미에서 고무 시트 변환(Rubber Sheet Transform)이라고도 한다.

〈그림 10.4.1〉 워핑 영상의 예

영상 워핑 기술은 랜즈 왜곡 보정, 스테레오 영상 정합, 파노라마 영상 합성 등에 사용될 수 있다.

한편, 영상 모핑은 조지 루카스가 설립한 특수 효과 전문회사인 ILM(Industrial Light and Magic)이 개발한 기법으로 변형(metamorphosis)이란 단어에서 유래되었다. 이것은 하나의 영상에서 형체가 전혀 다른 영상으로 변하도록 하는 기법을 말한다. 즉 〈그림 10.4.2〉와 같이 두 개의 서로 다른 영상 사이의 변화하는 과정을 서서히 나타내는 것이다.

〈그림 10.4.2〉 모핑 과정 예시

워핑의 기법을 이용해서 모핑을 수행할 수 있다. 모핑 기법은 영화나 TV 광고를 비롯한 여러 특수 효과 장면에 단골 메뉴로 사용되고 있다.

영상 워핑의 종류와 방법은 다양하게 있다. 먼저 간단한 영상 워핑 예제를 한번 구현해보자. 다음의 규칙에 따라서 원본 영상의 좌표를 목적 영상의 좌표로 재배치하면 워핑 영상이 완성된다.

$$x' = x + ratio \cdot (pt2.x - pt1.x), \quad ratio = \begin{cases} x < pt1.x & \dfrac{x}{pt1.x} \\ otherwise & \dfrac{width - x}{width - pt1.x} \end{cases}$$

이것은 영상이 표시된 윈도우 창에서 마우스 왼쪽 버튼을 클릭하여 가로 방향으로 드래그하고 버튼을 떼면, 드래그한 방향으로 그 비율만큼 영상이 왜곡되어 생성된다.

예제 10.4.1 마우스 드래그에 반응하는 워핑 변환 - 08.warping.py

```
import numpy as np, cv2

def morphing():                                        # 드래그 거리만큼 영상 왜곡
    h, w = image.shape[:2]
    dst = np.zeros((h, w), image.dtype)                # 반환 영상
```

```
06        ys = np.arange(0, image.shape[0], 1)                   # y 좌표 인덱스
07        xs = np.arange(0, image.shape[1], 0.1)                 # x 좌표 인덱스(0.1 간격)
08
09        x1, x10 = pt1[0], pt1[0]*10                            # 0.1 간격의 10배→정수 인덱스 구성
10        ratios = xs / x1                                       # 기본 변경 비율
11        ratios[x10:] = (w - xs[x10:]) / (w-x1)                 # x 좌표 이상은 다른 비율 적용
12
13        dxs = xs + ratios * (pt2[0] - pt1[0])                  # 변경 좌표 인덱스 생성
14        xs, dxs = xs.astype(int), dxs.astype(int)              # 좌표를 정수값으로 변경
15
16        ym, xm  = np.meshgrid(ys, xs)                          # 원본 좌표 좌표 행렬
17        _, dxm = np.meshgrid(ys, dxs)                          # 변경 좌표 좌표 행렬
18        dst[ym, dxm] = image[ym, xm]                           # 원본 좌표를 목적 좌표로 매칭
19        cv2.imshow(“image”, dst)
20
21    def onMouse(event, x, y, flags, param):                    # 마우스 이벤트 콜백 함수
22        global pt1, pt2
23        if event == cv2.EVENT_LBUTTONDOWN:
24            pt1 = (x, y)                                       # 드래그 시작 좌표
25        elif event == cv2.EVENT_LBUTTONUP:
26            pt2 = (x, y)                                       # 드래그 종료 좌표
27            morphing()                                         # 드래그 종료 시 워핑 변환 수행
28        elif event == cv2.EVENT_RBUTTONDBLCLK:
29            pt1 = pt2 = (-1, -1)
30            cv2.imshow(“image”, image)                         # 오른쪽 버튼 더블 클릭 시 원복
31
32    image = cv2.imread(“images/warp.jpg”, cv2.IMREAD_GRAYSCALE)
33    if image is None: raise Exception(“영상파일 읽기 에러”)
34
35    pt1 = pt2 = (-1, -1)
36    cv2.imshow(“image”, image)
37    cv2.setMouseCallback(“image”, onMouse, 0)                  # 마우스 콜백 함수 등록
38    cv2.waitKey(0)
```

| 설명 |

① 3~19행은 워핑을 수행하는 함수이다.

② 7행은 xs 인덱스는 가로 방향의 왜곡 값을 세밀하게 나타내기 위해서 좌표 간격을 0.1로 지정하여 10배 정밀하게 생성한다.

② 9행은 x1는 클릭된 x 좌표이며, x10은 클릭 x 좌표를 0.1 간격으로 구성한 xs 행렬을 인덱싱하기 위해서 10을 곱하여 10배 확대한다.

③ 10행은 각 x 좌표에 대한 기본 변경 비율들을 계산하여 행렬(ratios)을 만든다.

④ 11행은 클릭 좌표 이후의 x 좌표에 대한 변경 비율을 계산한다. x 좌표 인덱스가 10배만큼 만들어졌기 때문에 x10에서 마지막까지의 범위에 할당한다.

⑤ 13행은 수식에 따른 x 좌표의 변경 인덱스(dxs)를 계산한다.

⑥ 14행은 원본 x 좌표들(xs)과 변경 x 좌표들(dxs)을 인덱스로 사용하기 위해서 정수형으로 변환한다.

⑦ 16, 17행은 xs, ys, dxs 행렬을 이용해서 좌표 인덱스로 사용할 좌표 행렬을 만든다.

⑧ 18행은 원본 영상에 xm, ym 행렬을 첨자로 지정하고, 목적 영상에는 변경된 ym, dxm 행렬을 첨자로 지정하면 변환이 완료된다.

⑨ 21~30행은 마우스 이벤트 처리를 위한 콜백 함수로 마우스 드래그할 때 시작 좌표와 종료 좌표를 저장하고, 워핑 함수를 호출한다.

⑨ 23, 24행은 마우스 왼쪽 버튼을 누르면 현재 좌표를 pt1에 저장한다.

⑥ 25~27행은 마우스 왼쪽 버튼을 떼면 현재 좌표를 pt2에 저장하고, morphing() 함수를 호출하여 영상 왜곡을 수행한다.

⑦ 28~30행은 마우스 오른쪽 버튼을 더블 클릭하면 왜곡되지 않은 영상으로 초기화한다.

| 실행결과 |

예제를 실행하면 먼저 왼쪽 그림처럼 윈도우에 입력 영상을 표시한다. 마우스로 어느 한 좌표에서 왼쪽 버튼을 클릭하여 드래그하고 버튼 떼기를 해보자. 그러면 오른쪽 그림과 같이 가로 방향으로 드래그한 거리에 비례해서 영상이 왜곡되는 것을 볼 수 있다.

워핑의 다른 응용 예로 카메라 렌즈에 의한 왜곡을 다루어 본다.

OpenCV에서 제공하는 함수 중에 카메라 렌즈 등에 의해 발생하는 방사 왜곡이나 핀쿠션 왜곡을 보정하기 위한 cv2.calibrateCamera(), cv2.initUndistortRectifyMap() 등의 함수가 있다. 이 함수들은 영상 워핑을 응용하는 예가 된다.

일반적으로 카메라로 찍은 영상은 여러 가지 이유에 의해서 왜곡된다. 여기서 왜곡되는 요인을 카메라 외부 파라미터와 내부 파라미터로 구분할 수 있다.

카메라는 3차원의 실세계 영상을 2차원의 평면 영상으로 맺히게 하기 때문에 기하학적인 왜곡이 발생하게 된다. 이것은 카메라 외부 파라미터에 의한 왜곡에 해당하며, 대표적으로 원근 투시 왜곡이 있다. 또한, 캡처된 영상은 렌즈, 초첨거리, 렌즈와 이미지 센서가 이루는 각도 등과 같은 카메라 내부의 기구적인 부분에 의해서 상당한 영향을 받는다. 이러한 요인을 내부 파라미터 요인이라 한다.

영상 좌표로부터 실세계의 3차원 좌표를 계산하거나 실세계의 3차원 좌표를 영상에 투영된 위치로 계산해야 하는 경우가 있다. 이때 카메라 내부 요인을 제거해야만 보다 정확한 좌표의 계산이 가능하다. 여기서 내부 요인의 파라미터 값을 구하는 과정을 카메라 캘리브레이션(camera calibration)이라 한다.

카메라 영상은 3차원 공간상의 점들을 2차원 영상 평면에 투영함으로써 얻어지는데, 핀홀(pinhole) 카메라 모델에서 이러한 변환 관계는 다음과 같이 모델링한다.

$$s\begin{pmatrix}u\\v\\1\end{pmatrix} = A\cdot M\cdot\begin{bmatrix}X\\Y\\Z\\1\end{bmatrix} = \begin{bmatrix}f_x & 0 & C_x\\0 & f_y & C_y\\0 & 0 & 1\end{bmatrix}\cdot\begin{bmatrix}r_{11} & r_{12} & r_{13} & t_1\\r_{21} & r_{22} & r_{23} & t_2\\r_{31} & r_{32} & r_{33} & t_3\end{bmatrix}\cdot\begin{bmatrix}X\\Y\\Z\\1\end{bmatrix}$$

여기서, X, Y, Z는 실세계의 3차원 좌표이며, u, v는 2차원 영상 평면에 투영된 좌표이다. A는 카메라 내부 파리미터(intrinsic paramcters)이고, M은 카메라 외부 피리미디이다. 카메라 내부 파라미터의 요인으로는 초점거리(focal length)와 주점(principal point) 등이 있다.

초점거리(f_x, f_y)는 〈그림 10.4.3〉에서와 같이 렌즈에서 이미지 센서까지의 거리를 말한다. 보통 디지털 카메라에서는 mm 단위로 표현되지만 카메라 모델에서는 픽셀(pixel) 단위로 표현된다. 초점거리가 두 개의 값으로 표현되는 이유는 이미지 센서의 가로 방향과 세로 방향의 셀 간격이 다를 수 있기 때문이다.

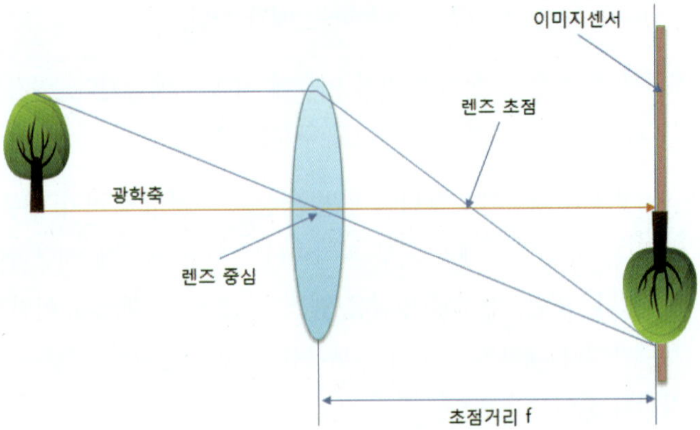

〈그림 10.4.3〉 렌즈와 초점거리

주점(C_x, C_y)은 카메라 렌즈의 중심에서 이미지 센서에 내린 수선의 영상 좌표로서 일반적으로 말하는 영상 중심점과는 다른 의미이다. 예를 들어서, 카메라 조립과정에서 오차로 인해 렌즈와 이미지 센서가 수평이 어긋나면 주점과 영상 중심은 다른 값을 가질 수 있다.

다음은 카메라 캘리브레이션을 수행하여 카메라의 왜곡을 보정하는 예제이다. 본 예제는 3개의 왜곡된 체스보드 영상을 임의로 만들어서 프로그램을 수행한다. 독자들은 직접 PC 카메라로 체스보드 영상을 찍어서 실행해 보기 바란다.

예제 10.4.2 카메라 렌즈 왜곡 보정 - 09.warping_camera.py

```
import numpy as np, cv2
import pickle                                                   # 파일 저장/읽기 함수 임포트

def findCorners(file, bSize):
    gray = cv2.cvtColor(image, cv2.COLOR_BGR2GRAY)
    ret, corners = cv2.findChessboardCorners(gray, bSize)         # 코너 검출
    if ret:                                                       # 코너 검출되면
        criteria = (cv2.TermCriteria_MAX_ITER + cv2.TermCriteria_EPS, 30, 0.1)
        cv2.cornerSubPix(gray, corners, (11, 11), (-1, -1), criteria)  # 부화소로 코너 개선
    return ret, np.array(corners, np.float32), image

def show_image(file, bSize, result):
    cv2.drawChessboardCorners(result[2], bSize, result[1], result[0])    # 코너 표시
    cv2.imshow(file, result[2])

```

```
def calibrate_correct(objectPoints, imagePoints, image):      # 캘리브레이션 수행 및 보정
    size = image.shape[1::-1]                                  # 행태와 크기는 역순
    ret = cv2.calibrateCamera(objectPoints, imagePoints, size, None, None)

    newSacle, roi = cv2.getOptimalNewCameraMatrix(ret[1], ret[2], size, 1)  # 재수정
    undistorted = cv2.undistort(image, ret[1], ret[2], None, newSacle) # 왜곡 보정 수행
    x, y, w, h = roi
    return ret, undistorted, undistorted[y:y+h, x:x+w]          # 결과 반환

bSize = (8, 7)                                        # 체스보드 코너수(가로, 세로)
points = [(x, y, 0) for y in range(bSize[1]) for x in range(bSize[0])]      # 56행, 3열
points = np.array(points, np.float32)                          # 실수형 변경

## 코너 좌표 및 실세계 3차원 좌표 생성
files= [“chessboard_01”, “chessboard_02”, “chessboard_03”]     # 체스보드 파일명
images = [cv2.imread(“images/%s.jpg” % file, 1) for file in files]   # 영상 파일들 읽기
results = [findCorners(image, bSize) for image in images]      # 검출 결과 리스트
imagePoints = [result[1] for result in results if result[0]]   # 코너 좌표 리스트
objectPoints = [points] * len(imagePoints)

[show_image(f, bSize, result) for f, result in zip(files, results) if result[0]]

image = cv2.imread(“images/chessboard_05.jpg”, cv2.IMREAD_COLOR)
if image is None: raise Exception(“영상파일 읽기 에러”)

ret, undistorted, correct_img= calibrate_correct(points, imagePoints, image)

print(“RMS error reported by cv2.calibrateCamera:”, ret[0])
print(“cameraMatrix =\n%s” % ret[1])
print(“rvecs =\n%s” % np.reshape(ret[3], (3, -1)))
print(“tvecs =\n%s” % np.reshape(ret[4], (3, -1)))

with open(“camera_calibration.txt”, “wb”) as f:               # 결과 저장
    pickle.dump(ret, f)

cv2.imshow(“original”, image)
cv2.imshow(“undistorted”, undistorted)
cv2.imshow(“cropUndistorted”, cropUndistorted)
cv2.waitKey(0)
```

| 설명 |

① 2행은 캘리브레이션 결과 행렬들을 파일로 저장하기 위해 pickle 모듈을 임포트한다. pickle 모듈은 리스트나 튜플 등의 열거형(sequence) 객체를 행태 그대로 저장하고 읽어 올 수 있다.

② 4~10행은 파일명과 체스보드의 코너 개수(가로, 세로)를 입력받아서 영상파일을 읽어와서 체스보드의 코너 좌표를 검출하는 함수이다.

③ 6행은 OpenCV에서 제공하는 cv2.findChessboardCorners() 함수로 코너 좌표를 검출한다. 검출 여부와 코너 좌표들을 2 원소 튜플로 반환한다. bSize는 체커 보드의 가로, 세로 코너 개수이다.

④ 8, 9행은 cv2.cornerSubPix() 함수로 서브 픽셀(부화소)의 위치를 찾아서 코너 좌표들을 개선한다.

⑤ 10행은 코너 검출 여부, 검출 코너 좌표, 체스보드 영상을 같이 반환한다. 검출 여부(ret)를 반환하는 것은 반환받은 후에 코너 미검출 원소를 리스트에서 제외하기 위함이다. 코너 좌표들은 반드시 32비트 실수(float32)형 ndarray 객체로 반환한다.

⑥ 12~14행은 검출 코너를 영상에 표시한다.

⑦ 16~23행은 캘리브레이션을 수행하고 영상을 보정한 결과를 반환하는 함수이다.

⑧ 17행은 영상의 크기는 형태의 역순으로 구성하되 입력 영상이 3채널 행렬이라서 [1::-1]해야 한다.

⑨ 18행은 cv2.calibrateCamera() 함수를 호출하여 캘리브레이션을 수행한다. 체스보드의 코너 좌표들(imagePoints)과 이에 대응하는 3차원 실세계 좌표(objectPoints)를 입력하면 5 원소 튜플을 반환한다. 순서대로 제곱 평균 오차(rms), 내부 파라미터, 외부 파라미터, 회전 변환 행렬, 평행이동 행렬이다.

⑩ 20행은 cv2.getOptimalNewCameraMatrix() 함수에 카메라 내부 파라미터와 외부 파라미터, 반환 영상 크기를 인수로 입력하면 size 크기에 맞추어 변경해주는 행렬(newMatrix)과 변경될 새 영역(roi)을 반환한다.

⑪ 21행은 cv2.undistort() 함수로 카메라 내부 파라미터, 외부 파라미터, newMatrix 행렬을 입력하면 카메라 왜곡을 보정한다. 보정시 newSacle 행렬에 맞게 크기 변경하여 왜곡을 보정 한다.

⑫ 23행은 캘리브레이션 결과 행렬, 왜곡 보정 영상을 반환한다. 이때, 20행에서 size 크기로 맞춘 새 영역을 관심 영역으로 지정하여 왜곡된 가장자리 부분을 제거한 영상도 같이 반환한다.

⑬ 25행은 입력 영상들에서 체스보드의 코너 개수(가로, 세로)를 지정한다.

⑭ 26행은 영상의 코너 좌표에 대응되는 실세계의 3차원 좌표들(points)을 bSize 개수(8×7)만큼 3 원소를 갖는다. 2중 반복문을 순회하며 대괄호([])를 하나만 사용해서 3 원소를 구성하기 때문에 2차원 행렬이 되어 56행, 3열의 행렬을 구성한다.

⑮ 27행은 OpenCV 함수의 인수로 사용하기 위해서 리스트를 32비트 실수형(float32) ndarray 객체로 변경한다.

⑯ 30행은 체스보드 영상 파일명을 files 리스트로 구성한다.

⑯ 31행은 files 리스트를 순회하며, 영상파일을 읽어 findCorners() 함수를 호출하여 코너 좌표들을 검출하여 imagePoints 리스트를 구성한다.

⑰ 32행은 코너 검출 결과 리스트(results)는 검출 여부, 코너 좌표, 체스보드 영상의 3 원소 튜플로 구성되어 있다. 코너 검출 여부를 이용해서 코너가 완전히 검출된 원소만 모아서 imagePonts 리스트를 구성한다.

⑱ 34행은 실세계 좌표(objectPoint)를 코너 검출 영상의 개수만큼 구성한다. points에 []를 씌워서 차원을 하나 증가시키고 코너 검출 영상 개수만큼 구성하기 위해서 검출 영상 개수를 곱한다. 즉, 3행(코너 검출 영상 수), 56열(8×7 코너 개수), 3 깊이의 3차원 행렬로 구성된다.

⑲ 36행은 코너 검출 결과 리스트를 순회하며 코너가 검출된 영상에 코너를 그린다.

⑳ 43~46행은 캘리브레이션 결과 행렬의 값을 출력한다.

㉑ 45, 46행에서 회전과 이동 행렬이 3차원으로 반환되기에 한 차원을 줄여서 2차원으로 출력한 것이다.

㉒ 48, 49행은 pickle 모듈을 이용해서 캘리브레이션 결과(ret)를 파일로 저장한다. 자료의 형태 그대로 저장하며 다시 로드해도 그대로 읽어 들인다.

| 실행결과 |

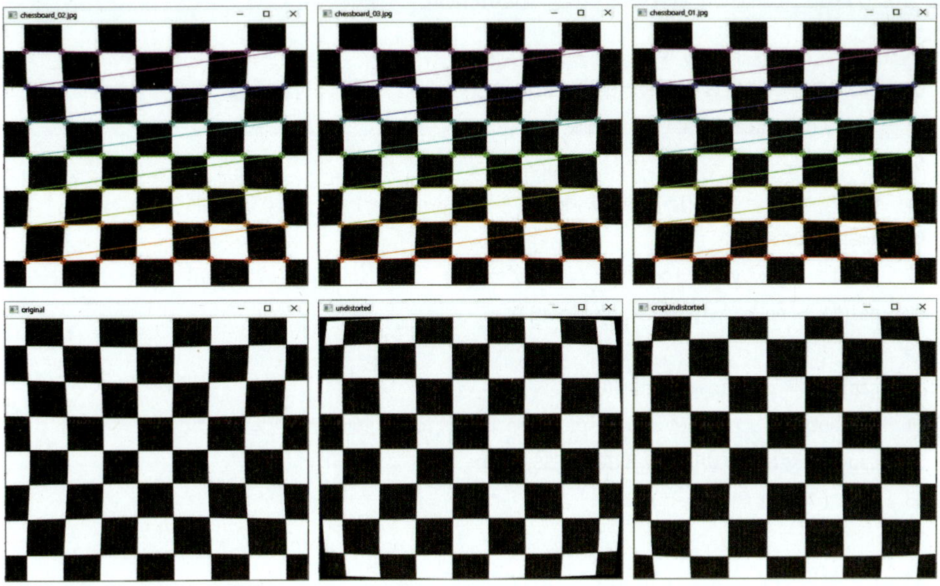


```
Run:  10.warping_image ×   09.warping ×
C:\Python\python.exe D:/source/chap10/10.warping_image.py
RMS error reported by cv2.calibrateCamera: 1.0747286394402353
cameraMatrix =
[[1.24542381e+05 0.00000000e+00 2.30670147e+02]
 [0.00000000e+00 9.53691941e+04 2.40275292e+02]
 [0.00000000e+00 0.00000000e+00 1.00000000e+00]]
distCoeffs =
[[ 1.02053117e+04  8.21750061e-02 -1.91616241e-01 -2.10011508e+00
   6.23675552e-07]]
rvecs =
[[ 1.07996244e+00 -2.61091561e-03 -2.94957182e+00]
 [ 1.07996244e+00 -2.61091561e-03 -2.94957182e+00]
 [ 1.07994551e+00 -2.58412332e-03 -2.94959105e+00]]
rvecs =
[[    3.03657779     3.02810407 1573.83830054]
 [    3.03657779     3.02810407 1573.83830054]
 [    3.03662542     3.02806326 1573.84813004]]
```

실행 결과에서 files 리스트의 원소 개수만큼 체스보드 영상을 입력받아서 코너 좌표들을 찾는다. 찾은 코너 좌표들과 이에 대응하는 3차원 실세계 좌표를 저장한다. 그런 후에 카메라 캘리브레이션을 수행해 왜곡 영상을 보정한다.

마지막으로 PC 카메라로 카메라 왜곡을 실시간으로 보정해 보자. 앞 예제에서 만든 함수들은 'Common/calibration.py' 파일에 옮겨 적고 임포트 하도록 한다. 소스를 실행하기 전에 8×7 코너의 체스보드 영상이 있어야 한다. 'images/chessboard.png'로 만들어 두었다.

심화예제 10.4.3 카메라 입력 영상 보정 – 10.warping_camera.py

```
import numpy as np, cv2
from Common.utils import put_string                       # 영상에 문자열 표시 함수 임포트
from Common.calibration import *                           # 앞 예제의 함수 모두 임포트

bSize, mode = (8, 7), “detect mode”                        # 체스보드 코너수, 카메라 모드
imagePoints= []                                            # 영상 코너 좌표
points = [(x, y, 0) for y in range(bSize[1]) for x in range(bSize[0])]   # 3차원 좌표들
points = np.array(points, np.float32)

capture = cv2.VideoCapture(0)
if capture.isOpened() is False: raise Exception(“카메라 연결 안됨”)
capture.set(cv2.CAP_PROP_BRIGHTNESS, 100)
print(“카메라 연결 완료”)

while(True):
    ret, frame = capture.read()                            # 카메라 영상 읽기
    key = cv2.waitKey(30)
    if key == 27 or ret is False: break                    # esc 키: 종료
    if key == 13: mode = “correct mode”                    # 엔터 키: 보정 수행
    if key == 8:  mode = “detect mode”                     # 백페이스 키: 코너 검출 수행

    if mode ==”detect mode”:                               # 코너 검출 모드
        ret, corners, img = findCorners(frame, bSize)             # 코너 검출
        if ret: show_image(“image”, bSize, (ret, corners, img) )          # 코너 표시

        if ret and key == 32:                              # 스페이스바 키: 검출 코너 저장
            imagePoints.append(corners)                    # 코너 좌표 저장
            put_string(frame, “save cord: ”, (10, 40), len(imagePoints) ) # 영상에 문자열 표시
            cv2.imshow(“image”, frame)
            cv2.waitKey(500)                               # 표시 내용 보이기 위해 잠깐 멈춤
        else:
            put_string(frame, mode, (10, 40), “”)          # 영상에 문자열 표시
            cv2.imshow(“image”, frame)

```

```
35        elif mode == "correct mode":                          # 보정 검출 모드
36            if len(imagePoints) >= 3 :
37                objectPoints = [points] * len(imagePoints)        # 실세계 좌표 n개 구성
38                _, _, correct_img = calibrate_correct(objectPoints, imagePoints, frame) #캘리브레이션
39                put_string(frame, mode, (size[0]-200, 40), "")     # 영상에 문자열 표시
40                cv2.imshow("image", frame)
41            else:                                             # 검출 코너 부족
42                put_string(frame, "Capture more than 3 corner coordinates", (70, 200))
43                cv2.imshow("image", frame)
44                cv2.waitKey(1000)
45                mode = "detect mode"
46
47    capture.release()
```

| 설명 |

① 2행은 영상에 문자열을 출력하는 함수로 4장 예제에서 사용하였으며, 'Common/utils.py' 파일에 작성해 둔다.

② 3행은 코너 검출 및 캘리브레이션 관련 함수들을 임포트 한다.

③ 7행은 3차원 실세계 좌표를 체스보드 코너 개수만큼 만든다.

④ 17~19행은 키보드 이벤트에 따른 명령 모드이다. esc 키이면 종료하고, 엔터키이면 영상 보정 모드이며, 백스페이스 키이면 코너 검출 모드로 작동한다.

⑤ 26~30행은 코너들을 검출하며, 〈스페이스 바〉가 눌러질 때마다 검출된 코너 좌표를 저장한다.

⑥ 28행은 영상(frame)의 10열, 40행 위치에 문자열(save cord)을 출력한다. 코너 검출 영상 개수도 표시한다.

⑦ 32~33행은 검출 코너가 저장되지 않은 일반 상황에서 현재 모드(detect mode)를 출력한다.

⑧ 35~45행은 보정 모드일 때 수행하는 내용이다.

⑨ 36행은 코너 검출 영상이 3개 이상일 때 보정을 수행한다.

⑩ 37행은 차원을 하나 증가해서 코너 검출 영상 개수만큼 실세계 좌표를 3차원으로 구성한다.

⑪ 38행은 캘리브레이션과 영상 보정을 수행하는 calibrate_correct() 함수를 호출한다. 앞 예제에 구현된 함수이다.

⑫ 42~45행은 코너 검출 영상이 3개 미만일 때에는 캘리브레이션을 수행하지 않고 에러 메시지를 출력하고 코너 검출을 계속한다.

| 실행결과 |

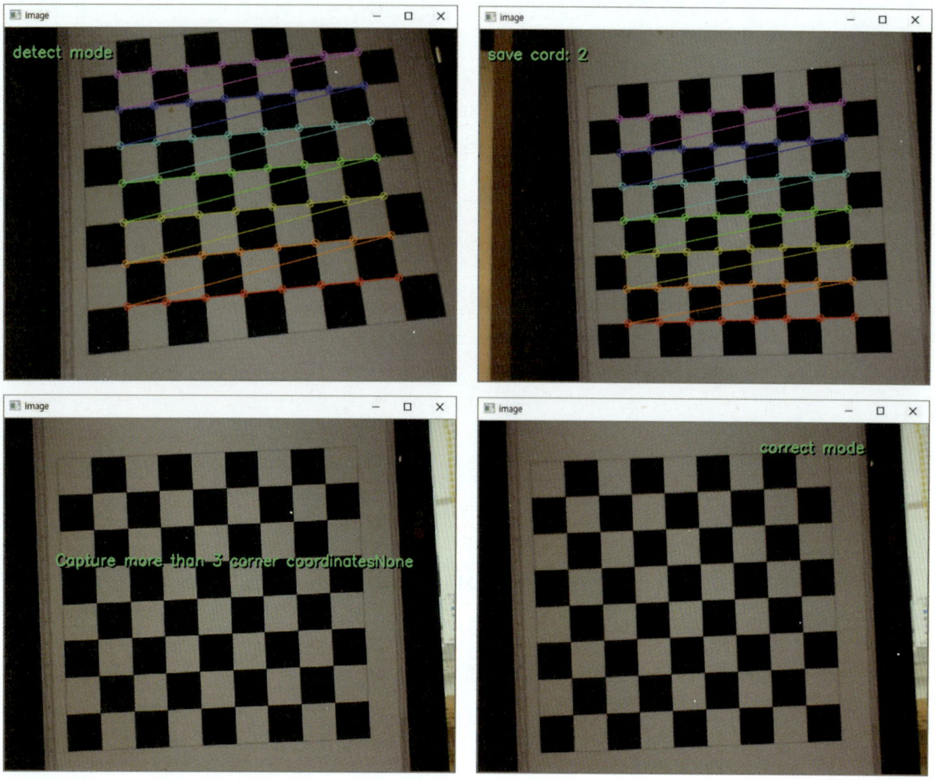

실행 결과를 보면, 좌상단 윈도우가 첫 실행화면이다. 코너 검출 모드(detec mode)이며 스페이스바를 누를 때마다 코너 좌표를 저장(우상단 윈도우)한다. 좌하단 윈도우는 코너 좌표 저장 영상이 3개 미만일 때에 보정(엔터키)을 하면 에러 메시지를 출력하고 검출 모드로 돌아간다. 마지막으로 우하단 윈도우는 3개 이상의 코너 좌표를 저장하고 엔터키를 누를 때 캘리브레이션을 수행한 후에 영상을 보정해서 보여준다.

| 단원 핵심 요약 |

1. 허프 변환은 영상 내의 선, 원뿐만 아니라 임의의 형태를 지닌 물체를 감지해 내는 대표적인 기술로서 특히 직선 검출에 주로 사용된다. 직교 좌표계로 표현되는 영상의 에지 점들을 극좌표계로 옮겨, 검출하고자 하는 물체의 파라미터(σ, θ)를 추출하는 방법이다.

$$y = ax + b \leftrightarrow \rho = y\sin\theta + x \cdot \cos\theta$$

2. 허프 변환은 다음과 같은 세부적인 과정을 거쳐서 수행된다.

> 1. 극 좌표계에서 누적 행렬 구성
> 2. 영상 화소의 직선 검사
> 3. 직선 좌표에 대한 극좌표 누적 행렬 구성
> 4. 누적 행렬의 지역 최댓값 선정
> 5. 직선 선별 - 임계값 이상인 누적값 선택 및 내림 차순 정렬

3. 영상처리에서 중요한 특징 정보로 사용되는 코너는 영상에서 경계가 만나는 지점의 특정한 모양을 갖는 곳을 가리킨다. 이 코너 정보 중 영상의 왜곡에도 불변하는 특징을 가진 지점들이 영상 매칭에 유용하게 사용될 수 있다.

4. 해리스 코너 검출 방법은 영상의 평행이동, 회전 변환에는 불변(invariant)하는 특징이 있고, 어파인(affine) 변환이나 조명(illumination) 변화에도 어느 정도는 강인성이 있다.

5. 최근접 이웃 알고리즘은 기존에 가지고 있는 데이터들을 일정한 규칙에 의해 분류된 상태에서 새로운 데이터의 종류를 예측하는 분류 알고리즘이다. 새로운 미지의 샘플이 입력될 때, 학습 클래스의 샘플들과 새 샘플의 거리가 가장 가까운 클래스로 분류한다.

6. 최근접 이웃 방법 중에서 가장 많이 사용되는 것은 학습된 클래스들에서 여러 개의 가까운 이웃을 선출하고 이를 이용하여 미지의 샘플들을 분류하는 방법이다. 이러한 분류 과정을 k-최근접 이웃 분류라고 한다.

7. OpenCV에서는 최근접 이웃 분류를 위해 ml 라이브러리의 KNearest_create() 함수로 kNN 객체(ml_KNearest)를 만들어서 객체 내부 메서드인 train()로 학습을 한다. 또한, findNearest() 메서드로 분류를 수행한다.

8. 영상 워핑은 영상에서 비선형적인 특정한 규칙에 따라 입력 영상을 재추출(resampling)하여 영상의 형태를 변형시키는 기술이다. 영상을 다른 여러 방향으로 늘이거나 크기를 조절하는 기법으로 수순한 스케일링과 달리 크기 변화의 정도가 영상 전체에 대해 균일하지 않는 것이 특징이다.

9. 영상 모핑(Morping)은 조지 루카스가 설립한 특수 효과 전문회사인 ILM(Industrial Light and Magic)이 개발한 기법으로 변형(metamorphosis)이란 단어에서 유래되었다. 이것은 하나의 영상에서 형체가 전혀 다른 영상으로 변하도록 하는 기법을 말한다.

연습문제

1. 허프 변환에서 직교 좌표계에서 직선 수식을 극 좌표계에서 원점과의 수직 거리와 각도로 표현하시오.

2. 허프 변환의 전체 과정에 대해서 기술하시오.

3. 허프 변환에서 하나의 직선 주위로 여러 개의 직선이 검출될 수 있는데 이 문제를 해결하는 방법을 설명하시오.

4. k-최근접 이웃(k-NN) 알고리즘의 기본 아이디어를 설명하시오.

5. k-NN 알고리즘을 사용하기 위한 OpenCV에서 제공하는 ml 라이브러리에서 학습과 분류에 사용되는 내부 메서드들과 매개 변수들에 대해서 설명하시오.

6. 해리스 코너 검출 방법의 전체 과정에 대해서 기술하시오.

7. 워핑과 모핑에 대해서 비교 설명하시오.

8. 카메라 캘리브레이션에 대해서 설명하시오. 내부 파라미터 요인 중에서 대표적인 두 가지를 적고 설명하시오.

9. 허프 변환의 수행 과정에서 직선 누적 행렬을 pickle 모듈로 저장하시오.

10. PC 카메라에서 입력받은 영상에서 허프 변환을 수행해서 최대 5개의 직선을 검출하도록 프로그램을 작성하시오.

11. 다음과 같이 컬러 입력 영상에 허프 변환으로 직선을 구해서 표시하시오.

> 1. 허프 변환은 명암도 영상에서 수행
> 2. 캐니 에지는 낮은 임계값 50, 높은 임계값 150으로 지정
> 3. 직선 표시는 컬러 영상에 표시
> 4. 거리 간격 1픽셀, 각도 간격 1도 지정
> 5. 직선 임계값 80으로 지정
> 6. 최대 10개 녹색 직선 표시, 직선 두께 2 지정

12. 예제_10.2.1의 해리스 코너 검출에서 코너 응답 함수를 8방향으로 검사하여 결과를 표시하도록 소스를 수정하시오.

13. 10.3절에서 검출된 숫자 객체를 중앙에 배치하는 place_middle() 함수를 직접 구현하시오. 단, 교재 소스와는 다르게 자신의 방식으로 구현하시오.

14. 예제_10.4.1은 가로 방향으로 드래그한 비율만큼 영상을 왜곡시킨다. 여기에 세로 방향으로 드래그할 때에도 영상 왜곡을 수행하도록 morphing() 함수의 소스를 수정하시오.

15. 예제_10.4.2를 PC 카메라에서 영상을 입력받아서 수행할 수 있도록 수정하시오.

> 1. PC 카메라로 체크보드 영상을 입력받는 폼을 구성한다.
> 2. 입력받은 영상들로 카메라 왜곡계수를 구한다.
> 3. 왜곡 계수를 적용해서 PC 카메라로 입력받은 영상을 보정하여 윈도우에 표시한다.
> 4. 왜곡 계수들을 파일로 저장하시오.

PART 03

영상처리 응용 사례

CHAPTER 11

영상처리 응용 사례 I

contents

'얼굴'은 어떤 말에서 유래 된 것일까?

사람들은 서로의 얼굴을 보고 "안면이 있군요!", "구면이내요^^" 라고 말한다. 얼굴(face)에 대해 우리말의 의미를 살펴보면, '얼'은 영혼이라는 뜻이 있고, '굴'은 통로라는 의미가 있다. 나름대로 해석하자면, 그 사람(영혼)을 아는 통로라고 할 수 있다. 그리고 영어 face의 어원인, 라틴어 facia도 용모, 형태, 생김새를 나타낸다. 따라서 얼굴은 다른 사람에게 자신을 나타내는 수단이 된다. 얼굴에는 사람마다 독특한 특징이 있어서 사람들이 쉽게 상대방을 인식할 수 있다. 그러면 바로 옆에 있는 친구의 얼굴을 간단히 그려보면서, 특징을 생각해보면 어떨까?

1. 위쪽 부분이 약간 넓고 아래로 약간 긴 타원(친구의 얼굴 윤곽)을 그린다.
   - 타원의 내부에 십자가를 가볍게 밑그림으로 그려 넣는다.

2. 십자가 가로축에 알몬드 모양의 눈을 그린다.
   (5개 아몬드를 가로축에 놓는다고 생각하면 2번째, 4번째 아몬드가 눈)

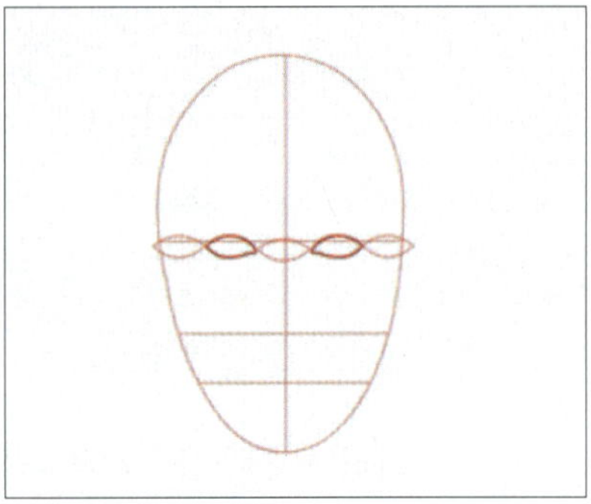

3. 가로축 아래의 세로축을 새롭게 2등분해 2등분된 위쪽에 코를 그린다.

4. 타원 양쪽 바깥 부분에 코를 그린 위치와 같은 위치에 두 귀를 그린다.

5. 3.에서 세로축을 2등분한 세로축 아래 부분 중앙에 입을 그린다.

6. 타원 모양 위에 친구 머리 스타일의 특징을 살려 그린다.

7. 타원 아래쪽에 목 부분을 간단히 그린다.

(더 자세한 방법은 여기를 참조 : http://www.wikihow.com/Draw-Human-Faces)

11 영상처리 응용 사례 I

이 장에서는 영상처리 및 컴퓨터 비전 응용 사례들 중에서 기초적인 응용을 소개함으로써, 개인의 졸업 작품이나 팀 프로젝트에 활용할 수 있는 기회를 만들고자 한다. 간단한 그림판 프로그램 만들기, 영상에서 얼굴 검출 및 남녀 맞추기, 히스토그램을 이용한 영상 검색과 같은 영상처리 응용에 자주 사용되는 알고리즘들에 대해서 기술한다.

11.1 그림판 프로그램

OpenCV API를 활용해서 다음 〈그림 11.1.1〉과 같은 간단한 그림판 프로그램을 구현해 보자. 사각형, 원, 타원, 직선 등을 그릴 수 있다. 또한, 팔레트를 이용해서 색상 지정도 가능하다. 그리고 좀 더 기능을 확장해서 영상 밝기변경 등의 간단한 영상처리 기능도 추가해 본다.

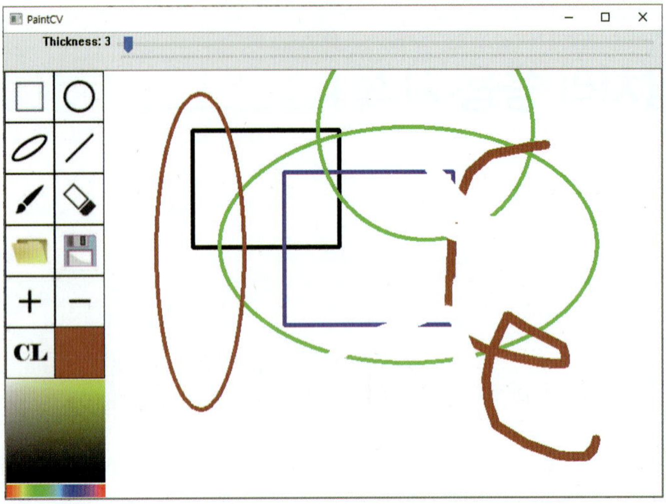

〈그림 11.1.1〉 나의 그림판 프로그램

전체 과정은 다음의 〈그림 11.1.2〉같이 왼쪽의 그림판 레이아웃 구성과 오른쪽의 이벤트 및 명령 구현으로 이루어져 있다. 그림판 레이아웃 구성에서 그리기 아이콘들을 배치하며, 색상 인덱스와 팔레트를 생성하여 그림판의 모양을 잡는다.

이벤트 및 명령 구현에서는 마우스 이벤트를 구현해서 그리기 아이콘을 선택할 수 있게 한다. 또한, 팔레트 색상 변경 이벤트 구현을 통해 선의 색상을 변경할 수 있게 한다. 그리고 그리기를 구현해서 캔버스에 직선, 사각형 등을 그리며, 기타 명령을 구현하여 그림판을 완성한다.

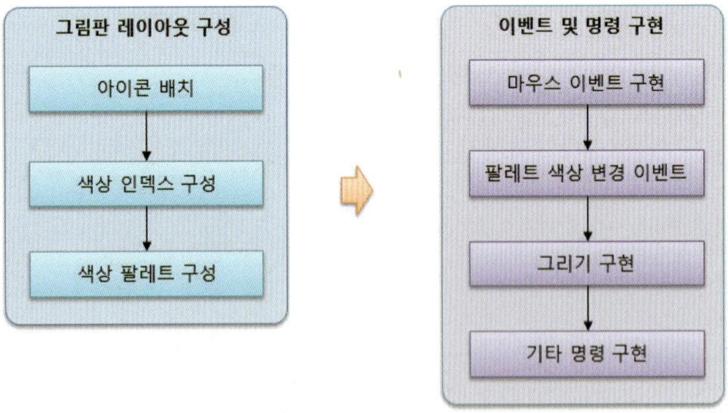

〈그림 11.1.2〉 그림판 프로그램 전체 구현 과정

11.1.1 아이콘 배치 및 팔레트 생성

이제 그림판 윈도우에 아이콘을 배치해 보자. 명령을 수행하는 버튼들을 아이콘으로 만들고, 순서대로 아이콘을 배치한다. 아이콘은 'images/icon' 폴더에 〈그림 11.1.3〉과 같은 이미지로 만들어 두었다. 다른 아이콘을 원한다면 영상 파일을 바꾸면 된다.

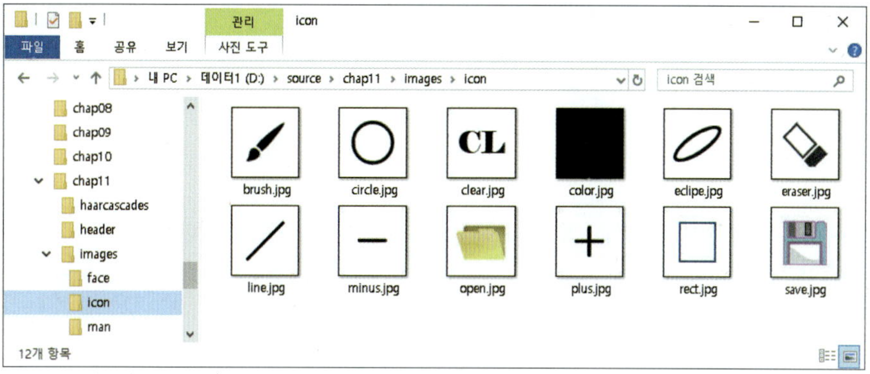

〈그림 11.1.3〉 명령 아이콘들

메뉴 아이콘의 배치는 place_icons() 함수로 수행한다. 먼저, 아이콘 파일명과 아이콘이 위치할 관심 영역들을 리스트(icon_name, icons)로 생성한다. 그리고 주어진 아이콘 파일들을 icon 행렬로 읽어 들이고, image 행렬의 해당 아이콘의 관심 영역에 icon 행렬들을 저장하여 메뉴를 완성한다.

예제 11.1.1 아이콘 레이아웃 구성 01.place_icons.py

```
import numpy as np, cv2

def place_icons(image, size):
    icon_name = ["rect" , "circle", "eclipe", "line", "brush", "eraser", # 아이콘 파일 이름
                 "open", "save", "plus", "minus", "clear" , "color"]
    icons = [(i%2, i//2, 1, 1) for i in range(len(icon_name))]
    icons = np.multiply(icons, size*2)                  # icons 모든 원소에 size 곱함

    for roi, name in zip(icons, icon_name):
        icon = cv2.imread("images/icon/%s.jpg" %name , cv2.IMREAD_COLOR)
        if icon is None: continue                       # 영상파일 없으면 다음 파일 읽기
        x, y, w, h = roi                                # 아이콘 영역
```

```
13            image[y:y+h, x:x+w] = cv2.resize(icon, size)  # 영상의 아이콘 영역에 이미지 복사
14        return list(icons)
15
16  image = np.full((500, 800, 3), 255, np.uint8)
17  icons = place_icons(image, (60, 60))                     # 아이콘 배치, 아이콘 크기
18  cv2.imshow("PaintCV", image)
19  cv2.waitKey(0)
```

| 설명 |

① 4, 5행은 아이콘 파일의 이름을 리스트로 생성한다. 짝수개로 생성하도록 한다.

② 6행은 아이콘들의 위치와 크기를 관심 영역 리스트(icons)로 생성한다. 이때, i%2는 x 좌표를 2열로 지정하는 것이며, i//2는 y 좌표를 지정하는 것이다. 세 번째와 네 번째의 1은 아이콘의 크기를 의미한다.

③ 7행은 관심 영역 리스트(icons)에 size를 원소간 곱셈해서 관심 영역 좌표를 완성한다. 이때 size 튜플에 2를 곱하면 원소 개수가 두 배가 되어 4 원소가 된다.

④ 9행은 아이콘 관심 영역과 파일명 리스트 원소들을 순회하며 각각 roi, name으로 가져온다.

⑤ 10행은 아이콘 파일을 읽지 못한 경우 다음 아이콘 파일을 로드한다. 아이콘 파일이 없는 위치는 빈 영상으로 둔다.

⑥ 12, 13행은 아이콘 영상을 image 행렬의 각 관심 영역(roi)에 복사한다. 이때, 아이콘 영상을 관심 영역의 크기와 같도록 cv2.resize() 함수로 크기를 변경한다.

⑦ 14행은 7행의 np.multiply()로 인해서 icons가 ndarray 객체로 되었기에 리스트로 변환하여 반환한다. icons는 반환 후 리스트 연산을 주로 한다.

| 실행결과 |

다음은 사각형이나 원을 그릴 때, 선의 색상을 지정하는 색상 팔레트를 구성해 보자. 색상 팔레트는 Red, Green, Blue의 3개 채널의 값이 있어야 컬러 색을 표현할 수 있다. 여기서

모든 색상을 표현하기 위해서는 3차원 컬러 공간에 사용해야 한다. 또한, 일반적으로 사용하는 RGB 모델로 색상을 표현하면, 3개 채널의 독립성으로 인해서 원하는 색상을 찾기가 쉽지 않다.

색상의 쉬운 표현을 위해서 색상 팔레트는 HSV 모델로 표현한다. 〈그림 11.1.4〉의 색상 팔레트에서 팔레트 아래쪽의 가로로 '순색 영역'을 보자. 빨간색에서부터 노란색, 녹색, 파란색, 보라색까지 색이 나타나 있다. 이 영역에서 선택된 좌표가 색(Hue)을 의미하며, 상단의 색상 팔레트의 세로 좌표와 가로 좌표가 각각 명도(Intensity)와 채도(Saturation)를 의미한다. 이 세 개의 값으로 색상을 지정한다. 이에 이 색상 영역을 '색상 인덱스'라 하자.

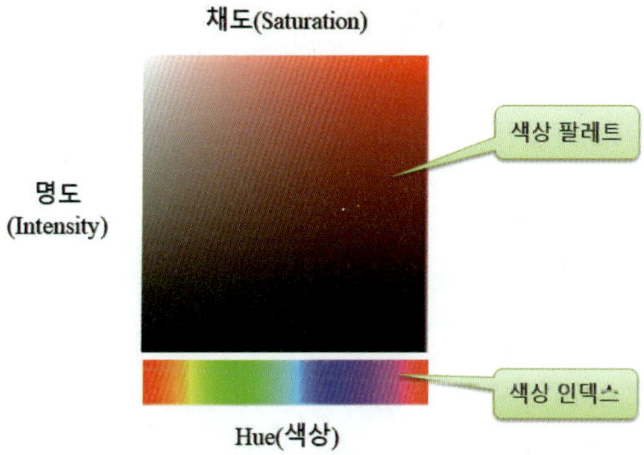

〈그림 11.1.4〉 색상 팔레트 구성

먼저, create_hueIndex() 함수로 색상 인덱스를 만들어 보자. 이 함수의 두 번째 인수(roi)는 색상 인덱스의 영역을 나타내는 사각형이다. 관심 영역의 시작 좌표와 영역 크기를 x, y, w, h로 가져온다.

```
def create_hueIndex(image, roi):
    x, y, w, h = roi                                            # 관심 영역 너비, 높이
    index = [[(j, 1, 1) for j in range(w)] for i in range(h)]   # 가로 방향 좌표 행렬
    ratios = (180/w, 255, 255)
    hueIndex = np.multiply(index, ratios).astype('uint8')       # HSV 화소값 행렬
    image[y:y+h, x:x+w] = cv2.cvtColor(hueIndex, cv2.COLOR_HSV2BGR)
```

영상 크기(w, h)를 이중으로 순회하며 (j, 1, 1) 좌표로 2차원 리스트를 생성한다. 이때, hue 값이 가로 방향으로 값이 증가해야 하기에 j 인덱스를 이용한다. 다음으로 구성된

index 리스트에 (180/w, 255, 255)을 원소간 곱셈을 해서 좌표 리스트를 HSV 화소값 행렬로 만든다. 그리고 화소값을 정수형(uint8)으로 변환한다.

이렇게 만든 hueIndex 행렬은 HSV 컬러 공간으로 생성한 것이다. 이것은 우리가 인지하는 색으로 보이게 하기 위해 cv2.cvtColor() 함수로 RGB 컬러 공간으로 변경해야 한다. 그리고 image 행렬의 관심 영역에 색상 인덱스 행렬을 저장한다.

다음은 create_colorPlatte() 함수로 색상 팔레트를 만들어 보자.

먼저, 계산 편의를 위해 색상 팔레트의 영역(roi)을 가져와서 x, y w, h로 저장한다. 팔레트 영역(w, h)의 모든 좌표를 순회하며 3개 화소(색상, 채도, 명도)로 좌표를 지정해서 2차원 리스트(palette)를 생성한다. 여기서 색상은 마우스 클릭 x 좌표(idx)에 색상 팔레트의 시작 x 좌표를 빼면 구할 수 있다. 채도는 팔레트 영역의 가로(j) 좌표로 구성하며, 휘도는 세로 좌표를 가져오는데 h-i-1로 구성해 역순으로 만든다. 역순 구성에서 마지막 위치(h)가 포함되지 않기에 -1을 추가해야 한다.

다음으로 색상, 채도, 명도를 구하기 위한 비율을 계산한다. 색상은 0~180까지의 값을 가지며 팔레트 영역 너비(w)가 색상 인덱스 너비와 같아서 이 값이 최댓값이다. 따라서 색상 비율은 180/w이다. 채도와 명도는 0~255의 범위이며, 각각 팔레트 영역 너비와 높이가 최댓값이다. 따라서 채도 비율은 255/w, 명도 비율은 255/h이다.

```
def create_colorPlatte(image, idx, roi):
    x, y, w, h = roi
    hue = idx-x                                                    # 색상값 - 클릭 x 좌표
    palette = [[(hue, j, h-i-1) for j in range(w)] for i in range(h)]    # 팔레트 좌표 생성

    ratios = (180/w, 255/w, 255/h)                                 # 팔레트 크기에 따른 화소비율
    palette = np.multiply(palette, ratios).astype('uint8')         # 팔레트 좌표와 비율 곱

    image[y:y+h, x:x+w] = cv2.cvtColor(palette, cv2.COLOR_HSV2BGR)
```

구성된 팔레트 좌표에 각 비율을 원소간 곱셈을 하면 색상 팔레트의 색이 완성된다. 이것은 np.multiply() 함수로 수행하며, 화소값으로 사용하기 위해서 원소 자료형을 8비트 부호없는 정수(uint8)형으로 변경한다. 마지막으로 완성된 행렬은 HSV 컬러 공간이기에 BGR 컬러로 변환하여 image 행렬의 색상 팔레트 영역에 저장한다.

이제 소스의 가독성을 높이기 위해서 상수들, 전역 변수, 함수들을 저장할 헤더 파일을 만들어 보자. 현재 폴더에서 'header'라는 이름으로 폴더를 만든다. 그리고 이 폴더에 'paint_init.py' 파일을 만들어서 다음과 같이 상수들과 전역 변수들을 저장한다.

헤더파일 header/paint_init.py

```
DRAW_RECTANGLE = 0                                    # 사각형 그리기
DRAW_CIRCLE     = 1                                   # 원 그리기
DRAW_ECLIPSE    = 2                                   # 타원 그리기
DRAW_LINE = 3                                         # 직선 그리기
DRAW_BRUSH= 4                                         # 브러시 그리기
ERASE= 5                                              # 지우개
OPEN= 6                                               # 열기 명령
SAVE= 7                                               # 저장 명령
PLUS = 8                                              # 밝게 하기 명령
MINUS = 9                                             # 어둡게 하기 명령
CREAR = 10                                            # 지우기명령
COLOR = 11                                            # 색상 아이콘
PALETTE     = 12                                      # 색상 팔레트
HUE_IDX = 13                                          # 색상 인덱스

## 전역 변수
mouse_mode, draw_mode = 0, 0                          # 그리기 모드, 마우스 상태
pt1, pt2 = (0, 0), (0, 0)                             # 시작 좌표, 종료 좌표
Color = (0, 0, 0)                                     # 기본 색상
thickness = 3                                         # 선 두께
```

여기서 'header' 폴더의 속성을 〈그림 11.1.5〉와 같이 [Sources Root]로 변경해서 루트 폴더에 있는 것과 같은 방식으로 간편하게 임포트할 수 있도록 한다. 먼저, [File] → [Setting] 창을 열어서 [Project Structure] 항목을 선택하면 프로젝트의 폴더 구조를 볼 수 있다. 다음으로 'chap11' 폴더 아래의 'header' 폴더를 선택한다. 마지막으로 상단의 'Sources'을 클릭한 후 오른쪽 하단의 [OK]를 클릭한다.

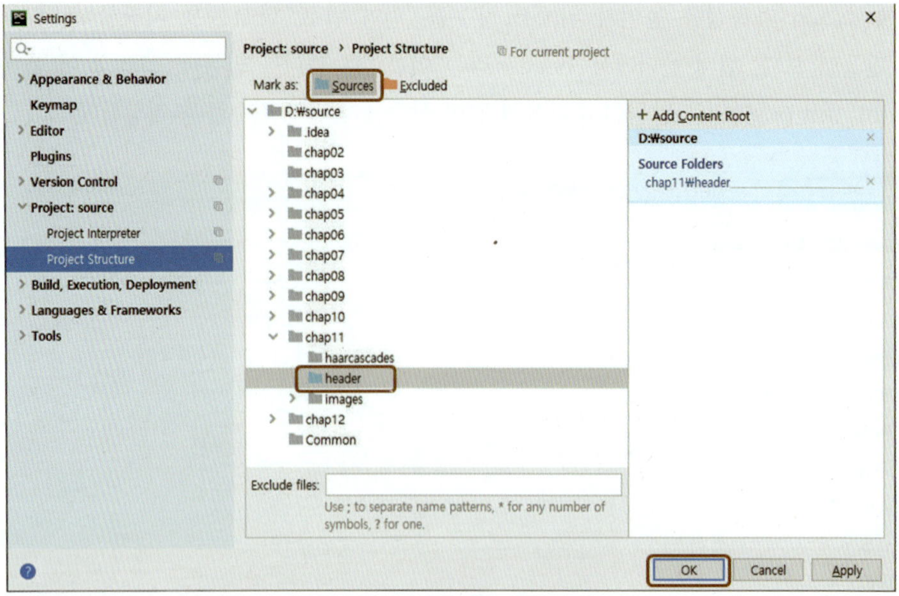

〈그림 11.1.5〉 플러 속성 변경

그러면 그림과 같이 'chap11/header' 폴더의 아이콘이 파란색으로 변경된 것을 볼 수 있다. 이제 header 폴더에 있는 파일들은 루트 폴드에 있는 것처럼 폴더 구조를 적지 않고 임포트할 수 있다.

추가로 'header' 폴더 아래에 다음과 같이 'paint_utils.py' 파일을 만들어서 앞서 설명한 place_icons(), create_hueIndex(), create_palette() 함수들을 옮겨 작성한다. 그림에서 세부 소스의 내용은 지면 관계로 접어서 표시를 생략하였다.

헤더파일 header/paint_utils.py

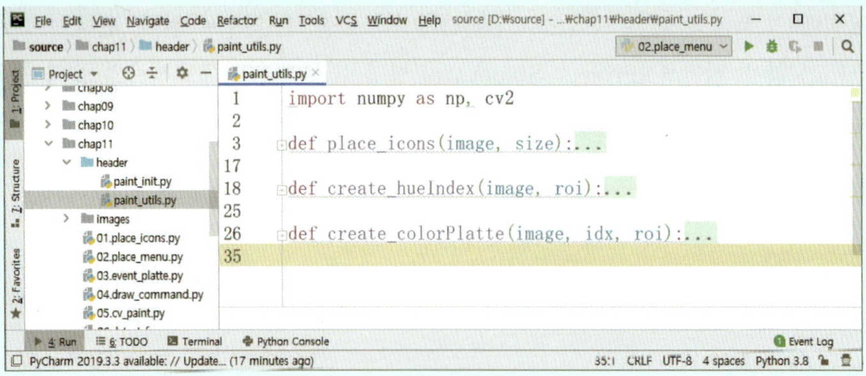

지금까지 설명한 함수들을 바탕으로 메뉴 아이콘과 팔레트를 구성해 보자.

예제 11.1.2 그림판 아이콘 배치 – 02.place_menu.py

```
01 from paint_init import *                                  # 상수, 전역변수 임포트
02 from paint_utils import *                                 # 메뉴, 팔레트 생성 함수 임포트
03
04 image = np.full((500, 800, 3), 255, np.uint8)
05 icons = place_icons(image, (60, 60))                      # 아이콘 배치, 아이콘 크기
06 x, y, w, h = icons[-1]                                    # 아이콘 사각형 마지막 원소
07
08 PALETTE_roi = (0, y+h+2, 120, 120)                        # 색상 팔레트 roi
09 hueIndex_roi = (0, y+h+124 , 120, 15)                     # 색상 인덱스 roi
10 icons.append(PALETTE_roi)                                 # icons 리스트에 색상 팔레트 추가
11 icons.append(hueIndex_roi)                                # icons 리스트에 색상 인덱스 추가
12 create_colorPlatte(image, 0, icons[PALETTE])              # 색상 팔레트 생성
13 create_hueIndex(image, icons[HUE_IDX])                    # 색상 인덱스 생성
14
15 cv2.imshow("PaintCV", image)
16 cv2.waitKey(0)
```

| 설명 |

① 1, 2행은 상수 파일과 메뉴 아이콘, 팔레트 생성 함수들을 임포트한다. 'header' 폴더를 [Sources Root] 속성으로 변경했기 때문에 폴더 구조없이 파일명만으로 바로 임포트할 수 있다.

② 5행은 12개의 아이콘 파일을 읽어서 6행, 2열로 생성하고 영상(image)에 복사한다. 아이콘의 크기는 60×60이다.

③ 6행은 아이콘 관심 영역 리스트(icons)의 마지막 원소를 가져온다. 마지막 원소 바로 아래에 색상 팔레트를 그리기 위함이다.

④ 8, 9행은 색상 팔레트와 색상 인덱스의 관심 영역을 지정한다. 이 위치에 색상 팔레트와 색상 인덱스를 그린다.

⑤ 10, 11행은 색상 팔레트 관심 영역과 색상 인덱스의 관심 영역을 icons 리스트에 추가한다.

④ 12, 13행은 색상 팔레트와 색상 인덱스를 해당 영역에 그린다.

| 실행결과 |

11.1.2 마우스 이벤트의 구현

이제 마우스 이벤트를 구현해 보자. 먼저 마우스 이벤트를 제어하기 위한 콜백 함수이다.

```
def onMouse(event, x, y, flags, param):                # 마우스 콜백 함수
    global pt1, pt2, mouse_mode, draw_mode

    if event == cv2.EVENT_LBUTTONUP:                   # 왼쪽 버튼 떼기
        pt2 = (x, y)                                   # 종료 좌표 저장
        mouse_mode = 1                                 # 버튼 떼기 상태 지정

        for i, (x0, y0, w, h) in enumerate(icons):    # 메뉴 아이콘 사각형 조회
            if x0 <= x < x0+w and y0 <= y < y0+h:     # 메뉴 클릭 여부 검사
                if i < 6:                              # 그리기 명령이면
                    mouse_mode = 0                     # 마우스 상태 초기화
                    draw_mode = i                      # 그리기 모드
                else: command(i)                       # 일반 명령 수행
                return

    elif event == cv2.EVENT_LBUTTONDOWN:               # 왼쪽 버튼 누르기
        pt1 = (x, y)                                   # 시작 좌표 저장
```

```
18            mouse_mode = 2
19
20        if mouse_mode >= 2:                              # 왼쪽 버튼 누르기 또는 드래그
21            mouse_mode = 0 if x < 125 else 3             # 메뉴 영역 확인- 마우스 상태 지정
22            pt2 = (x, y)
```

| 설명 |

① 2행은 콜백 함수가 호출되어도 계속 원래 값을 유지해야 하는 변수들로 전역변수로 지정한다.

② 4행에서 마우스 왼쪽 버튼 떼기(UP)를 통해 왼쪽 버튼의 클릭을 점검한다.

③ 5행은 왼쪽 버튼이 클릭 되면 이벤트 발생 좌표를 종료 좌표(pt2)로 저장한다.

④ 6행은 버튼 클릭 이후이기에 마우스 상태를 버튼 떼기 상태로 지정한다.

⑤ 8행은 마우스 클릭 시마다 모든 아이콘 영역(x0, y0, w, h)을 순회한다.

⑥ 9행은 이벤트 발생 좌표가 어느 아이콘 영역인지 점검한다.

⑦ 10행은 아이콘 영역이 정해지면 메뉴 아이콘이 그리기 명령(i<6)인지 점검한다.

⑧ 11, 12행은 그리기 명령(i<6)일 때, 마우스 상태(mouse_mode)를 초기화하고, 그리기 모드(draw_mode)에 아이콘 번호를 지정해서 그릴 준비를 한다.

⑨ 13행에서 클릭 위치가 일반 명령(i>=6)일 때에는 command() 함수를 수행한다. command() 함수는 다음 절에서 다룬다.

⑩ 14행은 선택 아이콘에 대한 처리 명령을 수행하면 다른 아이콘 영역의 점검이나 버튼 클릭 여부를 점검할 필요가 없어 return 문으로 제어를 반환하여 다음 이벤트를 기다린다.

⑩ 15행은 마우스 왼쪽 버튼 누르기를 하면 현재 좌표를 시작 좌표(pt1)에 저장한다. 즉, 마우스를 누르면 시작 좌표(pt1)를 지정한다. 종료 좌표 지정은 6행에서 한다.

⑪ 18행에서 마우스 상태(mouse_mode)를 지정한다. 마우스의 상태는 다음과 같다.

mouse_mode	의미
0	동작 종료, 초기화
1	마우스 왼쪽 버튼 떼기
2	마우스 왼쪽 버튼 누르기
3	마우스 드래그

⑫ 20~22행은 마우스 왼쪽 버튼이 눌러지면 바로 드래그 상태로 바꾼다. 이때, 클릭 위치가 메뉴 영역이면 드래그 상태가 되지 않도록 한다.

마우스 콜백 함수로 마우스 이벤트를 발생하고 제어하지만, 윈도우에서 변경된 내용이 없어서 현재까지는 어떤 내용이 바뀌었는지 확인이 어렵다. 이제 본격적으로 색상 인덱스를 클릭하여 색상 팔레트 전체 색을 변경해 보자. 또한, 색상 팔레트를 클릭해서 현재 색상

아이콘의 색을 바꾸어 보자.

다음의 command() 함수는 그리기 명령이 아닌 일반 명령들을 처리하는 함수이다. 명령 모드(mode)에 따라서 다양한 명령을 처리하도록 할 수 있다. 이번에는 색상 팔레트와 색상 인덱스를 클릭했을 때, 각각 색상 아이콘 영역의 색과 색상 팔레트의 색을 변경한다.

```
01 def command(mode):
02     global icons, image, Color, hue
03
04     if mode == PALETTE:                              # 색상 팔레트 클릭 시
05         pixel = image[pt2[::-1]]                     # 팔레트 클릭 좌표 화소값
06         x, y, w, h = icons[COLOR]
07         image[y:y+h-1, x:x+w-1] = pixel              # 색상 아이콘 영역에 pixel색 지정
08         Color = tuple(map(int, pixel))               # 정수형 튜플 변환
09
10     elif mode == HUE_IDX:                            # 색상 인텍스 클릭 시
11         create_colorPlatte(image, pt2[0], icons[PALETTE])  # x 좌표로 팔레트 다시 그림
12
13     cv2.imshow("PaintCV", image)
```

| 설명 |

① 2행은 함수 내에서 값이 유지되어야 하는 변수들을 전역변수로 지정한다.

② 4행은 명령모드(mode)가 PALETTE이면 색상 팔레트 영역의 클릭을 검점한다.

③ 5행은 클릭된 좌표의 화소값을 가져온다. 이때, 클릭 좌표는 x, y 순서이며, 영상 화소는 y, x 순서이기 때문에 [::-1]을 통해서 클릭 좌표(pt2)를 역순으로 뒤집는다.

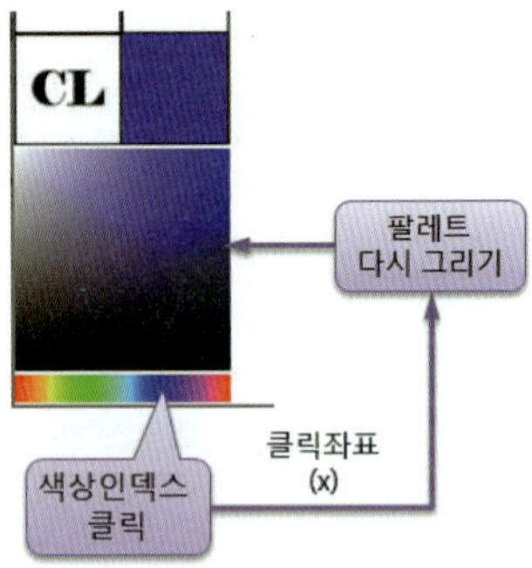

④ 7행은 image 행렬에서 색상 아이콘 영역(y:y+h-1, x:x+w-1)을 관심 영역으로 지정하여, 색상 팔레트의 클릭 화소값을 저장한다. 즉, 색상 아이콘 영역 전체를 오른쪽 그림과 같이 변경된다. 종료 좌표에 -1을 하는 것은 테두리 부분은 포함하지 않도록 하기 위함이다.

⑤ 8행은 Color는 그리기의 기본색으로서, 이 변수에 색상을 저장해서 다음부터 그리질 선의 색상을 지정한다. image(ndarray 객체)에서 가져온 한 화소(pixel)는 원소 자료형이 numpy.uint8 자료형이다. 그리기에는 정수형 튜플만 사용할 수 있기 때문에, map() 함수를 이용해서 각 원소를 정수형(int)으로 변환하고, 다시 튜플로 변경하여 저장한다.

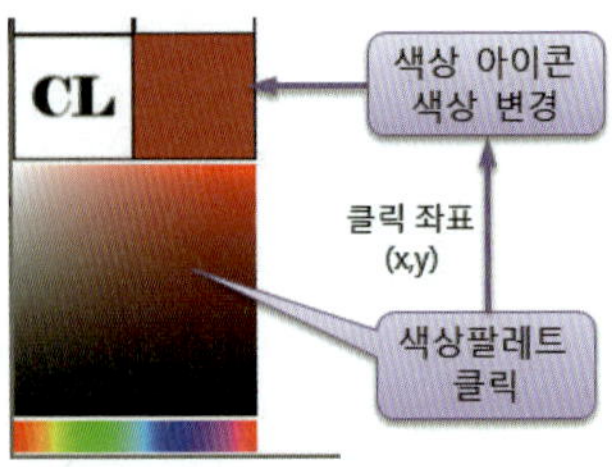

⑤ 10, 11행은 색상 인덱스 영역의 클릭을 점검하여 종료 좌표(pt2)의 x값으로 Hue 채널의 idx를 지정하여 create_colorPlatte() 함수를 호출해서 색상 팔레트 영역을 다시 그린다.

다음은 onMouse(), command() 함수들을 추가해서 색상 인덱스와 색상 팔레트의 색을 변경해 보자. 추가된 함수들은 앞 절에 소스 내용이 있기에 함수 내용을 접어 두었다.

예제 11.1.3 그림판 마우스 이벤트 및 색상 선택 구현 - 03.event_platte.py

```
from paint_init import *                                    # 상수값 임포트
from paint_utils import *                                   # 메뉴 아이콘 생성 함수 임포트

def onMouse(event, x, y, flags, param): ···                 # 마우스 콜백 함수

def command(mode): ···                                      # 명령 수행 함수

image = np.full((500, 800, 3), 255, np.uint8)
icons = place_icons(image, (60, 60))                        # 아이콘 배치, 아이콘 크기
x, y, w, h = icons[-1]                                      # 아이콘 영역 마지막 원소

icons.append((0, y+h+2    , 120, 120))
icons.append((0, y+h+124, 120, 15))
create_colorPlatte(image, 0, icons[PALETTE])                # 팔레트 생성
create_hueIndex(image, icons[HUE_IDX])                      # 색상 인덱스 생성

cv2.imshow("PaintCV", image)
cv2.setMouseCallback("PaintCV", onMouse)                    # 마우스 콜백 함수
cv2.waitKey(0)
```

| 실행결과 |

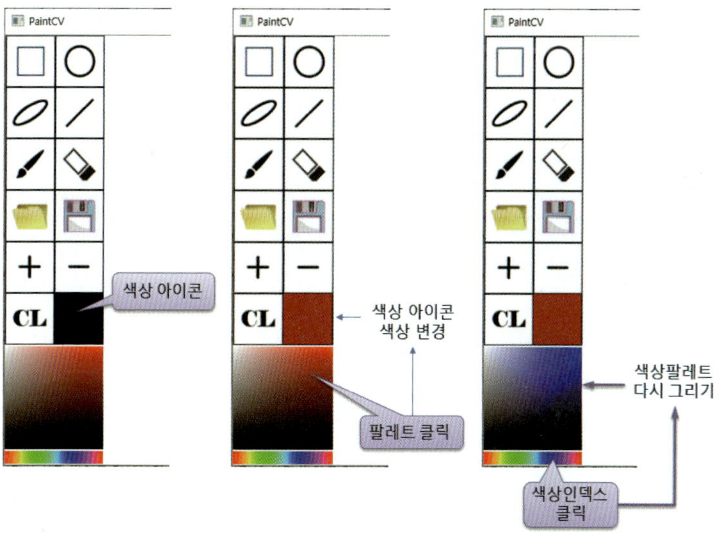

11.1.3 그리기 구현

팔레트를 이용해서 색상을 변경을 해보았으니, 다음으로 캔버스에 그리기를 해보자. 다양한 개체를 그릴 수 있지만, 본 프로그램에서는 사각형, 직선, 원, 타원 등을 구현해 보자.

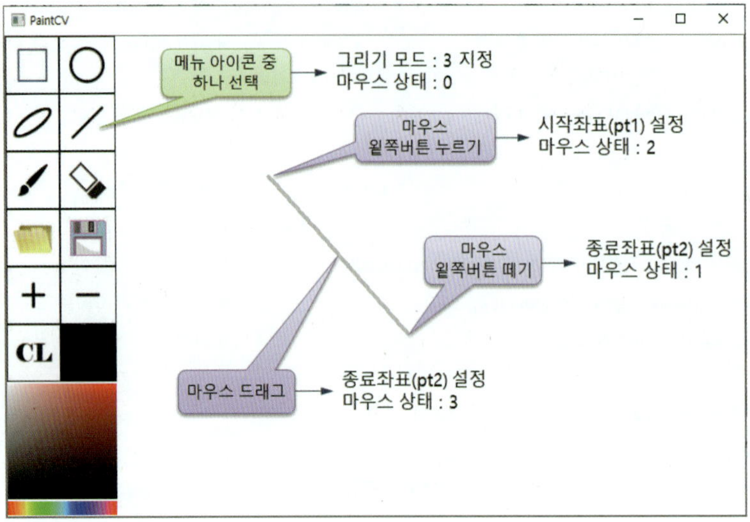

〈그림 11.1.6〉 그리기 과정

그리는 방법은 〈그림 11.1.6〉의 예시처럼 일반적인 그림판 프로그램과 같은 방법으로 동작한다. 먼저, 왼쪽 메뉴에 있는 아이콘 중에서 그리기 아이콘을 클릭해서 그리기 모드(draw_mode)를 지정한다. 그리고 캔버스의 그릴 위치에서 마우스 왼쪽 버튼을 누르고, 드래그한 후에 마우스 버튼을 뗀다. 그러면, 마우스 콜백 함수를 통해서 시작 좌표(pt1)와 종료 좌표(pt2)가 설정되고, 각각의 이벤트에 따라서 마우스 상태(mouse_mode)가 지정된다. 이 값들에 따라서 다음의 draw() 함수에서는 해당 그리기를 구현하면 캔버스에 그려진다.

```python
def draw(image, color=(200, 200, 200)):
    global draw_mode, thickness, pt1, pt2            # 전역 변수 사용

    if draw_mode == DRAW_RECTANGLE:                  # 사각형 그리기
        cv2.rectangle(image, pt1, pt2, color, thickness)

    elif draw_mode == DRAW_LINE:                     # 직선 그리기
```

```
08            cv2.line(image, pt1, pt2, color, thickness)
09
10        elif draw_mode == DRAW_BRUSH:                           # 브러시 그리기
11            cv2.line(image, pt1, pt2, color, thickness * 3)
12            pt1 = pt2                                           # 종료 좌표를 시작 좌표로 지정
13
14        elif draw_mode == ERASE:                                # 지우개
15            cv2.line(image, pt1, pt2, (255, 255, 255), thickness * 5)
16            pt1 = pt2
17
18        elif draw_mode == DRAW_CIRCLE:                          # 원 그리기
19            d = np.subtract(pt1, pt2)                           # 두 좌표 차분
20            radius = int(np.sqrt(d[0] ** 2 + d[1] ** 2))  # 피타고라스 정리로 거리측정
21            cv2.circle(image, pt1, radius, color, thickness)
22
23        elif draw_mode == DRAW_ECLIPSE:                         # 타원 그리기
24            center = np.abs(np.add(pt1, pt2)) // 2              # 두 좌표의 중심점 구하기
25            size = np.abs(np.subtract(pt1, pt2)) // 2           # 두 좌표의 크기의 절반
26            cv2.ellipse(image, center, size, 0, 0, 360, color, thickness)
27
28    cv2.imshow(“PaintCV”, image)
```

| 설명 |

① 2행은 함수 내에서 값을 유지해야 하는 변수들을 전역 변수(global)로 지정한다.

② 4~8행은 마우스 콜백 함수에서 지정된 시작 좌표와 종료 좌표를 cv2.rectangle(), cv2.line() 함수의 인수로 지정하면 쉽게 사각형과 직선을 그릴 수 있다. thickness는 선의 두께이며 'paint_init.py' 파일에서 전역 변수로 지정했다.

② 10~12행은 브러시 그리기다. 브러시는 기본 색상(Color) 색으로 선을 그리고 다음번 시작 좌표(pt1)에 이번 종료 좌표(pt2)로 지정한다. 그러면 마우스 콜백 함수가 드래그 과정에서 시작 좌표를 새로 저장하지 않고 연속적으로 종료 좌표만 저장하기 때문에, 이전 좌표에서 다음 좌표로 이어서 선을 연속적으로 그리게 되어 브러시 효과가 난다

③ 14~16행은 지우개 그리기로 브러시와 같은 과정이며 색상만 흰색(255, 255, 255)으로 그린다.

④ 18~21행은 draw_mode가 DRAW_CIRCLE이면 원을 그린다. 시작 좌표가 원의 중심이 되며, 시작 좌표에서 종료 좌표까지의 거리가 반지름이 된다.

⑥ 23~26행은 두 좌표(시작 좌표, 종료 좌표)를 이용해서 타원을 그린다.

⑦ 24행에서 두 좌표의 평균을 구해서 타원의 중심점으로 지정한다.

⑧ 25행은 두 좌표의 차분의 절반으로 타원의 크기를 지정한다.

11.1.4 명령 함수의 추가 구현

마지막으로 기타 영상처리들을 명령(command()) 함수에 추가해 보자. 영상 파일을 캔버스로 읽어 오거나, 캔버스의 그림을 영상 파일로 저장할 수도 있을 것이다. 그리고 그림판 전체를 지우거나 영상의 밝기를 밝게 또는 어둡게 하는 것을 고려해 볼 수도 있다. 또한, 트렉바를 추가해서 선의 굵기를 조절하는 것도 가능하다.

먼저, 다음과 같이 앞절에서 만든 command() 함수를 수정해서 추가로 다른 명령들을 추가해 보자.

```
def command(mode):
    global icons, image, canvas, Color, hue, mouse_mode

    if mode == PALETTE:                                   # 색상 팔레트 클릭 시
        pixel = image[pt2[::-1]]                          # 팔레트 클릭 좌표 화소값
        x, y, w, h = icons[COLOR]
        image[y:y+h-1, x:x+w-1] = pixel                   # 색상 아이콘 영역에 pixel색 지정
        Color = tuple(map(int, pixel))

    elif mode == HUE_IDX:                                 # 색상 인덱스 클릭 시
        create_colorPlatte(image, pt2[0], icons[PALETTE])      # 팔레트 새로 그리기

    elif mode == OPEN:                                    # 영상파일 열기
        tmp = cv2.imread(“images/my_picture.jpg”, cv2.IMREAD_COLOR)
        cv2.resize(tmp, canvas.shape[1::-1], canvas)

    elif mode == SAVE:                                    # 캔버스 영역 저장
        cv2.imwrite(“images/my_save.jpg”, canvas)

    elif mode == PLUS:                                    # 캔버스 영상 밝게 변경
        val = np.full(canvas.shape, 10, np.uint8)`        # 증가 화소값 행렬 생성
        cv2.add(canvas, val, canvas)

    elif mode == MINUS:                                   # 캔버스 영상 어둡게 변경
        val = np.full(canvas.shape, 10, np.uint8)         # 증가 화소값 행렬 생성
        cv2.subtract(canvas, val, canvas)

    elif mode == CREAR:                                   # 캔버스 영역 전체 지우기
        canvas[:] = (255, 255, 255)                       # 캔버스를 흰색으로
        mouse_mode = 0                                    # 마우스 상태 초기화

cv2.imshow(“PaintCV”, image)
```

| 설명 |

① 4~11행은 팔레트에 대한 명령 처리이다. 앞 절에서 설명했기에 내용은 생략한다.

② 13~15행은 지정된 파일 이름으로 영상 파일을 읽어 캔버스(canvas) 영역에 복사한다. 이때, 영상의 크기는 캔버스 행렬의 행태(shape)를 가져와 역순하여 구성한다. 컬러 영상이기 때문에 [1::-1] 해야 한다.

③ 17, 18행은 캔버스 영역을 지정된 영상 파일로 저장한다.

④ 20~26행은 canvas 행렬 원소에 10을 더하거나 빼서 영상의 밝기를 변경한다.

⑤ 29행은 캔버스 영역 전체를 지우는 방법이다. canvas 행렬은 그림판 전체를 나타내는 image 행렬에서 메뉴 아이콘 부분을 제외한 영역을 관심 영역으로 참조한다.

⑥ 30행은 mouse_mode를 0으로 지정해서 마우스 상태를 초기화한다.

command() 함수를 수정한 소스는 '04.draw_conmmand.py' 파일에 작성해 두었다. 중복되는 소스가 많아서 소스 파일로만 제공한다.

다음은 최종적인 그림판 프로그램의 소스 내용을 확인해 보자.

예제 11.1.4 그림판 완료 - 05.PaintCV.cpp

```
from paint_init import *
from paint_menu import *

def onMouse(event, x, y, flags, param): ···                # 내용 생략

def command(mode): ...                                     # 내용 생략

def draw(image, color=(200, 200, 200)): ···                # 내용 생략

def onTrackbar(value):                                     # 트랙바 콜백 함수
    global mouse_mode, thickness
    mouse_mode = 0                                         # 마우스 상태 초기화
    thickness = value

image = np.full((500, 800, 3), 255, np.uint8)
icons = place_icons(image, (60, 60))                       # 아이콘 배치, 아이콘 크기
x, y, w, h = icons[-1]                                     # 아이콘 사각형 마지막 원소

icons.append((0, y+h+2, 120, 120))                         # 팔레트 roi 리스트에 추가
icons.append((0, y+h+124, 120, 15))                        # 인덱스 roi 리스트에 추가
create_colorPlatte(image, 0, icons[PALETTE])               # 색상 팔레트 생성
```

```
104 create_hueIndex(image, icons[HUE_IDX])                    # 색상 인덱스 생성
105
106 cv2.imshow(“PaintCV”, image)
107 cv2.setMouseCallback(“PaintCV”, onMouse)                  # 마우스 콜백 함수
108 cv2.createTrackbar(“Thickness”, “paint”, thickness, 255, onTrackbar)      # 트랙바 생성
109
110 canvas = image[:, w*2:image.shape[1]]                     # 메뉴 제외한 캔버스 영역
111 while True:
112     if mouse_mode == 1:                                   # 마우스 버튼 떼기
113         draw(image, Color)                                # 원본에 그리기
114     elif mouse_mode == 3:                                 # 마우스 드래그
115         if draw_mode == DRAW_BRUSH or draw_mode == ERASE:
116             draw(image, Color)                            # 원본에 그리기
117         else:
118             draw(np.copy(image), (200, 200, 200))         # 복사본에 회색으로 그리기
119     if cv2.waitKey(30) == 27:                             # ESC 키를 누르면 종료
120         break
```

| 설명 |

① 92~95행은 트렉바 이벤트를 제어하는 콜백 함수이다. 트렉바 선굵기는 트랙바 이벤트가 발생할 때의 트랙바 값(value)을 thickness에 저장한다. 또한, 선 굵기가 변경되면 마우스 상태(mouse_mode)는 매번 초기화 된다.

② 110행은 image 행렬 중에서 캔버스의 영역을 따로 관심 영역으로 참조한다.

③ 111~120행에서 그리기를 연속적으로 수행하도록 while 문으로 반복한다. [Esc]키가 눌려지면 그림판을 종료한다.

④ 112행에서 마우스 상태(mouse_mode)가 1이면 마우스 버튼 떼기 상황이다. 이때 마우스 이벤트로 지정된 그리기 모드(draw_mode)로 image 행렬에 그리기를 수행한다.

⑤ 114행은 마우스 드래그 상황에서 처리하는 내용이다.

⑥ 115행은 브러시나 지우개일 때에 draw() 함수를 호출하는 방식이다.

⑦ 118행은 브러시와 지우개가 아닌 드래그 상황으로 보통 직선, 사각형 등을 그리며 드래그하는 상황이다. 이때는 image 행렬의 복사본을 인수로 입력해서 복사본에 회색(200, 200, 200)으로 그리기를 수행한다. 매번 새 영상(복사본)에 그리기 때문에 이전에 그린 것은 없어지고 새 개체가 그려진다. 따라서 회색의 개체(사각형, 원, 선 등)가 드래그되는 위치에 움직이는 것처럼 나타난다.

| 실행결과 |

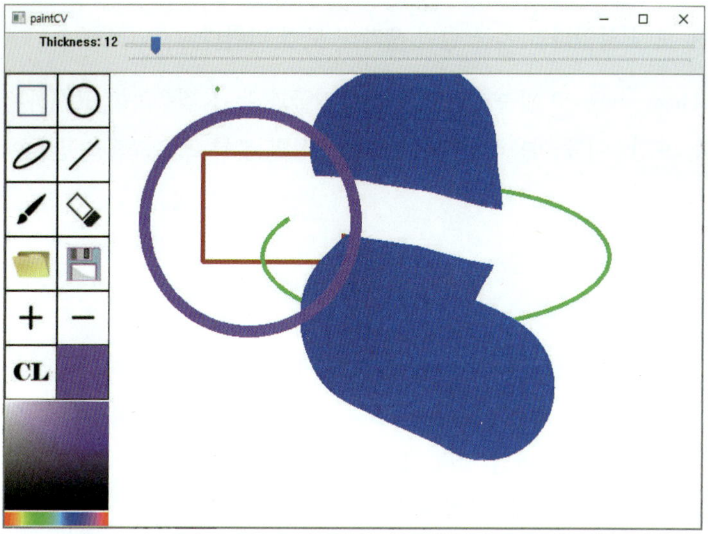

11.2 하르 분류기를 이용한 얼굴 검출 및 성별 분류

과거 SF 영화에서나 나왔던 얼굴 검출이나 얼굴 인식 기법을 활용하는 사례가 이제 우리 일상생활에서도 흔히 볼 수 있게 되었다. 저가형 디지털 카메라에서 얼굴 검출은 당연한 것이 되었으며, 페이스북이나 구글에 사진을 올리면 얼굴 영역을 검출해서 누군지 물어본다. 이제는 스마트폰에서 페이스 아이디로 얼굴 검출과 얼굴 인식을 통해서 스마트폰 잠금을 해제하는 상황에 와 있다.

참조: https://cdnimg.rg.ru

〈그림 11.2.1〉 얼굴 검출 응용 예

언뜻 생각해본 일이 있을 것이다. "대체 어떻게 얼굴 검출이 가능한 걸까?"

이런 기술에 대해 생각해 보지 않았다면 지금 한번 생각해 보기 바란다.

이 절에서는 하르 기반(Harr-based) 검출기를 이용하여 얼굴과 눈을 검출하여 표시하는 방법을 소개하고자 한다. 또한, 이를 이용해서 간단한 남녀 성별 분류 프로그램을 만들어 본다.

11.2.1 하르 기반 분류기

Viola와 Jones는 2001년에 객체 검출 분야에 있어서 가장 대표적인 방법론으로 인정받는 논문 "Rapid Object Detection Using a Boosted Cascade of Simple Features" 을 발표하였다. 이 논문에서 얼굴과 얼굴이 아닌 것의 차이를 효율적으로 보여줄 수 있는 유사 하르 특징(Haar-like features)을 이용한 방법을 제안하였다.

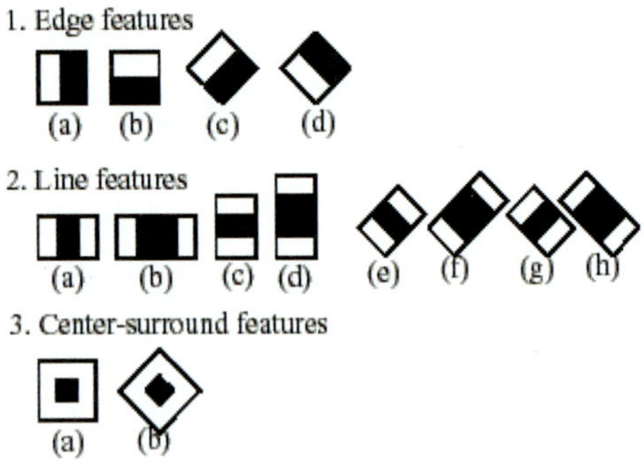

〈그림 11.2.2〉 유사 하르 특징

유사 하르 특징은 하르 웨이브릿(Haar wavelet)과 비슷해 붙여진 이름으로서, 〈그림 11.2.2〉과 같이 위치, 모양, 크기에 따라 다양한 형태로 구성되어 있다. 그 특징값은 흰색 영역의 화소값의 합과 검은색 직사각형 영역의 화소값의 합의 차로 정의된다.

하르 기반 다단계(cascade) 분류기는 유사 하르 특징과 같은 매우 단순한 특징들을 조합하여 객체를 찾아낸다. 다단계(cascade)란 용어에서 알 수 있듯이, 여러 단계의 검출기를 순차적으로 사용한다. 처음에 간단한 검출기를 적용하고, 진행할수록 복잡한 검출기를 적용한다. 따라서 단순 검출기를 통과한 후보만 많은 시간이 걸리는 강력한 검출기가 적용되기 때문에 검출 속도를 크게 향상시킬 수 있다.

OpenCV의 다단계 분류기는 1,000개 이상의 얼굴 영상과 10,000개 이상의 얼굴이 아닌 영상을 사용하여 학습되었다. 이 과정은 일반적인 멀티코어 CPU를 장착한 컴퓨터에서 최대 일주일 정도의 시간이 소요된다. 다행히 OpenCV에서 미리 학습된 다양한 검출기를 제공한다. 따라서 필요한 종류의 분류기 파일을 로드하면 검출기를 사용하여 분류할 수 있다. 이를 통해서 전면 얼굴, 옆면 얼굴, 눈, 코 등을 검출할 수 있다. 이 검출기들은 다음의 사이트에서 내려받을 수 있다.

https://github.com/opencv/opencv/tree/master/data/haarcascades

여기에는 다양한 검출기들이 있으며, 대표적인 검출기 파일은 〈표 11.2.1〉과 같다.

〈표 11.2.1〉 XML 검출기 목록

cascade classifer 분류기	XML 파일명
Face detector (default)	haarcascade_frontalface_default.xml
Face detector (fast Harr)	haarcascade_frontalface_alt2.xml
Face detector (fast LBP)	lbpcascade_frontalface.xml
Eye detector	haarcascade_eye.xml
Eye detector (separate for left)	haarcascade_lefteye_2splits.xml
Eye detector (separate for right)	haarcascade_righteye_2splits.xml
Mouth detector	haarcascade_mcs_mouth.xml
Nose detector	haarcascade_mcs_nose.xml
Whole person detector	haarcascade_fullbody.xml

이번 응용 예제는 얼굴과 눈의 검출에 하르 분류기를 사용한다. 하르 분류기는 처음에는 단순 검출기를 차례로 사용하고, 통과한 후보들에 대하여 점차 복잡한 검출기를 사용해 전체 검출 속도를 높인 장점이 있다. 그리고 미리 학습된 얼굴 검출기를 사용하면 어렵지 않게 애플리케이션을 완성할 수 있다.

응용 예제의 전체 구성은 〈그림 11.2.3〉과 같다. 먼저, 얼굴 영상이 입력되면 전처리 과정을 거쳐서 얼굴 및 눈 영역을 검출한다. 검출된 눈 좌표로 얼굴의 기울기를 계산하여 얼굴의 기울기를 보정한다.

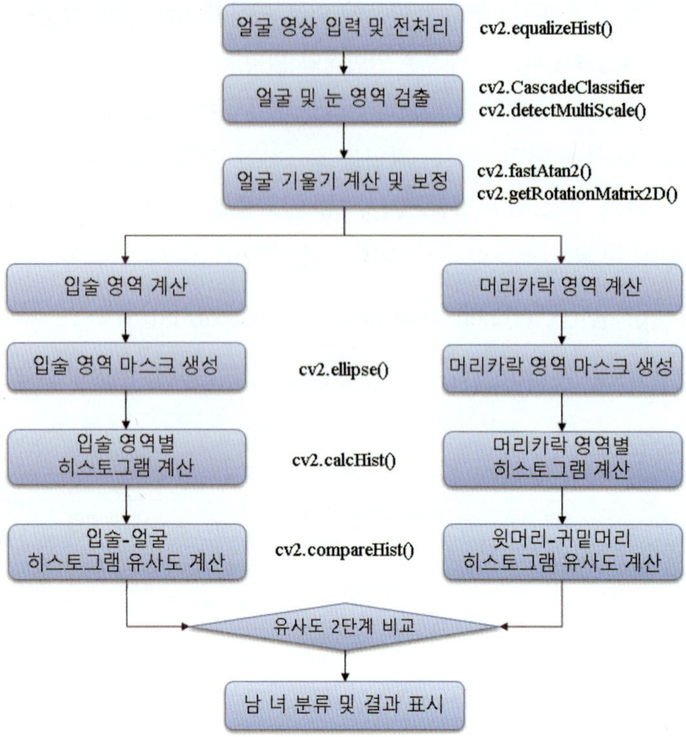

〈그림 11.2.3〉 성별 분류 프로그램 전체 구성

그리고 보정된 얼굴과 눈 좌표를 이용해서 입술 영역과 머리카락 영역을 각각 분리하여 검출한다. 다음으로 히스토그램 계산의 대상이 되는 영역(입술 영역, 머리카락 영역)을 마스크 영상으로 생성해서 영역별로 히스토그램을 계산한다. 입술 영역과 얼굴 영역 히스토그램으로 유사도를 계산하고, 윗머리 영역과 귀밑머리 영역 히스토그램으로 유사도를 계산한다. 계산된 각 유사도로 2단계의 비교 과정을 거쳐서 남자 혹은 여자로 분류한다.

11.2.2 얼굴 검출의 구현

이제 얼굴 영상에서 얼굴 영역과 눈 영역을 검출해 보자. 여기서 얼굴 객체의 검출을 위해서 cv2.CascadeClassifier() 함수를 사용하여 얼굴 및 눈 검출기를 로드하며, cv2.detectMultiScale() 함수를 사용하여 얼굴과 눈을 검출한다.

예제 11.2.1 얼굴 검출 - 06.detect_face.py

```
01 import cv2, numpy as np
02
03 def preprocessing(no):                                        # 전처리 수행 함수
04     image = cv2.imread('images/face/%2d.jpg' %no, cv2.IMREAD_COLOR)
05     if image is None: return None, None
06     gray = cv2.cvtColor(image, cv2.COLOR_BGR2GRAY)          # 명암도 영상 변환
07     gray = cv2.equalizeHist(gray)                           # 히스토그램 평활화
08     return image, gray
09
10 face_cascade = cv2.CascadeClassifier("haarcascade_frontalface_alt2.xml") # 정면 얼굴 검출기
11 eye_cascade = cv2.CascadeClassifier("haarcascade_eye.xml")               # 눈 검출기
12 image, gray = preprocessing(34)                                          # 전처리
13 if image is None: raise Exception("영상파일 읽기 에러")
14
15 faces = face_cascade.detectMultiScale(gray, 1.1, 2, 0, (100, 100))       # 얼굴 검출
16 if faces.any():                                   # 얼굴 사각형 검출되면
17     x, y, w, h = faces[0]
18     face_image = image[y:y+h, x:x+w]              # 얼굴 영역 영상 가져오기
19     eyes = eye_cascade.detectMultiScale(face_image, 1.15, 7, 0, (25, 20))  # 눈 검출 수행
20     if len(eyes) == 2:                            # 눈 사각형이 검출되면
21         for ex, ey, ew, eh in eyes:
22             center = (x + ex + ew//2, y + ey + eh//2)        # 중심점 계산
23             cv2.circle(image, center, 10, (0, 255, 0), 2)    # 눈 중심에 원 그리기
24     else:
25         print("눈 미검출")
26
27     cv2.rectangle(image, faces[0], (255, 0, 0), 2)       # 얼굴 검출 사각형 그리기
28     cv2.imshow("image", image)
29 else:
30     print("얼굴 미검출")
31 cv2.waitKey()
```

| 설명 |

① 3~8행은 전처리 수행 함수로서 영상 파일의 번호를 입력받아서 영상을 읽고 명암도 영상으로 변환해서 히스토그램 평활화를 수행한다.

② 10, 11행에서 얼굴과 눈 검출을 위한 검출기를 로드한다.

③ 12행은 인수 번호의 영상 파일을 읽어서 전처리를 수행한다.

④ 15행은 cv2.detectMultiScale() 함수로 얼굴 영역을 검출한다. 시작 좌표와 검출 영역의 크기를 4 원소(x, y, w, h) 튜플로 반환한다.

⑤ 18행은 검출된 얼굴 객체 중 가장 큰 영역인 첫 번째 원소로 관심 영역을 참조해서 얼굴 영역 행렬(face_image)을 구성한다.

⑥ 19행은 눈 분류기로 객체를 검출한다. 이때 검출 대상이 전체 명암도 영상이 아닌 얼굴 영역 영상이다. 따라서 눈 검출 영역은 전체 영상 좌표로 변환해야 한다.

⑦ 22행은 검출된 눈 영역의 중심좌표를 계산한다. 눈 중심좌표에 얼굴 시작 좌표를 더해야 전체 영역에서의 눈 중심좌표가 된다.

| 실행결과 |

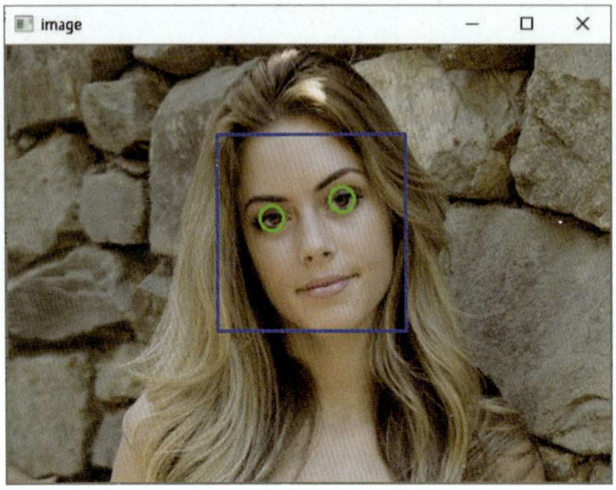

11.2.3 성별 분류 기초

남녀를 구분하는 방법은 다양하게 있을 수 있다. 본 예제에서는 다음과 같이 여자와 남자의 구분에 대해서 두 가지 가정을 한다.

1. 입술의 색깔이 남자에 비해 여자가 더 붉다.
2. 머리카락의 길이가 남자에 비해서 여자가 더 길다.

이 가정이 꼭 정답은 아니라는 것을 유념하기 바란다. 여성이라도 머리카락이 짧을 수 있으며, 남성이라도 머리카락이 길 수 있다. 또한, 남자가 입술 화장을 할 수도 있으며, 입술 화장을 하지 않는 여자도 있다. 위와 같은 가정을 두는 것은 간단하면서도 쉽게 남녀를 구분하기 위해서이다. 여기에 해당하지 않는 경우는 분류 결과에 오류가 발생할 수 있다. 좀 더 정확한 가정을 추가하거나 더 나은 알고리즘을 적용한다면 더 좋은 성능의 성별 분류 프로그램이 될 것이다.

여자의 긴 머리카락과 남자의 짧은 머리카락을 어떻게 인식할까? 단순하면서도 간단하게 인식하는 방법으로 〈그림 11.2.4〉와 같이 귀밑 영역에 머리카락이 있는지를 검사하는 것이다. 이 검사는 머리카락이 있는 윗머리 영역과 귀밑 영역의 색상을 비교하는 것이다.

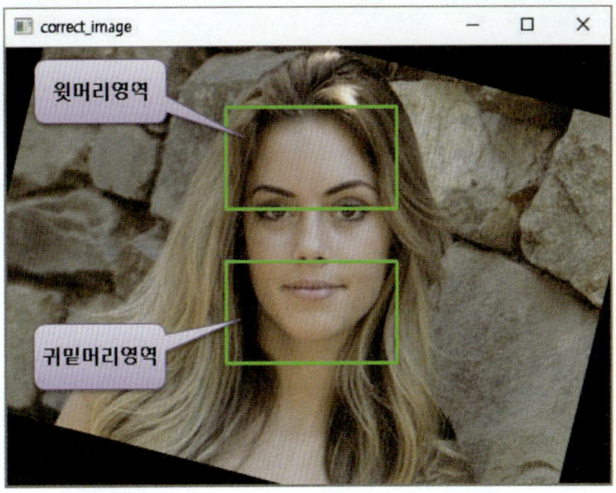

〈그림 11.2.4〉 윗머리 영역과 귀밑머리 영역

입술 영역으로 남녀를 어떻게 구분할지 생각해 보자. 한 가지 방법은 여자의 입술 색상이 더 붉다는 가정으로 입술 영역의 색상과 얼굴 영역의 색상을 비교해서 두 영역의 색상이 비슷하면 남자로 분류하고, 다르면 여자로 분류할 수 있을 것이다.

11.2.4 얼굴 기울기 계산 및 보정

입술 영역과 얼굴 영역을 분리하려면 먼저 얼굴 영상의 왜곡을 바로잡아야 한다. 입체적인 왜곡은 간단한 알고리즘으로 보정하기가 어렵지만, 〈그림 11.2.5〉와 같이 정면 얼굴이 좌우로 기울어진 경우는 충분히 보정할 수 있다.

〈그림 11.2.5〉 검출된 두 눈을 이용한 기울기 보정 방법

〈그림 11.2.6〉과 같이 얼굴 보정 각도는 눈 중심좌표 2개의 차분을 이용하면 된다. 이 차분(dx, dy)으로 역탄젠트(arctan) 함수를 적용하면 쉽게 각도를 구할 수 있다. 그런 후에 계산된 보정 각도만큼 얼굴 중심에서 역방향으로 회전을 수행하면 보정이 완료된다.

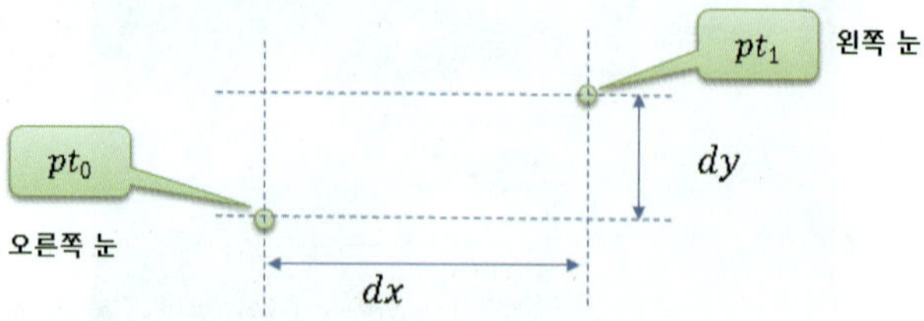

$$(dx,\ dy) = pt_1 - pt_0$$
$$\theta = \tan^{-1}\left(\frac{dy}{dx}\right)$$

〈그림 11.2.6〉 검출된 두 눈을 이용한 기울기 보정 방법

다음은 correct_image() 함수는 기울어진 얼굴에 대한 보정을 수행한다. 먼저, 검출된 눈 좌표를 이용해서 얼굴의 기울어진 각도를 구하고 이 각도로 회전 변환을 수행하는 행렬을 반환한다. 계산 전에 x 좌표값으로 오른쪽 눈(pt0)과 왼쪽 눈(pt1)의 위치를 정한다. 위치가 맞지 않으면 두 좌표를 맞바꾼다.

두 눈 좌표의 차분(dx, dy)은 np.subtract() 함수로 구하며, 차분을 cv2.fastAtan2() 함수에 적용하면 각도를 구할 수 있다. 그리고 cv2.getRotationMatrix2D() 함수에 얼굴 중심좌표(face_center)와 계산한 각도(angle)를 지정하면 회전 행렬을 반환한다.

```
def correct_image(image, face_center, eye_centers):
    pt0, pt1 = eye_centers                                   # 좌, 우 눈 중심 좌표
    if pt0[0] > pt1[0]: pt0, pt1 = pt1, pt0                  # 좌, 우 눈 위치 맞바꿈

    dx, dy = np.subtract(pt1, pt0)                           # 두 좌표간 차분 계산
    angle = cv2.fastAtan2(dy, dx)                            # 차분으로 기울기 계산
    rot_mat = cv2.getRotationMatrix2D(face_center, angle, 1)

    size = image.shape[1::-1]                                # 행태와 크기는 역순
    corr_image = cv2.warpAffine(image, rot_mat, size, cv2.INTER_CUBIC)

    eye_centers = np.expand_dims(eye_centers, axis=0)        # 눈 좌표 차원 증가
```

```
        corr_centers = cv2.transform(eye_centers, rot_mat)         # 어파인(회전) 변환 좌표 계산
        corr_centers = np.squeeze(corr_centers, axis=0)            # 보정 좌표 차원 감소

        return corr_image, corr_centers                            # 보정 결과 반환
```

구해진 회전 변환 행렬(rot_mat)을 cv2.warpAffine() 함수에 적용하면 보정 영상을 만들 수 있다. 여기서 눈 좌표들도 보정 영상에 표시하기 위해서 같이 수정해 준다. cv2.transform() 함수에 원본 눈 좌표들과 회전 변환 행렬을 입력하면 회전 변환된 좌표를 돌려 받을 수 있다. 이때, 입력 눈 좌표 행렬의 차원이 회전 변환 행렬의 열수와 같아야 하기 때문에 np.expand_dims() 함수로 행(axis=0)의 차원을 증가시킨다. 또한, 결과 행렬(보정 좌표)은 다시 차원을 감소시켜서 원본 눈 좌표와 같은 차원으로 환원한다. 마지막으로 회전 보정 영상과 회전 보정 좌표 행렬을 반환한다.

11.2.5 입술 영역 및 머리 영역 검출

회전 보정 얼굴에서 이제 입술 영역과 머리 영역을 찾아보자.

입술 영역은 입술 중심좌표를 계산하고, 이 좌표에서 입술의 너비와 높이를 계산하는 방식으로 이루어진다. 입술 중심좌표는 얼굴 중심좌표에서 일정한 거리만큼 아래에 있다. 여러 얼굴 영상들을 시험한 결과, 이 거리를 검출 얼굴 영역 높이의 30% 정도로 설정한다.

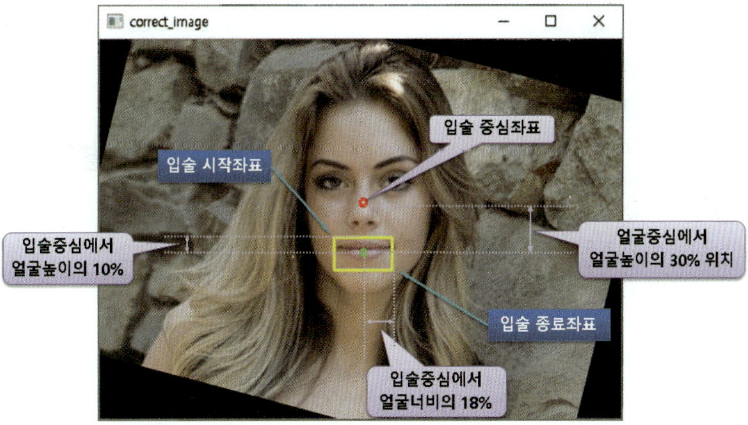

〈그림 11.2.7〉 입술 영역 계산 방식

머리카락 영역은 얼굴 중심좌표를 이용해서 〈그림 11.2.8〉과 같이 얼굴 너비의 45%, 얼굴 높이의 65%만큼 평행이동 좌표를 시작 좌표와 종료 좌표로 지정한다. 중심에서 양방향으로 커지기 때문에 얼굴 영역의 가로 90%, 세로 130%의 범위가 머리카락 영역이 된다. 이것은 얼굴 영역 이외의 머리카락 영역을 포함하기 위함이다.

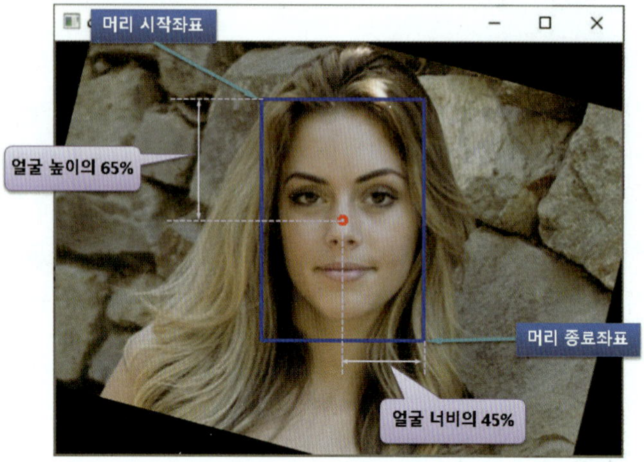

〈그림 11.2.8〉 머리카락 영역 계산

머리카락 영역에서 윗머리 영역과 귀밑머리 영역은 머리카락 영역 높이의 40%로 지정해서 상단 부분과 하단 부분으로 계산한다. 다음은 이상의 과정으로 머리카락 영역과 입술 영역을 계산하는 함수이다.

```
def define_roi(pt, size):
    return np.ravel((pt, size)).astype('int')          # 2 원소 튜플 2개 → 4 원소 튜플 1개

def detect_object(center, face):
    w, h = np.array(face[2:4])                         # 얼굴 영역 크기(w, h)
    center = np.array(center)                          # 얼굴 중심좌표 ndarray 객체로 변경
    gap1 = np.multiply((w, h) * (0.45, 0.65))          # 얼굴 영역 비율 크기 45%, 65%
    gap2 = np.multiply((w, h) * (0.18, 0.1))           # 입술 영역 비율 크기18%, 10%

    pt1 = center - gap1                                # 좌상단 평행이동– 머리 시작 좌표
    pt2 = center + gap1                                # 우하단 평행이동– 머리 종료 좌표
    hair = define_roi(pt1, pt2 - pt1)                  # 전체 머리 영역

    size = np.multiply(hair[2:4], (1, 0.4))            # 머리카락 영역 높이 40%
```

```
    hair1 = define_roi(pt1, size)                    # 윗머리 영역 (x, y, w, h)
    hair2 = define_roi(pt2-size, size)               # 귀밑머리 영역

    lip_center = center + (0, int(h*0.3))            # 입술 영역 중심 좌표 - 30%
    lip1 = lip_center - gap2                         # 좌상단 평행이동
    lip2 = lip_center + gap2                         # 우하단 평행이동
    lip = define_roi(lip1, lip2 - lip1)              # 입술 영역

    return [hair1, hair2, lip, hair]                 # 각 영역을 리스트 구성 후 반환
```

위 소스에서 좌표들을 ndarray 객체로 만들어서 원소간(element-wise) 사칙 연산이 가능하다. 예를 들어, 두 좌표의 차분을 계산한 것에서 center – gap1은 좌표의 평행이동을 의미하고, pt2 – pt1은 영역의 크기를 계산한 것이다.

관심 영역은 영상에 그리기 위해서 define_roi() 함수에서 정수형으로 변경해서 반환하며, 이 값을 관심 영역으로 저장한다. 마지막으로 반환 데이터는 윗머리 영역, 귀밑머리 영역, 입술 영역, 전체 머리 영역 순서로 리스트로 구성한다.

이제까지 설명한 내용들을 프로그램으로 구현해 보자. 먼저, 앞서 설명한 모든 함수들은 다음과 같이 'header/harr_utils.py' 파일에 옮겨 작성한다. 소스의 세부 내용의 표시는 생략한다.

예제 11.2.2 header/harr_utils.py

```
import numpy as np, cv2

def preprocessing(no): …

def correct_image(image, face_center, eye_centers): …

def define_roi(pt, size): …

def detect_object(center, face): …
```

예제 11.2.2 머리카락 및 입술 검출 – 07.detect_hair_lip.py

```
01 from haar_utils import *                                    # 검출기 적재 및 전처리 함수
02
03 face_cascade = cv2.CascadeClassifier("haarcascade_frontalface_alt2.xml") # 얼굴 검출기
04 eye_cascade = cv2.CascadeClassifier("haarcascade_eye.xml")        # 눈 검출기
05 image, gray = preprocessing(34)                                   # 전처리
06 if image is None: raise Exception("영상파일 읽기 에러")
07
08 faces = face_cascade.detectMultiScale(gray, 1.1, 2, 0, (100, 100))    # 얼굴 검출
09 if faces.any() :
10     x, y, w, h = faces[0].tolist()
11     face_image = image[y:y+h, x:x+w]                          # 얼굴 영역 영상 가져오기
12     eyes = eye_cascade.detectMultiScale(face_image, 1.15, 7, 0, (25, 20)) # 눈 검출
13
14     if len(eyes) == 2:
15         face_center = (x+w//2, y+h//2)
16         eye_centers = [(x+ex+ew//2, y+ey+eh//2) for ex, ey, ew, eh in eyes]
17         corr_image, corr_center = correct_image(image, face_center, eye_centers) # 회전 보정
18         rois = detect_object(face_center, faces[0])              # 머리카락/입술 영역 계산
19
20         cv2.rectangle(corr_image, rois[0], (255, 0, 255), 2)     # 윗머리 영역
21         cv2.rectangle(corr_image, rois[1], (255, 0, 255), 2)     # 귀밑머리 영역
22         cv2.rectangle(corr_image, rois[2], (255, 0, 0), 2)       # 입술 영역
23
24         cv2.circle(corr_image, tuple(corr_center[0]), 5, (0, 255, 0), 2)   # 보정 눈 좌표
25         cv2.circle(corr_image, tuple(corr_center[1]), 5, (0, 255, 0), 2)   # 보정 눈 좌표
26         cv2.circle(corr_image, face_center, 3, (0, 0, 255), 2)  # 얼굴 중심좌표
27         cv2.imshow("correct_image", corr_image)
28     else:
29         print("눈 미검출")
30 else:
31     print("얼굴 미검출")
32 cv2.imshow("image", image)
33 cv2.waitKey(0)
```

| 설명 |

① 1행은 앞서 설명한 함수들을 옮겨적은 'haar_utils.py' 파일의 모든 함수들을 임포트한다. 'header' 폴더가 [Source Root] 속성을 지정해서 루트 폴더에 접근하는 방식으로 모듈을 참조한다.

② 15, 16행은 얼굴 중심좌표와 눈 중심좌표를 계산한다.

③ 17행은 두 눈 좌표에 회전 왜곡 변환 행렬을 계산하고, 회전 변환을 수행해서 왜곡을 보정한다.

④ 18행은 윗머리, 귀밑머리, 입술, 전체머리 영역을 각각 검출해서 sub_roi 리스트로 저장한다.

⑤ 20~22행은 관심 영역들(윗머리, 귀밑머리, 입술)을 사각형으로 표시한다.

⑥ 24, 25행은 회전 보정된 눈 좌표를 표시한다.

| 실행결과 |

실행 결과를 보면, 'correct_image' 창은 윗머리, 귀밑머리, 입술 영역을 사각형으로 표시한 것이다.

11.2.6 히스토그램 비교

분리된 서브 영상에서 히스토그램을 구해야 하는 부분이 윗머리 영역, 귀밑머리 영역 입술 영역, 얼굴 영역으로 다 다르다. 이것은 히스토그램의 산출 함수에서 마스크를 활용하면 필요한 영역에 대해서만 히스토그램을 계산할 수 있다.

윗머리와 귀밑머리의 히스토그램을 계산할 때 얼굴 영역을 제외하는 마스크를 만들 수 있다. 얼굴 영역과 입술 영역의 히스토그램을 계산할 때에도 각각 필요없는 부분을 제외하는 마스크를 만들 수 있다. 이것은 〈그림 11.2.9〉과 같이 빈도 계산에서 제외되는 부분을 0(검은색)으로 구성하는 마스크를 생성하면 된다.

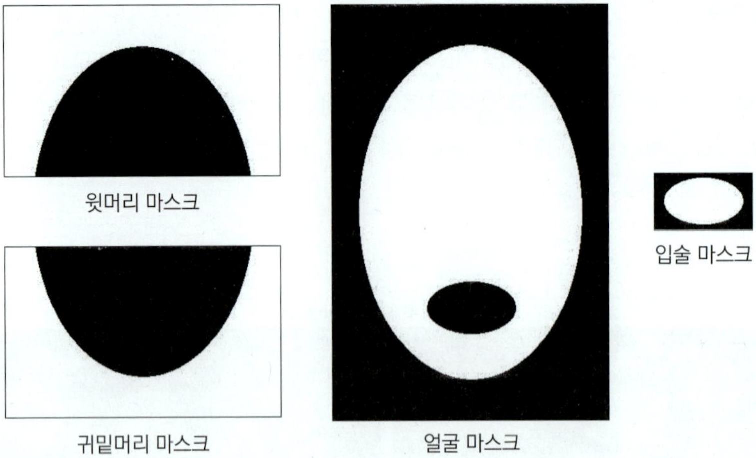

〈그림 11.2.9〉 얼굴 영상 히스토그램을 위한 마스크 영상의 예

마스크를 만들기 전에 먼저, 타원을 그려주는 draw_ellipse() 함수를 보자. 관심 영역과 크기 비율을 입력하면 관심 영역의 중심에서 관심 영역 크기의 비율만큼 타원을 그린다. 이때, 기본값을 cv2.FILLED로 지정해서 내부를 채워서 그리게 한다.

```
def draw_ellipse(image, roi, ratio, color, thickness=cv2.FILLED):
    x, y, w, h = roi
    center = (x + w//2, y + h//2)                              # 타원 중심
    size = (int(w*ratio), int(h*ratio))                        # 타원 크기
    cv2.ellipse(image, center, size, 0, 0, 360, color, thickness)   # 0~360도 → 타원
    return image
```

이제 마스크들을 만들어 보자. 기본 마스크(base_mask)를 영상 크기(shape)로 흰색(255)으로 만든다. 이 마스크에 얼굴 모양을 draw_epllipse() 함수로 그려서 머리 마스크(hair_mask)를 만든다. 전체 얼굴 영역(rois[3])의 45% 크기로 검은색(0)의 타원을 그린다. 다음은 머리 마스크를 복사한 행렬에 입술 영역(rois[2])의 40% 크기로 흰색(255)의 타원을 그려서 입술 마스크(lip_mask)를 만든다. 여기서 머리 마스크를 복사해서 인수로 전달하는 이유는 기존 머리 마스크(hair_mask)에 입술 모양 타원이 그려지지 않게 하기 위함이다.

```python
def make_masks(rois, shape):                                    # 영역별 마스크 생성 함수
    base_mask = np.full(shape, 255, np.uint8)
    hair_mask = draw_ellipse(base_mask, rois[3], 0.45, 0)        # 얼굴 타원 그리기
    lip_mask = draw_ellipse(np.copy(base_mask), rois[2], 0.40, 255)  # 입력 타원 그리기

    masks = [hair_mask, hair_mask, lip_mask, ~lip_mask]          # 4개 마스크 구성
    masks = [mask[y:y+h,x:x+w] for mask, (x, y, w, h) in zip(masks, rois)]

    # for i, mask in enumerate(masks):                          # 마스크 영상 윈도우 표시
    #         cv2.imshow('mask'+str(i), mask)
    # cv2.waitKey()

    return masks
```

두 개의 마스크를 만들었으면 이것으로 머리카락 마스크 2개, 입술 마스크, 얼굴 마스크를 구성해서 리스트를 만들어서 4개 마스크를 리스트로 만든다. 이때 마지막 원소(~lip_mask)는 보수(~)를 연산을 수행해서 영상을 반전한다. 이것은 입술 마스크와 얼굴 마스크가 서로 반대 부분을 마스킹하기 때문이다. 마지막으로 마스크 리스트(masks)와 관심 영역 리스트(rois)을 순회하며 마스크 영상에서 관심 영역을 참조하여 가져오면 4개의 마스크 영상 리스트을 완성할 수 있다.

다음은 계산된 4개 영역(윗머리, 귀밑머리, 입술, 얼굴)의 영상(subs)을 가져와서 히스토그램을 구한다. 이때 앞서 만든 마스크 행렬들(masks)을 cv2.calcHist() 함수의 세 번째 인수(mask)로 입력해서 히스토그램을 계산한다. 그러면 마스크 행렬에서 0(검은색)인 좌표는 빈도 계산에서 제외된다.

```python
def calc_histo(image, rois, masks):
    bsize = (64, 64, 64)                                    # 히스토그램 계급 개수
    ranges = (0,256, 0,256, 0,256)                          # 각 채널 빈도 범위
    subs = [image[y:y+h, x:x+w] for x, y, w, h in rois]     # 관심 영역 참조로 영상 생성

    hists = [cv2.calcHist([sub], [0, 1, 2], mask, bsize, ranges, 3)
                    for sub, mask in zip(subs, masks)]      # 관심 영역 영상 히스토그램
    hists = [h / np.sum(h) for h in hists]                  # 히스토그램값 정규화
```

```
    sim1= cv2.compareHist(hists[2], hists[3], cv2.HISTCMP_CORREL)    # 입술-얼굴 유사도
    sim2= cv2.compareHist(hists[0], hists[1], cv2.HISTCMP_CORREL)    # 윗-귀밑머리 유사도
    return sim1, sim2
```

여기까지의 내용을 예제로 구성해 본다. 새로 설명된 히스토그램 관련 함수들은 'header/harr_histogram.py' 파일로 옮겨 저장하고, 본 예제에서 임포트한다.

예제 11.2.3 히스토그램 관련 헤더 파일 - header/harr_histogram.py

```
import numpy as np, cv2

def draw_ellipse(image, roi, color, ratio): …

def make_masks(sub, org_size): …

def calc_histo(image, rois, masks): …
```

예제 11.2.3 영역별 유사도 계산 - 08.compare_hists.py

```
from haar_utils import *                                          # 분류기 적재 및 전처리 함수
from haar_histogram import *                                      # 히스토그램 비교 관련 함수

face_cascade = cv2.CascadeClassifier("haarcascade_frontalface_alt2.xml") # 얼굴 분류기
eye_cascade = cv2.CascadeClassifier("haarcascade_eye.xml")        # 눈 분류기
image, gray = preprocessing(34)                                   # 전처리
if image is None: raise Exception("영상파일 읽기 에러")

faces = face_cascade.detectMultiScale(gray, 1.1, 2, 0, (100, 100))        # 얼굴 검출
if faces.any():
    x, y, w, h = faces[0].tolist()
    face_image = image[y:y+h, x:x+w]                              # 얼굴 영역 영상 가져오기
    eyes = eye_cascade.detectMultiScale(face_image, 1.15, 7, 0, (25, 20)) # 눈 검출

    if len(eyes) == 2:
        face_center = (x + w//2, y + h//2)
        eye_centers  = [(x+ex+ew//2, y+ey+eh//2) for ex, ey, ew, eh in eyes]
        corr_image, corr_center = correct_image(image, face_center, eye_centers)
```

```
19
20            rois = detect_object(face_center, faces[0])          # 머리 및 입술영역 검출
21            masks = make_masks(rois, corr_image.shape[:2])       # 4개 마스크 생성
22            sim = calc_histo(corr_image, rois, masks)            # 4개 히스토그램 생성
23
24            print("입술-얼굴 유사도: %4.2f" % sim[0])              # 결과 출력
25            print("윗-귀밑머리 유사도: %4.2f" % sim[1])
26        else:
27            print("눈 미검출")
28    else:
29        print("얼굴 미검출")
```

| 설명 |

① 2행은 히스토그램 관련 함수들을 임포트 한다.

② 21행은 4개 영역에 대한 마스크를 각각 생성한다.

③ 22행은 4개 영역을 관심 영역으로 영상을 만들고 히스토그램을 계산한다. 이때, 해당 마스크를 각각 적용한다.

| 실행결과 |

```
Run: 08.compare_hist
C:\Python\python.exe D:/source/chap11/08.compare_hist.py
입술-얼굴 유사도: 0.21
윗-귀밑머리 유사도: 0.44
```

11.2.7 성별 분류

이제 히스토그램 비교를 통해서 산출된 값(sim)을 이용해서 성별을 분류한다. 여기서 sim[0]은 입술 영상과 얼굴 영상의 히스토그램 유사도이며, sim[1]은 윗머리 영상과 귀밑머리 영상의 히스토그램 유사도이다. 이 유사도가 높다는 말은 윗머리와 귀밑머리의 색상이 비슷하다는 의미이다. 그러면 귀밑에 머리카락이 있을 확률이 있어 여자일 확률이 높을 것이다. 반대로 얼굴과 입술의 유사도(criteria2)는 작으면, 입술과 얼굴의 색상이 다르다는 것을 의미한다. 이 경우에는 입술색이 도르라지는 여자일 확률이 높아질 것이다.

다음은 60개 얼굴 영상(가로축 0~29:남, 30~59:여)에 대해서 각 유사도를 실험적으로 산출하여 그린 그래프이다. 이 결과에서 윗머리-귀밑머리 유사도는 남자(0~29)에서는 낮은 값을 가지며, 여자(30~59)는 높은 값을 가져서 의미있는 결과가 나왔다. 다만, 입술-얼굴 유사도에서는 남녀의 의미있는 결과가 본 실험에서는 나타나지 않았다.

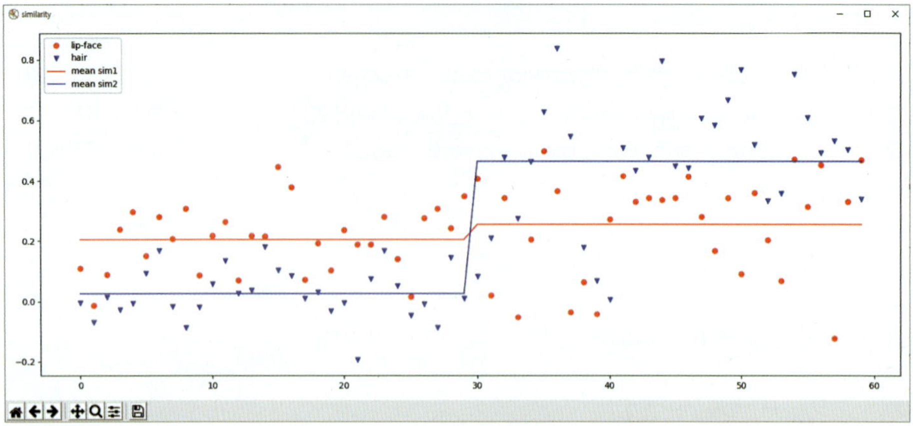

〈그림 11.2.10〉 히스토그램 유사도 값

두 가지 정보만으로 남녀를 구분하기에는 무리가 있을 수 있다. 본 응용은 간단하게 남녀를 구분하는 것이기에 두 개의 정보를 이용해서 최대한 좋은 결과를 도출하기 위해 〈그림 11.2.11〉과 같은 방법으로 성별을 구분한다.

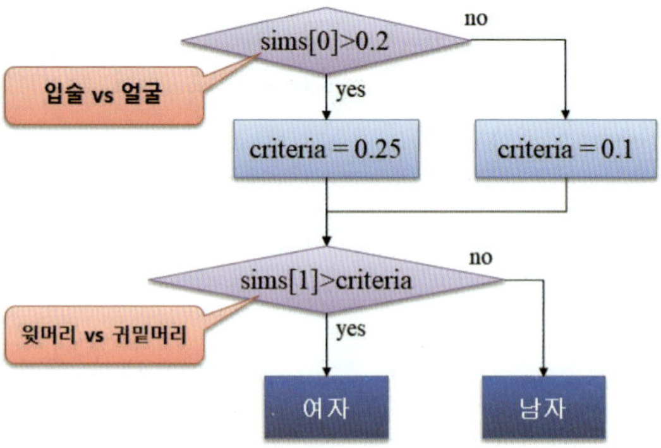

〈그림 11.2.11〉 히스토그램 비교값을 통한 남녀 분류 방식

여러 얼굴 영상들을 실험한 결과를 통해서 임계값을 다음과 같이 두 단계로 설정한다. 얼굴-입술 유사도 0.2을 기준으로 구분하여 비교한다. 유사도가 크면 남자일 확률이 높기 때문에 윗머리-귀밑머리 유사도(sims[1])은 상대적으로 높은 값(0.25)으로 비교한다. 반면, 얼굴-입술 유사도가 크면 여자일 확률이 높기 때문에 criteria을 낮은 값(0.1)으로 설정하여 이 값보다 크면 여자로 분류한다.

성별의 분류는 다음의 classify() 함수로 구현한다. 먼저, 히스토그램 비교값(sims)을 전달받아서 두 단계의 비교를 수행하며, 분류 결과를 'Man'과 'Woman'으로 영상에 표시하고, 그 결과 문자열과 유사도를 실행창에 출력한다.

예제 11.2.4 분류 및 영상 출력 함수 - header/haar_classify.py

```
import cv2
from haar_histogram import draw_ellipse
from Common.utils import put_string

def classify(image, sim, no):
    sim = 0.25 if sims[0] > 0.2 else 0.1                    # 얼굴-입술 유사도
    text = 'Woman' if sims[1] > sim else 'Man'              # 윗머리-귀밑머리 유사도

    text = "%02dg: %s" %no, text                            # 분류 결과 출력
    result = "유사도[입술-얼굴: %4.2f 윗-귀밑머리: %4.2f]" % (sims)

    put_string(image, text, (10, 30), "")                   # 영상 출력
    print(text + " - " + result)                            # 실행창 출력

def display(image, face_center, centers, rois):
    cv2.circle(image, face_center, 3, (0, 0, 255), 2)       # 얼굴 중심점 표시
    cv2.circle(image, centers[0], 10, (0, 255, 0), 2)   # 눈 표시
    cv2.circle(image, centers[1], 10, (0, 255, 0), 2)
    draw_ellipse(image, rois[2], 0.45, (0, 0, 255), 2)      # 얼굴 타원
    draw_ellipse(image, rois[3], 0.45, (255, 100, 0), 2)    # 입술 타원
    cv2.imshow("correct_image", corr_image)
```

다음은 각 검출 영역들을 영상에 표시하는 display() 함수이다. 먼저, 얼굴 중심좌표를 원으로 그려져 검출된 얼굴을 중심점을 표시하여 회전 보정의 정도를 인지한다. 나음 두 눈의 중심좌표를 원으로 표시한다. 두 눈은 기울기 보정으로 같은 높이에서 나란하게 표시된다. 마지막으로 얼굴 영역과 입술 영역을 타원으로 영상에 표시한다. 이것은 draw_ellipse() 함수를 호출하여 타원으로 그린다.

이제 메인 함수의 전체 내용을 확인해 보자. 앞서 설명한 classify()와 display() 함수는 'header/classfy.py' 파일로 옮겨 저장하고 본 예제에서 임포트한다. 연속적으로 파일을 입력받을 수 있도록 while 문으로 구성한다.

예제 11.2.5 성별 분류 프로그램 완성 - 09.genderClassifier.cpp

```
from haar_utils import *                                    # 검출기 적재 및 전처리 함수
from haar_histogram import *                                # 히스토그램 비교 관련 함수

face_cascade = cv2.CascadeClassifier("haarcascade_frontalface_alt2.xml")
eye_cascade = cv2.CascadeClassifier("haarcascade_eye.xml")

no, max_no, cnt = 0, 60, 1
while True:
    no = no + cnt
    image, gray = preprocessing(no)                         # 전처리 수행
    if image is None:                                       # 영상 읽기 예외처리
        print("%02d.jpg: 영상파일 없음" % no)
        if no < 0 : no = max_no-1
        elif no >= max_no: no = 0
        continue

    faces = face_cascade.detectMultiScale(gray, 1.1, 2, 0, (100, 100))   # 얼굴 검출
    if faces.any():
        x, y, w, h = faces[0].tolist()
        face_image = image[y:y+h, x:x+w]                    # 얼굴 영역 영상 가져오기
        eyes = eye_cascade.detectMultiScale(face_image, 1.15, 7, 0, (25, 20))
        if len(eyes) == 2:
            face_center = (x+w//2, y+h//2)
            eye_centers = [(x+ex+ew//2, y+ey+eh//2) for ex, ey, ew, eh in eyes]
            corr_image, corr_centers = correct_image(image, face_center, eye_centers)

            rois = detect_object(face_center, faces[0])         # 4개 영역 계산
            masks = make_masks(sub_roi, corr_image.shape[:2]) # 각 영역 마스크 생성
            sims = calc_histo(corr_image, rois, masks)          # 히스토그램 생성

            classify(corr_image, sims, no)                      # 성별 분류 및 표시
            display(corr_image, face_center, corr_centers, rois) # 얼굴, 눈 표시
        else:
            print("%02d.jpg: 눈 미검출" % no)
    else:
        print("%02d.jpg: 얼굴 미검출" % no)

    key = cv2.waitKeyEx(0)                                  # 키 이벤트 대기
    if key == 2490368: cnt = 1                              # 위쪽 화살표 키이면 다음 영상
    elif key == 2621440: cnt = -1                           # 아래쪽 화살표 키이면 이전 영상
    elif key == 32 or key == 27: break                      # 프로그램 종료 조건
```

| 설명 |

① 11~15행은 영상 파일이 없으면 다음 번호의 영상 파일을 읽는다. 다음 번호가 max_no보다 크면 0번 파일을 읽고, 0보다 작으면 max_no번 파일을 읽는다.

② 31행은 classify() 함수를 호출해서 성별을 분류한다.

③ 32행은 입력 영상에 검출 결과 영역들을 표시한다.

④ 39행은 위쪽 화살표 키(2490368)이면 증가치를 1로 지정해서 다음 번호 영상을 읽는다.

⑤ 40행은 아래쪽 화살표 키(2621440)이면 증가치를 –1로 지정해서 이전 번호 영상을 읽는다.

| 실행결과 |

여기서 소개한 성별분류 알고리즘은 단 두 가지 가정만으로 아주 간단하게 분류를 수행한 것이다. 알고리즘의 복잡도에 비하면 성능이 제법 나온다. 다만, 기본 가정과 맞지 않게 입술의 색상이 연한 여성 영상이나 귀밑머리 없는 여성 영상, 혹은 그 반대의 남성의 영상도 마찬가지로 기본 가정과 맞지 않아서 오분류가 될 수 있다. 여러분도 다양한 얼굴 영상으로 테스트 해보길 바란다.

| 단원 핵심 요약 |

1. 그림판 프로그램에서 팔레트를 이용해서 3차원의 색을 쉽게 표시하고 좌표를 클릭해서 사용하기 위해서 색상은 HSV 컬러로 지정하고, BGR 컬러로 변환하여 표시한다.

2. 그림판 프로그램의 그리기 명령으로 드래그 상황에서 해당 개체가 움직이듯 그려지게 하려면 원본 영상이 아닌 복사본에 해당 개체를 그리면 된다.

3. cv2.calcHist() 함수는 1개 이상의 채널을 갖는 행렬에서 다차원의 히스토그램을 계산할 수 있다.

4. 색상과 채도의 2채널 행렬로 만든 2차원 히스토그램을 그래프로 표현하려면, 그래프 행렬에서 x 좌표는 채도를 y 좌표는 색상을 나타내도록 하고, 히스토그램 빈도값을 그 좌표에서의 밝기로 지정한다. 그러면 x, y 좌표로 색상과 채도를 인식할 수 있으며, 그 좌표의 밝기로 빈도의 많고 적음을 파악할 수 있다.

5. 두 개의 히스토그램을 비교하기 위해서 cv2.compareHist() 함수를 사용하며, CV_COMP_CORREL 옵션은 상호상관 함수의 수식을 응용한 것으로 두 히스토그램의 유사도를 계산한다.

6. 하르 기반 캐스케이드 분류기는 단순한 여러 개의 분류기를 순차적으로 사용하여 분류를 수행한다. 처음에 간단한 검출기를 적용하고, 진행할수록 복잡한 검출기를 적용한다. 단순 검출기를 통과한 후보에만 시간이 많이 걸리는 강력한 검출기가 적용되기 때문에 검출 속도를 빨리할 수 있다.

7. OpenCV에서 하르 기반 검출기는 얼굴, 눈, 코, 입 등을 검출하는 XML 파일들이 있다. 객체 검출을 위해서는 CascadeClassifier 클래스를 이용하며, 내부 메서드인 CascadeClassifier.load() 함수로 해당 XML 파일을 로드하고, CascadeClassifier.detectMultiScale() 함수로 검출을 수행한다.

8. 하르 검출기로 검출된 얼굴과 눈 영역으로 얼굴 중심좌표와 눈 중심좌표를 구할 수 있다. 그리고 두 눈의 중심좌표로 얼굴의 기울어진 각도를 계산할 수 있으며, 이 각도만큼 얼굴 중심좌표를 기준으로 회전하면 기울기를 보정할 수 있다.

연습문제

1. 그림판 프로그램에 자기만의 아이콘으로 변경해서 구성하시오. 또한, 히스토그램 아이콘과 모자이크 아이콘을 추가하시오.

2. 문제 1에서 그림판 프로그램에 추가된 히스토그램 아이콘에서 입력 영상에 대해서 RGB 3개 채널로 분리하고, 각 채널의 히스토그램을 새윈도우 창에 표시하도록 commad() 함수를 수정하시오.

3. 예제_11.1.3의 그림판 프로그램에서 원과 타원 그리기를 통합해서 하나의 아이콘으로 수행할 수 있도록 수정하시오.

일반 마우스 드래그 시: 타원 그리기 [Alt] + 마우스 드래그 시: 정원 그리기

4. cv2.compareHist() 함수의 히스토그램의 비교 방법에는 네 가지의 옵션이 있다. 그 중에 CV_COMP_CORREL 옵션에 대해서 상세히 설명하시오.

5. 예제_11.1.4에서 영상 축소 및 확대를 나타내는 아이콘을 2개 추가하고, 캔버스 영역의 영상을 10% 축소 또는 확대하도록 프로그램을 수정하시오.

6. 그림판 프로그램에 아이콘이 왼쪽에 세로 2열로 구성되어 있다. 이 아이콘들을 위쪽에 가로 1열로 배치하도록 소스 코드를 수정하시오.

7. 예제_11.2.3에서 key_check() 함수는 위/아래 화살표키로 이전 번호와 다음 번호를 반환한다. 여기에 [PGUP], [PGDN] 키를 추가해서 10개 영상씩 skip 하도록 수정하시오.

8. 다음의 링크에는 OpenCV에서 제공하는 다양한 하르 기반 검출기가 있다. 이 중에서 웃는 얼굴을 검출하는 프로그램을 작성해 보자.

   https://github.com/opencv/opencv/tree/master/data/haarcascades

9. 예제_11.2.1은 눈 검출을 위한 분류기로 "haarcascade_eye.xml"를 로드하여 2개의 눈을 동시에 검출한다. 이 소스 코드를 "haarcascade_lefteye_2splits.xml"와 "haarcascade_lefteye_2splits.xml"를 이용해서 왼쪽 눈과 오른쪽 눈을 따로 검출하도록 소스를 수정하시오.

10. 예제_11.2.3을 참고해서 〈그림 11.2.10〉의 그래프를 그리는 프로그램을 작성하시오.

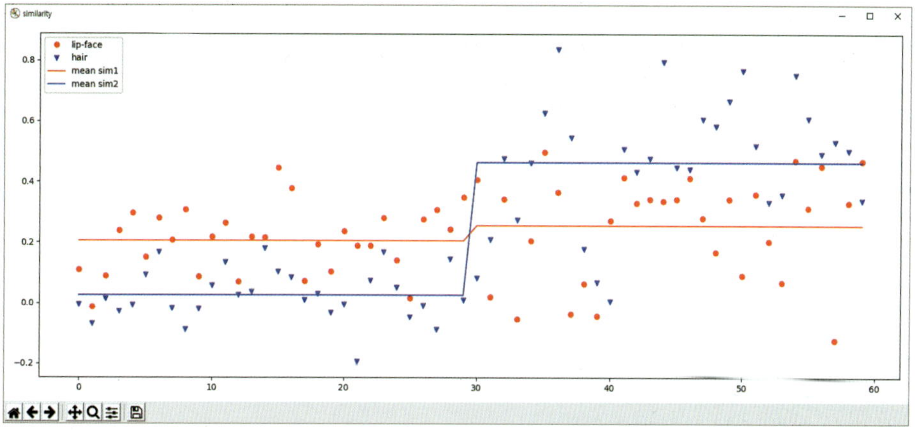

CHAPTER 12

영상처리 응용 사례 II

contents

동전과 디지털 가상화폐 비트코인

동전은 역사의 작은 거울과 같다. 동전을 통해 경제의 역사, 광산기술의 역사, 동전 면에 새겨진 그림이나 문자를 통해 고대나 현대의 저명한 인물이나 역사적 사건을 만날 수 있다. 동전은 약 BC 700~500경부터 현재의 그리스, 터키, 인도 지역에서 사용된 흔적이 발견된다. 그때 이후로 지금까지 동전은 인류의 실물 화폐로 사용되고 있다.

초기 동전은 "green gold"로 부리는 금과 은의 합금 형태인 엘렉트럼(electrum)이었다. 금의 비율이 높을 때는 약 80 정도까지 높아서 노란색 빛이 났고, 낮을 때는 약 20% 정도로 낮아서 옅은 푸른 빛이 났다. 고대 동전들은 모루 위에 금속 조각을 놓고 망치로 두드려 동전 모양을 만들었다. 그러다 보니 완전한 원은 아니었다. 그러나 중국에서는 동전을 만들 때 주로 녹인 금속을 틀에 부어 만들어 사용하였다. 우리나라에도 현재 여러 종류의 동전들이 사용된다. 100원 동전에 있는 얼굴의 주인공은 누구인지 아는가? (답은 거북선과 관계된 영웅이다.)

최근에는 비트코인(bitcoin, BTC) 이라는 디지털 가상 화폐가 나왔다. 이것은 동전을 의미하는 코인(coin)이지만 물리적인 동전은 아니다. 비트코인은 2009년에 나카모토 사토시(Nakamoto Satoshi)가 제안한 디지털 대체 화폐로서 인터넷 시대에 안전한 거래를 보장하는 암호화된 디지털 화폐이다. 2020년 2월 현재 세계 최초, 최대 암호화폐인 비트코인은 강세 흐름을 보이며 심리적, 기술적 핵심 저항선인 1만 달러 선을 회복하고, 약 1만 100달러 안팎에서 거래되고 있다.

비트코인의 거래는 P2P 기반 분산 데이터베이스에 의해 이루어지며, 공개키 암호 방식 기반으로 거래를 한다. 미국의 재무성은 비트코인을 은행과 같은 중앙 통제가 되는 화폐가 아닌 최초의 가상 화폐(virtual currency)로 분류하고 있다.

12 영상처리 응용 사례 II

이 장에서는 영상처리 및 컴퓨터 비전 응용 중에서 심화 과제로 다루어 볼 수 있는 사례들을 소개한다. 다양한 응용 서비스의 요구와 심화된 프로그램의 작성 기법을 배움으로써 개인의 졸업 작품이나 팀 프로젝트에 활용할 수 있는 기회를 만들고자 한다.

본 장에서는 색상 히스토그램을 이용한 동전 인식 프로그램과 SVM(Support Vector Machine)을 이용한 차량번호판 검출, 그리고 k-NN(k-Nearest Neighbor) 알고리즘을 이용한 차량 번호 인식을 소개한다.

12.1 동전 인식 프로그램

기원전 수백 년의 역사를 가진 동전은 오늘날도 사용되며, 금속으로 만들어진 화폐의 일종으로 일상적 거래의 수단으로 사용된다. 대부분 정부에서 발행하며, 그 크기와 무게 및 재료를 표준화하여 생산한다.

길거리를 지나가다가 100원 동전이 떨어져 있으면 여러분은 어떻게 하는가? 아마 대부분은 그냥 지나치게 될 것이다. 그만큼 동전의 가치가 떨어졌으며, 사용 및 휴대의 불편함으로 인해서 잘 들고 다니지 않게 된다.

이 불편함으로 보통 동전은 저금통과 같은 곳에 모아 놓는다. 모아 놓은 동전이 많아지면 지폐로 바꾸려 생각하며 한 번씩 동전을 세어보게 된다. 그러나 동전을 세는 것도 번거로운 일이지만, 보통은 정확하지 않아 여러 번 반복하는 경우도 생긴다.

주기적으로 많은 동전을 다루어야 한다면 주화 계수기를 구매하는 것도 생각할 수 있지만,

일상생활에서 동전을 사용하는 경우라면 너무 큰 비용이 될 것이다. 디지털 영상처리를 이용하면 소량의 동전들을 인식하여 전체 금액을 계산하는 방법을 구현할 수 있다.

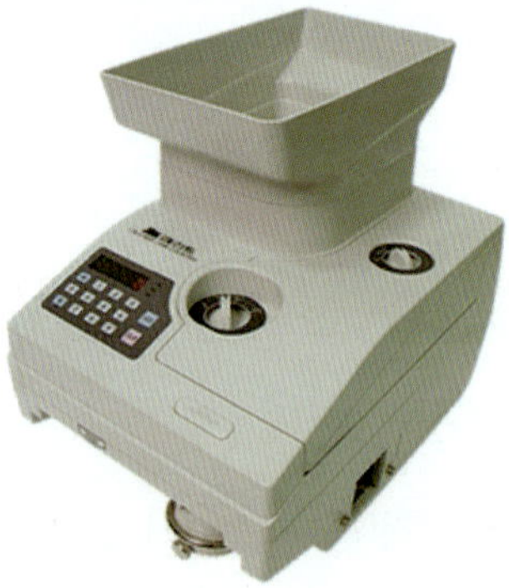

〈그림 12.1.1〉 주화 계수기

이번 절에서는 동전들을 캡처하여 각 동전을 인식하고 전체 금액을 계산하는 시스템을 구현해 본다. 프로그램의 전체 과정은 〈그림 12.1.2〉와 같다. 동전들이 있는 영상이 캡처되면 객체 검출을 쉽게 하기 위해 전처리 과정(이진화와 모폴로지)을 거친다. 전처리 후에 모든 동전 객체들을 검출한다.

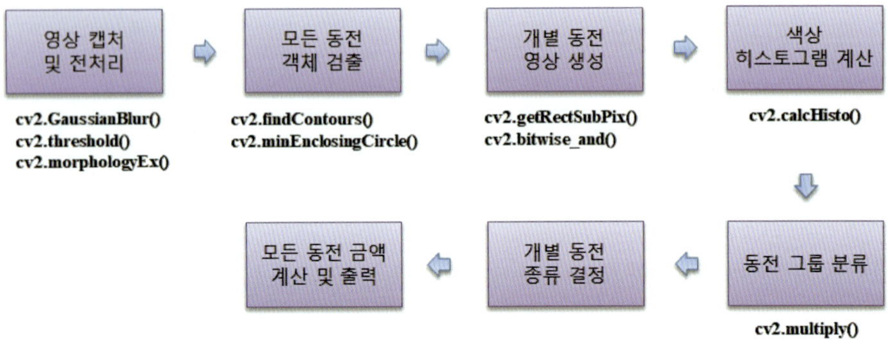

〈그림 12.1.2〉 동전 검출 프로그램 전체 구성

다음으로 검출된 동전 객체에서 개별 동전 영상을 분리 생성하여 색상 히스토그램을 계산한다. 그리고 히스토그램 유사도를 활용하여 동전을 두 그룹으로 분류한다. 동전 객체의 반지름에 비례해 개별 동전 객체의 종류를 결정한다. 결정된 개별 동전의 금액들을 모두 합하며 전체 동전의 금액을 계산하고 결과를 화면에 출력한다.

12.1.1 동전 영상 캡쳐 및 전처리

동전 영상의 캡처를 위해서 〈그림 12.1.3〉과 같이 동전을 놓는 받침대와 USB 카메라 그리고 카메라를 고정할 수 있는 스탠드로 구성하였다. 예제 파일에 캡쳐된 동전 파일이 있기에 독자들은 직접 캡처하지 않아도 프로그램을 실행하는 데에는 아무런 문제가 없다.

〈그림 12.1.3〉 동전 영상 캡처 과정

본 영상처리 전에 객체 검출이 쉽도록 전처리를 다음과 같이 수행한다. 먼저, 영상번호(coin_no)를 통해서 동전 영상 파일을 컬러 타입으로 로드하고, 컬러 영상을 명암도 영상으로 변환한다. 다음으로 동전 객체 내부의 문양 등으로 인한 잡음을 제거하기 위해서 가우시안 블러링을 수행해서 동전 내부의 문양들을 흐리게 만든다. 블러링의 강도는 마스크 크기와 표준편차로 적절히 조절한다.

```
def preprocessing(coin_no):                                   # 전처리 함수
    fname = "images/coin/{0:02d}.png".format(coin_no)
    image = cv2.imread(fname, cv2.IMREAD_COLOR)               # 영상 읽기
    if image is None: reutrn None, None                       # 예외처리는 메인에서

    gray = cv2.cvtColor(image, cv2.COLOR_BGR2GRAY)            # 명암도 영상 변환
    gray = cv2.GaussianBlur(gray, (7, 7), 2, 2)               # 블러링
    flag = cv2.THRESH_BINARY + cv2.THRESH_OTSU                # 오츠(otsu) 이진화 지정
    _, th_img = cv2.threshold(gray, 130, 255, flag)           # 이진화

    mask = np.ones((3, 3), np.uint8)
    th_img = cv2.morphologyEx(th_img, cv2.MORPH_OPEN, mask)   # 열림 연산
    reutrn image, th_img
```

블러된 영상을 오츠 이진화 방법으로 이진 영상으로 만들며, 모폴로지 열림 연산을 통해서 배경 부분의 잡음을 제거한다.

12.1.2 동전 객체 검출

동전을 검출하는 과정은 각각의 동전 객체를 인식하고 각 중심 좌표와 반지름을 구하는 것으로 find_coins() 함수로 구현한다. OpenCV에서 지원하는 cv2.minEnclosingCircle() 함수는 인수로 입력되는 객체를 최소로 감싸는 원 정보(중심 좌표, 반지름)을 반환한다. 이 함수로 동전의 중심 좌표와 반지름을 쉽게 계산할 수 있다.

코딩의 방법은 반복문으로 구성하는 것과 리스트 생성 방법으로 구성하는 것을 모두 예시해 두었다. 2행에서 cv2.findContours() 함수는 OpenCV 버전에 따라 반환되는 튜플의 원소 개수가 달라서 따로 지정한다.

```
01 def find_coins(image):
02     results= cv2.findContours(image, cv2.RETR_EXTERNAL, cv2.CHAIN_APPROX_SIMPLE)
03     contours = results[0] if int(cv2.__version__[0]) >= 4 else results[1]
04
05     ## 반복문 방식
06     # circles = []
07     # for contour in contours:
08     #     center, radius = cv2.minEnclosingCircle(contour)       # 외각 감싸는 원 검출
09     #     circle = (tuple(map(int, center)), int(radius))        # 소스 최적화 위해
10     #     if radius>25: circles.append(circle)
11
12     ## 리스트 생성 방식
13     circles = [cv2.minEnclosingCircle(c) for c in contours]     # 외각 감싸는 원 검출
14     circles = [(tuple(map(int, center)), int(radius))
15                 for center, radius in circles if radius>25]
16     reutrn circles
```

| 설명 |

① 2행은 영상에서 객체의 외곽선을 검출한다.

② 3행은 OpenCV 버전에 따라 반환 형태가 다르다. 버전에 맞게 외곽선 리스트를 가져온다.

③ 8행에서 cv2.minEnclosingCircle() 함수의 반환 결과는 중심좌표와 반지름의 2 원소이며, 각 원소의 자료형도 실수형이다.

④ 9행은 중심 좌표와 반지름을 그리기 함수의 좌표로 사용하기 위해서 정수형으로 형변환을 한다.

⑤ 10행은 검출 외곽선 영역의 반지름이 25 이상인 객체의 circles 저장한다.

⑥ 13~16행은 같은 내용을 리스트 생성 방식을 구현한 것이다.

다음은 입력 영상에서 동전 객체(중심좌표, 반지름)를 검출하여 원을 그린 예제이다. 여기서 preprocessing()와 find_coins() 함수는 'header/coin_preprocess.py' 파일로 옮겨 저장한다. 앞 장의 예제와 같은 방식으로 'header' 폴더는 [Sources Root] 속성을 지정한다.

예제 12.1.1 동전 객체 검출 - header/coin_preprocess.py

```
01 import numpy as np, cv2
02
03 def preprocessing(coin_no): ···                          # 전처리 함수
17
18 def find_coins(image): ···                               # 동전 객체 검출 함수
```

예제 12.1.1 동전 객체 검출 - 01.find_coins.py

```
01 from coin_preprocess import *                            # 전처리 함수 임포트
02
03 image, th_img = preprocessing(70)                        # 전처리 수행
04 if image is None: raise Exception("영상파일 읽기 에러")
05
06 circles = find_coins(th_img)                             # 동전 객체 검출
07 for center, radius in circles:
08     cv2.circle(image, center, radius, (0, 255, 0), 2)    # 영상에 검출 원 표시
09
10 cv2.imshow("preprocessed image", th_img)
11 cv2.imshow("coin image", image)
12 cv2.waitKey(0)
```

| 설명 |

① 1행은 전처리 수행 함수들을 헤더 파일(cion_preprocess.py)에 저장해서 임포트한다.

② 6행은 전처리 영상에서 동전 객체(중심 좌표, 반지름)들을 검출한다.

③ 7, 8행은 검출된 동전 객체들을 순회하며 원을 그린다.

| 실행결과 |

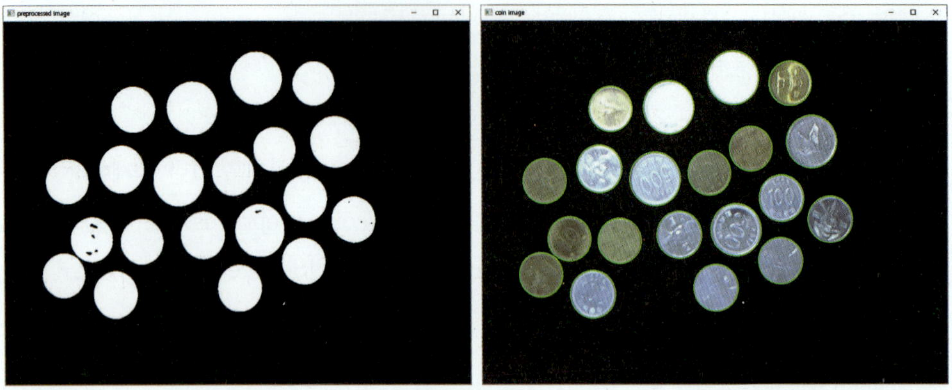

전처리 완료된 영상은 객체 내부에 동전 문양이나 조명의 반사 등으로 인한 잡음이 조금 있다. 그러나 충분히 동전 객체의 크기를 검출하기에 적절한 상태이다. 또한, 각 동전 객체를 정확히 검출해서 원으로 표시한 것을 볼 수 있다.

12.1.3 개별 동전 영상 생성

이제 원본 컬러 영상에서 동전 영역을 가져와서 개별 동전 영상을 생성한다. 이 과정은 다음의 make_coin_img() 함수에서 cv2.getRectSubPix() 함수를 이용해서 구현한다. cv2.getRectSubPix() 함수는 입력 영상에서 특정 좌표(center)를 중심으로 상하좌우로 지정된 크기(r, r)만큼을 참조하는 행렬을 반환한다. 즉, 동전 객체로 검출된 중심 좌표와 크기를 이용하면 동전 영상 부분만 가져올 수 있다.

```
def make_coin_img(src, circles):
    coins = []
    for center, radius in circles:
        r = radius * 3                                              # 검출 동전 반지름 3배
        cen = (r // 2, r // 2)                                      # 마스크 중심
        mask = np.zeros((r, r, 3), np.uint8)                        # 마스크 행렬
        cv2.circle(mask, cen, radius, (255, 255, 255), cv2.FILLED)
        # cv2.imshow("mask_" + str(center), mask)                   # 마스크 영상 보기

        coin = cv2.getRectSubPix(src, (r, r), center)               # 동전 영상 가져오기
        coin = cv2.bitwise_and(coin, mask)                          # 마스킹 처리
        coins.append(coin)                                          # 동전 영상 저장
    reutrn coins
```

여기서 개별 동전 영상은 〈그림 12.1.5〉의 (a)와 같이 주위에 다른 동전들이 나타날 수 있다. 따라서 배경 부분을 제거하는 것이 다음 과정의 처리에서 오류를 줄일 수 있다. 과정은 다음과 같다. 〈그림 12.1.5〉의 (b)와 같이 검출 객체 반지름 크기로 원형의 마스크 영상을 생성한다. 이때, 원본 영상이 3채널 컬러 영상이기 때문에 3채널 영상으로 생성한다. 그리고 동전 영상과 마스크 영상의 논리곱(cv2.bitwise_and()) 연산을 하면 배경이 제거된 동전 영상을 구성할 수 있다.

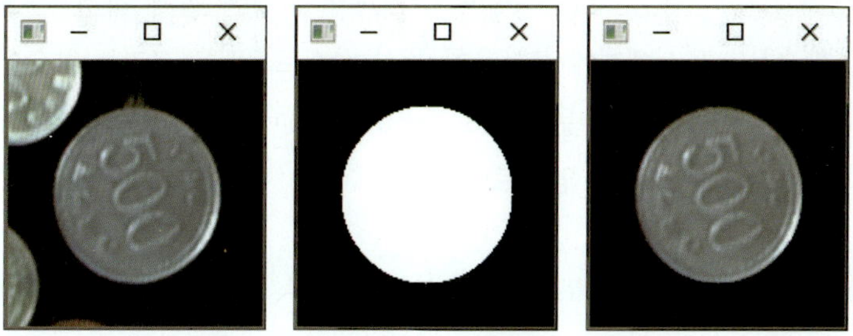

(a) 동전 영상 (b) 마스크 영상 (c) 최종 분리 동전 영상

〈그림 12.1.5〉 마스크 영상으로 분리된 동전 영상의 예

12.1.4 색상 히스토그램 계산

동전은 금액마다 그 크기와 색상 및 문양을 다르게 제작한다. 일반적으로 동전 인식 프로그램에서는 동전의 크기를 이용해서 그 금액을 인식한다. 다만, 동전 영상에 대한 전처리 및 동전 객체 검출 과정에서 해당 동전이 완벽하게 검출되지 않아 동전 객체의 반지름이 조금씩 다를 수 있다. 이로 인해서 10원과 50원 및 10원과 100원 같이 크기가 비슷한 동전은 오인식될 가능성이 높다.

다행히 10원과 비교할 때, 50원 및 100원의 동전 크기는 비슷하지만, 색상에서 상당히 차이가 있다. 본 프로그램에서는 이 색상의 차이를 이용해서 동전 분류의 성확도를 높이고자 한다. 이것은 다음의 calc_histo_hue() 함수를 이용해서 색상 히스토그램을 구한다.

```
def calc_histo_hue(coin):
    hsv = cv2.cvtColor(coin, cv2.COLOR_BGR2HSV)                  # 컬러 공간 변환
    hsize, ranges = [32], [0, 180]                               # 32개 막대, 화소값 0~180 범위
    hist = cv2.calcHist([hsv], [0], None, hsize, ranges)         # 0(Hue)채널 히스토그램 계산
    reutrn hist.flatten()                                        # 1차원 전개 후 반환
```

히스토그램 계급 개수(hsize)는 32개로 하며, 범위(range)는 0~180으로 지정한다. 또한, Hue 채널 히스토그램만을 계산하면 되기 때문에 두 번째 인수로 [0]으로 0번째 채널(Hue)만 히스토그램을 계산한다. 마지막으로 cv2.calcHist() 함수의 히스토그램 반환 결과 행렬이 2차원 행렬(18, 1)이다. 이후 유사도 계산 과정에 편의를 위해서 1차원 행렬로 전개해서 반환한다.

여기까지의 과정을 예제로 구현해 보자. 먼저 앞서 구현한 make_coin_img() 함수와 calc_histo_hue() 함수를 'header/coin_utils.py' 파일에 옮겨 적는다. 또한, draw_histo_hue() 함수는 6.3.4 예제에서 사용한 색상 히스토그램을 그리는 함수이다. 이 함수는 히스토그램 관련 함수를 모아둔 '../Common/histogram.py' 파일에 옮겨 적는다. 그리고 이 함수들은 현재 소스에서 임포트한다.

예제 12.1.2 동전 객체 히스토그램 그리기 - 02.draw_coin_histo.py

```
01 from coin_preprocess import *
02 from coin_utils import *                                    # 모든 함수 임포트
03 from Common.histogram import draw_histo_hue                 # 색상 히스토그램 생성 함수
04
05 coin_no = 15                                                # 동전 번호
06 image, th_img = preprocessing(coin_no)                      # 전처리 수행
07 circles = find_coins(th_img)                                # 동전 객체 검출
08 coin_imgs = make_coin_img(image, circles)                           # 동전 영상 분리
09 coin_hists = [calc_histo_hue(coin) for coin in coin_imgs]           # 색상 히스토그램
10
11 for i, img in enumerate(coin_imgs):
12     h, w = 200, 256                                                 # 히스토그램 영상 크기
13     hist_img = draw_hist_hue(coin_hists[i], (h, w, 3))              # 색상 히스토그램 표시
14
15     merge = np.zeros((h, w+h, 3), np.uint8)
16     merge[:, :w] = hist_img                                 # 결과 행렬 왼쪽 - 히스토그램 영상
17     merge[:, w:] = cv2.resize(img, (h, h))                  # 결과 행렬 오른쪽 - 동전 영상
18     cv2.imshow("hist&coin - " + str(i), merge)
19
20 cv2.waitKey(0)
```

| 설명 |

① 3행은 히스토그램 관련 함수들을 모아둔 Common.histogram 모듈에서 darw_histo_hue() 함수를 임포트해서 색상

히스토그램을 그릴 수 있도록 한다.

② 8행은 전처리 영상에서 동전 영상들을 분리한다.

③ 9행은 분리된 동전 영상들(coin_imgs)을 순회하며, 색상 히스토그램을 생성해서 리스트로 반환한다.

④ 11~18행은 분리된 동전들과 해당 색상 히스토그램을 묶어 하나의 영상으로 표시한다.

⑤ 13행에서 200행, 256열 크기로 색상 히스토그램을 생성한다.

⑥ 15행은 히스토그램 영상과 동전 영상을 하나로 합칠 영상을 생성한다.

⑦ 16, 17행은 히스토그램 영상 너비를 기준으로 왼쪽에서는 히스토그램 영상을 복사하고, 오른쪽에서는 동전 영상을 복사한다. 이때, 검출된 동전 영상과 복사될 merge 행렬의 크기가 다르기 때문에 동전 영상의 크기를 merge 행렬에 맞게 변경해서 복사한다.

| 실행결과 |

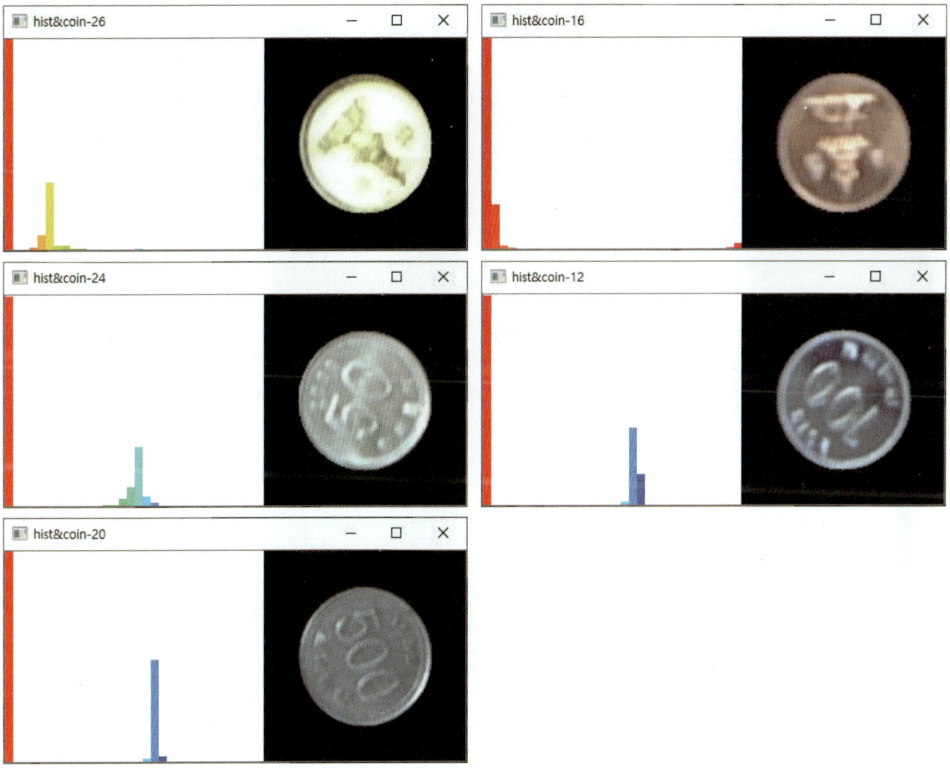

실행결과는 검출된 동전들을 대표해서 한 개씩만 나타내었다. 10원 동전들과 50원 이상의 동전들에서 색상 히스토그램의 분포가 각각 확연히 다른 것을 볼 수 있다.

12.1.5 동전 그룹 분류

이제 동전을 인식하고, 금액을 계산해 보자. 전체 과정은 먼저, 색상 히스토그램을 이용하여 동전을 두 그룹으로 분류하고, 다음으로 동전 객체의 반지름 정보를 이용해서 동전 금액을 인식한다.

동전 영상의 색상 히스토그램은 〈그림 12.1.7〉과 같이 10원 동전과 50원 이상의 동전으로 구분해 서로 다른 분포를 나타낸다. 이러한 특성을 이용하면 두 그룹을 쉽게 구분할 수 있다.

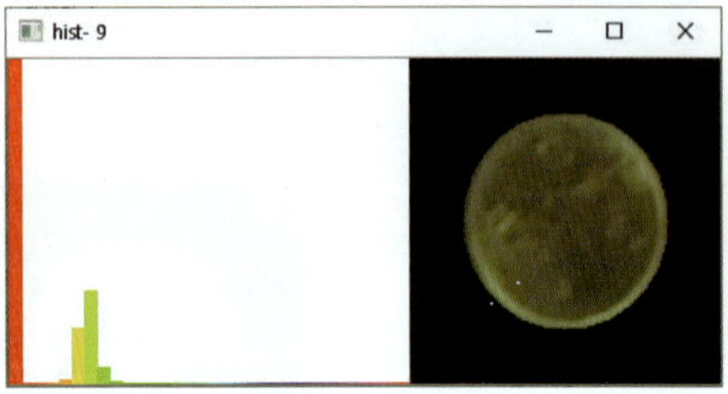

(a) 10원 동전

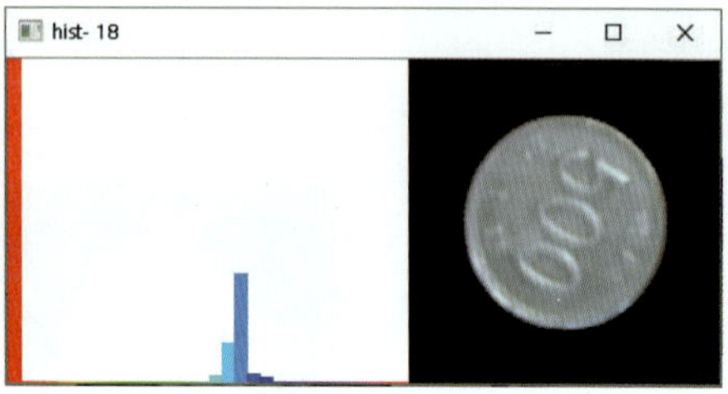

(b) 500원 동전

〈그림 12.1.7〉 동전 종류에 따라 다른 히스토그램 분포

이를 위해서 다음과 같이 히스토그램 가중치를 도입한다. 히스토그램 가중치(ω)는 50원 이상 동전들의 색상 히스토그램을 평균한 값을 기반으로 구성한 것이다.

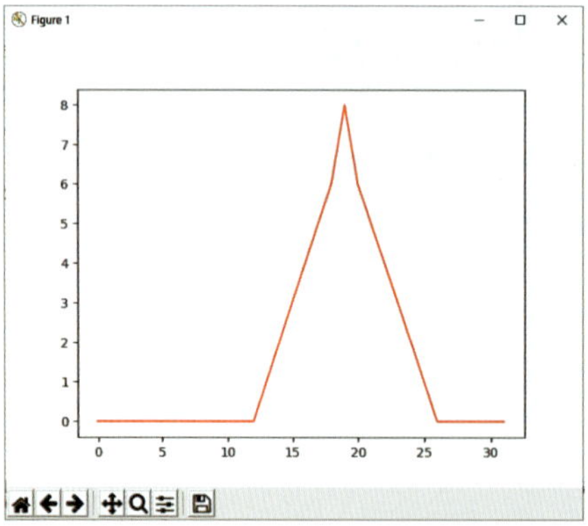

〈그림 12.1.8〉 히스토그램 가중치

이 가중치 값과 히스토그램의 각 계급의 빈도값을 곱하여 다음의 수식으로 히스토그램 유사도(S)를 계산한다. 여기서 가중치 곡선과 동전 영상의 히스토그램 분포가 비슷하면 유

사도 값이 커지며, 50원 이상의 동전으로 지정한다. 여기서 1.2라는 값은 실험적으로 산정된 값으로 실험 상황에 따라서 변경될 수 있다.

$$S = \frac{\sum H(i) * \omega(i)}{\sum H(i)}, \quad i\{0,\ 2,\ \cdots,\ N\} \quad \begin{cases} Group1, & where\ S > 1.2 \\ Group0, & otherwise \end{cases}$$

이 과정은 다음의 grouping() 함수에서 구현한다. 히스토그램을 인수로 입력받아서 히스토그램 가중치 값(ω)를 설정하여 위 수식에 따라서 히스토그램 유사도(S)를 계산한다. 여기서 np.sum() 함수에서 axis 인수가 0이면 y 방향, 1이면 x 방향, 2이면 z 방향 합을 구한다.

```
def grouping(hists):
    ws = [0, 0, 0, 0, 0, 0, 0, 0, 0, 0, 0, 0, 0, 1, 2, 3,
          4, 5, 6, 8, 6, 5, 4, 3, 2, 1, 0, 0, 0, 0, 0, 0]        # 가중치 32개 원소 지정

    sim = np.multiply(hists, ws)                                  # 히스토그램과 가중치 곱
    similaritys = np.sum(sim, axis=1) / np.sum(hists, axis=1)     # 가중치 곱의 합/히스토그램 합
    groups = [1 if s > 1.2 else 0 for s in similaritys]

    ## 결과 보기
    # x = np.arange(len(ws)) # plt.plot(x, ws, 'r'), plt.show(), plt.tight_layout()  # 가중치 그래프 보기
    # for i, s in enumerate(similaritys):                                       # 그룹핑 결과 출력
    #     print("%d %5.0f  %d" % (i, s, groups[i]))
    reutrn groups
```

12.1.6 개별 동전 종류 결정

색상 히스토그램으로 두 개 그룹을 분류했으면, 각 그룹을 기반으로 동전의 반시름을 이용해서 동전의 종류를 결정한다. 각 동전을 분류하는 동전 반지름의 기준은 〈표 12.1〉과 같이 한다. 여기서 [그룹 0]은 모든 동전이 10원이 되어야 하지만 조명이나 동전 상태 등의 이유로 동전 객체의 검출이 정확하지 않은 100원과 500원 동전으로도 분류될 수도 있어서 조건을 만들어 둔다.

〈표 12.1〉 동전 객체의 반지름에 따른 동전 분류

동전 종류		동전 반지름
그룹 0	500 원	50 ≤ raduis < 56
	100 원	47 ≤ raduis < 50
	10 원	26 ≤ raduis < 47
그룹 1	500 원	50 ≤ raduis < 56
	100 원	44 ≤ raduis < 50
	50 원	36 ≤ raduis < 44
	10 원	26 ≤ raduis < 36

이 과정은 다음의 classify_coins() 함수에서 구현한다. 여기서 동전 종류의 분류는 if 문을 사용하지 않고 슬라이스 연산자로 각 원소에 동전 종류를 지정해서 구현하였다.

```
def classify_coins(circles, groups):
    ncoins = [0] * 4
    g = np.full((2, 70), -1, np.int)                        # 2행으로 두 개 그룹 설정
    g[0, 26:47], g[0, 47:50], g[0, 50:] = 0, 2, 3           # 10원 그룹- 10원 가능성 확대
    g[1, 36:44], g[1, 44:50], g[1, 50:] = 1, 2, 3           # 50원 그룹- 50원 100원 가능성 확대

    for group, (_, radius) in zip(groups, circles):         # 동전 객체 순회
        coin = g[group, radius]                             # 동전 종류 확정
        ncoins[coin] += 1                                   # 동전별 개수 산정
    reutrn np.array(ncoins)                                 # 넘파이 행렬로 반환
```

12.1.7 최종 동전 계산 프로그램

이제 전체 프로그램을 완성해 보자. 앞서 작성한 classify_coins(), grouping() 함수를 'coin_utils.py' 파일로 옮겨 저장한다. 또한, Common.utils 모듈에서 영상에 글자를 출력하는 put_string() 함수를 임포트한다.

예제 12.1.3 동전 계산 프로그램 완성 - 03.calc_coins.py

```
01 from coin_preprocess import *
02 from coin_utils import *                                   # 관련 함수 임포트
03 from Common.utlis import put_string                        # 문자열 표시 함수 임포트
04 
05 coin_no = int(input("동전 영상 번호: "))
06 image, th_img = preprocessing(coin_no)                     # 전처리 수행
07 circles = find_coins(th_img)                               # 객체(중심점, 반지름) 검출
08 coin_imgs = make_coin_img(image, circles)                  # 개별 동전 영상 생성
09 
10 coin_hists= [calc_histo_hue(coin) for coin in coin_imgs]          # 동전 영상 히스토그램
11 groups = grouping(coin_hists)                              # 동전 영상 그룹 분리
12 
13 ncoins = classify_coins(circles, groups)                   # 동전 인식
14 coin_value = np.array([10, 50, 100, 500])                  # 동전 금액
15 for i in range(4):
16     print("%3d원: %3d개" % (coin_value[i], ncoins[i]))     # 동전별 개수 출력
17 
18 total = sum(coin_value * ncoins)                           # 동전 금액 * 동전별 개수
19 str = "Total coin: {:,} Won".format(total)                 # 계산 금액 문자열
20 print(str)                                                 # 실행창에 출력
21 put_string(image, str, (10, 50), '', (0, 230, 0))          # 영상에 출력
22 
23 ## 동전 객체에 정보(반지름, 금액) 표시
24 color = [(0, 0, 250), (255, 255, 0), (0, 250, 0), (250, 0, 255)]   # 동전별 색상
25 for i, (c, r) in enumerate(circles):
26     cv2.circle(image, c, r, color[groups[i]], 2)
27     put_string(image, i, (c[0] - 15, c[1] - 10), "", color[2])    # 검출 순번
28     put_string(image, r, (c[0], c[1] + 15), "", color[3])         # 동전 반지름
29 
30 cv2.imshow("result image", image)
31 cv2.waitKey(0)
```

| 설명 |

① 11행은 동전을 색상 히스토그램에 따라서 2개 그룹으로 구분한다.

② 13행은 그룹에 따라 다른 동전 반지름으로 동전의 종류를 구분하여 동전별로 개수를 센다.

③ 14행은 동전별 금액을 리스트로 생성한다.

④ 15, 16행은 각 동전의 액면가(coin_value)과 누적 개수(ncoins)를 출력한다.

⑤ 18행은 각 동전 금액 행렬과 누적 개수 행렬을 곱한다. 두 행렬이 ndarray 객체이기에 곱하면 원소간 곱셈을 한다. 곱해진 결과 행렬을 sum() 함수로 합하면 전체 동전 총액을 계산할 수 있다.

⑥ 19행은 계산된 동전 총액을 출력 영상에 표시하기 위한 문자열이다.

⑦ 21행은 Common.utils 모듈의 put_string() 함수를 호출한다. 영상에 문자열을 표시한다.

⑧ 24~28행은 모든 검출 동전들(circles)을 순회하며 그룹별로 색상을 달리하여 동전에 원을 표시한다.

⑨ 27행은 동전의 검출 순번을 검출 동전의 중심좌표에서 좌상단으로 (15, 10)만큼 이동한 위치에 표시한다.

⑩ 28행은 검출 동전의 중심좌표 오른쪽으로 15 만큼 이동한 위치에 동전 반지름을 표시한다.

| 실행결과 |

Run: 03.calc_coins

```
C:\Python\python.exe D:/source/chap12/03.calc_coins.py
동전 영상 번호: 24
 10원:  15개
 50원:   1개
100원:   6개
500원:   5개
Total coin: 3,300 Won
```

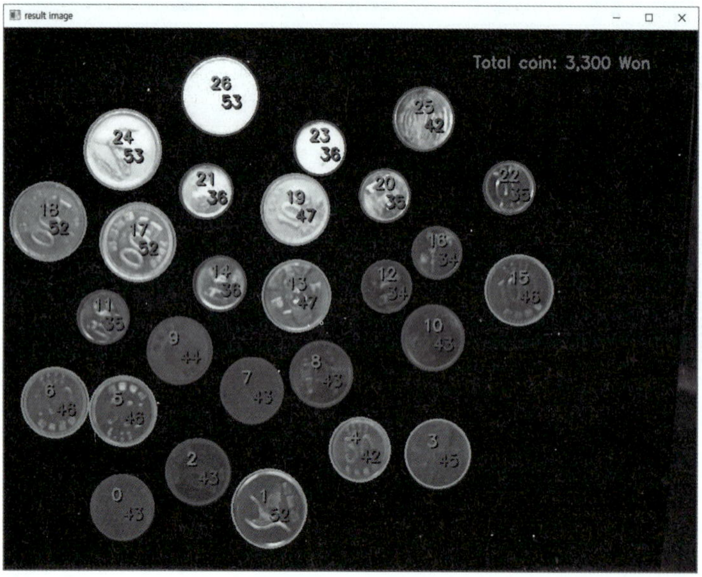

실행 결과를 보면, 실행창에서 동전 번호를 입력하면 해당 동전 영상을 읽어서 금액을 계산한다. 각 동전의 개수와 전체 금액을 출력한다. 또한, 동전 영상에 검출된 동전을 그룹 색상별로 원으로 표시하며, 각각 검출 순번과 반지름도 표시하였다.

12.2 SVM을 이용한 차량 번호 검출 프로그램

2019년 12월 현재 우리나라 차량등록 수는 2,367만 대이다. 인구 2.2 명당 1대의 차량을 보유하고 있다. 앞으로 차량이 많아서 교통체증 문제, 주차문제, 환경오염 문제 등이 심각할 수 있다. 따라서 차량을 효율적으로 관리하는 것이 필요하며, 주차장 관리와 관련하여 차량 번호판 자동인식은 필수가 되었다. 차량 번호 인식(LPR: License Plate Recognition) 시스템은 아파트 주차장이나 공영 주차장, 빌딩 등에서 진입 차량의 번호판을 자동을 인식 및 식별하여 차량과 주차 관리를 제어하는 시스템을 말한다.

참조: http://park119.kr

〈그림 12.2〉 차량번호판 인식기

차량 번호 인식 프로그램은 크게 두 단계로 나눌 수 있다. 첫 단계는 입력 영상에서 번호판 영역을 검출하는 단계이다. 이것은 먼저 번호판이 검출되어야 번호판에 있는 문자와 숫자를 인식할 수 있기 때문이다. 다음 단계로 검출된 번호판 영역에서 숫자나 문자를 인식하는 단계이다.

이 절에서는 기계 학습(machine learning) 알고리즘 중의 하나인 SVM (Support Vector Machine)을 이용하여, 자동차 번호판 영역을 검출한다. 그리고 앞 장에서 예제로 다룬 k-NN을 이용해서 숫자와 문자를 분류하여 번호판의 번호를 인식하는 예제를 소개한다.

12.2.1 SVM의 개념

〈그림 12.2.1〉의 왼쪽과 같이 흰색 원과 검은색 원이 학습용 데이터로 주어졌고, 새로운 테스트 데이터가 이제 입력되었다고 가정하자. 일반적으로는 각 그룹 내에서 데이터 간 거리를 측정하여 중심점(center)을 구한다. 그리고 두 중심점의 중간에 최적의 분리 경계면을 구한다. 이 판별 경계를 기준으로 새로운 데이터에 대하여 분류할 수 있다. 이러한 방식을 선형 판별법이라 한다.

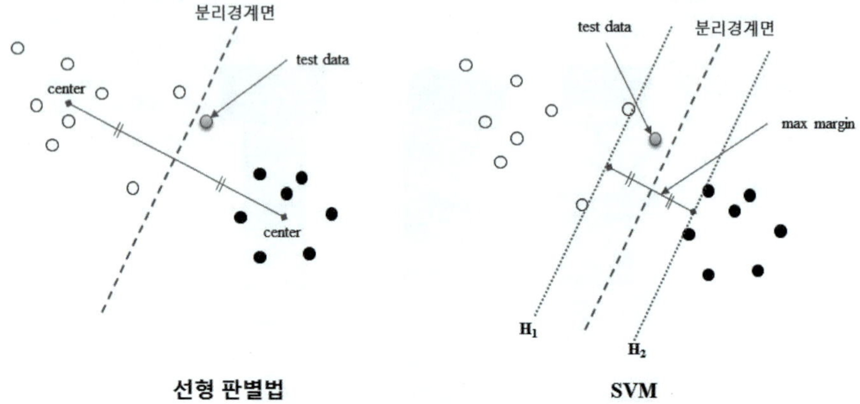

〈그림 12.2.1〉 SVM의 기본적인 원리

SVM은 데이터들을 분리하는 분리 경계면 중에서 각 분류 데이터들과의 거리(margin)가 가장 먼 분리 경계면을 찾아냄으로써, 데이터를 분리하는 방법이다. 즉, 분리 경계와 실제 데이터들 사이의 여백(margin)이 가장 크도록 분리 경계를 설정하는 것이다. 이 여백 공간을 설정함으로써 새로운 데이터에 대한 판별의 정확도를 높이며, 일반화 오류를 줄인다.

SVM에서는 각 그룹의 중심점이 아닌 두 그룹 사이의 경계에 있는 데이터(support vector)에 초점을 맞춘다. 즉, 흰색과 검은색의 각 그룹의 경계에서 먼저 H1과 H2 선을 긋고, 그 선 안에서 가운데에 새로운 선을 그어 최적의 분리 경계면을 정한다.

여기에서 H1, H2를 구하는 방식은 무한히 존재할 수 있다. 다만, 두 선분의 사이에 학습 데이터가 존재하지 않는다는 점과 두 선분 사이의 거리가 최대가 된다는 제약 조건을 둠으로써 SVM의 분리 경계면이 하나로 정해지도록 한다.

따라서 'test data'라는 새로운 실험 데이터가 〈그림 12.2.1〉과 같이 있다면, 선형 판별법은 검정색으로 잘못 분류할 수 있지만, SVM은 흰색으로 올바르게 예측한다. 여기서 H1,

H2를 정하는데 기여하는 학습용 데이터를 서포트 벡터(support vector)라고 한다.

12.2.2 번호판 검출 프로그램 전체 처리 과정

자동차 번호판을 검출하는 전체 과정은 <그림 12.2.2>와 같이 왼쪽의 번호판 학습 모듈과 오른쪽의 번호판 분류 모듈로 구성된다. 번호판 학습을 위해서 번호판 영상과 번호판이 아닌 영상들을 수집하다. 수집된 모든 영상들을 이용해서 cv2.ml_SVM 클래스로 SVM 학습을 수행한다.

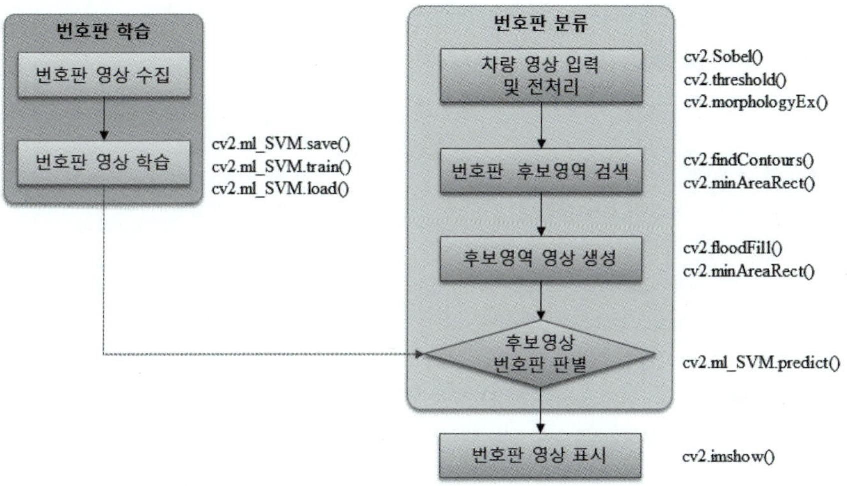

<그림 12.2.2> 번호판 검출 프로그램 전체 구성

학습이 완료되면 오른쪽의 번호판 분류 모듈에서 분류 대상 차량 영상을 입력받아서 전처리를 수행한다. 다음으로 번호판 후보 영역을 찾고, 영역 채움 함수(cv2.floodFill())를 이용해서 후보 영역을 영상으로 생성한다. 생성된 후보 영상에 대해 번호판 판별을 위해 cv2.ml_SVM.predict() 함수로 SVM 분류를 수행한다. 그 결과, 번호판 영상을 찾아서 화면에 표시한다.

12.2.3 번호판 영상 학습

SVM을 수행하려면 먼저 학습 데이터를 생성해서 분류를 위한 학습을 수행해야 한다. 차량 번호를 공개할 수 없기 때문에 본 예제에서는 번호판 영상과 번호판이 아닌 영상을 70

개씩을 이용해서 학습을 수행하고, 학습된 데이터를 'SVMtrain.xml' 파일의 형태로 제공한다.

만약 번호판 영상으로 학습을 하고자 하면, 번호판 영상들을 직접 촬영하거나 생성해야 한다. 그리고 'images/plate' 폴더에 000.png~069.png까지의 파일명으로 구성한다. 070.png~139.png의 파일은 번호판이 아닌 영상으로 제공된다. 140개의 학습 영상이 모두 준비되었으면, 다음의 소스를 실행해보기 바란다. 여기서 학습 영상의 크기는 144×28이다.

예제 12.2.1 번호판 영상 수집 및 학습 - 04.collect_carimage.py

```
01 import numpy as np, cv2
02 from Common.functions import imread
03
04 def SVM_create(type, max_iter, epsilon):
05     svm = cv2.ml.SVM_create()                        # SVM 객체 선언
06     ## SVM 파라미터 지정
07     svm.setType(cv2.ml.SVM_C_SVC)                    # C-Support Vector Classification
08     svm.setKernel(cv2.ml.SVM_LINEAR)                 # 선형 SVM
09     svm.setGamma(1)                                  # 커널 함수의 감마값
10     svm.setC(1)                                      # 최적화를 위한 C 파라미터
11     svm.setTermCriteria((type, max_iter, epsilon))   # 학습 반복 조건 지정
12     reutrn svm
13
14 nsample = 140                                        # 학습 영상 총 개수
15 trainData = [cv2.imread(“images/plate/%03d.png” %i, 0) for i in range(nsample)]
16 trainData = np.reshape(trainData, (nsample, -1)).astype(‘float32’)
17 labels = np.zeros((nsample, 1), np.int32)            # 레이블 행렬
18 labels[:70] = 1                                      # 번호판 레이블 번호
19
20 print(“SVM 객체 생성”)
21 svm = SVM_create(cv2.TERM_CRITERIA_MAX_ITER, 1000, 1e-6)     # SVM 객체 생성
22 svm.train(trainData, cv2.ml.ROW_SAMPLE, labels)              # 학습 수행
23 svm.save(“SVMtrain.xml”)                                     # 학습된 데이터 저장
24 print(“SVM 객체 저장 완료”)
```

| 설명 |

① 4~12행은 SVM 객체를 생성하고 파라미터를 설정하는 함수이다.

② 15행은 'images/plate' 폴더에 있는 140개의 영상을 명암도 영상으로 읽어 들여 학습 영상을 원소로 갖는 리스트를 구성한다.

③ 16행은 trarinData 리스트는 28행, 144열 영상이 140개이다. np.reshape() 함수에 두 번째 인수로 -1을 적용해서 하나의 학습 영상이 1행이 되로록 한다. 즉, 전체 학습데이터를 140행, 4,032열로 변경한다. 여기서 학습 데이터는 float32형으로 변경해서 svm.train() 함수의 인수로 사용할 수 있도록 한다.

④ 17, 18행은 0~69번 영상은 1로, 70~139번 영상은 0으로 레이블값을 지정한다. 이것은 번호판 영상과 번호판 아닌 영상을 구분하기 위한 기준값이다.

⑤ 21행은 SVM 객체의 학습 조건을 지정한다. cv2.TERM_CRITERIA_MAX_ITER는 최대 반복수(1000)를 기반을 학습을 수행한다.

⑥ 22행은 SVM 학습을 수행한다. 두 번째 인수로 cv2.ml.ROW_SAMPLE를 지정해서 1행이 하나의 샘플로 구성되도록 지정한다.

⑦ 23행은 'SVMtrain.xml' 파일로 SVM 학습한 결과를 저장한다.

| 실행결과 |

```
SVMtrain.xml - 메모장
파일(F) 편집(E) 서식(O) 보기(V) 도움말
<?xml version="1.0"?>
<opencv_storage>
<opencv_ml_svm>
  <format>3</format>
  <svmType>C_SVC</svmType>
  <kernel>
    <type>LINEAR</type></kernel>
  <C>1.</C>
  <term_criteria><iterations>1000</iterations></term_criteria>
  <var_count>4032</var_count>
  <class_count>2</class_count>
  <class_labels type_id="opencv-matrix">
    <rows>2</rows>
    <cols>1</cols>
    <dt>i</dt>
    <data>
      0 1</data></class_labels>
  <sv_total>1</sv_total>
  <support_vectors>
    <_>
      2.42166261e-05 4.39279438e-06 -2.54070528e-06 4.73219188e-06
      5.13863552e-06 9.51447419e-07 -1.26075986e-06 8.52291009e-07
      -2.42310171e-06 8.48960099e-07 2.61173932e-06 1.32524667e-06
      -1.74666255e-07 2.78180096e-06 6.92730009e-06 6.51901155e-06
Windows (CRLF)   Ln 1, Col 22   100%
```

실행결과는 학습 결과를 저장한 파일(SVMtrain.xml)을 메모장에서 확인해 본 것이다.

12.2.4 번호판 후보 영역 검색

이제 번호판과 비슷한 모양의 영역들을 검출해 보자. 이를 위해서 먼저 테스트 영상을 읽어서 작업을 쉽게 할 수 있도록 전처리를 수행한다. 이 과정은 다음의 preprocessing()

함수에서 구현하며, 컬러 영상으로 읽어서 명암도 영상으로 변환하고, 블러링을 수행한다. 다음으로 수평 소벨 마스크(dx)를 적용해 수직 방향 에지를 검출한다.

```
def preprocessing(car_no):
    image = cv2.imread("images/car/%02d.jpg" %car_no, cv2.IMREAD_COLOR)
    if image is None: return None, None

    kernel = np.ones((5, 17), np.uint8)                          # 닫힘 연산 마스크(커널)
    gray = cv2.cvtColor(image, cv2.COLOR_BGR2GRAY)               # 명암도 영상 변환
    gray = cv2.blur(gray, (5, 5))                                # 블러링
    gray = cv2.Sobel(gray, cv2.CV_8U, 1, 0, 3)                   # 수직 에지 검출

    th_img = cv2.threshold(gray, 120, 255, cv2.THRESH_BINARY)[1]       # 이진화 수행
    morph = cv2.morphologyEx(th_img, cv2.MORPH_CLOSE, kernel, iterations=3)

    #cv2.imshow("th_img", th_img); cv2.imshow("morph", morph)     # 결과표시
    reutrn image, morph
```

차량 영상에서 번호판 영역은 가로로 긴 모양으로 이 모양을 하나의 영역으로 구성해야 한다. 수직 방향 에지에 모폴로지 닫힘 연산을 가로로 긴 커널(예, 5행 17열)을 구성하여 수행하면 가로로 긴 영역이 합쳐진다. 이때, 닫힘 연산을 여러 번(iterations=3) 수행해야 원하는 결과가 나온다.

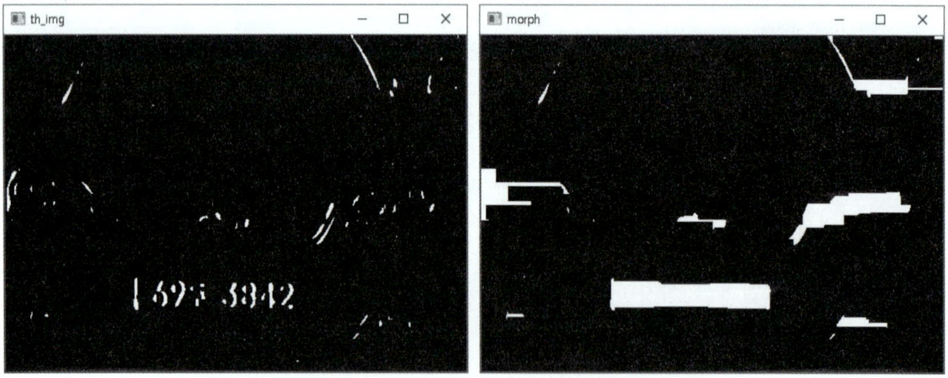

〈그림 12.2.3〉 이진 영상(좌)과 모폴로지 수행 영상(우)

〈그림 12.2.3〉의 왼쪽 그림은 소벨 연산을 거쳐 이진화를 수행한 영상이며, 오른쪽 그림은 이진 영상에 모폴로지 닫힘 연산을 수행한 것이다. 모폴로지 수행 영상은 픽셀이 가로로

연결되어 가로로 긴 영역들을 볼 수 있다. 위 소스에서 영상 표시 부분을 주석 처리해 두었기에 주석을 풀면 결과를 확인할 수 있다.

다음은 find_candidates() 함수에서 전처리 수행 영상에서 번호판 후보 영역을 검색한다. cv2.findContours() 함수는 입력 영상에서 객체들의 외곽선을 검출한다. OpenCV 4.x 버전부터는 반환자료형이 변경되어 예외처리를 해두었다.

```
def verify_aspect_size(size):
    w, h = size
    if h == 0 or w == 0: reutrn False

    aspect = h / w if h > w else w / h              # 세로가 길면 역수 취함
    chk1 = 3000 < (h*w) < 12000                     # 번호판 넓이 조건
    chk2 = 2.0 < aspect < 6.5                       # 번호판 종횡비 조건
    reutrn (chk1 and chk2)

def find_candidates(image):
    results = cv2.findContours(image, cv2.RETR_EXTERNAL, cv2.CHAIN_APPROX_SIMPLE)
    contours = results[0] if int(cv2.__version__[0]) >= 4 else results[1]

    rects = [cv2.minAreaRect(c) for c in contours]   # 회전 사각형 반환
    candidates = [(tuple(map(int, center)), tuple(map(int, size)), angle) # 정수형 변환
                  for center, size, angle in rects if verify_aspect_size(size)]
    reutrn candidates
```

cv2.minAreaRect() 함수는 검출된 외곽선의 최소 영역을 회전 사각형(중심좌표, 크기, 각도)으로 반환한다. 검출된 외곽선(contours)을 모두 조회하며 외각 영역 회전 사각형을 리스트로 만든다.

이제 검출된 회전 사각형(rects)이 번호판 후보인지를 검사해야 한다. 이것은 검출 영역의 넓이가 3,000~12,000 범위이고, 종횡비가 2.0~6.5 범위이면 번호판 후보 영역으로 판단한다. 여기서 검출 영역의 넓이는 원본 차량 영상에서 번호판 영역의 해상도와 번호판 영역의 크기에 따라서 조절할 수 있다.

검출 영역이 후보 영역인 회전 사각형만 모아서 후보 영역(candidates) 리스트를 만든다. 이때, 회전 사각형의 원소들의 자료형은 실수형이며, 좌표로 표시하기 위해서 중심좌표와

크기를 정수형으로 변환한다.

다음의 예제를 통해서 번호판 후보 영역을 영상에 표시해 보자. 앞서 설명한 함수들은 'header/plate_preprocess.py' 파일로 옮겨 저장한다. 또한, 'header' 폴더는 [Sources Root] 속성으로 변경한다.

예제 12.2.2 header/plate_preprocess.py

```
import numpy as np, cv2

def preprocessing(car_no): ···                        # 영상읽기 및 전처리

def verify_aspect_size(size): ···                     # 번호판 종횡비 검사

def find_candidates(image): ···                       # 번호판 후보 검증
```

예제 12.2.2 번호판 후보 영역 검색 - 05.find_plates.cpp

```
01  from plate_preprocess import *                         # 전처리 및 후보 영역 검사 함수
02
03  car_no = int(input("자동차 영상 번호(0~15): "))
04  image, morph = preprocessing(car_no)                   # 전처리- 소벨&열림 연산
05  if image is None: Exception("영상파일 읽기 에러")
06
07  candidates = find_candidates(morph)                    # 번호판 후보 영역 검색
08  for candidate in candidates:                           # 후보 영역 표시
09      pts = np.int32(cv2.boxPoints(candidate))
10      cv2.polylines(image, [pts], True, (0, 225,255), 2) # 다중 좌표 잇기
11      print(candidate)
12
13  if not candidates:                                     # 리스트 원소가 없으면
14      print("번호판 후보 영역 미검출")
15  cv2.imshow("image", image)
16  cv2.waitKey(0)
```

| 설명 |

① 3~11행은 번호판 후보인 회전 사각형들을 영상에 표시하는 함수이다.

② 7행은 'plate_preprocess.py' 파일에 있는 find_candidates() 함수를 호출하여 번호판 후보 영역을 찾는다.

③ 9행은 cv2.boxPoints() 함수로 회전 사각형의 4개 꼭지점 좌표를 가져온다. 이때, 좌표를 그리기 위해서 모든 원소들을 정수형 행렬로 변경하여 pts에 저장한다.

③ 10행은 cv2.polylines() 함수로 pts 원소(좌표)를 잇는 직선을 그린다. 여기서 pts는 []로 감싸야 한다.

| 실행결과 |

```
Run: 05.find_plates
C:\Python\python.exe D:/source/chap12/05.find_plates.py
자동차 영상 번호 (0~15): 0
((224, 271), (32, 171), -88.03858184814453)
((373, 184), (96, 33), -21.614778518676758)
((428, 45), (41, 136), -65.77225494384766)
```

실행 결과를 보면, 번호판 후보 영역들을 사각형으로 표시한다. 그리고 실행창에는 검출된 회전 사각형(후보 영역)의 시작 좌표, 크기, 회전 각도를 출력한다. 그리고 후보 영역의 개수는 실행할때 마다 달라질 수 있다.

12.2.5 번호판 후보 영역 영상 생성

이번에는 번호판 후보 영역 정보를 사용해 번호판 후보 영상을 만들어 보자. 그 과정은 먼저, 원본 컬러 영상으로 기존 후보 영역을 개선한다. 그리고 후보 영역의 회전 각도와 중심 좌표를 이용해서 컬러 영상의 기울기를 보정한 후에 후보 영역의 영상을 가져온다.

앞서 검출한 번호판 후보 영역들은 이진 영상에서 찾았다. 이번에는 이 영역에 대해서 컬러 화소로 비슷한 주변 화소들을 묶어서 영상을 만든다. 이 과정은 color_candidate_img() 함수로 구현한다.

```
01 def color_candidate_img(image, candi_center):
02     h, w = image.shape[:2]
03     fill = np.zeros((h + 2, w + 2), np.uint8)                   # 채움 행렬
04     dif1, dif2 = (25, 25, 25), (25, 25, 25)                     # 채움 색상 범위
05     flags = 0xff00 + 4 + cv2.FLOODFILL_FIXED_RANGE              # 채움 방향 및 방법
06     flags += cv2.FLOODFILL_MASK_ONLY                            # 결과 영상만 채움
07
08     ## 후보 영역을 유사 컬러로 채우기
09     pts = np.random.randint( -15, 15, (20, 2) )                 # 임의 좌표 20개 생성
10     pts = pts + center                                          # 중심 좌표로 평행이동
11     for x, y in pts:                                            # 임의 좌표 순회
12         if 0 <= x < w and 0 <= y < h:                           # 후보 영역 내부이면
13             _, _, fill, _ = cv2.floodFill(image, fill, (x, y), 255, dif1, dif2, flags) #채움누적
14
15         reutrn cv2.threshold(fill, 120, 255, cv2.THRESH_BINARY)[1]
```

| 설명 |

① 4행은 cv2.floodFill() 함수에서 채워질 색상 범위로 하위값(dif1)과 상위값(dif2)을 컬러로 선언한다.

② 5행은 cv2.floodFill() 함수의 마지막 인수(flags)인 연산 플래그를 지정한다. 4방향/8방향 연결방식이 있다. 그리고 'cv2.FLOODFILL_FIXED_RANGE' 옵션은 시드 좌표(x, y)와 4방향 이웃 좌표의 화소값 차분이 범위 이내인지 확인해서 채운다.

③ 6행에서 추가로 'FLOODFILL_MASK_ONLY' 옵션은 입력 영상은 변경하지 않고, 결과 영상만 채움을 수행한다.

④ 9~13행은 번호판 후보 영역들에서 중심 부근에서 비슷한 색상들을 채운다. 여기서 20번 반복하여 누적하여 채움으로써 번호판 영역의 오검출을 최소화한다.

⑤ 9행은 20행, 2열로 pts 행렬의 원소를 -15~15 범위의 값으로 랜덤하게 생성한다.

⑥ 10행은 임의 좌표들을 번호판 후보 영상의 중심 좌표만큼 평행이동한다. 번호판 후보 영상의 중심 좌표에서 랜덤한 좌표들을 지정하기 위함이다.

⑦ 12행은 랜덤 평행이동 좌표가 입력 영상 범위 안인지 검사한다.

⑧ 13행은 랜덤 좌표가 영상 범위이면 cv2.floodFill() 함수로 랜덤 좌표(x, y)와 비슷한 색상들을 흰색으로 채워서 fill 행렬에 저장하며, 이 과정을 20개 좌표에 대해 반복 수행해서 fill 행렬에 누적한다.

⑨ 15행은 비슷한 색상 영역이 누적된 fill 행렬을 이진화하여 반환한다. cv2.threshold() 함수가 2 원소 튜플로 반환하며, 2번째 원소가 이진 결과 행렬이다.

다음은 검출된 번호판 후보 영역에 대해 회전을 보정하는 rotate_plate() 함수에 대한 설명이다. 번호판 후보 영역은 회전 사각형으로 3 원소(중심 좌표, 크기, 회전 각도) 튜플이다. 여기서 검출 사각형이 회전각도 만큼 기울어져 있기에 이 각도만큼 역으로 회전하면

번호판이 가로로 긴 직사각형으로 놓이게 된다. 이때, 검출 후보 영역이 세로로 긴 영역이면 가로와 세로 값을 맞바꾸고 회전 각도에 90도 더해주어 방향을 맞춘다.

```
def rotate_plate(image, rect):
    center, (w, h), angle = rect                                # 중심 좌표, 크기, 회전 각도
    if w < h :                                                  # 세로가 긴 영역이면
        w, h = h, w                                             # 가로와 세로 맞바꿈
    angle += 90                                                 # 회전 각도 조정

    size = image.shape[1::-1]                                   # 행태와 크기는 역순
    rot_mat = cv2.getRotationMatrix2D(center, angle, 1)         # 회전 행렬 계산
    rot_img = cv2.warpAffine(image, rot_mat, size, cv2.INTER_CUBIC)     # 회전 변환

    crop_img = cv2.getRectSubPix(rot_img, (w, h), center)       # 후보 영역 가져오기
    crop_img = cv2.cvtColor(crop_img, cv2.COLOR_BGR2GRAY)       # 명암도 영상
    reutrn cv2.resize(crop_img, (144, 28))                      # 크기변경 후 반환
```

다음으로 cv2.getRotationMatrix2D()에 각도(angle)를 인수도 지정하면 회전 변환 행렬을 계산해주고, 이 변환 행렬(rot_mat)을 cv2.warpAffine() 함수에 적용하면 전체 원본 영상(image)이 회전된다. 그리고 회전 영상(rot_img)에 cv2.getRectSubPix() 함수로 후보 영역 중심(center)에서 후보 영역의 크기(w, h)만큼을 가져오면 회전 보정된 번호판 후보 영상(crop_img)이 된다. 마지막으로 결과는 SVM 학습에 사용했던 학습 데이터셋(번호판 영상)의 크기와 같도록 가로 144, 세로 28의 크기로 정규화하여 반환한다.

이제 앞의 두 함수를 사용해서 번호판 후보 영상을 생성해 보자. 앞서 설명한 color_candidate_img(), rotatc_plate() 함수는 'header/plate_candiate.py' 파일로 옮겨 저장한다.

예제 12.2.3 후보 영상 검증 헤더 파일 - header/plate_candidate.py

```
import numpy as np, cv2

def color_candidate_img(image, center): …

def rotate_plate(image, rect): …                    # 회전 및 후보 영상 분리 함수
```

예제 12.2.3 **번호판 영상 생성 - 06.correct_plate.py**

```
01 from plate_preprocess import *                          # 전처리 및 후보 영역 검출 함수
02 from plate_candidate import *                           # 후보 영역 개선 및 후보 영상 생성 함수
03
04 car_no = 0
05 image, morph = preprocessing(car_no)                    # 전처리- 소벨 & 열림연산
06 candidates = find_candidates(morph)                     # 번호판 후보 영역 검색
07
08 fills = [color_candidate_img(image, size) for size, _, _ in candidates]   # 후보 영역 재생성
09 new_candis = [find_candidates(fill) for fill in fills]                     # 재생성 영역 검사
10 new_candis = [cand[0] for cand in new_candis if cand]                      # 재후보 있으면 저장
11 candidate_imgs =[rotate_plate(image, cand) for cand in new_candis]   # 후보 영역 영상
12
13 for i, img in enumerate(candidate_imgs):                                   # 후보 영상 표시
14     pts = np.int32(cv2.boxPoints(new_candis[i]))
15     cv2.polylines(image, [pts], True, (0, 225, 255), 2)
16
17 cv2.imshow("image", image)
18 cv2.waitKey()
```

| 설명 |

① 8행은 후보 영역들로 임의 좌표에서 비슷한 색(컬러)을 채워 fills 영상들을 생성한다.

② 9행은 앞서 전체 영상에서 후보 영역을 찾았던 find_candidates() 함수를 이용해서 fills 영상들에 대해서 다시 수행해서 후보 영역을 재검증한다. 하나의 fill 영상마다 2차원 행렬이 반환되기 때문에 반환 결과는 차원이 하나 증가해서 3차원 행태가 된다.

③ 10행은 재검증에서 후보 영역이 되면 cand 리스트에 원소(후보 영역 정보)가 존재하고 후보 영역이 아니면 원소가 없다. 따라서 원소 존재 여부를 확인해서 존재하면 원소를 저장하고, 존재하지 않으면 원소를 제거하여 후보 영역을 확정한다. 이때, 첫 원소[0]에 후보 영역 정보가 있어서 이것만 가져오면 후보 영역 리스트(new_candis)의 증가했던 차원을 다시 줄일 수 있다.

④ 11행은 후보 영역들(new_candis)로 번호판 후보 영상을 생성한다.

⑤ 13~15행은 후보 영역을 입력 영상에 표시하고, 검출된 후보 영상들을 새 창에 띄운다.

| 실행결과 |

실행 결과를 앞의 예제_12.2.2과 비교해 보자. 3개의 후보 영역이 2개로 줄었다. 이것은 후보 영상 생성과 재 검증과정에서 하나의 후보 영역이 제거된 것이다. 그리고 컬러 화소를 이용한 채움 누적으로 후보 영상을 생성하여 후보 영역이 개선되는 것을 볼 수 있나. 여기서 후보 영역의 중심에서 랜덤하게 15개의 좌표로 채움 누적을 하기 때문에 실행할 때마다 후보 영역이 다르게 검출 될 수 있다.

12.2.6 후보 영상의 번호판 반별

번호판 후보 영상을 완성했으면, 이제 SVM 분류로 판별한다. 먼저, 12.2.1 예제에서 SVM 학습하여 저장해 둔 'SVMtrain.xml' 파일을 로드해서 사용한다.

예제 12.2.4 번호판 인식 프로그램 완성 - 07.classify_plate.py

```
from plate_preprocess import *                 # 전처리 및 후보 영역 검출 함수
from plate_candidate import *                  # 후보 영역 개선 및 후보 영상 생성 함수

car_no = int(input("자동차 영상 번호(0~15): "))
image, morph = preprocessing(car_no)
candidates = find_candidates(morph)            # 번호판 후보 영역 검색

fills = [color_candidate_img(image, size) for size, _, _ in candidates]   # 후보 영역 재생성
new_candis = [find_candidates(fill) for fill in fills]        # 재생성 영역 검사
new_candis = [cand[0] for cand in new_candis if cand]         # 재후보 있으면 저장
candidate_img =[rotate_plate(image, cand) for cand in new_candis]   # 후보 영역 영상
```

```
12
13  svm = cv2.ml.SVM_load("SVMtrain.xml")                              # 학습된 데이터 적재
14  rows = np.reshape(candidate_imgs, (len(candidate_imgs), -1))       # 1행 데이터들로 변환
15  _, results = svm.predict(rows.astype('float32'))                   # 분류 수행
16  correct = np.where(results == 1)[0]                                # 정답 인덱스 찾기
17
18  print("분류 결과:\n", results)
19  print("번호판 영상 인덱스:", correct )
20
21  for i, idx in enumerate(correct):
22      cv2.imshow("plate image_" + str(i), candidate_imgs[idx])       # 후보영역 영상 출력
23      cv2.resizeWindow("plate image_" + str(i), (250,28))            # 윈도우 크기 조정
24
25  for i, candi in enumerate(new_candis):
26      color = (0, 255, 0) if i in correct else (0, 0, 255)          # 후보영역 확인 및 색 지정
27      cv2.polylines(image, [np.int32(cv2.boxPoints(candi))], True, color, 2) # 후보 영역 표시
28
29  print("번호판 검출완료") if len(correct)>0 else print("번호판 미검출")
30
31  cv2.imshow("image", image)
32  cv2.waitKey(0)
```

| 설명 |

① 13행은 학습된 svm 객체를 로드한다.

② 14행은 np.reshape() 함수로 후보 영상 개수만큼 행의 개수를 만들고, 열은 -1를 적용하여 하나의 후보 영상이 1행 데이터가 되도록 한다.

③ 15행은 SVM 분류를 수행해서 번호판 후보 영상 모두를 한 번에 번호판 영상인지 분류한다. 이때 입력 데이터는 실수(float32)형이어야 한다. 결과를 2 원소 튜플로 반환하며, 두 번째 원소가 분류 결과 행렬이다. 분류 결과 행렬(results)은 검출한 모든 후보 영상에 대한 분류 결과로 2차원 행렬이다.

④ 16행은 후보 영역들에서 분류 결과가 번호판인(레이블값 1인) 인덱스를 찾는다. 이때 np.where() 함수의 반환 결과가 2 원소(y 좌표 행렬, x 좌표 행렬) 튜플이다. results 행렬이 2차원 열벡터이기 때문에 x 좌표행렬은 필요다. [0]번 원소인 y 좌표 행렬만 가져온다.

④ 18행은 2차원(후보 영상 개수(n)행, 1열)인 results 행렬의 분류 결과들을 실행창에 출력한다.

⑤ 19행은 분류 결과 중에서 번호판으로 분류된 후보 영역의 인덱스(correct)를 실행창에 출력한다.

⑥ 21~23행은 후보 영역들 중에서 번호판으로 분류된 영역의 인덱스(idx)로 후보 영역 영상을 가져와 윈도우에 출력한다.

⑦ 25~27행은 모든 후보 영상을 순회하며, 입력 영상에 사각형으로 표시한다. 이때, 번호판으로 분류된 영역은 녹색(0, 255, 0), 그렇지 않은 영역은 빨간색(0, 0, 255)으로 그린다.

⑧ 29행은 correct 행렬의 원소가 존재하면 후보 영상 중에 번호판이 판별된 것이다.

| 실행결과 |

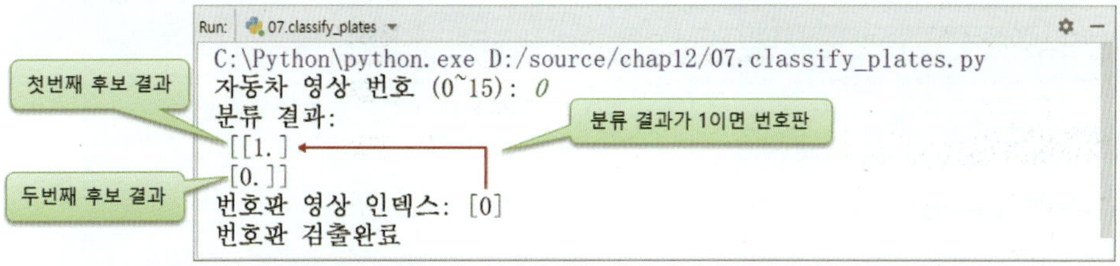

실행 결과를 보면, 2개의 후보 영상들을 분류한 결과를 2차원 행렬로 나타내며, 각 행이 하나의 후보 영상에 대한 분류 결과이다. 또한, 입력 영상에 검출 후보 영역을 빨간색(번호판 비판정)과 녹색(번호판 판정)으로 그리며, 번호판 판정 영상만 새 윈도우에 띄운다.

12.3 k-NN을 이용한 차량 번호 인식

12.3.1 번호판 문자 인식 프로그램 전체 처리 과정

번호판 영상을 검출했다면 이제 번호판 영상에서 숫자와 문자를 인식해보자. 〈그림 12.3.1〉은 번호판 인식 프로그램의 전체 과정으로 왼쪽의 숫자(문자) 학습 모듈과 오른쪽의 숫자(문자) 인식 모듈로 구성된다. 숫자의 학습과 인식은 앞서 10장 k-NN 응용 예제로 다루었던 소스를 함수로 구현해서 사용한다. 다만, 차이가 있다면 숫자 데이터 학습과 더불어 문자 데이터 학습을 추가한다.

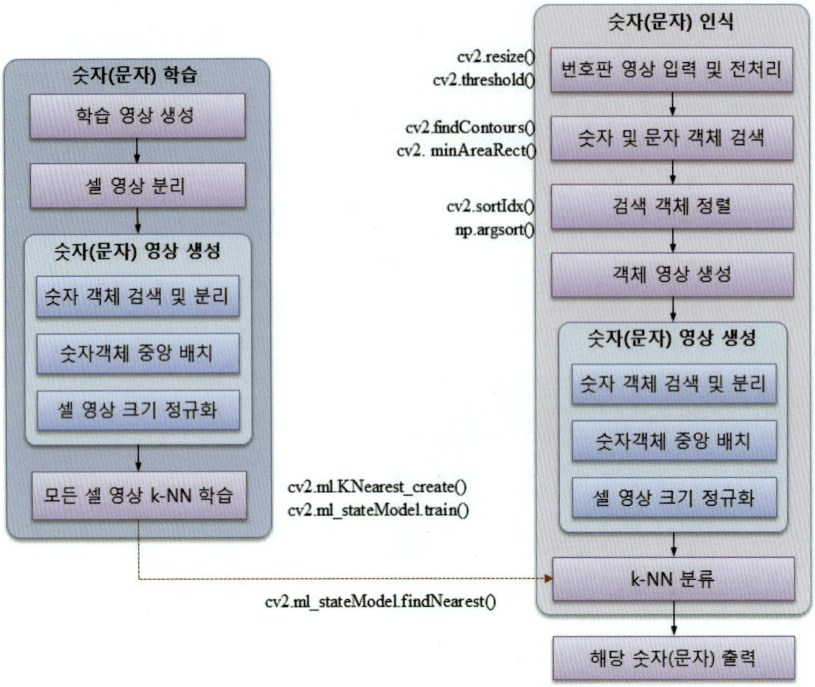

〈그림 12.3.1〉 번호판 검출 프로그램 전체 구성

12.3.2 숫자 및 문자 영상의 학습

10장 예제_10.3.4에서 'KNN_number.py' 파일의 소스를 보면, 학습 데이터를 로드해서 KNearest_create() 함수로 knn 객체를 생성하고 학습을 수행하는 방법이 잘 예시되어 있다. 이번 예제에서는 그것을 다음과 같이 kNN_train() 함수로 구현하고 'header/plate_classify.py' 파일에 저장한다.

```
def kNN_train(train_fname, K, nclass, nsample):
    size = (40, 40)                                                # 숫자 영상 크기
    train_img = cv2.imread(train_fname, cv2.IMREAD_GRAYSCALE)   # 학습 영상 읽기
    h, w = train_img.shape[:2]
    dx = w % size[0] // 2                                          # 좌우 여백 크기
    dy = h % size[1] // 2                                          # 상하 여백 크기
    train_img = train_img[dy:h-dy-1, dx:w-dx-1]                    # 학습 영상 여백 제거
    cv2.threshold(train_img, 32, 255, cv2.THRESH_BINARY, train_img)
```

```
cells = [np.hsplit(row, nsample) for row in np.vsplit(train_img, nclass)] # 셀 영상 분리
nums = [find_number(c) for c in np.reshape(cells, (-1, 40, 40))]          # 숫자 객체 검출
trainData = np.array([place_middle(n, size) for n in nums])               # 객체 중앙 배치
labels = np.array([i for i in range(nclass) for j in range(nsample)], np.float32)

knn = cv2.ml.KNearest_create()
knn.train(trainData, cv2.ml.ROW_SAMPLE, labels)                           # k-NN 학습 수행
reutrn knn
```

kNN_train() 함수는 학습 영상 파일명(경로 포함), 이웃후보의 수(K), 그룹 개수(Nclass), 한 그룹 내 샘플수(Nsample)를 인수로 입력하면 학습이 수행된다. 소스에 대한 자세한 설명은 10장 3절의 내용을 참고하기 바란다.

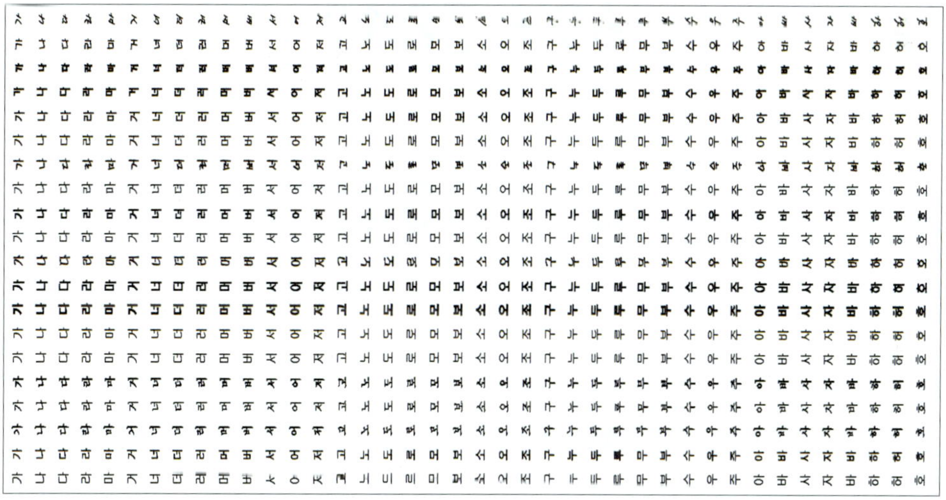

〈그림 12.3.2〉 글자 학습 데이터

숫자 학습은 10장의 숫자 학습 영상(train_numbers.png)을 그대로 사용한다. 그리고 문자 학습 영상은 〈그림 12.3.2〉와 같이 번호판에서 나오는 문자들을 다양한 폰트로 각 20개씩 구성한다. 하나의 문자가 40×40 크기로 전체 영상은 800×1,600이다. 여기서 문자의 종류는 번호판 문자로 새로 정의된 40개의 문자에 대해서만 인식하도록 한다. 문자 학습 영상은 지면 관계상 90도 회전하여 가로로 표시하였다.

학습 영상을 만드는 방법은 10장 3절에 숫자 학습 영상을 만드는 방법과 같이 한글 워드프로세서를 이용하는 것이 편리하다. 예제 소스의 프로젝터 폴더 아래 images 폴더에 'text.hwp' 이름으로 한글 파일을 만들어 두었다.

12.3.2 번호판 영상 전처리

번호판 영상 전처리는 번호판 영상의 크기를 180×35로 변경한 후에 이진화를 수행한다. 다음으로 번호판 영상에서 좌우로 6픽셀씩 제거하고, 위아래로 3픽셀씩 제거한 크기로 관심 영역(sub_roi)을 지정하여 해당 영역을 행렬로 가져와서 모서리를 제거한다. 이것은 〈그림 12.3.3〉과 같이 번호판 영상의 상하좌우 모서리 부분에서 잡음이 많기 때문이다.

〈그림 12.3.3〉 여백(모서리 픽셀) 제거 예시

```
def preprocessing_plate(plate_img):
    plate_img = cv2.resize(plate_img, (180, 35))            # 번호판 영상 크기 정규화
    flag = cv2.THRESH_BINARY | cv2.THRESH_OTSU              # 이진화 방법
    cv2.threshold(plate_img, 32, 255, flag, plate_img)      # 이진화

    h, w = plate_img.shape[:2]
    dx, dy = (6, 3)                                         # 좌우 6화소, 상하 3화소
    ret_img= plate_img[dy:h-dy, dx:w-dx]                    # 여백 제거
    reutrn ret_img
```

12.3.3 숫자 및 문자 객체 검색

다음은 번호판 영상에 숫자와 문자 객체를 찾는 find_objects() 함수를 구현한다.

cv2.findContours() 함수를 이용하면 쉽게 객체를 검출할 수 있다. 다만, 〈그림 12.3.4〉에서 양쪽 끝에 숫자나 문자 객체가 아닌 잡음이 있다. 이외에도 번호판 영상에는 제거되지 않은 작은 크기의 잡음들이 있을 수 있다. 이러한 잡음들도 cv2.findContours() 함수에서 외곽선으로 검출하기 때문에 이들을 제거해야 오류를 줄일 수 있다.

검출된 외곽선에 cv2.boundingRect() 함수를 적용하면 이 외곽선을 포함하는 사각형을 반환한다. 먼저, 이 사각형의 종횡비(w/h)가 2.5 이하인 사각형만 객체로 인정한다. 다음으로 문자 객체(text_rois)는 x 좌표가 45~80 범위이면서 크기가 60 이상인 객체들을 모으고, 문자 영역의 범위를 벗어나는 숫자 객체들(num_rois)은 150 이상인 것을 모은다.

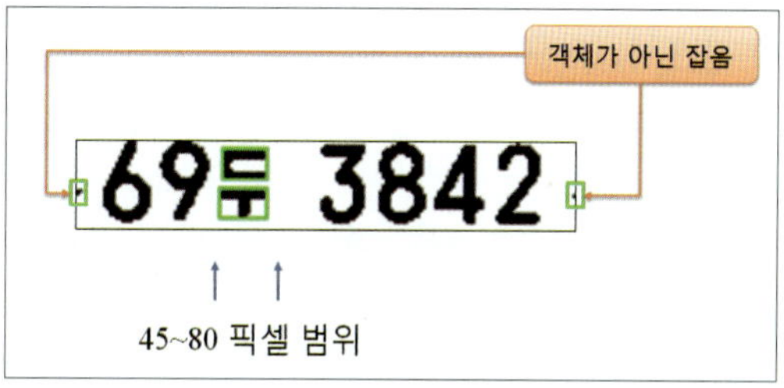

〈그림 12.3.4〉 문자 검출의 문제

여기서 〈그림 12.3.4〉와 같이 문자 영역은 한글의 형태로 인해 두 개 이상의 영역으로 분리되어 검출될 수 있다. 따라서 나누어진 문자 사각형들을 하나의 객체로 합치는 과정이 필요하다.

```
def find_objects(img):
    results=cv2.findContours(img, cv2.RETR_EXTERNAL, cv2.CHAIN_APPROX_SIMPLE)
    contours = results[0] if int(cv2.__version__[0]) >= 4 else results[1]

    rois = [cv2.boundingRect(contour) for contour in contours]
    rois = [(x, y, w, h, w*h) for x, y, w, h in rois if w / h < 2.5]
    text_rois = [(x, y, x+w, y+h) for x, y, w, h, a in rois if 45<x<80 and a > 60]
    num_rois = [(x, y, w, h) for x, y, w, h, a in rois if not(45<x<80) and a > 150]

    if text_rois:                                  # 분리된 문자 영역 누적
        pts= np.sort(atext_rois, axis=0)           # 세로 방향 정렬
        x0, y0 = pts[0, 0:2]                       # 시작좌표 중 최소인 x, y 좌표
        x1, y1 = pts[-1, 2:]                       # 종료좌표 중 최대인 x, y 좌표
```

```
14            w, h = x1-x0, y1-y0                          # 너비, 높이 계산
15            num_rois.append((x0, y0, w, h))              # 문자 영역 구성 및 저장
16        reutrn num_rois
```

| 설명 |

① 2행은 cv2.findContours() 함수로 번호판 영상에서 외곽선(객체)을 검출하여 contours에 저장한다.

② 5행은 검출 객체에 cv2.boundingRect() 함수를 적용해서 외곽선을 모두 포함하는 사각형을 만든다.

③ 6행은 검출 사각형(rois)의 종횡비가 2.5 이하인 사각형만 저장한다. 이때, 관심 영역의 넓이(w*h)를 추가로 저장한다.

④ 7행은 검출 사각형의 x 좌표가 45~80 범위에 있으면 문자 객체(text_rois)에 저장한다. 이때, 영역의 크기가 아니라 사각형의 종료 좌표(x+w, y+h)를 저장한다.

⑤ 8행은 문자 범위가 아닌 사각형은 크기가 150 이상이면 숫자 객체(num_rois)로 저장한다.

⑥ 10~15행은 문자는 여러 객체로 분리되어 검출될 수 있어서 분리되어 검출된 문자 객체들을 하나로 합친다. 10장에서 find_number2() 함수에서 자세히 설명되어 있다.

⑦ 11행은 문자 사각형(x0, y0, x1, y1)들을 세로 방향 오름차순으로 정렬한다.

⑧ 12, 13행에서 정렬된 행렬에서 0행([0])은 최솟값이 되며, 마지막 행([-1])은 최댓값이 된다. 따라서 최소값 x, y 좌표[:2]를 x0, y0에 저장하고, 최댓값 x, y 좌표[2:]를 x1, y1에 저장한다.

⑪ 14행은 최대 좌표(x1, y1)와 최소 좌표(x0, y0)의 차분이 모든 객체를 포함하는 영역이 된다.

⑫ 15행은 시작점(x0, y0)에서 차분 크기로 문자 객체를 숫자 객체에 추가한다.

⑬ 16행은 최종적으로 숫자 객체만 반환한다.

12.3.4 검출 객체 영상의 숫자 및 문자 인식

이제 마지막으로 검출 객체 영상을 분류하여 숫자 및 문자를 인식한다. 이 과정은 classify_numbers() 함수로 구현한다. 먼저, find_number() 함수로 숫자 영상에서 숫자가 있는 위치를 찾아서 숫자 객체만을 가져오고, place_middle() 함수로 숫자 객체를 영역의 중앙에 배치한다. 이 함수들은 10장 3절에 자세히 설명되어 있다.

번호판에서 검출된 객체들은 순서에 상관없이 저장되어 각 객체의 위치를 알아야 하기에 검출 객체의 첫 원소(x 좌표)를 기준으로 정렬을 수행한다.

```
def classify_numbers(cells, nknn, tknn, K1, K2, object_rois):
    if len(cells) != 7:
        print("검출된 숫자(문자)가 7개가 아닙니다.")
        reutrn

```

```
06      texts =  "가나다라마거너더러머버서어저고노도로모보" \
07               "소오조구누두루무부수우주아바사자바하허호"         # 학습 문자 집합
08      numbers = [find_number(cell) for cell in cells]            # 숫자 객체 찾기
09      datas = [place_middle(num, (40,40)) for num in numbers]    # 중심 배치
10      datas = np.reshape(datas, (len(datas), -1))                #  1행 데이터 변환
11
12      idx = np.argsort(object_rois, axis=0).T[0]                 # x좌표 정렬 인덱스
13      text = datas[idx[2]].reshape(1,-1)
14      _, resp1, _, _ = nknn.findNearest(datas, K1)               # 숫자 k-NN 분류
15      _, [[resp2]], _, _ = tknn.findNearest(text, K2)            # 문자 k-NN 분류
16
17      resp1 = res1.flatten().astype('int'))                      # 전개 및 정수변환
18      results = resp1[idx].astype('str')
19      results[2] = texts[int(resp2)]
20
21      print("정렬 인덱스:", idx)
22      print("숫자 객체 결과:", resp1)
23      print("문자 객체 결과:", int(resp2))
24      print("분류 결과: ", " ".join(results))
```

| 설명 |

① 첫 번째 인수는 검출된 숫자(문자) 영상들이며, 두 번째와 세 번째 인수(nknn, tknn)는 숫자 학습과 문자 학습을 시킨 KNN 객체이다.

② 2~4행은 검출된 객체가 7개가 아니면 오류를 출력하고 함수를 끝낸다.

③ 6행은 번호판 학습에 사용한 문자들을 문자열로 저장하여 분류 결과값으로 인덱싱한다.

④ 10행은 검출된 모든 객체를 1행 데이터로 만들어 객체 개수만큼 행을 갖게 하여 2차원 데이터로 만든다. 즉, 모든 데이터를 한 번에 분류한다.

⑤ 12행은 np.argsort() 함수로 검출 영역의 원소(좌표)를 세로 방향(axis=0)으로 정렬하고, 첫 열(x 좌표)을 쉽게 가져오기 위해서 전치를 수행해 0번 행을 가져온다. 이것은 검출된 객체들을 x 좌표를 기준으로 순서대로 표시하기 위함이다.

⑥ 13행은 정렬 인덱스의 세 번째 원소(idx[2])가 문자 객체 위치이다. 이 위치의 영상 데이터를 가져와서 1행 행렬로 변경한다. 분류를 위해서는 2차원의 1행 행렬이 되어야 한다.

⑦ 14행은 숫자 객체 행렬 모두를 한 번에 분류하며, 반환자료형은 4 원소 튜플이며, 두 번째 원소가 분류 결과이다.

⑧ 15행은 1개 문자 데이터(text)를 분류하며, 두 번째 원소를 2차원 행렬로 반환되기 때문에 대괄호([])를 두번 감싸서 원소값만 reps2에 저장한다.

⑨ 17행은 숫자 분류 결과는 2차원 행렬이기 때문에 전개해서 1행으로 만들어 정수형으로 변환한다.

⑩ 18행은 숫자 검출 결과는 직접 정렬하지 않고, 12행에서 x 좌표로 정렬한 idx 행렬을 첨자로 지정하면 숫자 검출 결과가 정렬된다. 이때, 숫자 검출 행렬을 문자열로 변경하면 join() 함수로 각 원소를 손쉽게 출력할 수 있다.

⑪ 19행은 문자 객체 분류 결과를 texts 행렬의 첨자로 지정해서 기준값(ground-truth) 레이블의 문자값을 가져온다.

⑫ 21~23행은 정렬 인덱스, 숫자 객체의 분류 결과, 문제 객체의 분류 결과를 출력한다.

⑬ 24행은 results 리스트를 join() 함수로 하나로 합쳐서 출력한다.

다음은 차량 번호판의 검출과 인식의 전체 과정에 대한 소스 코드이다. 앞서 설명한 함수들은 다음과 같이 'header/plate_classify.py' 파일에서 옮겨 저장하고, 현재 소스에서 모든 함수를 임포트한다. 여기서 10장 2절 예제에서 '../Common/knn.py' 파일에 저장해둔 find_number() 함수와 place_middle() 함수를 사용하기에 임포트 한다.

예제 12.3.1 번포한 숫자 인식 헤더 파일 header/plate_classify.py

```
import numpy as np, cv2
from Common.knn import find_number, place_middle                # k-NN 관련 함수

def preprocessing(car_no): …                                    # 영상읽기 및 전처리

def verify_aspect_size(size): …                                 # 번호판 종횡비 검사

def find_candidates(image): …                                   # 번호판 후보 검증
```

예제 12.3.1 번호판 숫자 인식 프로그램 완성 – 08.classify_numbers.cpp

```
from plate_preprocess import *                       # 전처리 및 후보 영역 검출 함수
from plate_candidate import *
from plate_classify import *                         # k-NN 학습 및 분류 함수 임포트

car_no = int(input("자동차 영상 번호(0~15): "))
image, morph = preprocessing(0)                      # 전처리
candidates = find_candidates(morph)                  # 후보 영역 검색

fills = [refine_candidate_img(image, size) for size, _, _ in candidates]
new_candi = [find_candidates(fill) for fill in fills]
new_candi = [cand[0] for cand in new_candi if cand]
candidate_imgs = [rotate_plate(image, cand) for cand in new_candi]

svm = cv2.ml.SVM_load("SVMTrain.xml")                          # 학습된 데이터 적재
rows = np.reshape(candidate_imgs, (len(candidate_imgs), -1))   # 1행 데이터들로 변환
```

```
16 _, results = svm.predict(rows.astype('float32'))                      # 분류 수행
17 result = np.where(results.flatten() == 1)[0]                          # 1인 값의 위치 찾기
18
19 plate_no = result[0] if len(result)>0 else -1                         # 번호판 판정
20
21 K1, K2 = 10, 10
22 nknn = kNN_train("images/train_numbers.png", K1, 10, 20)              # 숫자 학습
23 tknn = kNN_train("images/train_texts.png", K2, 40, 20)                # 문자 학습
24
25 if plate_no >= 0:
26     plate_img = preprocessing_plate(candidate_imgs[plate_no]) # 번호판 전처리
27     cells_roi = find_objects(cv2.bitwise_not(plate_img))
28     cells = [plate_img[y:y+h, x:x+w] for x, y, w, h in cells_roi]   # 셀(숫자/문자) 영상 생성
29
30     classify_numbers(cells, nknn, tknn, K1, K2, cells_roi)         # 숫자/문자 분류
31
32     pts = np.int32(cv2.boxPoints(candidates[plate_no]))
33     cv2.polylines(image, [pts], True,  (0, 255, 0), 2)               # 번호판 표시
34
35     color_plate = cv2.cvtColor(plate_img, cv2.COLOR_GRAY2BGR) # 번호판 영상 컬러로
36     for x, y, w, h in cells_roi:                                      # 숫자/문자 사각형 표시
37         cv2.rectangle(color_plate, (x,y), (x+w, y+h), (0, 0, 255), 1)
38
39     h, w = color_plate.shape[:2]
40     image[0:h, 0:w] = color_plate                                     # 번호판 원본 영상에 복사
41 else:
42     print("번호판 미검출")
43
44 cv2.imshow("image", image)
45 cv2.waitKey(0)
```

| 설명 |

① 22, 23행은 kNN_train() 함수로 숫자 학습 객체와 문자 학습 객체를 생성하고 학습을 수행한다.

② 25행은 plate_no이 0보다 크면 번호판을 검출한 것이다.

③ 26행은 번호판 영역으로 번호판 영상을 가져와 전처리를 수행한다.

④ 27행은 번호판 영상에서 숫자(문자) 영역을 검출한다. 영상을 반전하여 학습 데이터와 동일한 조건을 만든다.

⑤ 28행은 검출 영역으로 번호판 영상에서 숫자(문자) 영상을 가져와서 리스트(cells)를 생성한다.

⑥ 30행은 classify_numbers() 함수로 숫자(문자) 분류를 수행한다.

⑦ 32, 33행은 번호판 영역을 좌표(정수형)로 가져와서 좌표점을 잇는 직선을 입력 영상에 그린다.

⑧ 35행은 번호판 영상에 숫자 검출 영역을 컬러(빨간색)로 표시하기 위해 명암도 영상에서 컬러 영상으로 변환한다.

⑨ 36~37행은 번호판 영상을 컬러 영상으로 만들어 검출된 객체 크기로 빨간색 사각형을 표시한다.

⑩ 39, 40행은 번호판 영상을 입력 영상의 좌상단에 복사하여 표시한다.

| 실행결과 |

```
Run: 08.classify_number
C:\Python\python.exe D:/source/chap12/08.classify_number.py
자동차 영상 번호 (0~20): 1
정렬 인덱스: [5 0 6 4 3 2 1]
숫자 분류 결과: [3 8 3 4 0 2 2]
문자 분류 결과: 21
분류결과: 2 3 오 0 4 3 8
```

실행 결과에서 차량 영상을 입력하면, 번호판 후보 영역을 찾아서 번호판인지 판별한다. 번호판으로 분류된 영역을 영상으로 가져와서 숫자와 문자들을 검출해서 사각형으로 표시한다. 또한, 각 숫자/문자를 인식해서 분류 결과를 실행창에 표시해 준다.

|단원 핵심 요약|

1. 동전 영상에서 전치리 과정으로 가우시안 블러링은 동전 객체 내부의 문양 등으로 인한 잡음을 제거하기 위함이고, 이진화 수행후 모폴로지 열림 연산은 배경 부분의 잡음을 제거하기 위함이다.

2. 객체의 검출에 유용한 OpenCV 함수로 외곽선을 검출해 주는 cv2.findContours() 함수가 있다. OpenCV 4.x 버전에서는 2 원소 튜플로 반환되며, 첫 번째 원소가 외곽선 결과이며, 외곽선 좌표들을 원소로 갖는 리스트이다.

3. 외곽선의 좌표들로 영역을 계산하는 함수로 cv2.minAreaRect() 와 cv2.boundingRect() 함수가 있다. cv2.boundingRect() 함수는 좌표들을 포함하는 사각형 (x, y, w, h)을 반환하며, cv2.minAreaRect() 함수는 좌표들을 포함하는 최소 영역을 3 원소 튜플(중심좌표, 크기, 회전각도)로 반환한다

4. 10원 동전과 50원 이상의 동전을 구분하기 위해, 동전의 반지름과 함께 색상 히스토그램의 유사도를 이용한다.

5. SVM (Support Vector Machine)은 데이터들을 분리하는 분리 경계면 중에서 각 분류 데이터들과의 거리(margin)가 가장 먼 분리 경계면을 찾아냄으로써, 데이터를 분리하는 방법이다.

6. 번호판 영상 검출을 위한 전처리 과정은 수직 방향 소벨 에지를 검출하여, 모폴로지 닫힘 연산을 수행한다. 모폴로지 연산 마스크는 번호판과 비슷한 형태를 갖게 가로로 긴 형태로 구성한다.

7. 번호판 후보 영역의 개선은 컬러 화소를 사용하며, cv2.floodFill() 함수로 지정한 좌표의 색상과 유사한 색상들을 채워서 후보 영역에서 유사한 색상들을 하나로 묶는다. 또한, 채움을 여러 번 수행해서 누적함으로써 후보 영상의 유사한 색상들을 최대한 채운다.

연습문제

1. 동전 인식 프로그램에서 전처리 과정에서 대해 기술하고, 각 과정에 대한 이유를 설명하시오.

2. OpenCV에서는 이진 영상에서 외곽선을 검출하는 cv2.findContours() 함수를 제공한다. 이 함수의 사용법과 파라미터를 설명하고, 기본 예시 코드를 작성하시오.

3. OpenCV에서 cv2.findContours() 함수로 검출된 외곽선을 둘러싸는 영역을 구하는 함수로 cv2.minAreaRect() 와 cv2.boundingRect() 함수가 있다. 각각 비교 설명하시오.

4. cv2.getRectSubPix() 함수는 파라미터와 사용법을 예시 코드를 통해서 설명하시오.

5. 선형판별법과 SVM을 기본 원리로 간단히 비교 설명하시오.

6. SVM에서 서포트 벡터가 무엇인가?

7. OpenCV에서 제공하는 SVM 클래스의 객체 선언 방법과 파라미터 지정 방법을 예를 들어 설명하시오.

8. 예제_12.2.1과 예제_12.2.4의 소스로 번호판 영상을 직접 촬영해 학습데이터 파일을 'SVMtrain.xml' 를 구성하시오.

9. 예제_12.2.2에서 번호판 후보 영상을 검출하기 위한 전처리 과정을 기술하고, 이 과정의 수행하는 이유를 설명하시오.

10. cv2.floodFill() 함수의 파라미터와 사용법을 예시 코드를 통해서 설명하시오.

11. 예제_12.3.1의 번호판 인식 프로그램을 영상을 위/아래 화살표 키로 반복적으로 입력받아서 수행할 수 있도록 변경하시오.

12. 다음과 같이 개별 동전 영역에서 마우스 왼쪽 버튼을 클릭하면 그 위치에서 해당 동전 영상의 히스토그램을 영상으로 팝업해서 표시해 주는 프로그램을 작성하시오.

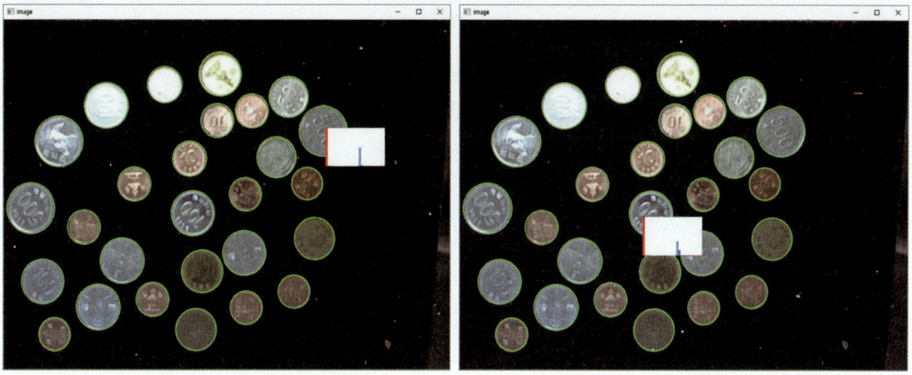

```
from Common.histogram import draw_histo_hue              # 히스토그램 그리기 함수 임포트
from coin_preprocess import *                            # 전처리 함수 임포트
from coin_utils import *                                 # 동전 객체 처리 관련 함수 임포트

def onMouse(event, x, y, flags, param):
    global pre_img, hist_roi
    if event == cv2.EVENT_LBUTTONDOWN:                   # 왼쪽 버튼 누르기
        for i, ((cx, cy), radius) in enumerate(circles):       # 메뉴 아이콘 사각형 조회
            dx, dy = (cx - x), (cy - y)
            [                          ]                 # 동전 중점 좌표와 클릭 좌표간 거리

        if dist < radius:
            hist_img = draw_histo_hue(coin_hists[i], (80, 128, 3))
            h, w = hist_img.shape[:2]
            hist_roi = [x, y, w, h]
            [                          ]                 # 클릭 좌표에 히스토그램 그래프 그리기
            cv2.imshow("image", image)

    if event == cv2.EVENT_LBUTTONUP:                     # 왼쪽 버튼 떼기
        x, y, w, h = hist_roi
        image[y:y+h, x:x+w] = pre_img
        cv2.imshow("image", image)

coin_no = 15
```

```
image, th_img = preprocessing(coin_no)                  # 전처리 수행
circles = find_coins(th_img)                            # 객체 검출
                                                        # 동전 영상 히스토그램

for center, radius in circles:
    cv2.circle(image, center, radius, (0, 255, 0), 2)

cv2.imshow("image", image)
cv2.setMouseCallback("image", onMouse)
cv2.waitKey(0)
```

찾아보기

D

E

저자 소개

정성환

경북대학교 대학원 영상처리 전공(공학박사)
미국 캘리포니아 주립대학(UCSB) Post-Doc
미국 콜로라도 CSM 주립대학 교환교수
미국 워싱턴 주립대학(UW) 연구교수
독일 콘스탄츠대학(UK) 연구교수
정보처리 기술사/ 전자계산기 기술사/ 정보시스템 감리사
한국전자통신연구소(현 ETRI) 응용 S/W 개발실 연구원
한국정보과학회 영남지부 지부장
한국컴퓨터범죄학회 부회장
한국멀티미디어학회 부회장
한국정보시스템감리사협회 부회장
국립 창원대학교 컴퓨터공학과 교수

저서

- 실용멀티미디어
- C를 이용한 영상처리의 이해와 활용
- Java를 이용한 디지털 영상처리
- MATLAB을 활용한 실용 디지털 영상처리
- 오픈소스 CxImage를 이용한 Visual C++ 디지털 영상처리
- 오픈소스 OpenCV를 이용한 컴퓨터비전 실무 프로그래밍
- 오픈소스 GS를 이용한 디지털 영상처리 기본 프로그래밍
- OpenCV로 배우는 컴퓨터비전 및 응용
- OpenCV로 배우는 영상 처리 및 응용
- Python 예제로 배우는 OpenCV 3.x
- 파이썬으로 배우는 영상처리
- 영상처리 및 분석

배종욱

창원대학교 컴퓨터공학과 공학박사
창원대학교 산업기술연구원 연구원
창원대학교 컴퓨터공학과 강사
창원대학교 영재교육원 강사

저서

- OpenCV로 배우는 컴퓨터비전 및 응용
- OpenCV로 배우는 영상 처리 및 응용
- 파이썬으로 배우는 영상처리